创新思维法学教材
Legal Textbooks of Creative Thinking

商法新论

New Studies on Commercial Law

（第二版）

陈本寒 ▸ 主编

WUHAN UNIVERSITY PRESS
武汉大学出版社

图书在版编目(CIP)数据

商法新论/陈本寒主编.—2版.—武汉:武汉大学出版社,2014.10
创新思维法学教材
ISBN 978-7-307-14490-3

Ⅰ.商… Ⅱ.陈… Ⅲ.商法—中国—高等学校—教材
Ⅳ.D923.99

中国版本图书馆CIP数据核字(2014)第235729号

责任编辑:郭园园　　责任校对:汪欣怡　　版式设计:马　佳

出版发行:**武汉大学出版社**　(430072　武昌　珞珈山)
(电子邮件:cbs22@whu.edu.cn　网址:www.wdp.com.cn)
印刷:湖北金海印务有限公司
开本:720×1000　1/16　印张:39　字数:701千字　插页:2
版次:2009年1月第1版　2014年10月第2版
2014年10月第2版第1次印刷
ISBN 978-7-307-14490-3　定价:48.00元

《商法新论》(第二版)主编简介

陈本寒　1963年12月生，安徽和县人。1981年至1985年就读于武汉大学法律系法学专业，获法学学士学位；1988年至1991年脱产攻读武汉大学法学院民商法专业硕士研究生，获法学硕士学位；1995年至2001年在职攻读武汉大学法学院国际私法专业博士研究生，获法学博士学位。1985年毕业留校任教至今，历任助教、讲师、副教授、教授。现任武汉大学法学院教授、博士生导师，兼任武汉大学WTO学院教授，同时担任中国法学会民法研究会理事、湖北省民法研究会副会长、《珞珈法学论坛》常务副主编、湖北省法学会理事、武汉市法学会理事等职。

长期从事民商法的教学与研究工作，先后主持并参与了国家社会科学基金项目、国家教委博士点基金项目、教育部文科基金项目和司法部课题项目的研究工作，独著、主编、合著学术著作10余部，其中代表性的著作有《担保物权法比较研究》、《担保法通论》、《物权法》。在国家权威和核心期刊上发表论文20余篇，其中商法领域代表性的文章有《商事立法特有原则之探讨》、《商号权制度研究》、《买卖标的之再认识》、《合同裁判变更的法理基础与立法完善》、《动产抵押制度的再思考》(用笔名“赍寒”)、《财团抵押、浮动抵押与我国企业担保制度之完善》、《一般债权质押问题之探讨》。

作者简介

陈本寒　法学博士，武汉大学法学院教授、博士生导师

鲁　杨　法学博士，湖北省高级人民法院法官

陈　丽　法学硕士，上海市虹口区人民法院法官

曾江波　法学博士，宁波大学法学院讲师

郭丽媛　法学硕士，扬州大学法学院讲师

余　纯　法学博士，中国人保集团公司博士后

陈　英　法学博士，山东政法学院讲师

关于《商法新论》（第二版）修订的说明

《商法新论》自2009年出版以来，承蒙广大读者的厚爱，销售情况非常良好，目前已基本告罄。出版社决定继续发行之际，考虑到近些年来我国商事法律的修订比较频繁。为了客观反映我国商事立法的最新动态，本书作者决定对该书做一次必要的修订。此次修订遵循的原则有三：第一，本书的体系相对比较成熟，因此，篇、章结构不做变动。第二，增加商法实务性内容的阐述，减少务虚性内容的介绍。第三，此次修订的重点是第五篇“保险法”和第六篇“海商法”。修订的范围包括：部分观点表述不够严密之处；部分法条注释与修改后的法律条文不相吻合之处。

此次修订工作是在本书的原撰稿人之一陈英博士协助下完成的，对于她为此付出的辛劳特致谢意！

商事立法的进步性特点，使得本书的修订将成为常态化工作。在未来的日子里，我们将对其他各篇的内容作必要的修订，努力使之能够反映我国商事立法的最新立法精神。

陈本寒

2014年9月于武昌珞珈山

目录

第一篇 商法总论

第三篇　破　产　法

第四篇 票 据 法

第五篇　保　险　法

第一篇

商法总论

第一章 商法概述

第一节 商法的概念、本质及特征

一、商法的概念和调整对象

商法，又称商事法（英语 Commercial law or Business law；德语 Handelsrecht；法语 Droit Commerial；日语商法），尽管在各国立法中大量存在，有些大陆法系国家还专门制定了商法典，但至今没有一国的立法对商法的概念给予明确的界定，学术界对商法概念的理解也不完全一致。① 一般认为，所谓商法，就是调整商事关系的法律规范总称。而何谓商事关系？不同的国家对之的立法界定却不完全相同。众所周知，在大陆法系国家，立法体例上历来存在着民商分立与民商合一之分。两种不同的立法模式，导致其立法和理论对商事关系的理解也不同。

在民商分立国家，立法上一直主张民法和商法是各自独立的两个法律部门，民法调整民事关系，商法调整商事关系；商事关系独立于民事关系而存在，二者互不隶属。民事关系是指民事主体之间发生的财产关系和人身关系，而商事关系则是指商人之间或与商人在商业上所为之法律行为而在他们相互之间产生的权利义务关系。二者的区别主要在于：

1. 主体不同

民事关系的主体是一般意义上的自然人和法人，而商事关系的主体是商人或至少有一方是商人。以《德国商法典》为代表的一部分大陆法系国家，主

---

① 如有学者认为，商法系规定商事交易之法律（参见梁宇贤、刘兴善、柯泽东等：《商事法精论》，台湾今日书局有限公司 1999 年版，第 3 页）。也有学者认为，商法是指调整商事交易主体在其商行为中所形成的法律关系，即商事关系的法律规范的总称（参见范健主编：《商法》，高等教育出版社、北京大学出版社 2000 年版，第 3 页）。

张以商人的观念为立法基础来界定民法与商法。他们认为，商事关系只能发生在商人之间。商人既可以是自然人，也可以是公司法人或商事合伙。就公司法人（股份有限公司或有限责任公司）而言，不管从事什么业务或活动，都因其法定的组织形式而一概具有商人身份；而个人和合伙只有在具备了《德国商法典》第 1～3 条所规定条件的之后，才能取得商人身份。① 从《德国商法典》第 1～3 条的规定来看，判断个人或合伙是否具有商人身份的标准有二：一是从事的活动是否属于商业活动（即营业活动），如果从事了该法典第 1 条第 2 款所列举的九类商业活动中的任何一项业务，则自该项业务活动开始时，依法取得商人身份，并依法享有商人的全部权利，承担商人的全部义务，并适用商法典和其他商事法律关于商业名称、商业账簿和商事代理等规定。二是商人的身份也可以通过在商事登记簿上登记而取得。《德国商法典》第 2 条和第 5 条就明文规定，即使个人或合伙所从事的业务未包括在商法典第 1 条规定的范围之内，但只要取得了商号并已在商事登记簿进行了登记，那么在该项登记变更之前，相对于信赖该登记的第三人而言，他仍将被作为商人看待。由此看来，以德国为代表的一部分大陆法系国家是从界定商人资格的角度来区分民事主体与商事主体，进而达到区分民事关系和商事关系，分别适用民法和商法的目的。换言之，在德国法上，取得商人资格的人实施的行为，即为商行为；基于商行为而产生的权利义务关系即为商事关系；调整商事关系的法律规范即为商法。

以《法国商法典》为代表的另一部分大陆法国家，则主张以商行为的观念为立法基础来界定商人、商事关系与一般民事主体、民事关系，进而确定商法和民法的各自调整对象。② 他们认为，商事关系和民事关系的不同之处就在于产生的依据不同：民事关系是基于民事行为而产生的；而商事关系是基于商行为而产生的，因而，实施商行为的人即为商人，除此以外的人则为民事主体。现行《法国商法典》第 1 条就明文规定："从事商活动并以其为经常职业者，为商人。"这里的所谓"商活动"，即指"商行为"。而何谓商行为？依照原《法国商法典》第 1 条的规定，凡以营利为目的从事商业营业的行为皆为商行为。③ 基于商行为在当事人之间产生的权利义务关系即为商事关系，由商

---

① ［德］罗伯特·霍恩、海因·科茨、汉斯·G. 莱塞：《德国民商法导论》，楚建译，中国大百科全书出版社 1996 年版，第 232～233 页。

② ［德］罗伯特·霍恩、海因·科茨、汉斯·G. 莱塞：《德国民商法导论》，楚建译，中国大百科全书出版社 1996 年版，第 232 页。

③ ［德］罗伯特·霍恩、海因·科茨、汉斯·G. 莱塞：《德国民商法导论》，楚建译，中国大百科全书出版社 1996 年版，第 232 页。

法来调整。法国商法对商事关系的界定，虽然也涉及“商人”和“商行为”的概念，但与德国商法不同的是，对商人的判断并不以是否进行了商事登记为标准；其关于“商业”范围的界定比德国商法要广泛。从现行《法国商法典》的规定来看，在德国法上未被纳入商法典的工业产权法，也被《法国商法典》所包含。①

2. 内容不同

商事关系只涉及商事主体间的财产关系，而不涉及其人身关系。而民事关系除了民事主体间的财产关系外，还涉及民事主体间的人身关系。同时，仅就财产关系而言，二者也有区别，从德、法等国的商法规定来看，立法上关于“商事”或“商业”的规定皆以营利为目的；不以营利为目的的财产关系则由民法来调整。②

3. 适用法律不同

民商分立的国家既然主张商事关系与民事关系存在诸多差异，二者是不同的法律关系，那么就应受不同的法律部门调整。其中商事关系应受商法法典及其特别法、习惯法的支配；而民事关系则应受民法典及其特别法、习惯法的支配。③

而在民商合一的国家，由于将商事的观念纳入民事的观念作为立法基础，认为商事关系是民事关系的一部分，无论是商事关系还是民事关系皆由民法加以调整，除民法典外，不另定商法典。④ 因而，在民商合一的国家，立法上并无“商人”、“商行为”和“商事关系”等商法上的专有概念，甚至“商法”或“商事法”的概念也只在学者的著述中才能见到。以瑞士为代表的民商合一的立法者认为，所谓“商人”、“商行为”和“商事关系”，不过是“民事主体”、“民事行为”和“民事关系”的一种；“商法”也只是作为民法的特别法而存在，并不是一个独立的法律部门。⑤ 在立法的安排上，他们将民商分立国家的商法典中有关“商人通例”的内容，如经理人与代办商及商行为中

---

① 参见金邦贵译：《法国商法典》，中国法制出版社 2000 年版。

② 张国键：《商事法论》，台湾三民书局 1987 年版，第 6 页。

③ 张国键：《商事法论》，台湾三民书局 1987 年版，第 6 页。

④ 张国键：《商事法论》，台湾三民书局 1987 年版，第 6 ~ 7 页。

⑤ 有学者说：“瑞士商法对保险法却未列人。”言外之意，瑞士也有独立的商法（参见任先行、周林彬：《比较商法导论》，北京大学出版社 2000 年版，第 15 页）。这是对大陆法系国家的民商事立法体例缺乏了解所致。瑞士在民商事立法体例上首开民商合一之先河，并无独立的商法典存在。

的交互计算、行纪、仓库、运送营业、承揽运送等编入民法典的债编之中，而将关于公司、票据、海商、保险等，各定单行法规，使其独立存在，以适应实际需要。只是基于传统沿革的理由，通常仍将公司、票据、海商、保险合称为商事法。① 这样安排的目的，在于强调两点：一是民法作为普通法，对于全体人民及一般事项均有普遍适用的效力，而不再区分商人与非商人、商行为与民事行为；二是公司、票据、海商、保险等单行法律作为民法的特别法而存在。在法律适用上，依照特别法优先于普通法的原则，对于同一事项，特别法有规定者，应优先适用特别法，其无规定时，则适用民法。②

由此看来，在大陆法系国家，商法是采民商分立体例国家的特有概念，它是调整商人之间或与商人在商业上所为法律行为而产生的商事关系的法律规范的总称。商法的调整对象是商事关系，它与民事关系无论在主体、内容，还是在产生依据和法律适用等方面都存在着诸多差异，因而商法是一个独立于民法而存在的法律部门。而在民商合一的国家，并无“商法”的概念，有关调整商事关系的法律规范被称为“商事法”，它是作为民法的特别法而存在的，是民法的一个组成部分，并非一个独立的法律部门，所谓商事关系作为民事关系的一种，既受民法普通法的调整，也受民事特别法的调整。对同一事项，特别法有规定的，优先适用特别法的规定；特别法无规定的，则适用民法普通法的规定。

在大陆法系国家，对商法概念的理解还可以从商法的体系构成上来加以界定，即存在所谓形式意义上的商法和实质意义上的商法、广义的商法和狭义的商法的划分。

所谓形式意义上的商法，是指国家依照法典编纂程序而制定的商法法典，并冠以“商法”之名者。而所谓实质意义上的商法，则是指一切以商事关系为调整对象的各类法律、法规，并不以商法法典为限。由于民商合一的国家有关商事的规范或分别编入民法典，或另定商事单行法规，而不存在以“商法”命名的商法典，因此，只有实质意义上的商法，而无形式意义上的商法。形式意义上的商法只有在民商分立的国家才存在。

对于实质意义上的商法，学者们又进一步将之分为广义的商法和狭义的商法。③ 所谓广义的商法，是指一切调整商事关系的法律规范的总称。它包括国

① 王泽鉴：《民法总则》，中国政法大学出版社 2001 年版，第 17 页。
② 王泽鉴：《民法总则》，中国政法大学出版社 2001 年版，第 17 页。
③ 张国键：《商事法论》，台湾三民书局 1987 年版，第 7 ~ 9 页。

内商法和国际商法两方面：在国际商法方面，主要包括国际商事公约（如国际邮政公约、电讯公约、船舶碰撞与海难救助统一公约等）、双边商事条约（如通商、投资、航海条约）和国际间共同遵守的商事习惯（如国际商会制定的《跟单信用证统一惯例》）；在国内商法方面，则不仅包括私法规范中有关调整商事关系的法典、商事特别法和商事习惯法，而且包括公法规范中有关调整商事关系的条款。所谓狭义的商法，则专指国内商法中调整商事关系的私法规范，通常仅包括商事通则、公司、票据、海商、保险和破产等方面的内容。本书对商法及其体系的编排与阐述，就是从狭义商法的角度出发的。

二、商法的本质和特征

近代法律发展的一个重要特征，就是改变古代法律诸法合体的立法模式，进行部门法的划分，并依照不同的标准从法理上将法律分为国内法与国际法、公法与私法、实体法与程序法、普通法与特别法、强行法与任意法等。上述划分对于一国法律构成一个具有内在联系的有机体系，特别是对于立法机关确定各部门法的立法宗旨、拟订立法规则，司法机关在适用法律时，选择解释法律的方法等都具有十分重要的意义。商法作为调整商事关系的重要法律规范，在一国法律体系中应当如何定性？这在大陆法系国家并无争议。通说认为，从本质上说，商法属国内法、私法、实体法、特别法和任意法。

（一）商法的本质

1. 商法为国内法

传统意义上国际法（英语 International Law；德语 Volkesrecht）与国内法（英语 National Law；德语 Nationales Recht）的划分，是以制定主体的不同为标准的。国际法乃调整国与国之间关系的法律，它通常以公约、条约或协定的形式出现，需要通过各主权国家间的相互协商方可达成，而非某个主权国家单独所能订立。而国内法则是在一国主权之下所实施的法律，① 它由一国的立法机关制定，调整该国境内各类主体间的财产关系和人身关系，并由国家强制力保障实施。它通常以法典、单行法律或法规的形式出现。从商法的制定主体和效力范围来看，各国的商法都由其立法机关制定，并在各自的领土范围内有约束力，因而与民法一样，属国内法的范畴。尽管随着国际贸易的发展，国家间的商事条约日益增多，但在一国的商法体系中仍只占很小一部分，并不能改变商法的国内法性质。

① 胡长清：《中国民法总论》，中国政法大学出版社 1997 年版，第 9 页。

2. 商法为私法

公法（英语 Public Law；德语 Oeffentliches Recht）与私法（英语 Private Law；德语 Privatrecht）划分的理论起源于罗马法。① 在大陆法系国家，公法与私法的分类是法律的最基本的分类，它对于明确国家与私人之间的权限范围，确保私法自治，乃至区分不同权利的救济方法、程序和手段，都具有十分重要的意义。虽然理论上对于公私法的划分标准存在不同看法，② 但强调公法的目的在于维护国家利益，私法的目的在于维护私人利益；公法关系主体的一方或双方必须是国家，国家与对方当事人之间的地位不平等；而私法关系只发生在平等主体之间，无需国家的介入，当事人之间的权利义务具有对等性等，则为学术界公认的公私法之间的区别。以此标准来衡量，商法应属私法的范畴。因为商法主要调整平等的商事主体间发生的交易关系，当事人之间的权利义务具有对等性。虽然商事规范中存在着一定数量的商事罚则条款，如破产法、公司法、票据法及保险法中的罚则条款，及海商法中对船长的处罚规定等，但总体上看，商法的大多数条款仍为任意性条款，维护交易的自由与便捷仍是商事立法的首要原则。以此来看，它与民法别无二致，因而同属私法范畴。

3. 商法为实体法

法律，有实体法（英语 Substantive Law；德语 Materielles Recht）与程序法（英语 Adjective Law；德语 Verfahrensrecht）之分。规定主体间权利义务之存否、性质及其范围的法律，为实体法。规定行使权利及履行义务之手续的法律，为程序法。③ 以此标准来衡量，商法规范中虽有少量有关商事登记、破产程序等程序性规范，但商事规范的主体部分仍是关于平等的商事主体间在商事交易中实体权利义务的规定，因此，商法属实体法的范畴。

4. 商法为特别法

法律，有普通法（英语 General Law；德语 Regelmaessiges Recht）与特别

① 沈宗灵：《比较法研究》，北京大学出版社 1998 年版，第 118 页以下。

② 关于公私法的划分标准大致有以下 6 种学说：1. 目的说，主张以保护公益为目的的法律为公法，以保护私益为目的的法律为私法。2. 效力说。主张产生权利关系的法律为公法，产生平等对立关系的法律为私法。3. 主体说。主张调整国家或其他公共团体之间或它们与私人之间关系的法律为公法，而调整私人之间关系的法律为私法。4. 统治关系说。主张规定国家或其他公共团体之统治关系为公法，规定非统治关系为私法。5. 生活关系说。主张规定国家生活关系者为公法，规定社会生活关系者为私法。6. 统治主体说。主张统治主体之生活关系者为公法，规定非统治主体之生活关系者为私法。以上学说的介绍，参见史尚宽：《民法总论》，中国政法大学出版社 2000 年版，第 4 ~5 页。

③ 胡长清：《中国民法总论》，中国政法大学出版社 1997 年版，第 10 页。

法（英语 Special Law；德语 Regelwidriges Recht）之分。施行于全国领域，适用于国民全体，以及关于一般事项之法律，为普通法；反之，则谓之特别法。① 以此标准来衡量，在大陆法系国家，无论采民商分立，还是采民商合一，都主张商法是民法的特别法。

在民商分立的国家，虽然在法律体系上，商法和民法是各自独立的法律部门，并都实现了法典化，但无论在理论上，还是在司法实践中，商法都被看成是民法的特别法。因为商法适用的范围是特定的商人群体和特定的商行为，而非国民全体与普通法律行为。德国学者在阐述商法典与民法典的关系时就指出："《德国商法典》中的许多规定，只有根据《德国民法典》所确立的一般性原则才能理解；而《德国商法典》的作用，就是对这些一般性的原则加以变更、补充或排除……我们应该明白商法只是一般私法中的一个特殊的组成部分，我们不能仅仅从商法规范本身来理解和适用商法。"②

在民商合一的国家，不仅在法律体系上将商法作为民法的特别法看待，只有民法典，没有商法典，商法不是一个独立的法律部门，有关商事交易通则的规定被民法典所包容，对于无法包容的部分，如公司、票据、海商、保险、破产等，则以民事特别法的方式解决，而且在理论上也得到大陆法系国家大多数学者的支持。③

5．商法为任意法

法律，有强行法（英语 Mandatory Law；德语 Zwingendes Recht）与任意法（英语 Permissave Law；德语 Nachgiebiges Recht）之分。法律所规定的法律关系的内容，不得依当事人的意思变更或排除其适用的，为强行法；反之，法规所规定的法律关系的内容，允许当事人依其意思而排除或加以变更者，为任意法。④ 划分强行法与任意法的目的，在于二者的功能不同：强行法的立法目的在于维护公共生活秩序，确保交易安全；而任意法的功能在于弥补当事人意思之不足。因而，强行法与任意法在适用效力上存在很大差异。依此标准来衡

---

① 胡长清：《中国民法总论》，中国政法大学出版社 1997 年版，第 10 页。

② ［德］罗伯特·霍恩、海因·科茨、汉斯·G. 莱塞：《德国民商法导论》，楚建译，中国大百科全书出版社 1996 年版，第 239～240 页。

③ 如意大利学者 Vivante，法国学者 Thaller，德国学者 Dernburg，瑞士学者 Munzinger，荷兰学者 Molengraff，日本学者梅谦次郎，中国学者史尚宽、梅仲协、胡长清、王泽鉴、张国键等均持民商合一的观点。

④ 史尚宽：《民法总论》，中国政法大学出版社 2000 年版，第 12～13 页；王泽鉴：《民法总论》，中国政法大学出版社 2001 年版，第 49 页。

量，商法中的大多数规范为任意法规范。如在公司法方面，关于公司内部关系之规定、公司章程中任意记载事项及经理人职权之规定；在票据法方面，关于票据任意记载事项之规定；在保险法方面，关于保险标的价值之约定；在海商法方面，关于海上保险之委付规定等，皆允许依交易当事人的意思自由约定。此外，有关商事交易的事项，如买卖、互易、交互计算、租赁、借贷、雇佣、承揽、居间、寄托、运送等的方式、成立与生效的条件与时间、变更与解除的条件、违约责任等，也均允许当事人自由约定。当然，为了维护交易的公平与安全，商法规范中也有少量强行性法规，但这并不改变商法为任意法的性质，正如民法为了维护公序良俗的需要，也有少量的强行法规范，但并不改变民法为任意法性质的道理是一样的。

（二）商法的特征

商法虽然从本质上讲，为国内法、私法、实体法、特别法和任意法，但20世纪以来，由于诸多因素的影响，商法无论在适用范围及其内容上均发生很大变化，呈现以下几方面的特征：

1. 商法的公法化

所谓商法的公法化，是指商法在保持其私法本质特征的同时，增加了许多公法性质的强制性条款，从而呈现所谓“商法公法化”的现象。如各国商法中关于商事登记的规定，关于商业账簿与罚则的规定，票据、海商、保险和破产法中关于不法商行为罚则的规定等，都是具有公法性质的强制性条款，不允许当事人依其意思而排除或加以变更。此外，在保持商法实体法性质的同时，许多程序性规定，如商事登记程序、破产清算程序等，也被纳入到商法中，而这些程序性规范，在大陆法系国家历来被认为属公法范畴。导致这一现象的原因，是由于现代各国立法受社会本位思想的影响，对于私法关系，已由以往的“放任主义”，改采积极的“干涉主义”，① 以达到维护交易安全和社会公共生活秩序之目的。

需要指出的是，商事立法中出现一些强制性条款，并没有改变商法属私法的本质属性。我们不赞成关于商法有所谓“商事公法”与“商事私法”的划分。② 在私法规范中包含有少量的强制性规范，是现代社会国家干预经济生活的必然结果，这一现象不仅出现在商事立法中，在各国的民事立法中也十分常

① 梁宇贤、刘兴善、柯泽东，等：《商事法精论》，台湾今日书局有限公司1999年版，第6页。

② 张国键：《商事法论》，台湾三民书局1987年版，第8页。

见，如各国民法总则中关于民事主体权利能力和行为能力的规定，关于社团法人与财团法人登记制度的规定；物权法上关于不动产物权的变动登记制度的规定，关于法定地上权、法定地役权和相邻关系的规定；亲属法上关于结婚条件、收养条件的规定；继承法上关于遗嘱继承特留份制度和法定继承人范围与顺序的规定等，上述规范都是强制性的，难道我们能因此也将民法划分为所谓“民事公法”与“民事私法”吗？这从法理上显然是说不通的。

同时，我们也不能因为商事立法中出现了一些强制性条款，就认为它构成一个所谓的“特别私法体系”。① 众所周知，在大陆法系国家，一国的法律体系，只存在公法体系与私法体系的划分。一国的私法体系通常由民（商）法典、特别法和习惯法所构成，单一的特别法是无法构成体系的。在私法体系内部也不存在所谓“普通私法体系”与“特别私法体系”的划分。

2．商法的营利性

所谓营利，是指民事主体通过从事交易行为而获得财产收益。② 古今中外，人们对“商”字的理解，总是同“营利”密不可分。在古汉语中，“通财鬻货曰商”。③ 在英文中，对“Commerce”一词的解释，也是指商品交换或交易行为（The word “commerce” includes every thing related to trade or traffic……）。④ 在经济学理论上，对“商”的解释，乃指以营利为目的，直接媒介财货交易的行为。⑤ 在法律上，民商分立国家的商法典对“商人”或“商行为”的界定，事实上都是以“营利”为最主要标准的。如《德国商法典》第 1 条规定：“本法所称商人是指经营营业的人。营业指任何营利事业……”即使在民商合一的国家和地区，商事立法作为民事特别法，其不同与普通法的“特别”之处，也在于强调民事主体实施交易行为的营利性。如我国台湾地区“公司法”第 1 条就规定：“本法所称公司，谓以营利为目的，依照本法组织、登记、成立之社团法人。”因此，无论从什么角度看，营利性都是商法的本质属性，是商人、商行为、商事关系与民事主体、民事行为、民事关系相区别的主要标志。不仅如此，商法上的一系列重要制度的设计，如商

① 范健主编：《商法》，高等教育出版社 2000 年版，第 5 页。

② 史尚宽：《民法总论》，中国政法大学出版社 2000 年版，第 143 页；王泽鉴：《民法总论》，中国政法大学出版社 2001 年版，第 153 页。

③ 《汉书·食货志（下）》。

④ [英] A. Lincon Lavine, Modern Bussiness Law, 1955, p. 572.

⑤ 张国键：《商事法论》，台湾三民书局 1987 年版，第 4 页。

事立法的原则、商事登记制度、商号制度、商业账簿制度，以及有关买卖、代理、仓储、运送、票据、海商、保险等特别法规则的设计等，无一不与商法的营利性特征有关。近些年来，随着科学技术的发展，商事交易方式不断简化，如以信用证贸易逐步取代传统的财产担保方式，以电子合同促进无纸贸易的发展等，这些变革的目的，无非是降低交易成本，实现交易便捷，它同样是商事交易营利性特征的反映。

3. 商法的技术性

民法和商法都是调整商品经济关系的法律规范，民商法不过是将商品交易的一般规则翻译为法律而已。因而，民商法的条款本身都具有很强的技术性。但与民法相比，商法规范的技术性更强。① 其原因就在于：（1）民法调整的社会关系十分广泛，除了财产关系，还包括人身关系，人身关系具有很强的伦理性。即使在民法调整的财产关系中，有关对夫妻财产关系、家庭财产关系和财产继承关系的调整也具有很强的伦理性，因此，民法规范中包含有大量的伦理性规范。这些伦理性规范的内容更多地受一国文化传统的影响，而与商品交易本身没有什么联系。商法则不然，它只调整以营利为目的的财产关系，调整对象的单一性，决定了商法规范更多的是商品交易"游戏规则"的直接反映，而与各国的文化传统联系不大。因而，商法规范主要由技术性规范所构成。（2）民法是普通法，商法是特别法，作为普通法，为保持其相对稳定性，民法只能对商品交易的一般规则作出抽象性或概括性规定，而不可能也没有必要对各种交易方式的具体规则作出反映。而作为特别法的商法则不受此限制。商法规范本身就是对民法规范的补充、扩展和延伸，它理应对商事交易的具体规则作出最直接的反映。同时，由于特别法不受稳定性特征的约束，因此，商法规范也会随着经济交往中"游戏规则"的变化而变化。现代商事交易呈现出高度职业化和专门化的特点，反映在商法规范中的"游戏规则"当然也会呈现高度技术性的特点，普通人非经过专门的学习和培训，是难以掌握的。

商法的技术性特点，在各国商法典的商事通则和公司、票据、海商、保险等特别法中均有反映。如商事通则中关于商业账簿制度的规定；公司法中关于公司股东会召集程序与决议方法、董事与监事的选举方法、公司会计与公司债的规定等；票据法中关于票据特性的规定、票据抗辩的限制、执票人的追索权的规定，以及参与承兑、参与付款的规定等；海商法中关于共同海损的认定与

① ［日］高田源清：《商法概论》，第4页。转引自张国键：《商事法论》，台湾三民书局1987年版，第21页。

理算规则的规定等；保险法中关于保险费用、保险金额、保险标的乃至保险险种的设计等，均具有高度的技术性，它既是长期交易实践中经验的积累，也涉及数学、统计学、会计学等多方面理论。如果单纯从法学理论的角度来评价商法规范高度技术性的目的，那就是实现交易的迅捷与安全，满足交易公平原则的要求。

4．商法的进步性

商法的进步性，是指各类商事法律的修订比较频繁。本来，法律是立法者的意识对社会生活关系的主观反映，当社会生活发生变化后，立法者只有对已有的法律规范及时进行废、改、立，其出台的法律才能适应社会生活的变化，对社会的进步与发展起推动作用。而由于政治、经济、科技、文化、教育、环境等多方面的因素，一个国家的社会生活关系随着时间的推移总在不断发生变化，因而，不仅是商事立法，任何法律都存在废、改、立的问题。

之所以将商法的进步性作为一个特性加以强调，是相对于其他法律、特别是民法而言的。由于民法是普通法，其法律条款大多只对社会经济生活关系作一般性和概括性的规定，因而，包容面较宽，适应性较强，当社会经济生活发生变化时，仍可保持相对的稳定性和连续性。而商法则不同，商法规范是直接将商事交易的规则“翻译”为法律的，是对社会经济生活关系的具体反映，这就导致了每当交易主体、交易形式乃至交易内容发生新的变化时，商法都必须及时作出反映，而每一次反映，都会带来商法具体条款的修改。正如我国台湾学者张国键教授所言：“社会情况变迁，商业每因之而发生变化，商事法必须随着社会已发生或存在之事实，亦步亦趋，始能适合实际需要。商事法之具有进步性，实较诸民法尤为迅速。”①

从现实的立法变动角度来考察，大陆法系各国民法典制定至今，已有数百年的历史，② 除少数内容外，大多数条款至今仍在援用。而民商分立国家的商法典，虽然出台时间与民法典相差无几，③ 但出台不久就频繁修订，与法典的稳定性要求发生直接冲突。为了解决这一问题，某些民商分立的国家，将原商

① 张国键：《商事法论》，台湾三民书局1987年版，第25页。

② 《法国民法典》1804年制定；《德国民法典》1896年制定；《日本民法典》1898年制定；《瑞士民法典》1907年制定。变动最大的当属《意大利民法典》，它1865年制定，但采民商分立体例。1942年，意大利出台新民法典，其中一项重要内容就是将民法典与商法典合而为一。

③ 《法国商法典》1807年制定；《德国商法典》1897年制定；《日本商法典》1899年制定。

法典的部分内容从法典中分离出来，以利于频繁修订。在德国，公司法和票据法就是从商法典中分离后，以单行法形式规定的。① 在法国，虽然目前的商法典仍然保留着最初商法典的体例，但绝大多数条款已被废除或修改，继续有效的仅 140 条，其中只有约 30 个条款保留了 1807 年的行文。② 与德国一样，为了便于商法的修改，今日的法国，大量的商事立法，包括商法典中已经涉及的立法内容，以及有关公司、商业登记、海商、破产、银行、有价证券、商事租约、营业资产等方面的法律，均未正式编入商法典，而是以单行法形式存在着。③ 出现上述现象的原因，都是由于商法的进步性所致。

5．商法的国际性

商法的国际性，也可称为商法的“趋同化”或“国际化”，它是指在调整同一商事关系时，各国的商事立法有趋于统一的趋势。商法虽属国内法，由于各国的法律文化和经济发展水平的不同，各国的商事立法无论在立法体系、内容安排等方面均存在差异，但不可否认，随着跨国贸易的不断发展，为了减少各国贸易交往中的法律障碍，20 世纪以来，各国的商事立法趋于统一的趋势日益明显。这主要表现在两个方面：一是各国间的商事条约日益增多。据不完全统计，不包括两国间签订的双边贸易协定，仅就地区性和全球性的商事公约而言，目前调整商人法律地位的公约有 5 个，调整有关买卖、票据、海商、保险等方面的条约有 31 个，调整工业产权方面的公约有 7 个。④ 特别是 1980 年在维也纳签订的《联合国国际货物销售合同公约》和 1994 年在摩洛哥签订的《世界贸易组织协定》，更是国际间商事立法趋于统一的典型范例。二是各国的国内商事立法在相互借鉴的基础上，差异也在缩小。比如自 1930 年至 1931 年《日内瓦统一票据法》制定以后，欧陆各国均本着“国内法尊重国际法”的原则，大多以此为依据，修订了国内的票据法。⑤ 两大法系之间国内商事立法的相互借鉴，也不乏其例。比如我国台湾地区 1963 年颁布的“动产担保交易法”，就是以美国《统一动产按揭法》（Uniform Chattel Mortgage Act）、《统一附条件买卖法》（Uniform Conditional Sales Act）和《统一信托收据法》

---

① ［德］罗伯特·霍恩、海因·科茨、汉斯·G. 莱塞：《德国民商法导论》，楚建译，中国大百科全书出版社 1996 年版，第 240 页。

② 《法国商法典》制定于 1807 年，共有条文 648 条。

③ 金邦贵译：《法国商法典》“序言”部分，中国法制出版社 2000 年版。

④ 详细的条约名称，请参阅李双元主编：《市场经济与当代国际私法趋同化问题研究》，武汉大学出版社 1994 年版，第 35～39 页。

⑤ 张国键：《商事法论》，台湾三民书局 1987 年版，第 376 页。

(Uniform Trust Receipt Act) 三个法律为蓝本制定的。[①] 商法的国际化，对于推动各国间的经贸往来，加速世界经济一体化进程起到了积极的作用。

但需要指出的是，国际化不仅仅是商事立法的发展趋势，事实上，随着各国经济文化交流的日益增多，民事立法方面也有趋同化的趋势。我们通常讲的"私法的国际化"，就既包括商法的国际化，也包括民法的国际化。只是商法的国际化比民法的国际化表现得更为突出、更为明显而已。导致这一现象的原因，是因为商法调整的商事关系为纯粹的财产交易关系，商法规范大多为纯技术性规范，受各国历史、文化、宗教等因素的影响较小，因而统一起来难度较小。而民法调整的社会关系中，除财产关系外，还包括自然人的身份关系，它受一国的历史、文化传统和宗教因素的影响较大，民族特色浓厚，很难加以借鉴。即使从民法调整的财产关系角度讲，其与商法调整的财产关系也存在很大差异。民法中的物权制度与一国的经济体制唇齿相依，带有强烈的固有法色彩；[②] 民法中的继承制度是建立在一定的身份关系（婚姻、血缘关系）基础上的，继承法实际上是财产法与身份法的融合。[③] 而身份法的差异性必然导致各国的继承制度很难实行有效的统一。正是从这个意义上讲，私法的国际化，在商事法领域表现得尤为明显。

第二节　商法与相邻部门法的关系

一、商法与民法

在大陆法系国家，民法和商法同属私法，具有许多共通性，同时又具有各自不同的特点。其共通性主要表现在：（1）性质基本相同。二者都是私法、实体法和国内法。（2）调整手段相同。对民事关系和商事关系的调整，基本上都是采用任意法规范，意思自治不仅是指导民事行为的基本原则，也是指导商事行为的基本准则。（3）主体的地位相同。无论是民事关系，还是商事关系，都是发生在平等的民事主体或商事主体之间的。二者的不同点表现在：

---

① 王泽鉴：《民法学说与判例研究》（第1册），中国政法大学出版社1998年版，第238页。

② 谢在全：《民法物权论》（上），中国政法大学出版社1999年版，第11～12页。

③ 李双元、温世扬主编：《比较民法学》，武汉大学出版社1998年版，第959～960页。

(1) 调整的法律关系范围不同。民法调整的民事关系，既包括财产关系，也包括身份关系；而商法调整的商事关系，仅限于以营利为目的的财产关系。(2) 适用的主体不同。民法适用于普通民事主体；商法则只适用于商人，而不适用于非商人。(3) 效力不同。无论是民商分立的国家，还是民商合一的国家，都认为对于同一事项，商事规范有优先于民事规范适用的效力。

上述异同点的存在，成为大陆法系学者争议民法和商法关系的主要依据。持“共通性”观点的学者认为，民法与商法的共性大于个性，商人、商行为和商事关系不过是民事主体、民事行为、民事关系的一部分，对商事关系的调整，除商法外，同样需要借助于民法的规定，因而，商法与民法的关系是普通法与特别法的关系，商法不可能脱离民法而成为一个独立的法律部门。而持“差异性”观点的学者则强调，商法与民法的个性大于共性，二者不仅在主体、适用范围和效力方面不同，而且在立法目的上也有不同：商事法所规定者，乃在于维护个人或团体之营利；民法所规定者，则侧重于保护一般社会公众之利益。① 由此主张商法和民法是两个各自独立的法律部门，二者互不隶属。

我们认为，商法与民法的关系，就是特别法与普通法的关系，二者的共性大于其个性。理由在于：

(1) 从法理上讲，大陆法系国家关于部门法的划分基本上遵循二个标准：一是调整对象；二是调整手段。换言之，某一类法律或法规要构成一个独立的法律部门，要么它具有特定的调整对象，要么它具有独特的调整手段，否则就不能成为独立的法律部门。民法和刑法不仅调整的社会关系不同，而且调整手段也不同。民法主要调整平等主体间的人身关系和财产关系，其调整手段是通过民事赔偿等方式对权利人的民生权利予以救济和保护，而刑法调整的社会关系既包括人身关系和财产关系，也包括公共管理关系，其调整手段是通过刑罚的方法来惩罚犯罪行为，保护自然人的人身权利及自然人与法人的财产权利不受侵犯，维护社会公共秩序的稳定。因而，民法和刑法可以成为独立的法律部门。同样道理，行政法之所以可以成为独立的法律部门，就在于它不仅调整的社会关系（即行政管理关系）与民法、刑法不同，而且其调整手段（行政处罚）也与民法、刑法不同。以此标准来衡量，商法调整的商事关系，是发生在平等主体间的商事交易关系，它与民事关系并无区别。如果用营利性的标准来衡量的话，即使在民商分立的国家，其立法也不认为只有商事关系具有营利

① 张国键：《商事法论》，台湾三民书局1987年版，第23页。

性，民事关系就不具有营利性。比如在《德国商法典》中，认为具有营利性的买卖、运送、仓储、行纪、承揽等，在《德国民法典》中同样也有规定，只不过民法典的规定较为原则，而商法典的规定较为具体而已。① 如果硬要说在调整对象问题上，二者有什么区别的话，那就是民法调整对象的范围比商法更大，商法的调整对象完全被民法所包容。同时，商法对商事关系的调整手段与民法对民事关系的调整手段基本上是相同的，都是采取追究违约责任或侵权责任的救济手段。虽然有些国家的商事立法中涉及用公法手段（如关于商事登记、破产犯罪的规定等）调整商事关系的条款，但就连商法学者也承认，上述条款仍属于广义的行政法或刑法的范畴，实施上述条款时，仍须援引行政法或刑法的相关规定方可适用。②

（2）从商法的历史沿革来看，商法作为一个独立的法律部门，是特定历史时期特定历史条件下的产物。早在古罗马的全盛时期（公元2—3世纪），罗马的万民法中，就已存在大量关于调整买卖、运送、借贷、海商、雇佣、合伙及经理商等方面的法律条款。那时，除一般的私法外，并无特别之商事法的存在。③ 只是到了中世纪末叶，随着地中海沿岸各自治城市间贸易的迅速发展，一个特有的商人阶层开始形成，为了摆脱封建法律和宗教法律的支配，这些商人组成一个团体，以保护其自身利益。该团体拥有自治权与裁判权，依自己的商事生活习惯，订立自治规约（statuta mercatorum），行之既久，遂成为一种商人法（law merchant）。由于该商人法的效力仅及于商人团体以内，是专门适用于商人之法，因而成为后来欧洲国家民商分立的先声。随着欧洲资产阶级革命的胜利，各民族国家纷纷独立，自治城市不复存在，商人团体也逐渐消减，唯各国因普通法尚未完善，商事仍须特别立法，于是在原商人团体习惯法的基础上，各国在民法典之外，编纂了各自的商法典。④ 由此可知，商法从民法中独立，是由于现代意义上的民法尚未完善，为了保护特定商人阶层的利益，摆脱封建法律和宗教法律的支配而采取的一种做法。这种做法在特定的历

---

① ［德］罗伯特·霍恩、海因·科茨、汉斯·G. 莱塞：《德国民商法导论》，楚建译，中国大百科全书出版社1996年版，第239页。

② 张国键：《商事法论》，台湾三民书局1987年版，第27~28页。

③ ［美］孟罗·斯密：《欧陆法律发达史》，姚梅镇译，中国政法大学出版社1999年版，第220页。

④ 以上史料请参阅［美］孟罗·斯密：《欧陆法律发达史》，姚梅镇译，中国政法大学出版社1999年版，第217页以下；张国键：《商事法论》，台湾三民书局1987年版，第11~12页。

史条件下有其合理性，当这些条件消失后，继续坚持这一做法是否合理，就值得商榷了。大陆法系国家的学者普遍认为，民商分立本身并不是科学的理性构思，而只是历史的产物。德国学者托伦就明确指出："民法和商法的划分，与其说是一种科学的划分，还不如说是一种历史的沿革。传统因素对民商分立的形式具有压倒一切的影响。"①

（3）从商法的发展趋势来看，由于民商分立缺乏应有的法理依据，因而，民商合一是其必然的发展趋势，商法只能作为民法的特别法而存在，而不可能成为一个独立的法律部门。有人对此提出疑问：欧洲大陆国家特有的商人阶层消失已经很长时间了，为什么至今大多数国家仍然坚持民商分立的体制？我们认为，这完全是传统因素作用的结果。如果仔细考察一下大陆法系各国商事立法的历史，就会发现这样一个事实，各国商法典的制定大多是在 19 世纪末叶。② 自 20 世纪初，《瑞士民法典》对民商事关系的调整首开民商合一体制的先河以后，其后颁布的民商事立法，如《苏俄民法典》、《泰国民法典》和旧中国民法典等，均采用民商合一的体制。更值得一提的是：由于现代社会，无业非商，在社会经济生活中，实在难以划清商人与非商人、商事行为与民事行为的界限，原采民商分立体制的意大利和荷兰也分别于 1942 年和 1934 年实现了民商合一。由民商分立向民商合一的转变，不仅仅是商法内容在形式编排上的变化，更重要的是，在立法指导思想上理顺了民法与商法的关系，解决了商法的进步性与法典式的立法模式之间的矛盾，从而在体系上彻底否定了商法作为独立法律部门的存在。③ 即使在没有实现民商合一的法、德、日等国，由于法典化的模式直接同商事法规范的进步性发生矛盾，因而大部分有关公司、票据、海商和保险的内容均从商法典中分离出来，单独立法或被新的单行法所取代，成了实质意义上的民事特别法，而商法典的存在也只具有形式上的意义而

① 《国际比较法百科全书·民法与商法》，第 7 页。转引自覃有土主编：《商法学》，中国政法大学出版社 1999 年版，第 57 页。

② 如《法国商法典》1807 年制定；《德国商法典》1897 年制定；《日本商法典》1899 年制定；而《意大利商法典》则于 1882 年制定，1942 年废止。《荷兰商法典》1838 年制定，1934 年废止。

③ 有人认为，在世界上首先采用民商合一的瑞士法，将商事法规归类于债编，列入民法典之中，不过其内容和基本精神依然仿照德国商法，仅仅形式有所不同而已。（参见范健主编《商法》，高等教育出版社 2000 年版，第 19 页。）这显然是对民商合一的意义缺乏应有的了解。

已。就连德国学者也认为，德国商法实际上是德国民法的特别法。①

当然，我们主张民商合一，否定商法作为一个独立的法律部门而存在，并不意味着否认商法与民法之间存在的差异性。事实上，由于商事行为的营利性特点所决定，商事规范与民事规范在立法的价值取向、规则的技术设计、权利义务的取舍、归责原则的选择等方面，均存在较大的差异。正是由于上述差异的存在，商法才有作为特别法存在的必要。那种以民商合一为理由，在立法上完全抹杀民法与商法差异性，以民代商或者以商代民的做法，都是不符合民商合一的本意的。确认商法为民法特别法的实践意义就在于，对同一事项，民法与商法均有规定的，依照特别法优先于普通法适用的原则，应当优先适用商法的规定；对于某一事项，商法没有具体规定的，则适用民法的一般性规定。

二、商法与行政法

行政法是指以特有的方式调整行政（行政行为和行政组织）关系的法律规范的总称。② 依照大陆法系国家公私法划分的理论，行政法性质上属于公法，它与作为私法的商法，有以下几方面的主要差异：

1. 立法目的和功能不同

作为私法的商法是以个人的意思自治为出发点的，其任务是规范法律行为的实施，调整私人之间潜在的或者已经发生的利益冲突。而作为公法的行政法则是以界定国家行政权力行使的界限为立法目的，以维护社会公共秩序为主要任务。

2. 主体地位不同

商事关系的主体与行政关系的主体的最大不同点就在于：商事关系主体间的法律地位是平等的。而在行政关系中，其主体间的法律地位是不平等的，一方是管理者，另一方是被管理者，且管理者一方必须是国家行政管理机关。在一般情况下，商事主体主要为自然人、法人或合伙组织，但不排除国家在特定情况下也可以成为商事关系的主体，如政府的招标采购、发行国债等，但此时的国家是以商事主体的身份，而非以管理者的身份出现的，它与相对人之间的法律地位仍然是平等的。

---

① ［德］罗伯特·霍恩、海因·科茨、汉斯·G. 莱塞：《德国民商法导论》，楚建译，中国大百科全书出版社 1996 年版，第 240 页。

② ［德］哈特穆特·毛雷尔：《行政法学总论》，高家伟译，法律出版社 2000 年版，第 33 页。

3. 调整对象不同

商法的调整对象是商事关系，这种关系的最大特点就在于：主体地位的平等性、意思表示的自由性和权利义务的对价性。而行政法的调整对象是行政管理关系，这种关系的最大特点就在于：被管理者对管理者的服从性和权利义务的不对价性。

4. 调整手段不同

商法与民法的调整手段是相同的，即主要采取民事赔偿的私法手段对当事人的私权予以保护或救济。私法手段的最大特点就在于：采用任意性规范的立法技术，允许依当事人的意思排除该规范的适用。而行政法则是采取行政处罚的公法手段来维护国家利益和社会公共利益。公法手段的最大特点就在于：采用强制性规范的立法技术，法律的规定必须执行，不允许依管理者或被管理者的意思而排除其适用。

5. 适用原则和程序不同

商法的适用原则是维护交易安全，促进交易迅捷。而行政法的适用原则是维护社会公共利益，保障社会公平与正义。不同的适用原则是由商法与行政法不同性质和不同的立法目的所决定的。虽然有些商法学者也将公平原则作为商法的适用原则来加以阐述，① 但民商法上的公平性是针对交易双方当事人而言的，由于民商法的私法属性所决定，它并不担负维护社会公平的职责。维护社会公平的职责是由作为公法的行政法来承担的。因此，公平原则在民商法和行政法中有着不同的含义。

商事纠纷与行政纠纷的处理，在适用程序上也存在差异。在大陆法系国家，商事纠纷的处理，适用民事诉讼法规定的民事诉讼程序；而行政纠纷的处理则适用行政诉讼法规定的行政诉讼程序。

商法与行政法虽然存在上述差异，但二者并非没有联系。这种联系主要包括两个方面：一是随着国家对经济生活干预力度的加强，各国的商事立法中强制性规范日益增多，出现所谓“商法公法化”的现象。如关于商事登记制度、商业账簿制度的规定，公司、票据、海商、保险、破产法中关于商人违法操作行为的罚则规定等，这些强制性规范从性质上说，属于行政法规范的范畴。因而，在商事交往中，上述规范是不能依当事人的意思加以变更或排除适用的。二是当今行政法的发展也受到了作为私法的商法的强烈影响。如国家垄断经营某些行业（军工企业）的行为、政府招标采购行为、国家赔偿行为等。从性

① 张国键：《商事法论》，台湾三民书局 1987 年版，第 36 页。

质上讲，上述行为均为公法行为，但在立法上，规范上述行为的法律中却包含了一定数量的私法规范。这被德国学者称之为“行政私法”,① 它实质上是“公法私法化”的必然结果。因此，商法与行政法是两个既有区别又有联系的法律部门。

这里顺便提及商法与所谓“经济法”的关系问题。在传统部门法的划分中，行政法作为独立的法律部门，主要包括行政组织法和行政行为法两大部分，经济法作为独立的法律部门是不存在的。我国经济法学者所谈论的“经济法”，实质上属于行政行为法的范畴。因为凡属国家行政权的作用而形成的社会关系，本质上皆属行政关系，由行政法来调整。由于国家的行政管理行为涉及社会生活的方方面面，如自然资源的保护与管理、治安管理、交通管理、工商管理、城市建设管理、教育文化卫生科技管理等，经济管理只是国家行政管理活动的一个组成部分，因而，严格说来，所谓“经济法”的涵盖范围比行政行为法还要小得多。作为行政法的一个分支，“经济法”既没有不同于行政法异质的调整对象，也没有区别于行政法的特别调整手段，更没有独立的法律责任体系及其相应的救济手段，因而，在我国现行法律体系中，经济法作为独立的法律部门既没有理论基础，也没有法律依据,② 仍然属于行政法的范畴。因此，讨论商法与经济法的关系，实质上就是讨论商法与行政法的关系。硬要将经济法从行政法中分离出来，作为一个独立的法律部门，来讨论它与商法的关系，除了徒增困惑外，别无他益。

三、商法与其他部门法的关系

在各国的商事立法中，除了包含有一定量的行政法规范外，还同时包括有一定量的刑法规范和程序法规范,③ 因而，商法与刑法、程序法也有一定的联系。总体来讲，在商事法律中出现刑法规范和程序法规范，乃是国家运用公法手段干预社会经济生活的结果。因为无论是刑法规范，还是程序法规范，均属公法范畴。商事活动的秩序借助于这些公法规范得到应有的维护，社会公共利

---

① ［德］哈特穆特·毛雷尔：《行政法学总论》，高家伟译，法律出版社 2000 年版，第 35 ~ 39 页。

② 王克稳：《行政法学视野中的“经济法”——经济行政法之论》，载《中国法学》1999 年第 4 期。

③ 如我国《票据法》第 103 条关于票据欺诈行为承担刑事责任的规定，属刑事法规范；而我国《公司法》第八章关于公司破产、清算时的清算程序的规定，则属程序法规范。

益借助于这些公法规范获得应有的保护。但需要强调的是，商法中的刑法规范和程序法规范仍然隶属于各自部门法的范畴，它本身并不能独立操作，需要与各自部门法的相关规定相配合，才能发挥应有的作用。此外，这些规范既然属于公法规范，在商事活动中，当然不允许依当事人或执法机关的意思而变更或排除其适用。

第三节 商法的历史沿革

一、欧洲大陆法国家商法的历史沿革

（一）欧洲商法的起源

多数学者认为，近代意义的商法起源于欧洲中世纪（约公元 10—12 世纪）的商人法。商人法是随着欧洲商业的恢复与发展，自治城市的兴起而产生的，大致形成于公元 10—12 世纪。由于这一时期意大利商业最先发展，并长期保持着欧洲商业中心的地位，因而商人法首先在意大利形成，法国、德国、西班牙等国虽然也有自身的商人法，但均受到意大利商人法的影响。他们把意大利商人法中适合本国情况的内容收集起来，加以汇编适用，因而，意大利商人法，常被称为欧洲各国商法的“母法”。①

而意大利商人法自身，则是在古代地中海沿岸各自治城市间的陆上贸易和海上贸易习惯的基础上发展起来的。这些商业习惯是罗马法与教会法共同作用的产物。罗马法的价值在于为商人法的形成提供了法律术语和交易原则，而教会法的作用则在于在商人法的形成过程中，为之提供了善意观念、公平交易观念与恪守协议观念。虽然罗马法作为整体在中世纪的欧洲被中断，但由于罗马法本身具有国际性，其中包含的商事交易规则一直适用于其统治下的各城邦国家，因此，在罗马帝国灭亡后，教会法虽然取代罗马法而成为中世纪欧洲的主要法律，但在各地有限的商业活动中，人们仍然按照罗马法原则行事，这就使得罗马法中的许多规则被作为地方交易习惯保存下来。而随着意大利商业的恢复和城市的兴起，这些商业习惯在吸收教会法观念的基础上得以进一步发展，从而成为中世纪商人法的基础。

虽然近代意义的商法起源于中世纪的商人法，但二者仍然存在一定差异，表现为：（1）中世纪商人法是一种习惯法，由长期商业和海上贸易实践中形

① 何勤华主编：《法国法律发达史》，法律出版社 2001 年版，第 245 页。

成的习惯所构成，并由各国的商事法院的判决加以确认。虽然其间出现过几部成文的海商法典，也不过是海上贸易习惯的汇编而已。① 而近代欧洲大陆国家的商法则为成文法，由各国的立法机关所制定。（2）中世纪商人法是在当时商人自治团体或行会的自治规约基础上发展起来的，其效力仅及于团体或行会内部，而不及于团体或行会以外的人。这虽然成为后来欧洲国家民商分立的先声，但与近代商法的效力仍有不同，其区别就在于：近代商法属国内法的范畴，对一国领域内的商人一体适用；而中世纪商人法则不是一国的立法，它是地中海沿岸各自治城市贸易交往中逐渐形成的，因而其效力不受国界的限制，具有“国际性”。②（3）中世纪商人法是在自治城市兴起、特有商人阶层形成的情况下，为了摆脱封建及宗教法律的束缚，维护商人特有的利益而形成发展起来的。由于当时的商业行会林立，各行会之间的商人习惯法也各有不同。而近代各国商法则是在封建势力已衰弱，自治城市不复存在，商人团体渐趋消灭，各民族国家纷纷成立的情况下，为了在一国范围内实现商法的统一而制定的。因而近代各国商法更具国内法的色彩。③

（二）欧洲近现代商法之发展

随着封建制度的瓦解、资本主义的成长和民族统一国家的兴起，原先分散于自治城邦和商人团体的立法权也随之收归国家；与此同时，原先分散的商人习惯法，也严重妨碍了商品贸易的发展和国家统一市场的建立，因而迫切需要在一国之内实现商事交易规则的统一。正是基于政治和经济的双重原因，欧洲大陆法国家在资本主义制度建立后，便开始了商事立法成文化、法典化的工作。在这些国家的立法中，最具代表性的，当属法国和德国的商事立法。以下简要介绍之。

1. 法国商法

法国具有近代意义的商事立法，始于法国国王路易十四于1673年颁布的

---

① 中世纪成文的海商法典主要有三部：一是13世纪中叶在西班牙巴塞罗纳编纂的《海上习惯法》，又称《康梭拉得海法》（Libro del consolat del mar），该法主要规定了海上战争中处理货物之规则；二是13世纪初在法国的奥内隆编纂的《奥内隆法典》（Charte d'Oleron），又称《海事判例集》（Jugemens de la mar），该法主要是12世纪海事判例的汇编，其内容几乎全部是船舶法；三是《威士皮海法》（Water-recht of Wispy），它是以《奥内隆法典》为蓝本编纂的，主要盛行于波罗的海沿岸和地中海东南部地区。参见［美］孟罗·斯密：《欧陆法律发达史》，姚梅镇译，中国政法大学出版社1999年版，第225～226页。

② 张国键：《商事法论》，台湾三民书局1987年版，第11页。

③ 何勤华主编：《法国法律发达史》，法律出版社2001年版，第246页。

《商事条例》（Ordnnance sur le commerce）。该条例共计十二章，112 条，包括商人、票据、破产、商事裁判之管辖等规定。① 该条例在适用上仍受商人习惯法的补充，并且其司法由商人担任法官的商事法院实施。1681 年法国颁布《海事条例》（Ordonnance sur de la marine），该条例分为海上裁判所、海员及船员、海上契约、港湾警察、海上渔猎五编。它与《商事条例》的区别在于：前者专门调整陆商关系，后者专门调整海商关系。这两个条例的颁布，为后来《法国商法典》的制定奠定了基础，也为其他通行拉丁语的国家制定本国商法提供了样板。

1807 年，在对上述两个条例修改的基础上，法国颁布了统一的商法典，称为《拿破仑商法典》（Code de commerce Napoleon），该法典共分通则、海商、破产、商事裁判四编，计 648 条。其中通则编中包括了公司、商业交易所及证券经纪人、行纪、买卖、汇票、本票等内容。《法国商法典》的主要特征可概括为：（1）实现了由中世纪商人习惯法向国内成文法的转变。（2）开创了民商分立的先河。（3）摒弃了中世纪商人法只适用于商人阶层的传统，而是以商行为为立法基础，凡实施商行为者，不论是否具有商人身份，都适用商法，从而以商行为主义取代了商人主义。（4）立法水平不高。由于受时代的局限，《法国商法典》不仅内容陈旧、规则不尽合理，而且从体系设计上也不周延。如同为商行为，海商行为规定在法典分则中，行纪、买卖、票据行为却被规定在法典通则中。同时还存在诸法合体的遗迹，大量的公法制度和程序法制度充斥其间，直接影响到商法典的私法性质。

但《法国商法典》毕竟是第一部具有近代意义的商法典，尽管存在一些不足，仍对大陆法系国家的商事立法产生了较大的影响。特别是民商分立的立法体例，为欧洲大多数国家所采纳，并直接影响到中南美洲的拉丁语系各国。②

20 世纪以来，随着社会经济生活的发展，《法国商法典》的规定，已远远无法满足现实经济生活的需要，因而被频繁修改。据学者统计，现行商法典③与 1807 年的商法典相比，其中大多数条款已被修改或废除，继续有效的仅有 140 条，而仍然保留 1807 年行文的只有 30 个条款。不仅如此，由于商法典的模式与商法的进步性特征发生冲突，制约了立法者对法典的频繁修改，于是，

① 张国键：《商事法论》，台湾三民书局 1987 年版，第 12 页。

② 张国键：《商事法论》，台湾三民书局 1987 年版，第 17 页。

③ 现行《法国商法典》指截至 2000 年时的版本——本书作者注。

在商法典之外，立法者不得不制定了大量的单行商事法规，作为对商法典的补充。其中较有代表性的有：1947 年颁布的《关于整顿工商职业的法律》、1958 年颁布的《关于商业代理人的法令》、1991 年颁布的《关于商业代理人与其委托人之间关系的法律》、1966 年颁布的《关于商品居间商的法律》、1966 年颁布的《商事公司法》、1985 年颁布的《司法整顿与司法清算法》、1935 年颁布的《统一支票和支付卡的法令》、1962 年颁布的《邮政支票法》等。此外，在商法典的海商编中，除第 433 条关于"时效"的规定被保留在现行商法典中外，其他内容均被未经编纂的各个不同法律文件废除并取代。① 由于《法国商法典》的内容被大量的单行法所剥离，因而，在法国现代经济社会中，商法典的作用已逐步被单行商事法规所取代。

2. 德国商法

德国具有近代意义的商事立法，始于德意志帝国未统一前的普鲁士邦法。② 1794 年，普鲁士国王腓特列·威廉二世颁布了《普鲁士邦法》，这是一部民商合一的法典，该法典的第二部分第八编对商事的规定，与法国路易十四时颁布的《商事条例》相似。1848 年，德国制定统一票据法，其目的是为了解决在德意志境内，由于票据法规的不统一而给商事交往带来的不利影响。1861 年，在普鲁士邦的提议下，德意志联邦议会通过了《普通商法法典》(Das Allgemeine Deutsche Handelsgesetzbuch)，史称"德国旧商法"。该法典是以《普鲁士邦法》为基础，其内容除总则外，计分为商人、公司、隐名合伙与商事合伙、商行为、海商等五编，共 911 条。票据、破产、保险等均未列入。这个法典被当时大多数邦所采用，并为德国新商法典的制定奠定了基础。

1871 年德意志帝国建立后，在着手《德国民法典》制定的同时，也开始了旧商法典的修正工作。1896 年修正工作完成，1897 年予以颁布，这就是现行《德国商法典》(史称"德国新商法")，它于 1900 年生效。该法典计分商人的身份、公司与隐名合伙、商业账簿、商行为和海商五编，共计 905 条。票据、破产、保险等也未列入其中。考察德国新旧商法典的内容，虽然大同小异，但在立法基础上则存在根本的区别。德国的旧商法乃仿效法国商法，采客观主义，以商行为的观念为立法基础。而德国新商法则改采主观主义，以商人的观念为立法基础。依此主张的立法，同一行为，商人为之，适用商法；非商人为之，则须适用民法或其他法律的规定。只是新商法对"商人"的界定，

① 金邦贵译：《法国商法典》，中国法制出版社 2000 年版，第 70 页。

② 张国键：《商事法论》，台湾三民书局 1987 年版，第 13 页。

仍是以商业为范围，超出这一范围，即使是商人实施的行为，也不能适用商法典的规定。①

《德国商法典》与《法国商法典》相比，有许多相似之处：如均采用民商分立的立法体例；在内容上均未涵盖商法的全部内容；在适用范围上均主张商法只适用于商人和商行为等。但《德国商法典》与《法国商法典》的出台时间毕竟相差近100年，因而，二者的差异也表现得十分明显：（1）立法基础不同。法国商法以商行为观念为立法基础，而德国商法则以商人观念为立法基础。立法基础的不同，直接导致对商人身份的判断标准的不同，进而影响到是否适用商法的规定。（2）法典内容不同。《法国商法典》设专编规定票据规则，而《德国商法典》中并不包含票据的内容。《法国商法典》中包含有大量的公法条款，并设专编规定商事裁判（包括商事法院组织、管辖和诉讼程序），诸法合体的痕迹浓重。而《德国商法典》中虽然也有少量的公法条款，但商事裁判的内容是不存在的。（3）立法技术水平不同。《德国商法典》在制定过程中充分运用了法律行为理论，将普通商行为（买卖、行纪、货运、代理、仓储）和特殊商行为（海商）设专编集中加以规定，并设立商行为的一般规定，显得脉络清晰，体系严谨，这既是德国哲学思想的典型反映，② 也显示了德国法学家高超的立法技术水平。而《法国商法典》在这一方面就显得逊色不少，在该法典中，各类普通商行为均被放在"商事总则"中与商主体混合规定，显得十分零乱。

当然，商法典的立法模式与商法进步性之间的矛盾，使德国立法者也未能摆脱因商法典内容频繁修改所带来的烦恼。德国进入20世纪以后，社会经济发展迅速，加上政治等因素，社会动荡剧烈，因此，《德国商法典》刚一出台，就面临被修改的命运。1900年7月德国颁布《德意志帝国贸易条例》，以单行法的形式直接对商法典的商行为部分加以修改。1909年颁布的《反不正当竞争法》和1915年颁布的《取缔高价买卖令》则以强制性规范对商法典所确立的交易自由原则加以限制。据学者统计，从1897年商法典颁布至1989年，《德国商法典》（不包括海商法）共有41次修订。比较重大的几次修改是：1937年《股份公司法》和《股份两合公司法》的另立；1953年《手工业经营组织法》的另立和代理商条款的修改；1985年就商事登记而进行的法典

① 张国键：《商事法论》，台湾三民书局1987年版，第13~14页。

② ［德］罗伯特·霍恩、海因·科茨、汉斯·G. 莱塞：《德国民商法导论》，楚建译，中国大百科全书出版社1996年版，第236页。

结构调整。① 1998 年 6 月 22 日，德国又颁布《商法改革法》，宣布不再区分必然商人（或称免登记商人）和必登记商人（或称应登记商人）、完全商人和小商人，从而创设统一的商人概念。②

此外，《德国商法典》体系中并不包含票据法、保险法的内容，因而分别于 1901 年和 1908 年颁布了《保险业法》和《保险契约法》、1908 年颁布了《支票法》，以弥补商法典之不足。③《德国商法典》虽然设专编规定公司，但其内容只涉及人合性质的无限公司与两合公司，《有限责任公司法》早在 1892 年就已颁布。1937 年，德国又颁布《股份公司法》，上述单行公司法后来也被修改。在公司法领域，目前德国实施的是 1965 年颁布的《德国股份法》、1892 年颁布的《德国有限责任公司法》、1994 年颁布的《德国公司改组法》和 1976 年颁布的《德国参与决定法》。商法典关于公司的规定事实上只对人合公司具有约束力。④

二、日本商法的历史沿革

日本近代意义的商事立法始于明治维新以后。在此之前，日本长期处于闭关锁国的封建社会，在这种社会中，既无近代意义的企业，也无近代意义的商事立法，商品交易主要依习惯法调整。明治维新以后，为了适应资本主义经济发展的需要，日本开始着手编纂商法典，由于国内缺乏这方面的法律专家，1881 年，日本聘请德国法学家海尔曼·洛斯勒（Herrmann Roler）起草商法典。1890 年该法典公布，日本法史上称之为“旧商法典”。旧商法典共三编，

① 何勤华主编：《德国法律发达史》，法律出版社 2000 年版，第 263 页。

② 杜景林、卢谌译：《德国商法典》译者前言部分，中国政法大学出版社 2000 年版，第 1 ~ 2 页。

③ 德国的票据法和保险法事实上一直在商法典外运行，立法者从立法之初就无意将其纳入商法典中。就票据法而言，早在 1871 年德国就颁布《普通票据条例》，但该条例仅规定了汇票和本票两种，因而于 1908 年颁布《支票法》。1933 年，欧洲大陆国家在日内瓦签订了票据法统一公约，德国作为缔约国，根据公约的要求，也在同年颁布了新的《票据法》和《支票法》。就保险法而言，早在 1766 年普鲁士邦就颁布了《保险条例》，该条例一直沿用至商法典颁布，被 1901 年颁布的《保险业法》和 1908 年颁布的《保险契约法》所取代。以上史料请参阅［德］罗伯特·霍恩等：《德国民商法导论》，第 240 页；张国键：《商事法论》，第 14 页；张国键：《商事法论》（保险法），第 28 页。

④ 以上史料请参阅：《德国商法典》和《德国股份法·德国有限公司法·德国公司改组法·德国参与决定法》杜景林、卢谌译，中国政法大学出版社 2000 年版，“译者前言”部分。

第一编为商通则，第二编为海商，第三编为破产，共1064条。该法典在体系编排上仿法国商法，而实质内容则多采德国商法。旧商法典公布以后，原定1891年1月1日施行，但在日本学术界和政界却就商法典是否如期实施问题展开了激烈的争论。一派以商事交易及商法具有世界性和进步性为由，要求如期实施商法典；而另一派则以该法典抄袭外国法、不适合日本国情为由，要求延期实施该法典。争论的结果，延期派获胜，因而，日本旧商法典并未完整付诸实施，只是其中的部分内容（商业账簿、公司、破产）以单行法的形式于1893年7月1日实施。

1893年，日本政府设立新商法典起草委员会，任命梅谦次郎、冈野敬次郎、田部芳三人为起草委员，梅谦次郎还同时兼任民法典起草委员，以便协调两大法典的内容。1899年新商法典起草完成，并于同年公布实施。与此同时，旧商法典除第三编破产外，全部废止。新商法典（以下简称“商法典”）共五编，即第一编总则、第二编公司、第三编商行为、第四编票据、第五编海商，共689条。日本商法典是以德国旧商法典为母法的，因而，绝大多数条文的规定与德国旧商法的条文相似。

法典化的立法模式同样使《日本商法典》未能摆脱被频繁修改的命运。该法典颁布不到10年，在适用过程中就出现了许多问题。1907年，日本政府设立法律调查会，任命冈野敬次郎等三人为商法典修正案起草委员，对新商法典进行全面修改，修改条文达200余条，约占全部条文的1/3。在此基础上，1929—1937年，日本政府任命原嘉道等6人为商法典修正调查委员，再次对商法典进行修改。这次修改的最大特点是大量增加新条文，使商法典的条文数增加近一倍，修改后的商法典“公司编”几乎全是新条文。同时，此次修改的另一大特色，就是将商法典第四编票据的规定全部废止，而单独制定《票据法》（1932年）和《支票法》（1933年），上述两法均于1934年生效。事实上，对《日本商法典》的修改远不止这两次。据统计，《日本商法典》自施行以来，已经经历了35次修改或补充。① 特别是第二次世界大战以后，日本立法者开始大量吸收英美商法、特别是美国商法的立法成果，如公司法中的授权资本制、公司更生制度等，从而使得现行商法典与制定之初的商法典相比，在内容上存在很大差异。《日本商法典》也因此成为日本主要部门法中修改和补充次数最多的法律。经历多次修改和补充后，目前《日本商法典》的条文共

---

① 统计截至1999年——作者注。

有851条。①

现行《日本商法典》和《德国商法典》虽然都是以德国旧商法为蓝本制定的，但经过近百年的演变，两者已存在许多差异，主要体现在如下几个方面：（1）从体系上看，《德国商法典》并无总则的规定，其第一编（“商人的身份”）和第二编（“公司与隐名合伙”）事实上都是关于商事主体的规定。特别是为了协调欧洲共同体各国的公司法，德国立法者根据1985年12月颁布的《会计指示法》的规定，将原设在第一编中的“商业账簿”分离出来，设专编加以规定，从而使得第一编关于商人的规定更加纯粹。而《日本商法典》则试图努力使第一编形成一个总则性的规定。立法者除了继续保留德国旧商法第一编的内容外，另外又增加一章“法例”，对商法典的适用范围作出界定，就充分说明了这一点。（2）从内容上看，日本立法者比较注意各部门法之间在内容上的协调，《日本商法典》制定时，已将德国旧商法中许多民法、公法及程序法的条文删除，而委于他法。从这个意义上说，它是一部更纯粹的商法典。（3）从立法技术上看，由于历史的原因，“二战”后的日本，在历次商法典的修改过程中，更加注重对英美商法特别是美国商法的借鉴，这在公司法中表现得尤为明显。比如，德国破产立法侧重于对破产债权人的保护，而保护的方法又着眼于破产债务人的财产，强调破产财产的担保作用。美国法虽然也有保护破产债权人的制度，但其保护方法并不像德国法那样，以破产财产为担保，直接保护债权人的利益，而是看重公司的“收益力”，设法使公司恢复发展，从而使破产债权人的债权的实现获得保障。日本的破产立法在注意保留德国法特点的同时，吸收了美国法中保护公司的收益力原则，在二者结合的基础上设计了公司更生制度。

与其他大陆法国家一样，日本商法的内容，并不局限于商法典，在商法典之外，还有大量的单行法存在。据不完全统计，目前仅冠以“法”之名的商事单行法就有30余件。举其要者：1905年颁布的《工厂抵押法》，1922年颁布的《破产法》，1922年颁布的《和解法》，1922年颁布的《信托法》，1932年颁布的《票据法》，1933年颁布的《支票法》，1940年颁布的《有限公司法》，1948年颁布的《证券交易法》、1952年颁布的《公司更生法》，1958年颁布的《企业担保法》，1974年颁布的《关于股份公司监察的商法典特例

① 以上有关日本商法沿革的史料主要来源于王书江、殷建平译：《日本商法典》，中国法制出版社2000年版，第1~16页；张国键：《商事法论》，台湾三民书局1987年版，第17~18页。

法》，等等。上述单行法不仅是对商法典的修改或补充，而且其自身也在不断修改完善。因此，要了解日本商法的全貌，仅有对《日本商法典》的了解是远远不够的。

三、英美商法的历史沿革

英美国家由于其特有的法律传统，只有普通法与衡平法、判例法与制定法的划分，而无所谓民法与商法的划分，甚至在其立法上连“民法”与“商法”的概念也不存在。当然也无大陆法意义上的商法典。不过，对于民商事关系的调整，英美国家也有一整套完备的法律制度。如果从大陆法理论的角度来考察，英美国家的商事法律制度主要分散规定于其财产法、契约法、代理法、侵权行为法、公司法、合伙法、担保法、票据法、保险法、海商法、破产法及竞争法中，并以判例或制定法的形式表现出来。由于英美的判例浩若烟海，很难以较短的篇幅加以概括，同时，英美的制定法是在判例规则的基础上制定的，是对判例规则的概括。基于这一原因，以下对英美商法的阐述，将主要以英美制定法为线索。

在英国，最早的商法也是起源于中世纪后期的商人习惯法，它是随着英国陆上贸易和海上贸易的不断发展而逐步形成的。只适用于特定的商人阶层。英国学者泰格（Tiger）和利维（Levy）在考察这一段商人法的特点时，曾经指出：“商人法的基本点在于：有容许签订约束性契约的自由，有对契约的安全保障，还包含有建立、转移和接受信贷的种种方法。”① 这一时期还出现了许多现代意义上的商业概念，如汇票、提单、租船契约、共同海损，且对上述关系的调整，从一开始便显示出与普通法截然不同的规则。

英国资产阶级革命胜利至 18 世纪，随着殖民扩张和海外贸易的飞速发展，英国的近代商事法也有了进一步的发展，开始出现一些成文商法，其中最重要的，当属英国国会 1677 年通过的《防止诈欺条例》（An Act for the Prevention of Frauds and Perjuries）。该条例共 25 条，其内容涉及面很广，但主要是关于契约形式和效力的规定。其调整的也主要是财产买卖关系。② 该条例的许多内容后来虽然被废止或剥离，但在英国商事法的发展史上却有着重要意义，它开创了英国商事立法成文化的先例，并对 1893 年制定的《商品买卖法》和 1925

① ［英］Michael E. Tiger & Madeleine R. Levy, Law and the Rise of Capitalism, New York: Monthly Review Press, 1977, p. 4.

② 杨桢：《英美契约法论》，北京大学出版社 1997 年版，第 172 ~ 175 页。

年制定的《财产法》产生了直接的影响。不过，总体上讲，这一时期的商事法渊源，仍以商业习惯和判例为主，且属衡平法的范畴。英国 18 世纪的一位大法官伏拉斯巴勒在 1791 年的一份判例中就写道："商法的基础是公平原则，应遵循正义与公平所支配的衡平法准则。"①

18 世纪以后，适应贸易发展的需要，英国加快了商事法成文化的步伐，颁布了一系列成文商事立法。其中主要有：1862 年的《公司法》（Company Act，1967 年修正）及《航空运输法》（The Law of Carriage By Air），1882 年的《票据法》（Bill of Exchange Act），1885 年的《载货证券法》（Act to Amend the Law Ralation to Bill of Loading），1889 年的《行纪法》（Factor Act），1890 年的《合伙法》（Partnership Act），1893 年的《商品买卖法》（Sale of Goods Act）、1894 年的《海船法》（Merchant Shipping Act）及《破产法》（Bankruptcies Act），1906 年的《海上保险法》（Marine Insurance Act），1907 年的《有限责任合伙法》（Limited Partnership Act），1909 年的《保险公司法》（Insurance Company Act），1924 年的《海上货物运送法》（Carriage of Googs by Sea Act），1925 年的《信托法》（The Trust Act）及《土地负担法》（The Land Charge Act），1948 年的《垄断与限制竞争法》（Monopolies and Restrictive Practices Inquiry and Control Act），1960 年的《公路运输法》（Road Transportion Act），1971 年的《海上运输法》（Marine Cargo Act），1973 年的《公平交易法》（Fair Trading Act），1974 年的《消费信用法》（Consumer Credit Act），1977 年的《不公平合同条款法》（Unfair Contract Terms Act），等等。上述法律后来大多经过数次修改。

从以上对英国商法的简要介绍中，我们可以归纳出以下几个特点：（1）英国的商事立法虽然多而散，但覆盖了商事交往的各个领域，代表了与大陆法系不同的立法风格。（2）英国的商事法起源于习惯与判例，但 20 世纪以来，有逐步成文化的趋势，形成与英国普通法不同的发展方向。（3）英国的商事立法不仅对英美法系国家产生了重大影响，而且对大陆法系国家的立法和相关国际民商事条约的订立产生了直接的影响。因而在商法国际化的进程中，英国商法发挥了举足轻重的作用。

至于美国商法，是在英国商法基础上发展起来的，具有相同的法律渊源。英国许多重要的商事判例和制定法至今在美国的一些州仍被直接援用。但由于政体的不同，美国的商法在二百余年的发展过程中，也呈现出一些不同于英国

① 转引自何勤华主编：《英国法律发达史》，法律出版社 1999 年版，第 252 页。

商法的特色。依照美国宪法的规定，州内通商之立法权，保留于各州。① 由于美国是个移民国家，外来移民的商业文化各不相同，从而导致各州的商事法也不一样。比如仅就 Mortgage 制度的性质而言，美国有 28 个州采用“权利保留说”（lien theory），其他州则采用“权利让与说”（title theory）。② 基于商事活动的无地域性，不统一的商事法律给各州的交往带来诸多不便，因此，自 1892 年以来，美国一直致力于国内州际商法的统一，并先后于 1896 年制定了《统一流通证券法》（Uniform Negotiable Instrument Act），1906 年制定了《统一买卖法》（Uniform Sale Act）及《统一仓库收据法》（Uniform Warehouse Receipt Act）、1909 年制定了《统一载货证券法》（Uniform Bills of Loading Act）及《统一股份让与法》（Uniform Stock Transfor Act），1922 年制定了《统一信托收据法》（Uniform Trust Receipts Act），1928 年制定了《统一商事公司法》（Uniform Business Corporation Act），以及《统一动产按揭法》（Uniform Chattel Mortgage Act）、《统一附条件买卖法》（Uniform Conditional Sales Act）等，上述法律出台后，为大多数州所采纳。

特别值得一提的是，在上述单行法的基础上，1952 年，美国法学会和美国统一州法委员会合作制定了美国《统一商法典》（Uniform Commercial Code）。该法典共十篇，包括：第一篇总则，第二篇买卖，第三篇商业票据，第四篇银行存款与收款，第五篇信用证，第六篇大宗转让，第七篇仓单、提单和其他所有权凭证，第八篇投资证券，第九篇担保交易；账债和动产契据的买卖，第十篇生效日期和废除效力。从其内容上看，该法典的规定覆盖了大陆法系国家商法的主要内容。不过，应当注意的是，美国《统一商法典》虽然冠之以“商法典”的称谓，但还不是大陆法系意义上的商法典，其理由是：（1）从立法主体看，大陆法国家的商法典是由国家立法机关制定的，是其国内法的重要组成部分，具有国家强制力；而美国《统一商法典》则是由美国法学会（American Law Institute）和美国统一州法委员会（The Commission on Uniform Laws）这两个民间机构合作制定的，该法典的编纂既不是联邦国会的立法行为，也不

① 美国宪法第 1 条第 1 项及第 8 项第 3 款规定：“联邦在商事法上立法的权限为国际、州际及州与印第安人部落间通商之规律。”其州内通商之立法，保留于各州。

② 这 28 个州是：亚利桑那、加利福尼亚、科罗拉多、佛罗里达、佐治亚、爱达荷、印第安纳、爱奥瓦、堪萨斯、肯塔基、路易斯安那、密歇根、明尼苏达、蒙大拿、内布拉斯加、内华达、新墨西哥、纽约、北达科他、南达科他、俄克拉何马、俄勒冈、南卡罗来纳、得克萨斯、威斯康星、犹他、华盛顿、怀俄明等。大多属于美国中西部之州。参见刘得宽：《民法诸问题与新展望》，中国政法大学出版社 2002 年版，第 429 页。

是州议会的立法行为，因而对美国国内的商业交易来说，并不具有法律强制力。它需要借助于联邦成文法的规定和各州法官对其的引用，方可成为真正意义上的“法律”。① 从这个意义上讲，称其为“示范法”似乎更为恰当。(2) 从其内容看，大陆法系采民商分立主张的国家都尽可能使民法典的内容与商法典的内容分开，而采民商合一主张的国家则不承认商法的独立存在，作为民法的特别法，有关公司、票据、海商、保险、破产等内容，也以单行法的形式加以解决。断没有将民商法的内容混合规定的情形。而《统一商法典》却包含了许多被大陆法系认为是属于民法范畴的法律规范。② (3) 从体系看，尽管大陆法系国家的商法典的编排体系存在差异，但商主体和商行为的内容是不可缺少的。而美国《统一商法典》的内容主要是关于交易行为的规定，并不涉及商主体的问题，因而不是大陆法意义上的商法典。(4) 从法律适用上看，大陆法系国家的商法典是在总结商事交易习惯规则的基础上制定的，商法典出台后，成为法官处理商事纠纷的唯一依据。而美国《统一商法典》则是在英美普通法基础上制定的，严格说来，不过是普通法判例规则的成文化。从美国司法实践看，商法典的条文对法官的判案并不当然具有法律约束力，如果离开了法官结合对美国普通法的解释，很难独立加以运用。③ 正是基于上述理由，我们认为，那种将美国的《统一商法典》与大陆法系意义上的商法典画等号的观点是值得商榷的。

尽管如此，美国《统一商法典》的制定仍具有十分重要的意义。它在相当程度上体现了英美国家的商事法律原则，并为美国 47 个州所采纳。它在美国商事法律成文化方面所做的努力，为人们深入了解美国商事交易规则起到了积极的作用。

当然，美国的商事立法并不局限于统一商法典，在商法典之外，美国国会依照宪法权限的划分，还通过了一系列关于州际通商和国际通商的单行制定法。其中较为重要的有：1887 年通过的《州际通商法》(Interstate Commercial Act)，1893 年通过的《哈特法》 (Harte Act)，1898 年通过的《破产法》

① 沈达明：《美国统一商法典》，潘琪译，中译本序言，对外经济贸易大学出版社 1990 年版。

② 沈达明：《美国统一商法典》，潘琪译，中译本序言，对外经济贸易大学出版社 1990 年版。

③ 沈达明：《美国统一商法典》，潘琪译，中译本序言，对外经济贸易大学出版社 1990 年版。

（Bankruptcy Act），1890 年通过的《谢尔曼反托拉斯法》（Sherman Anti-trust），1914 年通过的《克莱敦法》（Clayton Act）及《联邦贸易委员会法》（Federal Trade Commisssion Act），1916 年通过的《载货证券法》（Bills of Loading Act），1918 年通过的《韦布波门法》（Webe Pomene Act），1936 年通过的《海上货物运送法》（Carriage of Goods by Sea Act）等，上述法律通行各州，并一直沿用至今。

四、我国商法的历史沿革

中国自古重农抑商，并无近代意义上的商业存在，当然也无法形成特有的商人阶层，因而别说近代意义上的商事成文法，就连商事习惯法也不存在。虽然在历代律典中，包含一些关于买卖、仓库、借贷的规定，但对上述关系的调整主要是依靠刑罚手段，而非私法手段，因而，上述规定还不能说就是近代商法的雏形。

鸦片战争以后，西方列强强迫清政府签订了一系列不平等的通商条约，从此海禁大开，中外互市。在清政府大办洋务运动中，产生了一批官办、官督商办和官商合办的企业。同时，民间的钱庄发展也为商品贸易提供了融资渠道，这些都为近代中国民商事立法的出台奠定了基础。1902 年，清朝光绪皇帝颁发上谕曰："现在通商交涉事益烦多"，要"将一切现行律例，按照交涉情况，参照各国法律，悉心考订，妥为拟议，务期中外通行，有裨治理"。① 并设立修订法律馆，任命沈家本、伍廷芳、俞廉三等为修订法律大臣，开始了中国近代意义的法律制定工作，至 1912 年清政府垮台，先后颁布了 7 部具有近现代意义的法典草案，《大清商事律》草案是其中之一。因而，中国近现代意义的商事立法应当说始于清末，且主要仿效德国和日本，采民商分立体制。

就商法的起草而言，1903 年，清政府任命载振、伍廷芳等具体负责起草商律，因商律包括内容广泛，一时难以完成，为应急需，先拟订《公司律》131 条，卷首并冠以《商人通例》9 条，于同年 12 月 5 日颁布。1906 年，修订法律馆会同商部参酌西方国家破产法，制定《破产律》，并于同年颁布。由于先前颁布的《商人通例》过于简略，1908 年，修订法律馆又聘请《日本商法典》的辅助起草人志田甲太郎博士帮助编订商法，至 1909 年完成，定名为《大清商律草案》。该草案分总则、商行为、公司、海船、票据五编，计 1008

① 参见《大清法规大全·法律部》卷首，第 1 页。

条，内容较为完备，但尚未来得及颁行，清王朝即告垮台。①

在北洋政府时期，商事立法并无太大建树。除了1914年颁布《商人通例》、《公司条例》和《证券交易法》，1921年颁布《物品交易所条例》以外，其他方面基本上继续沿用清末法律。民国政府成立之初就曾明确宣布："凡清代法律，不与国体抵触者，仍为有效。"② 因而，清王朝未来得及颁行的《大清商律草案》在民国政府的早期（1928年以前）是被正式适用的。1928年，国民党政府奠都南京，在清末立法的基础上，开始民商法的起草工作。

当时，国民党政府立法院曾就采用民商分立抑或民商合一的体制展开激烈的争论。

主张民商分立的理由，归纳起来有以下几点：一是商法在适用主体上具有特殊性，它只适用于商人之间发生的商事关系，而不适用于非商人之间发生的民事关系。二是商法具有国际性，而民法则具有固有法的性质。三是商法具有营利性，商行为以营利为必要，而民事行为则不受此限。四是商法规范具有技术性，而民法规范具有伦理性。五是商法具有进步性，而民法条款制定后，多属固定。

而主张民商合一论者，针对上述理由，提出如下反驳意见：一是在民法典之外另订商法典的国家，是因为该国历史上有商人特殊阶级的存在，基于每一特定的身份集团都应有其专门法律的观念，才产生了民商分立的立法。而我国自汉初弛商贾之律后，四民同受治一法，买卖钱价，并无民商之分。清末虽有民法典与商法典分立之实践，但由于我国事实上并无商人特殊阶级，故不可盲目照搬。二是主张商法具有国际性，而否认民法的国际性，乃是一种陈旧的观念，各国民法之间的相互借鉴吸收并不逊色于商法。同时实行民商合一后，也不会影响商事立法的国际化。三是从昔日各国的商法规定来看，民法与商法的区分，有以人为标准的，即凡商人所为者，均入于商法；也有以行为为标准的，即凡商行为均入于商法。但何为商人？何为商行为？在实践中很难划分。我国若采民商分立体制，则会因民法典与商法典的并存，而引起法律适用上的困难和混乱。四是进步性乃一切法律之属性，而非商法所专有。立法者认为法典应修改者即修改，与民商合一与否无关。五是各国商法的内容极不一致。如日本商法分为总则、公司、商行为、票据及海商五编。德国商法则无票据，法国商法却将破产法和商事法院组织法订入商法法典。由此可知，商法所应规定

① 肖永清主编：《中国法制史》（下），山西人民出版社1982年版，第40~41页。

② 转引自张国键：《商事法论》，台湾三民书局1987年版，第18页。

事项，本无一定范围，而划为独立法典，只能是自取烦恼。再者，既然是法典，就应设有总则，而观各国商法，虽有总则规定，却无法以总则贯穿全篇。六是民法与商法牵合之处甚多，无法使之分立。且民商划分，若一方为商人，另一方为非商人，二者之间的交往在法律适用上也颇感困难。①

两派争论的结果，“民商合一”论占据上风，遂决定参酌瑞士、苏俄及泰国立法，起草统一的民商法典。在民法典的编纂时，凡原《大清商事律》中，性质上能与民法合一规定者，如商法总则中的经理人及代办商，商行为中的买卖、交互计算、行纪、仓库、运送及承揽运送等，一并订入民法债编之中。其他性质特异，不能与民法合一规定者，如公司、票据、海商、保险等，则分别另订单行特别法。② 1929 年民法债编颁布，1930 年票据法、公司法、海商法和保险法也随之颁布，1938 年国民党政府又颁布了商业登记法，这样，具有现代意义的商事立法在民商合一的体制下基本上制定出来。尽管上述法律在战火纷飞的年代，根本无法发挥应有的作用，但在中国现代立法史上仍具有十分重要的意义。上述法律所确立的立法理念和立法技术，与其他大陆法国家的立法相比，也是十分先进的。在国民党政府退守台湾后，上述法律虽经数次修改，但在台湾地区一直沿用至今。

新中国成立后，一方面，国民党政府的“六法”被废止，而另一方面，长期的计划经济体制，又使得民商事立法根本无法提上议事日程。直到 1979 年以后，伴随着改革开放政策的进一步深化和市场经济体制的初步建立，新中国的民商事立法才逐步走向正规。截至 2002 年，我国先后颁布了民法通则（1986 年）、合同法（1999 年）、对外贸易法（1994 年）、拍卖法（1996 年）、招标投标法（1999 年）、担保法（1995 年）、公司法（1993 年）、个人独资企业法（1999 年）、合伙企业法（1997 年）、乡镇企业法（1996 年）、证券法（1998 年）、票据法（1995 年）、海商法（1992 年）、保险法（1995 年）、全民所有制工业企业破产法（1987 年）等一系列民商事法律。从这些法律的规定看，有如下几方面的特点：一是立法者仍然主张采用民商合一的立法体例，将各类单行法律作为民事特别法看待。③ 二是体系较为混乱，在立法技术上和内容上，尚未理清普通法与特别法的关系，如合同法与担保法等。三是某些法

① 以上争议观点的阐述，参阅胡长清：《中国民法总论》，中国政法大学出版社 1997 年版，第 27～28 页。

② 胡长清：《中国民法总论》，中国政法大学出版社 1997 年版，第 28～29 页。

③ 梁慧星：《民法总论》，法律出版社 1996 年版，第 12 页。

律的规定不尽合理和完善，甚至带有计划经济立法的痕迹，如全民所有制工业企业破产法等。四是某些重要的商事法律仍然没有出台，如商事登记法等。不过，总体上讲，新中国主要的商事法规已基本制定出来。2001 年，我国正式加入世界贸易组织，为了适应世贸组织规则的要求，我国正在抓紧修订已有的商事法规。相信随着我国经济融入世界经济体系步伐的加快，我国商事立法的修订与完善将会迈出更大的步伐。

第二章 商法的立法原则

商法与民法同属私法，基于私法的本质属性，在大陆法系国家，无论采民商分立体例，还是采民商合一体例，在其立法过程中，都有许多共同遵循的立法原则，如主体地位平等、意思自治、诚实信用、交易公平、禁止权利滥用和公序良俗原则等。上述原则无论是在民事交往，还是在商事交往中，都是普遍适用的。除了上述原则之外，狭义的商事立法有没有其特有的立法原则？国内学者对之深入探讨者甚少。我们认为，既然大陆法国家的理论均承认商事法是民法的特别法，那么，特别法必有其不同于普通法之“特别”之处。从各国的立法实践来看，也没有哪个国家的民法典能将所有的商事制度囊括殆尽。那么不被纳入民法典范畴的那些特别法，如公司法、票据法、保险法和海商法等，又是依据何种指导思想来设计的呢？也许每一部特别法均有其专门的立法指导思想，就像民法典中对物权制度和债权制度的设计各有其不同的立法原则一样。本章无意对各个具体特别法的立法原则加以探讨，而是考虑到商法作为调整商事关系的专门法律，基于商事活动的营利性和国际性的特点，除了必须遵守私法规范的一般立法原则外，还应根据商事活动的特点，确立其特有的立法原则，这些特有原则主要是：一、交易便捷原则；二、外观主义原则；三、严格责任原则。如果说私法规范的一般立法原则体现的是在广义的民事领域立法者所追求的公平和正义的理念和价值取向的话，那么上述特有原则则体现了立法者在狭义的商事领域所追求的效益和便捷的理念和价值取向。上述特有原则虽然在各国立法中没有用“立法原则”或“基本原则”的字眼集中加以表述，但却体现在商事立法的各项制度和具体规则中。以下分别阐述。

第一节 交易便捷原则

所谓交易便捷原则，是指立法在规范商事交易关系时，应努力简化交易形式和程序，缩短交易时间，以求资金和商品的快速流通。追求交易的便捷性，是由商事交易的营利性特点所决定的，依照经济学的理论，缩短资金和商品的流通时间，减少不必要的交易程序，简化交易的形式，是降低交易成本的有效方法，而交易成本的降低，必然带来营利的增加。因而，各国在现代商事立法中，都非常重视将这一原则在商法的各项制度中加以贯彻。特别是在如下几方面表现得尤为明显：

一、契约的形式简化

商事交易主要是通过商事契约完成的，而契约自由是私法自治最重要的内容，为私法的基本原则。① 商法作为私法的重要组成部分，当然应以其为首要原则。依照通说，契约自由主要包括五个方面，即缔约自由、选择契约相对人的自由、契约内容自由、变更和解除契约自由、契约形式自由。自 1804 年的《法国民法典》第 1134 条首次将契约自由原则以立法的形式表述出来以后，19 世纪的各国民商事立法纷纷将其奉为圭臬加以效仿。但随着资本主义由自由竞争进入垄断时期以后，为了维护契约当事人中弱小一方的利益，平衡契约自由与社会正义之间的关系，大陆法系各国的民法开始对契约自由原则的含义加以限制。这种限制是多方面的，如对公用事业领域、医疗领域的经营者强制缔约义务的规定；对劳动契约条款中关于劳动条件、薪金待遇不得低于法定标准的规定等。上述对契约自由原则的限制，当然对狭义的商事契约来说，也产生了一定的影响。但为了促进交易的便捷，各国商事立法在契约制度的立法方面，却进行了多方面的改革，其中契约形式的简化表现得尤为明显。

所谓契约形式的简化，即对于大多数商事契约来说，契约的形式以不要式为原则，只要交易当事人就交易的内容达成合意，契约即告成立，而并不以履行一定的方式为契约的成立或生效要件。如在大陆法系国家，《法国民法典》第 1341 条虽然规定："一切物件超过 50 法郎者……均须在公证人面前作成证书，或双方签名作成私证书，证书作成后，当事人不得就与证书内容不同或超出证书所记载的事项以人证明……"不过该规定对商事合同是不适用的，因为该条第 2 款接着规定："前项规定不妨碍有关商业法律所作的规定。"而《法国商法典》第 109 条则规定，对商人来说，"商事法律行为得采用一切证据方式来证明"。因而在法国，事实上 50 法郎以上的交易也可以采用口头或其他非书面的方式来进行。在德国法上，合同的形式也是以不要式为原则的，《德国民法典》规定，以书面形式为有效要件的合同，仅仅是一种例外，仅限

① 王泽鉴：《债法原理》（第 1 册），中国政法大学出版社 2001 年版，第 73 页。

于赠与合同、保证合同、土地买卖、遗产转让等少数几种。① 对于大多数合同来说，不论标的大小，一律不要求书面形式。《德国商法典》第350条明确规定："对于保证、债务约定或承认，以保证在保证人一方、约定或承认在债务人一方为商行为为限，不适用民法典第766条第1款、第780条和781条第1款的方式规定。"

在英美法国家，英国1893年制定的《货物买卖法》（1973年修正案）第3条就规定："根据本法及其他成文法的规定，一项买卖合同的订立，可以采用书面（不论有无签字），可以采用口头方式，或部分书面部分口头，也可以由双方当事人的行为中加以推定。"《美国统一商法典》第2-204条和第2-207条规定的则更为激进："货物买卖合同可以通过任何足以表明当事方已达成协议的方式订立，包括通过承认合同存在的双方的行为而订立。""如果当事方的行为构成对合同存在的承认，即使当事方的书面材料尚不足以订立合同，买卖合同亦告成立。在这种情况下，该特定合同的条款，由当事方在书面材料中同意的条款，加上依本法其他有关规定而成立的补充条款构成。"

国际统一私法协会制定的《国际商事合同通则》第1.2条也规定："通则不要求合同必须以书面形式订立或由书面文件证明。合同可以通过包括证人在内的任何形式证明。"② 特别是随着现代网络技术的不断发展，传统的纸面单证（paper documents）交易正逐步被"无纸贸易（paperless trading）"所取代，电子合同、电子资金划拨、电子单证等在西方发达国家的商事交易中已十分流行。为了适应这一变化，联合国国际贸易法委员会于1996年12月16日还专门通过了一部《电子贸易示范法》（Model Law on Electronic Commerce），其目

① 参见《德国民法典》第518条、第766条、第237条之规定。

② 国际统一私法协会（International Institute for the Unification of Private Law）成立于1926年，是一个独立的政府间国际性机构。主要致力于国家间私法的统一和协调，制定能为不同国家所认可的统一私法规则。目前有58个成员国，其中包括大陆法系的法国、德国、瑞士、意大利、日本等，英美法系的美国、英国、澳大利亚、加拿大等，几乎囊括了所有西方发达国家。中国于1985年加入该协会。《国际商事合同通则》（Principles of International Commercial Contracts）是该协会1994年制定的，它虽然不是国际公约，不具有强制性，完全由合同当事人自愿选择适用，但由于它尽可能兼容不同法系商事交易的通行规则，因而对指导和规范国际商事活动具有很大的影响力。

的就是为了规范由于交易形式的简化可能带来的一系列法律问题。①

我国的合同立法为适应契约形式简化的要求，在 1999 年颁布的《合同法》第 10 条第 1 款中规定：“当事人订立合同，有书面形式、口头形式和其他形式。”第 36 条中规定：“法律、行政法规规定或者当事人约定采用书面形式订立合同，当事人未采用书面形式但一方已经履行主要义务，对方接受的，该合同成立。”第 37 条中规定：“采用合同书形式订立合同，在签字或者盖章之前，当事人一方已经履行主要义务，对方接受的，该合同成立。”②

上述立法规定的用意，显然是为了适应商事交易的特点，极力排除其种种繁琐的程序和方式，而谋求交易之简便。

二、契约内容的格式化

所谓契约内容的格式化，是指契约条款由一方当事人（通常为企业经营者）为与不特定多数人定约而事先拟定，而由相对人决定是否接受。法国学者称此类合同为“附合契约”（contracts d' ad-hesion），德国法称之为“一般交易条款”（allgemeine gescha-ftsbedingung），在日本则称为“普通条款”，我国台湾地区的“消费者保护法”称为“定型化契约”。③ 而在我国大陆则被称为“格式合同”。在交易实践中，契约内容的格式化，主要表现为两种情况：一是契约条款的全部格式化；另一种则是契约部分条款的格式化。严格说来，只有第一种情况才能称之为“格式合同”。

格式合同不同于一般合同之处就在于：（1）格式合同的内容具有定型性。格式合同的条款是由一方当事人（通常为企业）事先拟定的，合同相对人只能就确定的内容作出是否接受的意思表示，而不存在与格式合同的提供者讨价还价、反复磋商的余地。德国《一般交易条款法》第 1 条第 2 款就明文规定：“合同当事人双方对合同条件作具体商议的，不属于一般交易条款。”（2）格式合同的内容具有专业性。目前格式合同主要运用于电信、保险、金融、交通、燃气、水电、旅游等行业，这些行业的格式合同都是根据本行业提供的产

① 有关联合国《电子贸易示范法》的主要内容，请参阅吕国民：《电子商务示范法研究》，载李双元主编《国际法与比较法论丛》第 1 辑，中国方正出版社 2002 年版，第 329～376 页。

② 由于我国采民商合一主张，合同立法并无民事合同与商事合同之分，因而合同法的上述规定对各类民商事合同都是适用的。对此问题，请参见梁慧星：《中国统一合同法的起草》，载《民商法论丛》第 9 卷，法律出版社 1998 年版，第 3～4 页。

③ 王泽鉴：《债法原理》（第 1 册），中国政法大学出版社 2001 年版，第 85～86 页。

品或服务的特点而由专业人员拟定的，因而专业性较强。正是基于这一特点，为了保护缺乏专业知识的消费者的利益，各国立法均要求在订立格式合同时，格式合同的提供者负有向相对人解释合同相关条款内容的义务。如我国《保险法》第39条就规定："订立保险合同，保险人应当向投保人说明保险合同的条款内容……"第17条同时规定："保险合同中规定有关于保险人责任免除条款的，保险人在订立保险合同时应当向投保人明确说明，未明确说明的，该条款不产生效力。"（3）格式合同具有使用上的重复性。格式合同的接受者通常为不特定的多数人，正是为了避免与各个人的重复磋商，使营业过程及会计作业简化，企业经营者才采取了格式合同的方式。① 因而，格式合同的内容对任何与之交易的人来说，应当具有一致性。如果企业经营者在提供格式合同后，又与某个人就条款的内容进行协商，并加以修改，则不属于格式合同。

格式合同是现代社会化大生产的产物，它是为了满足社会经济高效运转的需求，缩短交易时间，降低交易成本而采取的一种合同订立方式。我国台湾学者黄越钦认为，定型化契约之所以日渐普遍，主要有三种社会动因：一是法律行为或缔约行为之强制化倾向；二是缔约、履约的大量发生与不断重复；三是以大量生产消费为内容的现代生活关系，使得企业界与顾客均希望能简化缔约程序。②

格式合同在现实生活中广泛运用的结果，可谓利弊参半。一方面，它降低了交易成本，简化了交易程序，缩短了交易时间，并有助于改善商品的品质及降低价格，对消费大众有利。③ 另一方面，格式合同的订立是建立在合同条款的提供者与格式合同的接受者之间经济地位极端不平等的基础之上的，由于合同的接受者对于格式合同的内容只能作出接受与否的意思表示，而无与相对人协商谈判的余地，这就为格式合同的提供者将不公平的条款强加给对方提供了机会。尤其是在合同接受者对某物或某项服务极其需要，而又只有该企业可以提供此物或服务，或该行业所有企业均以相同的定型化条款从事交易时，如果法律不加以干预，则合同接受者的利益将无法得到保护。同时，格式合同条款是由该企业或行业的专业人员经过深思熟虑精心制定的，对于以抽象概括模式拟订的合同条款，其适用常有待于进一步解释，一般甚至法律专业人员都有可能忽略其可能涵括的范围。如果法律对格式合同条款的解释不加以必要的限

① 黄立：《民法债编总论》，中国政法大学出版社2002年版，第94页。
② 黄越钦：《论附合契约》，载台湾《政大法学评论》（16），第67页。
③ 王泽鉴：《债法原理》（第1册），中国政法大学出版社2002年版，第88页。

制，任由合同提供者解释，则合同接受者的利益必将受到损害。①

有鉴于此，各国立法主要从三个方面对格式合同的适用加以限制：一是适用范围上的限制。德国《一般交易条款法》第23条规定，该法不适用于劳动法、继承法、亲属法、公司法领域内的合同。② 二是适用效力上的限制。这包括两种情况：一种情况是，当格式条款的内容违背诚实信用原则，严重地、不公正地损害合同相对人的合法权益，并导致合同权利义务关系不协调时，构成合同条款的滥用，应当认定该条款不生效。如德国《一般交易条款法》第9条第1款就规定："一般交易条款中的规定，如违背诚实信用原则，不合理地侵害使用人的合同当事人的利益，则该规定不生效力。"我国《合同法》第40条也规定："格式条款具有本法第52条和第53条规定情形的，或者提供格式条款一方免除其责任、加重对方责任、排除对方主要权利的，该条款无效。"③ 另一种情况是，在一份合同中，如果既有格式条款，又有非格式条款，而二者表述的内容又发生冲突时，应当以非格式条款为准。如《国际商事合同通则》第2.21条就规定："若标准条款与非标准条款发生冲突，以非标准条款为准。"我国《合同法》第41条也规定："……格式条款和非格式条款不一致的，应当采用非格式条款。"三是解释上的限制。即在对格式合同条款的理解发生争议时，法官应作出有利于格式合同接受者一方的解释。《意大利民法典》第1469条就规定："在对（标准合同）条款的意思发生疑问时，要作出有利于消费者的解释。"我国《合同法》第41条也规定："对格式条款的理解发生争议的，应当按照通常理解予以解释。对格式条款有两种以上解释的，应当作出不利于提供格式条款一方的解释……"

尽管格式合同在实际运用中存在上述弊端，从维护实质公平的立场出发，各国立法不得不对之加以多方面的限制，但并没有否定此类合同的存在，相反，由于这一合同形式满足了现代社会交易便捷的需求，因而在各国的商事交易中仍被广泛运用，并大有扩张之趋势。

---

① 黄立：《民法债编总论》，中国政法大学出版社2002年版，第94～95页。

② 转引自全国人大法制工作委员会民法室编著：《中华人民共和国合同法立法资料选》，法律出版社1999年版，第347页。

③ 我国《合同法》第52条和第53条的规定是："有下列情形之一的，合同无效：（一）一方以欺诈、胁迫的手段订立合同，损害国家利益；（二）恶意串通，损害国家、集体或者第三人利益；（三）以合法形式掩盖非法目的；（四）损害社会公共利益；（五）违反法律、行政法规的强制性规定。""合同中的下列免责条款无效：（一）造成对方人身伤害的；（二）因故意或者重大过失造成对方财产损失的。"

三、资产的证券化

所谓资产的证券化，是指将各类财产（包括动产、不动产、资金和其他财产权利等）转化成有价证券，以证券的形式表彰财产权利人的权利。在西方国家，资产证券化的雏形可能始于公元前3世纪，因为当时已见有汇票及其他有价证券的流通。① 但覆盖整个商事领域的证券化努力，则是近现代商事立法为适应商事流通快速便捷的特点，而对各类不同财产所做的技术化处理。传统意义上的资产证券化，主要体现在商法的公司、票据、保险、海商等各领域，如公司法上的股票和公司债券；票据法上的本票、汇票和支票；保险法上的保险单；海商法上的仓单和提单等。而现代意义上的资产证券化早已突破上述范围的限制，不仅商事领域的有价证券品种大大增加，如信托投资的受益证券、期货交易证券等，而且在传统民法的物权领域和债权领域也大受影响。如《德国民法典》规定的抵押证券（德 Briefhypothek）、土地债务证券（德 Briefgrundschuld）和德国《帝国银行法》（1899 年制定，1963 年、1990 年修订）规定的抵押债券（德 Pfandbrief）等，《瑞士民法典》规定的债务证券（德 Schuldbrief）、定期金证券（德 Guit）等，就是为了满足不动产权利流通性的需求，而将物权人的担保权利证券化的。② 由此，有价证券的范围已由债权证券扩展到物权证券上了。至于债法上的借贷债权的证券化——债券，在各国立法中更是得到了普遍的承认和规定。

由于“有价证券”所涵盖的范围一再被突破，以至于立法上要给其下一个准确的定义都变得十分困难。尽管如此，从法律的角度看，能够称其为有价证券的，至少应当具有如下几方面的特性：（1）有价证券是一种财产权利凭证。至于这种财产权利的性质是物权还是债权，在所不问。（2）有价证券具有流通性。换言之，不能流通的财产权利凭证不属有价证券。（3）有价证券具有定型性。即各类有价证券的制作，均具有法定的格式，并规定其一定的条件与效力。定型化的有价证券在交易中能够迅速辨认，使用便利，并设有背书

---

① ［美］孟罗·斯密：《欧陆法律发达史》，姚梅镇译，中国政法大学出版社 1999 年版，第 220 页。

② 关于不动产担保权的证券化问题，请参阅［日］我妻荣：《债权在近代法上的优越地位》，王书江译，中国大百科全书出版社 1999 年版，第 50 页以下；刘得宽：《民法诸问题与新展望》，中国政法大学出版社 2002 年版，第 377 页以下。

制度，使各种表彰权利的证券皆得以转让流通，以辅助交易之便捷。①

如果从经济的角度对代表财产权利的有价证券进行分类，大体上可分为：(1) 代表货币的货币证券，如本票、汇票、支票等；(2) 代表有体货物的载货证券，如运货单、提单、仓单等；(3) 代表投资凭证的资本证券，如股票、债券、抵押证券、信托投资的受益证券、期货证券等。②

随着资产证券化范围的不断扩大，证券的功能也在悄然发生着变化，证券的流通已不仅仅是满足商品交换的需求，同时，某些证券的功能更主要的是满足投资的需要。当然，无论如何，资产证券化的最直接的目的，仍是为适应交易便捷的要求而作出的最佳选择。

四、票据行为的无因性

所谓票据行为的无因性，是指票据行为独立于发生票据行为的原因行为而存在，其效力不受原因行为效力的影响。换言之，票据行为的效力只取决于票据上记载的事项是否符合法律的要求，而与引起票据行为的原因行为有效与否无关。即使原因行为（如借贷合同）有瑕疵而被撤销或被认定为无效，只要票据上记载的事项符合法律的规定，则持票人仍然可以凭借票据向出票人主张票据权利，出票人必须无条件向持票人承担承兑的义务，而无审查票据的原因行为是否有效的权利。

票据行为的无因性理论最初，起源于德国法律行为制度中关于有因行为与无因行为划分的理论，③ 它是由 19 世纪德国法学家萨维尼（Karl Friedrich v. Savigny）在其名著《现代罗马法体系》（*System des heutigen Romischen Rechts*）中首先提出来的。④ 这一理论的核心就是强调任何一项交易的完成都由三个行为所构成，即：债权行为（合同）+物权行为（让与合意）+公示行为（登记或交付）= 一项交易。其中，债权行为为有因行为、负担行为，而物权行为无因行为、处分行为，物权行为是从债权行为中分离出来的，它可以独立于债权行为而存在，并且其效力不受债权行为效力的影响，即使债权行为由于

① 张国键：《商事法论》，台湾三民书局 1987 年版，第 40 页。

② ［日］河本一郎、大武泰南：《证券交易法概论》，侯水平译，法律出版社 2001 年版，第 31 页。

③ ［德］迪特尔·梅迪库斯：《德国民法总论》，邵建东译，法律出版社 2000 年版，第 169 页以下。

④ 刘得宽：《民法诸问题与新展望》，中国政法大学出版社 2002 年版，第 528 页。

某种原因出现瑕疵，而被认定为无效或被撤销，物权行为的效力仍不受其影响，只要物权行为本身没有瑕疵，则该交易仍是有效的。萨维尼所谓“一个源于错误的交付也是完全有效的”的论断，① 再清楚不过地表述了物权行为无因性理论的内涵。

这一理论一经提出，就受到德国部分学者的质疑，② 但它仍被 1896 年制定的《德国民法典》所采纳。该法第 873 条第 1 款就规定：“转让土地所有权、对土地设定权利以及转让此种权利或者对此种权利设定其他权利，需有权利人与相对人关于权利变动的协议，并应将权利变动在土地登记簿上登记注册……”第 929 条规定：“转让动产所有权需由所有权人将物交付于受让人，并就所有权的转移由双方成立合意。”德国学者梅迪库斯在转述德国立法者采纳无因性原则的理由时，曾这样写道：“无因性原则是以这样一种想法为出发点的：只有在权利的让与人是权利人的情况下，权利的继受取得才能肯定成功。这即是说，要想从他人那里取得权利，就必须确认自己的前手享有此项权利。如果该前手本身又是从他人那里继受取得权利的，那么取得人还必须对此项取得行为以及再前手是否享有权利进行审查……权利取得行为可能不发生效力的原因越多，进行这种考察就越难。同时，如权利取得行为的基础原因行为无效，则权利取得行为的无效性概率就越大。这样一来，本来仅仅导致原因行为无效的事由，同时也会使取得行为无效。无因性原则旨在使取得人可以不必对其前手们之间的原因行为进行考察。这些原因行为的无效，不应影响让与人享有权利。民法典旨在通过无因性原则，维护法律交往的方便性和安全性。”③

德国民法上关于无因行为理论，不仅对《德国民法典》中关于物权行为的规定产生了巨大的影响，而且也直接影响到德国《票据法》对票据行为性质的界定。德国学者就明确指出：“票据无因性原则，虽非票据法所明文规定，但一般应属票据法重要之原则，且如同票据法的绝大多数规定一样，具有强行性。”④ 这样，无因性理论就从物权领域扩展到债权领域，因为各类票据所表彰的权利是债权，票据本身不过是金钱债权的证券化。将无因性理论运用

① ［德］K·茨威格特、H. 克茨：《抽象物权契约理论——德意志法系的特征》，孙宪忠译，载《外国法译评》1995 年第 2 期。

② 王泽鉴：《民法学说与判例研究》（第 1 册），中国政法大学出版社 1998 年版，第 267～268 页。

③ ［德］迪特尔·梅迪库斯：《德国民法总论》，邵建东译，法律出版社 2000 年版，第 177～178 页。

④ ［德］Hueck/Canaris, Recht der Wertpapiere, S. 165; S. 44.

于票据行为，就是强调票据行为的有效性，完全取决于票据法的规定，不受基础关系所引发的法律行为效力的影响；票据债务人也不得以基础关系所生的抗辩事由，对抗票据债权的行使。①

德国法的票据行为无因性理论很快得到各国票据法的普遍认同。就连在民法典中不承认物权行为无因性原则的国家（如法国、日本等），在票据法领域也采纳了票据行为的无因性原则。如《日本商法典》第 17 条就规定："依汇票受到请求的人，不得以其与发票人或执票人的其他前手的关系产生的抗辩对抗执票人。"法国1807 年编纂商法典时，关于票据行为的规定，原来是具有有因色彩的，但由于其阻碍了票据信用与流通功能的发挥，无法适应经济发展的需要，因而在1935 年修订票据法时，不得不抛弃有因理论，转而承认票据行为的无因性。② 遗憾的是，由于我国立法者对票据行为的无因性理论及其功能缺乏应有的了解，因而，在 1995 年颁布的《票据法》第 10 条中作出了有违票据行为无因性原则的规定，③ 这不仅与国际通行做法不协调，而且其结果必然有碍票据的快速流通，有违商事交易的便捷原则，应当加以修改。

五、消灭时效的短期化

所谓消灭时效，在我国又称为"诉讼时效"，是指权利人在法定的期间内，不行使权利，法定期间届满，该权利人不得通过诉讼方式请求法院对其请求权的行使提供国家强制力保护的制度。虽然各国和地区立法对于消灭时效的客体的规定很不一致，如日本民法以债权及其他非所有权之财产权为消灭时效的客体；德国民法、旧中国民法和瑞士债务法，以请求权为消灭时效的客体等，④ 但对消灭时效功能的认识却是完全相同的，即促使权利人在法定期间内及时行使其权利，避免在权利人与义务人之间发生纠纷诉诸法院时，因年代久远，从而给当事人的举证和法院的查证带来的不便。⑤

消灭时效制度的规定，有没有促进民商事交易迅捷的功能？各国和地区学

---

① 陈自强：《无因债权契约论》，中国政法大学出版社 2002 年版，第 140 页。

② 林毅：《对票据法第十条的一点意见》，载《中国法学》1996 年第 3 期。

③ 我国票据法第 10 条规定："票据的签发、取得和转让，应当遵循诚实信用的原则，具有真实的交易关系和债权债务关系。票据的取得，必须给付对价，即应当给付票据双方当事人认可的相对应的代价。"

④ 参见《日本民法典》第 167 条；《德国民法典》第 194 条；《瑞士债务法》第 127 条。

⑤ 史尚宽：《民法总论》，中国政法大学出版社 2000 年版，第 621 ~622 页。

者对之阐述甚少。但如果我们仔细对比一下各国和地区民商事立法关于普通时效期间与特别时效期间的规定，就会发现一个共同的特征，即商事权利作为民事权利的一种，其消灭时效期间通常并不适用民法典关于普通时效期间的规定，而是针对不同的商事权利的行使，规定不同的特别时效期间。而对商事权利行使的特别时效期间的规定，无论是在民法典中规定，还是在商法典或单行法中规定，通常又都比民法典规定的普通时效期间要短。

比如在法国法上，《法国民法典》第 2262 条关于普通消灭时效期间的规定为 30 年，而《法国商法典》第 179 条和第 185 条关于汇票、本票权利人的权利行使的消灭时效期间为 3 年；第 433 条关于海事权利诉讼的时效期间为 1 年；第 189 条关于因商务所生之债的诉讼时效期间为 10 年，均较普通时效期间为短。

在德国法上，《德国民法典》第 195 条规定的普通时效期间为 30 年，而该法第 196 条规定，因商事行为产生的各类债权请求权的时效期间为 2 年。

在瑞士法上，《瑞士债务法》规定的普通时效期间为 10 年，而商事债务请求权的时效期间为 5 年。①

在日本法上，《日本民法典》第 176 条规定一般债权的普通时效期间为 10 年，而《日本商法典》第 522 条则规定："因商行为而产生的债权，除本法另有规定者外，5 年内不行使时，因时效而消灭。但是，其他法令中规定了较 5 年为短的时效期间时，从其规定。"日本票据法第 70 条中，还针对不同票据当事人和参加人的请求权的行使，规定了 6 个月到 3 年不等的消灭时效期间。②

我国台湾地区"民法"第 125 条规定的普通时效期间为 15 年，而对一般商事债权分别规定了 2 年至 5 年不等的短期消灭时效。③ 如果是民事特别法上的债权，则消灭时效期间还要短。如台湾"票据法"第 221 条规定："票据上之权利，对汇票承兑人及本票发票人，自到期日起算，见票即付之本票，自发票日起算，3 年间不行使，因时效而消灭；对支票发票人，自发票日起算，1

① 参见胡长清：《中国民法总论》，中国政法大学出版社 1997 年版，第 356 ~ 357 页。

② 日本票据法第 70 条规定："（一）对承兑人的汇票请求权，自到期日起经过 3 年时，因时效而消灭。（二）执票人对背书人及发票人的请求权，自合法时期内作成拒绝证书日起，有'无费用偿还'文句时，自到期日起经过 1 年时，因时效而消灭。（三）背书人对其他背书人及发票人的请求权，自其清偿之日或被诉之日起，经过 6 个月时，因时效而消灭。"该法第 77 条同时规定，本票的消灭时效准用汇票时效之规定。

③ 王泽鉴：《民法总则》，中国政法大学出版社 2002 年版，第 526 页以下。

年间不行使，因时效而消灭。”第222条规定：“汇票、本票之执票人，对于前手之追索权，自作成拒绝证书日起算，1年间不行使者；及支票之执票人，对于前手之追索权，自作成拒绝证书日起算，4个月不行使者，均因时效而消灭。其免除作成拒绝证书者，汇票、本票自到期日起算；支票自提示日起算。”第223条规定：“汇票、本票之背书人，对于前手之追索权，自为清偿之日或被诉追之日起算，6个月不行使者，及支票之背书人，对于前手之追索权，自为清偿之日或被诉追之日起算，2个月不行使者，均因时效而消灭。”这种短期时效期间的规定，不仅在票据法大量存在，而且在保险法、海商法上也有明文规定。如我国台湾地区“保险法”第65条就规定：“保险契约所生债权之请求权的时效期间为2年。”“海商法”第193条规定，委付之权利，其时效期间为4个月，① 等等。

从上述国家和地区的民商事立法关于普通消灭时效期间和特别消灭时效期间的对比中，我们不难体会立法者的用意。如果说，普通消灭时效期间的规定，重在解决早日确定权利之状态，以维护社会秩序问题，② 那么，对于各类商事权利的请求权的行使，分别规定期间较短的特别消灭时效，则是为了适应商事交易便捷性原则的要求。③ 因为商事交易以营利为目的，从事商业之人，往往就一类交易在日常生活中反复进行，只有在时间上的快速便捷，方可实现资金和商品的快速流转，从而最大限度地降低交易成本，以实现营利的目的。如果消灭时效的期间过长，就意味着交易当事人的债权请求权的行使期间拖长，交易速度和交易频率必然放缓，交易成本必然增加，这显然不符合现代商事交易的发展趋势，也有违商事之目的。

我国民事立法为适应现代商事交易的快速便捷的要求，也仿效上述国家和地区的立法，在消灭时效问题上，区分普通消灭时效期间和特别消灭时效期间，并尽可能缩短商事交易的消灭时效期间，以利于交易的迅捷。这在民事特别法的相关规定中，表现得尤为明显。如我国《民法通则》第135条规定的普通诉讼时效期间为2年；第137条中规定民事权利保护的最长诉讼时效为20年；而在《票据法》第17条中规定：“票据权利在下列期限内不行使而消灭：1. 持票人对票据的出票人和承兑人的权利，自票据到期日起2年，见票即付的汇票、本票，自出票日起2年；2. 持票人对支票出票人的权利，自出

① 张国键：《商事法论》，台湾三民书局1987年版，第39页。
② 王泽鉴：《民法总则》，中国政法大学出版社2002年版，第529页。
③ 张国键：《商事法论》，台湾三民书局1987年版，第38页。

票日起 6 个月；3. 持票人对于前手的追索权，自被拒绝承兑或者被拒绝付款之日起 6 个月；4. 持票人对前手的再追索权，自清偿日或者被提起诉讼之日起 3 个月。”在《海商法》第 257 ~ 265 条关于海事请求权的消灭时效规定中，分别针对不同的海事请求权规定了不同的时效期间：如就海上货物运输向承运人的赔偿请求权、有关海上拖船合同的请求权、有关共同海损分摊的请求权的时效期间为 1 年；有关海上旅客运输向承运人的赔偿请求权、有关租船合同的请求权、有关船舶碰撞和海难救助的请求权及有关海上保险合同的保险赔偿请求权的时效期间，均为 2 年。在《保险法》第 27 条中规定，人寿保险中保险金的给付请求权的时效期间为 5 年，而其他保险的保险金给付请求权的时效期间则为 2 年。

从我国上述立法关于普通时效期间和特别时效期间的对比中，也许会产生这样的疑问，即有些关于商事请求权特别时效期间的长短，与普通时效期间并无二致，甚至还长于普通时效期间，这应当如何解释？我们认为，问题不是出在特别时效期间的界定上，而是由我国《民法通则》对普通时效期间的长短设计不当造成的。综观大陆法系各国的民商事立法，关于消灭时效期间长短的设计，主要取决于这样一种立法指导思想：如果立法者侧重于强调对权利人权利的保护，就会使时效期间较长，以体现公平与正义；如果侧重于交易的便捷，减少当事人举证和法院查证的困难，就会规定较短的时效期间，以体现效益原则。虽然随着时代的发展，“民法商法化”的趋势日益明显，各国关于普通民事权利的普通时效期间也有不断缩短的倾向，① 但像我国《民法通则》这样，将民事领域适用的普通时效期间的长度，缩短到与商事领域适用的特别时效期间的长度几乎没有区别的地步，在当代各国立法中，是十分罕见的。虽然我们主张民商合一，但并不否认商事活动的特殊性，这是基于商事行为营利性的本质属性决定的。正因如此，即使在民商合一的国家，也允许商事立法以民法特别法的形式而存在。既然承认商事立法是民法的特别法，那么就会有不同于民法的诸多特别之处，时效期间的短期化，就是为了满足商事活动便捷、效益的特点而作出的当然选择。我国票据法、海商法和保险法借鉴各国立法例，对商事权利的保护，采特别短期时效制度是正确的。但在普通法领域，似乎还没有将普通时效期间作如此大幅度缩短的理由。因此，《民法通则》关于 2 年普通时效期间的设计是否恰当，是值得商榷的。

---

① 如《瑞士债务法》和《泰国民法》规定的普通消灭时效期间均为 10 年。参见胡长清：《中国民法总论》，中国政法大学出版社 1997 年版，第 356 ~ 357 页。

第二节　外观主义原则

所谓外观主义原则，是指立法上采取一系列强制性的规定，使交易的当事人确认相对人的主体资格的合法性和交易内容的确实性，以维护商事交易的安全。商事立法确立外观主义原则的目的是为了维护交易安全。虽然在民法上，也有一些制度设计是出于维护交易安全的考虑，比如不动产登记制度等，但主要是针对交易客体的。而商事立法则从交易主体、交易内容、交易行为等多方面进行外观化的制度设计，从而达到降低交易风险的目的。以下具体阐述。

一、商人资格的外观化

商人资格的外观化，主要是通过商事登记制度来实现的。所谓商事登记，是指从事商业活动的当事人依照法定程序，将法律规定应登记的事项，在营业场所所在地的主管机关设置的相关登记簿上进行登记的制度。登记制度产生于13世纪末叶的德国。① 它最初的适用范围虽然十分有限，主要是为解决不动产担保在不转移担保物占有的情况下，如何让第三人了解不动产上设有负担的情况，但该制度从产生之日起，就已作为一种公示方法而存在了。后来这一制度被推而广之，广泛适用于商事领域。德国在1861年颁布的旧商法典中，就规定于地方法院设置商业登记簿，办理一般商业登记。② 目前，无论在大陆法系国家，还是在英美法系国家，其立法都有关于商事登记制度的规定。而且商事登记的范围由最初的商事主体资格登记，逐步发展到公示商事主体的营业状态。③ 目前，各国商事登记制度的内容已包括商事主体的开业登记、歇业登记、变更登记、迁移登记、营业转让登记、错误登记事项的更正登记等多方面。有些国家的商事登记还扩展到商事主体的纳税登记、商事主体财产的继承登记等方面。商事登记的功能也从最初的公示商业主体的营业状态，昭示其商业信用，保护商事交易相对人的利益，维护交易的动态安全，扩展到落实国家产业政策，便于国家监督管理，维护社会公共利益，完成国家赋税任务等多方面。尽管如此，在现代社会，商事登记的主要功能仍是公示商事主体的资信状况。因为，营利是商事交易的第一属性，唯有营利，商事交易才有存在的必

① 许明月：《抵押权制度研究》，法律出版社1998年版，第20页。

② 张国键：《商事法论》，台湾三民书局1987年版，第56页。

③ 张国键：《商事法论》，台湾三民书局1987年版，第85页。

要，国家才有税收的来源。而营利又必须以交易的安全为前提，要保障交易的安全性，其前提条件就是必须让交易的当事人了解相对人的资信情况，而了解相对人的资信情况的最佳方式，就是通过国家立法规定商事登记制度，在国家主管机关设立的商事登记簿中，强制各类商事主体将有可能涉及交易安全的事项事先加以登记，交易当事人通过查阅登记簿，就可以对对方的营业状态有一个基本了解，以便决定是否与之交易，从而将交易的风险降低到最低程度。因此，在各类商事交易的公示方法中，商事登记是最基本，也是最重要的一种公示方法。这也是大陆法各国商法典为什么设专章规定商事登记制度的一个重要原因。即使在民商合一的国家或地区，虽然没有商法典，也会用单行法的形式对商事登记制度加以规定。

商事登记制度是国家干预经济生活的重要手段，它与交易自由原则确实存在着冲突之处，为了解决这一矛盾，确保交易自由，在大陆法系的部分国家的商事登记立法中，主张采用任意登记主义，即将登记的时间后移，商事主体可在开业后，再行登记，并只赋予商业登记以对抗效力。依此主张，商事登记并非商事主体从事营业的必备条件，进行商事活动，可以登记，也可以不登记，但未经登记，其行为的效力不得对抗善意第三人。采此主张的《日本商法典》第 9 条就规定："本法规定的应登记事项，根据当事人的请求，登记于管辖其营业所所在地的登记所备置的商业登记簿上。"第 12 条同时规定："应登记的事项，非于登记及公告后，不得以之对抗善意第三人。虽于登记及公告后，第三人因正当事由不知时，亦同。"但也有部分国家的商事登记立法，主张采强制登记主义，即将登记时间前置，商业非经登记，不得开业。同时赋予登记以绝对效力。采此主张的《德国商法典》第 13 条和第 14 条就规定，各类商事主体开业，都应当先行办理商事登记。对于不履行商事登记义务的人，登记法院可以通过科处罚款督促其履行登记义务。第 15 条同时规定，对于法定登记的事项已经登记和公告的，第三人必须承受登记和公告的效力。换言之，即使登记的事项有误，在没有更正登记并公告之前，善意第三人因信赖登记而与之进行交易的，其交易行为仍然有效。两种不同的立法主张，代表了两种对于国家干预经济生活的不同态度。我们无意评价这两种立法主张的优劣，但值得注意的是，20 世纪以来，随着社会的进步，经济发达，公共利益日趋重要，商事立法为维护社会公益与保护交易安全起见，采用商事主体强制登记主义的国家和地区，也日趋增多。① 我国台湾地区的旧"商业登记法"，原采任意登记

① 张国键：《商事法论》，台湾三民书局 1987 年版，第 43 页。

主义的主张，但修正后的新法，为维护商业道德及诚信原则，防止商人虚设行号，倒闭诈骗，加强行政管理起见，改采强制登记主义的主张，① 就是典型的一例。因此，我们认为，商事主体资格登记作为商事交易外观公示的一个重要手段，不仅被各国立法所采用，而且有逐步强制化的趋势。

二、商事行为的外观化

所谓商事行为的外观化，是指以交易当事人的行为外观为准，来认定该行为的效力。在民法上，对于法律行为效力的确定，在行为人的意思与表示不一致的场合，历来有所谓意思主义、表示主义和折中主义之争。所谓意思主义，是指行为人内心意思与其表示不一致时，将以其内心意思为依据，确定该行为的效力。所谓表示主义，则正好相反，将以其表示于外部的内容为依据，确定该行为的效力。而折中主义，则是对于意思与表示不一致的不同的场合，或采意思主义，或采表示主义。② 这里的“表示主义”由于在确定法律行为的效力时，只考虑行为的外观内容，而不考虑行为人的内心意思，因此，又被称为“外观主义”。综观各国立法例，对于民事行为效力的认定，绝对采纳意思主义主张的国家，或绝对采纳外观主义的国家尚不多见。大多数国家的民法主张在意思与表示不一致的情况下，应当区分不同场合，分别采用意思主义和外观主义，来确定民事行为的效力。但在商事领域，各国商事立法对于商行为效力的认定，则普遍采用外观主义的主张。商行为完成后，如果出现行为人的意思与表示不一致的情况，虽然在法定期限内可以撤销，但撤销的意思表示不能对抗善意第三人。如《日本民法典》第 94 条至第 96 条就规定，虚伪、错误的意思表示无效，但不得以之对抗善意第三人；欺诈、胁迫而为的意思表示可以撤销，但撤销的意思表示不得对抗善意第三人。采此主张的目的，主要是为了维护当事人之间的商业信用关系，维护交易的动态安全。③

外观主义立法例在各国和地区的商事立法中几乎随处可见。比如在货物买卖问题上，《瑞士债务法》第 201 条就规定：“买受人应当依照通常程序，从速检查买受物的品质，如发现有出卖人应负担的瑕疵时，应立即通知出卖人。如果怠于通知者，除以通常检查方法不能发现其瑕疵者，视为已承受买受物。”在公司法方面，我国台湾地区“公司法”就规定，公司为合并或变更组

① 张国键：《商事法论》，台湾三民书局 1987 年版，第 57 页。

② 梁慧星：《民法总论》，法律出版社 1996 年版，第 163 ~ 164 页。

③ 刘得宽：《民法诸问题与新展望》，中国政法大学出版社 2002 年版，第 285 页。

织决议时，如不为通知，不得以其合并或变更组织，对抗公司债权人。① 在票据法方面，票据的文义性与要式性和票据背书连续的证明力，为各国票据立法所公认。② 在保险法方面，我国保险法第 18 条规定："保险合同中规定有关于保险人责任免除条款的，保险人在订立保险合同时应当向投保人明确说明，未明确说明的，该条款不产生效力。"在海商法方面，我国海商法第 77 条规定："除依照本法第 75 条的规定作出保留外，承运人或者代其签发提单的人签发的提单，是承运人已经按照提单所载状况收到货物或者货物已经装船的初步证据；承运人向善意受让提单包括收货人在内的第三人提出的与提单所载状况不同的证据，不予承认。"上述法律中关于"通知"、"说明"、"签字"等的规定，事实上就是要求商行为的当事人在交易过程中，必须使其意思表示外观化。而一旦商事主体的意思表示外观化后，该行为的效力将以此为依据确立，原则上不得被撤销，也不会被其他证据所推翻。

尤其值得一提的是商事代理制度中的表见代理，更是鲜明地体现了商事行为外观化的特征。本来在各国民法上规定，行为人在没有得到本人授权的情况下所为的"代理"，为无权代理。无权代理行为的效力，将取决于本人在合理的期限内是否予以追认，因而，民法上的无权代理行为，属于效力未定的法律行为。③ 而所谓表见代理，是指无权代理人，具有代理权存在的外观，足令使相对人相信其有代理权时，法律规定本人应负授权责任的制度。④ 从表见代理的构成要件来看，表见代理本属无权代理的范畴，如果按照民法的规定，应属效力未定的法律行为，只有在得到本人的追认后，方为有效。但各国商事立法却均规定，表见代理为有效代理，代理行为产生的后果应有本人承担。如《日本商法典》第 504 条就规定："商行为的代理人虽未表明为本人所为，其行为也对本人发生效力。"我国合同法第 49 条的表述更为直白："行为人没有代理权、超越代理权或者代理权终止后以被代理人的名义订立合同，相对人有理由相信行为人代理权的，该代理行为有效。"

为何将一个本属无权代理的表见代理行为，认定为有效法律行为？其认定有效行为的依据又是什么？对此英美法理论和大陆法理论有着不同的解释。

英美法学者认为，表见代理行为之所以有效，是因为该代理具有授权行为

① 参见我国台湾地区"公司法"第 73 条、第 74 条、第 77 条。

② 张国键：《商事法论》，台湾三民书局 1987 年版，第 45 页。

③ 胡长清：《中国民法总论》，中国政法大学出版社 1997 年版，第 338 页。

④ 王泽鉴：《民法总则》，中国政法大学出版社 2002 年版，第 467 ~ 468 页。

的外观，即“外表授权”，而依照英美法代理制度，外表授权是产生代理权的原因之一。英美学者认为，因外表授权而产生的代理权，使本人承受代理行为的效果，是英美法上禁反言原则（the principle of estoppel）在代理关系中的具体运用。因为按照这一原则，法律不允许当事人否认别的有理智的人从他的言行中得出合理的推论。一个人的言行向相对人表示他已授权给某人，而实际上他并没有授权，这就构成了外表授权。法律为维护交易安全、公平和善意相对人的利益，认定外表授权可以作为一种法律事实，其效力当然可以使表见代理人获得代理权，因而，该代理行为是有效的。①

而在大陆法国家，通说认为，代理制度为私法自治的扩张与补充，本应尊重本人的意思，考虑本人的利益。在表见代理的情形，既然被代理人未作实际授权，自不应发生代理的效力，以免使本人遭受不测之损害。但代理制度的设计，不仅涉及本人的利益，也涉及与之进行交易的相对人的利益。若完全尊重本人的意思，而置相对人的利益于不顾，则世人皆不愿与代理人交易，不仅社会交易受其影响，而且代理制度也将有名无实，难以实行。故对于无权代理人与相对人之间有授权表象的情形，承认表见代理有效，虽然多少对本人不利，但可以维护交易安全，维持代理制度。②

尽管英美法理论和大陆法理论对表见代理有效性理由的解释各不相同，但出于维护交易动态安全的目的，放弃对本人内心意思的探究，而依据代理行为的外观化特征，来认定代理行为的效力，这一点则是共同的。这也是各国商事立法在商行为的效力认定问题上，一个共同的立法取向。

需要说明的是，以商行为的外观化特征来认定商行为的效力，在民商合一的国家始终是作为例外情况来看待的，这与这些国家将商法作为民法的特别法看待有关。因此，对于以商行为的外观化特征为依据，认定该行为效力的做法，其适用范围应受限制，不应推及对狭义民事行为效力的认定。我国部分学者在解释我国《合同法》第 49 条关于合同代理中的表见代理行为时，不区分民事合同代理与商事合同代理在效力方面的差异，随意扩大表见代理制度的适用范围，这种观点是值得商榷的。

三、商事内容的外观化

所谓商事内容的外观化，是指在商事交易中，将交易的内容依照法定的格

① 梁慧星：《民法总论》，法律出版社 1996 年版，第 230 ~ 231 页。

② 梁慧星：《民法总论》，法律出版社 1996 年版，第 231 页。

式加以记载，以便交易相对人通过商事记载，清晰了解交易双方当事人的权利、义务和责任。

商事内容的外观化，在各类有价证券的交易和通过格式合同方式进行的交易中，表现得尤为明显。如在各国的公司法或证券法上，对于发行的股票或公司债券，其股票的票面和债券的券面都有应绝对记载事项之规定；① 在各国票据法上，都有关于本票、汇票、支票绝对记载事项之规定；② 在各国和地区保险法上，对于各类保险契约的内容，都有关于应记载事项之规定；③ 在各国和地区海商法上，对于提单的内容，都有应记载事项之规定，④ 等等。上述规定均采用格式化的方式，任何交易当事人均不得随意加以变更。这样规定的目的，一方面，可以使交易当事人通过格式化、外观化的条款，迅速了解交易双方的权利义务，有利于交易的便捷；另一方面，外观化的证券均具有文义性的特点，即使证券上记载的内容与真实的情况不符，证券债务人也必须对证券上记载的内容负责，而不得以证券外的事由进行抗辩。这种完全以外观化的商事条款来确定当事人权利义务的立法，对于维护交易的动态安全，显得十分重要。

第三节　严格责任原则

严格责任（strict liability），是英美法上的概念，在大陆法上，与之相对应的概念应当是无过失责任（德 haftung ohne verschulden），作为民事责任的一种

---

① 如我国 1993 年颁布的《企业债券管理条例》第 6 条就规定："企业债券的票面应当载明下列内容：1. 企业的名称、住所；2. 企业债券的面额；3. 企业债券的利率；4. 还本期限和方式；5. 利息的支付方式；6. 企业债券发行日期和编号；7. 企业的印记和企业法定代表人的签章；8. 审批机关批准发行的文号、日期。"

② 如日本《票据法》第 1 条和第 2 条就规定："汇票应记载下列事项：1. 以制成该证券的语言，于证券文义中表明其为汇票的文字；2. 应支付一定金额的单纯委托；3. 支付者名称；4. 到期日的表示；5. 受款人或其指定人的名称；7. 汇票发票日及发票地；8. 发票人的签名。""欠缺前条所载事项之一的，不具备汇票的效力。"

③ 如我国台湾地区"保险法"第 55 条规定："保险契约应当具有下列条款：1. 保险标的；2. 保险事故的种类；3. 保险期间；4. 保险金额；5. 保险费。"

④ 如我国台湾地区"海商法"第 97 条规定："载货证券由运送人或船长签发后，关于运送事项，运送人只就载货证券上之记载，对载货证券持有人负其责任，载货证券持有人仅得就载货证券上记载之文义，对运送人主张权利，不得以载货证券以外之约定事项变更之。"

归责方式，它是相对于过失责任而言的。它是指行为人的行为给他人的利益造成损害的，除法定的免责事由外，不论其主观上是否有过错，均应对其行为的后果承担民事责任。

一、严格责任的兴起

自1804年的《法国民法典》第1382条正式确立过失责任以来,① 在19世纪前半叶，过失责任一直是各国民事立法确定民事责任承担的唯一归责原则，这一原则不仅适用于侵权法领域，也同样适用于契约法领域,② 因而成为近代资产阶级民事立法的三大基本原则之一。这一原则对于促进近代自由资本主义经济的发展，起到了积极的推动作用。③ 但随着现代工商业的不断发展，铁路、汽车、航空、矿业、电气、原子能等危险事业日益增加，损害事件层出不穷，过失责任已不能完全适应现代社会的需要，这些企业所致损害，纵尽科学上最新之技术，亦难防范其发生，故为加强对受害人的保护，维护人群共处的安全，各国在工厂法、民用航空法等民事特别法中规定，此类企业的经营者，对于损害的发生，虽无过失，仍应负责。④ 这样，严格责任首先在侵权责任领域，被作为特殊侵权责任的归责原则而加以运用。

二、严格责任的功能

依照多数学者的观点，严格责任的基本思想，不是对不法行为的制裁，而是在于“不幸损害”的合理分配。在侵权法领域，乃是基于分配正义的理念。⑤ 因为：（1）特定企业、物品或设施的所有人、持有人制造了危险来源；（2）在某种程度上，仅有该所有人或持有人能够控制这些危险；（3）获得利

---

① 《法国民法典》第1382条规定：“任何行为致他人受到损害时，因其过错致行为发生之人，应对该他人负赔偿之责任。”

② 如1804年的《法国民法典》第1147条规定：“凡债务人不能证明其不履行债务系由于不应归其个人负责的外来原因时，即使在其个人方面并无恶意，债务人对于其不履行或迟延履行债务，如有必要，应支付损害之赔偿。”

③ 王泽鉴：《债法原理——侵权行为法》（第1册），中国政法大学出版社2002年版，第14页。

④ 王泽鉴：《民法学说与判例研究》（第1册），中国政法大学出版社1998年版，第10页。

⑤ 王泽鉴：《债法原理——侵权行为法》（第1册），中国政法大学出版社2002年版，第16页。

益者，应负担责任，系正义的要求；（4）因严格责任而生的损害赔偿，得经由商品服务的价格机能及保险制度予以分散。而在其他商事领域，则是基于经济效率和诉讼经济的考量。因为在商事交往中，商人所关心的是风险负担而不是过错的有无；所追求的是利润的最大化而不是对过错的惩罚；所需要的是交易的安全、便捷及纠纷的迅速处理而不是绝对的公平。① 这样，严格责任不仅在侵权法领域有了生存的空间，而且在其他商事领域也有了适用的余地。

三、严格责任原则在商事领域的适用

在合同法领域，严格责任的运用则始于出卖人对其销售商品质量的瑕疵担保责任。即商品的销售者基于契约的约定，应担保出售的商品转移给买受人时，具有保证的品质。如果因为商品的瑕疵给买受人造成损害的，无论销售者是否尽到相当的注意，受害人都可基于契约，请求其承担违约责任。因而在产品责任的归责问题上是采用严格责任的。一般学者认为，产品责任的创始判例，乃是美国 MacPherson v. Buick Motor Co.，以及 1915 年德国对合成盐事件的判决。② 目前，在英美法国家的判例与有关国际商事合同公约、惯例中，严格责任作为违约责任的归责原则已得到广泛的认可，③ 但在大陆法系国家的民商事立法中，违约责任的归责原则仍采取过错责任原则，④ 不过，依照德国学者的解释，“德国民法典虽然在违约责任问题上仍坚持过失前提，但是，法院的审理结果作为处分的证据，足以证明这一前提的实际影响如果不是零的话，也已被降到最低限度。”⑤

---

① 崔见远：《严格责任？过错责任？》，载梁慧星主编《民商法论丛》第 11 卷，法律出版社 1998 年版，第 193 页。

② 刘文琦：《产品责任法律制度比较研究》，法律出版社 1997 年版，第 5 页。

③ 如联合国《国际货物销售合同公约》第 45 条关于卖方不履行合同义务时买方的救济方法及第 61 条关于买方不履行合同义务时的救济方法中就规定：“受损害一方援用损害赔偿这一救济方法时，无须证明违约一方有过错。”《国际商事合同通则》第 741 条规定：“任何不履行，均使受损害方当事人取得单独的损害赔偿请求权，或是与其他救济手段一并行使的损害赔偿请求权，除非不履行可根据本通则的规定予以免责。”

④ 如《德国民法典》第 276 条第 1 款规定：“除另有其他规定外，债务人应对其故意或者过失行为负责。在交易中未尽必要注意的，为过失行为。”《日本民法典》第 415 条规定：“债务人不按债务本意履行时，债权人可以请求损害赔偿。因应归责于债务人的事由致履行不能时，亦同。”

⑤ ［德］Herbert Kronke：《德国合同法的改革》，载全国人大法制工作委员会民法室编著：《中华人民共和国合同法立法资料选》，法律出版社 1999 年版，第 300 页。

我国新《合同法》（1999年颁布）在制定过程中，曾就违约责任的归责原则问题，在学术界展开过激烈的争论。

一部分学者主张应当采用严格责任，其理由归纳起来有三点：其一，严格责任是合同法的发展趋势。在违约责任上，大陆法系采过错责任，英美法系奉行严格责任，联合国《国际合同销售合同公约》采严格责任（第45条、第61条），国际统一私法协会起草的《国际商事合同通则》（第7.4.1条）和欧洲合同法委员会起草的《欧洲合同法》原则亦然（第101条、第108条）。其二，严格责任具有显而易见的优点。一是原告只须向法庭证明被告未履行合同义务的事实，而不要求原告或被告证明对于不履行是否有过错。由于不履行和免责事由均属客观存在的事实，其存在与否的证明与判断相对来说比较容易，而过错属于主观的心理状态，其存在与否的证明与判断相对来说比较困难，因此，实行严格责任可以方便裁判，有利于诉讼经济。二是在严格责任下，使不履行与违约责任直接联系，有违约行为即有违约责任，有利于促使当事人严肃对待合同，有利于合同的严肃性。避免违约方总是企图寻找各种无过错的理由以期逃脱责任现象的发生。其三，严格责任原则更符合违约责任的本质。因为违约责任是由合同义务转化而来，本质上出于当事人双方的约定，不是法律强加的。合同相当于当事人双方为自己制定的法律，法律确认合同具有拘束力，在一方不履行合同时追究其违约责任，不过是执行当事人的意愿和约定而已。①

而另一部分学者则反对上述观点，主张违约责任的归责方式仍应当以过错责任为原则，以严格责任为例外。其理由归纳起来有四点：其一，联合国《国际货物销售合同公约》和《国际商事合同通则》关于违约责任的规定，是专门针对商事合同而言的，《欧洲合同法》是由民间机构编纂的，其权威性令人怀疑。因此，以上述立法中的规定为依据，称严格责任原则是合同法的发展趋势为时尚早。其二，严格责任虽然具有举证证明与判断相对容易的优点，但称之为有利于诉讼经济，则未见得具有普遍性。相反，因实行严格责任原则，使胜诉的可能性增大，反而易诱发诉讼浪潮，从整个社会看，成本是高昂的。其三，通过把违约责任视为本质上出于当事人的约定，而不是法律的强加，来说明实行严格责任的合理性，也值得商榷。因为违约责任虽然是合同关系的转化形态，但是增加了国家强制力的转化形态，在违约方有过错的情况下，还增

① 梁慧星：《从过错责任到严格责任》，载《民商法论丛》第8卷，法律出版社1997年版，第1~7页。

加了法律谴责和否定性的评价。因此，违约责任同样是法律责任，是法律强加的。当事人对违约责任的约定，不是约定违约责任的“质”，而只是约定违约责任的“量”。其四，放弃过错责任原则，改用严格责任原则，我国的法官和人民群众能否接受，成为问题。①

笔者无意评价上述观点的谁是谁非，因为两派的观点均有其合理的依据。但从双方争论所引用的论据来看，在商事合同领域，违约责任的归责原则应为严格责任，则是不争的事实。由于我国现行立法采民商合一的立法体例，“合同法既调整法人、其他组织之间的经济贸易合同关系，同时也调整自然人之间的买卖、租赁、借贷、赠与等合同关系”。② 而自然人之间不以营利为目的的民事合同，若也采用严格责任作为违约责任的归责任原则，则与严格责任的功能不符，也有违民法的公平与正义。因此，笔者以为，在违约责任的归责问题上，应当采用过错责任与严格责任并行的双轨体系，以过错责任为原则，以严格责任为例外。将严格责任原则的适用，限制在以营利为目的的各类商事合同纠纷的处理中。这既解决了使我国的立法与我国参加的有关国际商事条约相协调的问题，也兼顾了社会的公平与效率之间的矛盾，同时也符合我国立法在民商合一的体制下对商事立法为特别法的界定。

严格责任作为商事立法的一项基本立法原则，当然不局限于商事合同领域，在商事立法的方方面面，实际上都留下了严格责任的痕迹。例如在公司法方面，我国《公司法》第95条规定：“股份有限公司的发起人应当承担下列责任：(一) 公司不能成立时，对设立行为所产生的债务和费用负连带责任；(二) 公司不能成立时，对认股人已缴纳的股款，负返还股款并加算银行同期存款利息的连带责任……” 在票据法方面，我国台湾地区“票据法”规定，汇票的发票人、承兑人、背书人及其他票据债务人，对于执票人主张的票据债权，应负连带责任；二人以上在票据上共同签名的，对票据债务负连带责任。③ 在保险法方面，我国台湾地区“保险法”规定，保险人对于因不可预料或不可抗力事故所致之损害，及对于因履行道德上的义务所致之损害，或对

---

① 崔建远：《严格责任？过错责任？》，载《民商法论丛》第11卷，法律出版社1998年版，第190~197页。

② 顾昂然：1999年3月9日在九届全国人大第二次会议上所作的《关于中华人民共和国合同法（草案）》的说明，载全国人大法制工作委员会民法室编著：《中华人民共和国合同法立法资料选》，法律出版社1999年版，第21页。

③ 参见我国台湾“票据法”第96条和第5条之规定。

于要保人、被保险人之受雇人、或其所有之物所致之损害，均应负赔偿责任。① 在海商法方面，我国《海商法》第46条规定，海上货物运输合同的承运人，在承运人的责任期间，货物发生灭失或者损坏，除本法另有规定外，应当承担赔偿责任，等等。

如果说，在狭义的民事立法上，严格责任还只是作为民事责任的一种例外归责方式来加以适用的话，那么在商事领域，出于维护交易动态安全和追求效率的目的，严格责任作为商事立法的一个特有原则，已在愈来愈多的商事交易中被广泛适用。

① 参见我国台湾"保险法"第29~31条之规定。

第三章　商人及其辅助人

第一节　商人概述

一、商人的概念和特征

在传统商法中，一般将商事法律关系的主体称为“商人”、“商主体”、“商事主体”或者“商业主体”。本书采用“商人”概念，但为论述方便，在一些地方仍会使用商主体或商事主体概念。

商人这一概念，在不同的语境中有不同的理解。在日常生活中主要是指从事特定职业的人。在经济生活中，主要是指从事货物交易的人。在法律上，不同国家的立法有不同的界定，学者的观点也莫衷一是。我们认为，商人是指基于法律的规定，能够以自己的名义从事商行为，独立享有商事权利和承担商事义务的人。基于这一认识，法律意义上的商人应该具备以下条件：

1. 商人必须是商事法律所规定的人

商人法定是商法的一个重要原则，因此，商人的创设或变更必须严格按照法律规定的主体类型和标准进行。这里的“人”，包括自然人、法人及他们的各种主体形态。不同国家之所以存在不同种类的商主体，根本原因在于商人法定，即法律对主体种类、设定方式、内外部关系等的规定，直接决定了商主体的形式、范围和法律地位。① 因此，法律规定是现代商人存在的前提。这里的“法律规定”，通常包括商事实体法与商事程序法两类：商事实体法规定商事主体的类别、设立条件、组织机构、资本运作和对外的责任承担方式；商事程序法规定商事主体的设立、变更、注销程序，登记机关和登记申请人在完成商事主体的设立、变更、注销程序过程中，依法享有的权利、义务和责任。

---

① 范健主编：《商法》，高等教育出版社2000年版，第22~23页。

2. 商人必须是从事营业的人

营业是商人概念的基础与核心，是把握商人概念的关键。① 营业是指以营利为目的的事业，这种事业具有营利性、持续性、独立性、公开性和正当性的特点。② 按照现代多数国家的法律规定，从事营业是构成商主体的实质性法律要件。③ 因此，并非所有的民事主体都能成为商主体，那些只为满足自己个人生活需要的独立活动，那些非独立的公务员和劳动者的活动以及那些涉及国家主权和行政管理的部门的活动，均不属于经营活动。医生、律师、会计等自由职业，由于历史和习惯的原因，也不视为商人。简而言之，不从事营业的个人或组织不是商人，偶然从事某项营利活动的个人或组织也不属于商人。

3. 商人必须是能以自己的名义从事营业的人

所谓以自己的名义从事营业，是指在商事活动中，经营者应当拥有自已的商号和独立的商业账簿，以自己的名义进行结算，对业务拥有最终决定权，并对自己的营业行为依法独立承担法律责任。在商业活动中是否使用自己的名义，是将商人和不具备独立商人资格的商业辅助人区别开来的重要标志。

商人与一般民事主体都属于私法上的主体，都具有独立的法律人格，都能以自己的名义享有权利和承担义务。在民商分立的国家，商人是独立的私法主体，在民商合一的国家，不区分商人与一般民事主体，但并非一切民事主体皆为商人，商人资格的取得仍需要具备特定的条件，因而仍是私法上的特殊主体。

商人与普通民事主体的区别主要有以下几点：

1. 权利能力的取得和终止方式不同

在民商事法律关系中，权利能力的有无，是判断是否为法律关系主体的唯一标准。但民商事主体的权利能力的取得和终止的方式并不相同。在民事关系中，自然人的权利能力始于出生，终于死亡，不存在人为因素。不以营利为目的的社团法人和财团法人，其权利能力的取得是基于特别法的规定。而在商事关系中，商事主体无论其属于何种类别，其权利能力均始于设立登记，终于注销登记。因而，商事主体的权利能力与登记密不可分，离开了商事登记制度，人们将无法判断其是否为商事主体。

2. 行为能力的限制不同

民商事主体的行为能力均会受到限制，但限制的因素并不相同。在民事关

① 范健：《德国商法》，中国大百科全书出版社 1993 年版，第 50 页。

② 赵中孚主编：《商法总论》，中国人民大学出版社 1999 年版，第 73 页。

③ 赵万一：《商法基本问题研究》，法律出版社 2002 年版，第 289 页。

系中，自然人的行为能力主要受到年龄和智力发育水平的限制，非营利性法人的行为能力主要受到设立目的的限制。而在商事关系中，商事主体的行为能力则会受到设立目的、章程或协议、经营范围、营业形态、竞业禁止等多方面的限制。

3. 两者的范围不同

民事主体的范围十分广泛，除了自然人、法人外，许多公法上的主体，如政府、法院等以其财产从事民事活动时，也可以成为民事主体。但是大量的民事主体不得成为商人，因为商人是以营利为目的的经营性活动的主体，商事能力的存在与其所实施的经营性活动密切相联。因此，公法上的主体、非营利性的社团和财团、未经商事登记取得商人资格的自然人，都不是商人。

4. 两者享有的权利义务不同

商事活动以营利为目的，因此，商人在从事商业活动时应当纳税，而民事活动不以营利为目的，因此，民事主体在从事民事活动时，即使有交易行为，也无须纳税。虽然在民商合一国家，不承认民事主体与商事主体的划分，但对同一行为引发的法律关系，却同样存在民事和商事的区别。比如同为租赁行为，普通自然人的民事租赁无须纳税，而租赁公司的商业租赁则必须缴纳营业税。再比如，同为借贷行为，民商合一国家的立法虽未明文区分民事借贷和商事借贷，但对贷款人的利息支付请求权的行使，在法律规定上却有明显的不同。① 这表明，无论在民商合一国家，还是在民商分立国家，民事主体和商事主体的区别都是存在的。

5. 两者的责任承担不同

民事活动以追求公平为其价值取向，而商事活动以追求便捷为价值取向。价值取向上的差异，直接导致了立法者在规范同一行为时，会作出民事和商事的区分，尤其在责任承担问题上。比如，在不履行合同的违约责任归责问题上，大陆法系国家的立法历来区分民事违约和商事违约，而采用不同的归责原则，民事违约责任的承担以过错责任为归责原则，而商事违约责任的承担则以无过错责任为归责原则。此外，依照《德国民法典》第343条的规定，法院

① 《瑞士债法典》第313条规定："非商事借贷合同，贷款人只有在有约定时才可以请求支付利息。商事借贷即使未有利息之约定，也应当支付利息。"我国《合同法》第211条也规定："自然人之间的借款合同对支付利息没有约定或者约定不明确的，视为不支付利息。自然人之间的借款合同约定支付利息的，借款的利率不得违反国家有关限制借款利率的规定。"

对民事合同的当事人在合同中约定的过高违约金，有权基于公平的理念裁决减少，但《德国商法典》第348条则明确规定，商事合同的违约金问题不适用民法典之规定。① 由此可见，民商事主体在同一行为的责任承担问题上是不同的。

二、商人的立法规制模式

在单独制定商法典的国家，立法上均对商人概念作了界定。如《法国商法典》第1条规定："从事商活动并以其作为经常性职业者，为商人。"②《德国商法典》第1条规定："本法典所称的商人是指经营营业的人。营业指任何营利事业，但企业依种类或范围不要求以商人方式进行经营的，不在此限。"③《日本商法典》第4条第1款规定："本法所称商人，指以自己名义，以实施商行为为业者。"④《韩国商法典》第4条规定："商人，是指以自己的名义从事商行为的人。"⑤ 从字面来看，各国对于商人概念的表述差异不大，但是，由于各国商事立法理念的不同，因此在商主体与商行为的逻辑关系上存在明显区别，主要可以概括为以下三种。

1．客观主义

客观主义又称为实质主义，是指商法的构造着眼于行为的商本质，首先界定"商行为"的概念，并将从事该行为的主体确定为商人。1807年的《法国商法典》首先确立了这一规则，从而使商法从中世纪专属于商人团体的"特殊阶层的法"转变为"一般市民的法"，商人的确定不再依赖于其身份，而是根据其行为加以判定。《法国商法典》第1条规定，商人为"从事商活动并以

① 《德国民法典》第343条规定："（1）处罚的违约金过高的，经债务人申请，可以判决减至适当的金额。在对违约金是否适当作判决时，应考虑债权人的一切合法利益，而不只是考虑财产上的利益。已支付违约金的，不得再要求减少。（2）除第339条、第342条规定的情况外，对作为或者不作为约定支付违约金的，亦同。"《德国商法典》第348条规定："商人在经营其营业中约定的违约金，不得依民法典第343条的规定而减少。"

② 金帮贵译：《法国商法典》，中国法制出版社2000年版，第1页。

③ 杜景林、卢谌译：《德国商法典》，中国政法大学出版社2000年版，第3页。

④ 《日本商法典》第52条的规定为："（一）本法所称公司，谓以实施商行为为目的而设立的社团。（二）依本编规定设立的以营利为目的的社团，虽不以实施商行为为业，也视为公司。"王书江、殷建平译：《日本商法典》，中国法制出版社2000年版，第3、12页。

⑤ 吴日焕译：《韩国商法》，中国政法大学出版社1999年版，第3页。

其作为经常性职业者”。德国旧商法典亦采此原则。一般认为，真正坚持和发展这一原则的是1885年《西班牙商法典》，该法典第2条第1款对商事交易规定为：无论从事交易的人有无商人身份，无论经营活动中进行的交易是否是偶尔进行的交易，一律适用商法。①“客观主义的内涵，在于重视商行为概念的基础作用，以商行为的概念揭示商事主体的范围，强调商事主体资格对商行为的依存。”② 但是，随着商业职能范围的不断扩大，商事活动与非商事活动的界限日益模糊，导致商人范围的不稳定性和商法适用范围的不确定性，法国逐步从客观主义转向折中主义。

2. 主观主义

主观主义又称为形式主义，是指商法的构造着眼于主体本身的法律形式，首先确定商人的概念，并从商人的概念推导出商行为。主观主义通过不同类型商人的罗列力求涵盖商人概念的外延，在克服商人范围的含糊性上前进了一步。1897年的《德国商法典》是主观主义的典型代表。该法典的第一章就是“商人”，并以商人概念为中心，规定只有商人所从事的经营活动才属于商事经营。“《德国商法典》的制定者以‘商人’的概念作为出发点，是因为他们持有一种十分陈旧的观点，即一个社会中的不同职业构成了相互独立的身份集团，而每一集团都有其专门的法律。”③ 但是，随着社会经济的不断发展，新型商事活动如证券投资领域的出现，并非只有商人才能从事，德国商法不得不创设了一系列灵活的补救措施，如《德国商法典》第5条规定了拟制商人的概念和使用条件，并在1998年的商法改革中取消了大小商人的概念，使商人和民事人之间有了更大的回旋空间，也避免了大小商人之间权利能力不平等的状况。

3. 折中主义

折中主义是指同时以商人和商行为的概念作为基础，从两个方面加以界定，既注意行为人的外在表现形式，又着眼于商行为的客观性质。《日本商法典》是这一原则的代表，《韩国商法典》采纳了日本的做法，法国目前也采用这一原则。《日本商法典》第4条规定，商人是以自己的名义以实施商行为为业的人，并在“商行为”部分列举了4种绝对的商行为和12种营业的商行

① 郭富青：《论现代商法的立法基点和表现形式》，载北大法律信息网。

② 覃有土主编：《商法学》，中国政法大学出版社1999年版，第16页。

③ ［德］罗伯特·霍恩、海因·科茨、汉斯·G. 莱塞：《德国民商法导论》，楚建译，中国大百科全书出版社1996年版，第232页。

为。这就意味着，日本商法对商行为的判断标准有两个：对于绝对商行为，无论何人实施，均适用商法的规定，而与行为人的身份无关；对于相对商行为，取决于是否为营业而实施，答案肯定者，为商行为，否则即为民事行为。

总体而言，无论是选择客观主义还是主观主义，都只是立法适当性的问题，并不存在绝对的优劣之分。在实行客观主义的法国，也存在很多关于主观主义的规定，如根据法国的相关法律，凡股份公司、有限公司、两合公司、个人合伙和有限合伙均属于商人，而不问其营业行为的性质是否属于商行为。① 在实行主观主义的德国，也大量采用了客观主义的标准。如汇票、本票、支票和海商行为都无需商人身份；关于代理商、居间商、行纪人、货运营业人、运输代理营业人、仓库营业人的规定，也不以商人身份为前提。因此，任何一部商法典都不可能严格恪守纯粹的客观主义或主观主义，“实际上有商法典的国家，在规定商法适用范围时都结合人与行为两个标准”。②

三、商事能力

（一）商事权利能力

“权利能力，非为使特定人享受特定利益与以动的法律上之力，乃系使一般人享受权利为可能，与以静的法律上之地位，而且非关于特定事项，故非权利。”③ 换言之，权利能力即人格，它主要解决在法律关系中，能否成为法律关系主体的问题，并不回答成为法律关系主体后，能否通过其行为取得哪些权利的问题，后者已属于行为能力解决的问题。商事权利能力作为权利能力的一种，是指商事主体依照商法的规定，成为商事主体的资格。作为一种法律地位，商事权利能力存在的意义在于：法律应该赋予哪些人（包括自然人和社会组织）经商的资格，取得商事权利能力的自然人或社会组织将成为商事法律关系的主体，反之，没有商事权利能力的人，将不得成为商事主体，不得进入商事领域，参与商事交易。其实施的行为所引发的法律关系，只能作为民事法律关系看待。

由于商行为是以营利为目的的行为，与民事行为相比，营业行为具有较高的风险性，从维护交易安全和市场秩序的角度出发，要求行为人具有更高的注

① 董安生、王文钦、王艳萍编：《中国商法总论》，吉林人民出版社 1994 年版，第 79 页。

② 谢怀栻：《外国民商法精要》（增补版），法律出版社 2006 年版，第 243 页。

③ 史尚宽：《民法总论》，中国政法大学出版社 2000 年版，第 85 页。

意能力、物质基础和行为条件，因此，各国商事法律对取得商人资格均提出了更为严格的标准和要求。换言之，并不是所有的民事主体都自然而然地可以成为商事主体，也不是所有的法人都可以从事商业活动。各国法律均规定，只有符合法律规定条件的人，通过法定程序，才能获得商人资格，取得商事权利能力。

一般来说，各国商事权利能力的取得途径主要有以下两种：（1）通过商事登记，取得商事权利能力。商人在从事商业经营之前的开业登记，是大多数国家赋予商事主体权利能力的主要途径，它既决定商人身份的取得，同时又为国家税收和市场管理奠定基础。比如在德国，自由登记商人或者任意登记商人通过登记获得商人身份，商事登记不仅仅具有程序法上的意义，还具有设权的作用。在我国，不论是作为商个人的个体工商户、个人独资企业，还是作为商组织的合伙和公司企业，登记都是取得商事主体资格的必备条件，如果设立银行、保险等金融性质的企业，还需要经过特别审批。（2）通过商行为的实施，取得商事权利能力。这主要是对法定商人和小商人而言的。依据《德国商法典》的规定，法定商人（德国称为必然商人）虽有义务进行商事登记，但该登记只具有公示性效力，不具有创设商人身份的效力，只要行为人依其种类或范围需要以商人方式经营营业，即使没有登记，也可以获得商人资格。日本和韩国的商法典中还存在小商人的概念，关于商业登记、商号及商业账簿等规定不适用于小商人，小商人取得商人身份的时间，在于其着手以实施商行为为业之时。①

关于商事权利能力的消灭，各国商法一般规定，商事能力因注销登记而消灭。如在德国，必然商人虽然不是依赖登记产生的，但其负有法定的登记义务，当其存在的前提条件消灭时，则应该以“缺乏实质要件而失去公信力”②进行注销登记；自由登记商人可以通过注销商号的方式退出商人身份。为了严格维持商事主体资格登记的公信力，《德国商法典》第5条甚至专门规定了“依登记的商人”（又称为拟制商人），对那些没有及时进行商人资格注销登记

① 如何判断行为人已经“着手以实施商行为为业”，在日本理论界存在表白行为说、营业意思主观实现说、营业意思客观认识可能说、准备行为自体性质说等不同观点。（参见［日］我妻荣主编：《新法律学大辞典》（中译本），中国政法大学出版社1991年版，第379页，转引自任先行、周林彬：《比较商法导论》，北京大学出版社2000年版，第219～220页。）

② 参见［德］C. W. 卡纳里斯：《德国商法》，杨继译，法律出版社2006年版，第45页。

的人，仍然视为商人。我国法律均规定，已经登记的商业经营者因为解散、破产、吊销营业执照、责令关闭或者被撤销而终止营业时，应该进行注销登记，商事权利能力因此消灭。存在疑问的是，商人在被宣告破产时，其商事主体资格是否立即消灭？对此，理论上有法人性质变更说、法人消灭说、同一法人说、拟制存续说等多种不同观点。从各国破产立法的规定来看，破产宣告并不导致破产商人主体资格的消灭，在清算终结前仍具有独立的主体资格，只是其行为能力受到相应的限制，不能为清算范围以外的行为。如《日本破产法》第4条规定，“已解散的法人，于破产目的范围内仍视为存续。”根据我国《公司法》第188条规定，公司清算结束后，申请注销公司登记，公告公司终止。我国《破产法》第121条也规定了破产程序终结以后的注销登记手续。可见，即使在破产程序中，商事权利能力的消灭也是以注销登记为准的。

商事权利能力是否应该受到限制？目前我国学术界存在不同观点。有学者认为，法人的权利能力是受限制的，它主要受到自然性质、法律法规的规定和设立目的三方面的限制。① 这里说的“法人”当然包括企业法人。我们认为这一观点值得商榷。理由有三：

（1）商事主体法律地位平等，是保证商事交易自由原则得以顺利实施的前提，而商事主体的法律地位是通过商事权利能力来体现的。如果立法不承认商事主体的权利能力一律平等，而是对其权利能力加以限制，那么，在交易实践中，就会出现大商人和小商人的区分，由于大小商人的法律地位不平等，双方之间的交易自由也就无从谈起。我国在改革开放初期，在某些法律法规中出现过将企业法人分为“一级法人”和“二级法人”的分类，事实上就是对这一问题的错误认识造成的。而德国在1988年6月22日颁布的《商法改革法》中，取消完全商人和小商人的划分，创立统一的商人概念，② 也体现出德国立法者认识到，德国过去的商法在这一问题上存在的不足和缺陷。

（2）权利能力制度是解决在特定的法律关系中，哪些组织或自然人能够成为该法律关系的主体问题，离开了特定的法律关系，是很难确定社会组织或自然人的法律地位的。比如，我们通常认为，国家公权力机关是公法关系的主体，而不是成为私法关系的主体，因而一国私法不会规定公权力机关在私法关系中的权利义务问题，但人们通常不会认为，国家公权力机关的权利能力是受限制的。同样道理，商事权利能力制度的创设，主要是解决各类商人在商事法

① 梁慧星：《民法总论》，法律出版社1996年版，第126~129页。

② 杜景林、卢谌译：《德国商法典》，中国政法大学出版社2000年版，第1~2页。

律关系中的主体资格问题，离开了商事法律关系，这个资格的赋予就没有任何法律意义，而商事关系是纯粹以营利为目的的财产关系，根本不涉及人身关系，当然也就谈不上商人是否享有自然人的人身权利问题。以商人不能享有自然人的人身权利为理由，主张商人的权利能力是受其自然性质限制的观点，在法理上是说不通的。

（3）权利能力的广泛性只是为权利主体享有权利和承担义务提供了一种可能性，但要真正取得权利和承担义务，则必须具有相应的行为能力。基于这一理由，我们认为，在商事法律法规中，有一些对商人行为的限制性规定，比如公司法中有公司不得为他公司的无限责任股东的限制，破产法中有破产债务人在清算期间，不得实施与破产清算无关的行为的规定等，事实上是对商事主体行为能力的限制，而与商人的主体资格无关。同样道理，商法人在设立时，在其章程中通常都会规定设立目的和经营范围，商法人的营业行为不得违反其设立目的，不得超越其经营范围，这种限制也是对商法人的行为能力的限制，对商法人的主体资格是没有影响的。

（二）商事行为能力

商事行为能力是指商人在商事交易中，通过实施商行为，取得商事权利、承担商事义务的资格。商事行为能力以商事权利能力为前提。商事权利能力赋予行为人从商的资格；商事行为能力则是实施具体法律行为，产生商事权利义务关系的能力。

商事行为能力虽然与民事行为能力一样，都是解决法律关系的主体在不同的法律关系中，如何通过其行为取得权利、承担义务的问题，但由于营利的本质属性，导致了民商分立国家的立法者在规定商事行为能力时，却作出了有别于民事行为能力的规定，这些差异表现在以下几方面：（1）在行为能力的取得方面，民事主体民事行为能力的取得与民事权利能力的取得并不是同步的。而商事主体的商事行为能力的取得与商事行为能力的取得是同步的，不论是商自然人、商合伙，还是商法人，一旦取得商事权利能力，则同时取得商事行为能力。（2）在行为能力的消灭方面，民事主体的民事行为能力的消灭与民事权利能力的消灭也不是同步的。换言之，丧失民事行为能力，并不意味着民事主体的主体资格消灭。而商事主体的商事行为能力的消灭与商事权利能力的消灭却是同步的。换言之，商事主体一旦丧失商事行为能力，不能实施商行为，那么他作为商事主体的存在就没有任何意义了。因此，无论在立法上，还是在交易实践中，均不存在无行为能力的商人。（3）在行为能力受限制的法定事由方面不同。自然人民事行为能力受限制的法定事由，主要是年龄和智力因素。商事主体行为能力受限制的法定事由，主要包括设立目的、营业种类和公共政策等方面，下文会作简要介绍。

商事主体的商事行为能力受法律限制，是各国和地区立法的普遍做法，但商事主体设立目的不同、营业种类不同、国民经济体制的市场化程度不同，所受的限制也不完全相同。概括说来，各国立法对商事行为能力的限制主要包括以下几方面：

1. 基于设立目的不同产生的限制

任何商事主体的设立均有其设立目的，虽然，各类商事主体均以营利为共同目标，但如何通过其具体的营业行为去实现这个目标，则是各国立法在商事主体设立时就要求其向登记机关阐明的。我国立法也要求商事主体设立时，应当公示其设立目的，只不过未明确表述为“设立目的”，而是以“经营范围”代替之。① 如我国《公司法》第12条规定：“公司的经营范围由公司章程规定，并依法登记。公司可以修改公司章程，改变经营范围，但是应当办理变更登记。”我国《民法通则》第42条规定：“企业法人应当在核准登记的经营范围内从事经营。”我国《合伙企业法》第18条和第19条以及《个人独资企业法》第10条等，对设立合伙企业和个人独资企业时，需要登记其经营范围均有明确规定。法律要求登记商事主体的经营范围，并明确要求商事主体在核准登记的经营范围内从事营业活动，显然是出于维护交易安全的需要。因为登记机关对商事主体经营范围大小的核定，是建立在对商事主体的营业规模的大小核定基础上的，它与商事主体的责任能力直接联系在一起。如果在经营范围上，不对商事主体的行为能力加以限制，允许其超范围经营，则必然会引发经营中的商业风险，从而威胁交易安全。

当然，商事主体的经营范围并非一成不变。随着商事主体营业资本数额的增减，其经营范围也可以随之扩大或缩小，从而导致商事主体的行为能力也随之发生变化。但商事主体的营业范围的变更，并非商事主体本身可以随意为之，需要履行法定的变更登记手续。有学者认为，为了规避商业风险，应当允许商事主体根据市场变化，随时调整其经营范围，因而，规定商事主体必须在核准的经营范围内经营是不合理的。我们认为，这一观点只考虑到商事交易中，一方当事人的风险问题，却没有考虑到，如果取消经营范围的限制，将使交易的另一方当事人承受不测之风险，因此这一观点是不可取的。

商事主体的行为能力应当受到其核准登记的经营范围的限制，如果商事主

① 梁慧星：《民法总论》，法律出版社1996年版，第127页。

体超越经营范围，所实施的行为是否有效？对此学者有不同观点。我国台湾地区的“法律”明文禁止商事主体在经营范围之外从事经营活动。① 但我国最高人民法院在《关于适用〈合同法〉若干问题的解释（一）》第10条中规定：“当事人超越经营范围订立合同，人民法院不因此认定合同无效。但违反国家限制经营、特许经营以及法律、行政法规禁止经营规定的除外。”这一规定显然采纳的是超范围行为有效说的观点。我们认为，这一观点是值得商榷的。理由有二：一是商事主体的行为能力受经营范围的限制，就意味着商事主体在经营范围之外没有实施商行为的能力。如果允许商事主体超范围经营，并认定该行为有效，那么登记机关对商事主体经营范围的核准和登记就变得毫无意义，主张商事主体的行为能力应受其经营范围限制的观点，也难以自圆其说。二是主张超范围行为有效说的目的，主要是为了解决商事主体对其超范围行为的责任承担问题。似乎只有超范围行为有效，商事主体才承担责任，如果超范围行为无效，商事主体就不承担责任了。这事实上是人们在民事责任承担问题上的认识误区。商事主体对其有过错的行为给交易相对人造成损害的，都应承担责任，只不过，如果超范围经营行为无效，行为人承担的是无效行为的民事责任而已。

2. 基于营业种类的不同产生的限制

所谓营业种类，是指基于商事主体的营业规模、组织形态、对外承担民事责任的形式不同，对营业进行的分类。通常情况下，商事主体的营业不同，其行为能力受到的限制也不同。比如，同为公司，股份有限公司为募集资金的需要，可以实施发行公司股票和公司债的行为，而有限责任公司则不可以。在承认无限责任公司和两合公司的国家，公司法有公司不得为他公司无限责任股东的限制。在各国破产法上，都会规定破产债务人在破产清算期间，不得实施与破产清算无关的行为的规定。立法者之所以要从营业种类的角度，对不同的商事主体的行为能力加以限制，是因为商事主体的行为能力的大小是建立在商事主体营业财产数额多寡基础上的。营业财产的多寡是核定不同营业种类的主要依据，同时也是判断商事主体责任能力的主要依据。以营业种类为标准，赋予不同商事主体以不同的行为能力，说到底是出于维护交易安全的需要。

3. 基于维护公序良俗原则产生的限制

公序良俗原则是民商事活动应当共同遵守的一项原则，在商事领域，商事

① 我国台湾地区“公司法”第15条规定：“公司不得经营其登记范围以外的业务。”台湾地区“商业登记法”第8条第2项规定：“商业不得经营其登记范围以外的业务。”

主体在从事商事活动时遵守这一原则，就意味着不得实施有背于该原则的行为。比如我国台湾地区“民法”第72条规定：“法律行为，有背于公共秩序或善良风俗者，无效。”商业行为也是法律行为，对于违反公序良俗的商业活动，当然要受到限制。① 我国现行立法也明确要求商事主体在从事商事活动时，必须遵守社会公德，不得损害社会公共利益。② 依此规定，在我国，商事主体的行为能力也要受到公序良俗原则的限制。虽然由于宗教、文化和传统上的原因，各国立法对公序良俗的内涵界定不完全相同，但从事贩卖毒品、贩卖人口、销售赃物等行为，则为各国法律所明文禁止。至于开设赌场和性交易场所，也为多数国家的法律所禁止。

4．基于公共政策需要产生的限制

公共政策是国家干预经济活动的重要手段，在市场经济体制下，国家动用公共政策手段对商事主体的行为能力加以限制，其目的有二：一是确保国计民生的基本需求，避免市场的自发调节可能引发的市场动荡。比如许多国家对邮电、铁路、航空、保险、城市公用水电等公用事业，只允许政府特定部门经营，即使允许商人经营，也有极其严格的限制。二是出于维护国家安全的需要，对涉及国防的产业和产品，只允许公营企业经营。当然，公共政策手段对商事主体的行为能力加以限制，虽然是各国的普遍做法，但限制程度与一国的市场发育程度有密切关系。一般说来，市场发育程度愈高，基于公共政策的限制就愈少。

除了上述限制外，有学者还提出，公务员不得经商；经理人不得兼任其他营利事业之经理人，并不得自营或为他人经营同类业务等，均是对商事主体行为能力的一种限制。③ 对此观点，我们不敢苟同。我们认为，讨论商事主体行为能力受限制的情形，是以该主体已成为商事主体为前提的，如果该主体连商事主体资格都未取得，也就谈不上商事行为能力的问题，当然更谈不上受限制的问题。公务员和经理人在商法上均不是商事主体，当然也就谈不上有商事行为能力，更谈不上其商事行为能力受限制的问题。

（三）商事能力与民事能力的关系

关于商事能力和民事能力的关系，目前有两种对立的观点。一种观点认

---

① 张国键：《商事法论》，台湾三民书局1987年版，第65页。

② 参见我国《公司法》第5条、《合伙企业法》第7条和《个人独资企业法》第4条之规定。

③ 张国键：《商事法论》，台湾三民书局1987年版，第65～66页。

为，商事能力是一种附加于民事能力之上的能力，即具备商事能力者一般应以具备民事能力为前提，但具备民事能力并不必然具备商事能力，从这个意义上说，商事能力是一种特殊的民事能力。①另一种观点认为，民事主体的范围和商事主体的范围并不一致，因此民事能力并不能当然成为商事能力的基础，如果一般地认为民事能力是商事能力的基础，就会人为地缩小商主体的范围，否认已经由立法所承认的尤其是合伙企业的商主体地位。②

我们认为，上述两种观点均存在可商榷之处。商事能力与民事能力的关系，应当区分商自然人和商事组织两种情况来讨论。

对于商自然人来说，取得民事权利能力和民事行为能力是其具有商事权利能力和行为能力，成为商事主体的前提。如果连民事权利能力都没有，就不可能成为法律上的“人”，又如何成为商人呢？从这个意义上讲，商自然人的商事能力确实是一种特殊的民事能力。不过，应当注意的是，商自然人的商事权利能力和商事行为能力以其享有的民事权利能力和民事行为能力为基础，但不具备完全民事行为能力的自然人，在具备一定条件时，也可以成为商人，并具有完全的商事行为能力，对此各国民法均有规定。③ 这应当是在商事行为能力问题上，立法所作的例外规定。

对于商事组织来说，其商事权利能力和行为能力则不以其是否具有民事权利能力和民事行为能力为前提。比如在大陆法系国家，采民商分立体例的德、法、日等国的民法典均不承认合伙为民事主体，而是将合伙关系作为合同关系看待，这从各国民法典关于民事主体的分类中，只有自然人和法人的规定，而无合伙组织之规定，就可以清晰地了解立法者在这一问题上的观点。但在这些国家的商法中，以营利为目的的商事合伙组织却被作为商事主体看待。比如《德国商法典》第二编的标题就是“公司和隐名合伙”，在德国立法者看来，隐名合伙应当是和“公司”并列的另一类商事主体。《日本商法典》虽然将隐

① 参见范健、王建文：《商法论》，高等教育出版社 2003 年版，第 282 页；董安生、王文钦、王艳萍编著：《中国商法总论》，吉林人民出版社 1994 年版，第 94 页；施天涛：《商法学》，法律出版社 2003 年版，第 56 页。

② 高在敏、王延川、程淑娟编著：《商法》，法律出版社 2006 年版，第 65 页。

③ 《德国民法典》第 112 条规定：“如果法定代理人取得监护法院的许可，授权未成年人独立经营，未成年人对于其经营范围内的法律行为的行为能力不受限制。但法定代理人需取得监护法院许可始得采取的法律行为除外。”《日本民法典》第 6 条也规定：“被许可从事一种或数种营业的未成年人，关于其营业，与成年人有同一行为能力。《法国民法典》第 487 条和《瑞士民法典》第 412 条也有类似的规定。

名合伙规定在“商行为”编中，但该法典同时又规定，隐名合伙可以有自己的商号，并准用商法典中关于两合公司的规定。① 可见在日本立法者看来，隐名合伙与两合公司一样，也是可以成为商事主体的。从上述各国的立法例中可以看出，民法和商法在主体的类型上确实存在不一致的问题，如果坚持商事能力是以民事能力为前提的话，将无法解释隐名合伙不是民事主体，不具有民事能力，却可以成为商事主体，具有商事能力的问题。

第二节　商人的分类

一、国外商人的分类

在民商分立国家和地区，关于商人的分类并不完全相同。《法国商法典》规定的商人类型有公司、商品交易所、证券经纪人、居间商、行纪商等。②《德国商法典》规定的商人类型有法定商人、自由登记商人（包括农业和林业）、拟制商人等。③《日本商法典》规定有固有商人、形式商人、拟制商人、小商人等。导致这一情形的原因，是由于各国对商人的划分标准并不统一。但是，一般而言，可以从商人组织形态、商人资格的产生方式、商事经营的方式、商事经营规模等方面作出分类。

（一）商个人、商法人、商合伙

依照商主体是自然人还是组织体以及组织状态为标准，可以分为商个人、商法人和商合伙。对此分类，将在后面结合我国的立法和理论进一步阐述。

（二）法定商人、注册商人、任意商人、形式商人、拟制商人、表见商人

这是根据商人资格产生的条件、方式和程序不同而做的分类。

1. 法定商人，又称必然商人或者免登记商人，指不论是否登记，只要从事商法所规定的绝对商行为，即可获得商人身份的商人。法定商人的概念主要存在于德国、日本、韩国等国家。原《德国商法典》第1条第2款列举了9种绝对商行为，包括货物买卖或票据、加工、保险、银行、运输、行纪、代理、出版、印刷等方面，《日本商法典》第501条列举了4种绝对商行为。行为人只要从事了上述行为，即可取得商人身份，享有商人的全部权利，承担商人的

① 参见《日本商法典》第537条和第542条之规定。

② 参见金邦贵译：《法国商法典》，中国法制出版社2000年版。

③ 杜景林、卢谌译：《德国商法典》，中国政法大学出版社2000年版，第3页。

全部义务。

但是，简单地以实施绝对商行为作为标准，是无法确定商主体的产生时间的，在多数情况下，新设主体的营利性活动是否构成以及何时构成绝对商行为，是一个难以认定的问题。“商行为法理论只有与商业登记制度相结合，并作为后者的基础，才可能具有法律上的可操作性。”① 因此，法定商人也有义务进行商事登记注册，但该登记只具有公示性效力，不具创设商人身份的效果。

2. 注册商人，又称应登记商人，指不以法定的绝对商行为为营业内容，通过在商业登记簿进行登记注册而获得商主体资格的商人。根据《德国商法典》1998年修订以前的规定，“如果某项业务未包括在《德国商法典》第1条的规定之内（原商法典列举的9种绝对商行为），但由于其规模较大，从而需要采用某种商业组织的形式和适当的商业簿记会计制度”，② 则可以进行商业登记取得商人身份。

注册商人与法定商人的最大区别在于：注册商人所从事的不是商法所规定的绝对商行为，但其规模较大，需要采用商业组织的形式。同时，登记对于注册商人来说是一项义务，登记具有设权作用，行为人因此取得商人身份，如果不进行登记，则不能获得商人身份。

3. 任意商人，又称为自由登记商人，主要是指依照其种类和范围需要，以商人方式进行经营的农业、林业的场主及其从事附属行业的经营者，可以自己选择是否在商业登记簿上注册登记，从而获得商人身份。任意商人主要是德国商法中的概念。由于法国和西班牙长期奉行客观主义标准，因此，法国、西班牙均不承认农业属于商事营业。

任意商人也是依登记而产生的商人，享有登记选择权，登记具有创设商人身份的效力，但是它与注册商人不同。根据德国法的规定：从行业上来说，任意商人主要是农林业及其附属经营者；从商号注销的方式来看，任意商人只能依关于商号注销的一般规定来办理，而注册商人则可以根据企业主的申请注销商号。

4. 形式商人，在德国又称为要式商人，指具有商人资格的资合公司，不

---

① 董安生、王文钦、王艳萍编著：《中国商法总论》，吉林人民出版社1994年版，第88页。

② ［德］罗伯特·霍恩、海因·科茨、汉斯·G. 莱塞：《德国民商法导论》，楚建译，中国大百科全书出版社1996年版，第234页。

论其经营内容为何，均被作为商人看待。因为资合公司本身已经具有商人的形式特征，法、德、日、美、韩等国根据不容怀疑理论，都把这些公司视为形式商人。①《德国商法典》第6条第2款规定，无论企业的经营内容为何，凡法律赋予商人资格的社团，其权利和义务均不因此而受妨碍，即使不具备法律规定的营业的条件，也不例外。② 日本《有限公司法》第2条也有类似规定。但是，人合公司并不适用形式商人的规定。

5. 拟制商人，指虽不以特定的商行为为职业，但已经在商事登记簿上登记，鉴于登记的效力，被作为商人对待的商主体。比如《德国商法典》第5条规定："商号在商业登记簿中已经登记的，对于援用登记的人，不得主张该商号所经营的营利事业非为营业。"《日本商法典》第4条第2款、第52条第2款，《韩国商法典》第5条第1款也有类似的规定。

6. 表见商人，指行为人既不是法定商人，也没有进行商业登记，但他又以商人的方式从事了商行为，为了保护善意第三人利益并维护交易安全，便借助民法学中的表象理论进行解释，将其视为商人即表见商人。《德国商法典》第15条第1款和第2款规定了这种情形。

需要注意的是，在德国，由于商法列举的绝对商行为已经过时而且过于狭隘，并且如果注册商人违反义务不进行注册就可以逃避商法的适用，因此，在1998年的改革中，旧商法第1条第2款的列举被新版本第1条第2款的概括性条款所代替。③ 为了配合第1条第2款的修订，原第2条中对于应登记商人业务规模和构成的要求也被删除了。这样，尽管修订后的《德国商法典》仍将商人划分为法定商人、自由登记商人（含农林业经营者）与表见商人，但除表见商人之外，其余概念都发生了重大变化。法定商人不再以从事原商法典罗列的9类绝对商行为为必要，任何企业只要依其种类或范围要求以商人方式进行经营的，均为法定商人。注册商人概念被自由登记商人所涵盖，指所有进行商业登记的小规模经营者，同时自由登记商人仍然包括原来的农林业经营者。这样，在德国法上，"共有两种不同的商事营业：依照必要性而产生的商人经

① 任先行、周林彬：《比较商法导论》，北京大学出版社2000年版，第229页。

② 杜景林、卢谌译：《德国商法典》，中国政法大学出版社2000年版，第2页。

③ ［德］C. W. 卡纳里斯著：《德国商法》，杨继译，法律出版社2006年版，第40～41页。

营企业和依照登记产生的营业企业”。①

（三）大商人、小商人

这是根据经营者的经营规模和范围的大小为标准所做的分类。

1. 大商人，又称“完全商人”，是相对于小商人而言的，指以法律规定的商行为为其营业范围，符合法定商业登记的营业条件而设定的商主体，包括法定商人、注册商人及自由登记商人，但在法律上并无此概念，纯属学理分类上的称谓。大商人实际上是符合某种典型标准的一般商主体。

2. 小商人，学理上又称“不完全商人”，是法定商人、注册商人及自由登记商人以外的一种商人，是一种经营规模和经营范围都特别小的商人。小商人不需要像完全商人那样建立起一套完整的商事机构，其经营活动可以不按照商法典和其他商事法规中的严格规定来进行，也不需要一整套保护经营权利的措施。小商人在法律规定和法律适用上，与其他商人的要求相比有许多例外规定，如小商人不需要登记、不需要商号、不必制作商业账簿、不适用经理权制度、在组织形式上还不能组建和从事无限责任和两合公司进行经营。② 如何界定小商人，各国的标准不尽相同，有以资金多少为标准，有以经营范围大小为标准，还有以纳税义务为标准。

由于小商人和普通民事主体在判断上存在很大的困难，而且越来越多欠缺经营经验的人试图从事小规模的独立经营，为了避免对他们适用严格的商法，德国在1998年的商法改革以后，小商人概念也被完全取消了。这样，小规模的经营者可以通过自愿登记的方式取得商人资格，而不进行登记的小规模经营者只能够取决于普通私法的规定。但在日本、韩国的商法中，小商人的概念仍然存在，有关大商人和小商人法律区分仍然具有实际意义。

（四）固有商人、拟制商人

这是日本的一种分类方法，主要根据经营者的法律状态和事实状态不同而作的分类。由于拟制商人已经在前面提到，这里主要介绍固有商人。

固有商人，又称为固定商人，是指以营利为目的，有计划地、反复连续地从事商法所列举的特定的商行为的组织和个人。该种商事主体的特征主要有：

---

① ［德］C. W. 卡纳里斯著：《德国商法》，杨继译，法律出版社2006年版，第46页。

② 《日本商法典》第8条：“本法关于商业登记、商号和商业账簿的规定，不适用于小商人。”《韩国商法典》第9条：“本法中有关经理、商号、商业账簿及商业登记的规定，不适用于小商人。”

(1) 以从事立法所罗列的基本商行为（即绝对商行为及营业商行为）为业，不得超出该范围，否则不得被认定为固有商人。(2) 必须持续、反复地从事商行为，从而显示自己的商人身份，为了生计需要偶尔从事一次或数次商行为者，不得被认定为固有商人。(3) 对该种商人的认定是以客观主义为基础的，即用商行为来推导商人资格。(4) 该种商人有义务进行登记，虽然登记并非商人成立的前提以及必备条件。① 因此，固有商人的含义，类似于前述法定商人的概念。②

(五) 普通商人、中间商人

这是以商人的营业活动在商事交易中的作用不同所作的分类。凡直接从事商品生产和销售活动的商人为普通商人。不直接从事商品的生产和销售，却媒介商人之间的交易行为的商人为中间商人。在市场经济中，普通商人直接从事商品的生产和销售，因而，这类商人占绝大多数。但商品生产是为交换而进行的，市场的广大和市场信息的瞬息万变，使得任何普通商人在从事营业活动时，都不可能不借助于他人的行为去了解市场，而中间商人的作用就是帮助普通商人了解市场，辅助他们完成交易。因此，在商业社会中，中间商人也是必不可少的。

需要说明的是，中间商人与后面谈到的商业辅助人在功能上有相同之处，都是辅助商人完成营业行为。但中间商人与商业辅助人却存在诸多差别，其中最大的区别就是法律地位不同。中间商人是独立的商事主体，他不依赖其他商事主体而存在。而商业辅助人通常是某个特定商事主体的雇员，必须依赖于特定的商事主体才能存在，在商法上，商业辅助人不是独立的商事主体。在各国商法中，中间商人的范围包括代理商、居间商和行纪商。以下简要介绍之。

1. 代理商

在大陆法系国家和地区，代理商是指作为独立的经营人，受托为另一业主（企业主）促成交易或以其名义成立交易的人。③ 代理商是《德国商法典》首创的概念，其后制定的新的《日本商法典》在第 46 ~ 51 条也规定了代理商制度。我国台湾地区“民法典”则称其为“代办商”。

代理商与其他商人相比，有两个重要特点：(1) 代理商所经营的业务是为被代理人促成交易或者以被代理人的名义缔结交易。代理商基于代理权，对

① 高在敏、王延川、程淑娟编著：《商法》，法律出版社 2006 年版，第 73 ~ 74 页。

② 赵万一：《商法基本问题研究》，法律出版社 2002 年版，第 296 页。

③ 参见《德国商法典》第 84 条之规定。

自己的业务享有独立的意思表示的权利，因此与居间商有明显不同。(2) 代理商是独立的经营者，不依赖于被代理人而存在，这种独立性表现在，他有自己的经营场所、使用自己的商号、编制自己的商事账簿、通过自己的营业活动收取佣金以及自己承担经营的法律后果，由此形成了与被代理人雇员的区别。

在大陆法系国家的商法中，代理商被分为多种类型，主要有单一代理商、区域代理商、独家代理商、总代理商。在英美法系中，代理分为披露委托人的代理和未披露委托人的代理。

在我国，现实生活中大量存在有商事代理活动，现行法律关于商事代理的问题主要是从法律行为的角度来加以规范的，在司法实践中，商事代理纠纷适用《民法通则》、《合同法》中关于代理的有关规定。① 由此产生的问题有二：一是民事代理和商事代理混淆不清，似乎任何人均可从事商事代理活动，没有为商事代理设置准入门槛，从而给商事交易带来风险。二是没有代理商制度的建立，代理商的商业登记也就无从谈起，这给国家主管机关的市场监管带来困难，更使得税务机关的征税失去依据。

2. 居间商

居间商是指以获取佣金为目的而从事契约缔结之促成活动的商人。这里所说的“居间”是居间人向委托人报告订立合同的机会或订立合同的媒介服务，委托人支付报酬的行为，是一项重要的商行为。

大陆法系国家商法中所规定的居间商，具有以下特点：(1) 居间商是受人之托，收集及报告可以订约的相对人，或者周旋于各方之间，使合同得以订立。(2) 居间商不是以自己或他人的名义为他人缔结契约，而只是为他人之间缔结合同牵线搭桥。(3) 居间商以居间为职业，是一种完全商人，他的活动是自由、独立的，而不像雇员那样受到雇佣契约的约束。(4) 居间商所媒介的行为为商行为。② (5) 居间商对于其所从事的商事促成活动以及这种活动所导致的结果并不负有义务。与其相应，居间商在履行了自己的中介义务并达到预期的法律结果之后，才享有佣金请求权，委托人除了负有义务向居间商

---

① 我国《合同法》除了坚持大陆法系的显名代理制度外，第 402 条、第 403 条还借鉴了英美法系的隐名代理制度和未披露委托人的代理制度。

② 《日本商法典》第 543 条规定：“所称居间人，指以充任他人之间商行为的媒介为业者。”《德国商法典》第 93 条第 2 款也规定，关于不动产等交易的媒介，即使由商事居间人进行媒介，仍不适用商法的规定。根据我国合同法的规定，无论是民事行为还是商事行为，只要不违反法律和公序良俗，均可居间媒介。

支付佣金外，不需要再向居间商支付其他费用。①

在现代发达国家和地区，居间商在促进商事交易中发挥着极为重要的作用，法国、德国、日本以及我国澳门地区的商法典均有规定。我国至今没有关于居间商的专门立法，只是《合同法》中对居间合同作了简要规定，这些规定确定了处理居间行为的一般规则。但是，这些规则基本上接受了大陆法系国家民法中关于民事居间的规定，而没有考虑商事居间的特殊性，因此，它与大陆法系国家商法中关于居间商和居间商行为的立法不尽相同。

3. 行纪商

行纪商是指以自己的名义为他人（委托人）购买或销售货物、有价证券，并以此为职业性经营的商人。

行纪商有以下几个重要特点：（1）行纪商必须以自己的名义进行活动，因此行纪商与第三人之间发生着直接的权利义务关系，而第三人与委托人之间则不存在这种关系。（2）行纪商必须是为了委托人的利益从事活动，其行纪行为所带来的经济上的利益或损失均由委托人承受。（3）行纪商必须从事职业性的行纪经营。

行纪是大陆法系各国普遍使用的一个概念。我国《合同法》中关于行纪的定义与大陆法系中关于行纪的定义基本相同。在我国民法理论中，行纪合同又称信托合同，行纪行为又称信托行为，将行纪与信托混为一谈。实际上，信托是源于英美法的一种财产转移与管理设计，行纪则是大陆法系民商法上的一种带客买卖的设计，两者在法律构造、运作模式及实务机能等方面都具有实质性的差异。②

二、我国商人的种类

（一）商个人

商个人，在传统商法中，又称为商自然人、商个体、个体商人、个人商号等，是指依商法规定从事商事活动，享有权利并承担义务的自然人。商个人在法律上具有两个重要特点：一是商个人与其自然人属性密切联系，如商个人常常以其姓名为其商业名称。二是商个人的财产与其个人财产或家庭财产密切相

① 参见《日本商法典》第550条之规定。这一规定与大陆法系国家民法中关于民事居间人报酬请求权的规定不一样，也与我国《合同法》第427条关于居间人必要费用请求权的规定不同。

② 周小明：《信托制度比较研究》，法律出版社1996年版，第18～20页。

关，因此从事商事活动所发生的债务，个人经营的，以个人财产承担；家庭经营的，以家庭财产承担。

商个人是自然人，但并不是所有自然人都能成为商个人，自然人要成为商个人应具备以下条件：（1）人的条件，即不属于限制取得商事能力的范围。（2）资本条件，应具备与经营规模相适应的物质基础。（3）行为条件，即所从事的行为是一种以营利为目的的经营行为，而不是生活消费行为。（4）形式条件，即一般应核准登记。

从商主体的发展历程来看，在商业发展的早期阶段，商个人是商主体的主要形式。随着社会经济日益规模化，商个人在人力、物力、财力等方面都有很大的局限性，小商人渐渐失去意义，各种组织形态的商事主体逐步取代商个人成为商法规制的中心。《澳门商法典》甚至直接以“商业企业”和“商业企业主”作为规范对象。

在我国，由于社会经济规模化程度不高，商个人仍然大量存在。依现行法律法规的规定，我国的商个人主要有二种类型：个体工商户、个人独资企业。自然人从事工商业经营，都应核准登记，其商事权利能力从核准登记之时取得，至注销登记之时消灭。

个体工商户是指在法律允许的范围内，依法经核准登记，从事工商业经营的公民。根据《民法通则》和《城乡个体工商户管理暂行条例》的规定，申请从事个体工商业经营，依法经核准登记后，为个体工商户。个体工商户的经营范围包括工业、手工业、建筑业、交通运输业、商业、饮食业、服务业、修理业及其他行业。个体工商户，可以个人经营，也可以家庭经营。个人经营的，以个人全部财产承担民事责任；家庭经营的，以家庭全部财产承担民事责任。

个人独资企业，是指依法在中国境内设立，由一个自然人投资，财产为投资人个人所有，投资人以其个人财产对企业债务承担无限责任的经营实体。根据《个人独资企业法》的规定，设立个人独资企业必须符合法定的条件，并且进行登记并领取营业执照，在领取营业执照前，投资人不得以个人独资企业名义从事经营活动。由于个人独资企业不具备独立的法人资格，因此，“独资经营之商业，其一切业务进行，概由营业主个人自己负责”。①

（二）商合伙

商合伙，又称为合伙商人、商业合伙，指两个以上合伙人为了实现营利目的，共同出资、共同经营、共享收益、共担风险所形成的商事组织。

---

① 张国键：《商事法论》，台湾三民书局1987年版，第67页。

在民商合一的大陆法系国家，立法上不存在民事合伙与商事合伙之分。在民商分离的国家，合伙可以分为民法上的合伙和商法上的合伙。民法上的合伙被视为一种合同关系，强调其契约性，归入“行为法”的范畴；商法上的合伙则更注重其团体性，归入“主体法”的范畴。其中，商法中的合伙主要有三种类型：普通商事合伙、隐名合伙、有限合伙。在英美法系国家，在确认合伙关系是由契约确立的同时，更加注重其为具有独立经营特征的团体，如英国《1890 年合伙法》第 1 条将合伙界定为“为了营利而从事业务活动的个人之间建立的关系”。

从各国的规定来看，不同国家规定的合伙种类不一，对合伙法律性质的认识也不相同。在德国，公司是个宽泛的概念，不必是法人，合伙也可以称为公司，《德国商法典》规定了三种类型的商事合伙——无限公司（普通商事合伙）、两合公司（有限合伙）、隐名合伙。德国商法虽然认为这三种合伙可以凭自己的商号独立地享有权利、承担义务以及参加法律诉讼活动，但是并不承认其独立的法人资格。在日本，公司均为法人，《日本商法典》规定的具有合伙性质的无限公司（普通商事合伙）和两合公司（有限合伙）作为公司的表现形式，具有独立的法律人格。法国也未将公司与合伙概念严格区别，《法国商法典》规定了两种具有合伙性质的公司——合股公司（普通商事合伙）与简单两合公司（有限合伙），均具有独立的法人资格，《法国民法典》还规定了不具有法人资格的隐名合伙，同时在 1842 条规定：“隐名合伙以外的合伙，自登记之日起具有法人资格。”在英美法系国家，合伙被视为非法人团体，合伙的类型除了普通合伙以外，还规定了隐名合伙和有限合伙，甚至制定了专门的合伙法，如英国《1890 年合伙法》、《1907 年有限合伙法》，美国《1914 年统一合伙法》、《1916 年统一有限合伙法》。

在我国，立法和理论并没有严格区分民事合伙与商事合伙。《民法通则》对合伙做了一般性规定，规定了个人合伙和法人之间合伙型联营。根据《民法通则》的规定：（1）合伙人投入的财产，由合伙人统一管理和使用。合伙经营积累的财产，归合伙人共有。（2）个人合伙可以起字号，依法经核准登记，在核准登记的经营范围内从事经营。（3）合伙人对合伙的债务承担连带责任，法律另有规定的除外。1997 年制定的《合伙企业法》（2006 年修订）规定了普通合伙企业和有限合伙企业。根据该法的规定，普通合伙企业是指由普通合伙人组成，合伙人对合伙企业债务承担无限连带责任的合伙企业。有限合伙企业是指由普通合伙人和有限合伙人组成，普通合伙人对合伙企业债务承担无限连带责任，有限合伙人以其认缴的出资额为限对合伙企业债务承担责任的合伙企业。根据上述法律的规定，作为企业形态的合伙必须进行登记，从核准登记之时取得商事能力。

关于合伙的法律地位，由于长期以来我国采纳民事主体的自然人、法人二元论的主张，合伙并不是一种独立的民事主体类型，而将其作为合伙人人格的延伸，一般视为商自然人或者商个人。但是仔细考察，不难发现，合伙中的合伙人并不一定就是自然人，《民法通则》中就有合伙型联营的规定，2006 年修订以后的《合伙企业法》第 2 条规定，自然人、法人和其他组织均可以设立普通合伙企业和有限合伙企业。这样，将合伙归入自然人或者归入法人，都可能存在逻辑上的矛盾。因此，应该着眼于合伙在现代社会经济的作用，重新审视合伙的法律地位。

从我国现行法来看，《合伙企业法》承认以营利为目的的合伙是企业的一种形态，并且赋予其诉讼能力、商号（字号）权、投资和经营能力，允许其有自己的负责人等，除了责任承担方式以外，合伙企业与法人型企业之间的区别并不突出。从其他国家的情况来看，除了少数国家以外，现在，世界上许多国家已不再将合伙仅作为单纯的契约关系来处理，而是更多地着眼于其所从事的经营活动，使其具有相对独立的法律人格。① 反对合伙独立地位的一个重要理由就是认为民商事主体应该具有独立承担责任的能力。然而，从本质上来说，某种社会组织是否能够独立承担责任，是立法者从促成交易和保护交易安全两个方面考虑而由法律规定的结果，法人的责任也不限于有限责任。而且，近现代立法使合伙责任制呈现多元发展趋势，既有单一的无限责任制，又有有限责任与无限责任并存的混合责任制。仍然将合伙视为合伙人之间的契约的观点已经不能适应社会发展的需要。因此，在我国立法上，有必要赋予合伙企业独立的法律主体地位。②

（三）商法人

商法人在大陆法系国家又称为“营利性法人”，在我国立法中则称为“企业法人”，是指基于营业目的而设立的具有法人资格的商事主体。商法人是现代商事活动中最基本的商事主体类型，各国民商法中普遍存在的股份有限公司、有限责任公司和股份两合公司等，均属于商法人。

商法人不同于商个人和商合伙，商法人是社团组织，它对外具有独立的商

① 梁慧星、傅静坤：《合伙企业与独资企业的法律地位与权能》，载全国人大财经委编：《合伙企业法、独资企业法热点问题研究》，人民法院出版社 1996 年版，第 75 ~ 76 页。

② 参见马俊驹、余延满：《民法原论》，法律出版社 2005 年版，第 149 ~ 150 页。

事主体资格，对内具有统一的意思机构和执行机构；商法人具有区别于其投资者的独立财产，是独立承担财产责任的责任主体。此外，商法人在其设立条件、行为内容和法律适用上亦具有不同于非营利法人的特征。

在国外，法人一直存在私法人和公法人之分。① 所谓私法人，指基于私法的规定而设立的法人，即依民法或依民法之特别法——商事法成立的法人。私法人范围颇为广泛，其中，依商事法成立之法人，如公司等，均为商法人。而依民法规定成立的法人则性质不一，有所谓营利法人（德国称有经济目的的社团法人）和公益法人（德国称非经济法人），营利法人可以成为商法人，公益法人则不得成为商法人。所谓公法人，指根据公法的规定成立的法人。公法人可为公权之主体，也可为私权之主体，如国家可为财产所有者。但是，国家是否为商人？各国规定不一。在德国，公法人的商人身份没有什么特殊规定，其是否为商人，取决于是否符合商法典第 1 条或第 2 条规定的条件。意大利不允许国家为商人。日本和韩国商法典均规定，公法人的商行为，以法律无另外规定者为限，适用商法典。②

在我国，《民法通则》将法人分为企业法人、机关法人、事业单位法人和社会团体法人。其中，企业法人（包括商事法上所规定的股份有限公司和有限责任公司、非公司类的国有企业、集体所有制企业等）当然为商法人，可依商事法的规定从事商事活动；事业单位法人（如科研机构、学校、医院等）可依法律、法规的规定成为商法人并从事经营活动；机关（含各级党的机关、国家权力机关、行政机关、审判机关、检察机关）法人和社会团体法人不得成为商法人，一律不得用行政经费、事业费、专项拨款、预算外资金、银行贷款、自有资金和以任何方式集资开办公司，也不得向公司投资入股。另外，国家是国有财产的所有者，但是国家并不直接从事商事活动，而是依商事法规定，由其授权投资机构和部门投资于公司并经营国有资产。③ 因而，在我国，

① 关于公法人与私法人的分类，可以从不同的角度进行：一是强调设立行为，设立公法人，依据公权行为或者法律；设立私法人，依据法律行为（大多数是设立合同或者捐助行为），这是德国通说。二是以任务为标准，公法人旨在执行国家的任务。三是法人以何种身份出现进行分类，即法人是否以公法所特有的强制手段，来对付其成员或非成员。参见［德］迪特尔·梅迪库斯：《德国民法总论》，邵建东译，法律出版社 2000 年版，第 816 ~ 817 页。

② 参见《日本商法典》第 2 条，《韩国商法典》第 2 条。

③ 王保树：《商事法的理念与理念上的商事法》，载王保树主编：《商事法论集》第 1 卷，法律出版社 1997 年版。

国家不是商法人。

我国法律没有商法人的概念，商法人相当于企业法人，包括公司法人和非公司类企业法人。《民法通则》关于法人尤其是企业法人的规定，是商法人的一般规则，诸如法人的权利能力和行为能力及其起止，法人的条件，企业法人资格的取得，企业法人的合并、分立与解散等。相对《民法通则》而言，有关单行法律、行政法规和部门规章及司法解释等，则是规范商法人的特别法律规则，主要有：

（1）公司法（1993 年制定，1999 年、2004 年、2005 年修订），该法规定了有限责任公司和股份有限公司两种公司形式。在这两种公司中，股东和公司的财产分离，股东承担有限责任，公司享有独立的法人人格。

（2）全民所有制工业企业法（1988 年制定），该法适用于全民所有制工业企业，其原则也适用于全民所有制的其他企业。依该法，全民所有制企业具有独立的法人资格，企业实行厂长负责制，厂长是企业的法定代表人。企业财产属于全民所有，企业有经营权，并以国家授权其经营的财产对外独立承担民事责任。

（3）城镇集体所有制企业条例（1991 年制定），该法适用于城镇各行各业、各种组织形式的集体所有制企业。城镇集体企业与国有企业一样，是以所有制为标准对企业的一种分类。该法在企业前冠以“城镇”的字样，以便与乡镇企业相区别，则带有明显的计划经济时代城乡差别的色彩，除了表明投资者的身份外，在法律上并无任何意义。该条例规定，城镇集体企业具有企业法人资格，企业实行厂长负责制，厂长对职工（代表）大会负责。企业的财产属于企业劳动群众集体所有，企业以全部财产独立对外承担民事责任。企业职工（代表）大会是企业的权力机构，企业厂长由职工（代表）大会选举或者招聘。

（4）乡镇企业法（1996 年制定），该法适用于农村集体经济组织或者农民投资为主，在乡镇（包括所辖村）举办的承担支援农业义务的各类企业。乡镇企业也是我国特有的一种企业类别，它是相对与城镇企业而言的。乡镇企业并非当然具有企业法人的资格，依照乡镇企业法第 2 条第 2 款的规定，“乡镇企业符合企业法人条件的，依法取得企业法人的资格”。

（5）中外合资经营企业法（1979 年制定，1990 年、2001 年修订），该法适用于中外双方投资者举办的合资经营企业。该种企业采用有限责任公司的形式，具有独立的法人资格。企业设立董事会，是公司的权力机构。总经理负责企业的经营管理，董事长是企业的法定代表人。

（6）中外合作经营企业法（1988年制定，2000年修订），该法适用于中外投资者双方举办的合作经营企业。该种企业可分别采用有限公司或合伙企业形式。前者与合资经营企业类似，具有独立法人资格。后者设联合管理机构，依企业合同和章程决定企业的重大问题，属于商合伙。

（7）外资企业法（2000年修订）。外资企业是依照中国有关法律在中国境内设立的全部资本由外国投资者投资的企业。外资企业符合中国法律关于法人条件规定的，依法取得法人资格。

我国立法对企业的上述分类，是计划经济向市场经济过渡时期的产物。从法人制度的理论角度看，是极不科学的。这种分类除了能够反映企业的所有制"身份"和投资者的来源外，在法律上没有任何意义。因此，随着我国市场经济的日益成熟和立法者对法人理论了解的日益深入，上述以所有制和投资者的身份为标准对企业法人的分类，应当从我国立法中逐渐消失。

（四）对我国商人制度的简评

我国采用民商合一的立法体制，由于没有商法典，因此也就没有商人的概念，更没有关于商人的一般规定。我国所谓的商人制度，实际上是由民法有关主体的规范和商事特别法律构成的。这些规定具备了一定规模，解决了商人制度的一些基础问题，如自然人从事经营活动的条件、享有的权利和应承担的义务，法人尤其是公司类企业法人设立条件和程序、组织形式、权利和义务、法律责任等，但是，另一方面，现行商人制度的不完备性也很明显：（1）民法和商法是一般法和特别法的关系，商法优先适用，民法一般适用和补充适用。但是，就商法的构成状态而言，在《民法通则》和商事法律有关商人的规定之间明显地存在着一个空白，以至于无法使《民法通则》的主体规则和商法的商人特别规则连接成一个系统。如《民法通则》关于自然人、法人的规定，为商人制度的存在提供了基础性条件，但它没有为商人制度的实施提供充分条件。（2）商事特别法律仅仅是给人们提供了具体的商人形态，包括商法人（法人企业）、商合伙（合伙企业）和商个人（个体工商户、承包经营户和私人独资企业）的具体形态，但没有关于商人的一般规定。这样，就不可避免地为人们留下一系列难以回答的问题，诸如：究竟什么是商人，自然人是否都能成为商人，法人制度是否能等同于商法人制度，上述商人法的规范是否就是商人法律制度的全部，等等。

从"商人法"的理论到实践中的"商人法"，都告诉我们一个事实：中国现行的“商人法”是一个残缺不全的法的领域。① 但是，“商人”是一个特别的群体，他们以商行为为业，应该对自己的行为有足够的审慎注意的能力，正因如此，法律加以商人的注意义务要严于一般的民事主体。所以，加强对“商人”特殊性的研究，进一步健全其有关的法律规范，是十分必要的。

关于商人制度的立法体系或者存在形式，人们可能有不同理解：一是将其建立成一个独立的法律部门。二是将其作为商法的一部分，成为商法的亚领域。三是将其作为民法中的“人法”中的一个亚领域。

第一种主张在我国显然是不可行的。我国自清末以后，一直采民商合一体制。在民商合一的立法模式下，商法不是一个独立的法律部门，而是民法的特别法。因而，试图在民法之外，通过制定商法典来解决商人制度问题是不可行的，也不符合现代各国民商事立法的发展趋势。

第二种主张在商法内部，制定商法的一般规定如“商事通则”，规定商人、商行为、商事登记、商业账簿等有关内容，相当于商法典的总则，以此统帅各商事单行法。这样，关于商人的规定形成三个层次：（1）民法典规定民事主体的一般问题，包括自然人、法人和合伙的有关规定，为商人资格的确立提供一般规则。（2）“商事通则”规定商人的基本问题，包括商事能力、商人的种类等，它相对于民法主体规则而言，属于特别法的性质，但对于单行法而言，则是一般规则。（3）各单行法规定各商人形态的具体问题，如规定商个人、商法人、商合伙的表现形式、设立条件、权利义务和法律责任等。通过这三个层次使商人的规则从抽象到具体形成一个系统。② 这一主张从表面上看，似乎有些新意。但稍加分析就会发现，它不过是第一种主张的翻版。因为既然主张民商合一，就不可能有商法的独立存在，又如何在商法内部来规定“商事通则”呢？如果认为商事通则可以在民法典外独立存在，那么它实际上就是不称其为“商法典”的“商法典”。

我们认同第三种主张，即在民法典中，对商人制度的一般性问题加以规定，而对各类商人的不同要求和特点，则交给民事特别法去规定。有人认为，在民法典中，将民事主体与商事主体混合规定，无法突出商人与普通民事主体的区别，因而，是不可行的。实际上，将二者混合规定，在立法技术上并没有

① 王保树：《商法的实践和实践中的商法——商人法讨论大纲》，载范健主编《中德商法研究——第三届费彝民法学论坛文集》，法律出版社 1999 年版，第 19 ~ 23 页。

② 王保树：《商法的实践和实践中的商法——商人法讨论大纲》，载范健主编《中德商法研究——第三届费彝民法学论坛文集》，法律出版社 1999 年版，第 19 ~ 23 页。

什么困难。既然承认商人是民事主体的一个特殊种类，那么在民法典的主体制度中，用一般性规则对民商事主体的共同特点加以概述，如权利能力、行为能力、民事主体的种类、法人制度中的社团法人与财团法人、公益法人与营利法人、合伙的一般规则等，用"但书"的形式对商事主体的个性特征加以表述，这样即符合民商合一的立法体例，又可以兼顾民事主体与商事主体的共性与个性，同时还为特别法对各类商事主体的特别规定，提供了立法依据。

第三节　商业辅助人

一、商业辅助人的概念和特征

商业辅助人,① 是指从属于特定的商主体，辅助其营业之人。② 从《德国商法典》的规定看，商业辅助人主要包括经理人和代办人。

商业辅助人与中间商人就辅助独立商人实施营业而言，确有相同之处。但与中间商人相比，存在如下差异：

1. 法律地位不同。中间商人是独立商事主体，有自己的营业场所、商号、商业账簿，因此取得中间商人的资格，需要办理商事登记。而商业辅助人不是独立的商事主体，他只是基于雇佣合同受雇于某个特定商事主体的雇员，因此，法律对商事主体的设立要求，对商业辅助人是不适用的。除经理人外，取得商业辅助人的身份，只要商事主体和商业辅助人之间存在雇佣合同即可。无须办理商业登记。

2. 中间商人在为其他商人从事媒介活动时，只需要与其他商人之间存在委任合同即可。中间商人与为其提供服务的其他商人之间不存在雇佣关系。而商业辅助人则基于一定的法律关系从属于特定的商主体。这种法律关系的性质可以分为三种：委任关系；雇佣关系；委任及雇佣关系。③ 因商主体授权的方式和授权范围不同，导致商辅助人在商主体内部的地位不同，从而形成了不同种类的商辅助人。

3. 中间商人实施的媒介行为是独立的营业活动，商业辅助人是辅助商主

① 商业辅助人，在日本法上称为"商业使用人"；在我国澳门商法上称为"经营企业之代理"。

② 张国键：《商事法论》，台湾三民书局 1987 年版，第 80 页。

③ 参见张国键：《商事法论》，台湾三民书局 1987 年版，第 80 页。

体开展经营活动的人，多是为了获得佣金而为商人提供服务，其行为本身不能视为是独立的经营性活动。

4. 中间商人同时为多个商人提供媒介服务，其主体身份不会因为某个商事主体取消委托而消灭。而商业辅助人是受雇于特定商主体的，因此在雇佣期间，基于竞业禁止的要求，不得同时受雇于其他商主体，而且一旦与特定商主体解除雇佣关系，其商业辅助人的身份将随之丧失。

5. 中间商人从事媒介服务需要依法缴纳营业税。而商业辅助人从事辅助营业所获得的收入只须缴纳个人所得税。

二、商业辅助人的种类

商业辅助人的种类，各国和地区规定不一。一般来说，可分为三种类型：第一类是具有经理权的经理或经理人，这一概念在各国和地区立法中基本没有差异。第二种是就特定事项享有代理权的代办人，德国称为“代办人”，日本和韩国商法典称为“被委任某种类或特定事项的使用人”，我国台湾学者称其为“伙友”。第三种是完成一定劳务，没有代理商业行为权利的雇员或者店员。由于雇员与业主之间的关系，主要适用劳动法或者雇佣合同的规定，对此不作介绍。这里主要介绍经理人和代办人。

（一）经理人

经理人是指由受商人聘用，为商人管理营业事务，并可以对外以商人名义从事与营业有关的一切行为的人。经理人是商法中的一种特殊行为主体，他以其享有的经理权为其产生和存在的基础。德国、日本、韩国、我国澳门等国家和地区的商法典对经理人和经理权均有明确规定，这些规定是公司法和相关企业法关于经理制度规定的立法依据和基础，由此确立了经理人职位的法律性质和权限范围。

经理权的授与是取得经理人资格的必备条件，只有商人或其法定代理人才有权授与他人经理权。经理权的授与究竟应当采取何种方式？各国和地区立法规定不一。《德国商法典》第48条规定：“经理权只能由营业的所有人或其法定代理人、并且只能以明示的意思表示授与。”而我国台湾地区“民法”则规定，经理权的授与，不以明示为限，以默示方式授与经理权，亦无不可。① 我们认为，由于经理人对外是商人的全权代理人，可以以商人的名义实施与营业

① 我国台湾地区“民法典”第553条第2款规定“经理权之授与，得以明示或默示为之。”

有关的一切行为，而行为后果却由商人承担。因此，对商人来说利益攸关，宜采“明示说”更为妥当。

经理权可以授与一人，也可以授与数人。经理权授与数人时，由其共同行使经理权。

经理权虽然采用书面形式授与经理人，但并不意味着就为第三人所知晓；而经理人又是对外以商人名义从事经营活动的，因而，从维护交易安全的角度出发，各国立法均要求取得经理权的经理人，应当在商事登记簿上进行申报登记。同样道理，如果取消经理人的经理权，也必须办理注销登记。① 只有经过登记的经理权才能产生对抗善意第三人的效力。如果商人撤回经理权或者更换经理人，虽有撤回或更换的意思表示，但未办理相应的商事登记的，本撤换的经理人仍被认为是商人的“表见经理人”，依照表见代理的规定，表见经理人的行为后果仍然是由该商人来承担的。

虽然法律允许企业自由选聘经理人，但出于维护公共利益的需要和交易安全的考虑，我国法律规定，下列人员不得担任经理人：

1. 国家机关公职人员。当官不经商，经商不做官，这是市场经济条件下，应当遵守的一条政治经济准则，各国和地区立法没有例外。如美国《公务员服务规程》（Code of Ethics for government service）第7条就规定：“无论直接或间接，均不得发生商业上关系，致影响其公职上之忠诚。”我国台湾地区“公务人员服务法”第13条也规定：“公务员不得直接或间接经营商业或投资事业。”我国1999年修订的《公司法》第58条曾明文规定；“国家公务员不得兼任公司的董事、监事、经理。”但在2006年《公司法》再次修订时，该条款却被删除了。这显然是为了适应政府官员去国有公司任职的需要所作的修订，我们认为这是非常错误的修订。禁止国家机关公职人员担任经理人，是因为这两种职业所追求的利益有冲突。国家机关公职人员履行职务的行为，是为了追求公共利益，而经理人履行职务的行为所追求的，是企业的商业利益。如果允许公职人员担任经理人，则当这二种利益发生冲突时，经理人为了维护自身所在企业的利益，必然会动用手中的公权力，为企业的商业利益服务，从而造成对社会大众公共利益的损害。同时，允许公职人员担任经理人，也极易导

① 《德国商法典》第53条规定：“（1）经理权的授与应当由营业的所有人申报商业登记。经理权是作为共同经理权授与的，也须将此申报登记。（2）经理人应签署其签名，并同时注明商号和表示经理权的字样，以由法院进行保管。（3）经理权的消灭应以与授与相同的方式申报登记。”

致权钱交易现象的发生。我国改革开放以来发生的多起国有企业高级管理人员的腐败案件已充分证明，允许公职人员担任公司的经理人，是导致“权力寻租”现象的主要原因，因此立法应当明确禁止。

2. 行为能力欠缺者。经理人是企业的高级管理人员，不仅要有完全的民事行为能力，而且应当具备商业经营的知识和经营。从立法者的角度讲，要求经理人具备完全的民事行为能力并不为过。因此，我国《公司法》第147条规定，无行为能力和限制行为能力人，不得担任公司的经理人。

3. 有商业犯罪前科者。我国公司法第147条第（二）项规定：“因贪污、贿赂、侵占财产、挪用财产或者破坏社会主义市场经济秩序，被判处刑罚，执行期满未逾5年，或者因犯罪被剥夺政治权利，执行期满未逾5年”的人，不得担任经理人。如此规定的目的，是出于对有商业犯罪前科者的个人信誉的担忧，也是维护商事主体利益的需要。

4. 经营管理能力缺乏者。我国公司法第147条第（三）项规定：“担任破产清算的公司、企业的董事或者厂长、经理，对该公司、企业的破产负有个人责任的，自该公司、企业破产清算完结之日起未逾3年”的人，不得担任经理人。主要理由就是他们缺乏企业的经营管理能力。

5. 基于竞业禁止要求所受限制者。所谓竞业禁止，是指一人不得同时经营两个或两个以上相互存在竞争关系的营业。由于经理人与聘用他的商事主体之间存在着代理关系，基于代理人对被代理人的忠诚义务，各国立法通常会规定，担任一家企业的经理人后，不得再自营或为他人经营与其任职公司同类的营业，包括不得为同类事业公司的无限责任股东。如《日本商法典》第41条就规定：“经理人非经营业主人许可，不得经营营业，不得为自己或第三人进行属于营业主人营业部类的交易，不得成为他公司的无限责任股东、董事或其他商人的商业使用人。”我国公司法第149条第（五）项也有类似的规定。①

6. 有严重违法经营记录者。我国公司法第147条第（四）项规定：“担任因违法被吊销营业执照、责令关闭的公司、企业的法定代表人，并负有个人责任的，自该公司、企业被吊销营业执照之日起未逾3年”的人，不得担任经理人。作出这一规定的理由，主要是出于维护市场秩序的考虑。

7. 个人债务巨大者。我国公司法第147条第（五）规定：“个人所负数

① 我国《公司法》第149条第（五）项规定：“未经股东会或者股东大会同意，利用职务便利为自己或者他人谋取属于公司的商业机会，自营或者为他人经营与所任职公司同类的业务。”是公司董事、高级管理人员禁止实施的行为。

额较大的债务到期未清偿”的人，不得担任经理人。这一规定的立法目的，主要是出于维护企业利益的考虑。

经理人因受商人之委托所享有的经理权，从法律性质上讲，是一种特殊的代理权（日本、韩国直接称为经理人的代理权），它以民法上的代理权为基础，属于法定代理权。但又有特殊性，体现为：概括性、法定性、不可限制性。① 所谓概括性和法定性，指经理人的权限由法律规定，当然享有代理商人为营业上一切必要行为的权利，包括代表商人对内管理营业、对外实施营业，进行起诉应诉。② 所谓不可限制性，指除了法律另有规定外，经理权的范围不能由商人任意变更，商人如以特约对于经理权加以限制，属于商人与经理人之间的内部关系，不得对抗善意第三人。③

当然经理人的经理权并非没有任何限制。为了保护商人的利益，各国立法对经理人的经理权都会加以必要的限制。这些限制主要涉及对营业的处分，如禁止破产宣告、禁止变更、停止和转让营业等。还有的国家规定，对营业之不动产的处分，必须经过商人的特别授权。④

经理人的经理权是商人单方面授与的，当然可以单方面撤回。⑤ 当商人认为该经理人无法胜任其工作时，可以随时以书面方式撤回经理人的经理权。但仅有书面撤回经理人的通知是不够的，只有在商事登记簿上同时进行该经理人的注销登记，才能产生对抗第三人的效力。

经理人的经理权不得转让。⑥ 这是由经理权授与的性质所决定的。如前所述，经理权从本质上来说是一种代理权。商人授与经理人以经理权，表明商人对经理人的经营管理能力的信任。如果允许经理权转让，则将有违代理权的基本理论。

我国《公司法》第50条和第114条规定，公司的经理由董事会决定聘任

---

① 参见谢怀栻：《外国民商法精要》，法律出版社2006年版，第262～263页。

② 《德国商法典》第49条第1款规定：“经理权授权实施由营业经营所产生的诉讼上的和诉讼外的一切种类的行为和法律行为。”

③ 《德国商法典》第50条第1款规定：“对经理权的范围进行限制的，限制对第三人无效。”

④ 《德国商法典》第49条第2款规定：“对于土地让与和设定负担，只有在向经理人特别授与此权限时，经理人才有实施此种行为的权利。”

⑤ 《德国商法典》第52条规定：“经理权虽有法律关系作为授与的依据，仍可以随时撤回，但对约定报酬的请求权不因此而受妨碍。”

⑥ 参见《德国商法典》第52条第（2）项之规定。

或者解聘。同时列举了经理的权限范围。与传统商法的规定相比，我国现行立法中并没有经理权的概念，而且主要是从积极角度对经理人的职权作出列举，这样使得经理权的内容缺乏弹性，反而约束了经理人的活动范围。

（二）代办人

根据《德国商法典》第54条第1款的规定，某人不经授与经理权而有权经营营业或有权实施属于营业的一定种类的行为，或有权实施属于营业的个别行为的，该人就是代办人，其拥有的权利就是代办权。

代办人与经理人都是商人的代理人，代办权也好，经理权也好，从本质上来看，都是商人授与的一种代理权。但从《德国商法典》的相关规定来看，代办权与经理权却存在诸多差异。表现在：

1. 授与方式不同。经理权只能采用明示的方式授与；而代办权则既可以采用明示的方式，也可以采用默示的方式授与。①

2. 授与人不同。经理权的授与只有商人自己方可为之；而代办权的授与既可以是商人自身，也可以是商人聘用的经理人。②

3. 公示方法不同。经理权的授与应当办理商事登记；而代办权无须办理商事登记。在对外交往中，经理人的签字，应当以在商号上附加自己姓名和表示享有经理权字样的方式进行签署；而代办人在签署时，不得使用任何表示经理权的字样，其应以表示代理权关系的字样签署。③

4. 权限范围不同。经理人的经理权性质上是一种全权代理，除法律有特别规定外，原则上不受限制，经理人可以实施任何与营业有关的行为。而代办人的代办权性质上是一种特殊代理，其范围比经理权的权限范围狭隘得多。如依照《德国商法典》第54条第2款的规定，对于土地的让与和设定负担，票据债务的承担，借贷的接受和诉讼的实施，代办人只有经过特别授权才能够行使。

5. 种类划分不同。经理权可以分为共同经理权和分经理权。而代办权可以分为种类代办权和特别代办权。

6. 转让的限制不同。经理权不得转让。而代办权并非完全不能转让，只是转让代办权必须得到营业所有人的同意才行。④

---

① 参见《德国商法典》第55条第1款之规定。

② 参见《日本商法典》第38条第（二）项之规定。

③ 参见《德国商法典》第51条和第57条之规定。

④ 参见《德国商法典》第52条和第58条之规定。

在现实生活中，被认定享有代办权的代办人通常包括以下几种：一是企业雇佣的店员。比如商场的营业员、银行的出纳员、仓库的保管员等。由于他们的工作性质所决定，需要他们直接代表企业与第三人进行交易，因此，在其业务范围内，无须特别授权，就可以享有企业代办人的权利。二是受企业所雇佣的从事购销业务的雇员，如采购员、推销员等。这类人员虽然也可以以代办人的身份与第三人进行交易，但需要企业和其经理人的特别授权，一事一授权，是此类代办人行使代办权的主要特征。

第四章　商　号

第一节　商号的意义

一、商号的概念与特征

在我国，对商号的概念有两种不同的理解：一是指商业名称，即商事主体在营业上所用的名称；① 二是指商业名称中具有独特性的核心部分。我国学界通说是在第一种见解上使用商号这一概念的。② 但是，我国的立法却是从第二种见解的角度来界定这一概念的。③ 我们认为，我国立法将商号与商业名称区别开来的做法，既不符合大陆法系国家的立法例，④ 在实践中，也无实际意义，故不足取。本书将从第一种见解的角度使用商号的概念。

商号在法律上具有以下特征：

1. 商号具有可识别性

商号是商事主体用以代表其营业的名称。自然人用姓名相互区别，而作为商事主体，为了使自己的营业与他人的营业区别开来，各国法律都要求商人必须有自己的商号。而作为商事主体间营业相互区别的最重要标志，各国立法均

---

① 张国键：《商事法论》，台湾三民书局1987年版，第96页。

② 林咏荣：《商事法新诠》，台湾五南图书出版公司1984年版，第85页；徐学鹿：《商法总论》，人民法院出版社1999年版，第230页。

③ 我国国家工商管理局1991年颁布的《企业名称登记管理规定》第7条第1款规定："企业名称应当由以下部分依次组成：字号（或者商号，下同）、行业或者经营特点、组织形式。"

④ 《德国商法典》第17条第1款规定："商人的商号是指商人进行其营业经营和进行签名的名称。"《日本商法典》第16条规定："商人可以以其姓、姓名或其他名称作为商号。"第17条规定："公司的商号，应按照其种类，使用无限公司、两合公司或股份公司等字样。"由此可见，在德国法与日本法上，商号与企业名称是等同使用的，并无区别。

规定，商号应当具有可识别性的特征，如《德国商法典》第 30 条就规定："任何一个新的商号均须与在同一地点或在同一乡镇已经存在的和已经登入商业登记簿或登入合作社登记簿的一切商号明显区别。一名商人与另一名已经登记的商人具有同一之名和同一之姓，并且其欲将该姓名用作其商号的，必须在商号上附加能够使该商号与已经登记的商号明显区别的内容。"《日本商法典》第 19 条也规定："在同一市镇村内，不得因经营同一营业，而登记他人已登记的商号。"我国 1991 年颁布的《企业名称登记管理规定》第 6 条规定："企业只准使用一个名称，在登记主管机关辖区内不得与已登记注册的同行业企业名称相同或者近似。"上述规定表明，可识别性是各国立法一致认可的商号的最重要特征之一。正是基于这一特征，商品经济活动中，成千上万个商事主体的营业才得以特定化。

2．商号具有专有性

所谓专有性，又称排他性，是指商号只能由依法获准登记的特定的商事主体在营业过程加以使用，而不得随意转让给其他商事主体使用。其他商事主体在未办理合法转让登记手续之前，也不得以任何方式使用他人已登记的商号。《德国商法典》第 37 条就规定："对于使用依本章的规定不属于自己的商号的人，登记法院应通过科处罚款，促使其停止使用商号。因他人窃用商号而使其权利受到侵害的人，可以请求此人停止使用商号，并要求其赔偿损害。"《日本商法典》第 20 ~ 22 条也规定，商号权的拥有者对于以不正当竞争为目的使用其商号者，可以请求登记机关责令其停止使用，并请求法院判令其对由此造成的损害承担赔偿损失的责任。我国《企业名称登记管理规定》第 26 条第（三）项规定："擅自转让或者出租自己企业的名称的，没收非法所得，并处以 1000 元以上 1 万元以下的罚款。"第 27 条规定："擅自使用他人已登记注册的企业名称或者有其他侵犯他人企业名称专用权行为的，被侵权人可以向侵权人所在地登记主管机关要求处理。登记主管机关有权责令侵权人停止侵权行为，赔偿被侵权人因该侵权行为所遭受的损失，没收非法所得并处以 5000 元以上 5 万元以下的罚款。对侵犯他人企业名称专用权的，被侵权人也可以直接向人民法院起诉。"

商号的专有性，是由商号权的支配权属性所决定的。在大陆法系国家的民商法理论上，一直主张商号权是一种具有排他性质的无形财产权。因而，一个商号只能由一个商事主体独占使用，而不得由多个商事主体共用，对商号的出借、出租或盗用、仿用行为，都被认为是对商号权支配性的违反，应承担相应的侵权责任。

3. 商号是商事主体在营业中使用的名称，它依附于特定的营业而存在

这一特征包括两层含义：

一是指商事主体在营业活动中必须使用商号，而且只能在营业中使用其商号。强调这一含义是因为，商事主体的成员在社会生活的活动大体分为两个部分，一部分是为他自己及家庭的日常生活所实施的行为；另一部分是为商事主体的营利而实施的行为。前者称为“家计”；后者称为“营业”。家计与营业无论就其性质还是就其内容都有明显的不同，因此应将营业行为与非营业的家计行为加以区分。商事主体在营业上的行为应使用商号，但在营业外的行为，则不应使用商号。这样，就有利于与之交易相对人准确地确定交易行为所产生的权利义务的享有者和承担者。但在立法上，由于允许商人用自己的姓名作为其营业的商号，这就不可避免会出现营业上使用的商号与在非营业行为中使用的姓名相重合的情况。为了解决这一问题，《德国商法典》第 19 条规定，对于独资商人、无限公司、两合公司的商号，应当包含表明商人组织形态的字样或该字样的字母缩写。这就可以将商号与自然人的姓名有效地区别开来。《日本商法典》第 17 条和第 18 条也规定，公司的商号，应当按照其种类，使用无限公司、两合公司或股份公司等字样；非公司者不得在其商号中使用标示“公司”的字样。

二是指商号是商事主体营业的标志，商事主体使用其商号来表示其营业的统一性、独立性和继续性，商号与商事主体的营业紧密相连，构成一个有机的整体，不容分割。离开了商事主体的特定营业，商号也就没有独立存在的价值。因此，各国立法均规定，商号依附于商事主体的营业而存在，不得与营业相分离而单独转让。①

二、商号与相关概念的区别

（一）商号与姓名

姓名是自然人之间相互区别的符号，它通常由文字所构成。受法律保护的姓名，不仅仅是指身份证上所记载的姓名，还应包括曾用名、笔名、艺名以及所谓的“字”、“号”等。姓名与商号的主要区别在于：（1）功能不同。姓名是自然人之间相互区别的标志；而商号是商事主体间的营业相互区别的标志。（2）表彰的权利不同。姓名依附于自然人人身之上的，是自然人人格利益的

① 《德国商法典》第 23 条规定：“商号不得与使用此商号的营业分离而让与。”《日本商法典》第 24 条第 1 款规定：“商号只能和营业一起转让或在废止营业时转让。”

体现，因而是自然人的人格权的载体；而商号依附于商事主体的营业之上，是商事主体无体财产的一种，因而是商事主体财产权中的无形财产权的载体。(3) 流转的限制不同。姓名权不得转让与继承；而商号权可以转让与继承。不过由于商号与特定的营业紧密相连，因而，在转让或继承商号时，必须与其表彰的营业一并转让或继承。

（二）商号与商标

商号与商标有着密切的联系，它们都具有区别功能，符合商标法规定条件的商号中的字号部分也可以作为商标注册。如日本的“索尼”、“松下”，美国的“可口可乐”等，它们既是商标，又是商号。但是商号和商标之间也存在明显的不同：(1) 功能不同。商号是区别和辨认不同商事主体营业的标志，而商标是区别和辨认不同商事主体所提供的商品或服务的标志。因此，一个商事主体只能拥有一个商号，但却可以拥有许多表示不同商品或服务的商标。(2) 构成不同。商号只能以文字形态存在，而商标则可以通过文字、图形或其组合等多种形态来表现。(3) 取得方式不同。商号只能通过登记方可取得，也只有登记的商号才能使用。而商标的取得采自愿登记的立法主张，不登记的商标并非不能使用，只是不受法律保护而已。(4) 存续期限不同。商号依附于商事主体的营业而存在，通常没有存续期限的限制，注册商标的存续是有期限的，但可续展。

（三）商号与商誉

所谓商誉，又称商业信誉，是指社会公众对商事主体经营状况的总体评价。它包括商事主体的经营实力、资信状况、商品与服务质量等多方面。对商事主体的商誉评价，直接涉及该主体在商事活动中的知名度，从而对其商业利益产生直接的影响。从这个意义上讲，商誉也是商事主体的无形财产。但是，商誉与商号却存在着明显的区别。(1) 二者的取得方式不同。商事主体对商号享有专有权，以履行一定的法律程序（申请登记并经核准）为前提；而商誉是在商事主体营业过程中自发产生的，无须经过法定程序。(2) 二者存在的形态不同。商号以特定的文字形态存在，是具体的、看得见的、具有相对稳定性的；商誉是一种社会评价，始终处于信息状态，并且可以通过内在的、外在的多种形态来反映，[①] 因而，商誉是抽象的、无形的，且富于变化的。(3) 使用价值实现的方式不同。商号通过直接商事交易活动，即可为商事主体带来一定效益，而不需要经过中间媒介；商誉的使用价值却必须借助于商号这一载

---

① 梁上上：《论商誉和商誉权》载《法学研究》1993 年第 5 期。

体，并通过具体的商事行为来实现。（4）法律保护的方式不同：商号具有特定的表现形态，法律采用直接禁止在同一登记机关辖区内其他商事主体使用同一商号的方法来保护商号专用权；而法律对商誉的保护，只能通过禁止他人散布有关商事主体的商业道德、资信情况、商品或服务质量等不真实信息的方法，来保护商事主体的商誉权。

三、商号的沿革

商号制度的起源，可追溯到欧洲中世纪地中海沿岸诸城市的商事组织所使用的名称。当时的公司组织在从事营业时，抽出每一位股东姓名的缩写，合而为一，组成公司的名称，表明是以团体而非以个人的身份对外从事交易。这可以说就是近代商号之嚆矢。① 随后，在近代大陆法系国家的商法典中，均以专章规定商号制度，② 其目的在于在商事活动中，向相对人表彰其身份。特别是在以团体名义对外进行交易时，商号的使用，更成为区别团体行为与团体成员个人行为的重要标志。在大陆法系民商合一的国家中，由于没有商法典的存在，商号制度是通过特别法的形式加以规定的。不过，欧洲国家的商号制度立法与亚洲国家商号制度的立法存在不同的特点。欧洲的商号，是起源于公司的名称，后来随着商业的发达，商号制度才从公司企业扩展适用于独资企业和合伙企业。与此相反，亚洲的商号，却是起源于独资企业或者合伙企业，后来因为公司制度从欧洲输入，于是商号也适用于公司组织。③

在我国的现行法律中，并没有使用“商号”这一概念，而是以“字号”或“企业名称”取而代之。我国立法最先使用“字号”的，是 1986 年颁布的《民法通则》，使用“企业名称”的，则是 1991 年国家工商管理局颁布的《企业名称管理规定》。随后在 1993 年颁布的《公司法》、1994 年颁布的《公司登记管理条例》、1997 年颁布的《合伙企业法》、1999 年颁布的《个人独资企业法》和 1993 年颁布的《反不正当竞争法》中，先后使用了“字号”或“企业名称”的概念。我们认为，用“字号”或“企业名称”的概念取代“商号”概念的做法值得商榷。因为：（1）立法将字号与企业名称区别开来，如果认为字号等同于商号，那么企业名称又是什么？它与商号在功能上又有何区别？（2）如果将企业名称等同于商号，那么，商事主体并不局限于企业，我国

① 张国键：《商事法论》，台湾三民书局 1987 年版，第 97 页。

② 参见《德国商法典》第一编第三章；《日本商法典》第一编第四章之规定。

③ 林咏荣：《商事法新诠》，台湾五南图书出版公司 1984 年版，第 86 页。

《民法通则》明确承认个体工商户的商事主体地位，那么，这些不具有企业组织形式的商事主体，对外从事营业时使用的字号又是什么呢？事实上，字号也好，企业名称也好，都是商事主体在营业时为了与其他商事主体的营业相区别而使用的代号，其功能是完全相同的。为了避免在交易实践中产生歧义，立法上应当取消“字号”与“企业名称”的称谓，而一律代之以“商号”的概念。

第二节 商号的选定与登记

一、选定商号的不同立法例

商号是商事主体在营业上所使用的名称，使用什么样的名称来代表商事主体的营业，本属商事主体的自由，但商号又与特定的营业紧密相连，不同的商号表彰不同的营业。如果允许商事主体任意选择商号，又有可能出现商号的雷同与近似，从而造成第三人的误认，对交易安全构成威胁。因而，在商号的选择问题上，大陆法系国家的商事立法由于对上述问题的认识不同，在允许商事主体选择商号时，所采取的立法主张也不相同。大体说来，有商号真实主义和商号自由主义两种立法例。

（一）商号真实主义

所谓商号真实主义，是指商事主体在选择商号时，必须与其姓名和营业种类相一致，做到名实相符。采用商号真实主义的国家主要有德国、法国、瑞士等，其中最典型的是德国商法。

《德国商法典》对不同商事主体的商号有不同的要求：对于独资商人，由于其投资人仅为一人，经营规模较小，且完全是以其个人财产信用为基础来承担民事责任的，因此，独资商人的商号必须含有其本人真实的姓氏和名字。商号中可以使用表明业务性质的字样，但不得构成对公众的欺骗。对于人合公司（主要是指无限责任公司、两合公司和股份两合公司），与独资商人一样，商号也必须有人名，其商号可由全体无限责任股东的姓氏或只由一名无限责任股东的姓氏再加上表明公司性质的附属文字或其缩写组成。① 对于资合公司（主要是指有限责任公司和股份有限公司）的商号是否应当包含人名，法律对此不作要求，但应当在公司商号中包含“有限责任公司”或者“股份有限公司”

---

① 参见《德国商法典》第19条之规定。

的字样，或者通常可以理解的该字样的缩写。①

在德国法上，为了保证商事主体的经营所带来的商誉的传承，往往还有一项原则，即“商号连续原则”。指当一个人因购买、继承或者根据租赁合同而承受他人营业的，在征得原业主或其继承人同意的情况下，可以继续保留并沿用原来的商号。② 通过这种方式，新的业主可以从原来的商号所具有的商业信誉中获利，当然，他也必须承受原商号所有人在经营过程中所产生的一切不利风险。《德国商法典》第25条就明确规定：“以原商号、附加或不附加表示继受关系的字样继续生前所取得的营业的人，对原所有人在营业中所设定的一切债务负责任。原所有人或其继承人已同意继续使用商号的，对于债务人而言，在营业中设定的债权视为已移转于取得人。”

由此可见，商号真实主义的立法例主要是针对独资商人和人合性质的企业而言的，资合公司并不适用这一规定。同时，强调“名符其实”，主要是针对商事主体在办理营业设立登记时的要求，如果随后营业主体发生变更，是否会导致商号也随之发生变更，则取决于原商事主体与新商事主体之间的协议。如果不变更的，则新商事主体须承受由此产生的一切不利风险。

（二）商号自由主义

所谓商号自由主义，即商人选用任何商号，原则上法律不加限制，商事主体选用什么样的商号，该商号与商事主体的姓名及其营业种类是否有关，法律一般也不过问。故学者称之为“商号自由主义”。大陆法系国家和地区中，采此立法例的主要有日本和我国台湾地区。③ 如《日本商法典》第16条规定：“商人可以以其姓、姓名或其他名称作为商号。”我国台湾地区“商业登记法”第28条也规定：“商业之名称，得以其负责人姓名或其他名称补充之。”从上述条文表述来看，立法对商号的构成要求并不严格，人名或者其他事物的名称均可。在商事实践中，由于立法上的宽松规定，商人们常常选择一些吉祥的字眼作为商号来使用。

当然，商号选择自由，并不是说在商号选定问题上，立法就不设任何限制。从采此主张的国家和地区的立法规定来看，在允许商事主体选择商号的同时，也存在如下限制：

（1）个人商号的限制。营业非采用公司形式者，不得在其商号中使用

① 参见《德国有限责任公司法》第4条和《德国股份法》第4条之规定。

② 参见《德国商法典》第22条之规定。

③ 张国键：《商事法论》，台湾三民书局1987年版，第98页。

“公司”的字样。《日本商法典》第18条第1款明确规定：“非公司者不得在其商号中使用标示公司的字样，虽受让公司营业者，亦同。”第20条第2款规定：“在同一市镇村内，因经营同一营业而使用他人已登记的商号者，推定其为以不正当竞争目的的使用者。”我国台湾地区也有类似规定。①不过，如果商事主体选择的商号名称与公司名称相同或相似，则不受此规定的限制。②

（2）公司商号的限制。营业采用公司形式者，应当在其商号中，依照公司的种类，标示“公司”的字样，以表明公司的性质。对此，《日本商法典》第17条就规定：“公司的商号，应按照其种类，使用无限公司、两合公司或股份公司等字样。”不仅如此，我国台湾地区还规定，同类业务的公司，不论是否同一种类，也不论是否在同一省市区域内，均不得使用相同或类似的名称。③之所以如此规定，依照我国台湾学者的解释，是因为公司经设立登记后，有专用其名称的权利，为防止他人的仿冒影射，利用相同或类似之名称，牟取不法利益，破坏公司之信誉，故予以限制。④

从上述两种立法主张对商号选定的要求中，我们不难看出，商号真实主义与商号自由主义对于资合公司的商号选定的要求，实际上差异不大。二者的差异主要体现在对个人商号与人合公司的商号选定上，即在这两类主体的商号中，是否要求必须以营业主或股东的真实姓名或姓名缩写作为商号的构成要素，持肯定答案的即为商号真实主义立法，持否定答案的，则为商号自由主义立法。

二、我国立法在商号选定问题上的态度

如前所述，我国已有多部法律、法规涉及字号与企业名称问题。在字号与企业名称的选择问题上，我国的立法规定究竟是采何种立法例？学者们观点很不一致。有认为采商号真实主义者；⑤也有认为采商号自由主义者。⑥我们赞成后一种观点。从我国现有立法规定来看，在商号选定问题上，采商号自由主义的立法主张。其依据在于：

① 参见我国台湾地区“商业登记法”第30条之规定。

② 参见我国台湾地区“商业登记法”第30条之规定。

③ 参见我国台湾地区“公司法”第18条之规定。

④ 张国键：《商事法论》，台湾三民书局1987年版，第99页。

⑤ 江平：《法人制度论》，中国政法大学出版社1996年版，第176页。

⑥ 覃有土主编：《商法学》，中国政法大学出版社1999年版，第31页。

（1）在个人商号的选择上，我国1986年颁布的《民法通则》第26条和第33条均允许个体工商户和个人合伙起字号，但对选择的字号是否应当包括营业主的真实姓名，法律并未作出强制性规定。① 最高人民法院1988年下发的《关于贯彻执行〈民法通则〉若干问题的意见》第41条和第45条中，对个体工商户和个人合伙的字号选择，也未作出任何限制。此外，1999年颁布的《个人独资企业法》第11条只是要求个人独资企业的名称应与其责任形式及从事的营业相符合，也并未对企业名称中是否必须包含投资者的真实姓名作出强制性规定。因此，从法律上讲，对于个人商号，当事人完全有权自由选择。

（2）在公司商号的选择上，我国1994年颁布的《公司登记管理条例》第11条只是规定公司只能使用一个名称，公司名称应当符合国家有关规定。并未涉及公司名称如何选定的问题。在1991年国家工商行政管理局颁布的《企业名称登记管理规定》中，从第7条到第15条，虽然对企业名称的选择作了一系列的限制，如企业名称的构成、企业名称应当使用的文字和不得使用的文字、企业名称应当包含的内容等，但也未硬性规定企业名称中必须使用营业主的真实姓名作为字号。由此，我们不难看出，在公司商号的选定上，我国立法也是采用商号自由主义立法例的。

（3）从我国商号登记制度的实践看，无论是个人商号的选定，还是公司商号的选定，都采用自由主义的态度。在我国，既有采用地名作为商号的，如汉阳商场、武汉钢铁公司等；也有采用人名作为商号的，如羽西化妆品有限责任公司；还有采用其他吉祥文字作为商号的，如联想集团、方正集团、长城集团等。上述商号在我国均已得到登记。

与采自由主义立法例的国家一样，商号的选择自由，并不是说立法对此毫无限制。出于维护交易安全和公序良俗原则的需要，我国立法在以下几方面，对商事主体的商号选择自由进行了必要的限制：

（1）商号单一性的要求。为了防止对交易第三人构成商业欺诈，多数国家立法规定商事主体只准使用一个商号，禁止其采用复数商号。但也有少数国家和地区考虑到交易的便利和某些商事主体（如公司）社会功能的复杂化，允许公司在从事商业经营活动时采用其他商号，从而使该商事主体拥有两个以

① 《中华人民共和国民法通则》第26条规定："公民在法律允许的范围内，依法经核准登记，从事工商业经营活动的，为个体工商户。个体工商户可以起字号。"第33条规定："个人合伙可以其字号，依法经核准登记，在核准登记的经营范围内从事经营。"

上的商号。如英国公司法规定，一个公司在经营业务时，所使用的名称不是由法人组织的名称组成时，必须在开始营业后14天内以书面的形式登记。

我国立法坚持商号单一性的要求。在《公司登记管理条例》第11条中明确规定："公司名称应当符合国家有关规定。公司只能使用一个名称。经公司登记机关核准登记的公司名称受法律保护。"

（2）商号构成的要求。我国《企业名称登记管理规定》第7条规定，企业名称应当由以下三部分依次构成：字号、行业或者经营特点、组织形式，并在企业名称前，冠以企业所在行政区划的名称。但经国家工商管理局核准设立的三类企业可以例外：一是全国性公司、国务院或其授权机关批准的大型进出口企业或大型企业集团；二是历史悠久、字号驰名的企业；三是外商投资企业。第10条同时规定，企业可以选择字号，但选择的字号应当由两个以上的字所组成。

（3）商号使用文字的要求。依照《企业名称登记管理规定》第8条和第9条的规定，企业名称应当使用汉字；民族自治地方的企业名称可以同时使用本民族自治地方通用的民族文字；企业名称也可以使用外文名称，但其外文名称应当与中文名称相一致，并报登记机关登记。

企业名称不得含有下列内容与文字：① 有损国家、社会公共利益的；② 可能对公众造成欺骗或者误解的；③ 外国国家（地区）名称、国际组织名称；④ 政党名称、党政军机关名称、群众组织名称、社会团体名称及军队番号；⑤ 汉语拼音字母、数字；⑥ 其他法律、行政法规禁止使用的。⑦ 县级以上行政区划的名称，但自然地理名称除外；⑧"中国"、"中华"、"国际"的字样，但全国性公司、国务院或其授权机关批准的大型进出口企业或企业集团除外。⑨ 在企业名称中使用"总"字的，必须下设三个以上的分支机构。

（4）商号对营业形态的要求。《企业名称登记管理规定》第12条规定，企业应当根据其组织结构或者责任形式，在企业名称中标明组织形式。企业的分支机构，能够独立承担民事责任的，应当使用独立的企业名称；不能独立承担民事责任的，其企业名称应当冠以其从属企业的名称，并缀以"分公司"、"分厂"、"分店"等字样。联营企业不得使用联营成员的名称，并应在其企业名称中标明"联营"或"联合"的字样。我国《合伙企业法》第15条规定："合伙企业名称中应当标明'普通合伙'字样。"第62条规定："有限合伙企业名称中应当标明'有限合伙'字样。"上述规定均表明，我国立法对商号在表述企业营业形态时，是有明确要求的。

（5）商号对行业或者经营特点的要求。在各国的商事实践中，商事主体在登记商号时，在其商号中标示其行业或者经营特点的，虽然不乏其例，但作为法律的强制性要求，则未曾见到。而我国《企业名称登记管理规定》第11条却明确规定：“企业应当根据其主营业务，依照国家行业分类标准划分的类别，在企业名称中标明所属行业或者经营特点。”所谓“所属行业”就是指传统意义上的工业、农业、商业等，如果进一步细分，还可分为钢铁、煤炭、石油、化工、电力、纺织等；所谓“经营特点”就是指经营方式，如制造业、加工业、运输业、销售业、服务业等，如果进一步细分，还可分为许多种类。以服务业为例，可进一步分为餐饮业、电信业、证券业、保险业、行纪业、居间业等。在立法上明确要求在商号中标示商事主体营业的所属行业或经营特点，可以说是我国商号制度的一大特色所在。我们以为，在市场经济日益发达的今天，商事主体为了适应激烈竞争的市场环境，跨行业经营，采用多种经营方式，是常有的现象。特别是从国内外大型企业的发展来看，在多个领域寻找发展的机会，更是企业适应市场变化，降低经营风险不得不采取的策略。而企业的商号一旦核准登记后，就如同商品的商标一样，形成品牌效应，是不宜频繁变更的。如果立法强制规定在商号中必须标示企业的所属行业或经营特点，就等于限制了企业的经营领域，僵化了企业的经营方式。这种规定虽然有利于登记机关对企业的管理，却不利于企业的生存与发展，是不符合市场法则的，因而，是否合理，值得商榷。值得欣慰的是，立法者似乎已经意识到这一问题，因而，在后来颁布的有关法律法规中，对于企业名称的规定，均未提出应当反映行业或经营特点的要求。

三、商号的登记

商事主体选定了商号后，并不意味着就取得商号的专用权。要取得商号的专用权，就必须办理商号登记手续。事实上，不仅商号的取得应当办理登记，商号的变更、商号的废除与丧失，也应办理相应的变更登记或注销登记手续。由于商号登记只是商事登记的一项内容，而非商事登记制度之外的一项独立制度，本书又设专章讨论商事登记制度，为避免重复，在此只就商号登记中应当注意的几个问题，作一简要阐述，未涉及的问题，均适用商事登记制度的一般规定。

（一）商号登记的预先核准

在大陆法系国家的立法中，商号登记与其他商事事项的登记是同时进行的，特别是采商号真实主义的国家，商号的选定与商事主体的营业紧密相连，脱离了营业，登记机关就无法审查商事主体选择的商号，是否与其营业相符，因而，不会发生商号的审查与对其他商事事项的审查分别进行的问题。即使在采商号自由主义的国家，虽然允许自由选择商号，但法律明确规定商号中必须标明营业的形态，因而，脱离商事主体的营业来审查商号合法性，也是不可能的。唯有我国立法将对商号的审查与对其他商事事项的审查割裂开来，分别进行。如我国《公司登记管理条例》第17和第18条就规定，设立有限责任公司，应当由全体股东指定的代表或者共同委托的代理人向公司登记机关申请名称预先核准；设立股份有限公司，应当由全体发起人指定的代表或者共同委托的代理人向公司登记机关申请名称预先核准。公司登记机关在收到申请人提交的申请书和相关的文件后10日内，应当作出核准或驳回的决定。公司登记机关决定核准的，应当发给《企业名称预先核准通知书》。预先核准的公司名称保留期为6个月，在保留期内，该名称不得用于从事经营活动，也不得转让。在《企业名称登记管理规定》第16～19条的规定中也规定，外商投资企业的企业名称应当预先核准；其他企业有特殊原因的，可以在开业登记前预先单独申请企业名称的登记注册。这里的"企业"当然就不局限于公司类的企业，也包括不采用公司形式的其他类型的企业。但在《合伙企业法》和《个人独资企业法》关于企业名称的相关规定中，却并无关于企业名称预先核准的规定。立法规定商号登记需要预先核准的原因，是由于在我国的企业设立登记制度中，登记机关在审查企业设立申请时，需要审查其注册资本金是否已经打入开户银行的账户，而申请人要在银行开设企业账户，需要由企业登记机关事先核准一个企业名称。

（二）商号登记的类别与程序

商号登记的类别与其他商事事项登记的类别一样，按照登记的目的不同，大体分为设立登记、变更登记、转让登记、注销登记等几种。由于商号权是一种无体财产权，各国立法均允许在商号专用权人死亡时，由其继承人加以继承。这样，对于商号权的继承是否应当办理登记？就成为立法者关注的一个问题。一般说来，在采商号真实主义的国家，由于强调商号中的人名必须与营业主的姓名保持一致，因此在营业主死亡，由其继承人继承其营业时，应当办理商号继承登记，不办理继承登记的，继承人应当承受原商号可能给其带来的一切风险。而在采商号自由主义的国家，由于并不强调商号与营业主姓名之间的联系，因而，不发生商号的继承登记问题。如前所述，我国是采商号自由主义的国家，因而，在商号的登记类别中，并未规定继承登记问题。

商号的登记程序与一般的商事登记程序相同，即申请、审查、登记并公告。关于这一问题将在商事登记制度中详述。

(三)商号登记的效力

商号权是一种排他性的支配权，因此一经登记，即产生如下几方面的效力：

(1) 这首先意味着商号一经登记，就具有排斥他人为同一商号登记的法律后果，这称为商号权的排他性。即他人不能就同一商号再申请登记。不过，应当强调的是，商号权的排他性并不是绝对的，它要受到登记机关管辖地域的限制。换言之，获准登记的商号只在登记机关辖区范围内具有排他性，在该辖区内，其他商事主体不得登记该商号；但超出这一辖区范围的，就不再具有排他效力。如《日本商法典》第19条规定："在同一市镇村内，不得因经营同一营业，而登记他人已登记的商号。"我国《企业名称登记管理规定》也采此主张。① 因而在商号登记实践中，不应将商号登记的排他效力绝对化。

(2) 自登记并公告完毕之日起，商号申请人即取得商号专用权，该权利受法律的保护，任何人擅自使用他人已登记的商号的，均构成对他人商号权的侵害，应当依法承担相应的民事责任和接受相应的行政处罚。对此，各国商法典均有明文规定。如《德国商法典》第37条规定："对于使用依本章规定不属于自己商号的人，登记法院应通过科处罚款促使其停止使用商号。因他人窃用商号而使其权利受到侵害的人，可以向此人请求停止使用商号，依其他规定设定的损害赔偿请求权，不因此而受妨碍。"《日本商法典》第20条第2款规定："在同一市镇村内，因经营同一营业而使用他人已登记的商号者，推定其为以不正当竞争目的而使用者。"② 我国《企业名称登记管理规定》第27条也规定："擅自使用他人已经登记注册的企业名称或者有其他侵犯他人企业名称专用权行为的，被侵权人可以向侵权所在地登记主管机关要求处理，登记主管机关有权责令侵权人停止侵权行为，赔偿被侵权人因该侵权行为遭受的损失，没收非法所得并处以5000元以上5万元以下罚款。对侵犯他人企业名称专用权的，被侵权人也可以直接向人民法院起诉。"

商号登记的排他效力还体现在商号登记上的先申请原则上。依照我国《企业名称登记管理规定》第24条的规定，两个以上企业向同一登记机关申请登记相同企业名称的，依照申请在先原则核定；同一天申请的，应当由企业协商解决；协商不成的，由登记主管机关作出裁决。两个以上企业向不同登记

---

① 《企业名称登记管理规定》第6条规定："企业只准使用一个名称，在登记主管机关辖区内不得与已登记注册的同行企业名称相同或者近似。"

② 我国台湾地区"商业登记法"第30条规定："商业在同一县市，不得使用相同或类似他人已登记之商业名称，经营同类业务。"

机关申请相同企业名称的，依照受理在先原则核定；属于同一天受理的，应当由企业协商解决；协商不成的，由各该登记主管机关报共同的上级登记主管机关作出裁决。企业间因登记注册的商号相同或者近似而发生争议时，登记机关依照注册在先原则处理。

商号登记排他效力的一个例外是“连锁店”商号的使用。按照“连锁店”的一般做法，允许各连锁店采用同一商号，而不管其是否在同一市、县。这主要是考虑到“连锁店”的经营应当看做是一个集团，该集团对外使用同一商号，理应允许。

第三节 商号权的保护

一、商号权的概念与性质

所谓商号权，是指商事主体对其商号依法享有的支配权利。这种支配，既包括对商号的独占使用，也包括依商号权人的意思，对商号依法处分（如转让、继承、抛弃等）。由于民法上属于支配权性质的权利很多，商号权属于哪一种性质的支配权，就成为学者们争议的热门话题。归纳起来说，大体有以下三种主要学说：

（1）人身权说。该学说认为，商号既然是商事主体用于与其他商事主体相区别的名称，那么商号权也就是商事主体人格权的象征。① 在持此种观点的学者中，有将商号权直接等同于自然人的姓名权的；② 也有将商号权泛泛解释为人格权的；③ 还有将商号权解释为身份权的。④ 尽管解释的理由各不相同，但他们的共同之点就在于：强调商号权的专属性、排他性和对商事主体的依附性。

（2）财产权说。该学说认为，商号在登记之后，虽然由特定的商事主体取得了专用权，但这种专用权的客体是可以转让与继承的。而人格权只能由特定的自然人享有，不能转让与继承，因而，不能将其解释为人格权的延伸。商号权与一般的财产权确有不同，其给付的标的为无体物，因而将其解释为财产权中的无体财产权较为合适。⑤

① 转引自张国键：《商事法论》，台湾三民书局1987年版，第101页。

② 孟玉：《人身权的民法保护》，北京大学出版社1988年版，第8页。

③ 杨立新：《人身权法论》，中国检察出版社1996年版，第98页。

④ 吴汉东、胡开忠：《无形财产权制度研究》，法律出版社2001年版，第492页。

⑤ 转引自：张国键：《商事法论》，台湾三民书局1987年版，第101页。

(3) 混合权利说。该学说认为，商号权兼有人格权和财产权的属性。一方面它有姓名权的排他效力，可以专用；另一方面，它有财产权的创设效力，可以转让或继承，因而，商号权兼具人格权与财产权双重属性。我国有学者甚至直接将商号权称之为“兼人身权与财产权于一体的混合权利”。①

我们以为，人身权说和混合权利说，从各国的立法实践和法理上讲，均有值得商榷之处。理由在于：

(1) 商号权虽然与所附属的商事主体密切相连，具有专属性的特征，但不能以此就认定专属性的权利就是人身权。在民法上，具有专属性质的权利很多，人身权具有专属性，某些财产权也可以具有专属性。如继承权只有与被继承人之间具有特定身份关系的继承人才能享有，但各国立法均承认继承权是一种财产权，而非人身权。因此，仅凭商号权的专属性与排他性特征，就认定商号权是人身权，理由难以成立。

(2) 商号是商事主体之间所从事的营业相区别的标志，从可识别性的角度看，确有与自然人的姓名相同的功能，但自然人的姓名是附着于自然人的人身之上的，是自然人人格利益的体现；而商号是附着于商事主体的营业之上的，营业是一种财产，而非商事主体的人身，因而，商号是商事主体财产利益的体现，而非人格利益的体现。虽然各国立法均允许以自然人的姓名作为商号，但同一符号在不同的场合使用，就会具有不同的法律意义。这是持姓名权说的学者不应忽略的问题。

(3) 将商号权解释为商事主体的人格权，将无法回答商号权的继承与转让问题，因为民法上没有任何一种人格权是可以被转让或继承的。同时，将商号权解释为一种身份权，也不符合民法关于身份权的理论。民法上的身份权是基于民事主体的特定身份而享有的一种支配权，这种权利同样只能由特定身份的人才能享有，不发生转让与继承的问题。仅仅因为商号可以起到对外表彰商事主体营业的作用，就认为它是一种身份权，在法理上是站不住脚的。

(4) 将商号权解释为兼具人身与财产属性的混合权利，虽然可以左右逢源，从不同角度解释商号权的不同特征，但这种解释一方面在法律上毫无意义，因为自罗马法以来，财产权与人身权的分类，就是各国民商事立法的最基本分类，各国立法也是按照这一分类来确定对不同民商事权利的调整方法的；迄今为止，在各国立法中，还未见到将民事权利以是否具有财产内容为标准，分为财产权、人身权与混合权的立法例。另一方面，对商号权混合权利的界

① 范健主编：《商法》，高等教育出版社2000年版，第60页。

定，在法理上也无法解释商事主体终止营业或主体资格消失以后，仍可以将商号单独转让的事实。① 因而，主张商号权是兼人身权与财产权于一体的混合权利的主张，只是部分学者脱离立法实际而提出的一种观点，根本谈不上学术界的通说。

我们认为，将商号权界定为财产权，是财产权中的一种无形财产权（或称“知识产权中的工业产权”），更符合商号权的属性和各国的立法实践。理由在于：

（1）人类社会的财富分为有形财产与无形财产两大部分，如果说，在传统农业社会，人类社会财富的构成，还主要以土地等有形财产为主的话，那么，在现代社会，随着科学技术的不断发展，无形财产大量涌现，商标、专利等同样构成社会财富的重要组成部分，已是不争的事实。商号是一种由文字所构成的名称，单纯从有体财产的角度看，无法衡量其价值，但将它附着于特定的营业之上，却可表彰商事主体的商业信誉，体现商事主体的财产利益。商事主体对商号的支配，事实上体现的是商事主体对其财产利益的支配，而非人身利益的支配。正是在这个意义上，我们说商号与商标、专利一样，是一种无形财产。法律对此类财产的调整所形成的权利，应属于与有形财产权相对应的无形财产权。但由于各国民法典编纂时，无形财产在社会经济生活中的重要地位尚未显现，因而，并无调整无形财产权的专编规定。这也是导致习惯于民法典思维的学者，总是试图将商号权之类的无形财产权解释为人身权的一个重要原因。事实上，各国立法者已经注意到在传统民法典的框架内，很难解决对无形财产权的调整问题，因而，纷纷通过单行立法的方式对之加以规范。不仅如此，由于商号的使用没有地域的限制，为了协调各国之间对商号权的保护问题，1883 年的《保护工业产权巴黎公约》正式将商号权作为一种工业产权来保护。该公约第 1 条第 2 款规定：“工业产权的保护对象有专利、实用新型、外观设计、商标、服务标记、厂商名称、货源标记或原产地名称以及制止不正当竞争。”1967 年签署的《世界知识产权组织公约》第 2 条规定的知识产权定义中，也将商号权列入其中。② 由于该公约第 16 条明文规定：“对本公约，不得作任何保留。”因而可以认为，世界上大多数国家是接受商号权为无形财产

① 《日本商法典》第 24 条第 1 款就规定：“商号只能和营业一起转让或在废止营业时转让。”

② 按照世界知识产权组织 2000 年 1 月 14 日发表的统计数字，该组织的成员国已有 173 个，几乎占全世界国家的 90%；稍逊于联合国 185 个成员国的数字。

权的界定的。

（2）从各国立法的规定来看，商号确实具有依附性，这是它与其他无形财产权的不同之处。但这种依附性不是针对特定的商事主体而言的，而是针对商事主体所从事的特定营业而言的。各国立法通常只是规定，商号不得与营业相分离而单独转让，而并没有规定商号不得与享有其专用权的商事主体分离而转让。如果是那样，商号就决无转让的可能了。因而，商号是依附于商事主体所从事的营业而存在的，不是依附于特定的商事主体而存在的。将商事主体与商事主体所从事的营业混为一谈，是我国部分学者无法对商号权的性质作出正确解释的最主要原因。我们以为，正是由于商号依附的是营业，而营业是一种财产，因而，商号与营业才有一并转让的可能。

（3）我国1986年颁布的《民法通则》第99条第2款将商号权与自然人的姓名权同等看待，主张其为一种人身权。① 这是我国部分学者主张商号权为商事主体人身权的主要法律依据。但我国又分别于1980年加入了世界知识产权组织，缔结了《世界知识产权组织公约》，1985年又缔结了《保护工业产权巴黎公约》。上述两个公约均将商号权作为工业产权看待，而且《世界知识产权组织公约》第16条明确规定，对公约的内容不得保留。基于条约应当信守的原则，我们认为，在国际上，我国通过缔结相关的国际公约向世界表明，我国承认商号权是一种工业产权。而在我国的国内立法中却规定商号权是一种人身权，这显然是自相矛盾的。因此，在未来的民法典中，对此问题的规定，应当加以调整，否则就与其世界知识产权组织成员国的义务相违背。

二、商号权的保护

（一）商号权的保护模式

商号权的保护模式大体分为两种：一是国内法保护模式，二是国际法保护模式。

商号权的国内法保护，是指通过国内立法的方式对商事主体的商号权予以

① 我国《民法通则》第99条规定："公民享有姓名权，有权决定、使用和依照规定改变自己的姓名，禁止他人干涉、盗用、假冒。法人、个体工商户、个人合伙享有名称权。企业法人、个体工商户、个人合伙有权使用、依法转让自己的名称。"该条事实上共有两款，第1款是关于自然人姓名权的规定，第2款是关于企业法人、个体工商户和个人合伙的名称权的规定。将这二者放在一条中，一并在该法第5章第4节"人身权"中加以规定，显示了当时的立法者并未意识到商号权与自然人姓名权在性质上的差异。

保护。各国国内立法大都按照权利设立、权利界定、侵权的惩罚与救济方法，对商号权施加法律保护。这种保护模式从保护方法的角度讲，可分为两种：一是对商号权的民法保护，由于商号权性质上是一种支配权，因而，当该权利受到不法侵害时，适用民法关于侵权责任的规定予以救济。有关商号权民法保护的条款，被分散规定在民法典、商法典及相关的民商事特别法中。二是对商号权的行政法保护。即有关机关在对商事主体的营业行为进行监督时，如果发现有以不正当竞争为目的，不法使用他人商号者，将依法认定其为不正当竞争行为，并依照有关行政法规的规定，追究不法行为人的行政责任。有关商号权的行政法保护条款，主要规定在商业登记法和反不正当竞争法等行政法规的相关条文中。当然，这不是绝对的。由于各国商法均有公法化的趋势，因而在私法性质的商法典中，出现一些关于追究不法行为人的行政责任的条款，也在情理之中。

就我国的立法情况来看，由于我国采民商合一体制，因而，对商号权的民法保护是通过《民法通则》的相关规定和一系列民事特别法（如《公司法》、《合伙企业法》和《个人独资企业法》等）来完成的。而对商号权的行政法保护，在《公司登记管理条例》、《企业名称管理规定》和《反不正当竞争法》等行政法规和行政规章中均有规定。但我国立法关于商号权的民法保护与行政法保护的分野并不十分清晰，将二者混合规定，甚至以行政处罚取代民事侵权责任的承担，是我国在商号权保护立法问题上的一大特色。

商号权的国际法保护，是指对于跨国从事营业的商事主体，依其所在国的国内法规定而取得的商号权，要想在其他国家获得同等的法律保护，就应当通过各国间缔结双边条约或多边国际公约的方式来加以解决。对商号权的国际保护起源于1883年3月由法国、比利时、意大利、西班牙、瑞士等21个国家发起缔结的《保护工业产权巴黎公约》。该公约不仅首次提出了商号权的国际保护问题，也为各成员国制定本国的保护规则划定了一个基本框架。《保护工业产权巴黎公约》第1条第2款明确规定，工业产权的范围包括“厂商名称”。第8条明确提出了保护商号权的最低限度要求——商号权的使用取得主义。第9条、第10条则规定了一系列的保护措施。《保护工业产权巴黎公约》之后，另一个涉及商号权保护的国际组织文件是由世界知识产权组织为发展中国家制定的《商标、商号及不正当竞争示范法》。该文件第47条至第49条对商号权的保护规定得比《保护工业产权巴黎公约》更加全面和清晰。这部示范法加大了商号权保护的力度，从而使具有良好声誉的商号可以获得类似于驰名商标的特别保护。

（二）商号权的保护方法

如前所述，商号权是一种具有支配权性质的无形财产权，因而，在商号权的民法保护方法方面，对于以不正当竞争为目的，不法侵害他人商号权的行为，各国立法均认定为侵权行为，规定可以采用追究民事侵权责任的方式，对商号权人受到的侵害予以救济。如《德国商法典》第37条第2款就规定："因他人窃用商号而使其权利受到侵害的人，可以向此人请求停止使用商号，依其他规定设定的损害赔偿请求权，不因此而受妨碍。"《日本商法典》第20条和第21条也规定："已登记商号者，对于以不正当竞争为目的使用同一或类似商号者，可以请求其停止使用该商号。但是这种请求不妨碍损害赔偿请求。在同一市镇村内，因经营同一营业而使用他人已登记的商号者，推定其为以不正当竞争目的而使用者。""任何人不得以不正当目的，使用使人误认为他人营业的商号。对违反前款规定使用商号者，因其使用而有利益受损之虞者，可以请求其停止使用。但是，这种请求不妨碍损害赔偿请求。"

就我国立法来看，由于我国《民法通则》第99条第2款对法人、个体工商户和个人合伙的名称权的性质界定错误，从而导致学术界和司法实务界在该权利受到侵害时，究竟采用何种民法保护方法的争议。争议的焦点有二：一是对侵害商号权的行为，是否可以要求侵权行为人承担诸如恢复名誉、消除影响、赔礼道歉等非财产责任？二是商号权人可否要求侵权行为人承担精神损害赔偿的责任？对此问题的回答，我国《民法通则》的规定是肯定的；① 而最高人民法院对此问题所作出的司法解释却是否定的。② 我们认为，我国《民法通则》的规定是错误的。商号权与姓名权，虽然同为支配权，但一个是财产权，一个是人格权，性质不同，民法的保护方法也不相同。对于侵害人格权，重在维护受害人的人格尊严，因而采用一些非财产责任形式是适宜的。而对于财产权侵害，重在恢复权利的原始状态，并不涉及受害人的人格尊严问题，因此，将一系列非财产责任形式适用于财产权的保护，就没有什么意义。因此，我们主张，应当借鉴德、日立法例，对侵害商号权的行为，只要求侵权人承担

---

① 我国《民法通则》第120条规定："公民的姓名权、肖像权、名誉权、荣誉权受到侵害的，有权要求停止侵害、恢复名誉、消除影响、赔礼道歉，并可以要求赔偿损失。法人的名称权、名誉权、荣誉权受到侵害的，适用前款规定。"

② 最高人民法院在2001年颁布的《关于民事侵权精神损害赔偿责任若干问题的规定》第5条中明确规定："法人或者其他组织以人格权利遭受侵害为由，向人民法院起诉请求赔偿精神损害的，人民法院不予受理。"

停止侵害，赔偿损失的责任即可。同样道理，精神损害赔偿责任的承担，是以自然人的人格尊严受到侵害为前提的，是对受害人所遭受的精神痛苦的一种物质抚慰。商号权是一种财产权，侵害商号权实质上是侵害了商事主体的财产权，而与商事主体的人格尊严无关，因此不发生精神损害赔偿问题。

商号权作为一种附着于营业上的无形财产权，不仅受民法的保护，而且也受行政法的保护。这是因为商事主体对自己或他人商号的不当使用，从行政法的角度看，就是一种不正当竞争行为，而这种不正当竞争行为的实施，必然会损害正常的社会经济秩序。为了维护正常的社会经济秩序不受损害，各国通常在其商法典、商业登记法或反不正当竞争法中，对商事主体的不当使用商号的行为进行必要的干预，其干预的手段就是追究不当使用人的行政责任，包括科处罚款、撤销商号登记等。如《德国商法典》第 37 条第 1 款就规定："对于使用依本章规定不属于自己商号的人，登记法院应通过科处罚款促使其停止使用商号。"第 31 条第 2 款规定："对登记商号的消灭负有申报义务的人不能以第 14 条所称的方式促成申报的，法院应依职权撤销登记。"《日本商法典》第 22 条也规定："对以不正当竞争为目的使用第 20 条第 1 款的商号者，处 20 万日元以下的罚款。"

我国商号权的行政法保护，不仅在行政法性质的《公司登记管理条例》和《反不正当竞争法》中有规定，而且在民事特别法性质的《合伙企业法》和《个人独资企业法》中也有规定。① 从这些规定来看，追究商号不当使用人的行政责任的方法主要包括：（1）责令改正；（2）科处罚款；（3）情节严重者，吊销营业执照或予以取缔。但却无关于登记机关依职权撤销商号登记的规定。

此外，对于商号权的保护，除了上述两种方法以外，我国《公司登记管理条例》第 72 条还规定："未依法登记为有限责任公司或者股份有限公司，而冒用有限责任公司或者股份有限公司名义的……构成犯罪的，依法追究刑事责任。"用刑事的手段保护商号权人的商号专用权，在各国立法中尚不多见，这至少显示了我国立法对不当使用商号权行为的严厉态度。

---

① 参见我国《公司登记管理条例》第 69 条、第 72 条；《反不正当竞争法》第 5 条第 3 款、第 21 条；《合伙企业法》第 94 条；《个人独资企业法》第 34 条、第 35 条和第 37 条之规定。

第五章 商 行 为

第一节 商行为的概念与特征

一、商行为的概念与判断标准

商行为，是大陆法系民商分立国家所特有的一个概念，是相对于民事行为而言的。在民商合一国家的立法上，由于并无商行为与民事行为的分类，因而在商事法理论上往往将其称为商业行为或商事行为，以示与民事行为相区别。①

民商分立国家的商法虽然都使用了商行为的概念，但由于不同国家关于商法的理念不同，所以对商行为的定义也不同。《德国商法典》的制定者是以“商人”的概念为出发点来界定“商行为”概念的。该法典第 343 条规定：“商行为是商人经营营业的一切行为。”而所谓“营业”，依照该法典第 1 条第 2 款的规定：“营业指任何营利事业。但企业依种类或范围不要求以商人方式经营的，不在此限。”第 344 条第 1 款规定：“如无其他规定，由商人所为的法律行为，视为属于经营其营业。”因此，要准确界定德国法上商行为与民事行为的界限，必须对商人的范围作出明确的界定。依照《德国商法典》第 1～6 条的规定，判断商人身份的标准有两个：（1）公司不管从事什么业务或活动，都因其法定的组织形式而一概具有商人的身份。（2）自然人个人和合伙只有在具备了该法典第 1～3 条规定的条件之后，才能取得商人的身份。德国学者从《德国商法典》的规定中，推断出个人或合伙从事下列 9 种商业活动者，将被毫无例外地赋予商人身份：（1）收买并转售商品或有价证券，而不管在这一过程中是否涉及有关物品的加工。但不包括土地或房屋的出卖者、采矿者或农民等自然资源的开发者，以及从事房屋建筑业者。建筑商只有通过登

① 本书为讨论上的方便，将商行为、商事行为和商业行为交错使用，但均指同一种行为。特此说明。

记或组建公司才能成为商人。（2）从第三人那里接受物品进行加工，但必须具有工业手段或一定规模。手工劳动不包括在内。（3）商业保险。非营利性的互助保险完全不视为一种营业，因而未包括在内。（4）银行业与货币兑换业。（5）海上、内陆水道和陆地的客货运输业。单一出租汽车经营者因其业务规模太小而不包括在内。空中运输业只有在具备《德国商法典》第2～6条规定的条件时，才具有商人身份。（6）运输代理业，仓储保管业和行纪代办业。（7）商业代理人（不包括雇员）和经纪人业务。不动产经纪业务根据《德国商法典》第93条的规定属于非商业性业务，因而不包括在内。（8）书商、出版商和艺术品交易商。（9）具有工业性质和规模的印刷商，手工性质和小规模的印刷业务不包括在内。①

法国商法则从行为人实施的行为本身是否属于营业行为或为营业而实施的行为，来界定商行为与民事行为的区别，而与行为人是否具有商人的身份无关。如原《法国商法典》第1条就规定，凡以营利为目的从事商业营业的行为，皆为商行为。② 现《法国商法典》第109条规定："对于商人，商行为得以一切方式予以证明，但法律另有规定者除外。"

日本和仿效日本的韩国商法在商行为的界定上，则采折中主义的态度，一方面规定基本商行为的范围，实施该范围内的任何一种行为，皆为商行为，而与实施者的身份无关；③ 另一方面，又将商行为的判断标准与商人的身份联系起来，主张凡具有法定商人身份的人实施的行为，皆为商行为。④

① ［德］罗伯特·霍恩、海因·科茨、汉斯·G. 莱塞：《德国民商法导论》，楚建译，中国大百科全书出版社1996年版，第233页。

② ［德］罗伯特·霍恩、海因·科茨、汉斯·G. 莱塞：《德国民商法导论》，楚建译，中国大百科全书出版社1996年版，第232页。

③ 如《日本商法典》第501条规定："下列行为为商行为：1. 以获利而转让的意思，有偿取得动产、不动产、有价证券的行为或有偿转让取得物的行为；2. 缔结供给自他人处取得的动产或有价证券的契约，以及为履行此契约而实施的以有偿取得为目的的行为；3. 在交易所进行的交易行为；4. 有关票据或其他商业证券的行为。"

④ 如《日本商法典》第502条规定："下列行为，作为营业而实施时，为商行为。但是，专以取得工资为目的而制造产品或提供劳务的行为，不在此限。1. 动产、不动产的租赁与买卖行为；2. 为他人实施的制造或加工行为；3. 供应电或煤气行为；4. 运输行为；5. 承揽行为；6. 出版、印刷或摄影行为；7. 以招徕顾客为目的实施的场所交易行为；8. 兑换与银行交易行为；9. 保险；10. 居间或代办行为；11. 商行为代理的承受。"第503条规定："（一）商人为其营业实施的行为，为商行为。（二）商人的行为推定为为其营业实施的行为。

由此可见，大陆法系国家认定商行为的标准是不一样的。法国法主张，按法律行为的客观内容是否以营利为目的，作为判断商行为与民事行为的标准，而不问其是否由商人所实施。德国法主张，按照实施法律行为的人是否具有商人身份，作为区分商行为与民事行为的标准。虽然德国法也承认在某些情况下，不具有商人身份的人实施的以营利为目的的行为，也可以构成商行为，但这只有在符合商法典规定的条件时，方可这样认为。日本法则兼采法国法与德国法的双重标准，一方面采用列举的方式，规定某些行为为绝对商行为，不论任何人实施，均不会改变该行为的性质；另一方面采用概括的方式，规定商人以营业为目的的实施的行为，不论是否具有营利的内容，均推定为商行为。

正是由于各国对商行为的判断标准不一致，因而试图对大陆法系的商行为概念下一个普遍适用的定义是非常困难的。我国学者基于各国商法对商行为的界定中，均涉及行为人的商人身份、行为的营利性和行为依附于特定的营业等特征，将商行为表述为，商主体所实施的以营利为目的的经营行为。① 这个概念接近以商主体为中心的大陆法系国家商法中所使用的商行为概念。

二、商行为的特征

在民商分立的国家，商行为是针对民事行为提出来的，与一般民事行为相比，商行为具有如下几方面的特征：

1. 商行为是一种法律行为

法律行为是大陆法系国家所特有的概念，它是指以意思表示为要素，依私法的规定而发生私法上效果的一种法律事实。② 商行为由于同样以意思表示为构成要素，因而，无论在民商分立的国家，还是在民商合一的国家，均认为，商行为是法律行为的一种，自应具备法律行为的一般构成要件，如主体、意思表示、标的存在并确定等。这是构成商行为的前提条件。强调这一特征，是为了将商行为与民法上的事实行为区别开来；同时也表明，商行为是一种特殊的民事法律行为，在商法等特别法对商行为问题没有特别规定时，仍然需要适用民法关于民事法律行为的一般规定。德国学者就曾指出："《德国商法典》中的许多规定，只有根据《德国民法典》所确立的一般性原则才能理解；而《德国商法典》的作用就是对这些一般性的原则加以变更、补充或排除。正是由于这个原因，《德国商法典》中关于买卖契约的规定非常简单：买卖双方当

---

① 范健主编：《商法》，高等教育出版社 2000 年版，第 38 页。

② 王泽鉴：《民法总则》，中国政法大学出版社 2001 年版，第 250 页。

事人之间的权利和义务，原则上由《德国民法典》调整。”①

2. 商行为是商事主体实施的行为

在民商分立国家，商行为与一般民事行为的一个重要区别，就在于行为的主体不同。任何具有相应民事行为能力的自然人、法人或合伙组织，均可实施民事行为，但并不是任何人都能实施商行为，实施商行为必须具有商事能力。如前所述，商事能力虽然是以民事行为能力为基础的，没有民事行为能力，当然谈不上具有商事能力，但具有民事行为能力，并不当然具有商事能力。从大陆法系国家的立法规定看，商事能力的取得，只能通过商事登记的方式取得商人的身份，商人当然具有商事能力，其在营业上实施的行为，应当认定为商行为，这是德国法的做法。②《德国商法典》第344条第1款就规定："如无其他规定，由商人所为的法律行为，视为属于经营其营业。"德国学者在解释《德国商法典》关于商人制度的规定时也认为，如果一个人所经营的业务即使不具有商业性质，规模又比较小，但是已在商事登记簿中进行了登记，那么在该项登记变更之前，相对于信赖该登记的第三人来说，他仍将被作为商人看待。③ 作为商人看待，就意味着其实施的行为为商行为，可以适用商法典关于商行为的一系列规定，因为《德国商法典》的规定只适用于商人与商行为。④即使在采折中主义主张的国家，商行为与民事行为的区别，在很大程度上也取决于实施该行为的行为人是否具有商人身份，只不过附加了"以营业为目的"的条件。如《日本商法典》第503条就规定："（一）商人为其营业实施的行为，为商行为。（二）商人的行为推定为为其营业实施的行为。"因此，可以说，在多数大陆法国家，商行为主体的商人身份，是商行为与民事行为相区别的一个重要特征。

3. 商行为是以营利为目的的行为

商行为以营利为目的，这是它与民事行为的又一重要区别，商法的营利性，事实上是针对商行为而言的。综观大陆法系国家的商事立法，无不将商行为的营利性作为认定是否构成商行为的一个必备条件。法国立法由于没有形成

① ［德］罗伯特·霍恩、海因·科茨、汉斯·G. 莱塞：《德国民商法导论》，楚建译，中国大百科全书出版社1996年版，第239页。

② 《德国商法典》第343条规定："商行为是指商人在经营营业时实施的一切行为。"

③ ［德］罗伯特·霍恩、海因·科茨、汉斯·G. 莱塞：《德国民商法导论》，楚建译，中国大百科全书出版社1996年版，第234页。

④ ［德］罗伯特·霍恩、海因·科茨、汉斯·G. 莱塞：《德国民商法导论》，楚建译，中国大百科全书出版社1996年版，第232页。

完整的法律行为制度，因而在其商法典中对商行为制度也未作出高度抽象的规定，但从《法国商法典》列举的商行为的种类来看，都是以营利性为其共同特征的。① 修订后的《法国商法典》第1条更是将以营利为目的从事商活动并以其为经常性职业，作为认定商人的条件。在德国法上，《德国商法典》对商人的界定，是指经营营业的人，对商行为的界定，是指商人在营业中实施的一切行为。而所谓"营业"，依照《德国商法典》第1条第2款的规定，是指任何营利事业。继受法、德两国立法例而采折中主义主张的日本与韩国商法典，虽然未对商行为的营利性作出明确的表述，但从其商法典所列举的绝对商行为、营业上的行为和附属商行为的内容来看，均是以营利为目的的。② 不过需要说明的是，商行为作为一种以营利为目的的行为，重在行为的目标，而不在行为的结果。是否实现了营利，并不是判断商行为成立与否的依据。因此，商行为的营利性是可以基于行为的内容或行为主体的身份来加以推定的。《德国商法典》第344条规定："（1）如无其他规定，由商人所为的法律行为，视为属于经营其营业。（2）由商人签署的债据，以证书上无相反的约定为限，视为在经营营业中签署的。"这就是根据商人的身份对其实施行为的性质所作的推定。

4. 商行为是基于营业而实施的行为

在民商分立国家，商行为是营利行为，但并不是任何营利行为都可以称之为商行为。营利行为只有和特定的营业结合在一起，才能构成商法上所称的商行为。《德国商法典》第343条就明确规定："商行为是商人经营其营业时的一切行为。"《日本商法典》第503条和《韩国商法典》第47条也有类似的规定。而所谓"营业"，依照《德国商法典》第1条第2款的规定："营业指任何营利事业……"依照学者一般解释，营业须具备三性，即目的上的营利性；时间上的连续性；空间上的同一性。换言之，营业是商人在一段时期内连续不断地从事某种同一性质的营利活动，具有重复性和经常性的特点。因此，即使行为的目的在于营利，但在时间上偶尔为之，则不能算是营业。同样，虽然营

---

① 《法国商法典》中分别规定了商事代理、证券交易、居间、质押、行纪、运输、票据、海商等行为。

② 《日本商法典》对商行为的立法分类存在绝对商行为（第501条）、营业上行为（第502条）和附属商行为（第503条）的划分；而《韩国商法典》则将日本法上的绝对商行为与营业上的行为合而为一，称为"基本商行为"（第46条），而将附属商行为称为"辅助商行为"。

利行为在时间上具有连续性，但其行为的种类不同，也不能算是营业。可以说，营利是商行为的主观要素，营业是商行为的客观要素。这两者的有机结合，才是商行为的全貌。强调商行为的营业性特点，是为了与民事行为中的营利行为相区别，以便确定营利行为能否适用商法对商行为的特殊规定。

此外，为了适应商事交易快捷、便利和安全的特点，大陆法系国家在商行为的成立、生效要件及效力的设计上，也作出了有别于一般民事行为的规定。这些特点在本书的其他章节已作阐述，不再赘述。

第二节 商行为的分类

对于哪些行为是商行为，商行为究竟应当依照何种标准进行分类，各国的立法和理论不尽一致。事实上，商行为只是民商分立国家的一个特有概念，因而，商行为的立法分类也只在民商分立的国家才存在。在民商合一的国家，并不存在商行为的概念，商行为的立法分类当然也就无从谈起。不过，在民商合一国家的立法中，民法典中关于法律行为的规定，似乎并未囊括所有的法律行为，诸如公司行为、证券行为、保险行为、海商行为等，也是通过特别法来加以调整的。即使同为买卖或代理行为，一般民事主体实施与企业在营业中实施，其法律要求与效力也不相同。因而，民商合一国家的学者，仍然习惯于从理论上对法律行为作进一步的分类，以便对该行为的性质和应适用的法律作出准确的界定。基于上述考虑，我们将民商分立国家对商行为的分类与民商合一国家对此问题的看法，分开阐述，以免引起理论上的混乱。

一、民商分立国家关于商行为的分类

在民商分立国家，由于立法对商行为认定的标准不同，对商行为的分类也不完全相同。大体说来，有以下几种：

（一）绝对商行为和相对商行为

依据行为的客观性质和是否附加条件，商行为可以分为绝对商行为和相对商行为。这种分类，仅在实行折中主义原则和客观主义原则的国家采用。

绝对商行为，是指依照行为的客观性质，由法律直接规定的商行为。绝对商行为是当然商行为，它具有客观性和无条件性，而不以行为主体是否为商人或行为人是否采用营业形式为要件。绝对商行为通常由法律采用列举的方式加以明确规定，因而是不允许作类推性扩大解释的。

日本是采用绝对商行为概念的国家，依照《日本商法典》第501条的规

定，绝对商行为主要包括：（1）投机买入并卖出，即以获得利益为目的，低价买入动产、不动产或有价证券，并以高价卖出的行为。（2）投机卖出并买入，即先高价卖出，然后低价买入，从而获得差额的行为。此种行为与前一种行为的顺序相反，并仅以动产和有价证券为对象。（3）交易所中的交易，即多数商人定期聚集于交易所，以一定的方式从事以代替的商品和有价证券进行的大量买卖行为。该种交易是定型的，有高度技术性，通常也有很强的营利性。（4）关于票据或其他商业证券的行为，即关于汇票、本票、支票、股票、公司债券、运输证券、仓库证券等出票、背书、承兑等证券上的行为。

相对商行为，是指商人在营业上实施的行为，它以主体是商人和行为采取营业形式为要件。该种商行为主要包括营业的商行为和附属商行为。其中，营业的商行为是指由法律规定的在营业场合下实施的行为。如《日本商法典》第502条就规定："下列行为，作为营业而实施时，为商行为。但是，专以获得工资为目的而制造物品或从事劳务的行为，不在此限：（1）以租赁的意思，有偿取得或承租动产或不动产的行为，或者以出租其取得物或承租物为目的的行为；（2）有关为他人制造或加工的行为；（3）有关电力或煤气供应的行为；（4）运输行为；（5）作业或劳务的承揽；（6）出版、印刷或摄影行为；（7）以招徕顾客为目的所实施的场所交易；（8）兑换及其他银行交易；（9）保险；（10）寄托的承受；（11）居间或代办行为；（12）商行为代理的承受。"而所谓附属商行为，则是基于商人的身份，对商人实施的各种行为的推定。它并不以法律的明确规定为限。《日本商法典》第503条就规定："（一）商人为其营业实施的行为，为商行为。（二）商人的行为推定为为其营业实施的行为。"

划分绝对商行为与相对商行为的意义就在于：绝对商行为的性质和种类是由法律明确规定的，不需要借助于其他因素来加以判断。遇到此类行为，法官应当直接适用商法的规定；而相对商行为的性质与范围是不确定的，虽然法律对相对商行为的种类作了列举式规定，但列举的行为只有在为营业的目的而实施时，才能推定为商行为。同时，商人的行为也并非在一切情况下都是商行为，只有在为营业的目的而实施时，才能作为商行为看待，适用商法典的规定，否则，就是民事行为，应当适用民法典的规定。究竟是商行为，还是民事行为？是适用民法典的规定，还是商法典的规定？对于相对商行为来说，当事人应当承担举证责任，法官也应当借助于其他因素加以判断。

（二）双方商行为与单方商行为

双方商行为与单方商行为是依据交易的双方当事人是否都具有商人资格所作的分类。所谓双方商行为是指交易的双方当事人都具有商人资格所实施的法律行为。所谓单方商行为则是指交易的当事人中，一方是商人，而另一方为非商人时所从事的交易行为。例如商业银行与普通市民之间的存、贷款行为；零售商向消费者出售日用品的交易行为；服务性企业对顾客提供服务的行为等，均属此种情况。这种分类的意义，在民商分立的国家并不完全相同。

在德国法上，由于是依照商人的身份来确定行为的性质的，因而，如果双方当事人均是商人，那么其交易行为无论是否以营利为目的，均会被推定为商行为，① 当然适用商法的规定。如果一方为商人，另一方不是商人，其行为的性质就需要法律明确界定，以便确定其应当适用的法律。对于后一种情形，《德国商法典》第 345 条的规定是："对于双方当事人中一方为商人的法律行为，对双方均适用关于商行为的规定，但以无其他特别规定为限。"

而在日本法上，由于采折中主义立法例，它对商行为的判断标准有两个：一是绝对商行为，无论何人实施，均适用商法的规定，而与行为人的身份无关。二是相对商行为，取决于是否为营业而实施，答案肯定者，为商行为；否则，即为民事行为。而营业又只能针对商人而言。因而，在日本法上，只有在相对商行为中，双方商行为与单方商行为的划分才有意义。从《日本商法典》第 502 条的规定来看，如果实施了第 502 条所规定的行为，但与营业无关，那么即使行为人双方都具有商人身份，也不能认定为商行为。而依照该法第 3 条的规定，在相对商行为中，只要有一方是为营业的目的而实施的，均会被认定为商行为，适用商法的规定。②

（三）主商行为与从商行为

这是依照同一商事主体实施的两个商行为之间的关系所作的分类。有些商法著述也将其称为"基本商行为与辅助商行为（或附属商行为）"。

所谓主商行为，是指商事主体不需要借助于其他商行为，即可直接实现其营业目的的商行为。反之，只是为了辅助主商行为的完成，行为本身并不能直接实现其营业目的的商行为，则称为从商行为，或辅助商行为。

在划分主商行为与从商行为的问题上，应当注意以下几点：（1）商行为的主从划分是针对同一商事主体而言的，不同商事主体各自实施的商行为，谈不上主从的问题。（2）商行为的主从划分，是针对同一商事主体实施的两个

---

① 《德国商法典》第 344 条第 1 款规定："如无其他规定，由商人所为的法律行为，视为属于经营其营业。"

② 《日本商法典》第 3 条规定："（一）当事人一方实施商行为时，本法适用于双方。（二）当事人一方为数人，其中一人实施商行为时，本法适用于其全体。"

或两个以上的商行为而言的。如果只实施一个商行为，该行为也谈不上是主行为还是从行为的问题。（3）主从商行为的判断标准，是以实施该行为的商事主体所从事的营业为依据的。不同的商事主体所从事的营业不同，其主行为也就不同。比如对于买卖商来说，买卖行为是主商行为，为达到推销或购买商品的目的而实施广告行为，则广告行为为买卖行为的从商行为。但对于广告商来说，为他人制作广告，则是其主行为，而为制作广告购买原料的购买行为，则成为主行为的从行为。因此，那种抛开行为人所从事的营业，武断地认为，买卖行为就是基本商行为，广告行为、代理行为就是辅助商行为的观点，并不符合大陆法系国家商事立法的本意。①

主商行为与从商行为划分的意义就在于：一旦确认商事主体的某个行为是为直接实现其营业目的而实施的主商行为，那么为辅助该行为的完成而实施的其他行为也将被界定为商行为，并适用商法的规定。如《日本商法典》第503条规定："（一）商人为其营业实施的行为，为商行为。（二）商人的行为推定为为其营业实施的行为。"这一规定事实上在于强调商人为营业而实施的行为，不论主从，均为商行为，均应适用商法的规定。

（四）法定商行为与推定商行为

这是依据商行为的性质的不同确认方式所作的分类。

所谓法定商行为，是指直接依据商法的列举性规定就可以确认其商行为性质的法律行为。而所谓推定商行为，则是指法律对此类行为本身究竟是民事行为还是商行为，并未作出明确的界定，需要法官借助于该行为以外的其他事实，方能认定该行为为商行为的法律行为。

在民商分立国家，商事立法无论采用何种主张，都存在法定商行为与推定商行为的划分。比如在德国法上，商行为与民事行为的界定，一般情况下是以行为人的身份为标准的。即商人所为的法律行为，视为商行为；非商人所为的法律行为，为民事行为；商人与非商人之间所为的法律行为，推定为商行为。② 从这些规定看，似乎商行为的认定，都是依据行为人的商人身份推定出来的，都是推定商行为，而不存在不需要推定的法定商行为。其实不然，对于商行为的性质认定，依据商人的身份加以推定，只是《德国商法典》在商行为问题的一般规定，在该法的第四编第三章关于"行纪营业"的规定中，对于行纪行为的性质，该法就直接规定适用商法典的规定，而不论行纪人是否取

① 参见范健主编：《商法》，高等教育出版社2000年版，第40页。

② 参见《德国商法典》第343条至第345条之规定。

得商人身份。① 从这个意义上讲，在德国法上，行纪行为是法定的商行为。

在法国法上，对商行为的认定是基于该行为的营业性质来进行的，因而，凡以营业的目的而实施的行为，均为商行为。这样，法官在认定法律行为的性质究竟是民事行为还是商行为时，就必须借助于营业这一事实来加以推定。《法国商法典》第109条甚至规定："对于商人，商行为得以一切方式予以证明。但法律另有规定的除外。"由此看来，在法国法上，大多数商行为均需要法官根据相关的证据加以推定，只不过，商人的身份不能作为推定商行为性质的依据。

在日本法上，法定商行为与推定商行为的划分就更为明显。从《日本商法典》第501条的规定来看，绝对商行为的性质是法定的，行为人在实施绝对商行为后，法官既不需要借助于行为人的身份，也不需要借助于该行为实施的条件，直接依照法律的规定，就可以认定该行为为商行为。而《日本商法典》第502条、第503条关于"营业的商行为"和"附属商行为"的规定，显然要求法官在认定所列行为的性质时，必须借助于行为的营业目的和行为人的商人身份，才能推断出该行为的商行为性质。因而，该法第502条和第503条的规定，均为推定商行为的规定。

在民商分立国家，划分法定商行为与推定商行为的意义就在于：法定商行为是商法采用列举式条款规定的，因而，可以直接适用商法的规定，而无民法适用的余地。而推定商行为无论商法上是否列举，法官均需根据行为的目的或行为实施者的身份加以推定后，才能适用商法或民法的规定。这样，对于行为人来说，如果实施的行为属法定商行为，就无须承担举证责任；如果是推定商行为，则必须承担举证责任。

二、民商合一国家对此问题的看法

民商合一国家由于主张商法和民法为一个法律部门，商法规范不过是民法的特别法而已，因此，在法律行为的划分上，并无民事行为与商行为的分类。持民商合一观点的学者甚至认为："昔日所谓商行为，也非复商人之所专有，商行为与非商行为之区分，在学说上彰明甚者，揆诸事实，已难尽符。"② 因而，在学理上也不探讨商行为如何分类的问题，甚至连商行为的概念在其立法

---

① 《德国商法典》第383条第2款规定："行纪人的企业种类或范围不要求以商人方式进行经营，并且企业的商号未依第2条登入商业登记簿的，也适用本章的规定。"

② 胡长清：《中国民法总论》，中国政法大学出版社1996年版，第26页。

和著述中，也罕有使用。不过，民商合一国家的学者也承认，法律行为种类繁多，性质不一，并非一切法律行为均可由民法典加以规定。因而主张，凡性质上能与民法合一规定者，如通常属于商行为之交互计算、行纪、仓库、运送营业及承揽运送者，均一一订入民法债编；其性质特异，不能与民法合一规定者，如公司、票据、海商及保险等，则另订公司、票据、海商及保险等特别法。① 民商合一学者将此划分称之为“普通民事行为与特殊民事行为”，其分类的意义也在于解决不同行为的法律适用问题。即对于特殊民事行为，特别法有规定的，适用特别法的规定；特别法没有规定的，适用民法典的规定。我国多数学者持此观点。

第三节 商行为的特别规则

在民商分立国家，将法律行为分为民事行为与商行为的目的就在于，民法与商法对民事行为与商事行为的调整规则有所不同。商法基于商行为的营利性属性，在商行为的成立要件、生效要件、商行为人的责任等方面，均作出了一些有别于民事行为的特殊规定。这些特殊规则有些是在民法典或商法典中规定的，有些是在公司法、票据法、保险法和海商法等特别法中规定的。由于本书分论中将专门讨论公司、票据、海商和保险问题，因而，这里只就民法典和商法典中对商行为的特殊规定作一简要阐述。

一、商事契约行为

商事契约行为是商事活动中最常见的一种双方法律行为。在民商分立国家的商法中，有关买卖、行纪、居间、仓储、承揽、运输、交互计算等，均作为典型的商事契约在商法典中列出，并设有专门的规定。近年来，有些国家的商法典又将公共服务行为纳入商事契约的范畴，② 因而商事契约行为的范围有逐步扩大的趋势。尽管典型的商事契约是在商法典中规定的，但在民商分立国家，对商行为的规定事实上在民法典和商法典中均存在。而在民商合一国家，上述内容则被纳入民法典的债编中加以规定，但考虑到民事契约与商事契约存在的差异，一般用但书的形式，对各类商事契约的特别规则加以规定。大体说来，商事契约与民事契约在以下几方面存在差异：

---

① 胡长清：《中国民法总论》，中国政法大学出版社 1996 年版，第 28～29 页。

② 参见《韩国商法典》第 2 编第 10 章之规定。

1. 契约主体行为能力上的差异

民法上，实施法律行为，行为人应当具有完全行为能力，限制行为能力人只能实施与其年龄与智力相适应的行为，其他行为应由其监护人代为实施或征得其监护人同意后方可实施。但在商事领域，监护人允许限制行为能力人独立营业的，限制行为能力人实施的营业行为，则不受这一限制。如《德国民法典》第112条就规定："如果法定代理人取得监护法院的许可，授权未成年人独立经营，未成年人对于其经营范围内的法律行为的行为能力不受限制。但法定代理人需取得监护法院许可始得采取的法律行为除外。"《日本民法典》第6条也规定："被许可从事一种或数种营业的未成年人，关于其营业，与成年人有同一行为能力。"对此，《法国民法典》第487条和《瑞士民法典》第412条也有类似的规定。这一规定重在向人们表明，商事契约能力的判断，重在行为的外观，即行为的营业性质，而非行为人的年龄或智力，未成年人只要取得营业资格，就具有缔结商事契约的能力。之所以如此规定，显然是出于维护交易安全的需要。①

2. 行为人意思表示方式上的差异

行为人实施法律行为，应当进行意思表示。特别是契约行为，更应当以一定的方式，将其订立、变更或解除契约的意思告知对方，方可产生契约之效果。在民商分立国家，民事契约的当事人通常只能采取口头、书面或其他作为的形式进行意思表示，不作为的沉默，不能作为民事契约的当事人进行意思表示的方式。但在商事契约中，则不受此限制。如《德国商法典》第346条就规定："在商人之间，在行为和不行为的意义与效力方面，应注意在商业往来中适用的习惯和惯例。"第362条规定："由商人的营业经营产生为他人处理事务，并且关于处理该事务的要约从某人到达该商人，而该商人与此人有交易关系，该商人有义务不迟延地予以答复；其沉默视为对该要约的承诺。"该规定的含义是，在商事交易中，如果受要约人是商人，而其业务涉及对他人事务的管理，那么在其不打算接受要约时，必须作出明确的表示，对要约的沉默将构成承诺。②《日本商法典》第509条也规定："商人自素常交易人处接受属于其营业部类的契约要约时，应从速发出承诺与否的通知。怠于通知者，视为承诺。"在意思表示的方式问题上，作出如此区别规定的目的，显然是为了促

① 史尚宽：《物权法论》，中国政法大学出版社2000年版，第110页。

② ［德］罗伯特·霍恩、海因·科茨、汉斯·G. 莱塞：《德国民商法导论》，楚建译，中国大百科全书出版社1996年版，第237页。

进交易的便捷与维护交易的安全。

3. 契约形式与内容上的差异

简化商事契约的形式，使商事契约的内容格式化、外观化，是现代商事契约制度发展的总体趋势。关于这一问题，本书在“商法的特有原则”一章中，已有详细阐述，恕不赘述。

4. 契约当事人权利上的差异

依照契约自由原则，契约当事人的权利是通过当事人订立的契约来加以约定的，只要这一约定不违反法律的禁止性规定，该约定就为有效，当事人的权利就应当得到尊重。当事人也可以通过变更合同内容的方式，变更当事人的权利。这是民事立法的一般理论。但在民商分立国家，对于商事契约当事人的权利，商法却作了如下两方面的不同规定：一是对当事人约定的权利进行必要的限制。如《德国商法典》第348条就规定：“商人在经营其营业中约定的违约金，不得依《民法典》第343条的规定减少。”第349条规定：“保证对保证人为商行为的，保证人不享有先诉抗辩权。在所称的要件下，对于因信用委任而作为保证人的，适用相同规定。”对于商事债权产生的利息问题，为了防止商人通过约定牟取暴利。《德国商法典》第352条和第353条规定：“对于双方商行为，法定利息的数额，包括迟延利息，每年为5%。对因此种商行为所产生的债务未指定利率而约定利息的，适用相同规定。”“商人相互间享有到期之日其对其因双方商行为所产生的债权请求利息的权利，不得因此种规定请求利息的利息。”二是通过商法的直接规定，赋予契约当事人在契约中没有约定的权利，而这些权利又不是基于契约的附随义务产生的。如《德国商法典》第354条就规定：“（1）在从事其营业时，为他人处理事务或提供劳务的人，即使无约定，仍可以就此按在该地点为通常的数额请求佣金，并在涉及保管时，请求仓库使用费。（2）对于借贷、垫付和其他费用，其自应给付之日起，可以计算利息。”再比如，商法上的交互计算与民法上的抵销本属同一项制度，都是基于双务契约中，当事人双方互付同种类债务，为了简化债务清偿的程序，而采取相互冲抵的方式，使双方的债务得以消灭的一项制度。但在民商分立国家，民法上的抵销与商法上的交互计算在适用条件上并不相同，其中最大的区别就在于：民法上抵销行为的实施，必须以契约当事人的合意为条件；而在商事领域，交互计算是商事契约当事人的一项权利，可以基于法律的规定而直接实施，无须事先征得对方当事人的同意。如《日本商法典》第530条就规定：“将自票据或其他商业证券所产生的债权、债务计入交互计算，证券债务人不实行清偿时，当事人可以将其债务有关项目从交互计算中除去。”其他国家的商法典均有类似的规定。①

5. 违约责任的归责原则上的差异

在大陆法系国家，民事立法的价值取向是追求公平和正义，而商事立法的价值取向是追求交易的便捷和安全。不同的立法价值取向导致了在民事契约和商事契约在违约责任的归责原则上产生了差异：民事契约的违约责任的承担采用过错责任归责，而商事契约的违约责任的承担则采用严格责任归责。

二、商事代理行为

商事代理作为代理的一种，民法典关于代理行为的一般规定，对其也是适用的。但基于交易便捷和交易安全的考量，民商分立国家在其民法典中对民事代理作出一般规定的同时，在其商法典中，对商事活动中的代理行为又作出了一些不同于民事代理的特殊规定。

1. 商事代理外观性之规定

在民商分立国家，民事代理与商事代理都需要代理人具有代理权，这一点是共同的。但是在代理权的产生方式上却存在很大的差异。虽然民事代理权与商事代理权的产生方式均可基于本人的授权行为，也可基于法律的直接规定，但其适用的条件并不完全相同。就民事代理而言，基于本人的授权行为而产生的委托代理，其代理权授与的形式，法律没有特定的要求，代理可由本人向代理人或第三人为意思表示而成立，这种表示可以是口头的，也可以是书面的。而基于法律的直接规定产生的法定代理，代理权的获得，从直观上看，是基于法律的直接规定，而从本质上看，是基于代理人与本人之间存在的身份关系。② 对于没有代理权、超越代理权限或代理权终止后，仍以被代理人名义与第三人进行法律行为的情形，各国民法均主张属无权代理，而对无权代理的效力，则主张为效力未定的行为，只有在事后得到被代理人追认的，方可认定该行为有效。③

而在商法上，出于维护交易安全的需要和对善意第三人利益的保护，对于同样情形，却主张只要具有代理权授与的外观，即使代理权欠缺，也可认定该代理行为有效，无需被代理人的事后追认。这就是大陆法学者所称的“表见

① 参见《韩国商法典》第 73 条之规定。

② ［德］罗伯特·霍恩、海因·科茨、汉斯·G. 莱塞：《德国民商法导论》，楚建译，中国大百科全书出版社 1996 年版，第 248 页。

③ 参见《德国民法典》第 177 条、《日本民法典》第 113 条之规定。

代理”。在民商分立国家，从其商法典的规定来看，判断商事代理人是否具有代理权授与的外观，主要基于三种情形：一是经理权的授与；二是是否属于被代理人的代理商；三是是否存在代理权授与的其他外观形式。

就经理权的授与而言，依照德、日商法典的规定，所谓经理人是指接受商人的委托，代为实施其营业行为的人。经理人与被代理人之间的关系是委托代理关系。经理权的授与只能采取明示的意思表示授与，且必须在商事登记簿上登记。一旦完成上述手续后，经理人即成为实施授权行为的商人的代理人，可以实施因经营营业所需的任何诉讼上或诉讼外的行为。① 虽然“作为被代理人的商人可以在与代理人的协议中，规定经理只能从事某种特定种类的交易，但是，这种对经理权范围的限制只能适用于本人与经理人之间的内部关系，对第三人不发生效力。只有在处分不动产或设定土地负担时，经理人才需要表明其代理权的范围”。② 因此，本人与经理人之间关于对经理权范围的限制，对与之交易的第三人来说，是没有约束力的，只要是经理人在从事商事活动时，在相关的文件上签署了商人的商号和自己的姓名，与之交易的第三人就可以要求被代理的商人对经理人的行为后果承担责任，而不论经理人的行为是否超出了被授权的范围。同时，经理权虽然在任何时候都是可以撤回的，但全权代理的授与与撤回，只有在商事登记簿上登记后，方可产生撤回的效力。因此，被代理人单纯撤回代理权的意思表示，如果不与相关的登记行为相结合，则对第三人来说，仍具有代理权授与的外观，被代理人仍然需要对已被取消代理权的“经理人”的行为承担责任。

就代理商的行为而言，依照《德国商法典》的规定，代理商是独立的商人，他受企业主的委托，以自己的名义为企业主洽谈业务或缔结契约，并据此收取佣金。这是代理商与经理人的主要区别。同时，代理商必须自行决定其工作方式和时间，如果在这些问题上，他要受到企业主指示的约束，那么《德国商法典》将之视为商业辅助人而非代理商。③ 代理商在代理活动中，既可以自己的名义从事中介活动，也可以本人的名义为本人缔结契约，在以本人的名义与第三人缔结契约而又未经本人授权的情况下，《德国商法典》第 91 条 a

① 参见《德国商法典》第 48～49 条、《日本商法典》第 38 条之规定。

② ［德］罗伯特·霍恩、海因·科茨、汉斯·G. 莱塞：《德国民商法导论》，楚建译，中国大百科全书出版社 1996 年版，第 251 页。

③ ［德］罗伯特·霍恩、海因·科茨、汉斯·G. 莱塞：《德国民商法导论》，楚建译，中国大百科全书出版社 1996 年版，第 252 页。

款规定："代理商以企业主的名义成立交易，并且第三人不知欠缺代理权的，在企业主于其收到代理商或第三人关于成立交易的重要内容通知后，如果没有及时向第三人作出拒绝该交易的意思表示的，该交易视为已被企业主承认。受托成立交易的代理商以企业主的名义成立交易，而其对此种交易的成立不享有代理权的，适用相同的规定。"这事实上是表见代理的又一种情况。①

除了经理人与代理商的行为可以构成表见代理外，《德国商法典》还设有代办权的规定。依照《德国商法典》第54条的规定，如果一个人未被授与经理权，而是被授与经营某种业务，或者被授权进行某种特定的交易，那么，他就属于代办人。因而代办人与经理人的区别就在于：经理人是商人的全权代理人，而代办人只是商人的特定事务代理人；经理人需要在商业登记簿上登记，而代办人无需登记。在实践中，企业聘用的经理为经理人，而企业下属的各部门经理为代办人。此外，企业中那些需要经常与公众保持接触的人，如银行的收款员或出纳员等，也属代办人的范畴。《德国商法典》第57条规定，享有代办权的人在签署文件时，必须注明自己的权限，以明确自己并不是经理人。在其权限范围内以本人的名义实施的行为，无论是否得到本人的授权，均被视为表见代理行为，由本人承担行为的后果。②

2. 商事代理有偿性之规定

民事代理有偿与否，完全取决于代理人与被代理人之间的事先约定，各国民法对此均未作出硬性规定，没有约定的，推定为无偿代理。而商事代理作为一种营业行为，代理人实施代理行为当然以营利为目的，因而，在各国商法典中，对于商事代理人的佣金请求权均作了规定，《德国商法典》更是对佣金请求权的行使条件、佣金数额的计算、佣金的支付时间、佣金的支付方式等问题作了十分详细的规定。③ 在当事人对商事代理的佣金问题未作出约定时，适用法律关于佣金之规定。因此，在民商分立国家，有偿性问题是民事代理与商事代理的一个重要区别。

3. 商事代理人更高的注意义务之规定

商事代理的营业性特点，决定了商事代理人在从事代理活动时，比一般的

① ［德］罗伯特·霍恩、海因·科茨、汉斯·G. 莱塞：《德国民商法导论》，楚建译，中国大百科全书出版社1996年版，第252页。

② ［德］罗伯特·霍恩、海因·科茨、汉斯·G. 莱塞：《德国民商法导论》，楚建译，中国大百科全书出版社1996年版，第251~252页。

③ 参见《德国商法典》第86条~87条之规定。

民事代理人承担更高的注意义务。《德国商法典》第86条第3款就规定："代理商应当以通常商人之注意履行其义务。"第90条规定："代理商即使在合同关系终止后，对因代理活动而知悉的企业主的业务和营业秘密，仍不得加以利用或将之告知他人，但此举以全部情况将违背商人的职业观为限。"《日本商法典》第48条则规定："代理商非经本人许诺，不得为自己或第三人进行属于本人营业范围的交易，不得成为以经营同种营业为目的的公司的无限责任股东或董事。"

4. 商事代理人更充分权利之规定

在商事领域，权利与义务的对应性表现得尤为明显。商事代理人既然承担比民事代理较重的义务，当然也享有比民事代理人更多的权利。这些权利主要包括：(1) 法定的佣金支付请求权。(2) 法定的费用偿还请求权。《德国商法典》所指的费用偿还请求权，是指代理商在实施代理行为时所花费的各项费用。该法第87d条就规定："代理商可以请求偿还其在通常营业中产生的费用，但只以此举在商业上的通常为限。"(3) 为担保上述两项请求权的实现，而对被代理人的财产或其他物品享有的法定留置权。① (4) 查阅被代理人的营业账簿或其他文件的权利。②

三、商事物权行为

在大陆法系国家，物权制度的内容主要在民法典中规定，而物权行为立法则为德国法系国家所独有。因此，在商事交易中的物权变动规则原则上适用民法典的规定。但随着在现代经济交往中，资产证券化、动产化的趋势日益增强，为了便利交易和维护交易动态安全的需要，各国商法典对于在商事交易中，动产和有价证券的所有权变动和位于其上的其他物权变动问题，作了有别于民法典的特殊规定。

---

① 如《日本商法典》第51条就规定："代理商于其因充任交易的代理或媒介而产生的债权已届清偿期时，在其未受清偿前，可以留置为本人占有的物或有价证券。但另有意思表示者，不在此限。"《德国商法典》第88a条则规定："(1) 代理商不得预先抛弃法定留置权。(2) 在代理合同关系终止后，代理商只因到期的佣金请求权和费用偿还请求权而对向其提供的文件，享有依一般规定存在的留置权。"

② 《德国商法典》第87c条第4款规定："拒绝给予账簿节本，或对结算或账簿节本的正确性、完整性有疑问，而此种疑问又有根据的，代理商可以请求依企业主的选择，许可其或应由其指定的会计师或宣誓的账簿鉴定人，在为确认结算或账簿节本的正确性或完整性所必要的限度内，查阅营业账簿或其他文件。"

1. 以背书的方式公示证券化的动产物权的变动

在民法上，动产物权变动的公示方法在静态的情形是占有，在动态的情形是交付。而在商法上，为了促进交易的便捷化，各国商法均对证券化的动产交易的公示方法作了变通规定，以证券的背书替代实物的交付。如《德国商法典》第363条就规定：“（1）未使给付取决于对待给付而向商人发行的、关于给付金钱、有价证券或其他替代物的指示证券，以其指定的方式为限，可以背书转让。商人以指定方式发行的、种类之债的债据，适用相同的规定。（2）此外，海运提单、一般货运提单、仓单以及运输保险单，以其指定的方式为限，可以背书转让。”第364条第1款规定：“因背书而使由背书的证券产生的一切权利移转于被背书人。”《日本商法典》第519条也有类似的规定。需要指出的是，以背书的方式公示有价证券权利的变动，只限于指示证券，即记名的有价证券，对于无记名的有价证券，仍须采取证券交付的方式进行公示。

2. 关于动产和有价证券的善意取得

动产的善意取得制度在大陆法系各国的民法典中均有规定，但其适用条件较为严格。表现在：一是善意取得的客体只限于作为有体物的动产，而未扩及有价证券；二是要求善意第三人必须信赖交易的相对人是标的物的所有人，而不包括相信他是对物享有处分权的人。① 在各国商法典中，动产善意取得的适用条件有所放宽，对动产善意取得人的保护进一步加强。如《德国商法典》第366条规定，那些知道出卖人并非所有权人，但善意地相信出卖人有权代表所有权人处分物品的善意买受人，也应当受到保护。当商人质押动产或商业证券时，也适用同样的原则。之所以如此规定，是因为在商业活动中，商人常常有权出售属于他人的货物，如行纪代理商等。②

3. 关于商事担保物权的规定

在民商分立国家，担保物权制度在民法典和商法典中均有规定。在民法上，各国关于担保物权的设计差异很大，比如在德国法上，重担保物权的投资与融资功能，而轻保全功能，因而在担保物权的种类设计上，以流通担保为原

---

① 如《德国民法典》第932条就规定：“物即使不属于出让人，受让人也可以因第929条规定的让与成为所有权人，但在其根据上述规定取得所有权的当时非出于善意的除外。在第929条第2款规定的情况下，仅在受让人从出让人处取得占有时，始适用本款的规定。”

② ［德］罗伯特·霍恩、海因·科茨、汉斯·G. 莱塞：《德国民商法导论》，楚建译，中国大百科全书出版社1996年版，第238页。

则，以保全担保为例外，民法典中并无法定担保的规定。在法国法和日本法上，由于强调担保物权的附随性，因而，民法典中设计了诸如法定抵押权、不动产优先权、留置权等一系列以保全债权为目的的法定担保物权，而对具有投资功能的流通担保却不予承认。而从各国商法的规定来看，关于商事担保物权的规定却没有太大的差异。各国关于商事担保的规定，归纳起来说，有以下几方面的共同点：(1) 商事担保的种类大体相同，主要包括商事质权和商事留置权。就连在民事领域不承认法定担保的德国，在其商法典中也多处涉及法定质权和法定留置权的规定。① (2) 商事担保主要为动产担保，商法关于商事担保的规定并不涉及不动产担保问题。应当说，在商事领域，动产担保制度特别发达，除质权和留置权之外，有些国家还通过特别法的形式，允许在动产上设立抵押权，日本就是典型的例子。(3) 商事担保的适用条件比民事担保要宽松。就拿日本立法对留置权的规定来说，《日本民法典》第 295 条关于留置权的成立条件的规定，② 有两个特点：一是留置物只限于动产，由于该法第 85 条明确规定"本法所称物，为有体物"，因此，在有价证券上是不能成立留置权的。二是强调被担保债权与留置物的牵连关系。只有被担保债权是给予留置物而发生的，才能在其上成立留置权。而《日本商法典》对商事留置权成立条件的规定，则不受上述条件的限制。该法第 521 条就规定："在商人之间，因双方的商行为而产生的债权到期时，债权人未受清偿前，可以留置因商行为而归自己占有的债务人的所有物或有价证券。但是，另有意思表示时，不在此限。"

各国商法在商事担保物权问题上，之所以作出如此规定，一方面在于强调商事担保对商事债权的保全功能，以达到降低交易风险，维护交易安全之目的；另一方面则在于简化交易程序，以达到交易便捷之效果。

① 参见《德国商法典》第 366 条第 3 款、第 368 条、第 369 条、第 370 条、第 371 条、第 372 条之规定。

② 《日本民法典》第 259 条规定："（一）他人物的占有，就该物产生债权时，于其债权受清偿前，可以留置该物，但债权不在清偿期的，不在此限。（二）前款规定，不适用于因侵权行为而开始的情形。"

第六章　商事登记与商事账簿

第一节　商事登记

一、商事登记行为的概念和性质

商事登记，是指营业所在地的商事登记机关，根据登记当事人的申请，依照商事登记法律的规定，将法定登记事项记载于商事登记簿的行为。

虽然各国商事登记制度在立法体例上略有差异，但对商事登记行为性质的认定，则是基本相同的，即商事登记行为是公法行为，具有强烈的公法色彩。这主要表现在以下四个方面：

1．登记机关是公权力机关

商事登记行为是由国家公权力机关实施的，虽然在不同国家，办理商事登记事务的机关并不完全相同，比如在欧洲大陆国家，办理商事登记的机关是商事法院；而在英美国家和东方国家，办理商事登记事务的是政府的行政机关，但这些机关都是国家公权力机关，国家公权力机关依法所实施的行为，当然应当是公法行为。

2．登记主体地位的不平等性

从各国商事登记立法的规定来看，商事登记的主体主要包括登记申请人与主管登记事务的国家机关两方。虽然在登记法中，围绕着登记事项，对双方当事人的权利、义务和责任都有规定，但在登记关系中，国家登记机关并不是以普通民事主体的身份出现的，而是以管理者的身份行使国家干预经济的权力。登记申请人依法对登记机关履行登记的义务，也不是平等民事主体间的义务，这种义务不具有对价性，不存在以对应的权利为报偿的问题。从责任的角度看，登记申请人不履行登记义务所承担的责任也不是民事责任，而是行政责任。如《德国商法典》第14条就规定：“对于不履行其申报、签署签名或提交文件进行商业登记义务的人，登记法院可以通过科处罚款督促其履行义务。每次罚款不得超过1万马克。”因此，从法律关系的角度看，商事登记关系是一种公法关系。

3. 登记规范的强制性

如前所述，商法作为私法的一部分，其大多数规定为任意性规范，各国商事立法一般允许当事人对商事交易的内容进行自由约定，只有在当事人对交易的内容没有约定的情况下，才适用法律的规定，而且如果当事人的约定与法律的规定不一致时，通常优先适用当事人的约定。但为了维护交易安全和社会公共利益，近现代各国的商事立法又有公法化的趋势，其典型的表现就是关于商事登记制度的规定。由于商事登记制度中关于登记程序的规定、关于登记当事人义务的规定和关于登记责任的规定等，是确保登记机关履行其职务所必不可少的条件，而登记制度中关于必要登记事项的记载，是确保交易确实的前提，因此，各国立法均以强制性规范的形式对之加以规定，登记申请人和登记机关均不得依其意思而排除其适用。这样，在商事立法中，任意性规范和强制性规范的混合规定，形成了强烈的反差，它实质上是国家干预经济生活的直接表现。在市场经济条件下，国家虽然不能直接干预商事主体间的实体权利义务，但通过登记制度的规定，审查拟交易当事人的主体资格和资信状况，把住市场准入关，对于降低交易风险，维护交易安全，无疑具有积极意义。因此，强制性的商事登记制度又是各国商事立法所不可缺少的内容。

4. 登记内容的程序性

商事登记制度最主要解决的是登记申请人如何履行登记义务和登记机关如何完成登记行为的问题，因此，其大多数规范为程序性规范。如日本《商业登记法》共 120 条，其中直接列入第三章“登记手续”的条文就达 100 条，占条文总数的 90%；韩国《商业登记处理规则》共 109 条，其中第二章“登记的程序”也有 74 条，占总条文的近 70%。

需要指出的是，登记制度虽然大多为程序性规范，但它不同于传统意义上的程序法。因为传统意义上的程序法是作为当事人实体权利受损害后的救济手段而存在的，它通常适用于当事人之间的实体权利义务关系产生之后。而商事登记制度只是解决商事主体的资信问题，它通常发生在登记申请人进行交易之前，登记制度本身并不能使登记申请人从中获得任何实体权益，也无法为事后发生的实体权益之争提供救济。① 这也是各国立法不将商事登记制度并入程序法中规定的主要原因。

至于商事登记行为性质上是司法行为还是行政行为，大陆法系国家立法主

① 李金泽、刘楠：《商业登记法律制度研究》，载王保树主编《商事法论集》第 4 卷，法律出版社 2001 年版，第 8 页。

张不一。在法、德等国，由于办理登记的登记机关附设于商事法院，是其司法机关的组成部分，因而，其登记行为为司法行为。① 而在日本，办理商事登记的机关为行政机关，因而其登记行为也属行政行为。从我国商事登记立法的规定来看，我国商事登记行为的性质应属行政行为。因为一方面，我国办理各类商事登记的机关为各级工商行政管理机关，它们为政府的行政管理部门；另一方面，我国《个人独资企业法》第46条明确规定："登记机关对符合法定条件的申请不予登记或者超过法定期限不予答复的，当事人可依法申请行政复议或提起行政诉讼。"在法理上，只有将我国的商事登记行为认定为行政行为，针对不法行政行为才有提起行政复议或行政诉讼的可能。

二、商事登记制度的立法体例

商事登记制度起源于何时，目前说法不一，但盛行于中世纪末叶的欧洲商人法时代，则是不争的事实。② 在当时地中海沿岸的商业贸易中，有所谓的商人组合，凡欲取得商人资格者，必须登记于都市政府设立的组合员簿，除组合员的姓名外，组合员所使用的营业牌号、辅助人与学徒的姓名与人数等，均应记载之。到了近代，商事登记制度成为各国商事立法必须规定的一项制度，各国商法典均以专章加以规定。其登记内容也从仅公示商人的资格，逐步扩大到公示商人的营业状态。及至现代，由于商事主体的范围不断扩大，营业条件各不统一，在民商分立国家，除商法典外，在其他单行商事法中，针对特定的商事主体的营业条件，也有关于商事登记事项的规定，甚至制定单独的商业登记法。③ 在民商合一国家，除了专门制定商业登记法，对商业登记制度作一般性

① 《德国商法典》第11条第2款规定："商业登记簿在法院由数名法官管理，并且该数名法官对公报的指定不成立合意的，由上级州高等法院进行指定；在该州高等法院设有商事法庭的，以商事法庭取代民事法庭。"第10条规定"对于商业登记簿中的登记，法院应以《联邦公报》以及至少一种其他公报予以公告。以法律无其他规定者为限，应对登记的全部内容予以公告。"

② 张国键：《商事法论》，台湾三民书局1987年版，第85页。

③ 如在德国，《德国商法典》第一编第二章对商事登记制度有专门的规定，同时，在《德国股份法》、《德国有限公司法》、《德国公司改组法》和《德国参与决定法》中，对股份有限公司、有限责任公司的设立、变更和终止的条件、程序及违反法定程序或条件所应进行的处罚规则等，均有相应的规定。参见杜景林、卢谌译：《德国民法典》，《德国股份法·德国有限责任公司法·德国公司改组法·德国参与决定法》，中国政法大学出版社2000年版；在日本，除了商法典中设专章规定商业登记外，还有专门的《商业登记法》。

规定外，在公司法、保险法和海商法中，对不同商事主体的营业条件也有专门的规定。导致这一现象的主要原因，是因为现代经济社会中，商事主体的形态日益复杂，营业状态各不相同，用一部商法典或单行登记法均不可能对各类商事主体的登记问题一并加以解决。总之，无论在民商分立国家，还是在民商合一国家，商事登记制度都不局限于商法典或商业登记法的专门规定，而是以上述规定为基础，辅之以其他法律、法规的规定，从而形成一个较为系统的法律制度。在处理商法典或商事登记法与其他法律、法规关于商事登记事项的专门规定问题上，一般适用特别法优先的原则。即其他法律、法规对商事登记事项有特别规定的，适用其规定；只有在其他法律、法规无特别规定时，才适用商法典或商事登记法的规定。

我国是采民商合一体例的国家，没有商法典的存在，也没有专门的商业登记法律。有关商事登记的规定主要依商事主体的不同，分散规定在有关的实体法中。比如在《公司法》中有关于公司登记的规定；《合伙企业法》中有关于合伙企业登记的规定；《个人独资企业法》中有关于个人独资企业登记的规定等。由于《公司法》中对于公司登记的规定过于简略，1994 年，国务院由以行政法规的形式颁布了《中华人民共和国公司登记管理条例》（该法于 2006 年被修订）。此外，对于商号问题，国家工商行政管理局则以行政规章的形式颁布了《中华人民共和国企业名称登记管理规定》。我们认为，这种“头疼医头，脚疼医脚”的立法模式是不可取的，它显示了立法者对商事登记制度作为一个完整制度缺乏认识。虽然我们不否认不同的企业有不同的特点，这些个性差异在商事登记中会体现出来，因而有关的企业实体法可以针对该类企业的登记作出特别规定。但我们更应看到在各类企业登记，在商事登记的机关、内容、类别、程序、效力及登记当事人的权利、义务、责任等问题上存在诸多共性，而且是共性大于个性。因此，在民法典之外制定一部统一的商业登记法，取代目前用行政法规和行政规章对商事登记的分散规定的做法，对于完善我国的商事登记制度，解决在商事登记问题上存在的重复规定、冲突规定、立法真空等问题，都具有积极意义。

三、商事登记制度的功能

商事登记制度的功能或作用，概括起来说，有以下两个方面：

（一）公示商事主体的资格和营业状态，昭示其商业信用，维护交易的安全

如前所述，商事活动以营利为第一目的，营利是商人从事商事活动的终极目标和商业存在的主要理由。但营利是通过交易的方式实现的，正当的营利必

须以交易的安全为前提。要保障交易的安全性，其前提条件就是必须让交易的当事人了解相对人的资信状况；而了解相对人资信状况的最佳方式，就是国家通过商事登记立法，强制各类商事主体在进入市场时，就必须将有可能涉及交易安全的信息，在国家主管机关设立的商事登记簿上进行登记，并予以公告。这样，交易的相对人只要查阅登记簿，就可以对对方是否享有商人资格及其营业状态有一个基本的了解，以便决定是否与之进行交易，从而将交易的风险降低到最低程度。因此，从交易当事人的角度看，商事登记制度，对于帮助其了解相对人商事主体资格和营业状态，昭示自身的商业信用，维护交易的安全，具有重要的意义。

（二）落实国家产业政策，便于国家监督管理，完成国家赋税任务，维护社会公共利益

商事登记制度是国家干预经济生活的重要手段之一。虽然在市场经济条件下，商事交易并无地域的限制，但为了保护民族工业，扶持新兴产业的发展，许多国家将商事登记制度与核准、审批制度结合在一起，通过提高或降低在某一领域商事主体的准入条件，来达到落实国家产业政策，实行一国产业结构调整的目的。比如我国《公司法》虽然对有限责任公司和股份有限公司的设立条件作了一般性规定，但并不是具备该条件就可以设立任何类型的公司。同为股份公司，如果从事银行、保险等金融类业务，依照我国《商业银行法》、《保险法》和1996年颁布的《保险管理暂行规定》的规定，其设立条件就要比从事其他业务的股份公司的设立条件高得多，其设立手续也比一般股份公司要复杂得多。如果说一般公司的设立采用登记核准原则的话，上述两类金融企业的设立则采用审批登记核准原则。我国《商业银行法》第11条明确规定："设立商业银行，应当经中国人民银行审查批准。未经中国人民银行批准，任何单位和个人不得从事吸收公众存款等商业银行业务，任何单位不得在名称中使用'银行'字样。"我国《保险管理暂行规定》第8条也规定，设立保险公司、保险分公司、保险公司代表处或试办性保险机构，应当经中国人民银行总行审批。之所以如此规定，是因为现代金融业事关国家的经济命脉，国家不鼓励不具备相当实力的企业或个人从事金融业务，因而，理所当然会提高这一行业的准入门槛，从而将金融风险降低到最低限度。

商事登记不仅仅是国家对商事主体资格进行静态考察的一种重要方式，而且也是国家对商事主体营业状态进行动态监控的一种重要手段。从各国商事登记法的规定来看，登记程序的种类从最初的资格登记，逐步扩展到变更登记、迁移登记、转让登记、继承登记和停业与歇业登记等多种，几乎覆盖了商事主

体营业的全过程，因此，商事登记制度事实上已成为市场经济条件下，国家监控市场，保护合法经营、打击非法经营的主要手段。

商事登记制度除了上述功能外，对于确保国家的税收，维护国家利益，也是必不可少的。虽然商事登记立法并不直接规定商事主体的纳税义务，但税法上诸如营业税、增值税等大多数税种的设计，都是针对商事交易而言的。商事登记簿上关于商事主体资格的营业状态的记载，就成为税务机关确定纳税义务人和纳税额的主要依据。我国《公司登记管理条例》第25条就规定："依法设立的公司，由公司登记机关发给《企业法人营业执照》。公司营业执照签发日期为公司成立日期。公司凭公司登记机关核发的《企业法人营业执照》刻制印章，开立银行账户，申请纳税登记。"从这个角度讲，商事登记制度有间接完成国家赋税任务的功能。

四、商事登记的机关

办理商事登记的主管机关，各国和地区立法规定不完全一致。大体上分为两类：一是以行政机关为商事登记的主管机关，如英美法系国家和我国的台湾地区均采此主张。① 在此主张下的商事登记，性质上应属行政登记的范畴。二是以法、德为代表的大陆法系国家的商事登记立法，则规定法院为商事登记的主管机关。② 在此主张下的商事登记，性质上应属司法登记的范畴。

在我国，办理商事登记的主管机关是国家各级工商行政管理机关。从我国2006年修订的《公司登记管理条例》第二章"登记管辖"的规定来看，各级国家行政管理机关在登记管辖问题上的划分，主要是依照批准或授权设立部门的行政级别来确定的。凡国务院或国务院授权部门批准设立的公司，在国家工商行政管理局办理登记；凡由省级政府批准或授权投资的公司，由省级工商行政管理局办理登记……以此类推。

我们认为，以批准或授权设立部门的行政级别来确定登记机关的登记管辖是非常不合理的，这种做法不仅容易导致人们对商事主体法律地位一律平等观念的否定，而且也与省级以上国家工商机关主要从事市场管理政策制定的职能不符。我们认为，登记和监管是相辅相成的，如果登记机关只登记不监管，登记簿上反映的企业信息就会失真；如果一个机关只监管不登记，那么对登记企业的监管就失去了依据，因此，应当借鉴发达国家对这一问题的规定，任何公

① 张国键：《商事法论》，台湾三民书局1987年版，第86页。

② 《德国商法典》第8条规定："商业登记簿由法院管理。"

司，不论规模大小，也不论批准机关的行政级别如何，均应由公司营业所在地的工商行政管理机关办理公司登记。

除公司外，依照我国1997年颁布的《合伙企业法》第9条、第10条和第11条，1996年颁布的《乡镇企业法》第8条，1999年颁布的《个人独资企业法》第9条的规定，其他从事商事经营的企业也必须办理企业登记，其登记机关为企业所在地的工商行政管理机关。

五、商事登记的内容

商事登记的内容，也就是商事登记簿上应当登记的必要记载事项。从各国商事登记立法的规定来看，商事登记的内容与商事主体的类别密切相关。登记的主体不同，必要记载事项也有所不同。比如同为公司，如果是有限责任公司，公司出资人的基本信息都必须在登记簿上加以记载；如果是股份有限公司，则只登记发起人股东的基本信息。有限责任公司可以设董事、监事，也可以不设，这样，对于有限责任公司而言，董事、监事的信息就不是必要记载事项；而股份有限公司则必须设立董事会和监事会，董事会和监事会成员的信息也是必要记载事项。

从各国商事登记法律规定来看，在公司登记中，下列事项是必要登记事项：

(1) 名称。也就是公司的商号。我国法律明确规定，公司只能使用一个名称。

(2) 组织形态。我国《公司登记管理条例》中称之为“公司类型”。在大陆法系国家，公司的组织形态非常复杂。如德国法上规定的公司类型，包括无限责任公司、有限责任公司、两合公司、股份两合公司、股份有限公司。公司的类型不同，股东对外承担的责任就不同，不仅如此，不同类型的公司，其商号使用、组织结构、公司营业范围、享有的权利义务等均不相同。因此，登记公司的类型具有非常重要的意义。比如，德、日等国的商法，从维护交易安全的角度出发，规定公司在进行商号登记时，应在商号中体现公司的组织形态。如在商号中，应当以字母缩写的方式，表明独资商人、无限公司、两合公司、有限责任公司、股份有限公司等。[①] 这对第三人在与公司交往时，通过商号直接判断公司股东的对外责任承担方式，具有重要意义。但在我国，由于法定的公司类型只有有限责任公司和股份有限公司两种，股东对外承担的均为有

① 参见《德国商法典》第19条；《日本商法典》第17条。

限责任，因此，公司组织形态登记的意义就小得多。

（3）营业范围。相当于国外立法中的“设立目的”。公司的设立目的应当在公司提交的公司章程中明确加以阐述，我国立法同时要求应当在登记簿上加以记载，这对于判断公司的行为能力范围具有重要意义。①

（4）营业资本额。营业资本是公司从事营业活动的基础，营业资本额的多寡，直接决定着公司行为能力的大小。从登记机关的角度看，营业资本额的多寡，不仅是登记机关判断公司营业范围的主要依据，也是是否核准公司组织形态的主要依据。在德国法上，为了确保交易安全，对于资合公司采“法定资本制”，并辅之以公司资本三原则，因而，在公司资本登记时，针对不同类型的公司，会有最低法定资本额的要求。而我国现行公司法在营业资本额的问题上，仿效英美法，改采“授权资本制”，这样，在公司资本额的登记时，就会出现公司的实有资本与注册资本不一致，实有资本达不到法定注册资本要求的情形。因此，为了防范交易风险，我国《公司登记管理条例》第9条不仅要求登记公司的注册资本，而且要求登记公司的实收资本，即实际出资。

（5）营业所在地。它是指公司主要办事机构所在地。我国《公司登记管理条例》中称之为“住所”。

（6）公司法人代表的主要信息。在国外立法中，通常要求登记簿上应当记载公司法人代表的姓名、住所、个人印章、出资方式和数额等主要信息。我国《公司登记管理条例》第9条只要求登记法人代表的姓名，对其他事项未作要求。这主要是为适应国有公司的实际情况所作的改动。因为在我国，国有公司的法人代表都是政府委派的，他们通常不是公司的股东，当然也就谈不上出资问题了。

（7）公司经理人及主办会计的主要信息。在国外立法中，通常要求对公司的经理人和主办会计的主要信息，包括姓名、性别、年龄、住址、就职时间、授权范围、个人印章等主要信息，在登记簿上加以登记。作此规定的理由，是因为经理人和主办会计是代表公司直接与外界交往之人，职责甚重，若不公示大众，则影响公众利益甚巨。② 我国现行立法虽然要求公司登记时，申请人应当提交公司经理人的委任或聘用证明，但只作备案，并不在登记簿上加以登记。至于公司的主办会计的登记问题，则根本未涉及。我们认为这是非常不妥当的，会对交易安全构成极大的威胁。

---

① 参见我国《公司登记管理条例》第15条之规定。

② 张国键：《商事法论》，台湾三民书局1987年版，第91页。

（8）公司设有分支机构的，还应当将分支机构的名称、所在地、经理人的姓名与住所等一并登记。对此，我国《公司登记管理条例》第七章中也有类似规定。

此外，我国《公司登记管理条例》第9条还将公司的营业期限作为必要记载事项加以规定，我们认为这是不妥当的。因为并非所有公司的章程都会规定公司的营业期限，大多数公司的投资者是希望自己投资的公司永续存在，百年不衰。在我国，约定公司经营期限的主要是中外合资公司，外国投资者基于对我国投资政策变化的担心，出于规避投资风险的考虑，会与中方合资者在投资协议中约定营业期限。随着我国对外国投资者保护方面的法律的逐步完善，约定营业期限的公司将越来越少，因此，将营业期限作为必要记载事项要求申请人登记，将使得申请人无所适从。

以上主要介绍的是公司登记中需要记载的必要登记事项。对于其他类型的商事主体如合伙企业和独资企业等，其必要登记事项与公司登记的要求大体相同，但与企业性质不符，无须要求的除外。

六、商事登记的类别

依商事登记的目的不同，商事登记分为许多类别。从国外立法的规定看，商事登记类别大体包括开业登记、变更登记、停业登记、歇业登记、更正登记、迁移登记、转让登记和继承登记八种。我国现行法中规定的商事登记类别只有三种：设立登记、变更登记和注销登记。在商事登记实践中，我国登记机关通常将更正登记、迁移登记、转让登记和继承登记划入变更登记中，而对停业登记问题则未作规定。以下简要介绍之。

（一）开业登记

所谓开业登记，是指商事主体从事营业时所进行的登记。我国立法称之为“设立登记”。由于各国在商事登记的效力问题上认识不一，因而，在商事主体从事营业前是否就必须登记，各国的立法主张也不一致。采任意登记主义的国家主张，商事主体从事营业并非必须办理登记，不登记也可从事营业，只是未经登记的事项不得对抗善意第三人。而采强制登记主义的国家则主张，登记是商事主体取得营业资格的必备条件，未经登记，不得从事营业活动。这样，开业登记事实上只存在于强制登记主义国家的立法中。

我国是采强制登记主义的国家之一。我国《公司登记管理条例》第3条明确规定：“公司经公司登记机关依法核准登记，领取《企业法人营业执照》，方取得企业法人资格。自本条例施行之日起设立公司，未经公司登记机关核准登记的，不得以公司名义从事经营活动。”《合伙企业法》第 9 条、第 10 条和第 11 条也规定，设立合伙企业应当办理登记，登记机关在接到申请登记文件之日起 20 日内，做出是否登记的决定。符合该法规定条件的，予以登记，发给营业执照；不符合条件的，不予登记。合伙企业领取营业执照前，合伙人不得以合伙企业的名义从事经营活动。此外，我国《个人独资企业法》第 12 条和第 13 条也有类似的规定。因此，开业登记在我国，是商事主体从事营业的必经程序。

从我国现行法的规定来看，无论何种商事主体申请开业，均须向登记机关递交法定的开业申请材料，商事主体的类别不同，递交的申请材料也不相同。

以股份有限公司的设立登记为例，依照我国《公司登记管理条例》第 21 条和第 22 条的规定，申请人需要向登记机关递交的申请材料包括：（1）公司法定代表人签署的设立登记申请书。（2）董事会指定代表或者共同委托代理人的证明。（3）公司章程。（4）依法设立的验资机构出具的验资证明。（5）发起人首次出资是非货币财产的，应当在公司设立登记时提交已办理其财产权转移手续的证明文件。（6）发起人的主体资格证明或者自然人身份证明。（7）载明公司董事、监事、经理姓名、住所的文件以及有关委派、选举或者聘用的证明。（8）公司法定代表人任职文件和身份证明。（9）企业名称预先核准通知书。（10）公司住所证明。（11）国家工商行政管理总局规定要求提交的其他文件。（12）以募集方式设立股份有限公司的，还应当提交创立大会的会议记录；以募集方式设立股份有限公司公开发行股票的，还应当提交国务院证券监督管理机构的核准文件。（13）法律、行政法规或者国务院决定规定设立股份有限公司必须报经批准的，还应当提交有关批准文件。（14）公司申请登记的经营范围中属于法律、行政法规或者国务院决定规定在登记前须经批准的项目的，应当在申请登记前报经国家有关部门批准，并向公司登记机关提交有关批准文件。

依照我国《公司登记管理条例》第 20 条的规定，设立有限责任公司，申请人应当向登记机关提交的申请材料包括：（1）公司法定代表人签署的设立登记申请书；（2）全体股东指定代表或者共同委托代理人的证明；（3）公司章程；（4）依法设立的验资机构出具的验资证明，法律、行政法规另有规定的除外；（5）股东首次出资是非货币财产的，应当在公司设立登记时提交已办理其财产权转移手续的证明文件；（6）股东的主体资格证明或者自然人身份证明；（7）载明公司董事、监事、经理的姓名、住所的文件以及有关委派、选举或者聘用的证明；（8）公司法定代表人任职文件和身份证明；（9）企业名称预先核准通知书；（10）公司住所证明；（11）国家工商行政管理总局规定要求提交的其他文件；（12）法律、行政法规或者国务院决定规定设立有限责任公司必须报经批准的，还应当提交有关批准文件。

其他商事主体办理开业登记的条件相对比较简单，这里就不一一介绍了。

在申请材料真实、齐备的情况下，登记机关应当为申请人办理开业登记。如果申请材料不齐备，登记机关应当要求申请人在法定期限内补足，否则不予办理开业登记。如果申请材料是伪造的，则不仅不能办理登记，而且应当追究申请人的行政责任。这些内容，在我国的《公司登记管理条例》中都有相应的规定。如果当事人没有申请开业登记，或者申请未被核准的情况下，仍以公司名义对外从事营业活动的，依照该条例第88条的规定，公司登记机关有权责令改正或者予以取缔，并处以一定数额的罚款。

（二）变更登记

商事主体在办理完开业登记后，在营业期间，对记载于登记簿上的任何登记事项申请变更的，都属于变更登记的范畴。如商事主体的名称、住所、法人代表、组织形态、营业种类、营业资本的数额等的变更；在公司中，公司的董事、监事的变更；在商事合伙中，合伙人的入伙与退伙、合伙执行人的变更等，均应办理登记变更手续。因登记申请人或登记机关的原因而造成的对错误登记事项的更正登记，及营业转让登记和营业继承登记，虽然从广义上讲，也属变更登记的范畴，但由于更正登记涉及异议抗辩的问题，而营业转让与营业继承主要涉及主体的变更，通常并不涉及营业内容的变更，因而，各国登记法将之作为单独的登记类别加以规定。

依照《德国商法典》第13e条、第13f条和第13h条的规定，办理变更登记，应当由原登记人向原登记法院提出变更登记的申请，登记法院经审查符合法律规定的，应当办理变更登记手续，并在商业登记簿上予以登记。第15条同时规定，在应登记事项尚未登记和公告期间，登记申请人不得以该事项对抗第三人，但该事项为第三人所知的，不在此限。《日本商法典》第13条则规定："应登记的事项，非于登记及公告后，不得以之对抗善意第三人。虽于登记及公告后，第三人有正当事由不知时，亦同。"

对于公司的变更登记，我国《公司登记管理条例》第五章也作了较为详细的规定。其中包括：（1）办理变更登记的机关为原公司的登记机关。（2）办理变更登记，应当向登记机关递交法定的申请材料，如公司法定代表人签署的变更登记申请书；公司依照公司法的规定作出的变更决议或决定；公司登记机关要求提交的其他文件。其中包括：公司变更登记事项涉及修改公司章程的，应当提交修改后的公司章程或者公司章程修正案；公司变更注册资本的，应当提交具有法定资格的验资机构出具的验资证明；股份公司增加注册资本的，应当提交有关部门的批准文件，以募集方式增加注册资本的，还应当提交国务院证券管理部门的批准文件；减少公司注册资本的，应当提交减资公告的证明和公司债务清偿或债务担保的说明；有限责任公司变更股东的，应当提交新股东的法人资格证明或自然人身份证明；变更公司经营范围的，如果涉及报经审批项目的，应当提交国家有关部门的批准文件；公司的合并、分立登记，应当向登记机关提交合并、分立的决议和公告的证明，以及对合并、分立前债务清偿或债务担保的说明，股份公司合并、分立的，还应当提交有关部门的批准文件等。(3) 公司变更登记应当在法定期间内进行。

依照我国《公司登记管理条例》第 73 条的规定，公司没有办理变更登记，擅自改变登记事项的，将依法追究公司的行政责任。

除公司的变更登记外，我国立法对于其他类型的商事主体的营业状态的变更登记，通常只有一条原则规定,① 可操作性不强，因而，商事主体的变更登记仍然存在需要完善之处。

(三) 停业登记与歇业登记

所谓停业登记是指商事主体在办理完开业登记手续后，因某种事由而中途暂停营业达法定期限的，应当办理暂停营业的登记。所谓歇业登记，又称注销登记，是指商事主体在具备法定事由时，取消其商事主体资格的一种登记。

严格说来，停业登记与歇业登记存在质的差异：(1) 法律后果不同。停业登记只是暂停营业的一种公示，这种公示对于商事主体的纳税有直接的影响，即在停业期间，商事主体无须缴纳各种营业税，但并不导致其主体资格的消灭，因而，停业后仍有复业的可能。而歇业登记则是直接导致商事主体资格的消灭。(2) 停业登记的申请期间和停业期间均有法定限制。我国台湾地区"商业登记法"规定，商业暂停营业 1 个月以上者，应于 15 日内申请停业之登记。商业申请暂停营业的期限，除商号负责人应服兵役者外，其停业期间不得超过 1 年，停业期限届满后，应于 15 日内申请复业登记。而歇业登记则自商业终止营业时，15 日内就应申请歇业登记。② (3) 法定事由不同。停业登记是由于商事主体出现了暂时无法经营的障碍而自己提出的，而歇业登记则既可能是由于商事主体自己的原因而退出营业，也可能是由于商事主体因被宣告

① 参见我国《合伙企业法》第 95 条和《个人独资企业法》第 15 条之规定。

② 张国键：《商事法论》，台湾三民书局 1987 年版，第 93 页。

破产、责令关闭而被迫办理歇业登记。

从我国的立法来看，我国只有关于歇业登记的规定，称为“注销登记”，而无关于停业登记的规定。《公司登记管理条例》第72条和《个人独资企业法》第36条虽然规定了自行停业的法律责任，但对于停业后能否复业，复业的条件是什么，均无规定。因而，很难说我国现行立法中有关于停业登记的规定。① 从另一个角度看，除公司法人和个人独资企业外，其他类型的商事主体在办理完开业登记后，基于各种原因也会发生暂停营业的问题，而我国其他相关的法律、法规中，也均无关于停业条件、停业期限、复业条件和期限、自行停业的法律责任等问题的规定。因此可以说，在我国，并无停业登记制度的规定。

关于歇业登记，我国《民法通则》第45条和第46条只对企业法人的歇业问题作了原则规定。② 各类商事主体的歇业登记问题，主要规定在我国《公司登记管理条例》第六章“注销登记”、《合伙企业法》第七章“合伙企业解散、清算”、《个人独资企业法》第四章“个人独资企业的解散和清算”中。从上述规定来看，主要涉及歇业的法定事由、歇业登记应提交的法律文件和不履行歇业登记的责任三个方面。

就歇业登记的法定事由而言，主要包括被依法撤销和解散二种，这是各类商事主体共同的歇业事由。由于我国现行立法并不承认合伙企业和个人独资企业可以成为破产的主体，因而，破产只是具有法人资格的商事主体歇业的法定事由。解散虽然是各类商事主体歇业的共同事由，但各类主体解散的原因并不相同。从现行立法的规定来看，公司因公司章程规定的营业期限届满或者公司章程规定的其他解散事由的出现、股东会议的决议、合并、分立等原因而解散；合伙企业因合伙协议约定的解散事由出现、不具备法定人数、被依法吊销营业执照、合伙的目的已经实现或无法实现、全体合伙人的共同决定等而解散；个人独资企业因投资人的决定、投资人死亡或被宣告死亡，无继承人或者继承人决定放弃继承、被依法吊销营业执照等而解散。我国现行法律规定，在具备上述法定事由时，应当办理企业注销登记。

---

① 《公司登记管理条例》第72条规定：“公司成立后无正当理由超过6个月未开业的，或者开业后自行停业连续6个月以上的，由公司登记机关吊销营业执照。”《个人独资企业法》第36条规定：“个人独资企业成立后无正当理由超过6个月未开业的，或者开业后自行停业连续6个月以上的，吊销营业执照。”

② 《民法通则》第45条规定：“企业法人由于下列原因之一终止：（一）依法被撤销；（二）解散；（三）依法宣告破产；（四）其他原因。”第46条规定：“企业法人终止，应当向登记机关办理注销登记并公告。”

就歇业登记应当向登记机关提交的法律文件而言，因歇业的事由不同而不同。对于因被依法撤销而歇业的情形，应当向登记机关提交行政机关责令其关闭的文件。对于因被宣告破产而歇业的情形，应当向登记机关提交法院的破产裁定书。对于因解散而歇业的情形，解散事由不同，提交的法律文件也不同，如公司法人因股东会的决议或公司因合并、分立而解散的，应当提交公司依照公司法作出的解散决议或决定；合伙企业因合伙协议约定的经营期限届满，合伙人不愿意继续经营的，或者合伙协议约定的解散事由出现而解散的，应当提交全体合伙人决定解散的决议；个人独资企业因投资人的死亡或宣告死亡，无继承人或继承人放弃继承而解散的，企业的利害关系人应当提交有权机关出具的投资人死亡证明或宣告死亡的判决，并提交无继承人或继承人放弃继承的书面证明等。除此以外，无论何种原因而歇业，均应向登记机关提交歇业登记申请书、企业清算报告和企业营业执照。

就不履行歇业登记的责任而言，我国 1994 年颁布的《公司登记管理条例》第 66 条规定："公司破产、解散清算结束后，不申请办理注销登记的，由公司登记机关吊销营业执照。"但 2006 年该条例修订时，此条款被删除了。我们认为是不妥当的。在《合伙企业法》和《个人独资企业》法中，只有关于企业清算结束后，应当办理注销登记的规定，而没有不履行注销登记义务时，应当承担何种责任的规定，是为缺憾。①

（四）迁移登记

所谓迁移登记，是指商事主体的全部营业，从原登记机关的管辖区域迁移至另一个登记机关的管辖区域时，应当办理的登记。这包括向原登记机关办理迁出登记，也包括向新登记机关办理迁入登记。但应注意，迁移登记不同于商事主体在另一登记机关的管辖区域设立分支机构的登记，从各国立法的规定来看，设立分支机构的登记仍然适用商事主体开业登记的规定。

迁移登记主要是由于商事主体的主要办事机构的住所发生变更导致的，但迁移登记并不仅仅涉及商事主体的住所变更，还有可能涉及商事登记的其他事项也会随之发生变更。比如，依照各国商事登记法的规定，商号权是一种具有相对排他性的财产权，在同一登记机关的管辖区域内，不允许有两个或两个以上的商事主体使用同一商号，② 但在不同登记机关的管辖区域则不受此限制。

① 参见我国《合伙企业法》第 64 条和《个人独资企业法》第 32 条的规定。

② 如《日本民法典》第 19 条就规定："在同一市镇村内，不得因经营同一营业，而登记他人已登记的商号。"

如果某个商事主体在办理迁移登记时，其原使用的商号与迁入地某个商事主体使用的、已登记在册的商号发生相同或类似时，迁入地登记机关就会通知其变更原商号。① 这样，迁移登记就不仅涉及住所变更登记的问题，同时还涉及商号变更登记的问题，因此，有必要将迁移登记从变更登记中分离出来，单独加以规定。

我国立法对于迁移登记问题，是放在变更登记中加以规定的。如《公司登记管理条例》第29条规定："公司变更住所的，应当在迁入新住所前申请变更登记，并提交新住所使用证明。公司变更住所跨公司登记机关辖区的，应当在迁入新住所前向迁入地公司登记机关申请变更登记；迁入地登记机关受理的，由原公司登记机关将公司登记档案移送迁入地公司登记机关。"但该条例对于在办理迁移登记时，如果涉及迁入公司的商号与迁入地登记在册的公司商号相同或类似，应当如何处理的问题，未作明确规定，是为缺憾。

（五）转让登记与继承登记

所谓转让登记，是指商事主体依法获准开业经营后，在经营期间，基于商事主体与第三人的合意，而将整个营业转让给第三人时应当办理的登记。营业的转让不同于企业个别财产的转让，它将直接导致原主体资格的消灭和新的商事主体的产生。同时，商事主体的营业财产既包括有体财产（如机器设备、厂房等），也包括无形财产（如商标权、专利权和商号权等）；既包括积极财产（如对外享有的债权、股权等），也包括消极财产（如对外承担的债务等），因此，单纯地适用公司法中关于股份转让的规定，或者适用合伙企业法中关于入伙与退伙的规定，均不可行；单纯地适用民法中关于债权、债务让与或概括承受的规定，也无法解决问题。说到底，上述规定均不涉及主体资格的消灭与产生的问题。因此，各国商事立法均将营业转让作为一项制度来规定，其中转让登记就是其核心内容。而商事主体单项权利或义务的转让，如果需要登记的，则可以通过变更登记来解决。

从各国的立法来看，办理转让登记需要向登记机关提供下列材料：（1）转让协议。营业的转让既然是基于营业所有人与第三人的合意而进行的，那么，在办理转让登记时，应当向登记机关提交出让方和受让方共同签署的转让协议。（2）由于转让登记将导致出让方主体资格的消灭和受让方主体资格的取得，因此，对于出让方来说，需要提供的材料，准用歇业登记的规定；对于受让方来说，准用开业登记的规定。

---

① 张国键：《商事法论》，台湾三民书局1987年版，第92页。

我国现行立法并无转让登记之规定，《公司法》只对有限责任公司的部分股东转让其出资和股份有限公司的股东转让其股份，分别作了规定。①《合伙企业法》也只对部分合伙人在合伙关系存续期间转让其出资份额问题作了规定，② 而未对合伙企业的整体转让问题作出规定。但我国修订前的《公司法》第 71 条明文规定："国有独资公司的资产转让，依照法律、行政法规的规定，由国家授权投资的机构或者国家授权的部门办理审批和财产权转移手续。"《个人独资企业法》第 17 条也规定："个人独资企业投资人对本企业的财产可以依法享有所有权，其有关权利可以依法进行转让或继承。"可见，立法者已意识到商事主体所经营的企业作为一个整体，是可以转让的。之所以对转让登记不作规定，我们以为，主要基于两方面的原因：一是由于对国有企业的产权性质争执不休，使得立法者在法条上不敢轻言国有或国家控股企业的整体转让问题。二是将企业的整体转让等同于企业积极财产、有形财产的转让，认为通过变更登记制度即可替代。这是非常不妥的。承认企业的整体转让已为国家的政策和实践所认可，立法对转让登记制度不作规定，势必对交易安全构成威胁。

所谓继承登记，是指企业财产的所有人死亡时，其在企业中的财产作为遗产，应当依照其遗嘱的指定或按照法律的规定，由其继承人加以继承所应办理的登记。广义上讲，继承登记包括两种情况：一是被继承人在有限责任公司和股份有限公司中的股份及在合伙企业中的出资份额的继承问题；二是被继承人独资企业的继承问题。前者由于只涉及企业财产的部分承受，并不涉及营业的整体受让，因而，可以通过变更登记来解决；后者则涉及原主体的消灭，新主体的产生，因而，应通过转让登记来解决。这是大多数国家在商事登记立法中不专门规定继承登记制度的主要原因。不过，继承作为企业财产所有权的一种法定继受取得方式，其受让结果必然导致公司股东的变化或企业主体的更替，为了维护交易安全，在继承人继承被继承人在企业中的财产时，无论采用何种模式，均应办理继承登记手续。

从我国台湾地区"商业登记法施行细则"第 11 ~ 12 条的规定来看，办理继承登记，首先应由全体合法继承人联名向登记机关提出继承申请，经登记机关审查符合民法继承规定的，对遗产的继承，依照转让登记的条件和程序予以

① 参见我国《公司法》第 72 ~ 75 条和第 138 ~ 142 条之规定。

② 参见我国《合伙企业法》第 22 ~ 23 条之规定。

办理。①

我国1985年颁布的《继承法》和1985年最高人民法院出台的《关于贯彻执行继承法若干问题的意见》中，均未涉及被继承人在企业中的财产如何继承的问题，但从法理上讲，公民的私人财产权受国家法律的保护，是我国宪法确立的一项基本原则，因此，公民在企业中的财产作为其私有财产的一部分，理应作为继承的标的由其继承人加以继承。我国随后颁布的《合伙企业法》（1997年）和《个人独资企业法》（1999年）显然已意识到了这一问题，因而，对被继承人在企业中的财产继承问题，均作了原则规定。② 但由于企业整体的继承不同于一般遗产的继承，它直接涉及企业投资人的变更，而且这两类企业的投资人，对企业的债务均负无限责任，因而，从维护交易安全的角度出发，仅规定实体权利义务的承受，而没有相应的继承登记制度相配套，对于与之进行交易的第三人来说，将难以防止不测之风险。因此，从登记制度的角度看，我国立法仍有亟待完善之处。此外，有限责任公司股东的出资在符合法定条件时，也具有可让与性，③ 因而在上述股东死后，也可以成为遗产，由其继承人继承。但由于有限责任公司性质上属于人合兼资合的封闭公司，股东出

① 张国键：《商事法论》，台湾三民书局1987年版，第93页。

② 如《合伙企业法》第50条规定："合伙人死亡或者被依法宣告死亡的，对该合伙人在合伙企业中的财产份额享有合法继承权的继承人，按照合伙协议的约定或者经全体合伙人一致同意，从继承开始之日起，取得该合伙企业的合伙人资格。有下列情形之一的，合伙企业应当向合伙人的继承人退还被继承合伙人的财产份额：（一）继承人不愿意成为合伙人；（二）法律规定或者合伙协议约定合伙人必须具有相关资格，而该继承人未取得该资格；（三）合伙协议约定不能成为合伙人的其他情形。合伙人的继承人为无民事行为能力人或者限制民事行为能力人的，经全体合伙人一致同意，可以依法成为有限合伙人，普通合伙企业依法转为有限合伙企业。全体合伙人未能一致同意的，合伙企业应当将被继承合伙人的财产份额退还该继承人。"《独资企业法》第17条规定："个人独资企业投资人对本企业的财产依法享有所有权，其有关权利可以依法进行转让或继承。"

③ 我国《公司法》第72条规定："有限责任公司的股东之间可以相互转让其全部或者部分股权。股东向股东以外的人转让股权，应当经其他股东过半数同意。股东应就其股权转让事项书面通知其他股东征求同意，其他股东自接到书面通知之日起满30日未答复的，视为同意转让。其他股东半数以上不同意转让的，不同意的股东应当购买该转让的股权；不购买的，视为同意转让。经股东同意转让的股权，在同等条件下，其他股东有优先购买权。两个以上股东主张行使优先购买权的，协商确定各自的购买比例；协商不成的，按照转让时各自的出资比例行使优先购买权。公司章程对股权转让另有规定的，从其规定。"

资的转让或继承，将直接涉及公司股东的变更，为了维护公司内部股东间良好的合作关系和对外保持公司良好的信誉，各国立法均要求，有限责任公司股东的出资在发生转让或继承时，除了应当受到一定限制外，还必须办理股东变更登记手续。从我国相关立法的规定来看，显然忽视了这一点，在我国《继承法》和《公司法》中均无关于通过继承方式受让有限责任公司股东出资的规定和办理继承登记的规定，在《公司登记管理条例》中，对于此类情形，也无应办理股东变更登记的规定。这是我国商事登记制度应当进一步完善之处。

（六）更正登记

所谓更正登记，是指在商事登记后，登记申请人发现其登记事项有错误或者有遗漏时，得申请登记机关予以更正的一项制度。更正登记不同于变更登记，其区别在于：（1）产生的原因不同。更正登记是在登记事项有错误或遗漏的情况下采取的一种补救措施；而变更登记并不存在登记错误或遗漏的问题，它是商事主体为了适应市场变化和自身的组织变化而采取的一种手段。（2）提交的材料不同。在办理更正登记时，通常只要求提交登记申请人的身份证明和开业申请材料即可；而办理变更登记则需要提交变更前后的各类材料。（3）责任不同。在更正登记的情况下，如果登记事项有错误或遗漏是由于登记机关的工作人员有过错造成的，登记机关应当对由此造成的损失承担国家赔偿责任；而变更登记则不发生这一问题。

从我国台湾地区来看，更正登记的事项，通常以文字错误或遗漏者为限。如果涉及登记内容时，则应依法办理变更登记。① 我国现行立法对更正登记问题未作规定，是为缺憾。

七、商事登记的程序

从各国登记立法的规定来看，无论进行何种类别的商事登记，通常都须经过申请、审查、登记、公告四个程序。以下简述之。

（一）申请

办理商事登记，首先应当由申请人以书面方式向登记机关提出。《日本商法典》第9条就规定：“本法规定的应登记事项，根据当事人的请求，登记于管辖其营业所所在地的登记所备置的商业登记簿上。”之所以作如此要求，是因为商事登记的目的，不仅仅是出于维护交易安全的需要，同时也是决定是否赋予申请人相应主体资格的必要环节。而主体资格的取得与否，将直接影响到

① 张国键：《商事法论》，台湾三民书局1987年版，第92页。

国家对其在商事活动中的权利是否提供保护。从法理上讲，商事权利属于私权的范畴，是否需要国家提供保护，完全取决于当事人自己的意思，因此，各国立法均规定，商事登记应当由当事人提出申请。

在向登记机关提出登记申请时，主要涉及三个问题：一是由谁提出申请？二是如何申请，申请人需要向登记机关提交哪些材料？三是当事人不申请登记怎么办？

就申请人而言，对于独资企业而言，不难确定，应当由独资企业的投资人提出申请。但对于合伙企业和公司法人来说，由于投资人众多，不可能各个投资人都提出申请，因而通常采用由全体投资者推举代表的方式来确定申请人；对于股份有限公司而言，则由发起人股东推举的代表为申请人。由于代理制度的存在，在登记实践中，事实上各类商事登记一般都无需申请人亲自去办理，而是通过具有专业知识的代理人代为办理的。有鉴于此，我国立法通常将投资人、投资人推举的代表作为商事登记的申请人，并允许通过委托代理人办理商事登记。如我国《个人投资企业法》第9条规定："申请设立个人独资企业，应当由投资人或者其委托的代理人向个人独资企业所在地的登记机关提交设立申请书……委托代理人申请设立登记时，应当出具投资人的委托书和代理人的合法证明。"《公司登记管理条例》第20条也规定："设立有限责任公司，应当由全体股东指定的代表或者共同委托的代理人向公司登记机关申请设立登记。设立国有独资公司，应当由国家授权投资的机构或者国家授权的部门作为申请人，申请设立登记……"《合伙企业法》第9条虽然未明文确定合伙企业登记的申请人，但从法理上讲，应当由全体合伙人共同推举的代表作为登记申请人，并可委托代理人代为办理商事登记。

就申请人应当向登记机关提交的申请材料而言，申请登记的类别不同，需要提交的申请材料也不同。

关于有限责任公司和股份有限公司的开业申请问题，前文已述。

就合伙企业开业申请来说，依照我国《合伙企业法》第9条和第14条的规定，申请人或其代理人应当向登记机关提交下列文件：（1）合伙企业登记申请书；（2）合伙协议书；（3）合伙人身份证明；（4）合伙企业营业场所证明；（5）企业名称预先核准通知书。法律、行政法规规定设立合伙企业须报经有关部门审批的，在申请开业登记时，还应当提交批准文件。

就个人独资企业的开业申请来说，依照我国《个人独资企业法》第8条和第9条的规定，申请人或其代理人应当向登记机关提交下列文件：（1）个人独资企业登记申请书；（2）投资人身份证明；（3）生产经营场所使用证明；

(4) 企业名称预先核准通知书。法律、行政法规规定设立独资企业须报经有关部门审批的，在申请开业登记时，还应当提交批准文件。

变更登记是专门针对开业登记事项中的一项或几项内容发生变动而言的，变动的内容不同，申请变更登记时，提交的申请文件也就不同。从我国《公司登记管理条例》第27条的规定来看，公司申请变更登记，一般应当向公司登记机关提交下列三种文件：（1）公司法定代表人签署的变更登记申请书；(2) 依照公司法作出的变更决议或决定；（3）公司登记机关要求提交的其他文件。这包括：变更公司章程的，应当提交修改后的公司章程；变更公司名称的，应当提交有关部门预先核准企业名称变更的通知书；变更公司住所的，应当提交新住所的使用证明；变更法定代表人或股东的，应当提交新法人代表和股东的身份证明；变更注册资本的，应当提交法定验资机构出具的验资证明；变更经营范围的，应当提交有关部门同意变更的审批文件，等等。

合伙企业申请变更登记，我国《合伙企业法》第56条只作了原则规定，① 但从法理上讲，同样需要向登记机关提交下列三种文件：（1）合伙执行人签署的变更登记申请书。(2) 合伙人作出的变更登记的决议或决定。至于该决议或决定由全体合伙人签署，还是由过半数的合伙人签署，则取决于该事项依照《合伙企业法》的规定，需要得到全体合伙人的同意，还是需要得到过半数的合伙人的同意。(3) 登记机关要求提交的其他文件。如接收新合伙人入伙，需要提交入伙人的身份证明和住所；变更企业名称，需要提交变更后的企业名称预先核准通知书；变更合伙企业的经营场所，需要提交新场所的使用权证明，等等。如果合伙企业变更事项涉及有关部门审批的，还应向登记机关提交有关部门同意变更的批准文件。

个人独资企业的变更登记申请问题，我国《个人独资企业法》第15条也只作了原则规定，② 从法理上讲，个人独资企业申请变更登记，应当向登记机关提交以下两种文件：（1）投资人签署的变更登记申请书；（2）登记机关要求提供的与变更登记事项有关其他文件。这包括：变更企业名称的，应当提交新名称的预先核准通知书；变更经营场所的，应当提交新场所的使

① 我国《合伙企业法》第13条规定："合伙企业登记事项发生变更的，执行合伙事务的合伙人应当自作出变更决定或者发生变更事由之日起15日内，向企业登记机关申请办理变更登记。"

② 我国《个人独资企业法》第15条规定："个人独资企业存续期间登记事项发生变更的，应当在作出决定之日起的15日内依法向登记机关申请办理变更登记。"

用权证明；变更经营范围涉及有关部门审批的，应当提交有关部门的批准文件，等等。

歇业登记申请是终止商事主体资格的必经程序，我国立法称为“注销登记申请”。从我国《公司登记管理条例》、《合伙企业法》和《个人独资企业法》的相关规定来看，由于企业的类型不同，终止事由不同，在办理注销登记申请时，向登记机关提交的法律文件也就不同。① 但无论何种企业办理注销登记，下列文件是不可缺少的：（1）企业清算组织负责人签署的注销登记申请书；（2）企业因破产而清算的，应当提交法院宣告破产的裁定书；因从事违法行为而被责令关闭的，应当提交有关部门责令关闭的决定书；因公司股东会决议或合伙人一致同意而解散的，应当提交相关的决议或决定；（3）企业清算报告；（4）企业营业执照；（5）登记机关要求提交的其他文件。

迁移登记申请，我国立法是放在变更登记中规定的。依照《公司登记管理条例》第29条的规定，公司变更住所的，应当向迁入地的公司登记机关提交下列文件：（1）变更住所登记申请书；（2）新住所的使用证明。至于该公司的开业登记文件，则由原公司登记机关移送迁入地公司登记机关，无须申请人提交。

转让登记申请和继承登记申请，我国立法均未作出规定。从有关国家和地区的立法规定来看，需要提交的申请文件主要包括：（1）登记申请书；（2）转让登记应有转让协议；继承登记若依遗嘱进行的，应当提交被继承人所立遗嘱；（3）当事人的身份证明。

办理商事登记，应当首先向登记机关提出申请，这是商事登记的必经程序，也是各国立法的通例。如果当事人不申请登记，就擅自以商事主体的名义对外从事商事活动，应当如何处理，对此各国立法规定不一。在采任意登记主义的国家，由于主张登记只具有对抗效力，因此，即使未申请登记，也可以商事主体的名义从事商事活动，只是法律规定应当登记的事项未登记的，不得以之对抗善意第三人。② 而在采强制登记主义的国家，由于申请登记是取得商事主体资格的必经程序，因此未申请登记的，不具有商事主体身份，不得以商事主体的名义对外从事商事活动，否则，不仅应受到相应的行政处罚，而且，其

① 参见我国《公司登记管理条例》第44条；《合伙企业法》第90条；《个人独资企业法》第32条之规定。

② 《日本商法典》第12条就规定：“应登记事项，非于登记及公告后，不得以之对抗善意第三人。虽于登记及公告后，第三人因正当事由不知时，亦同。”

对外实施的商事行为也会因相对人的请求而被撤销。① 我国是采强制登记主义立法例的国家，我国《公司登记管理条例》第 80 条规定："未依法登记为有限责任公司或者股份有限公司，而冒用有限责任公司或者股份有限公司名义的，由公司登记机关责令改正或者予以取缔，并可处 10 万元以下的罚款。"《合伙企业法》第 95 条也有类似的规定。从上述规定的内容来看，对于不履行申请登记义务的，主要是追究行政责任，而对登记前所实施的商事行为的效力如何，未作规定，是为缺憾。

(二) 审查

登记机关在接到当事人的登记申请后，为了确保登记事项的真实性，应当对申请人提交的申请材料进行审查，这是各国和地区的通行做法。但如何审查，各国和地区的立法主张不一。归纳起来，大体有三种做法：

1. 实质审查主义

登记机关在进行审查时，不仅对申请人提交的申请材料是否符合法律要求进行审查，而且对申请登记事项是否真实存在也要进行审查，并依此审查结果来决定是否予以办理登记。实质审查主义的最大特点就在于：登记机关不局限于对书面申请材料的完备性、合法性进行形式上的审查，而且要求登记机关对申请登记事项的真实性进行审查，这样立法就必须赋予登记机关以调查权；同时，登记机关审查权的行使与错误登记的国家赔偿责任紧密联系在一起。只要出现登记错误，登记机关就应当承担国家赔偿责任。这种立法主张的优点在于，对申请登记事项，实行从形式到内容的全面审查，有利于确保登记簿上记载的事项与现实状况的一致性，对于维护登记制度的信誉，无疑具有积极意义。但这种立法主张也有难以克服的缺点，即登记机关的审查范围过大，负担较重，从而造成审查速度较慢，审查时间过长。由于审查权的行使与错误登记的国家赔偿责任紧密联系在一起，登记机关的审查责任也较重。目前，除瑞士等少数国家外，完全采用实质审查主义的国家尚不多见。

2. 形式审查主义

登记机关在进行审查时，只对申请人提交的申请材料的完备性、合法性进行审查，而对申请登记事项的真实性不负审查义务。形式审查主义的最大特点

---

① 《德国商法典》第 14 条就规定："对于不履行申报、签署签名或提交文件进行商业登记义务的人，登记法院可以通过科处罚款督促其履行义务。每次罚款不得超过 1 万马克。"第 15 条规定："在应登入商业登记簿的事项尚未登记和公告期间，该事项不得对抗第三人。"

就在于：登记机关只对申请材料进行审查，至于申请材料所反映的登记事项在现实生活中是否存在，登记申请人是否是该权利的真实享有者，登记机关不负审查义务。由于对登记事项的真实性不负审查义务，因而，立法无须赋予登记机关以调查权。虽然在形式审查的情形下，也会发生登记机关赔偿责任的承担问题，但通常登记机关只对错登、漏登从而造成登记簿上记载的内容与当事人提交的申请材料不符的情况，承担国家赔偿责任，而对登记事项与现实状况不一致的问题，不承担责任。这种立法主张的优点与缺点，正好与实质审查主义相反。法国、日本的商事立法采此主张。德国的立法原来采实质审查主义，考虑到商事交易便捷性的特点，后来也改采形式审查主义，但为了解决形式审查主义有可能产生的登记簿上记载的内容与真实情况不一致的弊端，辅之以更正登记制度加以克服。

3. 折中主义

在借鉴上述两种立法主张的基础上，折中于二者之间，使登记机关虽有实质审查之职权，而不负审查之义务。唯遇登记事项发生疑问时，则登记机关依其职权予以审查之。依此主张，其事项虽经登记，亦不能为推定其事项为真实之基础，其证据力如何，则由法院自由裁判。① 折中主义的最大特点在于：登记机关对当事人申请登记事项的真实性，有实质审查的权力，但无实质审查的义务。一般情况下，登记机关对申请登记事项只进行形式审查，只有在登记机关对登记事项的真实性产生疑问时，才进行实质审查。换言之，是否进行实质审查，完全取决于登记机关自由选择。由于登记机关并无确保登记簿上记载的事项与真实状况相一致的义务，因而，与此相适应，登记也没有绝对效力，登记簿上记载的事项能否作为证据加以采用，完全取决于法院的自由裁量。我国台湾地区“商业登记法”第 23 条和第 31 条第 1 项第 1 款的规定，事实上是采此主张的。②

我国商事登记立法规定，对于各类商事登记申请，登记机关应当进行审查。从修订后的《公司登记管理条例》的规定来看，我国立法抛弃了原先采用的折中主义立法主张，转而采用形式审查主义的立法主张。例如《公司登记管理条例》第 52 条规定：“公司登记机关应当根据下列情况分别作出是否

① 张国键：《商事法论》，台湾三民书局 1987 年版，第 88 页。

② 我国台湾地区“商业登记法”第 23 条规定：“主管机关对于商业登记之申请，认为有违反法令或不合法令程序者，应于收文后 5 日内通知补正，其应补正事项，应于一次通知之。”第 31 条第 1 款第 1 项规定：“对于登记事项有虚伪不实情事，亦得撤销登记。”

受理的决定：（1）申请文件、材料齐全，符合法定形式的，或者申请人按照公司登记机关的要求提交全部补正申请文件、材料的，应当决定予以受理。（2）申请文件、材料齐全，符合法定形式，但公司登记机关认为申请文件、材料需要核实的，应当决定予以受理，同时书面告知申请人需要核实的事项、理由以及时间。（3）申请文件、材料存在可以当场更正的错误的，应当允许申请人当场予以更正，由申请人在更正处签名或者盖章，注明更正日期；经确认申请文件、材料齐全，符合法定形式的，应当决定予以受理。（4）申请文件、材料不齐全或者不符合法定形式的，应当当场或者在5日内一次告知申请人需要补正的全部内容；当场告知时，应当将申请文件、材料退回申请人；属于5日内告知的，应当收取申请文件、材料并出具收到申请文件、材料的凭据，逾期不告知的，自收到申请文件、材料之日起即为受理。”第54条规定：“公司登记机关对决定予以受理的登记申请，应当分别情况在规定的期限内作出是否准予登记的决定：（1）对申请人到公司登记机关提出的申请予以受理的，应当当场作出准予登记的决定。（2）对申请人通过信函方式提交的申请予以受理的，应当自受理之日起15日内作出准予登记的决定。（3）通过电报、电传、传真、电子数据交换和电子邮件等方式提交申请的，申请人应当自收到《受理通知书》之日起15日内，提交与电报、电传、传真、电子数据交换和电子邮件等内容一致并符合法定形式的申请文件、材料原件；申请人到公司登记机关提交申请文件、材料原件的，应当当场作出准予登记的决定；申请人通过信函方式提交申请文件、材料原件的，应当自受理之日起15日内作出准予登记的决定。（4）公司登记机关自发出《受理通知书》之日起60日内，未收到申请文件、材料原件，或者申请文件、材料原件与公司登记机关所受理的申请文件、材料不一致的，应当作出不予登记的决定。公司登记机关需要对申请文件、材料核实的，应当自受理之日起15日内作出是否准予登记的决定。”从以上两个条款的表述中，我们可以看出，我国登记机关对当事人申请的审查，主要是对申请材料合法性和完备性的审查，并不涉及申请材料所表述的内容与现实状况是否相符问题的审查问题。这符合形式审查主义的主要特征。虽然第54条中也规定登记机关有权对申请材料进行核实，但我们认为，这里的“核实”，主要是指对申请材料真伪性的核实，而不是对申请材料内容真实性的核实。如果是后者的话，那就变成实质审查了。而采实质审查主张的话，不仅会使登记机关的负担加重，而且登记责任也会随之加重。这是我国目前的登记体制所无法承受的。

从我国《合伙企业法》和《个人独资企业法》的相关条文规定看，对于合伙企业和个人独资企业设立申请的审查，我国法律也是采形式审查主义主张的。①

（三）登记

登记机关在对申请人提交的申请文件进行审查后，应当作出核准登记或不予登记的决定。对于核准登记的，登记机关应当按照当事人申请的登记类别，在商事登记簿上按照规定的格式填写相关的登记事项。在登记问题上，主要涉及三个问题：一是登记的期限；二是对登记事项不实的处理；三是登记机关的责任。

就登记期间而言，依我国立法的规定，因登记的主体类别不同而不同。申请办理公司登记的，对申请人到公司登记机关提出的申请予以受理的，应当当场作出准予登记的决定；对申请人通过信函方式提交的申请予以受理的，应当自受理之日起15日内作出准予登记的决定；通过电报、电传、传真、电子数据交换和电子邮件等方式提交申请的，申请人应当自收到《受理通知书》之日起15日内，提交与电报、电传、传真、电子数据交换和电子邮件等内容一致并符合法定形式的申请文件、材料原件；申请人到公司登记机关提交申请文件、材料原件的，应当当场作出准予登记的决定；申请人通过信函方式提交申请文件、材料原件的，应当自受理之日起15日内作出准予登记的决定；公司登记机关自发出《受理通知书》之日起60日内，未收到申请文件、材料原件，或者申请文件、材料原件与公司登记机关所受理的申请文件、材料不一致的，应当作出不予登记的决定；公司登记机关需要对申请文件、材料核实的，应当自受理之日起15日内作出是否准予登记的决定。

申请合伙企业设立登记的，申请人提交的登记申请材料齐全、符合法定形式，企业登记机关能够当场登记的，应予当场登记，发给营业执照。除上述情形外，企业登记机关应当自受理申请之日起20日内，作出是否登记的决定。予以登记的，发给营业执照；不予登记的，应当给予书面答复，并说明理由。

申请个人独资企业设立登记的，登记机关应当自收到设立申请文件之日起15日内，对符合法定条件的，予以登记，发给营业执照。

如果在法定期间内，登记机关未能完成登记，登记机关应当承担何种责任，《公司登记管理条例》和《合伙企业法》均未作规定，只有《个人独资企业法》第46条明确规定："登记机关对符合法定条件的申请不予登记或者超过法定时限不予答复的，当事人可依法申请行政复议或提起行政诉讼。"

---

① 参见我国《合伙企业法》第10条之规定；《个人独资企业法》第12条和第33条之规定。

就登记不实的处理而言，我国立法针对不同类别的登记不实问题，规定了不同的行政责任。概括起来说：（1）设立登记时，申请人故意提供虚假材料，骗取登记的，登记机关应当责令其改正，并处以一定数额的罚款；情节严重的，撤销登记，吊销营业执照。① （2）变更登记时，不履行变更登记程序，擅自变更登记簿上记载事项的，登记机关应当责令其补办变更登记手续，并处以一定数额的罚款；情节严重的，吊销其营业执照。② （3）注销登记时，清算人不按照规定向登记机关报送清算报告，或者报送的清算报告隐瞒重要事实或者有重大遗漏时，登记机关应当责令其改正；隐匿或转移财产，逃避债务的，依法追回其财产，并予以相应处罚；企业清算结束后，不办理注销登记的，登记机关应当依法吊销其营业执照。③

上述行政责任的规定不可谓不严厉，但这毕竟是从登记管理的角度而言的。从民商法的角度看，对于登记簿上记载的不实登记事项能否对抗善意第三人的问题，我国立法未作规定，是为缺憾。从各国立法的规定来看，有两种立法例：一是以德国法为代表，承认登记的公信力。善意第三人因信赖登记而与之进行交易的，交易行为有效。如《德国商法典》第 15 条第 3 项规定："对应登记的事项已经进行不正确公告的，第三人可以对登记之人援引已公告的事项，但第三人明知不正确的，不在此限。"二是以日本法为代表，主张登记具有对抗效力，但不承认登记的公信力。善意第三人基于对不实登记的信赖而与之进行交易的，交易行为可以被撤销。如《日本商法典》第 14 条就规定："因故意或过失而登记不实事项者，不得以该事项的不实对抗善意第三人。"我们以为，从维护交易的动态安全和善意第三人的合法权益的角度出发，应当承认登记的公信力。不实事项登记后，就具有绝对效力。善意第三人信赖这一不实登记，而与登记人进行交易的，其交易行为有效。因此给善意第三人造成损失的，应当区分二种情况来处理：由于登记机关的过错造成登记不实的，由登记机关承担赔偿责任；由于登记人的过错造成登记不实的，由登记人承担赔偿责任。

就登记机关的责任而言，登记行为是由登记机关实施的，为了确保登记事项的真实性与合法性，加强登记机关工作人员的工作的责任心，各国立法对于

---

① 参见我国《公司登记管理条例》第 68 ~ 71 条；《合伙企业法》第 93 条；《个人独资企业法》第 95 条。

② 参见我国《公司登记管理条例》第 73 条；《合伙企业法》第 67 条；《个人独资企业法》第 35 条、第 37 条。

③ 参见我国《公司登记管理条例》第 74 ~ 75 条。

登记机关因过失造成不能及时登记、登记不实等问题，均规定应当承担相应的法律责任，这种责任主要是行政责任和民事赔偿责任。从我国的立法来看，似乎过于重视对行政责任的规定，而没有民事赔偿责任的规定。如我国《公司登记管理条例》和《个人独资企业法》均规定，登记机关对于不符合法定条件的企业予以登记，或者对于符合法定条件的企业不予登记的，对直接责任人员依法给予行政处分。① 但对于不当登记传递的虚假信息给善意第三人造成的交易损失，以及拒绝登记给申请人造成的损失，应当由谁来承担？却无明文规定，是为缺憾。我们以为，对此情形，登记机关应当承担赔偿责任。

（四）公告

所谓公告，是指登记机关将已经登记的事项通过政府公报公开发布，让社会公众知晓的一种公示方法。严格说来，登记和公告都是公示的一种手段，其目的都是为了向社会公众公布登记申请人的商事主体资格，昭示其商业信用和营业状态，以维护交易的安全。只不过登记后再公告，其公示范围更为广泛，公众知晓程度更高而已。因此，商事登记和公告虽然在程序上有先后之别，但从功能上看，是完全相同的，均为公示制度的重要组成部分。公告行为作为公示行为的一种，不过是对登记行为效果的强化而已。如果一国的立法在规定登记方法的同时，又规定了登记的事项应当进行公告的，那么申请登记的事项虽已记载于登记簿上，而未进行公告的，则不能认为公示程序已经完成。目前，大多数国家的商事立法在规定登记程序的同时，也规定了公告程序。

在公告程序中，主要涉及四个问题：一是登记的事项由谁来公告？二是在何种媒体上公告？三是登记簿上记载的事项与公告的内容不一致怎么办？四是登记的事项如果未经公告，是否可以对抗善意第三人？其中后两个问题主要涉及登记与公告的效力，允后阐述。

就发布公告的主体而言，各国和地区立法通常规定，登记事项应当由登记机关在规定的媒体上进行公告。如《德国商法典》第10条就规定："对于商业登记簿中的登记，法院应以《联邦公报》以及至少一种其他公报予以公告。以法律无其他规定为限，应对登记的全部内容予以公告。自登载公告的公报最后发行之日结束时止，公告视为已经完成。"我国台湾地区"商业登记法"第18条也规定："已登记之事项，所在地主管机关应公告之。"

就公告的媒体而言，各国立法通常规定，登记事项应当在政府公报上予以

① 参见我国《公司登记管理条例》第81～82条和《个人独资企业法》第44条、第45条。

公告。① 其理由在于：公示行为是公法行为，代表了国家对登记事项的认可。在政府公报上予以公告，对于树立公告内容的权威性，具有重要意义。

我国1994年颁布的《公司登记管理条例》第48条原来规定股份有限公司的登记事项应当进行公告，② 但该条例2006年修订时，删除了这一规定，改为公司被吊销企业法人营业执照的，由公司登记机关进行公告。但通过何种媒体进行公告，未予明确。③ 至于公司设立或变更，则只须登记，无须公告。依照合伙企业法和《个人独资企业法》规定设立的合伙企业和个人独资企业，其应登记事项均无应当公告的规定。这样，在我国，各类企业的设立除办理登记外，已无须进行公告。

八、商事登记与公告的效力

商事登记与公告的目的，一方面在于公示商事主体的营业状态，昭示其商业信用，这对于维护商事主体的权益具有重要意义；另一方面，商事主体的营业状态公示于社会，使公众周知其营业内容，在与之进行交易时，有所取舍，这对于维护交易安全和社会公众的利益，无疑具有积极意义。④ 而要达到上述目的，立法明确界定商事登记与公告的效力，是最起码的前提。因为只有对登记与公告的效力进行界定，凡登记与公告的事项，皆属确定之事实，商事主体皆可以之对抗善意第三人；反之，凡未登记与公告之事项，皆属不被法律认可之事实，商事主体皆不得以之对抗善意第三人，这样，商事登记与公告的目的才能达到，因而，各国的商事立法通常都有专门的条款规定商事登记与公告的效力。

在商事登记与公告的效力问题上，主要涉及三个问题：一是法律规定应当公示的商事事项未经登记与公告，能否对抗第三人？二是商事事项虽经登记，但未公告的，能否对抗善意第三人？三是虽经登记与公告，但登记的内容与公告的内容不一致的，能否对抗善意第三人？对于上述问题，大陆法国家的立法

---

① 参见《德国商法典》第10条。

② 我国1994年颁布的《公司登记管理条例》第48条规定："股份有限公司应当在其设立、变更、注销登记被核准后的30日内发布设立、变更、注销登记公告，并应当自公告发布之日起30日内将发布的公告报送公司登记机关备案。公司发布的设立、变更、注销登记公告的内容应当与公司登记机关核准登记的内容一致；不一致的，公司登记机关有权要求公司更正。"

③ 参见我国《公司登记管理条例》第58条之规定。

④ 张国键：《商事法论》，台湾三民书局1987年版，第85页。

主张不完全相同。

就第一个问题而言，采强制登记主义的国家主张，登记与公告是商事主体取得主体资格的必备条件，也是商事事项进行变动的必经程序。在没有办理登记与公告的情况下，不得以商事主体的身份对外从事营业活动，否则，交易相对人有权以此为理由，主张该交易行为无效。在没有办理登记与公告的情况下，已登记事项不发生变动，当然也不得以此对抗善意第三人。而采任意登记主义的国家则主张，登记与公告虽然是取得商事主体资格的应经程序，但并非必备条件，虽未登记与公告，仍可以商事主体的身份从事营业活动，只是不得以嗣后登记与公告的事项对抗善意第三人而已。在登记事项变动问题上，则持与强制登记主义相同的观点。

在这一问题上，我国现行立法是采强制登记主义主张的。《公司登记管理条例》第 3 条规定："自本条例施行之日起设立公司，未经公司登记机关登记的，不得以公司名义从事经营活动。"第 80 条规定："未依法登记为有限责任公司或者股份有限公司，而冒用有限责任公司或者股份有限公司名义的，或者未依法登记为有限责任公司或者股份有限公司的分公司，而冒用有限责任公司或者股份有限公司的分公司名义的，由公司登记机关责令改正或者予以取缔，可以并处 10 万元以下的罚款。"《合伙企业法》第 95 条也规定："违反本法规定，未依法领取营业执照，而以合伙企业或合伙企业分支机构的名义从事经营活动的，由企业登记机关责令停止，处以 5000 元以上 5 万元以下的罚款。"《个人独资企业法》第 37 条也有类似的规定。但上述规定只是规定了不履行设立登记的法律责任问题，对于已经实施的交易行为的效力如何，却未作任何规定，因而是不周延的。对于在没有办理登记与公告的情况下，擅自变更已登记事项的行为，我国上述三部法律也只规定了行为人应当承担的行政责任，而对擅自变更商事登记事项的行为的效力只字未提，这就使得对日后此类行为效力的认定无法可依。我们以为，无论是设立行为，还是变更行为，未经登记与公告的，一律不得对抗善意第三人，这对于维护善意第三人的利益显得尤为重要。

就第二个问题而言，商事事项已登记但未公告的，能否对抗善意第三人？各国和地区立法对此均未作出明确的规定。有学者认为，对此情形，应分别两种情况来确认登记事项的效力：一是对于在此期间知情的第三人而言，不得以之对抗；二是对于不知情的第三人而言，则可以以之对抗。① 笔者以为，登记

① 张国键：《商事法论》，台湾三民书局 1987 年版，第 94 页。

与公告同为公示制度的组成部分，公告不过是登记的延伸和对登记效力的强化，因此，商事事项只要经过了登记，就意味着已经公示，公示的事项不存在第三人不知情的问题，与之进行交易的第三人完全可以通过查阅登记簿，了解相对人的营业状况，特别是在登记工作网络化的今天，这对第三人来说，并无特别困难，因而，即使未经公告，登记的事项也可对抗善意第三人。

就第三个问题而言，登记的事项与公告的内容不一致的，应当如何处理?《德国商法典》第 15 条第 3 款规定："对应登记的事项已经进行不正确公告的，第三人可以对应登记之人援用已经公告的事实，但第三人明知不正确的，不在此限。"《日本商法典》第 11 条第 2 款则规定："公告与登记不符时，视为未公告。"我国台湾地区"商业登记法"第 20 条规定："公告与登记不符时，应以登记为准。"由此可见，各国和地区立法对此问题的主张并不相同。一种主张应以公告为准；而另一种主张以登记为准。我们赞成后一种主张。因为公告的内容是以登记簿上的记载为依据的，公告不过是将登记事项进一步公示而已。在登记的事项与公告的内容不一致的情况下，登记机关对错误公告的内容负有更正的义务，对由此给登记人和善意第三人造成的损失，登记机关应当承担赔偿责任。如此规定，一方面维护了登记与公告的公信力，对于维护交易安全具有积极意义；另一方面，也突出了登记在公示制度中的核心地位。

九、商事登记的撤销

商事登记的撤销，是指在具备法定事由时，登记机关依利害关系人的申请或者依职权，对登记簿上记载的事项予以全部或部分撤销的制度。

商事登记的撤销与商事登记的注销，有一些相似之处。但二者有着本质的区别：(1) 法定事由不同。从各国的立法规定来看，商事登记被撤销的法定事由主要有三：一是申请人提供虚假材料办理虚假登记，从而造成登记不实的；二是商事主体的营业行为有违法律的强制性规定，损害社会公共利益和善良风俗的；三是登记后的法定期限内不营业的，或者营业后又自行停业达法定期限的。而注销登记的法定事由主要有二：一是商事主体被宣告破产；二是商事主体自行解散。(2) 法律后果不同。商事登记的撤销分为全部撤销和部分撤销两种情况。在登记事项被全部撤销的情况下，就意味着主体资格被终止；而在部分撤销的情况下，并不会导致主体资格消灭的后果，只是登记机关会要求登记人办理变更登记或更正登记。而注销登记在公告后，会产生商事主体资格消灭的法律后果。(3) 撤销和注销请求权的主体不同。商事登记的撤销行为和注销行为虽然都是是由登记机关实施的，但行使注销请求权的人只能是商事主体本人或其委托的代理人。没有商事主体的申请，登记机关不得依职权实施注销行为。而享有撤销请求权的人却可以是登记机关以外的第三人。在通常情况下，与登记人进行交易的债权人、债务人等，只要发现登记人具备法定撤销事由的，均可请求登记机关对有关的登记事项予以撤销。当然，登记机关在履行监督职能时，发现上述事由的，也可依职权撤销相关的登记事项。

商事登记的撤销直接涉及登记人的切身利益，为了确保登记机关能够正确行使此项权力。各国立法均规定，登记机关在实施撤销行为之前，应当告知登记人，并允许登记人在法定期间内提出申辩。法定期间届满，登记人不申辩，或经审查申辩的理由不能成立的，登记机关方可实施撤销登记行为。此外，如果需要撤销的登记事项是由有关部门审批的，登记机关撤销该事项时，应事先商得审批部门的同意，由审批部门通知其撤销登记。

我国《公司登记管理条例》中多处涉及商事登记的撤销问题，① 从其相关条文的规定来看，在商事登记的撤销问题上，我国立法具有如下几个特点：一是登记事项的撤销与吊销营业执照不分，用吊销营业执照的方法代替对登记事项的撤销。由此带来的问题是：公司被吊销营业执照，不能营业后，其公司登记仍然存在，依照该条例第 3 条的规定，公司的主体资格仍然存在，但由于没有规定恢复营业的条件和程序，公司主体资格的存在有何意义就成为无法回答的问题。同时，用吊销营业执照的方法代替对登记事项的撤销，对于善意第三人的利益如何保护也成为问题。因为登记是公示方法，善意第三人因信赖登记而与之进行交易的，其交易行为是否受法律保护？如果仅因为相对人的营业执照被吊销，就不予保护，那么登记还有什么意义呢？二是将登记事项的撤销

① 如《公司登记管理条例》第 68 条规定："办理公司登记时虚报注册资本，取得公司登记的，由公司登记机关责令改正，处以虚报注册资本金额 5% 以上 15% 以下的罚款；情节严重的，撤销公司登记或者吊销营业执照。" 第 72 条规定："公司成立后无正当理由超过 6 个月未开业的，或者开业后自行停业连续 6 个月以上的，可以由公司登记机关吊销营业执照。" 第 76 条规定："公司不按照规定接受年度检验的，由公司登记机关处以 1 万元以上 10 万元以下的罚款，并限期接受年度检验；逾期仍不接受年度检验的，吊销营业执照。年度检验中隐瞒真实情况、弄虚作假的，由公司登记机关处以 1 万元以上 5 万元以下的罚款，并限期改正；情节严重的，吊销营业执照。" 第 77 条规定："伪造、涂改、出租、出借、转让营业执照的，由公司登记机关处以 1 万元以上 10 万元以下的罚款；情节严重的，吊销营业执照。"

等同于主体资格的注销。事实上，商事登记事项包含许多内容，登记的类别也有多种，并非一切撤销行为都会导致登记人主体资格的消灭。比如采用欺诈手段变更公司经营范围的，登记机关只要撤销变更登记，并对登记人予以一定的行政处罚即可，并不涉及其公司资格的消灭问题。三是撤销行为属于公司登记机关实施的行政行为，该行为的实施是否合法，立法理应加以必要的约束。为了维护登记人的合法权益，立法应当赋予登记人申请复议和提起诉讼的权利，这样才能防止登记机关滥用公权力对私权的不当侵害。遗憾的是，该条例对此却未作任何规定。

第二节 商事账簿

一、商事账簿的功能

所谓商事账簿，是指商事主体为记载其营业与财产状况而设置的簿册。在法律上，对商业账簿的理解，有实质和形式之分。所谓实质意义上的商业账簿，系指商事主体为记录其经营与财产状况而备置的一切账簿。至于其备置原因，是基于法律的规定，还是出于商事主体自己的意思，在所不问。所谓形式意义上的商业账簿，是指商事主体基于法律的规定应当备置的账簿。从各国立法看，由于商号的组织形态不同，对于形式意义上的商业账簿的种类要求也不完全相同。

商业账簿制度是伴随着人类商品交易的历程而不断发展起来的。它最早可以追溯到罗马简单商品经济时期，① 当时的法律虽未明文规定，商人从事交易活动必须备置商业账簿，但为自身的便利和向相对人证明其贸易的情形与财产状况，商人一般都会对交易情况进行必要的记录。这可以说是商事账簿的雏形。我国古代店家在对外交易时所备置的“流水账”，事实上也初步具备了商事账簿的功能。当然，这还不能称之为近现代意义上的商事账簿。近现代意义上的商事账簿制度是适应资本主义商品经济的发展要求，由近代商事立法首先创立起来的。目前大陆法系采用民商分立体制的国家，一般在其商法典中，都会设专章规定商事账簿制度；② 而在民商合一的国家，一般在“商业登记法”

---

① 张国键：《商事法论》，台湾三民书局1987年版，第104页。

② 参见《法国商法典》第二编“商人会计”；《德国商法典》第三编“商业账簿”；《日本商法典》第一编第五章“商业账簿”之规定。

或“会计法”中规定此项制度。① 我国公司法、合伙企业法和个人独资企业法虽然有企业应当备置会计账簿的规定，② 但对这一制度加以具体规定的，则是1985年颁布的会计法（1999年修正）。只不过这一制度在我国大陆立法上不称为“商事账簿”，而称为“会计账簿”。

商事账簿制度的功能概括起来说，有两个方面：

1. 客观反映商事主体的财产状况和营业状况，昭示商事主体的信誉，并借此确定商事主体对外的权利义务关系，维护商事主体自身的利益

商事账簿在客观反映商事主体的财产状况和营业状况方面，有与商事登记簿相同的一面，但也有其不同的一面。如果说，商事登记簿上记载的事项，是对商事主体财产状况和营业状况静态反映的话，那么商事账簿上记载的内容，则是对商事主体财产状况和营业状况的动态反映。依照法律的规定，商事账簿必须对商事主体在经营过程中的资产负债情况、资产损益情况、财务变动情况、利润与亏损分配情况等作出详细的记载，而上述情况在商事主体的经营过程中，始终处于不断变化之中，不可能在商事登记簿中立即反映出来。因此，要了解商事主体的财产状况和营业状况，仅仅查阅商事登记簿是不够的，还必须以适当的方式查阅经有关部门审计的商事账簿，将二者结合起来，才能较为准确地判断商事主体的商业信誉。同时，商事主体对外的任何经营活动都涉及资产的流动，在商事账簿中都会客观地反映出来，当其对外经营过程中，产生债权债务纠纷时，商事账簿上的客观记载将成为法院确定其对外权利义务关系的重要依据。这对于维护商事主体的自身利益，无疑具有重要意义。

2. 便于有关部门的审计监督，维护国家利益和社会公众利益

商事账簿与商事登记簿虽然都可以从不同角度反映商事主体的财产状况和营业状况，但两者存在很大的差异。商事登记簿是国家机关设置的，登记事项是由国家登记机关依照登记程序的规定审查后填写的，并由国家登记机关保存，因而具有很高的权威性。而商事账簿是商事主体依照法律规定自行设置、自行填写、自行保存的，虽然有关的法律、法规对商事账簿的法定格式有着明确的要求，但受自身利益的驱动，很难保证商事主体在制作商事账簿时不弄虚作假。为了确保商事账簿记载内容的真实性，各国立法均规定了对商事账簿的

① 参见我国1985年颁布的会计法（1999年修订）。

② 参见我国《公司法》第八章“公司财务、会计”和《合伙企业法》第36条、《个人独资企业法》第21条之规定。

事后监督机制。不过，从各国的立法规定来看，监督的方式并不完全相同。大体上有三种不同的立法主张：（1）干涉主义。即法律不仅规定经营商业者必须备置账簿，且对于账簿的种类与记载方法也有详细的规定，并由政府随时派员检查。此种主张为法国法系诸国的商法所采纳。①（2）放任主义。即是否设置商事账簿，纯属商人自由，法律不加干涉。唯商人破产时，若无商事账簿，则于己甚为不利。此种主张为英美法系国家所采纳。在此主张下，商人从自身利益出发，仍会备置商事账簿。②（3）折中主义。即法律仅规定商人须备置商业账簿，但记载方法，政府采取不干涉态度。此种主张为德国法系国家的商法所采纳。③

我国立法在这一问题上采干涉主义的态度。依照我国《公司法》第164条和第165条的规定，公司应当依照法律、行政法规和国务院财政主管部门的规定建立本公司的财务、会计制度。公司应当在每一会计年度终了时编制财务会计报告，并依法经会计师事务所审计。财务会计报告应当依照法律、行政法规和国务院财政部门的规定制作。该法第171条、第172条还规定，公司应当向聘用的会计师事务所提供真实、完整的会计凭证、会计账簿、财务会计报告及其他会计资料，不得拒绝、隐匿、谎报。公司除法定的会计账册外，不得另立会计账册；对公司的资产也不得以任何个人的名义开立账户存储。我国《会计法》（1999年修订）更是从会计账簿的设置、会计核算、会计监督和会计人员的职责等方面，对这一制度的实施进行了强烈的干预。如该法第42条、第43条、第44条和第45条规定，公司、企业、事业单位和其他组织不依法设置会计账簿；私设会计账簿；伪造、变造会计账簿；隐匿或者故意销毁应当依法保存的会计账簿等，企业的会计人员均应承担相应的行政责任，情节严重，构成犯罪的，应当依法追究其刑事责任。授意、指使、强令会计机构、会计人员及其他人员伪造、变造会计凭证、会计账簿，编制虚假财务会计报告或者隐匿、故意销毁应当保存的上述文件的，应当依法追究相关责任人的行政责任，构成犯罪的，依法追究其刑事责任。

我国立法在这一问题上之所以采取干涉主义的态度，其直接目的是为了确保商事账簿的真实性，落实国家赋税政策的依据，维护国家利益；而间接目的则是为了监督企业的动态营业状况，维护社会公众的利益。

---

① 参见《法国商法典》第8条、第17条。

② 参见《英国破产法》第28条之规定。

③ 参见《德国商法典》第38~47条之规定。

二、商事账簿的种类

商事账簿的种类，从各国立法规定来看，并不一致。《法国商法典》将之分为会计登记、财产清单和年度账目，其中年度账目又包括资产负债表、损益账目和一个补充附件。①《德国商法典》将之分为会计登记、收到的涉及营业的商业信件、寄发的商业信件的复制本和各类商业报表，其中包括财产目录清单、资产负债表、年度决算报告等。②《日本商法典》将之分为会计账簿和资产负债表。③ 我国《会计法》第13条将之分为会计凭证、会计账簿、财务会计报告和其他会计资料。我国《公司法》则将之分为会计账册和财务会计报告两类。其中财务会计报告又包括资产负债表、损益表、财务状况变动表、财务情况说明书和利润分配表。④ 不过，从理论上讲，商事账簿依其记录的内容和方式的不同，大体分为会计账簿与财务报告两大类。前者是对企业财务状况和营业状况的动态记录，后者是对一定期间内（如年度）企业经营情况和资产流动情况的静态总结。二者都可以从不同侧面反映企业的经营情况和财产状况，因而上述各国立法对商事账簿的分类，事实上都可以归入这两大类之中。以下分别阐述。

（一）会计账簿

所谓会计账簿，是指记录商事主体日常交易情况和资产流动情况的账册。依其记录的方法不同，又分为序时账簿和分类账簿两类。

所谓序时账簿，是指依日常交易和资产流动的时间先后顺序进行记载的账簿。它又分为普通序时账簿和特种序时账簿。前者为逐日依次记载日常交易与资产流动情况之账簿，俗称“流水账”、“日记账”；后者为将记录的事项分门别类逐日依次加以造册者，如现金账簿、销货账簿、进货账簿等，均属此类。

所谓分类账簿，是指以会计法规定的会计科目分类为依据进行记录的账簿。在法理上，会计科目可分为5类：（1）资产类。包括固定资产、流动资产、长期投资无形资产、递延资产和其他资产等事项。（2）负债类。包括流动负债、长期负债、迟延收入、其他负债等事项。（3）净值类。包括

---

① 参见《法国商法典》第8条。

② 参见《德国商法典》第257条。

③ 参见《日本商法典》第32条。

④ 参见我国《公司法》第175条。

资本或股本、公债、盈亏等事项。(4)收益类。包括营业收入、营业外收入等事项。(5)费用类。包括营业费用、营业外费用等事项。分类账簿依其记载内容的详略和覆盖范围的大小，又分为总分类账簿和明细分类账簿。

我国《会计法》第15条规定："……会计账簿包括总账、明细账、日记账和其他辅助性账簿。"同时第10条规定："下列经济业务事项，应当办理会计手续，进行会计核算：(一)款项和有价证券的收付；(二)财物的收发、增减和使用；(三)债权债务的发生和结算；(四)资本、基金的增减；(五)收入、支出、费用、成本的计算；(六)财务成果的计算与处理；(七)需要办理会计手续、进行会计核算的其他事项。"这事实上是我国立法关于会计科目的分类，它构成了分类账簿的基础。但严格说来是不科学的，因为依此设立分类账簿，检查机关和审计机关很难清晰地掌握商事主体的资产状况、负债状况、收益状况和费用状况。为此，1992年12月3日，国家财政部在发布的《企业会计准则》中，对重要的经济业务重新进行了分类，将之分为：(一)资产;①(二)负债;②(三)所有权收益;③(四)收入;④(五)费用;⑤(六)利润。⑥笔者以为，这一分类更接近各国立法关于会计科目的分类，应当作为我国设置分类账簿的依据。

(二)财务报告

所谓财务报告，是指反映商事主体在一定期间内经营状况和财产状况的书面文件。依照我国《企业会计准则》第57条之规定，它通常由下列文件所构成：

(1)资产负债表。又称平衡表，是反映企业在一个会计年度终了之日的

① 该准则第22条和第23条明确规定："资产是企业拥有或者控制的能以货币计量的经济资源，包括各种财产、债权和其他权利。""资产分为流动资产、长期投资、固定资产、无形资产、递延资产和其他资产。"

② 该准则第34条和第35条规定："负债是企业所承担的能以货币计量，需以资产或劳务偿付的债务。""负债分为流动负债和长期负债。"

③ 该准则第38条规定："所有权收益是指企业投资人对企业净资产的所有权，包括企业投资人对企业的投入资本以及形成的资本公积金、盈余公积金和未分配利润等。"

④ 该准则第44条规定："收入是企业在销售商品或者提供劳务等经营业务中实现的营业收入。包括基本业务收入和其他业务收入。"

⑤ 该准则第47条规定："费用是企业在生产经营过程中发生的各种耗费。"

⑥ 该准则第54条规定："利润是企业在一定期间的经营成果，包括营业利润、投资净收益和营业外收支净额。"

财务状况的报表。依照我国《企业会计准则》第 58 条的规定，资产负债表的项目，应当按照资产、负债、所有者权益的类别，分项列示。

（2）财产目录表。是就前项资产负债科目编制详细目录。其所记载的财产，可分为积极财产与消极财产，前者为动产、不动产、债权及其他财产；后者为债务。

（3）损益表。又称盈亏表，是反映企业在一个会计年度内的经营所生利益及损失的动态报表。

（4）财务状况变动表。是综合反映一个会计年度内，企业营业资金来源、运用及增减变动情况的报表。

（5）盈余分配表或亏损拨补表。前者是表示盈余的处理与分配的情况；后者则表明资本的减少状态。如果营业结果发生亏损，则须从资本科目内减少资本，以资弥补，否则须另有拨补来源，以之填入亏损拨补表。

（6）相关附属说明。除了上述报表外，我国《企业会计准则》第 64 条还要求企业在编制上述报表时，应当对报表中的有关项目作出解释，以帮助理解会计报表的内容，这称为“会计报表附注”，而我国《公司法》则称为“财务情况说明书”。其主要内容包括：所采用的主要会计处理方法；会计处理方法的变更情况、变更原因及对财务状况和经营成果的影响；非经常性项目的说明；会计报表中有关重要项目的明细资料；其他有助于理解和分析报表需要说明的事项。

三、商事账簿的编制与保存

（一）商事账簿的编制

商事账簿的备置，不仅仅是为了昭示商事主体的营业状况与财产状况，而且在交易发生纠纷时，合法做成的商事账簿，其记载的事项可以作为诉讼上的证据加以使用。《法国商法典》第 17 条就规定：“依法编制的账目可被法院接受作为商人之间商行为的证据。账目未依法进行编制的，其编制人不得为自己利益作为证据予以引用。”《日本商法典》第 35 条也规定：“法院可以根据申请或依职权，命令诉讼当事人提供商业账簿的全部或一部。”我国现行立法虽未明文规定，依法编制的商事账簿，其内容可以作为诉讼证据加以使用，但在我国的司法实务中，无论是民事诉讼，还是刑事诉讼，当事人在法庭上向法院提交与案件有关的商事账簿则屡见不鲜。法院在对商事账簿的真实性与合法性进行查证或质证之后，也不乏将之作为书证采用的案例。而要保证商事账簿的证据效力，如何编制商事账簿，就成为立法必须规定的一个问题。综合各国立法，为了确保商事账簿记载事项和内容的真实性，在编制商事账簿过程中，应当注意以下几点：

1. 按照法定的分类，备置商事账簿

对于商事账簿的法定分类，各国立法并不完全一致。如《法国商法典》第 8 条第 3 款规定：“（具有商人身份的）自然人或法人，应当在会计年度终了时，根据会计登记和财产清单，建立年度账目，年度账目包括资产负债表、损益账目和一个附件，三者构成不可分离的整体。”我国《会计法》第 15 条则规定：“……会计账簿包括总账、明细账、日记账和其他辅助性账簿。”不过，既然在一国从事商事活动，就应当按照该国法律规定的分类要求，备置商事登记簿，否则，其经营活动就会遭遇一系列难以预料的麻烦。我国《会计法》第 42 条明确规定，不依法设置会计账簿或私设会计账簿的，将受到相应的行政处罚；构成犯罪的，依法追究刑事责任。

2. 按照法定的格式，填写商事账簿

各国立法为确保商事账簿内容的真实性，对商事账簿内容的填写格式，通常都有明确的规定。如对使用文字的要求、账簿页码按顺序连续编号的要求、相关单证签章的要求，等等。我国《会计法》和相关的部门规章，对于会计账簿的填写格式也作出了明确规定。如实行会计电算化的单位，用计算机打印的会计账簿必须连续编号，经审核无误后装订成册，并由会计人员和会计机构负责人、会计主管人员签字或者盖章。启用订本式账簿，应当从第一页到最后一页顺序编定页码，不得跳页、缺号。使用活页式账页，应当按账户顺序编号，并须定期装订成册。装订后再按实际使用的账页顺序编定页码。账簿记录发生错误，不得涂改、挖补、刮擦或者用药水消除字迹，不得重新抄写，必须按照下列方法更正：将错误的文字或数字画红线注销，但必须使原有字迹仍可辨认；然后在画线上方填写正确的文字或者数字，并由会计人员在更正处盖章。对于错误的数字，应当全部画红线更正，不得只更正其中的错误数字。对于文字错误，可只画去错误的部分。① 在使用的文字上，我国会计法第 22 条规定：“会计记录的文字应当使用中文。在民族自治地方，会计记录可以同时使用当地通用的一种民族文字。在中华人民共和国境内的外商投资企业、外国企业和其他外国组织的会计记录可以同时使用一种外国文字。”在会计核算的

---

① 参见我国《会计法》第 15 条和 1996 年财政部下发的《关于会计基础工作规范》第 59 ~ 62 条之规定。

币种上，我国立法要求以人民币为记账本位币；在会计年度的计算上采用公历等。① 上述规定，均是对商事主体在填写商事账簿时的法定格式要求。如果商事主体不按此要求执行，依照我国《会计法》第42条的规定，对该单位及其主管人员和直接责任人，可以处以行政罚款；会计人员可以吊销会计从业资格证书；构成犯罪的，依法追究其刑事责任。

3. 采用同一依据和同一会计处理方法，编制商事账簿

编制商事账簿的依据是会计凭证。依照我国《会计法》第14条的规定，会计凭证包括原始凭证和记账凭证。而无论是原始凭证，还是记账凭证，如果不加以有效的规范，都有可能伪造、变造，甚至出现将不属于会计凭证的单据作为会计凭证入账的现象，这将直接影响商事账簿记载事项的真实性与合法性。为此，我国《会计法》在一方面规定，任何单位和个人不得伪造、变造会计凭证，不得提供虚假的财务会计报告的同时，另一方面要求会计机构和会计人员，必须按照国家统一会计制度的规定，对原始凭证进行审核，对不真实、不合法的原始凭证有权不予接受；对记载不明确、不完整的原始凭证有权予以退还，要求补充；对记载有错误或内容被涂改的原始凭证，有权要求出具单位重开或更正，并在更正处加盖单位印章。而记账凭证则应当根据经过审核的原始凭证及有关资料编制。依照商事账簿编制程序的要求，会计账簿登记以会计凭证为依据，而财务会计报告的编制以会计账簿的记录为依据，二者实际上都是以同一会计凭证为依据的。要确保商事账簿记载事项的真实性，就必须要求会计机构和会计人员在编制商事账簿与财务会计报告时，使用经审核的同一的会计凭证，② 由此产生的商事账簿才具有证据效力，才能真实反映商事主体的营业状况和财产状况。

所谓依照同一会计处理方法，编制商事账簿，是指商事主体应当根据实际发生的经济业务事项，按照国家统一的会计制度的规定，确认、计量和记录资产、负债、所有者权益、收入、费用、成本和利润。我国《会计法》第26条明确规定："公司、企业进行会计核算不得有下列行为：（1）随意改变资产、负债、所有者权益的确认标准或者计量方法，虚列、多列、不列或者少列资产、负债、所有者权益；（2）虚列或者隐瞒收入，推迟或者提前确认收入；（3）随意改变费用、成本的确认标准或者计量方法，虚列、多列、不列或者少列费用、成本；（4）随意调整利润的计算、分配方法，编造虚假利润或者

① 参见我国《会计法》第11~12条之规定。

② 参见我国《会计法》第13条、第14条、第15条、第20条之规定。

隐瞒利润；（5）违反国家统一的会计制度规定的其他行为。”同时，在一个会计年度内编制的商事账簿，应当保持会计核算方法的一致性，不得随意变更。确实需要变更的，应当按照国家统一的会计制度的规定变更，并将变更的原因、情况及影响在财务会计报告中说明。此外，依照我国《会计法》的规定，会计核算既可以采用手工，也可以采用电算，在计算机日益普及的情况下，应当提倡电算，但在同一商事账簿上，不能电算与手工混合使用。在使用电子计算机进行会计核算的情况下，其软件及其生成的会计凭证、会计账簿、财务会计报告和其他会计资料，也必须符合国家统一的会计制度的规定。①

（二）商事账簿的保存

如果说国家对商事登记的管理，属于对商事主体的进入市场的事前监督的话，那么，国家对商事账簿的管理，就属于对商事主体进入市场后的事后监督。为了确保国家事后监督职能能够有效地发挥作用，各国立法均规定，商事主体在商事账簿制成后，在法定的期间内，应当妥善保存。但关于保存期间的规定，各国立法规定颇不一致。有采确定期间者，也有采不确定期间者。在采确定期间的国家中，保存期间的长短也不相同，德、法、日等国规定为10年；西班牙为5年；而荷兰为30年。在采不确定期间的国家中，智利的立法规定，保存期限以该商事主体的营业期间为准；巴西则以债权的消灭时效期间届满为限。② 我国《会计法》第23条虽然规定，各单位对会计凭证、会计账簿、财务会计报告和其他会计资料应当建立档案，妥善保管，但对保管期限在立法上未作明确规定。我们以为，这是不妥当的。商事账簿不是文物，无需永久保存。商事账簿的功能只是反映商事主体在一定期间内动态的营业状况和财产状况，商事主体破产后，继续保存这些账簿，也无任何意义。我国立法既然将商事账簿的保存作为商事主体的法定义务来规定，而商事账簿又属无需永久保存之物，那么，不规定商事账簿的保存期间，或者将保存期间问题交给行政主管部门自行决定，都与保存义务的法定性相违背。至于如何立法规定商事账簿的保存期间，我们以为，我国宜采取确定期间的立法例。由于我国立法规定商事账簿是以会计年度为单位编制的，因而，将保存期间定为自编制完成之日起10年较为妥当。这样，不仅有利于减轻商事主体保存繁多商事账簿的压力，也可以满足商事账簿在民事证据与刑事证据方面的功能发挥。

① 参见我国《会计法》第13条之规定。

② 张国键：《商事法论》，台湾三民书局1987年版，第108页。

第二篇

公司法

第七章 公司法概述

第一节 公司概述

一、公司的概念与特征

（一）公司的概念

关于公司的概念，不同国家和地区在立法上存在较大的差别。通观大陆法系的立法例，主要存在以下三种情况：

（1）公司法中明确界定公司的概念。如《日本商法典》第52条规定："本法所谓公司，指以商行为为目的而设立的社团"，"依本编规定所设立的以营利为目的的社团，虽不以经营商行为为业者，也视为公司。"我国台湾地区"公司法"第1条规定："本法所称公司，谓以营利为目的的，依照公司法组织、登记、成立之社团法人。"

（2）公司法中未就公司概念统一定义，仅就各类公司分别定义。如《意大利民法典》分别对无限公司、普通两合公司、股份两合公司、股份有限公司和有限责任公司的概念作出明确规定。

（3）公司法中既未就公司的概念作统一定义，也未就各类公司分别定义，但可从立法关于各类公司的目的和性质的规定中，推导出公司的概念。如《德国股份法》第1条规定："股份有限公司是具有自己的法律人格的公司。对于公司的债务，只以公司的财产向债权人负责任。股份有限公司具有分割成等额股份的股东。"《德国有限责任公司法》第1条规定："有限责任公司可以依本法的规定，为任何法律上准许的目的，由一人或数人设立。"第13条规定："有限责任公司独立地享有有限责任公司的权利和承担有限责任公司的义务；有限责任公司可以取得所有权和其他土地物权，可以起诉和应诉。对于公司的债务，只以公司的财产向公司的债权人负责……"从以上规定可以概括出股份有限公司和有限责任公司的概念。

我国《公司法》尚未就公司的概念在条文中直接作出规定。从大陆法系各国家和地区对公司的规定来看，我们可以对公司的概念作如下表述：公司是指依照公司法的规定设立的、以营利为目的的社团法人。

（二）公司的特征

公司与其他类型的民商事主体相比，具有如下四个特征：

1. 公司是法人

法人属性，使得公司与自然人和其他不具有法人资格的社会组织体区别开来。

股份有限公司和有限责任公司为法人的典型形式。从《公司法》对公司性质的界定来看，它完全符合《民法通则》第37条关于设立法人的条件,① 因而，应当具有独立的法人资格。具体而言，公司的法人性体现在如下几方面：

第一，公司具有自己的名称。公司的名称是公司的商号，公司只能使用一个名称，在符合国家有关规定及不妨碍公共秩序的前提下可以自由选用，但必须表明公司的种类。《公司法》第8条规定：“依照本法设立的有限责任公司，必须在公司名称中标明有限责任公司或者有限公司字样。依照本法设立的股份有限公司，必须在公司名称中标明股份有限公司或者股份公司字样。”法律对公司名称的限定，旨在防止当事人滥用公司名称牟取不当利益，破坏正常的社会经济秩序，从而维护交易的安全。

第二，公司具有自己的住所。公司法第10条规定：“公司以其主要办事机构所在地为住所。”

第三，公司具有自己独立的财产。这种独立财产既是公司进行业务活动的物质条件和经营条件，也是其承担义务和责任的物质保证。法律对公司财产有一定的要求，尤其是规定公司的最低资本额制度。《公司法》第26条第2款规定：“有限责任公司注册资本的最低限额为人民币3万元。法律、行政法规对有限责任公司注册资本的最低限额有较高规定的，从其规定。”第59条第1款规定：“一人有限责任公司的注册资本最低限额为人民币10万元。”第81条第3款规定：“股份有限公司注册资本的最低限额为人民币500万元。法律、行政法规对股份有限公司注册资本的最低限额有较高规定的，从其规定。”公司的财产主要由股东出资构成，公司的盈利积累或其他途径也是公司财产的来

① 我国《民法通则》第37条规定：“法人应当具备下列条件：（一）依法成立；（二）有必要的财产或者经费；（三）有自己的名称、组织机构和场所；（四）能够独立承担民事责任。”

源。传统公司法理论一般认为，公司是其财产的所有人，对其财产享有法律上的所有权。虽然这些财产是由股东出资构成，但一经出资给公司，所有权即归公司享有，而股东只享有股权，亦即股东权或股份权。①

第四，公司可以独立地承担民事责任。公司作为法人，具有独立的民事主体资格，可以以自己的名义对外进行一系列的民商事行为，完全承担行为所产生的后果。公司股东并不对公司的债务直接承担责任，而仅以其出资额为限承担责任，这称为公司股东的有限责任。同时，公司的法人性还表现在，公司对其法人代表和其他工作人员以公司名义实施的经营行为必须承担民事责任。因为此种情形下的行为，已非行为人的个人行为，而是公司行为，其后果理应由公司承担。

2．公司是社团法人

社团属性，使得公司与以财产集合为基础的财团法人区别开来。

在大陆法系国家和地区，法人因其设立的基础不同，被分为社团法人与财团法人两类。以人的集合为基础而设立的法人，称为社团法人；以财产的集合为基础而设立的法人，称为财团法人。社团法人与财团法人的分类在大陆法系国家和地区具有重要意义。二者的区别在于：（1）成立基础不同。社团法人以人为基础，有自己的社员；财团法人以财产为基础，并无社员。（2）设立目的不同。社团法人分营利社团与公益社团两种；而财团法人只能以公益为目的。（3）设立方式不同。社团法人的设立，须有2人以上共同为之，自然人或法人在所不问；财团法人的设立得以1人为之，为单独行为，并得依遗嘱为之。②（4）设立依据不同。由于社团法人与财团法人的设立条件、设立目的不同，导致大陆法系国家和地区均采取特别法的方式，对不同类型的社团法人和财团法人加以规制。（5）有无意思机关不同。社团法人有自己的意思机关，故又称自律法人；财团法人则没有该机关，故又称他律法人。③ 此外，社团法人与财团法人在设立、变更、解散等方面均有不同。

从上述关于社团法人与财团法人的不同特点来对照，公司法人显然属于社团法人的范畴。

3．公司是营利法人

营利属性，使得公司法人与其他不以营利为目的的社团法人区别开来。

---

① 赵旭东：《企业与公司法纵论》，法律出版社2003年版，第126页。

② 王泽鉴：《民法总则》，中国政法大学出版社2001年版，第152页。

③ 马俊驹、余延满：《民法原论》，法律出版社2005年版，第116页。

从各国立法关于社团法人的规定来看，社团法人的种类很多，有以营利为目的的，如公司、银行等；有以公益为目的的，如农会、工会、商会等；还有既非以营利为目的，也非以公益为目的的，如同乡会、同学会、俱乐部等。将公司界定为营利法人，可以较好地体现公司的商人身份和存在价值。这里所说的"以营利为目的"，是指其出资对外经营某项事业之目的，在于获取利润，使自身之财产增加，并将增加之利益分配于其股东而言的。① 公司的营利性是其与生俱来的本性。没有营利，就没有企业，不能盈利，企业就无法生存，营利是企业的生命和根本。② 公司的营利性，主要表现为：

第一，公司是以营利为目的而进行经营活动的，其实施一切活动的目的都是为了赚取超出其投资的利润。至于其事实上是否盈利，是否实际取得超出其投资之外的利润，并不影响其存在的营利性。

第二，公司所从事的以营利为目的的经营活动，具有连续性和固定性，此为商行为之特性所在。这种连续性与固定性体现为公司在其存续期限内，是连续不断地按照登记注册的经营范围从事着经营活动，这种经营活动具有同一性质、固定内容和确切经营项目。

第三，公司将其所取得的盈利在其成员中进行分配。公司的营利性非仅指其自身简单的盈利，而是包括向其成员分配盈利的特殊内容。如果盈利仅是为了维持其本身的运作，而无分配的意思，则该经济组织不具备营利性。

4. 公司是依法设立的以营利为目的的社团法人

所谓依法设立有两层含义：一是公司的设立必须符合实体法规定的设立条件，且必须为公司法上规定的公司种类，设立人不得自行创设法律没有规定的公司种类。这是国家对结社自由的限制。③ 二是公司的设立必须履行法定的程序，方可取得公司的资格。关于公司的种类，各国立法规定不一，大体包括股份有限公司、有限责任公司、无限责任公司、两合公司、股份两合公司五种。我国公司法规定的只有股份有限公司和有限责任公司两种，④ 因此，在我国，除上述两类经济组织外，其他类型的经济组织均不得冠以"公司"的名称。对于股份有限公司和有限责任公司的设立条件，我国《公司法》第二章第一

---

① 梁宇贤：《公司法》，台湾五南图书出版公司 1982 年版，第 3 页。

② 赵旭东：《企业与公司法纵论》，法律出版社 2003 年版，第 124 页。

③ 王泽鉴：《民法总则》，中国政法大学出版社 2001 年版，第 153 页。

④ 我国《公司法》第 2 条规定："本法所称公司是指依照本法在中国境内设立的有限责任公司和股份有限公司。"

节和第四章第一节分别作了详细的规定，本书将在随后的章节中详细阐述。而公司设立程序的规定，除了《公司法》中有所涉及外，主要规定在国务院1994年6月24日颁布，并于2005年12月修订的《公司登记管理条例》中。由于公司登记属商事登记的范畴，恕不赘述。总之，只有符合法律规定的条件和要求，并履行法定的登记手续，以营利为目的的社会组织才能称为公司。

二、公司的形成与作用

（一）公司的形成

公司作为商品经济发展到一定阶段的产物，其产生有着深刻的经济根源。作为投资者，在追求利益最大化的同时，又要求将其投资的风险降到最低，而事实上这两者又往往存在冲突。因此，如何建立一种既能较好满足投资者要求，又能较好维护社会经济秩序的经济组织形式，是公司制度成长过程中面临的两大问题。

公司最初萌芽于中世纪地中海沿岸具有合伙性质的家族企业，并随着资本主义经济的发展而不断发展，从最初为减少家族企业人身关系，增强资合关系而形成的两合公司、无限公司，发展到集合更多资本并对资本主义发展起极大推进作用的股份公司。正如马克思所言：“股份公司的成立使生产规模惊人地扩大了，个别资本不可能建立的企业出现了”，“假如等待积累去使某些单个资本增长到能够修建铁路的程度，那么恐怕直到今天世界上还没有铁路。但是，集中通过股份公司转瞬之间就把这件事完成了”。①

然而，股份有限公司也有不足之处：其组织形式较为呆板，容易被少数股东操纵和控制，股东对公司缺乏信任感和责任感。为了更好地保护投资者及债权人的利益，修正股份有限公司的弊端，德国于19世纪末在吸收了无限公司和股份有限公司优点的基础上，首创了有限责任公司制度，至此，较为完备的公司制度得以形成。

（二）公司的作用

公司的产生为社会化大生产提供了适当的企业组织形式，并在更广泛和更深层领域中促进了市场经济的发展，从而使资本主义在短期内创造出了比以往任何社会都大得多的生产力。公司在经济生活中所体现的作用，有以下几个方面：

1. 确立了法人人格制度和股东的有限责任

法人制度是近代史上人类文明的一大创举，尤以公司制度为其典型。公司

---

① 马克思：《资本论》第1卷，第688页。

完备的组织机构，完全独立的财产及责任，充分体现了法人所具有的法律特征。基于公司独立的法人人格，其对股东投资的财产享有独立的、排他的法人财产权。股东个人财产与公司财产是相分离的。公司以其全部资产对公司的债务承担责任，股东仅以其认购的出资额为限对公司承担责任。有限责任的确立，适应了社会化大生产条件下，商品经济对企业组织形式的客观要求，有效地实现了资本的联合和集中，降低了企业的组织成本。

2. 大规模筹集资金

公司是筹集资金最为有效的组织形式。早期的经济组织往往是家族经营，无论在人员组成，还是资金规模上，都具有浓厚的小商品经济组织的色彩。随着生产的日益社会化和竞争的日趋激烈，单个资本越来越难以适应形势发展的需求，尤其在现代技术条件下产生的规模经营，更是人合性组织所无法企及的。有限责任是公司吸引众多股东投资的一个重要原因，一方面，有限责任的确立，使投资人可以预知投资的风险，其最大风险仅限于出资的损失，这就给予投资者一种保障；另一方面，有限责任不再使公司的责任与股东个人的责任难以分开，股东可以将其所持有的股份进行转让，尤其是二级市场的形成与健全，为投资者提供了风险转嫁机制，也为公司市场化融资提供了便利条件。此外，由于公司的总资本划分为等额股份，分散于众多投资者手中，单个投资者所承担的风险大大降低。股东投资有了保障，不再因巨大风险而束缚手脚，也使公司拥有大量股东并筹集到巨额资金，激发公司作为法律主体的生命力和创造力，并满足了社会化大生产的需求。

3. 实现企业管理的专业化和现代化

独资企业和合伙企业在企业管理方式上，是与小商品经济相适应的。随着社会化大生产的出现，企业需要建立新型的管理体制，以适应复杂的管理要求。公司在管理模式上有效地实现了所有权与经营权的分离，使管理分工适应了专业化的需要。股东以股权为依据，按照公司法规定的方式，参与公司经营管理，对公司实行间接控制；而公司的股东会、董事会及监事会作为公司的权力机构、执行机构及监督机构，依公司法的规定行使职权，各机构的产生、权限的规定充分贯彻了分权与制衡，以及权利、义务和责任统一的原则，使公司的管理达到了高度的民主化和科学化。可以说，公司的产生，使企业的管理走向了现代化。①

① 赵旭东：《企业和公司法纵论》，法律出版社 2003 年版，第 140 ~ 141 页。

第二节 公司的种类

一、公司的学理分类

(一) 人合公司、资合公司及中间公司（折中公司）

这是以公司的信用基础为标准对公司所作的分类。凡公司的经济活动，着重在股东的个人条件的，为人合公司。人合公司的信用基础在于人——股东，公司能否获得债权人的信用，不在于公司财产的多少，而是取决于股东个人的信用。无限公司是典型的人合公司。反之，凡公司的经济活动，着重于公司财产数额，而不注重股东个人条件的，为资合公司。资合公司的信用基础在于公司的财产，债权人仅关心公司的资产实力是否雄厚，而对于股东个人的资信状况并不关心。资合公司以股份有限公司为代表。介于人合公司与资合公司间之公司，谓之中间公司或折中公司。① 凡公司的信用基础兼具股东个人信用和公司资本数额两方面的，称为人合兼资合公司。两合公司当属人合兼资合公司的代表。②

(二) 一元公司与二元公司

这是以公司股东承担的责任是否相同为标准对公司进行的分类。凡公司是由负相同责任的股东组成的，为一元公司，如无限公司、有限责任公司及股份有限公司。反之，公司若由负不同责任的股东组成的，为二元公司，如两合公司就是由有限责任股东与无限责任股东共同组成的。③

二、公司的法律分类

(一) 无限公司、两合公司、有限责任公司及股份有限公司

这是以股东承担责任的形式不同为标准对公司所作的分类。大陆法系国家如法国、德国、瑞士、日本，即采用此种分类标准。所谓股东责任，指公司股东以股东资格对公司债务所负担的清偿责任。申言之，股东责任系以股东对公司债务应否负清偿责任及其负责程度如何为内涵。依股东应否对公司债务负清偿之责，股东责任可分为直接责任与间接责任，前者指股东对公司债务直接负

① 柯芳枝：《公司法论》，中国政法大学出版社 2004 年版，第 12 页。
② 张国键：《商事法论》，台湾三民书局 1987 年版，第 120 页。
③ 王文宇：《公司法论》，中国政法大学出版社 2004 年版，第 73 页。

清偿责任；后者，指股东对公司债务不直接负责，只对公司负出资义务，而公司财产又为清偿公司债务的基础，究其实质，亦是股东依股东资格对公司债务负清偿责任，但属于间接负责。依股东对公司债务所负清偿责任的程度不同，股东责任可分为无限责任与有限责任，前者指公司负有多少债务，股东即应清偿多少；后者指股东对公司债务所负的清偿责任，仅以其出资额或所认股份为限。①

无限公司，指全体股东对公司债务承担连带无限清偿责任的公司。两合公司，指一人以上的无限责任股东，与一人以上的有限责任股东所共同组成，其中，无限责任股东对公司债务负连带无限清偿责任，有限责任股东以出资额为限对公司负责。② 有限责任公司，指全体股东以其出资额为限，对公司债务承担责任的公司。股份有限公司，指公司的全部资本分为等额的股份，股东仅以其所认的股份为限，对公司的债务承担责任的公司。

我国公司法只规定了有限责任公司和股份有限公司两种形式。

（二）公开招股公司与非公开招股公司

这是英美法系国家根据公司股权掌握的对象及其股权转让方式的不同，对公司所作的分类。公开招股公司，又称为开放式公司、公众公司，指发行在外的股份为多数不特定的人所持有的公司。英国的公众公司具有大陆法系股份有限公司相同的特征，如股东人数没有最高限制、可以向公众募集股份、上市后股份可以自由转让、经营实行公开原则等。但两者还是有区别的，如公众公司不仅包括有限责任公司，也可能是无限责任公司或担保有限公司。不公开招股公司，又称为封闭公司、私人公司，指股份为少数特定的股东所掌握，股份不向社会募集，转让亦受到限制的公司。

（三）母公司和子公司

以公司间的从属关系为标准，可以将公司分为母公司和子公司。母公司是指通过掌握其他公司一定比例以上的股份或通过协议的方式，从而能够在实际上控制其他公司营业活动的公司。子公司是指受母公司实际控制，但在法律上具有独立法人资格的公司。我国《公司法》第 14 条第 2 款规定："公司可以设立子公司，子公司具有法人资格，依法独立承担民事责任。"

（四）本国公司与外国公司

这是以公司的国籍为标准，对公司所作的立法分类。凡总公司的国籍隶属

① 柯芳枝：《公司法论》，中国政法大学出版社 2004 年版，第 9 页。

② 王文宇：《公司法论》，中国政法大学出版社 2004 年版，第 68 页。

于外国者，为外国公司，总公司的国籍隶属于本国者，为本国公司。① 但对于公司国籍的认定依据，大陆法系各国历来存在不同的标准，大体有四种：（1）依公司设立的准据法；（2）依控制公司的股东所在地法；（3）依公司住所地法；（4）依公司登记地法。我国在公司国籍认定问题上，采用了公司设立的准据法与登记地法相结合的双重标准。我国《公司法》第 192 条规定："本法所称外国公司是指依照外国法律在中国境外设立的公司。"

划分本国公司与外国公司的意义在于，外国公司及其分支机构非经认许，不得在本国从事营业。我国《公司法》也有类似的规定。②

第三节　我国《公司法》的制定与修改

一、《公司法》的立法背景

纵观 20 多年改革开放的实践，人们对巩固和发展公有制经济以及公有制的实现形式，有一个逐渐深入的认识过程。股份制自 20 世纪 80 年代在我国兴起之后，理论界就有"姓资姓社"之争。起初，有人认为股份制与私有制相联系，我国应坚决反对。后来，随着社会主义初级阶段理论的确立，人们对股份制存在与发展的必然性与必要性达成了共识，但对其存在范围还是有不同认识。1992 年党的十四大确立了社会主义市场经济理论后，人们对股份制的认识取得了实质性进步。人们普遍认识到，股份制作为现代企业的一种资本组织形式，有利于所有权和经营权的分离，有利于提高企业和资本的运作效率。党的十四届三中全会通过的《关于建立社会主义市场经济体制若干问题的决定》进一步指出，建立现代企业制度，是发展社会化大生产和市场经济的必然要求；国有企业实行公司制，是建立现代企业制度的有益探索。党的十五大报告对股份制这一现代企业的资本组织形式，给予了明确肯定，作出了重大的理论突破，表明了所有制和所有制实现形式是两个不同的概念，股份制可以是所有制的实现形式，其本身不姓"社"也不姓"资"。党的十六大则进一步将股份制确认为公有制的主要实现形式。随着国家与社会对股份制及公司制度认识的深入，公司在法律层面上得到了确认。

---

① 张国键：《商事法论》，台湾三民书局 1987 年版，第 120 页。

② 参见我国《公司法》第十一章。

二、《公司法》的制定过程

1983年，国家经委、国家体改委就已着手起草公司法。不过，由于当时经济体制改革尚未全面启动，对股份制的认识及实践都非常落后，因而缺乏制定统一公司法的实践基础与外部环境。于是，有关部门决定暂缓统一公司法的制定，而分别制定有限公司与股份公司两个单行条例。

从1986年开始，公司法起草方案正式确定为分别起草《有限责任公司条例》和《股份有限公司条例》，并成立了两个起草小组。起草小组草拟的两个条例初稿，经多次征求政府部门、企业和专家学者的意见，并经国务院法制局数次修改后，于1989年报请国务院审议。国务院认为，股份公司在我国尚属试点性质，不宜以行政法规的形式加以普遍规定，而有限公司则数量较多，急需规范，因而可以先行通过《有限责任公司条例》。之后，为适应清理整顿公司的需要，全国人大、国务院决定提高公司法的效力等级，将《有限责任公司条例》改为《有限责任公司法》。1991年8月，国务院常务会议对《有限责任公司法草案》进行了审议，但未提交全国人大常委会审议。到了1992年，随着新一轮股份制高潮的兴起，公司立法又提上了议事日程。为了规范公司的运行，国家体改委先行制定了《股份有限公司规范意见》和《有限责任公司规范意见》，作为公司法出台前的过渡性规范文件，但这两个文件主要是规定国有企业进行股份制改造试点方面的问题，并且仅仅属于部门规章，因而在适用上具有很大的局限性。为了适应统一适用公司法的迫切需要，国务院于1992年8月正式提请全国人大常委会审议《有限责任公司法草案》。全国人大常委会在对该草案审议时指出，为了适应社会主义市场经济发展的需要，应当制定一部覆盖面更宽一些、内容比较全面的公司法。全国人大法制工作委员会在上述条例草案、规范意见和法律草案的基础上，汇总起草了《公司法草案》，并于1992年12月提交七届全国人大常委会第三十次会议审议。经初审后，该草案又经多次征求意见和修改，最终于1993年6月提请八届全国人大常委会第二次会议再次审议。此后，又经多方面反复修改，于1993年12月29日经八届全国人大常委会第五次会议审议通过，新中国第一部公司法正式诞生，并自1994年7月1日起施行（为行文方便，该《公司法》下文称旧《公司法》）。这标志着我国企业立法体系打破了旧体制下按所有制和行业立法的传统模式，注重市场经济发展中所有制主体多元化的现实，借鉴国际通行的规范，建立起了按企业组织形式和法律形态立法的新体系。

旧《公司法》共有11章230条，分别为：总则；有限责任公司的设立和组织机构；股份有限公司的设立和组织机构；股份有限公司的股份发行和转让；公司债券；公司财务、会计；公司合并、分立；公司破产、解散和清算；外国公司的分支机构；法律责任；附则。

旧《公司法》从法律上确立了我国现代企业制度的基本框架，明确产权界定，强调公司自主经营，国家只对企业进行宏观调控和监督。该法还明确规定公司内部建立责任、权力分明的激励和约束相结合的机制，即建立股东大会、董事会和监事会这种现代公司治理结构，另外，还有关于发行股票和公司债券、股份有限公司上市、公司解散和清算等规定，其中针对我国长期以来国有企业占主导地位的状况，对国有独资有限责任公司作了特别规定。总体来说，由于我国刚刚确立市场经济的改革目标，公司法律理论研究不够充分，公司基本制度实践亦多为空白，社会各界对公司价值的认识尚处于启蒙阶段，旧《公司法》在一定程度上也就成为一个移植国外制度和囿于时代认识局限的文本。整个立法基本上是照搬大陆法系国家和地区的公司法典，有所修改和创新之处，集中体现在国有公司的特殊规则和保护规范方面。

三、《公司法》修订的背景及概况

长期以来，我国采取按所有制和行业制定企业法的模式，随着国家对股份制认识的突破，对跨越不同所有制和行业的公司单独立法的做法，获得了全面认可。在旧《公司法》出台之后，出现了《公司法》与其他企业法交叉的现象，产生了制度不协调的问题，旧《公司法》的规定已经不能满足实践对公司制度的需求。因此，在旧公司法出台不久，公司法的修订就成了一个热点问题。

在社会各界的呼吁之下，1999 年 12 月 25 日召开的九届人大常委会第十三次会议对旧《公司法》进行了第一次修改。这次修改仅是局部微调，主要涉及两个方面：增加了国有独资公司设立监事会的规定和支持高新技术股份有限公司发展的规定。此次修订未能解决许多急需解决的制度问题，其基本理念和框架仍停留在 20 世纪 90 年代初的水平。随后，在证券制度以及与公司制度相关联的其他制度取得重大突破的背景下，全面修订旧公司法终于列入了立法计划。

公司法修订被正式列入十届全国人大常委会和国务院 2004 年立法工作计划，国务院法制办等有关部门和单位成立了公司法修改领导小组和起草小组。在吸取各方意见和多次修改的基础上，国务院法制办于 2004 年 8 月 17 日拿出了《公司法草案》（2004 年 8 月稿）。不过，为了及时与 2004 年 7 月 1 日施行的《行政许可法》相衔接，全国人大常委会于 2004 年 8 月 28 日先行对旧公司法作了仅删除一款的小幅修订。在《公司法草案》（2004 年 8 月稿）的基础上，国务院法制办和其他有关部门又拟定了新的《中华人民共和国公司法（修订草案）》，即《公司法（修订草案）》一次审议稿。2005 年 2 月 25 日至 28 日举行的十届全国人大常委会第十四次会议第一次审议了该草案。该修改草案在立法理念及制度上，做了很多重大突破，在许多方面都吸收了近年来理论研究的成果，具有明显的进步性，但在诸多方面也还需要进一步完善。2005 年 8 月 23 日和 10 月 23 日，全国人大常委会第十七次会议和第十八次会议分别对《公司法（修订草案）》进行了第二次审议和第三次审议，根据审议意见，全国人大法律委员会对修订草案进行了进一步修订，最终在 10 月 27 日闭幕的第十八次会议上交付表决并获得高票通过，并自 2006 年 1 月 1 日起施行。至此，围绕新公司法修订的诸多争议热点暂时尘埃落定。

四、新《公司法》的变化及其意义

本次《公司法》修订是该法第三次修改，也是修改幅度最大的一次，在原来总共 229 个条文中，删除的条款达 46 条，增加的条款达 41 条，修改的条款达 137 条。这种大修大改不只是表面上条文和文字的简单改动，更是制度和规则的突破和创新，是立法目标和价值选择上的重新认识和调整。

在基本理念上，新《公司法》体现了从片面强调资本信用到兼顾资本信用和资产信用的调整，降低了对公司的过度管制。“从资本信用到资产信用，是对公司信用科学分析基础上的理性选择，是公司法发展的历史轨迹，也是中国公司法正在形成的发展趋势。”① 从立法上来看，新《公司法》改变了不适应实际需要的既有制度和规则，引入了先进的理念和制度，进一步完善了行之有效的规定，填补了立法上的漏洞与空白。它也对部门规章和地方法规中相互矛盾、冲突的规定，进行了有效的整合和协调，维护了公司法制的统一性和严肃性。对司法和执法来说，新《公司法》的制度和规则更具操作性和适用性，为司法和执法活动提供了更为充分具体的法律依据，有助于消除对司法解释的过度依赖。对公司实务部门而言，新《公司法》建立了更符合实际需求的实务运行规范，为投资者和公司管理人员提供了更具指导性的行为规则，对股东、债权人、劳动者以及公司本身的合法权益，提供了更加有效和周密的保护，从而有助于防范、减少和化解公司内外的利益矛盾和冲突。

从修改的内容来看，主要集中在《公司法》的两大支柱制度上，即资本制度和公司治理。在资本制度方面，新《公司法》放松了对公司的过度管制，

---

① 赵旭东：《企业与公司法纵论》，法律出版社 2003 年版，第 233 页。

大幅度地降低了公司设立的最低注册资本数额，放宽了对股东出资方式的限制，允许出资的分期缴纳，取消了对公司转投资的限制，增加了公司回购自己股份的情形。在公司治理方面，新公司法赋予少数股东对股东大会召集权和主持权，允许公司实行累积投票制，将股东的知情权落实到查阅公司账簿上，限制关联股东及其董事的表决权，增加董事、监事不履行职责时，股东代表公司提起诉讼的权利等。

这次公司法的修改，总结了我国 20 年来公司法实践的经验，借鉴了各国公司法改革的最新成果，对现实中的许多重要问题进行了深入的分析和论证，修改或废止了脱离现实需要的规定，进一步完善了公司治理的制度和规则，引进、建立和发展了具有时代特征、符合我国现实需要的先进公司法理念和制度。

第四节　公司人格制度

公司人格即公司的能力。公司作为法人，为法律上的主体，同自然人一样具有独立的人格，拥有相应的能力。一般而言，公司的能力通常包括三方面的内容：公司的权利能力、公司的行为能力和公司的责任能力。

一、公司的权利能力

公司的权利能力指法律赋予公司享有民事权利和承担民事义务的资格。该资格是公司能以自己的名义参与社会经济活动，取得权利、承担义务的法律依据。

公司的权利能力始于何时？各国家和地区立法规定不一。《德国民法典》第 22 条规定："以营利为目的的社团，在帝国法律无特别规定时，因邦的许可而取得权利能力。许可权属于社团住所所在地的邦。"《日本商法典》第 57 条规定："公司因本公司所在地的设立登记而成立。"我国台湾地区"公司法"主张，公司的权利能力始于登记成立。① 而依照我国现行《公司登记管理条例》第 3 条的规定："公司经公司登记机关依法核准登记，领取《企业法人营业执照》，方取得企业法人资格。"因此，在我国，公司的权利能力并非始于登记，而是始于领取营业执照之日。

公司的权利能力终于何时？从《德国民法典》、《德国股份法》和《德国

① 张国键：《商事法论》，台湾三民书局 1987 年版，第 124 页。

有限责任公司法》的相关规定来看，公司的权利能力终于解散，但公司解散后，为了清算目的，公司作为无权利能力的社团仍可继续存在，直至清算完毕，办理公司注销登记之时，公司方为消灭。① 因此，在德国法上，公司权利能力的终止与公司的消灭并不是一回事。日本也采此立法例。② 从我国《公司法》第 189 条的规定来看，我国公司的权利能力应当终于注销登记之日，这是公司作为法律主体在权利能力终止问题上与自然人的不同之处。

公司作为法律上的“人”，虽然在权利能力的起止方面与自然人有别，但在权利能力的范围上却是与自然人的权利能力范围相同，即各类公司的权利能力是平等的、普遍的、不受限制的。那种认为公司法人的权利能力应当受到其自身性质、法律法规的规定和设立目的三方面的限制的观点，我们认为值得商榷。理由有三：

1. 公司法人的法律地位平等，是保证商事交易自由原则得以顺利实施的前提，而公司法人的法律地位是通过权利能力来体现的。如果立法不承认公司法人的权利能力一律平等，而是对其权利能力加以限制，那么，在交易实践中，就会出现大商人和小商人的区分，由于大小商人的法律地位不平等，双方之间的交易自由也就无从谈起。我国在改革开放初期，在某些法律法规中出现过将企业法人分为“一级法人”和“二级法人”的分类，事实上就是对这一问题的错误认识造成的。而德国在 1988 年 6 月 22 日颁布的《商法改革法》中，取消完全商人和小商人的划分，创立统一的商人概念，③ 也体现出德国立法者认识到德国过去的商法在这一问题上存在的不足和缺陷。

2. 权利能力制度是解决在特定的法律关系中，哪些组织或自然人能够成为该法律关系的主体问题，离开了特定的法律关系，是很难确定社会组织或自然人的法律地位的。比如，我们通常认为，国家公权力机关是公法关系的主体，而不是私法关系的主体，因而一国私法不会规定公权力机关在私法关系中的权利义务问题，但人们通常不会认为，国家公权力机关的权利能力是受限制的。同样道理，公司权利能力制度的创设，主要是解决各类公司在商事法律关系中的主体资格问题，离开了商事法律关系，这个资格的赋予就没有任何法律意义，而商事关系是纯粹以营利为目的的财产关系，根本不涉及人身关系，当

---

① 参见《德国民法典》第 42 条、第 43 条、第 49 条；《德国股份法》第 262 条、第 263 条、第 274 条；《德国有限责任公司法》第 60 条、第 61 条、第 62 条、第 74 条。

② 参见《日本民法典》第 68 ~73 条。

③ 杜景林、卢谌译：《德国商法典》，中国政法大学出版社 2000 年版，第 1—2 页。

然也就谈不上商人是否享有自然人的人身权利问题。以公司不能享有自然人的人身权利为理由，主张公司的权利能力是受其自然性质限制的观点，在法理上是说不通的。

3. 权利能力的广泛性只是为权利主体享有权利和承担义务提供了一种可能性，但要真正取得权利和承担义务，则必须具有相应的行为能力。基于这一理由，我们认为，在商事法律法规中，有一些对公司行为的限制性规定，比如公司法中有公司不得为他公司的无限责任股东的限制；公司除依其他法律或公司章程规定得为保证人外，不得为任何保证人的规定等，事实上是对商事主体行为能力的限制，而与公司的主体资格无关。同样道理，公司法人在设立时，在其章程中通常都会规定设立目的和经营范围，公司法人的营业行为不得违反其设立目的，不得超越其经营范围，这种限制也是对公司法人行为能力的限制，对公司的主体资格是没有影响的。

二、公司的行为能力

公司行为能力是指公司在商事交易中，通过实施商行为，取得商事权利、承担商事义务的资格。行为能力以权利能力为前提，公司的权利能力赋予公司法人从商的资格；公司的行为能力则是公司实施具体法律行为，产生商事权利义务关系的能力。

商事行为能力虽然与民事行为能力一样，都是解决法律关系的主体在不同的法律关系中，如何通过其行为取得权利、承担义务的问题，但由于营利的本质属性，导致了民商分立国家的立法者在规定商事行为能力时，却作出了有别于民事行为能力的规定，这些差异表现在以下几方面：（1）在行为能力的取得方面，民事主体民事行为能力的取得与民事权利能力的取得并不是同步的，而商事主体的商事行为能力的取得与商事权利能力的取得是同步的。因此，公司一旦取得商事权利能力，则同时取得商事行为能力。（2）在行为能力的消灭方面，民事主体的民事行为能力的消灭与民事权利能力的消灭也不是同步的。换言之，丧失民事行为能力，并不意味着民事主体的主体资格消灭。而商事主体的商事行为能力的消灭与商事权利能力的消灭却是同步的。换言之，公司一旦丧失商事行为能力，不能实施商行为，那么它作为商事主体的存在就没有任何意义了。因此，无论在立法上，还是在交易实践中，均不存在无行为能力的公司。（3）在行为能力受限制的法定事由方面不同。自然人民事行为能力受限制的法定事由，主要是年龄和智力因素。公司行为能力受限制的法定事由，主要包括设立目的、营业种类和公共政策等方面。下文会作简要介绍。

概括说来，各国立法对公司的商事行为能力的限制，主要包括以下几方面：

1．基于设立目的不同产生的限制

虽然，各类公司均以营利为共同目标，但如何通过其具体的营业行为去实现这个目标，则是各国立法在公司设立时就要求其向登记机关阐明的。我国立法也要求公司设立时，应当公示其设立目的，只不过未明确表述为“设立目的”，而是以“经营范围”代替之。如我国《公司法》第12条规定：“公司的经营范围由公司章程规定，并依法登记。公司可以修改公司章程，改变经营范围，但是应当办理变更登记。”我国《民法通则》第42条规定：“企业法人应当在核准登记的经营范围内从事经营。”法律要求登记公司的经营范围，并明确要求公司在核准登记的经营范围内从事营业活动，显然是出于维护交易安全的需要。因为登记机关对公司经营范围大小的核定，是建立在对公司的营业规模的大小核定基础上的，它与公司的责任能力直接联系在一起。如果在经营范围上，不对公司的行为能力加以限制，允许其超范围经营，则必然会引发经营中的商业风险，从而威胁交易安全。

当然，公司的经营范围并非一成不变。随着商事主体营业资本数额的增减，其经营范围也可以随之扩大或缩小，从而导致公司的行为能力也随之发生变化。但公司的营业范围的变更，并非公司本身可以随意为之，需要履行法定的变更登记手续。

2．基于营业种类的不同产生的限制

所谓营业种类，是指基于公司的营业规模、组织形态、对外承担民事责任的形式不同，对营业进行的分类。通常情况下，公司的营业不同，其行为能力受到的限制也不同。比如，同为公司，股份有限公司为募集资金的需要，可以实施发行公司股票和公司债的行为，而有限责任公司则不可以。在承认无限责任公司和两合公司的国家，公司法有公司不得为他公司无限责任股东的限制。立法者之所以要从营业种类的角度对不同公司的行为能力加以限制，是因为公司的行为能力的大小是建立在公司的营业财产数额多寡基础上的。营业财产的多寡是核定不同营业种类的主要依据，同时也是判断公司责任能力的主要依据。以营业种类为标准，赋予不同公司不同的行为能力，说到底是出于维护交易安全的需要。

3．基于维护公序良俗原则产生的限制

公序良俗原则是民商事活动应当共同遵守的一项原则。在商事领域，公司在从事商事活动时遵守这一原则，就意味着不得实施有悖于该原则的行为。比如我国台湾地区“民法”第72条规定：“法律行为，有悖于公共秩序或善良风俗者，无效。”商业行为也是法律行为，对于违反公序良俗的商业活动，当然要受到限制。① 我国现行立法也明确要求商事主体在从事商事活动时，必须遵守社会功德，不得损害社会公共利益。② 依此规定，在我国，公司的行为能力也要受到公序良俗原则的限制。虽然由于宗教、文化和传统上的原因，各国立法对公序良俗的内涵界定不完全相同，但从事贩卖毒品、贩卖人口、销售赃物等行为，则为各国法律所明文禁止。

4．基于公共政策需要产生的限制

公共政策是国家干预经济活动的重要手段，在市场经济体制下，国家动用公共政策手段对公司的行为能力加以限制，其目的有二：一是确保国计民生的基本需求，避免市场的自发调节可能引发的市场动荡。比如许多国家对邮电、铁路、航空、保险、城市公用水电等公用事业，只允许国有公司公营，即使允许其他商人经营，也有极其严格的限制。二是出于维护国家安全的需要，对涉及国防的产业和产品，只允许公营企业经营。当然，公共政策手段对公司的行为能力加以限制，虽然是各国的普遍做法，但限制程度与一国的市场发育程度有密切关系。一般说来，市场发育程度愈高，基于公共政策的限制就愈少。

除了上述限制外，有学者还提出，经理人不得兼任其他营利事业之经理人，并不得自营或为他人经营同类业务等，均是对公司行为能力的一种限制。③ 对此观点，我们不敢苟同。我们认为，公司的经理人并非商人，而只是商业辅助人，既然经理人连商事主体资格都未取得，也就谈不上商事行为能力的问题，更谈不上受限制的问题。

三、公司的责任能力

责任能力是指公司对其行为的后果应当承担责任的能力或资格，在民法上称为侵权行为能力。公司负责人对于公司业务之执行，如有违反法令致他人受到损害时，对他人应与公司负连带赔偿之责，此系有关公司侵权行为能力之规定。④ 对于法人是否具有侵权行为能力，理论上有两种不同的主张。

---

① 张国键著：《商事法论》，台湾三民书局1987年版，第65页。

② 参见我国《公司法》第5条、《合伙企业法》第7条和《个人独资企业法》第4条之规定。

③ 张国键著：《商事法论》，台湾三民书局1987年版，第65—66页。

④ 柯芳枝：《公司法论》，中国政法大学出版社2004年版，第28～29页。

“法人拟制说”认为，公司仅在其目的事业范围内享有权利、承担义务，而侵权行为不属于公司目的事业范围，故公司不可能为侵权行为。公司法定代表人所实施的仅是代理行为，而侵权行为是不能代理的。所以，凡侵权行为皆为公司法定代表人的个人行为，而非法人行为，法人不具有侵权行为能力。

“法人实在说”认为，公司作为一种法律实体同自然人一样，有自己的代表机关，能够以自己的意思实施行为，公司在实施目的事业范围内的行为时，难免会如自然人一样为违法行为。公司的民事责任能力是以公司的民事权利能力为基础的，其能作为一个独立的民事主体，以自己的名义并以自己的财产对外独立承担责任。代表公司的董事或股东因执行职务造成侵权的，股东或董事作为公司的机关，他们的行为即为公司的行为，公司应对其侵权行为给第三人造成的损害承担赔偿责任。如《韩国商法典》规定：“代表公司的社员或者代表董事在履行公司业务中对他人造成损害时，公司与其代表机关连带承担赔偿责任。”我国公司法并没有对公司的侵权责任作出明确的规定。最高人民法院在《关于贯彻执行〈民法通则〉若干问题的意见》第58条规定：“企业法人的法定代表人或其他工作人员，以法人名义从事的经营活动，给他人造成经济损失的，企业法人应当承担民事责任。”《民法通则》第43条规定：“企业法人对它的法定代表人和其他工作人员的经营活动，承担民事责任。”依一般法理，在特别法无相关规定时，可适用普通法的规定。因此，在我国，公司应当具有责任能力，对其法人代表和其他工作人员的侵权行为造成的损害应当承担赔偿责任。

公司就其法人代表和其他工作人员的侵权行为负担赔偿责任，必须具备以下要件：

（1）必须因执行职务行为而发生。对于“执行职务行为”的判断，应符合以下三个要素：一是执行职务的人既包括公司的董事、经理人，也包括依照公司章程的规定或公司董事会的决定，履行特定职务的人，如公司的会计人员，部门经理等；二是执行职务的行为必须是以公司名义实施的；三是执行职务行为的范围，不以实现公司的营业目的为限，凡无法证明属行为人个人行为的，均应推定为公司行为。

（2）须以他人因此受有损害为要件。

（3）不以行为人主观上故意或过失为成立要件。

第五节　公司法人人格否认

一、公司法人人格否认的概念与特征

（一）公司法人人格否认的概念

公司法人人格否认，又称“公司直索责任”、“刺破公司的面纱”或“揭开公司的面纱”，指为阻止公司独立人格的滥用和保护债权人利益，就具体法律关系中的特定事实，否认公司与其股东各自独立的人格及股东的有限责任，责令公司的股东（包括自然人股东和法人股东）对公司债权人或公共利益直接负责，以实现公平、正义目标之要求而设立的一种法律措施。① 该“制度”所直接维护的主体是公司债权人，所直接指向的对象是公司背后的股东，所要达到的最终目的是排除股东有限责任的法律适用。该“制度”起源于19世纪末的美国，于20世纪初传入英国和德国，20世纪50年代在日本开始施行。在各国司法实践及法学理论中，公司法人人格否认已具有日益广泛的影响，但在多数国家和地区，该“制度”实际上尚未完全上升到由法律正式确认的制度层面，而主要是以法理或判例的方式予以确认和适用的。因此，在日本及我国理论界，该“制度”又被称为公司法人人格否认法理。

在概念上，日本及我国多数学者都采用了“公司法人人格否认”，并认为其内涵是对公司作为法人独立承担责任能力的否认，实际上这种理解并不确切。广义的公司并不限于有限责任公司与股份有限公司，还包括不具有独立承担责任能力的无限公司与两合公司等，而这些公司都具有法人资格（德国是例外）。在英美法系国家，“刺破公司的面纱”实际上是对公司作为法人的独立责任的否认。但在大陆法系国家和地区，公司法人人格否认所否认的并不是其作为法人所承担的独立责任，而是对其作为独立责任主体资格的否认。由于我国现行公司法并未确立无限公司与两合公司制度，公司法人人格与公司责任之间具有一致性，称为公司法人人格否认倒也无妨，但从其本质出发，还是应当“正本清源”地称为“公司直索责任”。

（二）公司法人人格否认的特征

公司法人人格否认，作为在特定情形下对股东有限责任的修正和否认，是为了实现“矫正的公平”，对公司、股东与债权人利益与风险的平衡。它具有

---

① 参见朱慈蕴：《公司法人格否认法理研究》，法律出版社1998年版，第75页。

以下特征：

（1）公司已经取得独立法律人格，具有独立承担法律责任的能力，这是适用公司法人人格否认的前提。至于公司法律人格的取得是否具有合法性，则不作要求，这一点使其与公司设立的无效或被撤销区别开来。公司法人人格否认具有个案忽略公司法律人格，而直索股东责任的功能，其针对的是具有独立人格且人格被滥用的公司。若一公司未取得独立人格，则不存在适用公司法人人格否认的前提。

（2）公司法人人格否认的法律效力，只适用于个案中的特定法律关系，而不具有普遍适用性。它不是对公司法律人格与独立责任能力的全盘否定，不影响该公司作为一个独立实体合法地继续存在，而是在个案中，忽略公司的独立法律人格，对公司独立责任予以否认。因此，公司法人人格否认既不是对公司法律人格独立原则的否认，也不是对公司独立责任的否认，其恰恰是对公司法律人格独立与责任独立原则的恪守，是公司人格独立原则的例外和补充。

（3）公司法人人格否认只为善意第三人的利益并针对股东的责任而主张，不是为了股东的利益而主张。公司法人人格否认是保护公司债权人和社会公众利益的措施，一般不允许股东为了自己的利益主张否认公司的法人人格。

二、公司法人人格否认的实践与立法

我国旧《公司法》没有规定公司法人人格否认，但我国审判机关在运用法律手段制止滥用公司法人人格行为，保护债权人和社会公共利益方面进行了积极的探索，积累了一些经验。最高人民法院 1994 年 3 月 30 日颁布的《关于企业开办的其他企业被撤销或者歇业后民事责任承担问题的批复》第 1 条第 2 款规定："企业开办的其他企业已经领取了企业法人营业执照，其实际投入的自有资金虽与注册资金不符，但达到了《中华人民共和国企业法人登记管理条例实施细则》第 15 条第（七）项或者其他有关法规规定的数额，并且具备了企业法人其他条件的，应当认定其具备法人资格，以其财产独立承担民事责任。但如果该企业被撤销或者歇业后，其财产不足以清偿债务的，开办企业应当在该企业实际投入的自有资金与注册资金差额范围内承担民事责任。"同条第 3 款规定："企业开办的其他企业虽然领取了企业法人营业执照，但实际没有投入自有资金，或者投入的自有资金达不到《中华人民共和国企业法人登记管理条例施行细则》第 15 条第（七）项或其他有关法规规定的数额，或者不具备企业法人其他条件的，应当认定其不具备法人资格，其民事责任由开办该企业的企业法人承担。"虽然该司法解释严格来说并不能适用于追究公司股东的责任，但实践中及理论界多数学者都将其作为追究股东责任的依据。但应当注意的是，即便该规定适用于公司，也显然不属于公司法人人格否认的规定，而是对公司法律人格的根本性否定。不过，该规定毕竟突破了股东的有限责任的界限，为公司法人人格否认的适用进行了积极探索。

此外，在最高人民法院审理债务纠纷、房屋买卖纠纷、其他合同纠纷等各类案件中，都有不少突破公司股东承担有限责任，判决公司出资人、股东对债务承担连带清偿责任的案例，在执行中还存在着变更被执行主体的做法。虽然这一做法存在侵害变更后的被执行人的诉权问题，但也表明司法实践中已注意运用执行力的扩张，制止股东滥用法人人格侵害债权人利益的倾向，实际上也突破了股东有限责任的限制。这些措施的广泛存在，表明我国确实存在着大量的公司法人人格被滥用的情形，并客观上存在着确立公司法人人格否认制度的需求。

《中华人民共和国公司法草案》（2004 年 8 月稿）第 19 条第 2 款曾规定："实际参与公司的经营管理或者通过持有公司股份等方式，对公司的人员、财务、业务等主要决策活动施加重大影响的公司股东，应当与公司保持独立，在人员、财务、业务等方面与公司混同的，应当对公司债务承担连带责任。"如果该款最终能够保留，将使我国公司法成为明文规定公司法人人格否认的具有开创性的立法。不过，从各国纷繁复杂的实践来看，确实难以就此作明确规定，故《中华人民共和国公司法（修订草案）》（一次审议稿）第19 条对此修订为："公司股东应当遵守法律、行政法规和公司规章，依法行使股东权利，不得滥用其有限责任损害社会公共利益、公司债权人或者其他利害关系人的利益。"该条内容在最终通过的新《公司法》中被进一步完善为共计三款的第20条："公司股东应当遵守法律、行政法规和公司章程，依法行使股东权利，不得滥用股东权利损害公司或者其他股东的利益；不得滥用公司法人独立地位和股东有限责任损害公司债权人的利益。""公司股东滥用股东权利给公司或者其他股东造成损失的，应当依法承担赔偿责任。""公司股东滥用公司法人独立地位和股东有限责任，逃避债务，严重损害公司债权人利益的，应当对公司债务承担连带责任。"这些规定与一般意义上的公司法人人格否认并不完全相同，还包含了股东因滥用股东权利而对公司及其他股东的赔偿责任。这种立法模式有其特殊价值，即通过强化股东对公司所负责任，进一步强化对公司债权人利益的维护。

三、公司法人人格否认适用的一般情形

由于实行公司法人人格否认的国家有限，并且大多没有明确的法律规定，因此，各国关于公司法人人格否认的认定，无论是理论上还是司法实践中，都存在着较大的分歧。一般来说，公司法人人格否认主要适用于下列情形：

1. 公司资本显著不足

公司财产独立是公司法律人格的要素之一，在此意义上的财产，首先指的便是公司资本。公司资本显著不足，表明公司股东缺乏以公司经营事业的诚意，意欲利用较少资本经营较大事业，从而利用公司人格和有限责任把投资风险转嫁给公司的债权人。① 因此公司资本显著不足，往往是导致公司法人人格否认的重要因素。不过，由于现代各国对公司最低注册资本额规定的都比较低，在英美国家甚至不作规定，因而不能以公司注册的法定最低资本额，而应以公司设立或新业务开展时的注册资本为准。股东的出资必须符合公司经营事业、规模和经营风险的最低要求。只有当公司资本与其经营的事业和隐含的风险或经营规模明显不相适应时，才适用公司法人人格否认。此外，如前所述，作为公司法律人格要素的财产独立的认定时间，应以公司设立之时为准。因此，衡量公司资本是否充足，也应以公司设立之时为标准。需要注意的是，如果公司设立时具有足额资本，但因控股股东的不当或不法行为（如抽逃出资）发生公司资本不足的事实，仍应将其视为公司资本不足。

但并不是所有资本不足的情况都适用公司法人人格否认。只有当债权人因股东的欺诈行为而受到损失时，才适用该制度。若债权人与股东交易时，知悉或应当知悉公司资本不足，仍与其交易，则债权人不能就此损失要求适用该制度，因为债权人可以事先要求股东提供担保来分担风险。

2. 利用公司独立人格逃避合同义务

这种情形在各国司法实践中获得确认的判例较多，学者们也进行了较为充分的研究。具体而言，大致又可分为以下三种情形：

（1）为回避契约上特定的不作为义务（如竞业禁止），而设立新公司或利用其原有的公司，假借公司名义掩盖其真实行为。

（2）"脱壳经营"即控股股东为逃避原公司巨额债务而抽逃资金或解散该公司或宣告该公司破产，再以原设备、场所、人员及相同经营目的而另设一家公司的行为。

① 孙晓洁：《公司法基本原理》，中国检察出版社2006年版，第156页。

（3）当事人利用公司名义转移财产进行诈欺以逃避合同义务的行为。

3．滥用公司人格规避法律义务或骗取非法利益的行为

这一情形是指股东利用新设立公司或既存公司的独立人格，人为地改变强制性法律规范适用的前提，从而进行规避法律义务的行为。如股东为避免其财产被强制执行而设立一家公司，并将其财产转移至该公司。

4．公司与股东人格混同

公司与股东人格混同，日本学者称为“法人人格的空洞化”，指公司的营业活动实际上是属于股东（社员）个人的营业或母公司营业内容的一部分的情形。① 这在一人公司和母子公司中表现得最为明显，其基本表征如下：

（1）财产混同。财产混同是对公司与股东财产分离原则的背离，将导致公司财产丧失独立性。财产混同，一方面表现为公司财产与股东财产在实际经营上的混同，无法严格区分；另一方面表现为公司与股东或一公司与他公司利益的一体化，如子公司以一种“不公平的方式”运作，使母子公司之间的交易利润积累于母公司而损失留存于子公司。

（2）业务混同。一公司完全以另一公司或股东的利益需求为准进行交易活动，使交易对方无法分清是该公司还是其股东或其他公司在从事交易行为。

（3）组织机构混同。公司组织机构包括公司的意思机关、执行机关和监督机关。组织机构的混同，势必导致公司的独立意思无法形成，从而丧失独立法律人格。

公司法人人格否认是对公司独立人格和股东有限责任的重要补充。我国公司法关于公司法人人格否认的规定，无疑将对公正、合理地审判案件，及时有效地保护公共利益和当事人的合法权益发挥重要作用。当然，由于立法仅作了原则性的规定，具体应如何运用，还有待司法解释的细化，尤其是通过最高人民法院公告的具有判例性质的案例，使其逐步具有可操作性。

第六节　公司资本制度

一、公司资本的概念

公司资本即公司的注册资本，指由公司章程所确定的全体股东的出资总

① ［日］末永敏和：《现代日本公司法》，金洪玉译，人民法院出版社 2000 年版，第 15 页。

额。

公司资本具有下列特征：（1）公司资本由公司章程确定并载明；（2）公司资本来源于股东的出资；（3）公司资本是公司自有的独立财产；（4）公司资本是一个抽象的财产金额；（5）公司资本是一个相对不变的财产数额。①

公司资本对于公司具有绝对的意义，它是公司对外独立进行商行为，独立承担责任的基础。公司是否拥有可靠、充实的资本，不仅对于与公司交易的第三人有重要的意义，对于整个经济环境的稳定及良好交易秩序的维持也很重要。因此，传统公司法对公司资本确定了资本确定、资本维持及资本不变三大原则，共同构成对公司资本的制约与保障机制。

二、公司资本制度的模式

公司以其资本为信用，因此，公司资本对公司的意义非同一般，各国和地区公司法对公司资本制度都极为重视。大陆法系国家和地区在三百多年的公司实践中，形成了较为严格的法定资本制。英美法系国家受其传统影响，形成了相对灵活的授权资本制。由于资本三原则在不断变幻发展的市场中缺乏灵活性，因此，采法定资本制的国家和地区如德国、日本以及我国台湾地区等，纷纷对资本制度加以变更，有的借鉴英美法系的授权资本制，对法定资本制予以修改，如我国台湾地区及日本；有的则干脆结合两种资本制的特点，创立出新的资本制度，即折中资本制。以下对不同资本制的特点作一简要介绍。

（一）法定资本制

法定资本制又称确定资本制，指公司设立时，章程中即应记载公司的注册资本额，且该注册资本由发起人或股东一次发行、全部认足或募足，否则公司不得成立；在公司成立后，如果要增加资本，必须以股东会或股东大会决议方式修改公司章程，增加资本数额，并办理相应的变更手续的公司资本制度。法定资本制首创于法国、德国，后为大陆法系其他国家和地区效仿，目前仍严格坚持该制度的已经较少。法定资本制的核心是资本三原则，即资本确定原则、资本维持原则、资本不变原则。

1. 资本确定原则

所谓资本确定原则，指公司在设立时，必须在章程中对公司的资本总额作出明确规定，并须全部认足或募足，否则公司不能成立。资本确定原则是资本形成制度中法定资本制的内容，因此，通常又把资本确定原则等同于或称之为

① 孙晓洁：《公司法基本原理》，中国检察出版社2006年版，第218～219页。

法定资本制，实质上，法定资本制是体现资本确定原则的资本形成制度。① 我国旧《公司法》较严格地贯彻了该原则。该原则保证公司在成立之初，有确定的资本从事生产经营，防止虚设公司行为的发生。然而，资本确定原则又存在一定的缺陷：其一，该原则要求公司在设立时即募足（或认购）全部资本，势必给公司设立造成困难，从而降低设立效率，阻碍公司制度的发展。其二，在公司成立初期，往往营业规模较小，需要投入运营的资本数额有限，故可能导致筹集资本的闲置和浪费。其三，若公司在设立时筹集的资本数额较少，则公司在经营过程中，通过增加资本来扩张规模时，又必须履行繁琐的法律程序，不适应公司灵活经营的需要。② 因此，严格遵守公司资本确定原则的国家和地区，逐渐改变其做法，不断加以突破，如吸收英美授权资本制中的内容，采取折中资本制等。

2. 资本维持原则

所谓资本维持原则，又称为资本充实原则，③ 指公司成立后，在其存续期间，应当保持与注册资本相当的资产。该原则是对公司存续过程中资本的要求。可以说，这是以实际上存在的公司财产来保护债权人的原则。④ 因为公司在运营过程中，不可避免地会出现因某些原因而导致其实际资金与注册资本不相吻合的情形。如果公司的实际资金已发生变化，少于公司章程记载的注册资本额，则势必损害与之交易的第三人的利益，从而危害整个交易的安全。因此，公司在存续过程中应保持与注册资本相当的资产，使其实际承担责任的能力与外部表征相一致。各国公司法关于资本维持原则的规定，主要体现在以下几个方面：第一，公司成立后，股东不得退股、不得抽回出资。⑤ 第二，股票的发行价格不得低于股票的面值。⑥ 第三，非依法律规定，公司不得收购自己的股份或接受以自己公司股票为质物的质押。⑦ 第四，公司的盈余应当首先弥补亏损，无利润不得分配股利。⑧ 第五，以实物出资时，若估价过高，致使其

---

① 赵旭东：《企业与公司法纵论》，法律出版社 2003 年版，第 240 页。

② 范健、蒋大兴：《公司法论》，南京大学出版社 1997 年版，第 338 页。

③ 柯芳枝：《公司法论》，中国政法大学出版社 2004 年版，第 128 页。

④ ［日］末永敏和：《现代日本公司法》，金洪玉译，人民法院出版社 2000 年版，第 26 页。

⑤ 参见我国《公司法》第 36 条、第 92 条。

⑥ 参见我国《公司法》第 128 条。

⑦ 参见我国《公司法》第 143 条。

⑧ 参见我国《公司法》第 167 条第 2 款。

实际价值与公司章程中的记载不符时，应由该出资人补足，且其他发起人负连带赔偿责任。①

3. 资本不变原则

所谓资本不变原则，指公司的资本一经确定，不得任意变动，如确实需要增资或减资的，须严格依法定程序进行。一般认为，资本不变原则同资本维持原则具有相同之要旨，都是为了保证公司资本的充实，防止其实质性地减少。但是两者着眼点不同：资本维持原则从公司的实际资金与注册资本相一致入手；而资本不变原则则是从公司资本变动方面予以规制。我国《公司法》有关公司增资、减资的具体规定，是资本不变原则的具体体现。但是，资本不变原则无法因应商业上之弹性需求，使公司资本之筹措耗时费日，缓不济急。②

（二）授权资本制

所谓授权资本制，指公司在设立时，虽然应在章程中载明公司资本总额，但公司不必发行资本的全部，只要认足或缴足资本总额的一部分，公司即可成立，其余部分，授权董事会在必要时发行或募集。

授权资本制为英美法系国家所创设，该制度以灵活务实而著称，与大陆法系的法定资本制形成鲜明的对比。授权资本制强调的是资本根据公司的经营需要分次发行，且股东对已认购股本的股款也可分次缴纳。③ 可见，授权资本制中，注册资本仅为公司可募集的最高资本额，并不要求公司成立时完全缴足。该制度的优点在于，降低了公司成立的条件，有利于公司的快速设立。同时，由于其授权董事会在公司成立后依实际需要募集资金，避免了法定资本制下改变注册资本的复杂程序。然而，该制度的灵活性也可能会被滥设公司者利用，导致设立公司欺诈行为的产生，不利于保护社会公益和债权人权益。可以说，同法定资本制相比，其利弊正好相反。为了解决这两种资本制的弊端，发挥它们的优点，一种新的资本制度——折中资本制开始出现。

（三）折中资本制

折中资本制，指公司注册资本总额在公司设立时，仍在章程中予以明确记载，但股东只需认足一定比例的资本，公司即可成立，对于未认足的部分，授权董事会在公司成立后募集，但该募集必须在法定期限内完成，且募集总额不得超出法律限制的资本制度。

---

① 参见我国《公司法》第31条、第94条。

② 王文宇：《公司法论》，中国政法大学出版社2004年版，第209页。

③ 沈四宝：《西方国家公司法原理》，法律出版社2006年版，第159页。

折中资本制又可分为许可资本制和折中授权资本制两种类型。许可资本制亦称认许资本制，指在公司设立时，必须在章程中明确规定公司资本总额，并一次性发行、全部认足或募足，同时公司章程可以授权董事会在公司成立后一定期限内，在公司资本的一定比例范围内，发行新股，增加资本，而无需股东会的特别决议。原实行法定资本制的大陆法系国家和地区，包括德国、法国、奥地利等基本上都实行了许可资本制。折中授权资本制，指公司设立时，要在章程中载明资本总额，并只需发行和认足一定比例的资本或股份，公司即可成立，未发行部分授权董事会根据需要发行，但授权发行的部分不得超过公司资本的一定比例。原实行法定资本制的日本和我国台湾地区实行的就是这种折中授权资本制。①

折中资本制吸收了两大法系资本制度的优点，既有效地避免了法定资本制的刻板所造成的效率低下及资金闲置，又能较好地保护债权人及社会公众的利益，可以说是一种较为优越的资本制度模式，目前，已逐渐成为各国和地区立法所倾向的主要资本制度。

三、我国的公司资本制度

我国旧《公司法》在资本信用的理念之下，强调对社会经济秩序及债权人利益的保护，因此，采用严格的法定资本制。但是随着社会经济的发展，僵化的公司资本制度已严重阻碍了经济的发展。因此，我国理论界与实务部门普遍认为，应顺应公司立法的国际发展趋势，结合我国国情，对现行公司资本制度进行修正，为公司的设立创造一个较为宽松的环境，以适应市场经济发展的要求。

经过对草案的几次修订，我国新公司法的资本制度比原来更为宽松。但是，很多人认为我国公司法改变了传统的法定资本制，实行了折中授权资本制，这是一种误解。法定资本制的特点是一次性发行并全部认足，但并不禁止分期缴纳股款。从我国新《公司法》的规定来看，公司的注册资本或股本总额必须在公司成立时一次性全部认足，因此，本质上仍然是法定资本制，或者至多只能说是一种“折中法定资本制”。但在缴纳方式上更加宽松，由实缴制转变为分期缴纳制，但是分期缴纳只适用于有限责任公司的股东和股份有限公司的发起人，不适用于股份有限公司的认股人。具体而言：

1. 有限责任公司（一人公司除外）采取了折中法定资本制

新《公司法》第26条规定，“有限责任公司的注册资本为在公司登记机

① 孙晓洁：《公司法基本原理》，中国检察出版社2006年版，第234～235页。

关登记的全体股东认缴的出资额。全体股东的首次出资额不得低于注册资本的20%，也不得低于法定的注册资本最低限额，其余部分由股东自公司成立之日起2年内缴足；其中，投资公司可以在5年内缴足。有限责任公司注册资本的最低限额为人民币3万元。法律、行政法规对有限责任公司注册资本的最低限额有较高规定的，从其规定。”根据这一规定，旧《公司法》按照有限责任公司从事的不同产业分别确定注册资本最低限额的做法被废止，注册资本的最低限额统一规定为人民币3万元（一人有限责任公司除外），同时，允许股东对注册资本最低限额以上的部分在公司成立后2年内分期缴付，而且对投资公司还可以放宽到5年内缴足。这一规定既保证公司启动资金的真实投入，又可以避免资金的闲置，同时，公司可在规定期限内，根据经营发展的需要，要求股东缴足其余股本，在一定程度上避免了公司增加资本时必须通过增资方式办理的繁琐手续。

2. 对于股份有限公司，则根据不同设立方式确定资本缴付模式①

（1）采取发起方式设立的股份有限公司，由于其与有限责任公司的设立并无实质区别，所以采取折中法定资本制，即公司的股本总额由全体发起人一次性认购，实行分期缴付，但公司全体发起人的首次出资额不得低于注册资本的20%，其余部分由发起人自公司成立之日起2年内缴足；其中，投资公司可以在5年内缴足。但为保障社会投资者的权益，在全部注册资本缴足之前，不得向他人募集股份。

（2）采取募集方式设立的股份有限公司，因涉及社会投资者权益的保护，所以仍采取严格的法定资本制，以在公司登记机关登记的实收股本总额为注册资本，不允许分期缴付。此外，股份有限公司注册资本的最低限额也由原来的人民币1000万元降低到500万元。

① 参见我国《公司法》第81条。

第八章　有限责任公司

第一节　有限责任公司概述

一、有限责任公司的概念和特征

有限责任公司，指由法律规定的一定人数的股东组成，各股东仅以自己的出资额为限对公司承担有限责任，而公司则以其全部资产对公司的债务承担责任的公司形式。相比其他的公司形式，有限责任公司主要有以下特征：

1. 股东以其出资额为限对公司承担责任

在有限责任公司中，股东仅以其出资额为限，对公司负缴清出资的义务，除此之外，股东不负任何义务。公司债权人与股东不直接发生任何法律关系，不得直接向股东要求清偿。“唯因公司财产之原始成分系由股东之财产出资所形成，从而，股东仅对公司债务间接负责，而且其所负之责任，以其出资额为限。故属有限责任。”①

有限责任公司是具有法人资格的经济实体，被视为民法上独立的“人”。股东向公司履行完出资义务后，即丧失了对其投入公司的财产的所有权。股东投资所形成的财产，由公司统一行使法人财产权，公司以该财产为基础对外为商行为，享有权利、承担责任。有限责任公司股东的有限责任与股份有限公司股东的有限责任唯一的差异是：有限责任公司的股东以其出资额为限对公司承担责任，而股份有限公司的股东却以其持有的股份为限承担责任。

2. 公司股东有人数的限制

各国家和地区公司法都对有限责任公司的股东人数作了限制性规定。如《法国商事公司法》第 36 条规定：“有限责任公司的股东人数不得超过 50

---

① 柯芳枝：《公司法论》，中国政法大学出版社 2004 年版，第 541 页。

人。"①《日本有限公司法》第 8 条规定："股东总数不得超过 50 人。"我国台湾地区"公司法"第 2 条规定："有限责任公司指 5 人以上，20 人以下股东所组成，就其出资额为限对公司负其责任之公司。"之所以作出限制性规定，主要根源于有限责任公司所具有的资合与人合的双重性。有限责任公司的人合性要求各股东之间应有一定的了解，所以应对股东人数加以限制，不宜太多。我国旧《公司法》曾对股东人数的上限和下限都作出了限制，该法第 20 条规定："有限责任公司由 2 个以上，50 个以下股东共同出资设立"。但是，新《公司法》对有限责任公司股东人数的下限不再规定，也就是说，我国承认了 1 人公司制度。新公司法第 24 条规定："有限责任公司由 50 个以下股东出资设立。"

3．公司资本具有封闭性

有限责任公司公司的资本的封闭性，也是由其人合性特点所决定的。有限责任公司不能像股份有限公司一样公开发行股票，它的资本只能由全体股东认缴。股东认缴以后，所获得的股单仅为一种出资凭证，仅具有证明该股东的身份及其出资额的作用，而不能像股票一样，在证券市场上自由流通。此外，股东也不得随意对外转让自己持有的股份。依我国《公司法》第 72 条的规定，"股东向股东以外的人转让股权，应当经其他股东过半数同意。股东应就其股权转让事项书面通知其他股东征求同意，其他股东自接到书面通知之日起满 30 日未答复的，视为同意转让。其他股东半数以上不同意转让的，不同意的股东应当购买该转让的股权；不购买的，视为同意转让。"其他国家和地区对此也作出了相类似的，甚至更为严格的规定。如《法国商事公司法》第 45 条规定："只有在征得至少代表 3/4 公司股份的多数股东的同意后，公司股份才转让给与公司无关的第三人。"《日本有限公司法》第 19 条第 2 款规定："股东将其股份之全部或一部转让于非股东时，应经股东会承认。"我国台湾地区还针对一般股东及作为董事的股东分别作出限制，其"公司法"第 111 条第 1 ~ 2款规定："股东非得其他全体股东过半数之同意，不得以其出资之全部或一部转让于他人。前款转让，不同意之股东有优先受让权，如不承受，视为同意转让，并同意修改章程有关股东及其出资额事项。"该条第 3 款紧接着规定了对作为董事的股东转让出资的限制："公司董事非得其他全体股东之同意，不得以其出资之全部或一部转让与他人。"

① 法国《商事公司法》承认一人公司，认为有限责任公司是一人或数人仅以其出资额为限承担损失而设立的公司，所以无股东人数最低限额要求。

4. 公司设立方式及其组织机构的简易性

由于有限责任公司是一种非公众性的、封闭型的公司，因此其设立方式仅以发起设立为限，不包括募集设立。有限责任公司的设立程序也较股份有限公司简单，即全体股东依章程中所记载的出资足额缴纳，且经法定的验资机构验资以后，即可由全体股东指定的代表或者共同委托的代理人，向公司登记机关申请设立登记。公司登记机关对于符合法定条件的，予以登记。有限责任公司自公司营业执照签发之日起成立。

有限责任公司的组织机构也较简单，针对有限责任公司主要是中小型企业的特点，我国《公司法》第 51 条、第 52 条分别对股东人数较少或公司规模较小的有限责任公司的董事会及监事会做了例外的规定，股东人数较少或者规模较小的有限责任公司，可以设一名执行董事，不设董事会。执行董事可以兼任总经理。股东人数较少或者规模较小的有限责任公司，可以设 1 至 2 名监事，不设监事会。

二、有限责任公司的利弊

有限责任公司是公司组织形式不断发展完善的结果，是法学家们根据时代的需要，创立出的一种介于股份公司和无限公司之间，既具有人合性质，又具有资合性质的经济组织。①

有限责任公司与股份有限公司相比，各有利弊。概括说来，其优点表现在：（1）法律对有限责任公司的设立条件规定得较为宽松，设立程序较为简便，因而公司设立较容易。（2）法律对有限责任公司的股东人数作了最高限制，使得公司具有人合性质，因此在公司的经营决策过程中，彼此间的意见较易协调。

有限责任公司的弊端表现在：（1）有限责任公司仅能采用发起设立的方式，若因发起人资力有限，不能向社会公众募集资金，业务经营就难以发展。因而，它只能适合中小企业的需要。（2）有限责任公司因具有人合兼资合的性质，其出资转让不如股份有限公司自由，而且有限公司的股东转让出资后，必然涉及对公司章程的修改。（3）有限责任公司的股东，往往利用公司形式从事投机事业，盈则归己，亏则以有限责任来对付公司债权人，甚至利用有限之名，行欺诈之实，公司纵使破产，与股东也无关系。在正常经营中，由于全

① 沈四宝：《西方国家公司法原理》，法律出版社 2006 年版，第 46 页。

体股东责任有限，若公司对外负债过多，则影响公司债权人的利益。①

正是基于上述因素，对于有限公司存在的意义，既不应夸大，也不应缩小，而应客观评价，它是一种适合中小规模企业经营的公司形式。

第二节　有限责任公司的股东

一、有限责任公司股东的概念

所谓有限责任公司的股东，指向公司出资，并以其出资对公司承担责任并享有权利的人。

取得股东资格，除了缴纳出资以外，一般还应具备一定的形式要件，即履行登记程序。依我国公司法及《公司登记管理条例》的规定，有限责任公司股东资格的确定有两个条件：第一，向公司实际出资，缴纳其所认缴的份额；第二，将其姓名或名称登记在股东名册上，并经公司登记机关核准，记载于公司登记簿中。

二、有限责任公司股东的权利及义务

（一）股东的权利

股东的权利一般简称为股东权，指股东基于其出资而对公司依法所享有的权利。学理上一般将股东的权利分为两种：自益权和共益权。所谓自益权是指股东以维护自己的利益为目的而行使的权利，主要包括公司盈余分配请求权、剩余财产分配请求权、不同意其他股东转让出资时的优先受偿权、分配红利及优先购买新增资本权等。所谓共益权是指股东维护自己的利益同时，也兼以维护公司的共同利益为目的而行使的权利，主要包括表决权、查阅公司会计账簿的请求权等。具体而言，股东权利的主要内容有：

1. 公司盈余分配请求权

股东有权依据其出资额，参与公司在弥补亏损、提取法定公积金后所剩盈余的分配。此项权利为股东所享有的最基本的权利。任何股东向公司投资的主要目的，都是为了通过公司的运营，获得超出其原有出资的收益，使自己的财产获得增值。因此，在公司弥补了亏损，提取了法定公积金以后，对于股东而言，按其出资比例分配盈余是其首要权利。但是，我国《公司法》同时允许

① 张国键：《商事法论》，台湾三民书局1987年版，第185页。

全体股东约定不按出资比例分配盈余和红利。①

2. 剩余财产分配请求权

有限责任公司若依法解散，在分别支付清算费用、职工的工资、社会保险费用和法定补偿金，缴纳所欠税款，清偿公司债务后的剩余财产，按照股东的出资比例分配。②

3. 出资转让权

股东有权通过法定的方式，将自己的出资全部或部分加以转让。这是股东自由选择的权利，法律一般不加以干涉。但是，考虑到有限责任公司所具有的人合性，法律对股东向外转让出资有所限制。即股东之间可以任意转让其全部或部分出资，但股东若向股东以外的其他人转让其出资，则须经过全体股东过半数的同意。同时，经股东同意转让的出资，在同等条件下，其他股东享有优先购买权。但是，我国《公司法》也允许公司章程对股权转让另设规定。

4. 表决权

股东作为公司的组成人员，有权出席股东会会议，并通过表决权的行使，决定公司的重大事项。股东作为公司的出资者，目的是通过公司的运营为其带来财富的增值，因此他必须通过一定的方式表达自己的意志，使公司按照最大维护其利益的方式运行，所以，我国《公司法》要求涉及公司增加或者减少注册资本、分立、合并、解散或者变更公司形式作出决议的，必须经代表2/3表决权的股东通过。需要注意的是，由于有限责任公司不同于股份有限公司，其财产并未划分为等额的股份，所以其股东会会议由股东按照出资比例行使表决权。

5. 选举权和被选举权

股东有权选举公司的董事，同时也有权被选举为公司的董事或其他高级管理人员，只要该股东符合法律和公司章程的规定。

6. 知情权

股东出资设立公司以后，往往并不亲自参与公司的生产经营活动。为了更好地了解公司的经营动态，股东有权审议有关公司经营的计划、报告，有权查阅公司会计簿，对公司业务状况及活动进行检查和监督。

7. 诉讼权

股东在其权益受到侵害时，可以通过诉讼寻求救济。股东的诉讼权利有两种：一是直接诉讼；二是股东代位诉讼。直接诉讼是指股东为自己的利益，以

---

① 参见我国《公司法》第35条、第167条第4款。

② 参见我国《公司法》第187条第2款。

自己名义向公司或其他侵权人提起的诉讼。我国《公司法》第153条规定："董事、高级管理人员违反法律、行政法规或者公司章程的规定，损害股东利益的，股东可以向人民法院提起诉讼。"股东代位诉讼，又称为股东派生诉讼，指股东为公司的利益而提起的诉讼。实践中，公司的董事、经理等高级管理人员往往利用职权牟取私利，给公司造成损害。在公司的董事会、监事会怠于行使权利维护公司的利益时，为了维护少数股东的利益，许多国家和地区都规定了股东的派生诉讼，即赋予股东以公司的名义向进行了不当行为的董事、经理提起诉讼的权利。我国《公司法》第152条规定了股东代位诉讼制度，这是立法的一大进步。

(二) 股东的义务

股东的义务主要是指股东的出资义务，指股东对在公司章程中记载的，其所认缴的出资，负有按期缴足的义务。我国《公司法》第28条规定："股东应当按期足额缴纳公司章程中规定的各自所认缴的出资额。股东以货币出资的，应当将货币出资足额存入有限责任公司在银行开设的账户；以非货币财产出资的，应当依法办理其财产权的转移手续。股东不按照前款规定缴纳出资的，除应当向公司足额缴纳外，还应当向已按期足额缴纳出资的股东承担违约责任。"有的学者认为股东的义务，除了出资义务外，还包括出资填补义务及不得抽回出资的义务。① 我们认为，股东的义务主要是指股东的出资义务，出资填补义务及不得抽回出资的义务，从本质上讲，是股东如实履行其出资义务本身所应包含的内容。有关股东出资的阐述，详见本章第三节。

第三节　有限责任公司的资本

一、有限责任公司的出资

(一) 有限责任公司的资本制度

我国对有限责任公司采取折中法定资本制，我国《公司法》第26条规定，"公司全体股东的首次出资额不得低于注册资本的20%，也不得低于法定的注册资本最低限额，其余部分由股东自公司成立之日起2年内缴足；其中，投资公司可以在5年内缴足。有限责任公司注册资本的最低限额为人民币3万元。法律、行政法规对有限责任公司注册资本的最低限额有较高规定的，从其

① 甘培忠：《企业与公司法学》，北京大学出版社1998年版，第297页。

规定。”根据该条规定，应该注意两点：

1. 关于有限责任公司注册资本的最低限额

因为注册资本决定公司对外承担责任能力的大小，为保证公司具备起码的经营条件及承担责任的能力，确保其他经济主体的合法权益和社会经济秩序的稳定，针对不同类型的有限责任公司，各国都对其最低注册资本的数额作了规定，如法国为5万法郎，德国为5万马克，日本为300万日元。① 在我国，有限责任公司的注册资本为在公司登记机关登记的全体股东认缴的出资额，对于一般的有限责任公司，其最低限额为人民币3万元；法律、行政法规对有限责任公司注册资本的最低限额有较高规定的，从其规定。

2. 关于有限责任公司股东的首次出资额

根据前述规定，我国《公司法》允许股东对认缴的出资进行分期缴纳，同时，为了确保公司正常经营的需要，对首次出资额作了最低要求，即公司全体股东的首次出资额不得低于注册资本的20%，且不得低于法定的注册资本最低限额。至于其余部分则由股东自公司成立之日起2年内缴足。允许股东分期缴纳出资，是我国《公司法》对以往严格法定资本制的突破。除此之外，有的大陆法系国家还对各股东所认缴出资的最低限额作出了规定，即不仅仅要求各股东的出资总额必须达到一定数额，对于各出资者的出资也予以规制。② 我国《公司法》对此未作规定，法律任由当事人在章程中予以约定。

（二）有限责任公司股东的出资形式

有限责任公司股东的出资形式，必须符合法律的规定。各国公司法普遍规定，有限责任公司的股东可以以货币及货币以外的方式出资。我国《公司法》第27条规定，股东可以用货币出资，也可以用实物、知识产权、土地使用权等可以用货币估价并可以依法转让的非货币财产作价出资；但是，法律、行政法规规定不得作为出资的财产除外。

股东若以货币形式出资，应当将货币足额存入准备设立的有限责任公司在银行开设的临时账户。若以非货币财产出资的，必须经过评估作价、核实财产的程序，不得高估或低估作价。土地使用权的评估作价，要依法律、行政法规的规定办理。全体股东的货币出资金额不得低于有限责任公司注册资本的30%。

股东履行出资义务以后，应由法定的验资机构予以验资并出具证明。由于货币以外的其他财产总是经评估作价后才出资的，所以在现实生活中，经常会出

---

① 毛亚敏：《公司法比较研究》，中国法制出版社2001年版，第214页。

② 参见《日本有限公司法》第10条。

现由于市场行情等诸多因素的影响，有限责任公司成立后，作为货币以外其他财产出资的实物、工业产权、非专利技术和土地使用权的实际价额，显著低于公司章程所定的价额的情形。在这种情况下，我国《公司法》规定，应当由交付该出资的股东补缴其差额，公司设立时的其他股东对其承担连带责任。此外，股东未履行其应尽的出资义务时，应对其他已履行出资义务的股东承担违约责任。

有限责任公司成立以后，应向已出资的股东签发出资证明书，该出资证明书也称“股单”，为有限责任公司记载股东出资额及证明股东拥有股权的书面凭证。有关股单的阐述，详见本节之“股单”。

二、有限责任公司资本总额的增加

所谓资本总额的增加，即增资。有限责任公司的封闭性，决定了它不能像股份有限公司一样，以发行新股等方式，向社会公众募集资金以增资，它只能通过原股东增加出资的方式完成增资。我国《公司法》关于有限责任公司增资的规定较少，仅于第 35 条、第 44 条有所涉及。①

纵观大陆法系的公司立法，有关有限责任公司增资的问题规定，都较为详细，不仅涉及增资形式问题，还规定了认购出资的方法、增加资本的登记等问题。如《日本有限责任公司法》于第五章“章程的变更”中，自第 47 条到第 51 条都是关于增资的规定，对章程变更的办法、章程变更的特别决议、增加资本的决议、现物出资的检查等涉及增资的实体及程序问题作了详细的规定。我国台湾地区“公司法”第 106 条从章程变更方面，对有限责任公司增资问题作出了规定：“公司不得减少资本总额，如需增资，应经过股东过半数之同意，但股东虽同意增资仍无按原出资数比例出资之义务。前项不同意增资之股东，对章程因增资修正部分，视为同意；有第一项但书情形时，得经全体股东同意，由新股东参加。”

三、有限责任公司资本的构成

有限责任公司资本的最大特性即非股份性。有限责任公司的资本一般不划分为均等的份额，股东按自己的出资份额，对公司承担有限责任，各股东的出

① 我国《公司法》第 35 条规定：“股东按照实缴的出资比例分取红利；公司新增资本时，股东有权优先按照实缴的出资比例认缴出资。”第 44 条第 2 款规定：“股东会会议作出修改公司章程、增加或者减少注册资本的决议、以及公司合并、分立、解散或者变更公司形式的决议，必须经代表 2/3 以上表决权的股东通过。”

资数额可以不同。股东出资后，从公司取得股单，股单不是一种有价证券，仅为股东的一种出资证明，证明股东的出资额及股东依法享有的股东地位及权利，不得在市场上自由流通。

与有限责任公司资本不分股相关联的，是有限责任公司资本的构成问题。有限责任公司资本的构成，一般有三种立法体例：

1．单一出资制

该立法例对股东的出资额不划分为均等的份额，是最严格贯彻资本总额不分股原则的制度。每一股东认缴一份出资，各股东的认缴数额可以各不相同，在确认股东权益时，依该股东出资数额与公司资本总额之比加以计算。我国《公司法》采此主张。

2．复数出资制

该立法例将股东的出资划分为均等的份额，股东认缴其中的一份或数份。日本、法国公司法采此体例。如《法国商事公司法》第35条规定："此种公司的注册资本必须至少在5万法郎以上，公司资本分为数额相等的份额。"需要明确的是，这里虽然也将公司资本划分为所谓的"份额"，但此份额并不等同于股份有限公司的股份。如前所述，其载体——股单，并非有价证券，不能像股票一样在证券市场上自由流通。日本、法国之所以采此体例，主要是便于股东表决权及分取红利等权益的计算。因此，可以说，此处的"将出资划分为均等的份额"并非实质意义上的分股，并未改变有限责任公司资本总额不分股的性质。

3．基本出资制

该立法例不将股东的出资额划分为均等的份额，但限定了一个基本出资额，股东的出资必须超过该基本出资额，且为其整数倍，代表国家为德国。基本出资制的立法意旨，也是为了方便股东表决权及分取红利等权益的计算，较前两种立法例而言，该立法例最为科学、合理。它一方面方便了股东表决权及分取红利权等权益的计算，另一方面又使有限责任公司的资本形成方式和股份有限公司的资本形成方式严格区分开来。

四、股单

1．股单的性质

股单，也称"出资证明"，指有限责任公司成立后，向已履行出资义务的股东签发的、记载股东出资和证明股东拥有公司股权的书面凭证。

关于股单的性质，学界曾存在争议。有学者认为，股单为有价证券。如台湾学者刘甲一认为："股单具有有价证券性质，系表彰有限公司股东权之证券。股东权之转让须依股单之转让为之，故股单得流通转让，仅因有限公司具有不公开性，其股单流通受公司法第111条规定之限制，为一种流通性较受限制之证券。"① 不过，大多数学者认为，股单仅为一种证明文书，并非有价证券，不具有流通性。② 我们赞成此种观点，理由是：（1）有限责任公司的股东对外转让出资，须经全体股东过半数通过，并不能仅依股单之交付而发生。（2）股单虽然是有限责任公司股东出资的凭证，可以证明股东所享有的股东权利，具有财产价值，但股东行使其股东权利时，并不需要凭借该股单。有限责任公司除了签发股单给股东外，还会备置股东名册，股东名称及有关出资在股东名册中也有相应记载，股东可以不凭借股单而行使其股东权利，这与有价证券是权利与证券的结合体之属性不符。因此，股单性质上应属于一种证明文书，而非有价证券。

2. 股单的记载内容

依我国《公司法》第32条的规定，有限责任公司成立后，应当向股东签发股单，股单应载明以下事项：公司名称；公司成立日期；公司注册资本；股东的姓名或者名称、缴纳的出资额和出资日期；出资证明书的编号和核发日期。该股单上还需由公司盖章。

如果股东将其出资转让，我国《公司法》仅规定，公司应将受让人的姓名或名称、住所及受让的出资额记载于股东名册，至于股单是否也应一并转让，未作界定。一般来说，股东出资转让以后，股单应当随之转移，同时，应当在股单上将受让人的姓名或名称予以记载，否则该转让不具有对抗公司及其第三人的效力。

第四节 有限责任公司的设立、变更与解散

一、有限责任公司的设立

由于有限责任公司具有封闭性，所以不能采取公开募集设立的方式，只能

① 刘甲一：《公司法要论》，第125页，转引自柯芳枝：《公司法论》，中国政法大学出版社2004年版，第549页。

② 参见王文宇：《公司法论》，中国政法大学出版社2004年版，第513页；柯芳枝：《公司法论》，中国政法大学出版社2004年版，第549页；孙晓洁：《公司法基本原理》，中国检察出版社2006年版，第280~281页。

采取由发起人认缴公司的全部注册资本的发起设立方式。此外，对于公司的设立，各国普遍采取准则主义，① 即只要符合公司法规定的条件，在公司登记机关进行登记，即可完成有限责任公司的设立。

（一）有限责任公司的设立条件

我国《公司法》第 23 条对有限责任公司的设立条件作了规定，包括：股东符合法定人数；股东出资达到法定资本最低限额；股东共同制定公司章程；有公司名称，建立符合有限责任公司要求的组织机构；有公司住所。关于前二项条件，前文已作介绍，在此不再赘述，现就后三项条件加以阐述。

1. 公司章程

公司章程是关于公司内部法律关系的文件，由全体股东在设立有限责任公司时订立。公司内部有关管理体制、公司的运行程序及股东与公司之间的权利义务关系，也需由公司章程予以明确。

由于公司章程是有限责任公司设立时的核心文件，所以大多数国家和地区都规定，设立有限责任公司时必须由股东制定公司章程。但对于股东采取何种方式订立章程，各国的规定并不相同。法国等少数国家采取共同订立主义，即有限责任公司章程必须由全体股东共同订立。《法国商事公司法》第 37 条规定："所有股东可亲自或通过证明持有特别权利的代理人参加公司的组建活动。" 多数国家和地区采取委托订立主义，即有限责任公司章程可由一名或数名股东接受全体股东委托而制定，如德国、日本公司法采取该主张。但是，无论采取何种方式订立章程，只有经全体股东同意后，方可生效，此为各国公司法之通例。

我国《公司法》在章程订立方式上采取了法国模式。我们认为，《公司法》的这种模式不合理，因为当有限责任公司股东人数较多时，强调由全体股东同时集中，共同制定公司章程，可能因个别股东缺席，而阻碍章程制定工作的顺利进行，因此势必影响公司设立的效率。因而应参照多数国家和地区的立法例，采委托订立主义，并辅之以全体股东同意制度。

公司章程中应当载明哪些内容？从各国公司法的规定来看，一般分为三类：

（1）绝对必要记载事项

所谓绝对必要记载事项，指涉及公司的重大问题，由法律规定必须在公司

---

① 参见沈四宝：《西方国家公司法原理》，法律出版社 2006 年版，第 81 页。

章程中予以记载的事项。若无该事项的记载，公司不得有效成立。

各国家和地区对有限责任公司的绝对必要记载事项都有规定。如我国台湾地区“公司法”第913条规定了以下十项内容：①公司名称；②营业事项；③股东姓名、住所或居所；④资本总额及各股东出资额；⑤盈余及亏损分配比例及标准；⑥本公司所在地；⑦董事人数及姓名；⑧公司为公告之方法；⑨订立章程之年月日；⑩员工分配红利之成数。《德国有限责任公司法》第3条第1款规定：“公司的章程必须包括：①公司的商业名称和所在地；②经营对象；③基本资本数额；④每个股东的基本出资。”可见，归入绝对必要记载事项的，均为公司成立所不可缺少的内容。

（2）相对必要记载事项

所谓相对必要记载事项，指由法律予以明确列举的，但是否列入章程由股东自主决定，法律不加以干涉的事项。法律对相对必要记载事项的规定仅起到参考的作用，无强制性。若股东将该事项列入章程，则该事项对公司产生约束力；若未列入，则不生效力。

有限责任公司的相对必要记载事项包括哪些，不同国家和地区对此采不同做法。《日本有限公司法》第7条明确列举了有限责任公司的相对必要记载事项：“下列事项，非记载于章程，不发生效力：①现物出资人的姓名、出资标的的财产其价格及作抵的出资股数；②约定于公司成立后受让的财产，其价格及转让人的姓名；③应由公司负担的设立费用，但是章程认证费、代收股款的银行或信托公司收取的报酬，不在此限。”我国台湾地区“公司法”规定的相对必要记载事项包括：①设有分公司者，其所在地（第101条）；②得订定设董事长（第108条）；③定有解散事由者，其事由（第101条）；④得订定股东按出资多寡比例分配表决权（第102条）；⑤得订定另提特别盈余公积（第112条）；⑥得订定清算人之人选（第113条、第79条）；⑦得订定经理人之设置及职权（第29条、第31条）。① 德国的有关规定较隐晦，须靠学理的解释予以判断。

（3）任意记载事项

所谓任意记载事项，指法律未予以列举，完全由股东根据公司营业的特点或某些特殊因素而约定在公司章程予以记载的事项。不过该事项不得违反强行法规、公序良俗或有限责任公司的本质，否则该约定无效。

① 王文宇：《公司法论》，中国政法大学出版社2004年版，第507~508页。

我国《公司法》第25条虽然对公司章程应当载明的事项作了规定,① 但究竟哪些属于绝对必要记载事项，哪些属于相对必要记载事项，哪些属于任意记载事项，并未作出明确的界定。我们认为，由于绝对必要记载事项应记载而未记载的，将导致整个章程乃至公司设立无效，因此内容不能过于宽泛，否则将不利于公司的有效设立。因此建议将公司的解散事由、股东的权利义务等内容列为相对必要记载事项。

关于我国《公司法》第25条第8项“股东会会议认为需要规定的其他事项”的性质，学界无统一看法。有学者认为，此为相对必要记载事项;② 还有学者认为，法律并未明确规定所记载事项的具体内容，事实上为任意记载事项;③ 更有学者认为，该记载事项为绝对必要记载事项。④ 我们认为，此为任意记载事项的规定，理由在于：一是该项并未列出记载事项的内容，而完全由股东自由约定，符合任意记载事项的特征；二是股东依此规定，是否约定其他事项，约定哪些其他事项，对章程的生效均不发生影响，符合任意记载事项的效力特征。

2. 有限责任公司的组织机构及其职权

从理论上讲，有限责任公司的组织机构也是由权力机关、执行机关和监督机关组成，但由于有限责任公司规模较小，再加上其封闭性及人合性的特点，各国立法对其要求不如股份有限公司那么严格，允许在特殊情形下例外情况的存在。如法国、日本等国家规定监事会为股份有限公司的法定必设机关，然而有限责任公司是否设立监事会，则由公司章程予以规定，法律并未将其规定为必设机关。我国公司法第51条、第52条规定，有限责任公司股东人数较少或规模较小的，可设一名执行董事，不设董事会，执行董事可兼任公司经理；可以不设监事会，而由1至2名监事行使监督职能。

(1) 股东会

股东会是形成公司意志的机关，由全体股东组成。有限责任公司重要事项

① 我国《公司法》第25条规定：“有限责任公司章程应当载明下列事项：(一) 公司名称和住所；(二) 公司经营范围；(三) 公司注册资本；(四) 股东的姓名或者名称；(五) 股东的出资方式、出资额和出资时间；(六) 公司的机构及其产生办法、职权、议事规则；(七) 公司法定代表人；(八) 股东会会议认为需要规定的其他事项。股东应当在公司章程上签名、盖章。”

② 范健、蒋大兴：《公司法论》，南京大学出版社1997年版，第534页。

③ 甘培忠：《企业与公司法学》，北京大学出版社1998年版，第291页。

④ 江平主编：《中国公司法原理与实务》，科学普及出版社1994年版，第160页。

的决策权，由股东会行使。我国《公司法》第38条规定，有限责任公司的股东会行使下列职权：①决定公司的经营方针和投资计划；②选举和更换非由职工代表担任的董事、监事，决定有关董事、监事的报酬事项；③审议批准董事会的报告；④审议批准监事会或者监事的报告；⑤审议批准公司的年度财务预算方案、决算方案；⑥审议批准公司的利润分配方案和弥补亏损方案；⑦对公司增加或者减少注册资本作出决议；⑧对发行公司债券作出决议；⑨对公司合并、分立、解散、清算或者变更公司形式作出决议；⑩修改公司章程；⑪公司章程规定的其他职权。

股东会为有限责任公司的必设机构和非常设机构，是通过召开股东会议来行使职权的。股东会议可分为定期会议和临时会议两种。定期会议为股东会议的常态，一般应按公司章程规定的时间召开，通常一年举行一次或两次。临时会议为定期会议的例外，通常在定期会议的间隔期召开，且一般须符合一定的条件。我国《公司法》第40条规定，代表1/10以上表决权的股东，1/3以上的董事，监事会或者不设监事会的公司的监事，可以提议召开临时会议。由于股东会决定的是公司的重大事项，因此召开股东会会议，应当于会议召开15日以前通知全体股东，且股东会应对所议事项的决议做成会议记录，由出席会议的股东在会议记录上签名。股东会议由董事会或执行董事召集，董事会或者执行董事不能履行或者不履行召集股东会会议职责的，由监事会或者不设监事会的公司的监事召集和主持；监事会或者监事不召集和主持的，代表1/10以上表决权的股东可以自行召集和主持。

股东会决定公司的重大事项，一般是股东在股东会议上行使表决权，形成股东会决议来实现的，但是股东以书面形式一致表示同意的，可以不召开股东会会议，直接作出决定，并由全体股东在决定文件上签名、盖章。关于股东表决权的行使方式，有两种立法例：其一，“均一主义”，又称为“人头主义”，即无论股东出资多少，一个股东仅享有一表决权。我国台湾地区即采此主张，① 主要是基于有限责任公司人合的性质。不过，台湾地区采“均一主义”也仅是原则性的，法律允许公司以章程订立按出资多寡比例分配表决权。其二，“资额主义”，即法律明确规定，股东按出资数额或出资比例分配表决权。大多数国家和地区的立法采该主张，如法国、德国、日本。资额主义注重的是有限责任公司的资合性，强调股东依其出资额享有权利。我国原则上采取资额

① 我国台湾地区“公司法”第102条规定：“每一股东不问出资额多寡，均有一表决权。但得以章程订定按出资多寡比例分配表决权。”

主义，《公司法》第43条规定："股东会会议由股东按照出资比例行使表决权；但是，公司章程另有规定的除外。"

由于股东会决议的事项在性质上有所不同，因此，针对不同的事项所需通过的表决权数也不相同，一般可将股东会决议分为普通决议与特别决议两种。所谓普通决议，指只须经代表1/2以上表决权的股东同意即可通过的决议。所谓特别决议，指该事项须经持有绝大多数表决权的股东通过时才得以生效的决议。特别决议主要针对公司生产经营过程中较重大的事项，我国《公司法》规定，公司增加或减少注册资本，分立、合并、解散或者变更公司形式、修改公司章程的，必须经代表2/3以上表决权的股东通过。至于"绝对多数"的具体数额，各国家和地区的立法规定不同。如前所述，我国规定为2/3。而《法国商事公司法》第60条规定："一切对章程进行的其他修改，须经至少代表3/4公司股份的股东同意方能作出决定。"《德国有限责任公司法》第53条规定："修改章程的决议必须经过公证，必须以投票数的3/4多数通过。"我国台湾地区"公司法"规定，关于董事之任免、公司之组织变更、董事出资之转让、特别盈余公积之提存、变更章程、合并及解散等，须经全体股东的同意。

（2）董事会

有限责任公司的董事会，是依法律规定设立的，负责公司的经营决策及业务执行的机构。依我国《公司法》第47条的规定，董事会享有下列职权：①召集股东会会议，并向股东会报告工作；②执行股东会的决议；③决定公司的经营计划和投资方案；④制订公司的年度财务预算方案、决算方案；⑤制订公司的利润分配方案和弥补亏损方案；⑥制订公司增加或者减少注册资本以及发行公司债券的方案；⑦制订公司合并、分立、解散或者变更公司形式的方案；⑧决定公司内部管理机构的设置；⑨决定聘任或者解聘公司经理及其报酬事项，并根据经理的提名，决定聘任或者解聘公司副经理、财务负责人及其报酬事项；⑩制定公司的基本管理制度；⑪公司章程规定的其他职权。

董事会为公司常设机构，对外代表公司，对内执行股东会的决议，主持公司的日常事务。有限责任公司的董事会一般由3人至13人组成，一般设董事长1人，副董事长1人至2人。鉴于有限责任公司股东人数较少的事实，许多国家和地区规定，其组织机构可以相对简单，因此，董事会不是公司的法定必设机构，可以仅设执行董事作为公司的执行机关。董事会对有关事项的决定，是通过召开董事会会议，由董事表决形成的。董事的表决权一般为一人一票，即每位董事享有一票表决权。董事会会议由董事长召集与主持，董事长因特殊原因不能履行职务时，由董事长指定副董事长或其他董事召集和主持。董事会应当对所议事项的决议做成会议记录，出席会议的董事应当在会议记录上签名。

董事会的成员——董事，一般由股东会选举产生。董事任期由公司章程规定，但每届任期不得超过3年，董事任期届满，连选可以连任。董事在任期届满以前，股东会不得无故解除其职务。董事既可以由公司股东出任，也可由股东之外的人担任，法律对此不加限制。因为随着社会经济生活的发展，董事会作为公司日常业务的管理和执行机构，应当由一部分精通公司业务的人组成，若限定董事的人选仅从股东中挑选，将无法适应多样化经营管理的需要。

（3）监事会

有限责任公司的监事会，是对公司的财务经营、董事会及其成员和高级管理人员的行为进行监督与检查的机构。依我国《公司法》第54条的规定，监事会的职权主要有以下几项：①检查公司财务；②对董事、高级管理人员执行公司职务的行为进行监督，对违反法律、行政法规、公司章程或者股东会决议的董事、高级管理人员提出罢免的建议；③当董事、高级管理人员的行为损害公司的利益时，要求董事、高级管理人员予以纠正；④提议召开临时股东会会议，在董事会不履行本法规定的召集和主持股东会会议职责时，召集和主持股东会会议；⑤向股东会会议提出提案；⑥依照公司法第152条的规定，对董事、高级管理人员提起诉讼；⑦公司章程规定的其他职权。

关于有限责任公司监事会的设立，主要有三种立法例：第一，不设专门的监事机构，而由不执行业务的股东行使监察权，① 如我国台湾地区“公司法”第109条就规定：“不执行业务之股东，均得行使监察权。”第二，监事机构为有限责任公司的选设机构，股东可以在公司章程中决定是否设立监事会，法律对此不作强制性规定。② 采此主张的有日本。第三，监事会在一般中小有限责任公司为选设机构，但在具有一定规模的有限责任公司则是常设机构。如《德国职工参与决定法》规定，职工人数多于2000人的有限责任公司，必须设立监察委员会。我国《公司法》采取的是后一种主张，将监事会定为常设机构，但非法定机构，一般的有限责任公司应设立监事会，其成员不得少于3人，对规模较小或股东人数较少的有限责任公司可以不设监事会，而只设1至

① 柯芳枝：《公司法论》，中国政法大学出版社2004年版，第568页。

② ［日］末永敏和：《现代日本公司法》，金洪玉译，人民法院出版社2000年版，第285页。

2名监事。监事会的成员由股东代表和适当比例的公司职工代表组成，具体比例由公司章程规定。监事会中的职工代表由公司职工民主选举产生，董事、经理及财务人员不得兼任监事。监事的任期每届为3年。监事任期届满，可以连选连任。

3. 公司住所

公司住所是指公司主要办事机构所在地。公司住所具有重要的法律意义，它不仅是公司开展经营活动的主要基地和中心场所，而且关系到各种法律文书和其他文件的送达和合同的履行，一旦发生争议，又关系到案件的诉讼管辖，与确定准据法有密切的联系。

在各国公司法上，公司住所也是章程的必要记载事项之一。比如《德国股份法》第23条规定，章程必须指定公司的商号和住所。《法国民法典》第1835条规定："公司章程除规定每个股东的出资外，还应规定公司的形式、宗旨、名称、公司住所、公司资本、公司期限和经营管理方式。"《日本有限公司法》第6条也将总公司的所在地作为公司章程的绝对必要记载事项之一。《美国标准商事公司法修订本》第5.01节"注册办公地和注册代理人"项下规定："每家公司必须在本州连续地保持一家注册的办公地，该处也可以是公司的任何一处营业地。"

（二）有限责任公司的设立程序

依照我国《公司登记管理条例》的规定，设立有限责任公司需要经历下列步骤：

1. 订立公司章程。公司章程是公司设立的基本文件，只有严格按照法律要求订立公司章程，才能继续进行公司设立的其他程序。

2. 申请公司名称预先核准。根据我国《公司登记管理条例》第17条规定，设立公司应当申请名称预先核准。采用公司名称的预先核准制，可以使公司的名称在申请设立登记之前就具有合法性、确定性，从而有利于公司设立登记程序的顺利进行。

3. 法律、行政法规规定需经有关部门审批的，要进行报批，获得批准文件。一般来说，有限责任公司的设立只要不涉及法律、法规的特别要求，直接注册登记即可成立。但我国《公司法》第6条第2款规定，法律、行政法规规定设立公司必须报经批准的，应当在公司登记前，依法办理批准手续。

4. 股东缴纳出资，并经法定的验资机构验资后出具证明。有限责任公司除具有人合因素外，还具有一定的资合性，股东必须按照章程的规定，缴纳所认缴的出资。股东的出资还应当采取法定的出资形式，并经法定的验资机构出具验资证明。

5. 向公司登记机关申请设立登记。为了获得行政主管部门对其法律人格的认可，向登记机关申请设立登记，是公司设立程序中一个必不可少的步骤。根据我国《公司登记管理条例》第 20 条的规定，设立有限责任公司，应当由全体股东指定的代表或者共同委托的代理人向公司登记机关申请设立登记。设立国有独资公司，应当由国务院或者地方人民政府授权的本级人民政府国有资产监督管理机构作为申请人，申请设立登记。

6. 登记发照。对于设立申请，登记机关应当依法进行审查。对于不符合公司法规定条件的，不予登记；对于符合公司法规定条件的，依法核准登记，发给营业执照。公司可以凭登记机关颁发的营业执照，申请开立银行账户、刻制公司印章、申请纳税登记等。

二、有限责任公司的变更

有限责任公司的变更，指有限责任公司依法成立后，在其存续期内，其主体、章程、形态等发生的变化，而每一种变化，均涉及公司章程记载内容的变更。为了维护交易安全，各国立法均规定，公司章程中记载的事项发生变更时，应当办理变更登记手续，否则不得对抗善意第三人。以下仅就几种常见的公司变更事由作一介绍。

(一) 公司增加或减少注册资本

有限责任公司的注册资本为公司章程的绝对必要记载事项。从保护公司债权人利益和维护社会交易秩序的角度出发，一般是不允许公司随意减少注册资本的，公司资本三原则中，资本维持原则即是具体体现。但在激烈的市场竞争中，不可避免地会出现某些有限责任公司因生产经营不善，不得不减少注册资本的情形。因此，法律对于公司减少注册资本虽未予以禁止，但作出了严格限制。

我国《公司法》第 44 条第 2 款规定，公司增加或减少注册资本，必须由股东会以特别决议方式，即须经代表 2/3 以上表决权的股东通过。由于有限责任公司为封闭性公司，不得向社会公众募集资金，所以其增资只有通过增加各股东出资额的方式进行。关于有限责任公司增减资的程序，根据我国《公司法》第 178 条、第 179 条第 1 款、第 180 条第 2 款的规定，有限责任公司增加注册资本时，股东认缴新增资本的出资，依照公司法设立有限责任公司缴纳出资的有关规定执行。公司需要减少注册资本时，必须编制资产负债表及财产清单。公司应当自作出减少注册资本决议之日起 10 日内通知债权人，并于 30 日内在报纸上公告，债权人自接到通知书之日起 30 日内，未接到通知书的，自公告之日起 45 日内，有权要求公司清偿债务或者提供相应的担保。公司减资后的注册资本不得低于法定的最低限额。公司增加或者减少注册资本，应当依法向公司登记机关办理变更登记。

（二）公司股东转让出资

如前所述，股东之间转让出资，无须经其他股东同意，得自由转让，但转让出资的股东，出资转让后就丧失了该公司的股东资格，导致该有限责任公司股东人数及各股东出资数额的变化，公司章程有必要修改。若股东向股东以外的第三人转让出资，须经全体股东过半数同意，不同意转让的股东应当购买该转让的出资。如果不购买该转让的出资的，视为同意转让。但是，公司章程对股权转让另有规定的，从其规定。①

由于新股东的加入将导致各股东出资数额的变化，章程同样有修改之必要。值得注意的是，我国《公司法》要求有限责任公司章程的修改，须经代表 2/3 以上表决权的股东通过，而此处股东对外转让出资，却只须经全体股东过半数同意，两种规定的人数有出入，可能造成全体股东过半数同意转让出资以后，却因少数股东反对修改公司章程，而达不到公司法要求的 2/3 以上之表决权，导致公司章程无法修改难题的出现，我国《公司法》对该冲突如何解决未作规定。我国台湾地区“公司法”第 110 条规定：“前项转让，不同意之股东有优先受让权，如不承受，视为同意转让，并同意修改章程有关股东及其出资额事项”，“法院依强制执行程序，将股东之出资转让他人时，应通知公司及其他全体股东，于 20 日内，依第一项或第三项之方式指定受让人，逾期未指定或者指定之受让人不依同一条件受让时，视为同意转让，并同意修改章程有关股东及其出资额事项。”

（三）公司变更经营范围

公司经营范围的大小，是由公司的能力决定的。公司经营范围的变化，直接涉及公司能力的有无。因此，我国《公司登记管理条例》第 33 条规定：“公司变更经营范围的，应当自变更决议或者决定作出之日起 30 日内申请变更登记；变更经营范围涉及法律、行政法规或者国务院决定规定在登记前须经批准的项目的，应当自国家有关部门批准之日起 30 日内申请变更登记。”

（四）公司变更股东

有限责任公司是人合与资合兼具的公司，公司的股东均为公司的发起人。

① 参见我国《公司法》第 72 条。

如果公司的股东退出或有新的股东加入，将直接涉及公司股东的凝聚力和其他股东的利益。因此，我国《公司登记管理条例》第 35 条规定：“有限责任公司股东转让股权的，应当自转让股权之日起 30 日内申请变更登记，并应当提交新股东的主体资格证明或者自然人身份证明。”在实践中，最常见的有限责任公司股东的变更，就是有限责任公司间的合并与分立。关于公司的分立与合并，将设专章讲解。

（五）公司变更组织形态

公司的组织形态是依照公司的设立方式和公司股东的责任形式不同进行划分的。在国外立法中，公司的组织形态大体包括股份有限公司、有限责任公司、无限责任公司、两合公司和股份两合公司五种。公司的组织形态不同，其设立条件、设立程序、经营范围和对外承担的责任均不相同，如果改变公司的组织形态，必然对股东的权益和公司债权人的利益产生重大影响。因此，各国公司法均将公司的组织形态作为公司章程的绝对必要事项，要求记载并登记。如果公司在经营过程中需要变更组织形态，就应当同时变更公司章程，以维护交易安全。我国《公司登记管理条例》第 34 条规定：“公司变更类型的，应当按照拟变更的公司类型的设立条件，在规定的期限内向公司登记机关申请变更登记，并提交有关的文件。”需要指出的是，我国《公司法》规定的法定公司形态只有有限责任公司和股份有限公司两种，依照公司组织形态法定原则，当事人不得任意创设法律未规定的公司组织形态。因此，在我国，当事人只能在有限责任公司和股份有限公司之间，进行公司组织形态的变更，否则变更行为无效。

上述变更事项，均为公司章程中的绝对必要记载事项。因此，在对上述事项变更作出决议的同时，应当对公司章程中的相应内容作出变更，一并办理公司章程变更登记。当然，除此之外，公司章程中所记载的其他内容发生变化的，也会导致有限责任公司章程的变更。公司章程中的修改内容若涉及登记的，应当向原公司登记机关申请变更登记，未经核准变更登记的，公司不得擅自改变该登记事项；公司章程中的修改内容，若未涉及登记事项的，有限责任公司应当将修改后的公司章程或者公司章程的修正案送原公司登记机关备案。

三、有限责任公司的解散

（一）有限责任公司的解散事由

有限责任公司的解散，指有限责任公司因发生法定或者约定的解散事由，而停止经营业务，并依法定程序最终归于消灭的法律行为。通常，除公司分立、合并外，解散事由发生后，公司即进入清算程序。在清算期间，公司的法人资格并不立即丧失，该有限责任公司仍被视为为进行清算而存在的法人，只不过该法人只能从事与清算有关的行为。清算完结，并经有关登记机关办理注销登记后，该有限责任公司的法人资格才最终消灭。

有限公司解散一般有以下几种原因：①（1）公司章程规定的营业期限届满，或者公司章程规定的其他解散事由出现。（2）股东会决议解散。有限责任公司的股东会可以以特别决议的方式，即经持有2/3以上表决权的股东表决通过解散有限责任公司。（3）因有限责任公司合并或者分立需要解散的。基于该原因导致的解散，无须经过清算程序。（4）股东请求人民法院解散。公司经营管理发生严重困难，继续存续会使股东利益受到重大损失，通过其他途径不能解决的，持有公司全部股东表决权10%以上的股东，可以请求人民法院解散公司。②（5）有限责任公司被依法宣告破产的。（6）有限责任公司违反法律、行政法规被依法吊销营业执照、责令关闭或者被撤销。

（二）有限责任公司的解散清算程序

清算程序为有限责任公司由解散到最终消灭的必经程序，指有限责任公司解散后，所进行的了结公司债权债务，分配剩余财产，最终导致有限责任公司法人资格消灭的程序。由于有限责任公司合并与分立导致的解散，无须经过清算程序，破产清算的有限责任公司适用《中华人民共和国企业破产法》的规定，③ 因此，本节所列的清算程序，为有限责任公司的非破产清算程序。

有限责任公司的非破产清算程序，依照我国《公司法》第十章的规定，大体经历以下步骤：

1. 成立清算组

有限责任公司因法定原因解散的，应当在15日内成立清算组，开始清算。清算组由有限责任公司的股东组成。有限责任公司逾期不成立清算组进行清算的，债权人可以申请人民法院指定有关人员组成清算组进行清算，人民法院应

① 我国《公司法》第181条规定："公司因下列原因解散：（一）公司章程规定的营业期限届满或者公司章程规定的其他解散事由出现；（二）股东会或者股东大会决议解散；（三）因公司合并或者分立需要解散；（四）依法被吊销营业执照、责令关闭或者被撤销；（五）人民法院依照本法第183条的规定予以解散。"

② 参见我国《公司法》第183条。

③ 这里的《中华人民共和国企业破产法》指的是2007年6月1日开始实行的新的企业破产法。

当受理该申请，并及时指定清算组成员进行清算。①

清算组在清算期间内，行使以下职权：（1）清理公司财产，分别编制资产负债表和财产清单；（2）通知、公告债权人；（3）处理与清算有关的公司未了结的业务；（4）缴清所欠税款以及清算过程中产生的税款；（5）清理债权、债务；（6）处理公司清偿债务后的剩余财产；（7）代表公司参与民事诉讼活动。②

2. 通知或公告债权人

有限责任公司清算的主要目的，在于了结其存续期间的债权债务，所以，通知或公告债权人，成为清算组成立之后的首要任务。清算组应当自成立之日起10日内通知债权人，并于60日内在报纸上进行公告，让债权人了解有限责任公司解散的情形。有关的债权人应当自接到通知书之日起30日内，未接到通知书的，自第一次公告之日起45日内，向清算组申报其债权。债权人申报债权，应当说明债权的有关事项，并提供证明材料。清算组应当对债权进行登记。③

3. 清理有关债权债务及公司财产

清算组要清理有限责任公司的所有债权债务关系，收回债权，清偿债务，必要时，还要代表有限责任公司为一定的诉讼行为。在清理公司财产，编制资产负债表及财产清单以后，清算组应当制定清算方案，并报股东会或有关主管机关确认。有限责任公司的财产能够清偿公司债务的，依法定顺序依次清偿：（1）支付清算费用；（2）职工工资、社会保险费用和法定补偿金；（3）缴纳所欠税款；（4）清偿公司债务。公司财产按规定清偿后仍有剩余的，有限责任公司的股东可依其出资比例分配该剩余财产。清算期间，一旦发现该有限责任公司的财产不足以偿还公司所负债务的，应立即向人民法院申请宣告破产。法院受理后，清算组应当将已进行的清算事务移交人民法院，并由一般解散清算程序进入到破产清算程序。

4. 申请注销登记

清算工作结束以后，清算组应当制作清算报告，报股东会或有关主管机关确认，并报送原公司登记机关，申请注销公司登记，公告有限责任公司的终

① 参见我国《公司法》第184条。

② 参见我国《公司法》第185条。

③ 参见我国《公司法》第186条。

止。有限责任公司申请注销登记时，应提交下列文件：①（1）公司清算组织负责人签署的注销登记申请书；（2）公司依公司法作出的决议或决定，行政机关责令关闭的文件；（3）股东会或有关机关确认的清算报告；（4）企业法人营业执照；（5）法律、行政法规规定应当提交的其他文件。若清算组未申请注销公司登记的，由公司登记机关吊销该公司的营业执照，并予以公告。有限责任公司自公司登记机关注销公司登记之日起，丧失主体资格。

第五节 国有独资公司

一、国有独资公司的概念与特征

国有独资公司是指国家授权投资的机构或者国家授权的部门单独投资设立的有限责任公司。国有独资公司为有限责任公司的一种特殊形态，是国有企业改革的产物。旧《公司法》的规定，国有独资公司应特别适用于国家垄断经营的领域和行业；国务院确定的生产特殊产品的公司或者属于特定行业的公司，应当采取国有独资公司的形式。修订以后的新《公司法》将这一规定取消了，这一方面意味着是否采取国有独资公司形式，不再给予法律的具体限制，另一方面意味着随着我国市场机制的日益完善，一部分企业将会退出国有独资公司的行列。

与一般的有限责任公司相比，国有独资公司有以下特征：

1．组织形态的唯一性

国有独资公司只能为有限责任公司，并且国有独资公司为有限责任公司中的一种特殊形式——一人公司。所谓一人公司是指仅由一个股东出资设立的，由该股东持有公司全部资产的有限责任公司。在1993年颁布《公司法》时，一人公司还没有得到法律上的承认，而当时的公司法之所以允许设立国有独资公司，主要是在国有企业改制过程中，为了平衡国家对国有企业的所有权和国有企业成为独立经营的法人之间的矛盾，不得已采用的一种公司组织形式。但是，新修订的《公司法》已经承认了一人公司的普遍存在，国有独资公司将不再是唯一的一人公司。

2．投资主体的特定性

依照我国《公司法》第65条的规定，国有独资公司，指国家单独出资、

① 参见我国《公司登记管理条例》第44条第1款。

由国务院或者地方人民政府授权本级人民政府国有资产监督管理机构履行出资人职责的有限责任公司。也就是说，国有独资公司的投资主体只能是国家或者地方政府授权投资的机构，且只能由该主体单独投资，否则不能成立国有独资公司。有学者认为，该特点源于国有企业形成的渊源及原有的管理体制。国有企业在管理体制上隶属于不同的机构或部门，这一状况是短期内无法改变的，国有独资公司仅为在不改变这一深层次体制下的企业制度创新。① 我们对此持不同看法。我们认为，近年来，我国的一系列政策与法规均明确规定，党政机关不得经商办企业，《公司法》却允许政府机关作为投资主体从事营利性活动，这不仅与政府机关的性质不符，也与国家的政策和其他法律的规定相抵触。从法理上讲，政府机关只能从事以公益为目的的活动，允许政府机关作为投资主体，兴办公司，必将产生“官商”，而政府机关又是市场经济秩序的维护者，在市场经济条件下，无论基于何种理由，政府机关既当“运动员”，又当“裁判员”，很难保证市场竞争的公平环境。因此，《公司法》的这一规定是否合理，值得商榷。

3. 公司资产的国有性

国有独资公司投资主体的特定性及单一性，决定了公司的全部资产来源于国家，由国家享有所有权，公司享有的法人财产权，实质上仍为经营权，这与一般的由各投资主体投资形成的有限责任公司是不同的。严格说来，这不过是国家借助于“公司”的外壳从事营利活动而已。

二、国有独资公司的独特规定

国有独资公司为有限责任公司的一种，当然适用有限责任公司的一般规定。然而，针对国有独资公司的特殊性，我国《公司法》第 66 ~ 71 条同时又作了特别的规定，主要体现在：

1. 国有独资公司的章程

因国有独资公司只有一个股东，不设股东会，所以国有独资公司章程由国有资产监督管理机构制定，或者经国有资产监督管理机构授权董事会制定后，报国有资产监督管理机构批准生效。

2. 国有独资公司的组织机构

（1）国有独资公司不设股东会，由国有资产监督管理机构行使股东会职权。有关公司合并、分立、解散、增资和发行公司债券等重大事项的决定权，

① 甘培忠：《企业与公司法学》，北京大学出版社 1998 年版，第 305 页。

由国有资产监督管理机构行使，而其他非重大事项的决定权，则由国有资产监督管理机构授权公司董事会行使。可见，国有独资公司中，董事会不仅仅为公司的执行机关，某种程度上起到了权力机关的作用。

(2) 国有独资公司设立董事会。依《公司法》的规定，董事会经国有资产监督管理机构授权，可以行使某些股东会的权力。董事会每届任期不得超过3年，且该期限为法定期限，不得以公司章程加以变更。董事会成员中应当有公司职工代表，董事会中的职工代表由公司职工民主选举产生。董事会设董事长一名，可以视需要设副董事长。董事长、副董事长由国有资产监督管理机构从董事会成员中指定。

(3) 国有独资公司的监事会，主要由国有资产监督管理机构委派的人员组成，并有公司职工代表参加。监事会的成员不得少于5人，其中职工代表的比例不得低于1/3，具体比例由公司章程规定。监事会行使《公司法》第54条第（一）项至第（三）项规定的职权和国务院规定的其他职权。

(4) 国有独资公司的经理由董事会聘任或解聘。经理可以行使与一般有限责任公司经理相同的职权。特殊之处在于，董事会成员若兼任国有独资公司的经理，须经国有资产监督管理机构同意。

此外，对于国有独资公司的高层人员如董事长、副董事长、董事、经理的兼职行为，法律有严格的限制。未经国有资产监督管理机构同意，上述人员不得在其他有限责任公司、股份有限公司或其他经营组织兼职。一般的有限责任公司仅禁止公司的董事、经理自营或为他人经营与其所任职公司同类的营业或从事损害本公司利益的活动，而国有独资公司禁止的范围更加广泛，只要未经国有资产监督管理机构同意，其高级管理人员就不得在其他经济组织兼职，无论该经济组织是否经营与原国有独资公司相类似的营业。

第六节　一人公司制度

一、一人公司的概念和特征

（一）一人公司的概念

一人公司，有狭义和广义之分。狭义的一人公司指股东只有一人，全部股份或出资由一人拥有的公司，又称形式意义上的一人公司。广义的一人公司，不仅包括形式意义上的一人公司，还包括实质意义上的一人公司，即公司的真实股东只有一人，其余股东仅是为了真实股东一人的利益，而持有股份的非实有股份权益者的公司。一般所谓一人公司乃就狭义而言。

从当今世界的立法动态来看，已有越来越多的国家和地区通过修改法律，允许形式意义上的一人公司存在，而且还有许多国家和地区将一人公司扩大到一人股份有限公司。如我国台湾地区的“公司法”原本规定，无论是有限责任公司还是股份有限公司，当股东人数变动仅剩一人时，则必须解散该公司。① 2001 年修订后的“公司法”第 98 条规定：“有限公司由一人以上股东所组成。”可见，我国台湾地区也遵循确认一人公司的立法潮流，承认了一人有限公司的设立。②

至于实质意义上的一人公司，则在世界各国普遍存在。家族公司大都属于实质意义上的一人公司，各国立法基本上不对此作禁止性规定，从而使实质意义上的一人公司获得了存在空间。由于法律没有对实质意义上的一人公司作明文规定，真实股东的最低持股比例也缺乏法律规定，对此，理论界提出了多种界定标准，有的将该比例确定为 90% 以上，有的确定为 95% 以上。但这些都只是从便利司法实践的角度，借助“形式标准”提出的参考值，并不否认低于该比例的实质意义上的一人公司的存在。③

我国《公司法》修订之前，法律未就一人公司作明确规定，但国有独资公司及由单独的外国组织或个人开办的有限责任公司形式的外商独资企业，实际上都属于形式意义上的一人公司。至于实质意义上的一人公司，不仅家族企业性质的公司大多属于此类，而且通过设置“挂名股东”方式成立的有限责任公司，更是在经济生活中大量存在。对此，我国《公司法》第 58 条第 2 款规定：“本法所称一人有限责任公司，是指只有一个自然人股东或者一个法人股东的有限责任公司。”

从法律调整上看，实质意义上的一人公司，一般情况下都不受法律的特别规制，只是在涉及公司法律人格否认时，才会考虑特定公司的性质。因此，实质意义上的一人公司，实际上应属于公司法律人格否认制度的范畴，而公司法关于一人公司部分仅就形式意义上的一人公司加以规范即可。基于此，除非特别说明，本节下文所谓一人公司，皆系就形式意义上的一人公司而言。

（二）一人公司的特征

与传统公司及独资企业相比，一人公司主要有以下特征：

① 参见林国全：《一人公司》，载《月旦法学杂志》第 22 期，第 50 页。
② 参见柯芳枝：《公司法论》，中国政法大学出版社 2004 年版，第 547 页。
③ 参见王天鸿：《一人公司制度比较研究》，法律出版社 2003 年版，第 2 ~ 3 页。

（1）股东的唯一性。无论是一人发起设立的一人公司，还是全部出资或股份转归一人持有而形成的一人公司，在其成立或存续期间，公司股东仅为一人。此处所谓“一人”，包括一个自然人或一个法人。

（2）资本的单一性。一人公司中，不同于一般公司资本由两个以上股东出资形成，公司的全部资本均由单一股东出资形成。

（3）责任的有限性。在一人公司中，虽然股东仅有一人，股权结构类似于独资企业，但其股东仍得与一般公司股东一样，仅以其出资为限，对公司债务承担有限责任，而公司以其全部资产对公司债务独立承担责任。这一点不同于独资企业，独资企业的企业主需要承担无限责任。

（三）一人公司的种类

1. 自然人独资公司、法人独资公司、国家独资公司

这是根据一人公司股东的性质而作的分类。自然人独资公司是指自然人投资的一人公司。它是最古老也是最典型的一人公司形式。法人独资公司是指法人投资的一人公司。法人独资公司特别是公司法人独资公司的出现，是晚近的事情，但在现代经济生活中，法人独资公司与公司集团两者是密切联系的，法人独资公司是公司集团的重要组织形式。国家独资公司，即国有独资公司，是指国家投资的一人公司。根据我国公司法第 65 条的规定，“国有独资公司是指国家授权投资的机构或者国家授权的部门单独投资设立的有限责任公司。”

2. 原生型一人公司、衍生型一人公司

这是根据一人公司的产生形式而作的分类。原生型一人公司，即由一位发起人设立的一人公司，股东自公司成立时就是一人。衍生型一人公司，即公司在成立时不是一人公司，但在公司成立后，随着公司股权或股份的转让，当公司股权或股份全部集中于一人时，公司即由多股东的公司嬗变为一人公司。

二、我国一人公司及其制度现状

长期以来，我国没有实行公司制度，所以亦不存在一人公司。但我国主要的企业组织形式——独资企业法人，特别是国有企业法人，在法律性质和责任原则方面，类似于一人公司。旧《公司法》正式确立了一种特殊的一人公司形式，即国有独资公司，其立法目的在于为国有企业公司化创立一种有效的法律形式，改造国有企业的治理结构，实现其独立的市场主体地位。

尽管以前我国不允许设立非国有独资公司性质的一人公司，但是旧《公司法》和《公司登记管理条例》均没有规定，当股权或股份转让至一人时，公司必须解散，可见，我国是默许衍生型一人公司存在的。《外资企业法实施

细则》也规定，外国的公司、个人可以在我国开办外商独资企业，其组织形式主要是有限责任公司。若该外资企业由一个外国法人或个人投资，则该企业就成为一人公司。《中外合资经营企业法》、《中外合作经营企业法》规定，投资的各方可以向其中的一方转让自己在企业中所占的股权或份额。这样，受让了其他各方投资的投资者就成为公司唯一的股东，从而使该公司成为衍生型一人公司。

在我国经济生活中，也存在着大量的实质意义上的一人公司。在进行公司设立登记时，为了应付法定要件，不少人将家庭成员或未出资的亲戚、朋友列为名义股东，但不向该名义股东签发出资证明书。有些企业则干脆与其具有法人资格的下属部门共同投资，从而设立实质意义上的一人公司。也有个人或企业自己出资占公司注册资本的95%以上，其他股东仅作象征性投资，这类公司无异于西方实质上的一人公司。尽管有些地区通过地方立法，为防止设立实质意义上的一人公司作了许多禁止性规定，如有的地方要求任何股东出资都不得占90%以上，有的地方禁止设立夫妻公司，但是，由于缺乏公司法的明文规定，实践中，很难禁止实质意义上的一人公司存在。

在此背景下，我国法学界多数学者都主张顺应承认一人公司的立法潮流，明确规定一人有限责任公司制度，同时对其设置相应的规范，从而使实际存在的一人公司受到有效的法律规制。① 基于此，公司法修订的三个草案均对一人有限责任公司作了特别规定。但在公司法修订草案征求意见时，也有不少学者坚决反对设立一人公司。立法部门经过反复研究认为，从实际情况看，实质上的一人公司已是客观存在，也很难禁止，应当根据我国的实际情况，并借鉴国外的通行做法，允许一个自然人投资设立有限责任公司，将其纳入公司法的调整范围，同时应该制定严格的条款，防止可能产生的弊端。最终，修订后的《公司法》第二章第三节共计7个条文（第58～64条）就一人有限责任公司作了特别规定，从而使一人公司得到了部分承认，其基本内容如下：

（1）我国《公司法》所称一人有限责任公司，指只有一个自然人股东或者一个法人股东的有限责任公司，其具体规范除公司法作特别规定者外，皆适用《公司法》关于有限责任公司的相关规定。

（2）为提高一人有限责任公司的信用能力，法律规定其注册资本最低限额为人民币10万元，并且股东应当一次足额缴纳公司章程规定的出资额。

（3）为避免自然人滥用一人有限责任公司的法律人格，《公司法》规定，

① 参见赵旭东：《企业与公司法纵论》，法律出版社2003年版，第201～202页。

一个自然人只能投资设立一个一人有限责任公司，并且该一人有限责任公司不能再投资设立新的一人有限责任公司。鉴于作为一人有限责任公司唯一股东的自然人与法人的运作及偿债能力不同，《公司法》同时规定，一人有限责任公司应当在公司登记中注明自然人独资或者法人独资，并在公司营业执照中载明。

（4）在公司治理结构方面，一人有限责任公司不设股东会。股东作出应由股东会决议事项的决定时，应当采用书面形式，并由股东签名后置备于公司。

（5）一人有限责任公司应当在每一会计年度终了时，编制财务会计报告，并经会计师事务所审计。

（6）一人有限责任公司的股东不能证明公司财产独立于股东自己的财产的，应当对公司债务承担连带责任。

第九章　股份有限公司

第一节　股份有限公司概述

一、股份有限公司的概念和特点

股份有限公司又称为股份公司，是公司最主要的形式。各国对其称谓不尽相同，英国称为“Company Limited by Shares”，美国称为“Share Corporation”，西欧国家称为“Public Company”，日本称为“株式会社”。尽管名称各异，各国对股份公司的基本涵义和理论认识却是基本一致的。股份有限公司，指由一定数量的股东依照法律发起和设立的、资本分为等额股份、股东以其所持有股份对公司承担有限责任、公司以其全部资产对公司债务承担责任的公司。股份有限公司与其他类型的公司相比，具有以下法律特征：

（1）股份有限公司是典型的资合公司。股份有限公司以资本的结合作为公司对外经营活动的信用基础。与有限公司不同，股东的身份对公司没有实质意义，股东之间也不要求确立信任关系。换言之，其信用基础是公司的资本，而不取决于股东个人。公司的资产不仅是公司赖以经营的物质基础，也是债权人实现债权的保障。各国公司法皆对股份有限公司设立的最低注册资本作出明确要求，以建立公司运营的良好信用基础。

（2）股份有限公司有法定最低人数限制，最高人数未作限制。股份有限公司作为公司类型之一，在性质上属于典型的社团法人。依据民法原理，社团只需有 2 个以上的成员即可构成。但股份有限公司旨在聚集多数人的零散资金，形成大资本，以适应大规模生产的需要，因此，各国对股份公司的股东最低人数往往另有明确限制。如《法国商事公司法》第 73 条规定：“公司资本分为股份，由以其出资额为限承担损失的股东持有并组成股份有限公司。股东的人数不得低于 7 人。”我国《公司法》第 79 条规定：“设立股份有限公司，应当有 2 人以上 200 人以下为发起人，其中须有半数以上的发起人在中国境内有住所。”

（3）股份有限公司的全部资本分为等额股份。股份有限公司的资本由均等的股份组成，这是股份有限公司与有限责任公司相区别的一个显著特征。在股份有限公司中，资本以股份的形式存在，股份是公司资本的最小构成单位，每股金额与发行股份总额的乘积为公司的全部资本。股份既表彰股东在公司中的法律地位和股权范围，也表明股东对公司所承担的责任范围。此外，股份的法律表现形式为股票，其具有较强的流通性。

（4）股东仅以其所认购的股份为限，对公司承担责任。股东以其所持有的股份为限，承担向公司缴付出资的义务，对公司的债务承担间接的、有限责任，此即股东的有限责任原则。股东与公司的债权人之间不发生直接的债权债务关系，股东除承担出资义务以外，不分担公司的损失，公司也不得以章程或决议的方式扩大股东的责任。

（5）股份有限公司可以向社会公众公开募集股份，筹集公司资本。股份有限公司是一种开放性的公司，公司可以公开向社会招募股份，即资本的募集具有公开性。凡认购公司发行的股份的人，都可以成为公司的股东，因此，公司股东往往人数众多，资金来源也十分广泛。

二、股份有限公司的历史沿革及意义

（一）股份有限公司的历史沿革

股份有限公司起源于17世纪初，以1602年依特许状所设立的荷兰东印度公司为其肇始，其后逐步传入欧洲其他国家。欧洲各国股份有限公司的发展在法律上经历了三个颇为显著的变化时期。

第一阶段为特许主义时代。公司依国家的特许而设立，公司的基本组织根据特许状来确定，置于国家的监督之下，其代表即为荷兰的殖民公司。

伴随着法国大革命的结束，各国经济蓬勃发展，公司制度步入第二个阶段，即核准主义时代。1807年《法国商法典》首创了关于股份有限公司一般规则的立法，规定了公司设立的核准主义，并确立了股东有限责任的原则，其后，欧洲及拉丁美洲各国公司立法纷纷效仿。根据核准主义原则，公司的设立除必须符合法律规定的条件外，还必须经过行政机关的审批。但是，伴随大量股份有限公司的涌现，人们意识到，手续繁琐的核准主义难以符合经济发展的要求，于是开始寻求另一种高效而安全的模式。

至19世纪后叶，受产业革命与经济自由思想的影响，公司的立法迈向第三个阶段——准则主义时代。公司的设立只需符合公司法规定的设立条件，即可登记设立公司。英国于1862年制定了《公司法》，对于股份公司的设立，采取准则主义，奠定了现代公司法的基础。其后，法国1867年的公司法也改采准则主义。

（二）股份有限公司的利弊

1. 股份有限公司的优越性

股份有限公司的出现，大大加速了社会资本的集中过程，对市场经济的飞速发展起着不可估量的作用。美国著名法学家巴特勒曾这样评价道："股份公司是现代社会最伟大的独一无二的发展。就连蒸汽机和电都无法与之媲美，而且假若没有股份公司，蒸汽机和电的重要性就会相应地萎缩。"① 马克思也曾指出："假如必须等待去使某些单个资本增长到能够修建铁路的程度，那么恐怕直到今天世界上还没有铁路，但是，集中通过股份公司转瞬之间就把这件事完成了。"② 股份有限公司所产生的巨大经济效益，完全有赖于其自身的优越性。

（1）股份有限公司是筹集资本最为有效的公司形式。公司通过向社会公开发行股票，来最大限度地吸收社会闲散资金，在短期内筹集巨额资本。公司的资产分为若干等额的股份，每股金额较少，投资者不论身份和个人条件，皆可认购股份而成为公司股东。股份有限公司对投资者而言，既避免了承担较大的风险，又可通过投资获取收益；对公司自身而言，与银行借贷相比，利用股票筹资，是其筹集大规模经营所需资本的成本最低的一种方式，特别是在溢价发行时，溢价收益还可列入公司的公积金，用以扩大公司生产经营或增加公司资本。

（2）股份有限公司有利于分散投资者的风险。由于公司面向社会公众募集资金，其股东人数众多，且所发行的股份每股金额较小，因而，大量股东个人所拥有的股份只占公司总股本的很少一部分。此外，股东个人的财产与公司的财产是相分离的，股东仅以其所持股份对公司债务承担有限责任。而且，基于资本的证券化，投资者所持有的股票在证券市场可以自由流通，投资者可以通过买入或抛出股票来调节自己资金的盈亏。所以，即使股份有限公司本身规模大、风险大，但对单个投资者而言，其所承担的风险是很小的。

（3）股份有限公司有利于提高企业的经营管理水平。股份有限公司实行所有权和经营权的分离，公司的股份分散于成千上万的股东手中，他们作为所有权人并不直接参与公司的经营管理，仅作为资本的单纯所有者参与公司盈余

---

① 刘俊海：《股东权法律保护概论》，人民法院出版社1995年版，第66页。
② 《马克思恩格斯全集》第23卷，人民出版社1972年版，第688页。

的分配。公司的实际经营管理权集中于董事和经理之手，由具备专业知识的专业人员对公司进行运作。这种管理的专门化有利于提高公司的管理水平，使公司的产权清晰、责任分明，满足不同主体的投资需求。

2. 股份有限公司的弊端

我们在肯定股份有限公司的优越性时，也要看到它的不足之处：

（1）股东对公司的债权人负有限责任，而不对公司债权人直接负责，导致对债权人利益保护不周。实践中，股东往往利用公司独立人格，侵害债权人的利益，如抽逃出资、“脱壳经营”等。

（2）因股份有限公司实行“所有权与经营权分离”的原则，使小股东对于公司的业务事实上无法过问，公司容易被少数大股东操纵和控制，而成为其牟利的工具，中小股东的利益往往遭到损害。

（3）由于股票具有较强的流通性，导致股东频繁变动，公司不易控制和掌握。大多数股东只关心是否能从股票交易中获取收益，而对公司的实际经营状况和前景并不关心。公司经营状况稍有不佳，就会导致股东抛售股票以转移风险，这对公司的发展和确保债权人的利益是非常不利的。

（4）股份有限公司的设立程序比较复杂和严格，发起人的设立责任也比较重。而且，公司内部机构庞杂，其决策和经营受许多因素制约，行动缓慢，费用较高，与其他公司类型相比较，不够灵活。

第二节　股份有限公司的设立

一、股份有限公司设立的概念及性质

股份有限公司的设立，指发起人为了使股份有限公司得以成立并取得法人人格，依照法律规定的条件和程序所进行的一系列法律行为的总称。公司的设立不同于公司的成立，前者是由一系列既独立又有联系的法律行为组成的一个过程，后者是指公司设立行为所导致的法律后果。

关于股份有限公司设立行为的性质，学界有不同的认识，大致存在合伙契约说、单方行为说和共同行为说三种观点。

1. 合伙契约说

该说认为，公司的章程，即设立人之契约。但是，在一般情况下，契约当事人之间的关系属于“交错统一型”的关系，双方各负对待给付义务，一方之所得，即为另一方之所失，反之亦然。而在公司设立过程中，发起人之间的

关系，则更近似于“平行融合关系”，即彼此不负互为给付义务，行为后果是达成公司成立这一共同目的。①

2. 单独行为说

该说认为，公司的设立行为，实质上是股东以共同设立公司为目的的个别单方行为的相互结合，或因偶然关系而产生的集合。

3. 共同行为说

该说认为，公司的设立是各股东或发起人为共同的目的（设立公司）而共同所为的法律行为。②

我们认为，公司设立行为在公司没有成立前，是发起人之间为了达到共同目的而共同实施的合伙行为。正是基于这一点，各国公司法才规定，对于因公司不能成立给他人造成损害的，发起人应当承担连带赔偿责任。至于设立行为与公司章程的关系，我们认为既有联系，又有区别。③ 就区别而言，这是两个独立的行为，设立契约是发起人之间的合意，而制定公司章程，则需要取得参加公司创立大会2/3股东代表的合意，公司章程中虽然包含有设立契约的内容，但并不局限于该契约的内容。就联系而言，设立契约是制定公司章程的前奏，制定公司章程是履行设立契约当然应当实施的行为。

二、股份有限公司的设立原则

关于公司设立的原则，各国公司法经历了自由设立主义—特许设立主义—核准设立主义—准则设立主义的演变过程。目前，各国普遍采用准则主义设立公司。我国《公司法》第6条规定：“设立公司，应当依法向公司登记机关申请设立登记。符合本法规定的设立条件的，登记为有限责任公司或者股份有限公司；不符合本法规定的设立条件的，不得登记为有限责任公司或者股份有限公司。法律、行政法规规定设立公司必须报经批准的，应当在公司登记前依法办理批准手续。”由此可知，我国对公司设立原则上是采准则主义。

三、股份有限公司的设立条件和方式

根据我国《公司法》第77条的规定，设立股份有限公司必须具备以下6

① 江平主编：《新编公司法教程》，法律出版社2003年版，第81页。

② 梅仲协：《商事法要义》（上），第21页。转引自张国键：《商事法论》，台湾三民书局1987年版，第129~130页。

③ 参见赵旭东：《企业与公司法纵论》，法律出版社2003年版，第208~209页。

个法定条件：(1) 发起人符合法定人数；(2) 发起人认购和募集的股本达到法定资本最低限额；(3) 股份发行、筹办事项符合法律规定；(4) 发起人制定公司章程，采用募集方式设立的，经创立大会通过；(5) 有公司名称，建立符合股份有限公司要求的组织机构；(6) 有公司住所。

根据我国《公司法》第78条的规定，设立股份有限公司，可以采取发起设立方式或者募集设立方式。发起设立，指由发起人认购公司应发行的全部股份，不向发起人之外的任何人募集而设立公司。募集设立，指由发起人认购公司应发行股份的一部分，其余部分向社会公开募集而设立公司。英美法系国家不同于大陆法系以上两种设立方式，它的注册资本是授权资本，不是实缴资本，在公司成立前，不要求发起人认购全部股份，也不允许公开发行股份，只有在公司成立后，才允许以公司的名义公开发行股票，筹集公司资本。

四、股份有限公司的设立程序

(一) 发起设立的设立程序

1. 确定公司发起人

发起人是指制定章程，向公司出资或认购公司股份，承担公司筹办事务，并对公司设立行为承担责任的人。关于发起人的法律地位，存在无因管理说、第三人契约说、设立中公司的机关说、当然承继说等不同理论。一般认为，发起人所为的行为就是创设公司的行为，如果公司依法成立，取得法人资格，发起人即转为公司股东，其发起行为所产生的一切权利义务都转由公司承担；如果公司无法成立，则发起人对由此造成的损失承担连带赔偿责任。我国《公司法》第95条规定："股份有限公司的发起人应当承担下列责任：(1) 公司不能成立时，对设立行为所产生的债务和费用负连带责任；(2) 公司不能成立时，对认股人已缴纳的股款，负返还股款并加算银行同期存款利息的连带责任；(3) 在公司设立过程中，由于发起人的过失致使公司利益受到损害的，应当对公司承担赔偿责任。"

根据大陆法系各国和地区公司法的规定，发起人的权利主要有：设立费用返还请求权；报酬受领权；新股发行时的优先认购权；实物出资权；公司解散时作为清算人的权利；以及优先分配剩余财产的权利等。我国《公司法》关于发起人权利的规定仅有一条，即第83条规定的发起人可以用货币出资，也可以用实物、知识产权、土地使用权等可以用货币估价并可以依法转让的非货币财产作价出资；全体股东的货币出资金额不得低于股份有限公司注册资本的

30%。对发起人的其他权利未作任何规定。

关于发起人的义务，关于我国《公司法》作了以下几点规定：（1）制定可行性研究报告和经营估算书；（2）依法认购公司应发行股份的全部或者一部分；（3）负责订立公司的章程；（4）办理设立公司和募集股份的相关手续；（5）募集设立时，负责办理募股审批手续，制作招股说明书并公告，制作认股书，与证券经营机构签订承销协议，同银行签订代收股款协议；（6）缴足自己认购的股款，并按法律规定期限向其他认股人催缴股款；（7）选举公司董事会和监事会，募集设立时，由其主持召开创立大会，选举公司机关。

2. 发起人制定公司章程

股份有限公司的设立首先要有发起人，发起人是否必须签订发起人协议，各国公司法并没有要求。所以，订立发起人协议不是设立股份有限公司的法定程序。

公司是自治实体，公司依照章程实行自治。因此，章程是公司最重要的法律文件，它规定了公司的宗旨、组织原则以及经营管理方式等事项，是公司组织和行为的根本准则。各国均将公司章程的制定作为公司设立的必备条件。公司章程在效力上，不仅约束公司的设立人，即公司的原始股东，也约束后来加入公司的股东及公司的组织机构。股份有限公司的章程需由全体发起人共同制定并共同签署。公司章程内容也称为公司章程条款，依其效力不同，可分为绝对必要记载事项、相对必要记载事项和任意记载事项。

我国《公司法》第82条对公司章程的绝对必要记载事项作出了规定，与其他国家和地区公司法相比，我国关于章程必要记载事项的规定详细、繁琐，主要包括：（1）公司名称和住所；（2）公司经营范围；（3）公司设立方式；（4）公司股份总数、每股金额和注册资本；（5）发起人的姓名或者名称、认股的股份数、出资方式和出资时间；（6）董事会的组成、职权和议事规则；（7）公司法定代表人；（8）监事会的组成、职权和议事规则；（9）公司利润分配办法；（10）公司的解散事由与清算办法；（11）公司的通知和公告办法；（12）股东大会会议认为需要规定的其他事项。

公司章程的相对必要记载事项，一般也由法律明文列举，其性质可认为是法定任意记载事项。有些国家和地区对绝对必要记载事项和相对必要记载事项做了明确的分类，如我国台湾地区“公司法”第129条规定了“章程绝对应载事项”，第 130 条规定了“章程之相对必要记载事项”。① 在不违反强行法和公序良俗的前提下，可以就公司内部的关系在章程中任意记载。

3. 认足股份

发起人是否要认足公司章程载明的公司全部股份，各国因采取的资本制不同而有所不同。如采取授权资本制的，则允许股份分次发行，发起人只需认足第一次应发行的股份；采用法定资本制的，在发起设立公司时，章程所载明的公司全部资本，必须由发起人全部认购，以维持公司设立行为真实和公司设立基础稳固。根据我国《公司法》的相关规定，采用发起设立方式设立股份有限公司，必须由发起人以书面形式认足公司章程规定发行的股份。全体发起人承诺购买的股份数之和，应当等于公司应发行的股份数，数量少于应发行的股份数的，应及时改变原公司的股本总额或者改以募集方式设立，否则公司将无法成立。

4. 发起人依其所认股份缴纳股款

发起人以书面形式认足公司章程规定发行的股份后，应按时缴纳股款。股款不以现金为限，发起人可以以实物、知识产权和土地使用权等出资。需要注意的是，股份有限公司为资合公司，所以发起人不得以劳务或信用出资。

5. 选举董事会和监事会

发起人在认缴股款后，应依照法律和公司章程的规定，选举董事会和监事会。我国《公司法》对发起设立的股份有限公司董事、监事以及公司董事长、经理的选举程序没有作出具体规定，只是规定发起人交付相应出资后，应当选举董事会和监事会。通观各国的做法，董事和监事从发起人中选任，可以由章程予以任命，或由持有半数以上表决权的股东投票决定。

6. 办理设立登记

公司机构产生后，由董事会向公司登记机关申请设立登记，并应按照《公司登记管理条例》第 21 条第 2 款的规定报送有关文件。公司申请登记的经营范围中有法律、行政法规规定必须报经审批的项目的，应当在申请登记前

① 我国台湾地区“公司法”第 129 条规定：“发起人应以全体之同意订立章程，载明左列各款事项签名盖章：一、公司名称。二、所营事业。三、股份总数及每股金额。四、本公司所在地。五、公告方法。六、董事及监察人之人数及任期。七、订立章程之年、月、日。”第 130 条规定：“左列各款事项，非经载明于章程者，不生效力：一、分公司之设立。二、分次发行股份者，定于公司设立时之发行数额。三、解散之事由。四、特别股之种类及其权利义务。五、发起人所得受之特别利益及受益者之姓名。六、公司债可转换股份之数额。”

报经国家有关部门审批，并向公司登记机关提交批准文件。公司登记机关应自接到设立登记申请之日起30日内依法审查，作出是否予以登记的决定。经登记机关核准并发给《企业法人营业执照》后，公司即告成立。公司营业执照签发日期，为公司的成立日期。

（二）募集设立的设立程序

1. 确定适格并符合法定人数要求的发起人

2. 由全体发起人共同制定公司章程

募集设立不同于发起设立，发起人签署的公司章程不是公司的正式章程，只有经过出席创立大会的认股人所持表决权的半数以上通过，才能成为公司的正式章程。

3. 发起人认购公司股份

根据我国《公司法》第85条的规定，以募集设立方式设立股份有限公司，发起人必须先认购占公司发行股份总额35%以上的股份。其他各国和地区公司法对募集设立中发起人是否必须认购股份，以及发起人认购股份的比例，规定不一。如法国公司法没有要求发起人认购股份，全部资本必须公开募集。① 我国台湾地区“公司法”规定，发起人认购公司发行股份的比例不得少于1/4。② 之所以规定发起人所认股份不得低于一定比例，在于加强发起人的责任，确保投资者的利益。

4. 向国务院证券管理部门递交募股申请

发起人认足法定股份后，应向社会公开募集其余股份。由于公开募集股份关系到广大投资者的切身利益，为了防止发起人以募股为名，非法集资或从事商业欺诈活动，我国《证券法》对募股活动采取了严格的管制措施。依照我国《证券法》第10条第1款的规定：“公开发行证券，必须符合法律、行政法规规定的条件，并依法报经国务院证券监督管理机构或者国务院授权的部门核准；未经依法核准，任何单位和个人不得公开发行证券。”

5. 公告招股说明书

为了让投资者全面了解公司的情况，以便作出正确的投资判断，发起人必须以公告招股说明书的方式，向社会公众公开有关的信息。为了保证招股说明书的内容真实、准确、完整，各国对招股说明书的制作、公布及相关责任都作

① 参见《法国商法典》第75条第1款之规定。

② 我国台湾地区“公司法”第133条第2项规定：“唯每人至少应认一股以上，全体发起人所认股份，不得少于第一次发行股份四分之一。”

了严格规定。我国《公司法》第87条规定："招股说明书应当附有发起人制定的公司章程，并载明下列事项：（1）发起人认购的股份数；（2）每股的票面金额和发行价格；（3）无记名股票的发行总数；（4）募集资金的用途；（5）认股人的权利、义务；（6）本次募股的起止期限及逾期未募足时认股人可以撤回所认股份的说明。"

6. 发起人与证券承销机构签订承销协议

依照我国证券法第28条的规定，发行人向不特定对象发行的证券，法律、行政法规规定应当由证券公司承销的，发行人应当同证券公司签订承销协议。证券承销业务采取代销或者包销方式。证券代销是指证券公司代发行人发售证券，在承销期结束时，将未售出的证券全部退还给发行人的承销方式。证券包销是指证券公司将发行人的证券按照协议全部购入，或者在承销期结束时，将售后剩余证券全部自行购入的承销方式。采用何种方式承销股票，可以由发起人与证券公司协议确定，但应当在承销协议中予以载明。

7. 制作认股书，向社会公开募集股份

认股书是由发起人制作的供认购人签署购买股票的标准承诺书。认股书应载明招股说明书中记载的内容，由认股人在认股书上填写所认购的股数及金额、自己的住所，并签名、盖章。认股系认股人与发起人之间，以加入设立中公司为目的的一种合意。由发起人制备的认股书对不特定之公众为要约，认股人填写认股书即为承诺，契约因而成立。① 认股人一旦填写了认股书，就负有缴纳股款的义务，发起人也相应地享有催缴股款的权利。

8. 缴纳股款

认股人应当按照所认股数向代收股款的银行足额缴纳股款，并有权要求代收股款的银行出具收款单。如果认股人不缴纳股款该如何处理？我国《公司法》未作规定。其他国家如日本，则明确规定了认股人不按期缴纳股款的后果。《日本商法典》第179条规定了认股人的失权程序：认股人未依规定缴纳股款时，发起人可以规定期日，通知其如不于规定期日前缴纳股款，即丧失其权利。发起人发出催款通知后，认股人仍不缴股款时，则丧失其权利。于此情形，发起人可以以其所认股份，另行募集股东。发起人对认股人享有损害赔偿请求权。

认股人在缴纳出资以后，不得随意抽回出资，法律另有规定的情形除外。我国《公司法》第92条规定："发起人、认股人缴纳股款或者交付抵作股款的出资后，除未按期募足股份、发起人未按期召开创立大会或者创立大会决议

① 柯芳枝：《公司法论》，中国政法大学出版社2004年版，第147页。

不设立公司的情形外，不得抽回其股本。”发起人在返还认股人所缴股款时，应加算银行同期存款利息。发行股份的股款缴足后，必须经法定的验资机构出具证明。

此外，股份有限公司向境外公开募集股份的具体办法，应按1994年8月4日国务院发布的《关于股份有限公司境外募集股份及上市的特别规定》执行。

9. 召开创立大会

根据我国《公司法》的相关规定，发行股份募足后，发起人应当在30日内主持召开公司创立大会，并在创立大会召开15日前，将会议日期通知各认股人或者进行公告。创立大会应有代表股份总数过半数的认股人出席，行使下列职权：(1) 审议发起人关于公司筹办情况的报告；(2) 通过公司章程；(3) 选举董事会成员；(4) 选举监事会成员；(5) 对公司的设立费用进行审核；(6) 对发起人用于抵作股款的财产的估价进行审核；(7) 发生不可抗力或者经营条件发生重大变化直接影响公司设立的，可以作出不设立公司的决议。

创立大会对以上所列事项作出决议，必须经出席会议的认股人所持表决权过半数通过。关于发起人是否享有表决权，我国《公司法》没有作出明确的规定。我国台湾地区“公司法”则规定，发起人或认股人对于会议之事项，有自身利害关系致有害于设立中公司利益之虞时，不得加入表决，并不得代理其他发起人或认股人行使其表决权。所谓有自身利害关系者，系指与一般发起人或认股人之利益无涉，而与某特定发起人或认股人有利害关系而言。① 因此，发起人是否享有表决权，应就表决事项而定，如涉及前列第(1)、(5)、(6)项的表决时，发起人没有表决权；如就选举董事会成员、监事会成员以及对是否设立公司作出决议时，发起人享有表决权。笔者认为此种做法有一定道理，值得采纳。

10. 登记

为了防止滥设公司，各国和地区都规定设立公司，必须经过严格的审查程序。我国《公司登记管理条例》第21条第1款规定，设立股份有限公司，董事会应当于创立大会结束后30日内向公司登记机关申请设立登记。申请设立登记时，应当按照《公司登记管理条例》第21条的规定提交法定的法律文件。公司登记机关对决定予以受理的登记申请，应当区别情况，在规定的期限内，作出是否准予登记的决定；需要对申请文件、材料核实的，应当自受理之

① 柯芳枝：《公司法论》，中国政法大学出版社2004年版，第152页。

日起 15 日内作出是否准予登记的决定。

五、公司发起人的责任

（一）公司成立时的责任

1. 缴纳出资的责任

无论是发起设立还是募集设立，发起人都应该认购公司的股份。为了更好地维护公司债权人的利益及交易的安全，我国《公司法》第 94 条规定，如果在股份有限公司成立后，发起人未按照公司章程的规定缴足出资的，应当补缴，其他发起人承担连带责任。股份有限公司成立后，发现作为设立公司出资的非货币财产的实际价额显著低于公司章程所定价额的，应当由交付该出资的发起人补足其差额，其他发起人承担连带责任。

2. 损害赔偿责任

我国《公司法》第 95 条第（三）项规定："在公司设立过程中，由于发起人的过失致使公司利益受到损害的，应当对公司承担赔偿责任。"较之其他国家和地区的相关规定，我国《公司法》的规定不够具体，应作进一步的完善。首先，应明确发起人对哪些行为承担责任。如发起人延误设立公司的任务、抵作股款的财产估价过高、股款未缴足，从而给公司造成损害的情况下，发起人应承担赔偿责任。其次，应明确各发起人之间对损害赔偿的连带责任。因为依照传统理论，发起人之间是合伙关系，发起人之间为设立公司而订立的发起人协议是一种合伙协议，故因其行为给公司造成损害时，发起人之间应承担连带责任。再次，我国公司法规定发起人主观上必须有过失才承担赔偿责任，此种归责原则与其他国家和地区立法不一致，于理论上也有探讨的余地。有学者认为，"此际，事涉资本维持之原则，因此，不问发起人对公司所受损害之发生有无过失，均应负赔偿之责，故亦属无过失赔偿责任"。① 事实上，依据不同的行为来确定归责原则，更为合理。涉及公司资本的，应严格适用无过错责任原则；其他行为，如怠于完成公司设立所必须的行为，可适用过错责任原则。最后，我国公司法没有明确公司对发起人行使损害赔偿请求权的时效期间、程序，不便操作。

此外，发起人在执行设立事务时，违反法律规定，给他人造成损失时，应与公司承担连带赔偿责任。发起人对于在设立公司时所负的债务，在公司成立后，也同样应承担连带责任。此种规定的主旨，在于防止发起人滥设公司，保

---

① 柯芳枝：《公司法论》，台湾三民书局 2002 年版，第 195 页。

护债权人的利益。

3. 行政、刑事责任

根据我国《公司法》第200条、第201条和第216条的规定，公司的发起人、股东虚假出资，未交付或者未按期交付作为出资的货币或者非货币财产的，由公司登记机关责令改正，处以虚假出资金额5%以上15%以下的罚款。公司的发起人、股东在公司成立后，抽逃其出资的，由公司登记机关责令改正，处以所抽逃出资金额5%以上15%以下的罚款。构成犯罪的，依法追究刑事责任。

（二）公司不成立时的责任

公司不成立，指公司在设立程序过程中，因某种原因导致公司未能完成设立登记的情形。导致公司不成立的原因主要有：（1）创立大会作出不设立公司的决议；（2）注册登记机关拒绝登记，或公司发起人没有到登记机关注册成立公司；（3）未获得国家有关机关的批准；（4）资金未能按时足额募集；（5）创立大会未按期召开。

依据我国《公司法》第95条规定，在股份有限公司不能成立时，发起人应当承担下列责任：（1）公司不能成立时，对设立行为所产生的债务和费用负连带责任；（2）公司不能成立时，对认股人已缴纳的股款，负返还股款并加算银行同期存款利息的连带责任。需注意的是，发起人所承担的责任是无过错责任，只要公司不能成立，公司设立行为所产生的一切债务和费用，就要由发起人来承担，至于发起人对债务、费用的产生有无过错，则在所不问。

第三节　股份有限公司的股东

一、股东的含义

股份有限公司的股东是指持有股份有限公司的股份以表彰股东权的人。股东是公司最高决策机关——股东大会的组成人员，是公司权利的享有者和义务的承担者。虽然大部分股东仅为追求盈利和投机利益而对公司投资，对公司的经营并不关心，但在法律上，股东仍然是公司的组成人员，而不是公司的债权人。

依据股东所持有的股份或股票的性质不同，股东可分为普通股东、特别股东，或记名股东、无记名股东；依据股东所持股份的多少，可将股东分为大股东、小股东。但无论何种类型的股东，均对于公司享有权利并负担义务，基于此项权利义务，产生两个重要原则：

（1）股东有限责任原则。股东仅在其所认购股份价额限度以内，对公司负担出资义务，除此别无其他责任。举凡公司章程、股东会决议或董事会决定等，违反该原则者，不问何种情形，皆属无效。① 关于有限责任问题，前文已述，恕不赘述。

（2）股东平等原则。股东平等原则，指股东基于股东资格，在一切法律关系上，均应按其持有的股份数额享受平等待遇。股份有限公司是典型的资合公司，这就决定了股东之间的平等，不可能像公益社团法人中的社员那样，实行按人头的平等，而是应当以股东对公司资本的物的参加程度即投资比例为衡量标准，实行比例的平等。② 这种平等，是在股份基础上的平等，即公司对股东持有的每一股份（同种类、同数量）以平等的待遇。股东持有多少股份，就享有多少权利和承担相应的义务，"一股一票制"、"同股同价、同股同权、同股同利"等，都是股东平等原则的具体体现。我国《公司法》没有明确规定股东平等原则，但设有不少体现股东平等原则的法律条款。如第 104 条第 1 款规定："股东出席股东大会会议，所持每一股份有一表决权。"第 187 条第 2 款规定："公司财产在分别支付清算费用、职工的工资、社会保险费用和法定补偿金，缴纳所欠税款，清偿公司债务后的剩余财产，有限责任公司按照股东的出资比例分配，股份有限公司按照股东持有的股份比例分配。"

二、股东资格的取得与丧失

股东资格的取得，分为原始取得和继受取得两种。原始取得是指基于认股行为而取得股东资格。认股可分为公司设立时的认股及公司成立之后发行新股时的认股两种情形。在这两种情况下，认股人均基于认股行为原始取得股东资格。继受取得是指基于继承、遗赠、公司合并或股份受让而取得股东资格。

股东资格的丧失，分为绝对丧失和相对丧失。前者指公司实体消灭及股份的注销而导致的股东资格的丧失；后者指公司在减少资本和合并股份时，对不适宜合并的股份进行处分及股份转让的情况下，股东相对丧失股东资格。

一般而言，只要出资认购公司所发行的股份或在证券流通市场上购得股票，无论自然人、法人还是国家，都可取得公司股东的资格。但是，股东资格的取得，除向公司出资外，还需经过一定的程序。在我国，股份有限公司记名股票的持有人，必须将其姓名或名称及住所记载于股东名册，才能成为公司的

① 张国键：《商事法论》，台湾三民书局 1987 年版，第 239 页。
② 刘俊海：《股份有限公司股东权的保护》，法律出版社 1998 年版，第 34 页。

股东。

三、股东名册

股东名册是指依公司法的规定，公司必须置备的，用以记载股东个人情况及其出资等法定事项的簿册。依照我国《公司法》第131条的规定，公司发行记名股票的，应当置备，股东名册，记载下列事项：（1）股东的姓名或者名称及住所；（2）各股东所持股份数；（3）各股东所持股票的编号；（4）各股东取得股份的日期。发行无记名股票的，公司应当记载其股票数量、编号及发行日期。

股东名册的置备，对于保护股东的权益具有重要意义。股份有限公司股东人数众多，人员变动较大，为了掌握公司股东的基本情况，保障股东的权益，各国公司法均将置备股东名册作为公司的一项法定义务。股份有限公司的记名股东必须将其姓名登记在股东名册上，才能成为公司股东。记名股东转让其股份的，受让人必须将其姓名或名称、住所等事宜记载于公司的股东名册上，否则转让行为不得对抗公司，法律推定股东名册上的股东为真正的股东。股东名册通常由公司的董事或董事会来制作，并将其置备于本公司及分公司，股东及债权人在营业期间可以查阅并抄录股东名册或其副本。若公司违反法定义务，不置备股东名册或者股东名册内容不真实的，应承担法律责任，但我国《公司法》对此无相关规定。

四、股东的权利和义务

（一）股东的权利

股东的权利又称为股东权或股权，指基于股东资格而享有的，从公司获取经济利益并参与公司经营管理的权利。股份有限公司作为典型的营利社团法人和资合公司，其股东当然享有直接从公司获得经济利益的财产权利，同时为确保此种财产权利，法律和章程一般承认股东参与公司经营管理的非财产性权利。所以，股东权是一种具有复杂内容的权利，其以财产权为基本内容，同时还包含公司内部事务管理权等非财产权内容。两种权利相互统一，后者往往是实现前者的手段，前者往往是后者存在的目的。

根据不同的标准，股东权有不同的分类。以权利行使目的为标准，股东权可分为自益权与共益权。前者是股东仅为自己利益而行使的权利，如股利分配请求权、新股认购优先权；后者是指股东为自己利益的同时兼为公司利益而行使的权利，如表决权、代表诉讼提起权。以权利的重要程度为标准，可将股东权分为固有权与非固有权。前者是指未经股东同意，不得以章程或股东大会多数决议，予以剥夺或限制的权利；后者是指可由章程或股东大会多数决议，予以剥夺或限制的权利。以权利行使方法的不同，股东权又可分为单独股东权与少数股东权。前者指不问股东的持股数额多少，仅持有一股的股东即可单独行使的权利；后者指持有股份占公司已发行股份总数一定比例的股东才能行使的权利。

根据我国公司法的规定，股东权的内容主要包括以下几项：

（1）红利分配请求权。公司红利指向股东分配的公司净利润。红利分配请求权是股东的核心权利，是其向公司投资的根本目的。我国《公司法》第167条规定，公司弥补亏损和提取法定公积金所余税后利润，股份有限公司按照股东持有的股份比例分配，但是，股份有限公司章程规定不按持股比例分配的除外。对此，有学者认为，我国《公司法》规定股份有限公司可通过公司章程规定不按持股比例分配利润，有失之过宽之嫌，应将其限定为发起设立的股份有限公司为宜。①

（2）剩余财产分配请求权。在公司清算时，股东有权就公司剩余财产请求分配。一旦公司因解散而清算，股东便无法期望公司再为自己提供投资回报，此时股东的唯一利益在于分取公司的剩余财产。所以，剩余财产分配请求权是股东对公司享有的最后一种权利。

（3）优先配股权。公司在运营过程中发行新股，不仅可以筹集巨额资金，还可以降低公司的筹资成本和经营风险。发行新股时，如果不赋予原股东优先认购的权利，将必然导致原有股东持股比例的萎缩、表决权的削弱及股利的减少。鉴于此，各国公司法均规定了股东的新股优先认购权。我国《公司法》第134条第（四）项规定，公司发行新股，股东大会应当对向原有股东发行新股的种类及数额作出决议。

（4）股份转让权。股东有权依自己的意思，按照法定方式转让其所持有的公司的股份。

（5）提案权。提案权是股东行使其重大事项决策权的一种基本形式，也是股东决策权中的基本权利。我国《公司法》第103条第2款规定，单独或者合计持有公司3%以上股份的股东，可以在股东大会召开10日前提出临时提案并书面提交董事会。

（6）出席股东大会权和表决权。股东大会是股东参与公司经营管理的方

① 施天涛：《公司法论》，法律出版社2006年版，第239页。

式，由全体股东组成。每个股东无论其所持股份的多少，都可以参加股东大会，并行使表决权。表决权是股东基于其股东地位而享有的、就股东大会的议案作出一定意思表示的权利，其不容公司章程或股东大会决议予以剥夺或限制。为保障这一权利的行使，各国规定了表决权代理制度。我国《公司法》第107条规定："股东可以委托代理人出席股东大会会议，代理人应当向公司提交股东授权委托书，并在授权范围内行使表决权。"①

（7）发起召开临时股东大会。依据我国《公司法》第101条的规定，单独或者合计持有公司10%以上股份的股东请求时，应当在2个月内召开临时股东大会。

（8）选举和被选举权。股东有权选举和更换董事、监事，也可被选举为公司的董事和监事。任免董事、监事通常采用股东大会决议方式，决议按"一股一票"的"资本多数决"原则进行。为了保障少数股东的发言权，也可以依照公司章程的规定或者股东大会的决议，实行累积投票制。②

（9）知情权。我国《公司法》第98条规定："股东有权查阅公司章程、股东名册、公司债券存根、股东大会会议记录、董事会会议决议、监事会会议决议、财务会计报告，对公司的经营提出建议或者质询。"但是，股份有限公司的股东不能像有限责任公司的股东一样享有复制权，也不能查阅公司会计账簿。

（10）诉讼权。③ 股东在自己的利益受到侵害时，可以直接起诉。而且，当公司的董事、监事和高管人员在执行职务时，违反法律、行政法规或者公司章程的规定，给公司造成损失，而公司又怠于行使诉权时，符合条件的股东可以以自己的名义，向法院提起损害赔偿的诉讼。

（二）股东的义务

股份有限公司的股东主要有以下几项义务：

（1）遵守公司章程的义务。

（2）向公司缴纳出资的义务。出资义务是投资人取得股东资格的前提条件，如果其逾期未缴纳出资，将被视为自动放弃所认购的股份，并要承担对公

---

① 我国《公司法》仅规定了股份有限公司的表决权代理，而没有规定有限责任公司的表决权代理，学者认为这是法律的漏洞。参见施天涛：《公司法论》，法律出版社2006年版，第342～345页。

② 我国《公司法》第106条规定："股东大会选举董事、监事，可以依照公司章程的规定或者股东大会的决议，实行累积投票制。"

③ 参见我国《公司法》第152条、第153条。

司的损害赔偿责任。此外，股东不得虚假出资，欺骗债权人和社会公众，否则要给予一定的行政处罚。构成犯罪的，依法追究刑事责任。

（3）资本充实责任。股份有限公司的认股人在缴纳股款后，除非未按期召开创立大会或创立大会决议不设立公司的，不得抽回出资。

（4）股份有限公司的股东以其所持有的股份对公司债务承担责任。

（5）公司章程规定的其他义务。

第四节 股份有限公司的组织机构

一、股份有限公司的股东大会

（一）股东大会的概念和法律特征

股东大会是股份公司的全体股东行使股东权利，决策公司事务的法定必备机关。我国《公司法》第99条规定："股份有限公司股东大会由全体股东组成。股东大会是公司的权力机关，依照本法行使职权。"根据上述规定和公司法的一般原理，股份有限公司的股东大会具有以下法律特征：

1. 股东大会是由全体股东组成的机关

股东大会必须由全体股东组成，无论是普通股股东，还是特别股股东，都是股东大会的组成人员。如果只让少数股东组成股东大会，就违反了股东平等原则。实践中，有学者主张，鉴于股东大会之召集，实际难以做到全体股东都出席，因此可以设立股东代表大会来代为行使股东大会的职权。① 但国内大部分学者对此持否定态度。我国台湾地区一些公司法学者认为，无表决权的特别股股东，仍然为公司成员，他们应该享有除表决权以外的出席股东大会、提出议案，或就议案提出质询或陈述意见等参加权。② 我国《公司法》对此没有明确的规定。我们认为，从保障股东权益的角度出发，特别股股东应该享有出席股东大会的权利。

2. 股东大会是股份有限公司的意思机关

公司作为社团法人，本身不能直接表达其意思，只有通过股东大会实行"股份多数决原则"形成公司的意思，并由业务执行机关付诸实施。公司的重大事项，除法律或章程另有规定外，均由股东大会决定，形成公司的决议。与

① 王美娟主编：《公司法》，华东师范大学出版社1993年版，第254页。

② 柯芳枝：《公司法论》，台湾三民书局2002年版，第241页。

其他公司机关相比，股东大会仅具有决定意思的职能，而不一定负责执行其决议和监督公司业务之开展，对外不代表公司。因此，有学者认为，股东大会之意思是公司的内部意思。①

3. 股东大会是股份有限公司的最高决议机关

所谓"最高决议机关"，指股东大会是股份有限公司内作出最高效力决议的机关。股东大会所作出的决议，既是公司经营活动的根据，也是董事会业务执行和经营决策以及监事会业务监督的依据。虽然在现代公司法中，股东大会的职权呈弱化趋势，但公司一些重要事项的决定权仍属于股东大会，如董事、监事的选任、解任，营业的转让，以及公司的合并、解散等。所以，在实行董事会中心主义的今天，股东大会作为公司权力机关的地位仍未动摇，其所作出的决议，对公司、董事会、监事会的活动均有约束力。

此外，股东大会是股份有限公司设立和存续的必备条件，是公司的法定机关，公司不得以章程废止它。各国公司法均规定，凡属股份有限公司，必须设立由全体股东组成的股东大会。由于股东大会由众多股东组成，每个股东居住分散，不易召集，且股东大会只在公司遇到有关重大问题时，才行使职权，因而，股东大会又是非常设机关，依章程和法律的规定，每年召开一次常会以及适当的临时大会。

（二）股东大会的分类

根据我国《公司法》第 103 条的规定，股东大会分为以下两种：

（1）股东大会年会，又称股东大会常会，指按照公司法或公司章程规定定期召开的股东会议。我国《公司法》第 101 条规定，"股东大会应当每年召开一次年会"，但对于具体召开的时间未作规定，可由公司章程作出规定。

（2）临时股东会，又称临时会议、特别会议，指两次年会之间不定期召开的股东会议。各国公司法通常对召开临时股东大会的情形作出规定。我国《公司法》第 101 条规定，有下列情形之一的，应当在两个月内召开临时股东大会：（1）董事人数不足本法规定人数或者公司章程所定人数的 2/3 时；（2）公司未弥补的亏损达实收股本总额 1/3 时；（3）单独或者合计持有公司 10% 以上股份的股东请求时；（4）董事会认为必要时；（5）监事会提议召开时；（6）公司章程规定的其他情形。

（三）股东大会的职权

股东大会的职权，又称"股东大会的权限"，指股东大会作为公司的最高

① 柯芳枝：《公司法论》，台湾三民书局 2002 年版，第 241 页。

决议机关，具有对公司整体产生根本性、全局性、最终性影响的权能。① 多数国家和地区的公司法对股东大会的职权以列举方式加以明确规定。依据我国《公司法》第 100 条的规定，股东大会行使下列职权：（1）决定公司的经营方针和投资计划；（2）选举和更换非由职工代表担任的董事、监事，决定有关董事、监事的报酬事项；（3）审议批准董事会的报告；（4）审议批准监事会或者监事的报告；（5）审议批准公司的年度财务预算方案、决算方案；（6）审议批准公司的利润分配方案和弥补亏损方案；（7）对公司增加或者减少注册资本作出决议；（8）对发行公司债券作出决议；（9）对公司合并、分立、解散、清算或者变更公司形式作出决议；（10）修改公司章程；（11）公司章程规定的其他职权。

（四）股东大会的召集和决议

1. 股东大会的召集

股东大会通常由召集人依照法定程序召集召开。召集人是指依照公司法的规定，有权召集股东大会会议的人，是股东大会的必备要件之一。我国《公司法》第 102 条规定，股东大会会议由董事会召集，董事长主持；董事长不能履行职务或者不履行职务的，由副董事长主持；副董事长不能履行职务或者不履行职务的，由半数以上董事共同推举一名董事主持。董事会不能履行或者不履行召集股东大会会议职责的，监事会应当及时召集和主持；监事会不召集和主持的，连续 90 日以上单独或者合计持有公司 10% 以上股份的股东可以自行召集和主持。由此可见，召集人是获得法律授权的人，股东的自行集会不应视为股东大会会议，该会上所作出的决议也不应视为股东大会决议；有召集者而召集者无召集权的股东集会也不能视为股东大会，其所作出的决议也属无效。

召集股东大会的通知方式和通知时间，因通知对象不同而有所区别。根据我国《公司法》第 103 条第 1 款的规定，召开股东大会会议，应当将会议召开的时间、地点和审议的事项于会议召开前 20 日通知各股东；临时股东大会应当于会议召开前 15 日通知各股东；发行无记名股票的，应当于会议召开前 30 日公告会议召开的时间、地点和审议事项。股东大会不得对通知中未列明的事项作出决议。关于股东大会会议召集处所，我国《公司法》未作规定，一般可由章程加以规定，如章程中亦未明确的，通常应理解为公司住所地为召集地。

股东均有权出席股东大会会议，但须注意几点：第一，无记名股票的股东

① 范健、蒋大兴：《公司法论》，南京大学出版社 1997 年版，第 699 页。

应于会议召开5日以前至股东大会闭会时止，将股票交存于公司，以防止股票重复登记。第二，记名股票转让后，应将受让人的姓名或名称及住所记载于公司股东名册，该受让人被视为股东并有权出席股东大会的会议。但是，股东大会召开前20日内，不得进行上述公司股东名册的变更登记，以防少数人通过股票的突然集中而操纵股东大会。第三，股东可以自己出席或者委托代理人出席股东大会，代理人应当向公司提交股东授权委托书，表明委托授权的范围，并由股东签字、盖章。对于股东大会的最低出席人数，我国《公司法》未作规定，可由公司的章程予以规定。

2. 股东大会的决议

股东大会决议是股东大会最重要的事项，是股东大会行使权利的主要方式。股东大会的表决方式包括举手和投票，我国《公司法》对此没有明确规定，可理解为由公司章程予以规定，举手和投票方式都应该是有效的表决方式。

出席股东大会的股东都享有表决权，且奉行“一股一票”的原则，即每股有一个表决权。依据股东平等原则，表决权的行使一般不受限制，但仍存在例外情形。各国和地区公司法对表决权的限制情形主要有以下几种：（1）公司自己持有的股份不享有表决权；①（2）相互持有股份时，表决权行使受限；②（3）如果股东对于会议审议事项，与自身有利害关系，行使表决权可能会给公司造成损害，不得行使表决权，也不得委托他人代其行使表决权；③（4）优先股股东没有表决权。

股东大会决议的议事规则，各国一般采用“资本多数决”，即在符合法定人数的股东大会上，决议以出席股东大会股东表决权的多数通过，才能生效。涉及普通决议的，需出席股东大会持半数以上表决权的股东同意即能生效；涉及特别决议的，需出席股东大会持2/3以上表决权的股东同意才能生效。关于哪些事项采用普通决议，哪些事项采用特别决议，多数国家和地区采用列举式的方式予以规定。依据我国《公司法》第104条的规定，股东大会作出修改

① 我国台湾地区“公司法”第179条第2款规定：“公司依本法自己持有之股份，无表决权。”

② 《日本商法典》第241条第（三）项规定：“公司、母公司与子公司一起或子公司单独集有其他股份公司已发行股份总数1/4以上的股份，或集有其他有限公司资本1/4以上的股份时，该股份公司或有限公司就其集有公司或母公司的股份，无表决权。”

③ 《德国股份公司法》第136条第1款第（一）项规定：“如果是对他是否应当被减免责任，或者解除他的债务约束，或者公司是否应当对他提出一项赔偿请求权作出决议的，任何人都不得为自己或他人行使表决权。”

公司章程、增加或者减少注册资本的决议，以及公司合并、分立、解散或者变更公司形式的决议，必须经出席会议的股东所持表决权的2/3以上通过。除此之外的事项，可视为普通决议事项。同时，为了缓冲大股东利用表决权优势产生的对公司的控制，增强小股东在公司治理中的话语权，我国《公司法》引入了累积投票制，第106条规定："股东大会选举董事、监事，可以依照公司章程的规定或者股东大会的决议，实行累积投票制。本法所称累积投票制，是指股东大会选举董事或者监事时，每一股份拥有与应选董事或者监事人数相同的表决权，股东拥有的表决权可以集中使用。"简单地说，在实行累积投票时，股东的表决权票数是按照股东所持有的股票数与所选举的董事或监事人数的乘积计算，而不是直接按照股东所持有的股票数计算。累积投票制是限制资本多数决原，则以保护小股东利益的一项举措，只适用于股份有限公司，而不适用于有限责任公司。其优势在于，一方面它通过投票数的累积计算，扩大了股东表决权的数量，另一方面它通过限制表决权的重复使用，限制了大股东对董事、监事选举过程的绝对控制力。但这种规则仍以小股东持有或者合计持有一定数量的表决权为条件，若小股东在持股比例上与大股东相差悬殊，或者不能有效地一致行动，累积投票制将难以充分地发挥作用。

对于股东大会决议瑕疵，我国《公司法》第22条赋予股东以救济权，即公司股东会或者股东大会、董事会的决议内容违反法律、行政法规的无效；股东会或者股东大会、董事会的会议召集程序、表决方式违反法律、行政法规或者公司章程，或者决议内容违反公司章程的，股东可以自决议作出之日起60日内，请求人民法院予以撤销。

二、股份有限公司的董事及董事会

（一）董事的概念及其任免

董事是组成公司董事会的成员，是对公司业务作出决策和行使管理权的人，通常由股东大会选举产生。亦有学者表述为，董事是构成董事会的成员，是公司法定、必备和常设的业务执行机关。① 由此可见，董事具有双重角色：作为机关董事，其是公司机关的一部分；作为个人董事，其具有权利能力，与公司之间存在委任关系。

多数国家和地区对股份有限公司的董事人数的最低限额作出了限定，我国《公司法》不仅规定了股份有限公司董事人数的最低限额，而且规定了最高限

① 孔祥俊：《公司法要论》，人民法院出版社1997年版，第320页。

额："股份有限公司设董事会，其成员为5人至19人。"①

董事会由董事组成，董事的素质决定了董事会的领导和管理能力。为此，各国公司法一般从行为能力、年龄、个人品德（包括近期有无犯罪记录）、是否是国家公务员等方面，对董事的资格进行限制。我国《公司法》第147条第1款规定：有下列情形之一的，不得担任公司的董事、监事、高级管理人员：（1）无民事行为能力或者限制民事行为能力；（2）因贪污、贿赂、侵占财产、挪用财产或者破坏社会主义市场经济秩序，被判处刑罚，执行期满未逾5年，或者因犯罪被剥夺政治权利，执行期满未逾5年；（3）担任破产清算的公司、企业的董事或者厂长、经理，对该公司、企业的破产负有个人责任的，自该公司、企业破产清算完结之日起未逾3年；（4）担任因违法被吊销营业执照、责令关闭的公司、企业的法定代表人，并负有个人责任的，自该公司、企业被吊销营业执照之日起未逾3年；（5）个人所负数额较大的债务到期未清偿。至于董事是否必须是股东，我国《公司法》对此未作限制性规定。为了吸引优秀的管理人才来参与公司的经营，一些国家和地区的公司法不再严格要求董事必须持有公司的股份。②

董事由股东大会选举产生，公司采发起设立的，首届董事会成员由发起人选举产生，并在公司章程中确定首任董事名单；公司采募集设立的，首任董事由创立大会选举产生。董事的选举适用普通决议程序，即由出席股东大会会议的股东所持表决权的半数以上通过。董事选举的方法包括直接投票和累积投票。

当选董事的任期由公司章程规定，但每届任期不得超过3年。董事任期届满，连选可以连任。董事在任期期满前，股东大会不得无故解除其职务。这样规定一方面有利于加强股东大会对董事的监督职能，另一方面也有利于公司持续经营。但董事如有下列事由可以被解任：（1）股东大会决议罢免。董事既然可由股东大会选举产生，自然也可以由选举机关依法撤换。（2）任期届满，未能连选连任的。（3）自行辞职。（4）因转让股份而解除职务。我国《公司法》要求董事申报其所持有的本公司的股份及其变动情况，并禁止董事在任职期间转让股份，③ 但对董事违反规定转让股份的结果未作规定。有学者认

---

① 参见我国《公司法》第109条第1款。

② 甘培忠：《企业与公司法学》，北京大学出版社1998年版，第332页。

③ 参见我国《公司法》第142条第2款。

为，可将其视为股东大会更换董事的根据之一。①（5）委任终止的法定事由发生。如董事死亡、破产、丧失行为能力等。我国《公司法》规定，如果董事人数不足公司法规定的人数或者公司章程所定人数的2/3，董事会应立即召开股东临时会议补选董事。

（二）董事的权利与义务

我国《公司法》没有对股份有限公司董事的权利、义务集中规定，相关内容散见于不同法条中。一般说来，股份有限公司的董事享有如下权利：（1）出席董事会并参与表决的权利；（2）公司业务执行权；（3）提议召开临时董事会的权利。

董事的义务主要表现为：（1）忠实义务。忠实义务是指董事在履行职务时，必须以公司最大利益为目的，并且不得使个人利益与公司利益发生冲突。如遵守公司的章程，不得将公司资金借贷给他人或者以公司财产为他人提供担保，不得侵占公司的财产，等等。（2）竞业禁止义务。竞业禁止是指禁止或限制董事实施与其所在公司营业有竞争性质的行为。各个国家和地区的公司法对董事的竞业禁止义务无一例外地作了规定，但同时赋予公司机关审批董事竞业行为的权利，即董事对重要事实进行披露并获得审批机关的许可后，将不再对公司承担责任，这样可以最大限度地实现公司的权益。我国《公司法》第149条第（五）项规定："（董事、经理不得）未经股东会或者股东大会同意，利用职务便利为自己或者他人谋取属于公司的商业机会，自营或者为他人经营与所任职公司同类的业务。"（3）禁止自我交易义务。自我交易，又称抵触利益交易，指公司管理人员与其任职公司之间进行的各项交易行为的总称。根据我国《公司法》第149条第（四）项的规定，董事、经理除公司章程规定或者股东大会同意外，不得同本公司订立合同或进行交易。（4）善管义务。在大陆法系国家和地区，一般认为公司与董事之间是委任关系，② 由此推导出董事作为代理人，对公司的事务负有善良管理人的义务。在英美法系国家，善管义务又称为注意义务（duty of care）。善管义务要求董事在作出经营决策时，其行为标准必须是以公司的利益为出发点，以适当的方式并尽合理的注意履行职责。我国《公司法》第113条第3款规定："董事应当对董事会的决议承担责任。董事会的决议违反法律、行政法规或者公司章程、股东大会决议，致使

① 王保树、崔勤之：《中国公司法》，中国工人出版社1995年版，第208页。

② 参见柯芳枝：《公司法论》，中国政法大学出版社2004年版，第240页；［日］末永敏和：《现代日本公司法》，金洪玉译，人民法院出版社2000年版，第146页。

公司遭受严重损失的，参与决议的董事对公司负赔偿责任。但经证明在表决时曾表明异议并记载于会议记录的，该董事可以免除责任。”该条规定并不算完全意义上的善管义务，我国应借鉴国外立法的经验，在公司法中对董事的善管义务作出明确的规定。

（三）董事会的地位和性质

董事会是由股东大会选举产生的、由全体董事所组成的行使公司经营管理权的必设的、集体决定公司业务执行意思的机关。① 作为股份有限公司的常设机构，董事会具有以下几个特征：

（1）董事会是股份有限公司的必设和常设机构。董事会是公司“经营结构”的要素，尤其在公司法人财产权与公司经营管理权日益分离的现代公司里，董事会掌握着除若干重大决策以外的事项的决定权，管理公司和执行业务，使公司的具体权利、义务得以落实。同时，董事会也是公司的常设机构，区别于股东大会等非常设机构，伴随着公司的存续而始终存在。

（2）董事会是公司全部董事组成的机关，非董事成员不得进入董事会。

（3）董事会是公司的经营意思和业务的执行机关。董事会一方面须执行股东大会的决议，另一方面还得就执行日常业务形成意思，除股东大会权利范围事项以外，董事会对公司重大业务和行政事项均有权作出决定。这是由董事会管理的专业性及公司灵活、正常运作所决定的。

董事会作为意思执行机关，而非代表机关，其决议不能直接对外发生效力，必须通过作为公司代表机关的董事长对外作出意思表示。董事会受股东大会的委托对公司进行经营、管理，其必须对股东大会负责，受股东大会的监督。

（四）董事会的议事规则

董事会的召开和决议，必须依一定的程序进行。依我国《公司法》第 110 条的规定，董事长负责召开并主持董事会会议。但如果当股东大会选出董事，而董事长尚未产生时，由谁召集董事会，对此，我国《公司法》未作规定。多数学者认为应由所得选票代表的表决权最多的董事召集，实践中也多为如此操作。

董事会每年至少召开两次会议，每次会议应当于会议召开 10 日以前通知全体董事和监事。董事会召开临时会议，须经代表 1/10 以上表决权的股东、

---

① 梅慎实：《现代公司机关权利构造论——公司治理结构的法律分析》，中国政法大学出版社 1997 年版，第 242 页。

1/3 以上董事或者监事会提议，董事长应当自接到提议后 10 日内，召集和主持董事会会议。董事会召开临时会议，可以另定召集董事会的通知方式和通知时限。①

董事会决议的作出以董事人数为计算出席及表决的标准，此与股东大会的决议方式不同。依照我国《公司法》第 112 条的规定，“董事会会议应由过半数的董事出席方可举行。董事会作出决议，必须经全体董事的过半数通过”。只有符合法定人数的董事参加，董事会会议召开才合法；只有出席会议董事法定人数中的多数通过，董事会决议才有效。为了保证决议公正，各国和地区公司法通常规定，与决议有利害关系的董事，不得参加决议的表决，也不计入出席会议董事人数。② 我国《公司法》对此项内容未作规定，有待完善。

董事会会议，应由董事本人出席。董事因故不能出席，可以书面委托其他董事代为出席董事会，委托书中应载明授权范围。③ 与股东会的委托代理出席不同，董事会的委托代理对代理人有严格要求，即代理人必须为其他董事，而且，仅在“董事因故不能出席”时方可委托代理。董事会应当对会议所议事项的决定作成会议记录，出席会议的董事和记录员在会议记录上签名。董事会决议违反法律、行政法规，侵犯股东合法权益的，股东有权向人民法院提起要求停止该违法行为和侵权行为的诉讼；如果致使公司遭受严重损失的，应由董事对公司负赔偿责任。④

（五）董事会的权利与义务

从大陆法系国家和地区公司法的规定来看，董事会作为公司的执行机关，其享有的权利主要包括：有权决定公司执行业务的方法；对外代表公司。但须指出的是，在对外代表公司问题上，并不是以董事会的整体与第三人为法律行为的，而是董事会的成员对于营业上的一切事务，均有权对外代表公司，公司对于董事代表权的限制，不得对抗善意第三人。董事会的义务，概括起来有以下几方面：作成并保存董事会议事记录的义务；置备商事账簿的义务；报告资本亏损的义务；申请宣告破产的义务。

---

① 参见我国《公司法》第 111 条。

② 我国台湾地区“公司法”第 206 条（董事会决议）第 2 款规定：“第 178 条，第 180 条第二项之规定于前项之决议准用之。”第 178 条规定：“股东对于会议之事项有自身利害关系致有害于公司利益之虞时，不得加入表决，并不得代理他股东行使其表决权。”

③ 参见我国《公司法》第 113 条第 1 款。

④ 参见我国《公司法》第 113 条第 2 款。

我国《公司法》将董事会的权利与义务混合规定，称为董事会的职权。依据我国《公司法》第109条的规定，关于有限责任公司董事会职权的规定，适用于股份有限公司董事会。鉴于有限责任公司部分已有详细介绍，在此不赘述。

（六）董事长

董事长是公司必设的代表机关。我国《公司法》第110条规定，股份有限公司董事会设董事长1人，可以设副董事长。董事长和副董事长由董事会以全体董事的过半数选举产生。副董事长协助董事长工作，董事长不能履行职务时，由副董事长履行职务；副董事长不能履行职务或者不履行职务的，由半数以上董事共同推举一名董事履行职务。

此外，董事长在闭会期间，主持公司的经营管理工作，领导、落实公司股东大会、董事会的决议实施工作，可以对外代表公司从事外部事务。对于董事长的任期，我国公司法未作明确规定，一般应解释为同董事的任期，即每届任期不得超过3年，任期届满，可以连选连任。

（七）经理

经理，又称“经理人”，日本称之为“商业使用人”或“支配人”，通常是指负责并控制公司业务活动的职员，或者负责并控制公司分支机构各生产部门或其他业务单位的主管人员。① 经理依法由董事会聘任或者解聘，应对董事会负责，行使职权时不得变更董事会的决议或超越授权范围。依据我国《公司法》第114条的规定，经理行使下列职权：（1）主持公司的生产经营管理工作，组织实施董事会决议；（2）组织实施公司年度经营计划和投资方案；（3）拟订公司内部管理机构设置方案；（4）拟订公司的基本管理制度；（5）制定公司的具体规章；（6）提请聘任或者解聘公司副经理、财务负责人；（7）决定聘任或者解聘除应由董事会决定聘任或者解聘以外的负责管理人员；（8）董事会授与的其他职权。公司章程对经理职权另有规定的，从其规定。此外，经理作为日常经营工作的负责机构，为了便于其了解情况、汇报工作，我国公司法还规定，经理有权列席董事会会议。

三、股份有限公司的监事会

监事会，日本称之为“监察役”，我国台湾地区称之为“监察人”，有些国家称其为“监察委员会”，尽管称呼各异，但均指股份有限公司依法设立

---

① 沈四宝：《西方国家公司法原理》，法律出版社2006年版，第296页。

的，负责对公司的业务经营和财会事务进行监督检查的专门机构。设立监事会是权利分离与制约的要求，在“董事会中心主义”的今天，设置足以与之抗衡的监督机制，对保障公司与股东、债权人的利益至关重要。

各国对于监事会的设置采取了三种立法模式：第一种为“双层制”，即在股东大会下同时设有董事会和监事会，前者行使业务执行职能，后者行使监督职能，以德国、日本为典型。但是，为了确保监事充分、独立和有效地行使职权，在德国，董事会和监事会并非平行的机构，监事会是董事会的领导机关。第二种为单层制，即股东大会下只设董事会，不设监事会，由外部董事或审计员发挥监事会的作用。英美法系国家普遍采用此种结构模式。第三种为“选择制”，即由公司章程来决定是适用“双层制”还是“单层制”，如《法国商事公司法》。

根据我国《公司法》的规定，监事会和董事会是股份有限公司的必设及常设机构，因此，我国实行的是一种强制的双层制立法模式。但是，在我国，监事会与董事会之间是一种平行关系，即彼此互不隶属，各自分别向股东大会负责并报告工作。

我国《公司法》第 118 条规定，股份有限公司设监事会，其成员不得少于 3 人。监事会应在其组成人员中推选一名召集人。为了实行公司民主，维护职工利益，《公司法》同时规定，监事会由股东代表和适当比例的公司职工代表组成，职工代表由公司职工民主选举产生，具体比例由公司章程规定。对于监事会成员的具体选任机构，依设立方式不同而有所区别。公司采发起设立的，应当在符合条件的发起人中选任监事；公司采募集设立的，应通过创立大会选任监事。监事的任期每届为 3 年。监事任期届满，可以连选连任，但公司的董事和高级管理人员不得兼任公司的监事。监事的义务与责任与董事相似，负有善良管理人的注意义务及忠实义务，但监事不负有“竞业禁止”的责任和义务，因其不享有公司业务的执行权。

股份有限公司监事会的职权与有限责任公司监事会的职权范围相同，在此不赘述。监事会的职权应该采用会议形式集体行使，不能由个别监事单独行使。监事会的议事方式和表决程序，可由公司章程规定。此外，为了更好地行使监督职能，监事还可列席董事会会议。监事应当依照法律、行政法规和公司章程的规定，忠实履行监督职责，维护公司利益，不得利用职权收受贿赂或者其他非法收入，不得侵占公司的财产，不得泄露公司秘密，否则，应对造成的损害承担赔偿责任。

第五节 股份有限公司的股份

一、股份的含义和特征

股份包括两方面的含义：一方面，公司的资本划分为若干相等的份额，股份是公司资本的最基本构成单位。在实行法定资本制的国家和地区，全部股份金额的总和构成公司资本的总和。另一方面，股份是计算股东权益的基本依据。股东对公司所享有的权利和承担义务的范围，取决于其所持有的股份数额及股份的类型，“一股一权”就是这一含义的具体体现。

股份具有以下几个特征：

(1) 股份的平等性。股份的平等性，一方面表现为每股金额所代表的资本额相同；另一方面表现为每一股份所体现的股权也是平等的，即同股同权，同股同利。

(2) 股份可以自由转让和流通。股份有限公司是典型的资合公司，股东之间的人身依附关系较弱，股东所持有的股份可以依法自由转让，这是股份有限公司的本质特征。除法律另有规定外，公司章程或股东大会不得对股东自由转让股份的权利加以限制或剥夺。

(3) 股份表现为有价证券形式。股份表现为有价证券——股票。股票是要式有价证券，可以自由流通。股东持有股票以证明其对股份的权利，并可以通过转让股票来转让股份，两者的关系表现为：股份是股票的实质内容，股票是股份的外在表现形式。

二、股份的种类

(一) 普通股与优先股

这是根据股东享有权利的不同为标准进行的划分。

普通股是股份有限公司通常发行的股东权利平等、无差别待遇的股份。普通股是构成公司资本的基础，是公司发行的最为普遍的股份。普通股股东享有表决权、红利分配权、优先认股权及公司剩余财产分配权。普通股不享有任何优先权，持股人只有在优先股股息分配后才能分得股息。在西方国家，根据发行者的法律地位的不同，又可将普通股分为：(1) 蓝筹股，即资金殷实的大公司所发行的优秀股份；(2) 成长股，即迅速发展中的公司所发行的股价稳步增长的股份。

优先股是指在公司盈余、剩余财产的分配上，享有比普通股股东优先权利的股份。优先股可以分为累积优先股和非累积优先股。累积优先股是指公司按照事先的约定，向优先股股东支付股利，本年度未付足的优先股的红利股息，可以在以后年度分配普通股红利股息前予以补足。如果不足部分在年后不补发的，称为非累积优先股。我国《公司法》第132条规定："国务院可以对公司发行本法规定以外的其他种类的股份，另行作出规定。"优先股的特殊性主要体现在两方面：一是公司在终止清算时，优先股股东先于普通股股东分得公司的剩余财产。二是优先股股东不享有表决权，但公司如连续3年不支付优先股股利时，优先股股东即享有出席股东会并行使表决权等权利。这表明，我国股份有限公司设置的优先股，兼具西方国家股份公司的累积优先股和非累积优先股的性质。①

（二）记名股和无记名股

这是根据股票和股东名册上是否记载股东姓名或名称进行的划分。

记名股，指将股东的姓名或名称记载于股票上的股份。记名股的权利只能由股东本人享有；其转让必须以背书或法律规定的其他方式进行，并办理过户手续，将受让人的相关信息记载于股东名册，否则，不得以其转让对抗公司。记名股票被盗、遗失或者灭失，股东可以向人民法院申请公示催告，在法院作出除权判决后，股东可以向公司申请补发股票。

无记名股，指股东姓名或名称不在股票上表示，也不记载于股东名册上的股份。其合法持有人即为股东，股份转让时，只需交付股票即发生转让的效力。无记名股票被盗或灭失将无法补救。

我国《公司法》第130条规定："公司发行的股票，可以为记名股票，也可以为无记名股票。公司向发起人、法人发行的股票，应当为记名股票，并应当记载该发起人、法人的名称或者姓名，不得另立户名或者以代表人姓名记名。"

（三）额面股和无额面股

根据股票金额是否记载在票面，可以分为额面股和无额面股。

额面股，指股票票面表示一定金额的股份。《德国股份法》第8条规定，额面股的面额至少须为5个马克。股票低于此面额的，其为无效；股票的票面

① 王保树、崔勤之：《中国公司法原理》，社会科学文献出版社1998年版，第171页。

金额高于此额的，其必须是5个马克的整倍数。①《日本商法典》第202条也规定，额面股票，其金额必须均等，且额面股份的发行价额不得低于票面额。我国《公司法》第128条规定："股票发行价格可以按票面金额，也可以超过票面金额，但不得低于票面金额。"可见，我国是承认额面股的。

无额面股，亦称为比例股，指股票票面不表示一定的金额，只表示其占公司资本总额一定比例的股份。德国早在1865年对于矿业公司就允许其发行比例股。美国自1921年首先由纽约州实施以来，目前已有40个州允许除金融公司以外的其他各类公司发行比例股。日本虽然允许公司发行无额面股票，但对此设有种种限制，如《日本商法典》第166条和第284条就规定，公司成立时，若发行无额面股份，其最低发行价格应记载于公司章程；无额面股份须超过其发行价格1/4者，始得列入资本等。② 我国《公司法》第132条规定："国务院可以对公司发行本法规定以外的其他种类的股份，另行作出规定。"

（四）国家股、法人股、个人股和外资股

根据投资主体不同可分为国家股、法人股、个人股和外资股，这是我国立法对股份的特有分类。

根据国家体改委1992年颁布的《股份有限公司规范意见》第24条的规定，所谓国家股，是指代表国家投资的部门或机构，以国有资产向公司投资所形成的股份。所谓法人股，是指企业法人以其依法可以支配的资产向公司投资而形成的股份，或具有法人资格的事业单位和社会团体，以国家允许其将用于经营的资产向公司投资所形成的股份。所谓个人股，是指以个人合法财产向公司投资形成的股份，包括社会个人股和本公司内部职工个人股。所谓外资股，是指为外国和我国香港、澳门、台湾地区投资者以购买人民币特种股票形式，向公司投资形成的股份。

这一分类的最初目的有两点：一是防止由于国家股、法人股的上市交易，出现国家对股份制改造的国有企业的控股权的丧失；二是基于我国的证券市场发育不完善，允许国有股和法人股的上市交易，有可能出现国有资产流失的情况。上述目的均是建立在国家经营企业、维护企业公有制基础上的。随着我国市场经济的不断发展，立法者的观念已发生更新，除关键产业外，已不再强调国家对国有企业的控股，因此，这一分类的现实意义已经逐步淡化。

---

① 自1999年1月1日起，该条中的"5个马克"一语由"1个欧元"取代——作者注。

② 张国键：《商事法论》，台湾三民书局1987年版，第234~235页。

三、股份的发行

（一）股份发行的概念及原则

股份的发行，指股份有限公司在设立时或公司成立以后，以募集公司资本为目的，分配或出售公司股份的行为。发行股份的方式，包括公开发行和不公开发行两种。前者是指公司发行股份采取向社会公开募集的方式进行；后者是指公司发行的股份由公司的股东和职工认购，或由股东全部认足而不向公众募集。

关于股份发行应遵循的原则，我国《公司法》第127条规定，“股份有限公司股份的发行，实行公平、公正的原则，同种类的每一股份应当具有同等权利”。公平原则是指发行股份的公司及其他参与股份发行的机构，在发行股份时，本着股权平等的原则，对同次发行的同种类股份，在权利享有、利益分配、发行条件、发行价格、信息披露等方面作出完全相同的规定。① 公正原则是指股份公司在发行股份时，必须依法公正行使职权，对于股份发行中所出现的问题，应以一种客观公正的标准进行处理，并杜绝内幕交易、操纵市场、虚假陈述等一切不公正行为。

（二）股份发行的分类

依据股份发行的不同阶段，可将其分为设立发行与新股发行。设立发行是指股份有限公司在设立过程中发行股份。关于设立发行的相关内容，在前文已作介绍，以下仅就新股发行的条件与程序作一介绍。

新股的发行，指在公司成立以后，再次发行股份，可分为非增资发行与增资发行。非增资发行，指在公司章程核定的资本总额内再次发行股份。如采取授权资本制的国家和地区，允许公司在成立后发行未认足的股份。增资发行，指设立公司所要求的资本总额已经全部认足，为增加注册资本而发行股份。由于我国《公司法》要求公司在成立时的资本总额应该全部认购，因此，我国的新股发行均是增资发行。

（三）新股发行的条件和程序

根据我国《证券法》第13条的规定，公司公开发行新股，应当符合下列条件：（1）具备健全且运行良好的组织机构；（2）具有持续盈利能力，财务状况良好；（3）最近三年财务会计文件无虚假记载，无其他重大违法行为；（4）经国务院批准的国务院证券监督管理机构规定的其他条件。上市公司非

① 范健主编：《商法》，高等教育出版社2000年版，第94页。

公开发行新股，应当符合国务院证券监督管理机构规定的条件，并报国务院证券监督管理机构核准。此外，证监会《关于上市公司送配股的暂行规定》还对上市公司以向股东配售的方式发行新股（即向股东配股）和以发行新股分配利润（即向股东送股），分别规定了条件。

依照我国《公司法》的规定，新股的发行需经以下程序：(1) 股东大会作出决议。《公司法》第134条规定，公司发行新股，股东大会应当对下列事项作出决议：新股种类及数额；新股发行价格；新股发行的起止日期；向原有股东发行新股的种类及数额。股东大会作出公司发行新股的决议，必须经出席会议的股东所持表决权的2/3以上通过。(2) 报经国家主管部门审查批准。股东大会作出发行新股决议后，还必须经国务院证券监督管理机构核准，公告新股招股说明书和财务会计报告，并制作认股书。(3) 与证券承销机构签订承销协议。(4) 登记和公告。公司发行新股募足股款后，必须向公司登记机关办理变更登记，并公告。

股份发行可以按票面金额，也可以超过票面金额，即溢价发行，但不得低于票面金额发行。如以超过票面金额发行的，须经国务院证券管理部门批准，并将所得溢价款列入公司资本公积金。

四、股份的转让与收买

（一）股份转让的原则

股份的转让，指持有公司股份的股东，依法将自己持有的股份让与他人，使受让人成为公司股东的法律行为。由于股份采取股票的形式，因而，股份的转让在形式上就表现为股票的转让。

股份原则上实行自由转让。我国《公司法》第138条规定：“股东持有的股份可以依法转让。”股份的自由转让，不仅可以使投资人根据市场行情选择最佳的投资对象，而且还可以促进公司完善自身管理，提高业绩，以吸引更多的投资。

（二）股份转让的限制

股份的转让并不减少公司的股份总数，只会引起股东的变动，但有些股份的转让可能会对公司及股东的利益造成损害。因而，各国公司法无一例外地对股份的转让作了必要的限制。我国《公司法》对股份转让的限制主要规定有：

(1) 股东转让股份，必须在依法设立的证券交易场所进行或者按照国务院规定的其他方式进行。

（2）发起人持有股份转让时间的限制。为了加强发起人对设立公司的责任，防止其借设立公司的行为牟取不当利益，公司法规定发起人持有的本公司股份，自公司成立之日起1年内不得转让。

（3）公司董事、监事、经理持有的股份转让时间的限制。为了强化公司董事、监事、经理对公司的管理、监督职责，防止其利用内幕信息，干扰股票市场的正常运作，《公司法》规定，这三类人应当向公司申报所持有的本公司的股份，并在任职期间内，每年转让的股份不得超过其所持有本公司股份总数的25%；所持本公司股份自公司股票上市交易之日起1年内不得转让。上述人员离职后半年内，不得转让其所持有的本公司股份。公司章程可以对公司董事、监事、高级管理人员转让其所持有的本公司股份，作出其他限制性规定。

（4）国家授权投资的机构或部门以及其他持有国家股份的国有企业、事业及其他单位在转让股份时受到限制。具体管理办法、审批权限由法律、行政法规另作规定。

（5）对公司回购或持有自己股份的限制。公司不得收购本公司股份，但是具有公司法第143条规定情形的除外。

（6）公司不得接受本公司的股票作为质押权的标的。

（7）公司公开发行股份前已发行的股份，自公司股票在证券交易所上市交易之日起1年内不得转让。

（三）股份转让的方式

股份的转让方式，因股票的记名与否而有所不同。记名股票的转让，须由股东以背书方式，或法律、行政法规规定的其他方式转让。公司将受让人的姓名或者名称及住所记载于股东名册，否则，股票的转让对公司不产生效力。股东大会召开前20日内，或者公司决定分配股利的基准日前5日内，不得进行股东名册的变更登记。无记名股票的转让，由股东在依法设立的证券交易场所，将该股票交付给受让人后，即发生转让的效力。

（四）股份收买

股份收买，是指对于公司的重大决议持反对意见的股东，与公司之间达成合意，由公司以合理价格，收买反对股东所持有的公司的股份。从股东的角度而言，其作为股东的一项权利可称为“异议股东股份回购请求权”，它实际上是指当股东大会作出对股东利益关系有重大影响的决议时，对该决议表明异议的股东，享有请求公司以公平价格收买其所持有的股份，从而退出公司的权利。

股份收买制度源于美国，现已被英国、意大利、我国台湾地区以及欧盟等国家、地区和国际性组织的立法采纳。这一制度旨在克服“资本多数决定原则”导致的“多数资本的暴政”，维护法律意义上的公平，保护少数异议股东的权益，使不愿意接受多数股东决策的弱势投资者能获得公平补偿，其具有衡平法上的紧急救助功能。① 但如果允许公司任意收买自己的股份，不但违反了资本维持原则，影响公司的经营能力，而且易使公司操纵其股票价格，助长投机，扰乱股票市场。所以，各国公司法一般规定，公司仅在一定情况下，才可收买自己的股份，如股东对公司的合并、分立、收购、章程的修改以及全部或重大资产的出售等决议不赞同时，可要求公司收买股份。

我国《公司法》也规定了该项权利。对于有限责任公司，根据《公司法》第75条的规定，“有下列情形之一的，对股东会该项决议投反对票的股东，可以请求公司按照合理的价格收购其股权：（1）公司连续5年不向股东分配利润，而公司该5年连续盈利，并且符合本法规定的分配利润条件的；（2）公司合并、分立、转让主要财产的；（3）公司章程规定的营业期限届满或者章程规定的其他解散事由出现，股东会会议通过决议修改章程使公司存续的。自股东会会议决议通过之日起60日内，股东与公司不能达成股权收购协议的，股东可以自股东会会议决议通过之日起90日内向人民法院提起诉讼”。对于股份有限公司，《公司法》第143条第1款规定，“公司不得收购本公司股份。但是，有下列情形之一的除外：（1）减少公司注册资本；（2）与持有本公司股份的其他公司合并；（3）将股份奖励给本公司职工；（4）股东因对股东大会作出的公司合并、分立决议持异议，要求公司收购其股份的”。

五、股份的共有

股份的共有，指数人依法律的规定或者合同的约定，共同享有股份。依据股份不可分割的原则，作为公司资本基本构成单位的每一股份，不可再进行分割。因而各共有人之间对股份的共有，应该是共同共有，而非按份共有。依我国民法的相关规定，财产的共同共有关系主要存续于夫妻之间、家庭成员之间、合伙人之间、被继承人死亡后遗产分割前的各继承人之间。所以，依夫妻关系、继承关系、合伙关系而共有股份，在生活中很常见。

由于股东权既含有财产性权利，也含有非财产性权利，因此，数人共有股份可准用关于所有权的共有制度。如我国台湾学者就认为，“因共有股份

① 蒋大兴：《公司法的展开与评判》，法律出版社2001年版，第765页。

而滋生之股东权，并非纯粹之债权，亦非物权，然仍不能否定其非财产权，是为民法第831条①所定所有权以外之准公同共有股份权”。② 共同共有人可共同推选一人行使股东权，以免数人之间意见存在分歧和有违“一股一权”的原则。依民法共同共有的理论，各共有人在对外承担责任时，应承担连带责任。

六、股份的销除

股份之销除，乃使已发行之股份所表彰之股东权绝对消灭，并使股票失其效力。③ 公司回购本公司的股份，予以销除，导致公司资本的减少，将有违资本维持原则，有损公司债权人利益。但如果禁止公司取得自己的股份，则不利于公司对资本结构的调整，不利于公司的自身防御。所以各国家和地区都对股份的销除作出了明确的规定，并严格限制了股份注销的条件和程序。《法国商法典》第217条规定，除因亏损减资外，股东大会在作出减资决定后，可批准董事会或经理室购买一定数量的股份予以注销。我国台湾地区“公司法”规定：“公司非依减少资本之规定，不得销除其股份，减少资本除本法规定外，应依股东所持股份比例减少之。”如前所述，我国《公司法》第143条对此也作了相关规定。

销除股份作为减资的一种方式，通常应按照减资的程序严格进行。首先，由董事会拟定减资的具体方案，向股东大会提出议案；其次，由股东大会以特别决议通过；第三，履行保护公司债权人的程序，即向公司各债权人发出通知，在其表示异议时进行清偿或提供担保；第四，公司依据决议取得股票并销除，并将多余的资金返还于股东；最后，进行减资登记和章程的变更登记。

股份销除后，被销除的股份绝对消灭，持有该股份的人也丧失了股东的地位，不再享有股东的权利。办理减资登记时，应以减资后的实际股份总数与每股金额相乘之积为准，不得将减资后的股份留作未发行的股份处理。

---

① 我国台湾地区“民法”第831条（准共有）规定：“本节规定，于所有权以外之财产权，由数人共有或公同共有者准用之。”

② 武忆舟：《公司法论》，台湾三民书局1981年版，第269页。

③ 柯芳枝：《公司法论》，中国政法大学出版社2004年版，第196页。

第六节 公 司 债

一、公司债的含义和特征

(一) 公司债的含义

公司可以采取两种方式增加营业资金：一是增加资本；二是借债。而借债的方式又有两种：一为向金融机构借债，通过签订借贷合同实现；二为向社会公众借债，通过发行流通性债券的方式实现。公司以第二种方式举债，即为公司债。换言之，公司债，指股份有限公司为筹措资金，以发行公司债券的方式，依照法定的募集程序，向社会公众募集资金，从而形成的一种金钱债务。在这一债权债务关系中，发行债券的公司是债务人，认购债券的人是债权人，持券人在约定的期限届满时，有权请求发行公司还本付息。

股份公司发行债券，一方面能以一种风险小、成本低的渠道，迅速达到集聚资本的目的；另一方面又可以通过发行债券实现公司资本的最佳调整。我国《公司法》第154～163条就公司债券发行、转让等作了一般性的规定，并且在《证券法》和国务院颁布的《企业债券管理条例》以及有关证券交易的法律、法规中，对公司债作了具体的规定。

(二) 公司债的特征

公司债不仅具有不同于一般借贷之债的特殊性，同时也具有不同于其他筹集资金方式的特征，以下通过公司债与相似概念的比较加以分析。

1. 公司债与公司借贷之债

公司债和公司借贷之债，都在公司和第三人之间形成了一种债权债务关系，但两者仍有所区别：

(1) 公司债的债权人是购买公司债券的社会公众，人数众多；一般借贷之债的债权人比较单一。

(2) 公司债一般由公司对不特定的公众发出条件相同的要约，相对人仅有同意或拒绝的权利，其契约在性质上属于标准契约；一般借贷之债可由双方当事人就契约的内容进行反复的磋商，直到达成一致意见。

(3) 公司债的债权人对于所持有的债券可以自由转让，因而债权人处于变化之中；一般借贷之债较为稳定，债权人在转让债权时，须通知债务人且不得损害其合法利益。

(4) 公司债是通过公司发行债券这种有价证券而产生的，具有较强的流通性；一般借贷之债表现为借贷契约，不得自由流通。

2. 公司债与公司股份

公司债和股份都是投资人向公司投资的方式，但两者也存在显著区别：

（1）法律性质不同。公司债券持有人是公司的债权人，与公司之间是债权债务关系，仅享有民法规定的债权人的权利，表彰公司债的债券，性质上属于债权证券、利殖证券；股份持有人是公司的成员，享有公司法上规定的各种权利和义务，表彰股权的股票，性质上属于设权证券、投资证券。

（2）收益和风险不同。公司债的债权人，无论公司有无盈余，均对公司享有利息请求权，在公司债期限届满时，债权人有权要求公司还本付息；股东仅在公司税后有利润时，才有分配股息红利的请求权，公司存续期间不得请求返还股本。公司债的利率是固定不变的，因而风险较小；而股票红利与股息的分派随公司的营业状况而波动，风险较大。

（3）利益分配的顺序不同。公司债的债权人享有优先于股份的权利，即公司分配盈余和分配剩余财产之前，应优先清偿公司债权的本金和利息。

在现代股份有限公司发展中，公司债与股份在法律上的区分是相对的，并有趋于接近的倾向。① 由于可转换公司债、参加公司债、利益公司债的发行，以及公司债券持有人会议的存在，现代公司法出现了公司债券的股份化的倾向；在股票中无表决权股票，非参与优先股票的存在，公司股票又有债券化的趋势。②

二、公司债的种类

（一）记名公司债和无记名公司债

凡公司债券上有债权人姓名记载的，属记名公司债；公司债券上无债权人姓名记载的，为无记名公司债。一般来说，向公众发行的债券通常采用无记名形式，但各国同时允许发行记名债券。我国《公司法》第157条规定："公司债券，可以为记名债券，也可以为无记名债券。"

区分记名债和无记名债的意义在于，两者转让的程序不同。《公司法》第161条规定："记名公司债券，由债券持有人以背书方式或者法律、行政法规规定的其他方式转让；转让后由公司将受让人的姓名或者名称及住所记载于公司债券存根簿。无记名公司债券的转让，由债券持有人将该债券交付给受让人

① ［日］中村一彦：《现代日本公司法概论》，哈尔滨出版社1989年版，第126页。

② 毛亚敏：《公司法比较研究》，中国法制出版社2001年版，第249页。

后，即发生转让的效力。”

（二）可转换公司债和非转换公司债

依公司债是否可以转换为公司股份，可将公司债分为可转换公司债和非转换公司债。可转换公司债，指公司债债权人在规定的时间内，依照特定的价格，在一定的条件下，有权按照自己的意愿，将公司债转换成股份的公司债。非转换公司债，是指公司债债权人除有权领取本金和利息外，不能将公司债转换为股份的公司债。

对于投资人而言，公司债与股份各有利弊。公司债具有可靠性和安全性，但却无法参与公司的经营，而且在公司盈利时，无法参与利润的分配，受益具有一定的固定性。而股份虽然可以带来巨大的经济利益，但高利润的同时伴随着高风险。可转换公司债正是在兼采两者的有利之处，克服两者弊端的情形下创设的一种投资方式。可转换公司债在性质上仍为公司债，但由于这种公司债具有转换为股份的可能性，因而在经济上被视为潜在的股份，也是公司债股份化的一种表现。① 在公司营业状况良好时，公司债的债权人可将其持有的公司债券转换为股票，以获得较多的受益；公司经营状况不佳时，其可不行使转换权，以保证固定的受益。从《德国股份法》第 174 条的规定来看，发行可转换公司债，事实上是公司附条件增加资本的方法之一，这种灵活的投资方式，一方面为公司募集了更多的资金，一方面也为投资者带来了实益。我国《公司法》第 162 条规定：“上市公司经股东大会决议可以发行可转换为股票的公司债券，并在公司债券募集办法中规定具体的转换办法。上市公司发行可转换为股票的公司债券，应当报国务院证券监督管理机构核准。发行可转换为股票的公司债券，应当在债券上标明可转换公司债券字样，并在公司债券存根簿上载明可转换公司债券的数额。”因此，如果发债公司为上市公司，其既可以发行可转换公司债，也可以发行非转换公司债。

（三）有担保公司债和无担保公司债

以公司债的募集是否设定担保为标准，可将公司债分为有担保公司债和无担保公司债。

以公司资产的一部或全部为偿还本息的担保而发行的公司债券，称为有担保公司债。此种债券若到期不能还本付息，持券人对于提供的担保资产，有自由处分权。此种债券利息虽薄，但稳固可靠，是美国目前所发行的四种债券之

① 范健主编：《商法》，高等教育出版社 2000 年版，第 99 页。

一。① 在美国，有担保公司债又分为开放担保公司债和封闭担保公司债。前者是指公司以某种不动产作担保发行公司债时，将来仍可以该不动产作担保发行同一等级的公司债；后者是指一旦公司的某一不动产已用作公司债的担保，则将来不得再以该不动产作担保发行同一等级的公司债。

无担保公司债，指仅以公司信用为担保，并无其他财产担保而发行的公司债券。此类债券由于无担保财产，所以发行时均会附加限制性条款，借以约束公司的行为。例如限制发行债券的公司不得以公司的不动产设定抵押权，或该项债券未清偿前，除短期借贷外，不得另举新债，或发行债券募集的资金仅得用于指定的用途，不得用于偿还旧债或分派股息等。无担保公司债在英国最为流行，美国也多采用，大陆法系的德国、日本的公司法也予以认可。② 从各国的规定来看，无担保公司债主要包括两种：一是利益公司债，亦称所得公司债，其特点在于，利息的支付依公司的营业收益而定，但到期必须还本；二是可转换公司债。

我国《公司法》关于公司债券的规定中，对于公司债的发行，并没有要求以公司的资产提供担保为条件，因而，该章的规定实为无担保公司债的规定。

三、公司债的发行

（一）公司债的发行条件

1. 公司债的发行主体

公司债的发行涉及广大投资者的利益，为了维护社会经济秩序和保障社会公众利益，各国公司法都对公司债的发行主体作了限制。从我国《证券法》第16条的规定来看，并非所有的公司都可以发行公司债，发行公司债的股份有限公司的净资产不低于人民币3000万元，有限责任公司的净资产不低于人民币6000万元。

2. 公司债的发行总额

从各国公司法的规定来看，具备发行资格的股份公司，在公司债的发行总额上也是受到限制的。如《日本商法典》规定，对于有担保的公司债，其总额不得超过公司现有全部资产，减去全部负债及无形资产的余额；对于无担保

① 美国目前发行的其他三种公司债为：无担保公司债；证券信托公司券；设备信托公司债。参见张国键：《商事法论》，台湾三民书局1987年版，第279页。

② 张国键：《商事法论》，台湾三民书局1987年版，第278~279页。

的公司债，其总额不得超过此项余额的1/2。如此规定的目的，显然在于确保发债公司的偿债能力，确保公司债权人的利益。我国《证券法》第16条也规定："累计债券总额不超过公司净资产的40%。"这显然是针对无担保公司债的发行而言的。

3. 发行条件

根据我国《证券法》第16条规定，公开发行公司债券，除了需要满足上述主体条件和发行总额条件外，还应当符合下列要求：(1) 最近3年平均可分配利润足以支付公司债券1年的利息；(2) 筹集的资金投向符合国家产业政策；(3) 债券的利率不超过国务院限定的利率水平；(4) 国务院规定的其他条件。公开发行公司债券筹集的资金，必须用于核准的用途，不得用于弥补亏损和非生产性支出。上市公司发行可转换为股票的公司债券，还应当符合关于公开发行股票的条件，并报国务院证券监督管理机构核准。

根据我国《证券法》第18条的规定，有下列情形之一的，不得再次公开发行公司债券：(1) 前一次公开发行的公司债券尚未募足；(2) 对已公开发行的公司债券或者其他债务有违约或者延迟支付本息的事实，仍处于继续状态；(3) 违反本法规定，改变公开发行公司债券所募资金的用途。

(二) 公司债发行的程序

1. 董事会决议

根据我国《公司法》第38、47、100、109条的规定，有限责任公司、股份有限公司发行公司债券，由董事会制订方案，股东会或股东大会作出决议。公司债的发行是有关公司经营及发展的重大事件，对公司财务、股东的利益有极大的影响，必须经代表1/2以上表决权的股东通过。国有独资公司发行公司债券，由国有资产监督管理机构决定。

2. 提出申请

公司在作出发行债的决议后，应当向国务院证券管理部门提出发行公司债券的申请。根据我国《证券法》第17条的规定，公司向国务院证券管理部门申请批准发行公司债券，应当提交下列文件：(1) 公司营业执照；(2) 公司章程；(3) 公司债券募集办法；(4) 资产评估报告和验资报告；(5) 国务院授权的部门或者国务院证券监督管理机构规定的其他文件。

3. 主管部门审批

对于符合我国《证券法》规定条件的发行公司债券的申请，予以批准；对不符合条件的申请，不予批准。对已批准的，如发现不符合我国证券法规定的，应予撤销；尚未发行公司债券的，停止发行；已经发行公司债券的，发行的公司应当向认购人退还所缴款项并加算银行同期存款利息。国务院证券管理部门在审批公司债券的发行时，不得超过国务院确定的公司债券的发行规模。

4. 募集公告

发行公司债券的申请批准后，公司应当及时公告公司债募集办法。根据我国《公司法》第155条的规定，公司债券募集办法必须记载以下内容：公司名称；债券募集资金的用途；债券总额和债券的票面金额；债券利率的确定方式；还本付息的期限和方式；债权担保情况；债券的发行价格、发行的起止日期；公司净资产额；已发行的尚未到期的公司债券总额；公司债券的承销机构。如果公司发行可转换债，还应当在公司债募集办法中载明具体的转换办法。

公司债的募集办法，包括直接募集和间接募集两种。直接募集是指由发债公司自己直接向社会公众进行募集；间接募集是指由发债公司委托证券承销商，如证券公司或其他证券经营机构进行募集。我国仅允许间接募集的方式。证券经营机构的承销方式可采包销和代销两种方式。证券经营机构对公司相关文件的真实性、准确性、完整性负有审查义务。

承销机构应将公司的公司债募集办法放置在自己的营业场所的显著地方，并负有提请认购人注意的义务。认购人按照其所认购的债券数额缴纳债款，并领取债券。承销期满后，对于未认购的公司债，应按照承销协议约定的包销或代销方式，分别处理。

5. 备置公司债券存根簿

为了防止通过审查的公司在发行公司债的过程中，违反事先设定的条件，我国《公司法》第158条规定："公司发行公司债券应当置备公司债券存根簿。发行记名公司债券的，应当在公司债券存根簿上载明下列事项：(1)债券持有人的姓名或者名称及住所；(2)债券持有人取得债券的日期及债券的编号；(3)债券总额，债券的票面金额、利率、还本付息的期限和方式；(4)债券的发行日期。发行无记名公司债券的，应当在公司债券存根簿上载明债券总额、利率、偿还期限和方式、发行日期及债券的编号。"发行可转换公司债的，还应当在公司债券存根簿上载明可转换公司债券的数额。这样规定的目的，是为了便于主管机关的事后监督。

四、公司债的转让

公司债券是公司为筹集资金而向社会公众发行的一种有价证券，是公司债的一种书面表现形式。公司债的债权人在转让自己的债权时，往往是通过转让债券来实现的。依据债券形式的不同，公司债券的转让方式可以分为背书转让和交付转让两种方式。

背书转让是记名债券转让采取的方式，即由转让人于债券上记载受让人的姓名并签章后，交付给受让人的一种法律行为。债券一经当事人之间背书和交付，就产生了债券转让的效果。同时法律规定，记名债券的转让，公司应将受让人的姓名或者名称及住所记载于公司债券存根簿上。可见，未经记载于公司债券存根簿时，则不得对抗公司和善意第三人。

交付转让是无记名债券转让采用的方式，即无记名债券的持有人将无记名公司债券交与受让人持有的一种法律行为。在无记名公司债券转让中，交付既是债券转让的生效要件，同时也是其对抗要件。所以，无记名债券的转让只要完成单纯的交付，即产生转让的效力，当然，其交付转让必须在依法设立的证券交易场所依法定程序进行。

五、公司债债权人会议

公司债的发行具有长期性、继续性，公司经营状况难免发生变化，对债权人而言，具有一定的风险性。为了维护公司债的债权人利益，许多国家和地区公司法都规定了公司债监管制度，主要有三种做法：（1）受托制度，即将公司债的监管工作委托受托人负责，主要为英美法系一些国家所采用。（2）公司债债权人会议制度，即设立公司债债权人会议，借助债权人团体的力量，自治监管公司债工作，主要为大陆法系一些国家和地区所采用。（3）有些大陆法系国家和地区兼采上述两种制度。①

公司债债权人会议是指由同期公司债债权人组成，就有关公司债债权人的共同利害关系事项而为决议，其决议对全体同期公司债债权人均能发生效力的法定的临时合议团体。② 公司债债权人会议不是公司的组织机构，而是为了债权人的共同利益组成的临时议事机构。公司债债权人会议有权查阅公司账目，并可以被授与对公司有关管理事务方面的表决权，就有利害关系的重大事项作出决议，并采取相应的处置措施，以求得对公司债权人的充分保护。

公司债债权人会议一般可以由下列人员召集：（1）发行公司债的公司；（2）受委托募集公司债的公司；（3）代表公司债总额一定比例以上的公司债债权人。一般来说，发行公司和受托人可直接召集债权人会议，而一定比例的

① 参见王保树主编：《中国商事法》，人民法院出版社1996年版，第205页。

② 柯芳枝：《公司法论》，台湾三民书局2002年版，第451页。

债权人是否可直接召集会议，各国家和地区规定不一。如日本规定，债权人召集公司债债权人会议的，必须向发行公司或受托人提交书面请求，如果发行公司和受托人怠于决定的，可请求法院予以认可。我国台湾地区“公司法”则允许债权人享有直接召集会议的权利。①

公司债债权人会议决议，应由出席会议的公司债权人表决权的过半数或多数通过，每一公司债券最低票面金额有一表决权。由于公司债债权人会议是以多数表决的机制来作出决议的，所以该决议是会议成员的意思，对所有成员均有约束力，对此，有国家在法律中明文作出了规定。如《意大利民法典》第2416条规定：“债券持有人大会对全体债券持有人，即使是未出席会议的持有人或者异议的持有人，均产生约束力。”为了保障少数债券持有人的利益，也有国家要求公司债券持有人会议的决议，必须经过法院的认可，才具有法律效力，② 而且，在公司债权人会议决议损害公司或少数债权人权益时，法院可以认定该决议无效。

目前，我国《公司法》中尚未对有关公司债债权人会议制度作出具体规定，可借鉴国外的成熟立法作进一步的完善。

① 参见我国台湾地区“公司法”第263条之规定。

② 《日本商法典》第327条规定：“（一）公司债债权人会议的决议因法院认可而发生效力。（二）公司债债权人会议的决议对全体公司债债权人均有其效力。”

第十章　公司的合并、分立、解散和清算

第一节　公司的合并与分立

一、公司的合并

（一）公司合并的概念

公司合并是指两个或两个以上的公司依照公司法的规定，不经过清算程序，通过订立合并协议，结合为一个公司的法律行为。依据我国《公司法》第173条的规定，公司合并可采用吸收合并或新设合并。吸收合并也称兼并，指一公司吸收其他公司而存续，被吸收的另一家公司解散。新设合并，指两个或两个以上的公司合并设立一个新的公司，而原合并各方解散。

公司的合并之风始于19世纪末的西方国家。正是利用公司合并形式，资本主义由自由竞争走向了垄断。公司合并是一把“双刃剑”，既有积极的一面，同时也存在着弊端。公司合并的优势在于，有利于减少行业的竞争对手，扩大经营规模和调整经营范围，促进公司的迅速发展和优化组合，而且还可以减少成本，增加公司利润。其不利的一面在于，合并易导致市场的独占与垄断，① 因此大多数国家和地区的立法都要对公司的合并进行监督和规范。

（二）公司合并的程序

（1）签订合并协议。通常的公司合并是依据合并协议进行的，所以一份有效的合并协议，对于整个合并行为来说至关重要。一般来说，合并协议中应当涉及合并以后原有公司的债权债务继承问题。而我国《公司法》未对公司合并协议的内容作规定，此为立法之不足。国家体改委曾对股份有限公司合并协议的内容有规定，要求合并协议应记载以下内容：（1）合并各方的名称、住所；（2）合并后存续的公司或新设公司的名称、住所；（3）合并各方的资

① 毛亚敏：《公司法比较研究》，中国法制出版社2001年版，第316页。

产状况及其处理办法；（4）合并各方的债权债务处理办法等。① 合并协议作成后，并非立即生效，须由股东大会决议通过后，才能产生效力。

（2）股东会或股东大会决议。公司合并事关股东权益，在董事会与合并方达成合并协议后，应将合并协议提交股东会或股东大会表决。由于公司合并属于特别决议事项，因此须经出席会议股东所持表决权的2/3以上通过。由于公司的合并往往涉及股东的切身利益，为了避免对某些股东的利益造成损害，我国《公司法》赋予股东以股份回购请求权。我国《公司法》第75条和第143条规定，如果股东因为对股东会或者股东大会作出的公司合并决议持异议的，可以要求公司按照合理的价格收购其股权或股份。

（3）编制资产负债表及财产清单。

（4）通知债权人。我国《公司法》第174条规定："公司应当自作出合并决议之日起10日内通知债权人，并于30日内在报纸上公告。债权人自接到通知书之日起30日内，未接到通知书的自公告之日起45日内，可以要求公司清偿债务或者提供相应的担保。"

（5）进行资本合并和财产移转。经过催告债权人的程序后，合并的公司可进行资本的合并及财产的移转。合并各方的债权、债务，应当由合并后存续的公司或新设的公司概括承受，不得就权利或义务的部分承受作出特约，即使在合并中作出这种约定，也不能产生法律效力，更不能以此对抗第三人。在完成资本的融合程序后，合并后存续的公司或合并后新设的公司应召集股东会会议，报告合并事宜，变更或订立公司章程。

（6）办理合并登记手续。合并公司应在法定期限内，依法向工商行政管理机关办理合并登记手续。合并后仍存续的公司，须进行变更登记；合并后消灭的公司，须进行注销登记；合并后新设的公司，须进行设立登记。登记后，公司合并程序完成。

二、公司的分立

（一）公司分立的概念

公司分立，指一个公司依法定的程序，以签订分立协议的方式，分设为两个或两个以上公司的法律行为。

公司的分立也分为两种方式：派生分立与新设分立。所谓派生分立，指公

---

① 参见我国国家体改委1992年5月15日颁布的《股份有限公司规范意见》第86条之规定。

司以其部分财产另外设立一个或几个公司，原公司继续存在。新设分立，指公司的全部财产分别划归两个或两个以上新成立的公司，原公司解散。

（二）公司分立的程序

（1）签订分立协议。公司进行一系列分立行为的依据为分立协议。分立协议的内容，主要涉及分立后公司财产归属，及分立各方所享有的权利和承担的义务。我国《公司法》同样未对公司的分立协议内容予以规定。

（2）股东大会决议。公司的分立协议需经股东会或股东大会以持有2/3以上表决权的股东表决通过。法律、行政法规有规定须报审批的，经股东会决议以后，还需报请有关机关批准。同公司合并一样，股东对公司分立的决议持异议的，可以要求公司以合理的价格回购自己的股权或股份。

（3）制定资产负债表及财产清单。

（4）通知债权人。我国《公司法》第176条规定："公司应当自作出分立决议之日起10日内通知债权人，并于30日内在报纸上公告。"实务中，经常会出现分立前的公司将其债务全部转由某一新设公司承担，将其资产却划归另一新设公司继承，从而达到将公司的有效资产转移，逃避应负债务的目的。为制止此类现象的发生，我国《公司法》第177条规定："公司分立前的债务由分立后的公司承担连带责任。但是，公司分立前与债权人就债务清偿达成书面协议另有约定的除外。"

（5）办理公司分立登记并公告。依照我国《公司登记管理条例》第39条的规定，因分立而存续的公司，其登记事项发生变化的，应当申请变更登记；因分立而解散的公司，应当申请注销登记；因分立而新设立的公司，应当申请设立登记。

第二节　公司的解散与清算

一、公司解散

（一）公司解散的概念及事由

公司解散，指业已成立的公司，因发生法律或章程规定的事由，而归于消灭的一种状态和法律程序。公司解散后，其法人资格并不立即消灭，公司尚须进行清算，在清算过程中，公司仍视为清算中的公司而存续，只是其不能继续经营业务，除非是为了处理未了结的事务或者与清算有关的事务。

从我国《公司法》第181条的规定来看，公司的解散事由有：（1）公司章程规定的营业期限届满或者公司章程规定的其他解散事由出现；（2）股东会或者股东大会决议解散；（3）因公司合并或者分立需要解散；（4）依法被吊销营业执照、责令关闭或者被撤销；（5）人民法院依照公司法第183条的规定予以解散。

（二）公司解散的决议

公司解散事关重大，涉及公司人格的终止和公司债权债务的清偿等一系列问题，股东会或股东大会在对公司的解散作出决议时，应征得尽可能多的股东的同意，最大限度保护股东的利益。各国和地区公司法一般都规定，就公司解散作出决议时，应适用特别决议程序。我国台湾地区“公司法”第316条规定：“股东会对于公司解散或合并之决议，应有代表已发行股份总数3/4以上股东出席，以出席股东表决权过半数之同意行之。”我国《公司法》第44条和第104条规定，对公司合并、分立或者解散公司作出决议，必须经出席会议的股东所持表决权的2/3以上通过。

（三）公司解散的通知和公告

各国家和地区的公司法一般规定，公司解散时，除破产外，董事会应将解散决定通知各股东，如有发行无记名股票，应该进行公告。如《日本商法典》第407条就规定：“公司解散时，除破产情形外，董事应从速向股东通知其事，并且如发行了无记名股票或零股股票，应予以公告。”① 这样规定的目的，是为了保护广大投资人的利益，防止公司利用解散的方式转移财产。同时，之所以将破产情形排除在外，是因为公司因破产而解散的，法院有破产的宣告，故无通知和公告的必要。② 我国《公司法》未就公司解散通知和公告作出规定，仅在清算程序中规定，清算组应在清算期间通知或者公告债权人。

二、公司清算

（一）公司清算的概述

公司的清算，指公司解散时，清算公司债权债务，分配公司剩余财产，消灭公司法人资格的程序。公司因分立、合并而解散的，不需经过清算程序，因其他原因而解散的，必须经过清算程序，终结公司现存的法律关系和法人资格。由于公司仅负有限责任，法律为保护广大投资者及公司债权人的利益，对清算规定了较为严格的程序。

① 我国台湾地区“公司法”第316条也有类似的规定。

② 张国键：《商事法论》，台湾三民书局1987年版，第324页。

依据清算组织组成的不同，清算程序可分为普通清算程序和特别清算程序。前者指依法定的程序，由公司自行清算；后者指由法院指定人员组成清算组织，在法院严格监督下，依法定程序进行清算。

（二）普通清算

1. 清算人的选任

清算人是指在清算程序中具体执行清算事务的人。在普通清算中，各国公司法对于清算人的选任方式规定了以下四种：（1）由公司股东或董事担任清算人；（2）公司章程确定的清算人；（3）股东大会决议任命的清算人；（4）法院选任的清算人。我国《公司法》第184条规定："有限责任公司的清算组由股东组成，股份有限公司的清算组由董事或者股东大会确定的人员组成。逾期不成立清算组进行清算的，债权人可以申请人民法院指定有关人员组成清算组进行清算。人民法院应当受理该申请，并及时组织清算组进行清算。"

2. 清算组的职权

根据我国《公司法》第185条的规定，清算组在清算期间享有下列职权：（1）清理公司财产，分别编制资产负债表和财产清单；（2）通知、公告债权人；（3）处理与清算有关的公司未了结的业务；（4）清缴所欠税款以及清算过程中产生的税款；（5）清理债权、债务；（6）处理公司清偿债务后的剩余财产；（7）代表公司参与民事诉讼活动。

3. 清算人的责任

无论是公司确定的清算人员，还是法院指定的清算人员，都必须履行一定的义务，承担相应的法律责任。根据我国《公司法》第190条的规定，清算组成员的义务和责任主要有以下几个方面：（1）忠于职守，依法履行清算义务；（2）不得利用职权收受贿赂或其他非法收入；（3）不得侵占公司财产；（4）因故意或者重大过失给公司或者债权人造成损失的，应承担赔偿责任。

（三）特别清算

1. 特别清算的含义

特别清算是为保护公司债权人利益而设置的介于普通清算与破产清算之间的一种程序。依我国台湾地区学者的观点，特别清算程序是指已处解散清算中的公司，有清算之实行发生障碍时，由法院作直接的、积极的监督，运用公力，加以干涉，并得使债权人参与协定，以谋求顺利完结之清算。①

公司对普通清算与特别清算并无选择的权利。公司解散后，首先须进行普

---

① 张国键：《商事法论》，台湾三民书局1987年版，第332页。

通清算，俟普通清算之实行发生显著之障碍，或发现公司负债超过资产有不实之嫌疑时，法院始得命令公司开始进行特别清算之程序。倘尚未开始普通清算，自不得径为特别清算。①

2. 特别清算的适用条件

特别清算程序的适用，应具备以下几个条件：（1）清算的实行发生显著的障碍，即公司不能依清理方针顺利完成清算，存在法律上或事实上的障碍。前者如公司某一债权人已就公司的财产强制执行，后者如公司的财产毁损灭失。在普通程序中，公司因上述事由的发生，清算程序将会受阻，但在特别清算程序中，公司可通过债权人会议，与债权人团体达成协议，解决以上问题。（2）公司负债超过资产，资本不实。公司账面上虽然资产超过负债，但实际上负债多于资产，原因可能是申报假债权、申报债权数额不实等，如果仍适用普通清算程序，则对公司债权人权益的保护不周。（3）公司已进入清算程序，并在清算过程中发生以上事实。

3. 特别清算的程序

特别清算依照下列程序进行：（1）法院发布特别清算命令。依债权人或清算人或股东的申请，或由法院依职权，命令公司开始特别清算程序。（2）特别清算开始之前采取保全措施，如公司财产保全处分、禁止股份过户。（3）特别清算开始的登记及有关程序的中止。法院在作出特别清算命令后，破产程序、假处分、行使企业担保权的程序都必须中止，公司应立即向本公司所在地登记所进行登记。（4）组建特别清算机关。特别清算机关由清算人、债权人会议、监察委员组成。清算人的选任与普通清算相同，只是在法院有权解任清算人这一点上有所区别。监察委员由债权人会议任免，负责对清算的监督。（5）执行特别清算，其主要包括妥善保管公司财产、就债务清偿达成和解协定、债务清算三方面。②

4. 特别清算人的责任

在特别清算程序中，清算人的职责，除准用普通清算程序的相关规定外，法律还另外对其课以较重的职责，主要包括：（1）申请保全处分；（2）报告清算事务及财产状况；（3）召集债权人会议；（4）通知优先债权人、别除权人出席；（5）出具公司业务及财产状况的调查书及会计表册，向债权人会议陈述意见；（6）对债权人会议提出和解协议的建议；（7）申请法院命令检查

① 柯芳枝：《公司法论》，中国政法大学出版社 2004 年版，第 500 页。

② 毛亚敏：《公司法比较研究》，中国法制出版社 2001 年版，第 346 页。

公司的业务与财产。①

5. 法院对特别清算的监督

特别程序以法院的介入为其特征，法院积极干预清算事务，对清算过程进行监督，以保证清算程序的顺利进行。法院的监督权，主要体现在如下几方面：（1）有重要事由时，法院可以解任清算人；清算人不足时，可由法院选派。（2）法院依申请人的申请或依职权，在特别清算开始之前，可以对公司的财产进行保全处分、禁止股份的转让以及对负有赔偿责任的发起人、董事、经理、清算人的财产进行保全处分；（3）随时命令清算人对于清算事务及财产状况进行报告，并进行必要的调查；（4）在特别清算期间进行各种保全处分；（5）发布检查命令，选任检查人检查公司业务及财产，根据检查人的报告，为各种保全处分。

① 武忆舟：《公司法论》，台湾三民书局1981年版，第562页。

第十一章　关联公司

第一节　关联公司概述

一、关联公司的概念与特征

关联公司，是与独立公司相对应的概念，指一公司与其他公司之间存在某种支配关系，为达到特定经济目的，通过特定手段而形成的公司联合。

关联公司的产生有着深刻的社会经济背景。在市场经济条件下，资本集中是企业发展的必然规律。作为市场主体的公司为了在激烈竞争中获胜，公司间的相互兼并现象十分普遍。为了防止由于公司兼并带来的市场垄断，各国和地区先后出台了反垄断法或反不正当竞争法，对公司间的兼并设置了极为严格的条件，这就使得公司通过兼并的方式实现市场的垄断，变得十分困难。为了规避法律的强制性规定，各公司必然会另谋新的出路，关联公司正是在这种情况下得以产生并迅速发展。因为公司间不论采用合同的方式进行联合，还是通过资本参与的方式进行控制，都能达到绕开法律的限制，协调彼此间的竞争以及确保联合各方有利可图的目的。因此，在现代经济条件下，采用关联公司的形式参与市场竞争，已成为公司进行国内外市场扩张的主要形式。

在日本和我国台湾地区，关联公司被称为“关系企业”；在德国法上，被称为“关联企业”，其重要表现形式是康采恩；在美国，以金融控制为基础的托拉斯（Trust）也是一种关联公司。可见关联公司这一概念不仅在各国和地区的称谓不同，而且其表现形式也不一致。不过，从各国和地区对关联公司的立法表述和实践来看，构成关联公司，应当具备下列特征：

1. 关联公司并不是一种法律意义上的公司形态，只是通过一定手段形成的公司间的联合。公司间的关联关系形成后，其各自的主体资格并不消灭，因而，关联公司与公司兼并不是一回事，后者是通过公司合并的方式，使得被兼并公司的主体资格消灭。

2. 关联公司之间必须存在支配与被支配的关系。虽然各国和地区对公司间支配形态的规定不一，但公司之间的支配性是关联公司的本质特征。如果公司间仅仅通过合同形成产、供、销关系的链条，则属于合同关系的范畴，而非关联公司关系。虽然德国法上也承认契约上的关联公司，但契约的内容却是支配权的授与，而非一般意义上债权债务关系。

3. 构成关联公司关系的各公司虽然是各自独立的商事主体，但由于支配关系的存在，关联公司中的控制公司往往利用这种支配关系，操纵从属公司的经营活动，不当损害从属公司少数股东及其债权人的利益。为了解决这一问题，法律打破公司法人独立责任的规定，对关联公司中的控制公司规定了较重的例外责任。

尽管关联公司在现代社会是一种广泛存在的商事企业联合现象，但绝大多数国家和地区的立法并未对其作出明确规定。在英美法系国家，关联公司的有关规则仅存在于判例中，并未成文化。在日本，对关联公司的阐述，也仅明文出现于其财务报表规则中。迄今，只有德国和我国台湾地区在立法上对关联公司作了专门规定。导致这一现象的原因，是由于大多数国家和地区的公司法仍是以单个的公司作为规范对象的。① 关联公司既然不是一种独立的公司形态，在公司法的体系中就难有容身之地。

二、关联公司的利弊

(一) 关联公司的优势

关联公司的出现，是市场竞争的产物，它的存在对于一国经济的发展可谓利弊参半。就有利之处而言，主要表现在以下三个方面：

1. 从微观上讲，各公司之间通过一定的方式进行联合，不仅可以避免在激烈的竞争中两败俱伤，而且关联公司内部可以在资金 人员、商业信息乃至市场等方面实现资源共享，有利于关联公司在与其他公司的竞争中处于优势地位。

2. 从宏观上讲，单个公司通过增加资本的方式进行规模扩张是十分有限的，要在某一领域的国内或国际市场上占举足轻重的地位，走公司集团化的道路是进行规模扩张与市场扩张的最佳途径。综观世界各国公司的发展现状与趋势，在国际经济舞台上具有竞争实力的跨国公司均是采用关联公司的形式。因此，对于一国的经济发展而言，要想使本国的企业在国际市场上占有一席之

① 江平主编：《新编公司法教程》，法律出版社1997年版，第216页。

地，鼓励和规范公司间的联合，是提高企业竞争力的重要手段。

3．从经济学的角度讲，关联公司可以在一定程度上实现资源的优化配置，降低交易成本，防范经营风险。

（二）关联公司的弊端

关联公司的弊端也表现在以下三个方面：

1．从宏观上讲，关联公司的形成，使得资本在产业间的自由转移变得比较困难，从而在一定程度上限制并阻碍了竞争的开展。若一国法律不加以有效地规范，极易形成垄断，对市场经济的发展产生不利的影响。

2．从微观上讲，在关联公司内部，控制公司可能滥用公司的有限责任形式，逃避责任，甚至滥用其支配性地位，损害从属公司的少数股东及其债权人的利益。

3．从国家利益的角度讲，关联公司可以利用公司间的控制与从属关系，进行各种内部活动和安排，从而给国家利益造成损害。如跨国公司为偷逃税款，操纵利润并应付风险，针对关联公司之间的业务往来，制定内部转移价格，① 致使国家税收减少，影响公平税赋与平等竞争。

正是由于关联公司在市场经济活动中利弊并存，才使得各国政府在允许其存在的同时，试图通过各种手段，努力克服其可能带来的负面影响，其中立法规范关联公司的行为，是各种调整手段中最为重要的一种。

三、我国公司法的相关规定

我国公司法虽然没有对关联公司作全面规定，但就关联交易的部分问题作了规定。

1．明确了控股股东、实际控制人以及关联关系的内涵及范围。我国公司法第217条第（二）、（三）、（四）项分别规定：控股股东，是指其出资额占有限责任公司资本总额50%以上或者其持有的股份占股份有限公司股本总额50%以上的股东；出资额或者持有股份的比例虽然不足50%，但依其出资额或者持有的股份所享有的表决权已足以对股东会、股东大会的决议产生重大影响的股东。实际控制人，是指虽不是公司的股东，但通过投资关系、协议或者其他安排，能够实际支配公司行为的人。关联关系，是指公司控股股东、实际控制人、董事、监事、高级管理人员与其直接或者间接控制的企业之间的关

① 所谓内部转移价格，又称内部调拨价格，是指在关联公司间在资金、经营、购销等业务往来中，采用的一种内部结算价格。

系，以及可能导致公司利益转移的其他关系。但是，国家控股的企业之间因为同受国家控股而具有关联关系。

2. 规定了公司为股东或实际控制人提供担保时，股东或实际控制人的表决权排除制度。我国《公司法》第 16 条第 2 款、第 3 款规定："公司为公司股东或者实际控制人提供担保的，必须经股东会或者股东大会决议。前款规定的股东或者受前款规定的实际控制人支配的股东，不得参加前款规定事项的表决。"

3. 对关联交易除了原则性规定，确立了大股东对公司的诚信义务，禁止大股东利用关联关系损害公司利益。我国《公司法》第 21 条规定："公司的控股股东、实际控制人、董事、监事、高级管理人员不得利用其关联关系损害公司利益。违反前款规定，给公司造成损失的，应当承担赔偿责任。"

4. 规定了上市公司关联董事的表决回避。我国《公司法》第 125 条规定："上市公司董事与董事会会议决议事项所涉及的企业有关联关系的，不得对该项决议行使表决权，也不得代理其他董事行使表决权。"

5. 规定了公司法人人格否认制度，控制公司在特定情形下，将直接对从属公司的债务负责。①

第二节　关联公司的形态

一、关联公司的立法形态

（一）德国法上规定的关联公司形态

德国在 1965 年颁布的《德国股份法》第三篇中，对关联公司进行了规定。德国法将关联公司分为事实上的关联公司和契约上的关联公司两种形态。

事实上的关联公司，指通过控股方式建立起来的关联公司。包括：（1）多数参与的公司与被多数参与的公司；（2）从属公司与控制公司；（3）相互参与的公司。② 但德国法关于关联公司的立法重心，并不在于事实上的关联公司，而在于另一种形态，即契约上的关联公司。

契约上的关联公司是以契约为纽带而形成的关联公司，其最大特点在于：通过契约，一公司将公司的管理权、经营权或利润分配权让渡给另一公司，从

① 参见我国《公司法》第 20 条。

② 江平主编：《新编公司法教程》，法律出版社 1994 年版，第 217 页。

而在两个公司之间形成控制与被控制的关系。同事实上的关联公司相比较，二者的共同点是，公司之间均存在控制与被控制的关系；不同点在于，事实上的关联公司之间的控制关系是通过参股方式形成的，而契约上的关联公司之间的控制关系则是通过契约方式形成的，各公司之间并不存在参股问题。

从《德国股份法》的规定来看，契约上的关联公司，主要有以下几种形态：(1) 控制合同和利润让渡合同，即一公司根据合同，同意服从另一公司的管理或将其全部利润转让给后者，而形成的一种控制与利益让渡关系。(2) 管理权移转合同，即一公司将其商业事务的管理权转移给另一公司，但并不是直接地将控制权给予后者。在这种情形下，管理公司以被管理公司的名义并为其利益进行管理。这种合同主要运作于旅馆业和不动产投资公司之间。① (3) 商事租赁合同，即承租公司根据合同，以其名义取得被租赁公司的管理权，被租赁公司不再自己管理公司，它成为一种财产保有实体。但租赁协议并不改变当事人之间的财产关系，出租人的利益就是根据租赁协议收取租金。(4) 利润共享合同与利润分享合同。前者是指按照合同，一公司与他公司共享全部的利润，这种协议具有合并计划的特征，实质上是一种联营形式；后者是指通过合同，一公司将自己利润的特定部分，或者将特定工厂的全部利润，转让给另一公司。

(二) 我国台湾地区“公司法”上关联公司的形态

我国台湾地区于1997年在其“公司法修正案”中增设了“关系企业”的规定，将其列为第六章。台湾地区将关联公司分为两类：一类为具有控制与从属关系的公司；另一类为相互投资的公司。

有控制与从属关系的公司，因其控制与从属发生的原因不同，又可分为以下两种形态：(1) 公司持有他公司有表决权的股份或出资，超过他公司已发行有表决权的股份总数或资本总额半数者，为控制公司，该他公司为从属公司。这是因转投资而具有控制与从属关系的公司。这里所说的“公司所持有的他公司的股份或出资额”，包括公司的从属公司所持有他公司的股份或出资额、第三人为该公司而持有的股份或出资额，以及第三人为该公司的从属公司而持有的股份或出资额。另外，如公司与他公司的已发行的表决权的股份总额或资本总额有半数以上为相同的股东持有或出资，则推定为控制与从属关系。因为控制关系的形成，通常须借助于表决权的行使来实现，所以，控制公司所持有的股份仅限于有表决权的股份。至于转投资，主要是通过对股权或资本的

① 施天涛：《关联企业法律问题研究》，法律出版社1998年版，第87页。

收购来实现，这是关联公司形成的重要途径。但公司法上的兼并，并不能形成关联公司，因为兼并意味着被兼并公司法律人格的消灭，从而不发生控制与从属关系。(2) 公司直接或间接控制他公司的人事、财务或业务经营者为控制公司，该他公司为从属公司。这是指实质上有控制与从属关系的公司。因为，一公司对他公司控制，主要表现为任免董事、经理等人事权，或支配公司财务或业务经营权。如果一公司直接或间接控制他公司的人事、财务或业务经营，亦为控制该公司，该他公司应属从属公司。另外，如果一公司与他公司执行业务的股东或董事有半数以上相同时，即出现连锁董事时，容易产生控制与从属关系，而被法律推定为有控制与从属关系。

所谓相互投资公司，是指一公司与他公司相互投资，各达到对方有表决权的股份或资本总额1/3时，为相互投资公司。当相互投资公司各持有对方已发行有表决权的股份总数或资本总额超过半数时，或相互可以直接或间接控制对方的人事、财务或业务经营者，则互为控制公司与从属公司。

二、关联公司的实践形态

公司间通过订立契约或相互持股，或者同时采用这两种方式，可以形成关联公司。在交易实践中，常见的关联公司形式主要有以下几种：

1. 母公司与子公司

母公司与子公司是相对应的概念。所谓母公司是指控制子公司的公司，子公司则是受母公司控制的公司。对于何种情况下可以构成母、子公司关系，各国立法规定不一。《德国股份法》规定，一公司拥有另一公司享有表决权的多数股份，二者之间即构成母、子公司关系。法国公司法则规定，如果一公司持有另一公司半数以上的股份，则构成母、子公司关系。美国1935年颁布的《公共事业控股法》规定，任何公司已发行的有表决权的股票有10%以上被另一公司所持有时，二者即构成母、子公司关系。《意大利公司法》除了规定一公司持有另一公司享有表决权的多数股份，可以构成母、子公司关系外，还规定由于某种特殊的契约关系而使一公司处于另一公司控制之下时，也可构成母、子公司关系。①

由此可见，大多数国家和地区主张，母、子公司应当通过公司间的控股方式而形成，也有少数国家主张，通过订立契约的方式，即使不持股，也可形成母、子公司关系。

① 江平主编：《新编公司法教程》，法律出版社1997年版，第222~223页。

2．控股公司

所谓控股公司是指持有他公司一定比例的股份，而能够对他公司进行控制的公司。一般说来，在母、子公司关系中，母公司为控股公司，但也不尽然。对于下列几种情形，可以构成母、子公司关系，但却不构成控股与被控股的关系：（1）通过订立契约方式而形成母、子公司关系的；（2）由母公司派生出子公司，并且在子公司中保留全部或大部分股份时，由于子公司持有了母公司的绝大部分股份，反而成为母公司的控股公司。

控股公司可分为纯粹控股公司和混合控股公司两大类。所谓纯粹控股公司，指其设立目的只是为了掌握他公司的股份并对之进行实际控制，从子公司处获取收益并用于再投资外，本身不从事任何生产经营业务的公司。所谓混合控股公司，指除了通过控股受益外，本身也从事生产经营业务的公司。

3．跨国公司

所谓跨国公司，指以一国为基地，通过对外直接投资，在其他国家或地区设立分公司或子公司，从事国际性经营的公司集团。从法律角度看，跨国公司事实上是由设立于一国的母公司与设立于他国的若干个子公司所构成，因而，从本质上讲，跨国公司内部各公司之间的关系，仍是母、子公司关系。跨国公司与一国范围内的母、子公司不同之处，就在于经营范围的国际性。

第三节　关联公司的责任

从关联公司的内部关系来看，关联公司的责任主要就是控制公司的责任。在关联公司中，由于控制公司居于支配地位，常常利用其支配权，对从属公司生产经营决策、人事任免乃至资本移转进行干预，因而从公司法的角度讲，对关联公司调整，主要解决两大问题：其一，如何保护公司债权人，尤其是从属公司债权人的利益；其二，如何保护从属公司及其少数股东的利益。

一、控制公司对从属公司债权人的责任

从各国和地区的实践上来看，主要是通过两种途径来确定关联公司对其债权人的责任：其一，以传统的法人有限责任的例外为根据，揭开公司面纱，使控制公司对其从属公司的行为和债务承担连带责任。其二，通过专门的立法，对关联公司的责任作出直接规定。

（一）英美法系模式——揭开公司面纱

“揭开公司面纱”是英美法系国家在处理关联公司时，要求一成员公司对

他成员公司应负责任所运用的重要方法，该方法的核心是否定公司人格，即法院在个案审理中，揭开从属公司的面纱，否认从属公司的法人人格，把从属公司与控制公司视为同一法律主体，要求控制公司应对从属公司债权人的债权负责。因为在关联公司中，当从属公司的存续仅为控制公司经营的需要，其本身已沦为控制公司的工具时，从属公司实际上丧失了独立法人资格，控制公司应对从属公司的债务负责。

此外，英美法系还发展出“深石原则”，以保护从属公司债权人的利益。根据“深石原则”，控制公司对从属公司的债权，在从属公司支付不能或者宣告破产时，不得与其他债权人共同参与分配，或者分配的顺序次于其他债权人。在此原则下，从属公司的债权人在从属公司发生支付不能或宣告破产时，能获得较好的保障，也能防止控制公司对从属公司的假债权的发生。

（二）大陆法系模式

德国为保护从属公司债权人的利益，采取了如下法定措施：（1）提高法定盈余公积金的比例，规定从属公司盈余转移的最高数额，以避免从属公司盈余转移至控制公司。（2）规定从属公司在关联合同有效期间内发生亏损，由控制公司负责补偿。（3）在关联合同终止时，控制公司应向从属公司债权人提供担保。（4）控制公司负责人与从属公司董事及监事应尽正常与忠实管理人之义务。（5）控制公司不得利用其影响力，致使从属公司为不利于自己的法律行为，否则，控制公司及其负责人应负损害赔偿责任。①

法国破产法规定，从属公司破产的效力，可以及于控制公司的财产。控制公司在法律上被看做是从属公司的董事，只要公司的机关不能证明其已适当履行了诚信义务，法院就可以宣布公司机关对未弥补的损失承担责任。这一规则不仅适用于正常的管理委员会的成员或董事会成员，而且也适用于“事实上的领导人”——母公司，这就是所谓的“事实上的董事观念”。②

我国台湾地区“公司法”借鉴德国立法例，规定：（1）控制公司直接或间接使从属企业为不合营业常规或其他不利之经营，而未于营业年度终了时为适当补偿，致从属公司有损害者，应负赔偿责任。（2）如控股公司负责人使从属公司为前项之经营，应与控制公司就前项损害负连带责任。但控制公司对从属公司债务的责任，只是一种间接责任。从属公司的债权人只能享有代位求

① 参见《德国股份法》第300～303条，第309～311条。

② Marcus Lutter, The Law of Groups of Companies In Europe : A C hallenge for Jurisprudence 1983, atps.

偿权，即只有在控股公司没有对从属公司赔偿时，债权人才能以自己的名义行使其权利。(3) 如果控制公司对从属公司不利益的经营行为，使其他从属公司受益的，受益的其他从属公司应与控制公司对该从属公司负连带责任。①

二、控制公司对从属公司及其少数股东的责任

在关联公司中，除因控制公司全部控股形成全资性子公司的情形外，从属公司不可避免地存在着少数股东，少数股东的利益往往会在控制股东的支配下受到损害。而从关联公司的内部关系看，从属公司的利益也常因控制公司的支配行为而受到损害。因此，确定控制公司责任的目的，也是为了保护从属公司及其少数股东的利益。各国家和地区一般采取以下措施：

(一) 控制股东的诚信义务

西方国家为保护从属公司及少数股东的利益，多对控制股东赋予诚信义务。诚信义务在英美法系国家最为流行，大陆法系国家也逐步采用，其基本含义是，从属公司的利益不容侵害，只要股东或董事处于一种可能施加影响的地位，诚信义务就限制他们的行为。在关联公司情形下，作为从属公司的控制股东，控制公司必须对从属公司承担诚信义务。控制股东如有违反诚信义务而经营公司时，包括利用其影响力使从属公司为不利于自己的法律行为，或使其为其他不利于从属公司的不作为或措施，控制股东应负损害赔偿责任。控制股东的诚信义务不仅涉及控制公司，还包括控制公司的负责人和从属公司的董事、监事，他们都负有诚信义务，对公司股东负有正常与忠实管理人的职责，如有违该义务，应负连带责任。一旦控制股东或从属公司的董事的行为有违其诚信义务，一些国家和地区的法律赋予少数股东对此提起损害赔偿诉讼，以追究控制股东和公司董事的责任，保障少数股东的利益，这就是所谓的“股东派生诉讼”。但由于少数股东的诉权是派生于公司的诉权，因此只能要求对公司为赔偿给付。

(二) 关联报告义务

在事实型关联公司的情形下，根据《德国股份法》的规定，为了保护从属公司及其少数股东的利益，从属公司董事会负有编制关联报告的义务，以说明从属公司与其他关联公司之间的交易或其他关系，使从属公司股东得以了解实际情况，以保障少数股东的利益。

我国台湾地区“公司法”借鉴了德国法的规定，并将关联报告义务扩展

① 参见我国台湾地区“公司法”第369条。

至控制公司，该法第369条之12规定，公开发行股票的从属公司应于营业年度终了，出具其与控制公司之关系报告书，载明相互间之法律行为、资金往来及损益之情形；公开发行股票之控制公司应于每营业年度终了，编制关系企业合并营业报告书及合并财务报表。

（三）投资信息披露义务

当一公司持有另一公司股份或资本达到一定数额时，其凭借所持的股份或资本就可能操纵另一公司的管理和决策。为维护小股东利益，法律对取得一定比例股份或资本的股东，规定了披露义务。在关联公司中，德国法规定的披露义务只适用于25%的股份取得，而我国台湾地区“公司法”将该比例确定为1/3以上，且不限于股份，还包括资本，要求持有他公司已发行有表决之股份或资本总额1/3者，应于事实发生之日起一个月内，以书面方式通知他公司。而且当该公司持有的有表决权的股份或出资发生变动，如符合法定情形，还须再为通知。①

三、相互投资公司的责任

（一）相互投资公司对债权人的责任

没有形成控制与从属关系的相互投资公司的一个弊端，就是会导致公司虚增资本，从而损害债权人的利益。如甲、乙两公司各有资本2000万元，甲、乙决定各增资800万元，并以甲、乙相互向他方投资800万元的方式完成。从两家公司账目上看，各新增资本800万元，但实际上两家公司资本并没有任何实质的增加，反而使债权人误以为公司资本雄厚。因此，法律有限制公司相互投资额度的必要。

我国台湾地区“公司法”将相互投资额限定在各方有表决权股份总数或资本总额1/3以上至半数之间。超过半数的，即可适用控制公司与从属公司的规定，控制公司对从属公司的债权人的债权，应负连带赔偿责任。②

（二）相互投资公司对其股东的责任

相互投资的另一弊端，就是会造成公司的董事、监事控制本公司的股东会。在交叉持股中，如果甲、乙两公司的董事、监事相互协商，甲公司对乙公司所持有的表决权，依据乙公司董事、监事的意愿行使，而乙公司对甲公司所持有的表决权，也根据甲公司董事、监事的意愿行使，由于甲、乙两公司均可

① 参见我国台湾地区“公司法”第369条。

② 参见我国台湾地区“公司法”第369条。

利用相互投资额，投票选举自己，并依对方意愿表决公司重要议案，这实际上控制了本公司的股东会，不仅会损害其他少数股东的利益，而且会导致相互投资现象的过度扩大。对此，我国台湾地区“公司法”规定：相互投资公司知有相互投资之事由者，其得行使之表决权，不得超过被投资公司已发行有表决权股份总数或股本总额1/3。但以盈余或公积增配股所得之股份，仍得行使表决权。① 违反这一规定的，适用控制公司对从属公司赔偿责任的规定。

① 参见我国台湾地区“公司法”第369条。

第十二章 外国公司

第一节 外国公司的概念及认定标准

一、外国公司的概念

关于外国公司，理论上存在广义及狭义两种理解。广义上的外国公司，指相对本国公司而言，具有外国国籍的公司。狭义的外国公司，指依外国法律登记，并经过本国政府的认许或审批，在本国为一定营业的公司。它强调外国公司与本国有营业上的联系。因为公司法要规制的都是要在本国直接进行营业的、与本国有联系的外国公司。研究与本国无任何联系的外国公司，在公司法上无太大意义。因此，公司法上的外国公司应采狭义的解释。关于公司国籍的确定方式，纵观各国立法，主要有三种标准：第一，依公司设立的准据法决定公司的国籍，也称准据法主义，即公司依据何国公司法设立的，就取得何国的国籍。第二，依公司的住所地决定公司的国籍，也称住所地主义，即公司的住所地在哪个国家，公司就拥有哪个国家的国籍。第三，依控制公司的股东的国籍确定公司的国籍，也称股东国籍主义。其中，第一种标准为目前各国通行的做法，我国采纳的是准据法主义，我国《公司法》第 192 条规定："本法所称外国公司是指依照外国法律在中国境外设立的公司。"

由于外国公司进入本国时，主要采取分支公司形式，所以我国公司法关于外国公司的规定，主要体现为对外国公司的分支机构的界定，学理上的研究也仅限于外国公司的分支机构。而在实际生活中，往往存在国内公司为了规避国内法，而依外国法律在外国设立公司，但将其总部设立在国内的情形。此时，该公司虽也为外国公司，但其在国内设立的却不是分支机构，无法适用公司法关于外国公司分支机构的规定。所以，我们认为，虽然外国公司的分支机构为外国公司在本国营业的主要形式，但并非唯一形式，理论上，研究公司法上外国公司的有关制度时，应以"外国公司"的概念替代"外国公司的分支机构"

的概念。因此，我们将外国公司界定为：以营利为目的，依照外国法律在外国组建并登记注册，具有外国国籍，经申请，获我国政府许可，取得直接在中华人民共和国内经营资格的公司。

二、外国公司的认定

从我国《公司法》第192条对外国公司的界定来看，认定外国公司的标准有以下几项：

1．须是以营利为目的而设立的公司

我国《公司法》所规定的公司，仅限于股份有限公司及有限责任公司两种形式，都是以营利为目的而设立的营利性法人，而且《公司法》也规定，外国公司在中国境内是从事生产经营活动的，所以外国公司也必须具有营利性。因此，虽采用公司的名称，却非以营利为目的的其他公益性法人，不能获得外国公司的地位。①

2．须是依外国法律在外国组建并登记注册、具有外国国籍的公司

依我国《公司法》的规定，外国公司必须是依照外国法律且在外国组建及登记注册的公司，两个条件缺一不可。因此，若依某公司本国的法律不能成立的公司，但依我国法律规定可认定为公司的，也不能认为是我国公司法上的外国公司。

3．须经申请获得我国政府的许可

我国《公司法》第193条规定："外国公司在中国境内设立分支机构，必须向中国主管机关提出申请，并提交其公司章程、所属国的公司登记证书等有关文件，经批准后，向公司登记机关依法办理登记，领取营业执照。"经申请获得政府审批的程序，又称为认许程序，此为在外国公司的内国营业问题上，各国采用的惯常做法。

4．须获得在我国直接经营的资格

是否获得在我国直接营业的资格，是判断该外国公司是否与我国有联系的标准。这里的"直接营业"，是指须在我国设立代表该外国公司的营业机构，为经常性的营业。如果该外国公司未设立有关机构，而仅仅是偶尔与本国的某些公司有业务上的往来，不能认为其已在我国"直接经营"。

---

① 外国立法例上，并非所有的公司均以营利为目的，如美国，非以营利为目的之团体如学术团体、公益团体等都采公司之组织，而使用公司之名称。转引自柯芳枝：《公司法论》，台湾三民书局2002年版，第617页。

第二节 外国公司的认许

一、外国公司认许的概念

所谓外国公司的认许，是指承认依外国法已成立的外国公司，在内国法上亦为权利主体。① 在我国，即指获得有关主管部门的审批。关于外国公司的认许制度，最初起源于英美法系，英美法系国家对法人本质采拟制说，认为公司只能在其设立之准据法国家存在，在其他国家则不能存在。根据拟制说及法律域外无效力的理论，英美法系国家主张一国设立的公司，若不经过他国的认许，不能在他国存在，不在他国享有人格。随着社会经济的发展及法人本质理解的进一步深入，外国公司的认许制度现已为各国普遍采纳，且成为保护本国公司合法权益及有效控制外国投资的重要法律制度之一。

二、外国公司认许的积极条件

关于外国公司的认许条件，一般分为积极条件及消极条件两类。外国公司认许的积极条件包括：

（1）外国公司须在其本国已依法设立登记。外国公司在向我国政府申请认许之前，必须已在其本国依法设立登记。这一点可以从我国《公司法》要求提交的公司章程、所属国的公司登记证书等有关文件中得到证明。

（2）外国公司须在其本国已经开始营业。向我国申请认许的外国公司，不仅应在其本国依法设立登记，而且还应在其本国已经开始营业，如果未在其本国开始营业的，不得认许。此规定意在防止规避设立国法律的行为，或者仅为在中国享有优惠而设立公司的行为发生。

（3）外国公司须在我国有从事相关营业的营业资金、代表人及营业所。我国《公司法》第194条规定："外国公司在中国境内设立分支机构，必须在中国境内指定负责该分支机构的代表人或者代理人，并向该分支机构拨付与其所从事的经营活动相适应的资金。对外国公司分支机构的经营资金需要规定最低限额的，由国务院另行规定。"其他国家和地区的立法也有相类似规定。如我国台湾地区"公司法"第372条第1款规定："外国公司应该专门提供其在中国境内营业所用的资金，并交主管机关对其所营事业最低资本额规定的限

---

① 柯芳枝：《公司法论》，台湾三民书局2002年版，第680页。

制。”《日本商法典》第479条也规定：“外国公司欲在日本进行连续性交易时，应确定其在日本的代表人，于其住所或其他处所设置营业所。”

三、外国公司认许的消极条件

依我国《公司法》的规定，外国公司要取得我国政府的营业认许，除了须具备积极条件外，还须不违反我国法律的禁止性规定，这些禁止性规定包括：

（1）不得违反中国的法律。这主要是指外国公司的营业目的和业务，不得违反中国的法律，如不得在我国境内从事走私、贩卖枪支和我国法律明令禁止外国人从事的营业领域。

（2）不得损害中国的社会公共利益或善良风俗。外国公司在中国为一定营业，必须尊重中国社会的公共利益及善良风俗，若外国公司设立的目的或行为有违我国的公序良俗，则不得予以认许。值得注意的是，这里所要求的仅仅是外国公司设立的目的及行为不得违反我国的法律及公序良俗，至于该公司的目的及行为在其本国是否有违背法律及公序良俗，在所不问。因各国的社会经济、文化等存在差异，部分行为可能在其本国并不认为有违公序良俗或法律，但却为我国法律所禁止。

（3）必须符合我国产业政策和环保政策的要求。对于外国公司的经营项目有可能造成环境污染或破坏资源的，我国政府主管机关将不予批准；对于我国不鼓励外资经营的领域，政府主管机关也将不予批准。

（4）必须遵循对等互惠原则。对等互惠原则是国与国之间进行经济交往的一项基本原则，也是各国立法处理涉外商事关系的通行作法。我国《公司法》在对外国公司的认许条件问题上没有明文规定，但在实践中一直是依此原则来衡量外国公司能否进入我国市场的。因此，如果外国公司所在国禁止中国企业进入该国市场时，中国政府主管机关也将采取对等原则，禁止该国公司进入中国市场。

总体来说，我国《公司法》的规定与其他国家和地区的法律规定相比，较为简单，诸如设立外国公司的地域限制、营业领域限制、对等原则限制、申请欺诈限制等，均未作出明文规定。

第三节　外国公司的监督

外国公司的分支机构经我国政府主管机关认许后，在我国境内从事经营时，我国政府的有关机关应当保障其合法权益不受侵犯；另一方面，该分支机构也必须遵守中国的法律。我国《公司法》第197条明确规定："经批准设立的外国公司分支机构，在中国境内从事业务活动，必须遵守中国的法律，不得损害中国的社会公共利益，其合法权益受中国法律保护。"为了确保外国公司分支机构经营的合法性，各国立法均规定，外国公司的经营活动应当受到经营地政府的监督，我国当然也不例外。以下从监督机关和监督内容两个方面，对这一问题作简要阐述。

一、外国公司监督的机关

我国《公司法》未对外国公司的监督机关作出具体规定。依外国公司在中国境内营业，享有与中国公司同等的权利和义务的规定，在一般情况下，对外国公司的监督机关应为公司登记机关即工商行政管理机关。但如果外国公司的经营范围涉及国家严格监管的行业时，外国公司必须与中国企业一样，接受该行业主管机关的监督。如在我国金融行业，商业银行必须接受中国银行监督管理委员会的监督；保险公司必须接受保险监督管理委员会的监督；证券公司必须接受证券监督委员会的监督等。外国公司如果进入上述领域，当然也不例外。

二、外国公司监督的内容

（一）关于外国公司认许方面的监督

外国公司获得我国政府的认许时，受到以下监督：

（1）外国公司在中国境内设立分支机构，必须向中国主管机关提出申请，并提交其公司章程、所属国的公司登记证书等有关文件。经批准后，向公司登记机关依法办理登记，领取营业执照。如果未经批准，而擅自在中国境内设立分支机构的，责令改正或者关闭，并可以处5万元以上20万元以下的罚款。

（2）外国公司经认许以后，若发现其在办理设立登记的过程中，提供虚假证明或采取其他欺诈手段隐瞒重要事实取得公司登记的，责令改正，处以5万元以上50万元以下的罚款，情节严重的，撤销公司的认许登记。

（二）关于外国公司在营业过程中的监督

（1）为了营业上的需要，外国公司必须在中国境内设立从事生产经营的机构和场所。

（2）为了营业上的需要，必须在中国境内指定负责该分支机构的代表人或经理人。

(3) 必须向在中国境内营业的分支机构拨付与其从事的经营相适应的资金。国务院规定经营资金最低限额的，外国公司应受其限制。

(4) 外国公司必须设立会计账簿，接受税务部门的监督。

(5) 若外国公司的分支机构成立后无正当理由超过6个月未开业的，或者开业后自行停业连续6个月以上的，由公司登记机关吊销营业执照。

(6) 外国公司的分支机构因营业需要，雇佣中国职工的，就用工问题，应当接受我国劳动管理部门的监督。

(7) 外国公司的分支机构的外汇使用、进出口业务，应当接受我国外汇管理部门和海关的监督。

第四节　外国公司分支机构的解散与清算

一、外国公司分支机构的解散

外国公司的分支机构解散原因有两种：一是自愿解散；二是强制解散。

就自愿解散而言，又分两种情况：(1) 营业期限届满。大多数国家和地区对外国公司设立都有期限的限定，外国公司在内国的营业期限届满，且在规定期限内未申请延期的，该外国公司自行解散。(2) 外国公司自行撤销其在内国的分支机构。外国公司在营业期限内不愿继续营业的，向有关主管机关申请撤销，经该主管机关批准后，可以撤销其在内国的分支机构。我国台湾地区关于认许的撤回，即是指外国公司经认许后，不想在台湾地区继续营业的，应上交认许证书，向主管机关申请撤回认许，但不得免除申请撤回之前所承担的债务。

就强制解散而言，出现下列情况之一时，主管机关可依法将外国公司的分支机构撤销，导致其解散：(1) 不能清偿到期债务而被宣告破产；(2) 外国公司在申请批准时所申报的事项或提交的文件，经查明有虚伪情况的；(3) 行政机关或法院撤销外国公司营业许可证或责令其关闭的。我国台湾地区的认许撤销制度，即属外国公司被强制解散之事由，其“公司法”第379条规定，外国公司有下列情事之一的，主管机关应撤销其认许：申请认许时所报事项或所缴文件，经查明有虚伪情事者；公司已解散者；公司已被破产宣告者。前项撤销认许，不得影响债权人之权利及公司之义务。外国公司发生解散事由后，即进入清算程序。

二、外国公司分支机构的清算

外国公司的分支机构解散后，应当进行清算，此为各国和地区立法的通例。就清算的程序来说，我国《公司法》未作具体规定，结合多数国家和地区的立法例，大体经历如下步骤：

（1）确立清算人。谁来担任外国公司分支机构的清算人，各国家和地区立法规定不一。我国台湾地区“公司法”第380条规定，由外国公司在境内的负责人或分公司的经理人为清算人，而不分解散的原因有何不同。①《日本商法典》第485条则规定，在强制解散的情况下，由法院依职权选任清算人。

（2）依据外国公司的性质，准用公司法关于各类公司的清算程序。从各国公司法的规定来看，对外国公司分支机构的清算程序一般不作具体规定，而是准用国内公司清算程序的规定。由于国内公司的组织形态不同，其清算程序也不同，因此，外国公司分支机构进行清算时，应依其组织形态，适用国内不同公司形态的清算程序。

（3）外国公司分支机构的财产，在清算期间，不得转移至境外，除清算人为执行清算事务外，并不得加以处分。我国《公司法》第198条也有类似规定。

（4）违反上述规定的责任。我国《公司法》对此问题却未作规定，而我国台湾地区“公司法”第382条规定，外国公司在台湾境内的负责人或分公司的经理人，应当对分支机构的债务与外国公司一起负连带责任。

---

① 张国键：《商事法论》，台湾三民书局1987年版，第344页。

第三篇

破产法

第十三章　破产法概述

第一节　破产与破产法

一、破产的概念和特征

破产（bankruptcy）制度源于中世纪意大利的城市商业习惯，根据中世纪意大利商人交易的习惯，商人在市中心交易场所都有自己的板凳，当某个债务人不能偿付债务时，依据习惯，他的债权人就砸烂他的板凳，以示其经营失败。① 在中文语义中，破产一词有“失败”或“倾家荡产”之意。法律意义上的破产，是指当债务人不能清偿到期债务时，以债务人的所有财产公平清偿给全体债权人的一种制度。它具有以下几方面的特征：

1. 破产适用的前提是债务人不能清偿到期债务

债务人不能清偿的债务是到期债务，如果是未到期债务，即使债务人负债超过其资产，债权人也不能申请债务人破产。不能清偿到期债务，可能是债务人已经资不抵债，也可能是债务人的资产虽然多于债务，但却无法归还到期债务。所谓无力清偿，是指债务人毫无清偿能力，无力偿债并不等于资不抵债，债务人的资产总额虽然少于其债务总额，但仍然可能有清偿能力。但是也有的国家将资不抵债作为特殊破产原因适用于法人，如德、日等国破产法。在债务人不能清偿到期债务时，只有通过宣告债务人破产，才能维护多数债权人的利益并保持社会经济秩序的稳定。

2. 破产的主要目的在于使债权人获得公平的清偿

破产适用的前提除须有债务人不能清偿债务的事实外，还需有多个债权人存在；若仅有一个债权人，则适用民事诉讼法上的强制执行程序就可达到债权

---

① Martin A. Fray: An Introduction to Bunkruptcy Law, west publishing company, 1992, p. 2. 转引自王卫国：《破产法》，人民法院出版社 1999 年版，第 2 页。

人债权实现的目的。在有多个债权人存在时，且债务人的资产不足以满足全体债权人的债权要求的情况下，则须通过破产程序，按一定顺序和比例将债务人的全部资产公平分配给各个债权人。破产制度自产生之初就始终与该目的密不可分。

3. 破产是一种特殊的偿债手段

破产的目的在于使全体债权人获得公平的清偿，故其是一种偿债手段，但破产具有不同于一般偿债手段的特殊性：其一，通过破产程序，将债务人的全部财产一次性地分配给全体债权人，终结全部债权债务；而一般的偿债手段仅是就各个独立的债务分别清偿。其二，破产偿债是通过限制或消灭债务人的主体资格来实现的。如债务人为自然人，则可能导致其人格减损或某些自由权利受到限制，如不能担任公务员、议员、律师或其他企业的管理人员等，我国《破产法》① 第125条规定，企业董事、监事或者高级管理人员违反忠实义务、勤勉义务，致使所在企业破产的，自破产程序终结之日起3年内不得担任任何企业的董事、监事、高级管理人员。若债务人为法人，则将导致该法人的主体资格消灭；而一般的债务履行行为则不会导致债务人主体资格的消灭。

4. 破产是通过审判程序进行的

通常认为，破产程序是一种特殊的审判程序。这是因为，首先，破产并非完全出于债务人的自愿，有时与债权人的意愿也不完全符合。在这种情况下，它不能不带有某种强制性，这就需要通过司法机关的强制力予以实施。其次，破产既然要达到“公平满足”的目的，也必须由审判机关介入并主持，通过破产程序解决，以维持当事人的合法权益。

二、破产制度的性质

破产制度是指为了清理不能清偿债务的债务人的财产，通过破产程序以使债权人获得公平清偿的法律制度。任何法律制度都是社会经济发展变化的产物。有市场行为就会有债权债务的发生，有债权债务就会有资源的重新配置，破产制度是实现资源重新配置的一种不得已的手段。理论界对破产制度的性质认识不一，大体有以下几种学说：

1. 诉讼制度说

该学说认为，诉讼程序的目的，无非是为了确定和保护当事人的民事权

---

① 本书所称的《破产法》指2006年8月27日通过的《中华人民共和国企业破产法》。

利，而破产程序也具备这种要素，理由如下：（1）债权人提出债权要求，从而参加破产程序，就相当于提起诉讼；（2）债权人申请破产宣告，相当于诉讼程序中对债务人全部财产的扣押，而破产宣告，相当于作出扣押裁定；（3）破产程序中债权人相互之间的关系，相当于诉讼中共同诉讼人或者在执行程序中共同申请人的关系；（4）破产程序中债权人的受偿效果与民事诉讼程序所进行的强制执行大体相当；（5）各国破产法一般规定，破产程序未规定的事项，可以准用民事诉讼程序的规定。① 因此，破产程序主要是合并民事诉讼的保全、判决和执行诸程序一体的产物，以确定民事请求权和执行为终极目的，当然属于诉讼制度。

2. 非讼制度说

该学说认为，破产制度并不是一种诉讼制度，理由在于：（1）在普通民事诉讼程序中，没有债务人就自己的财产申请诉讼保全的，而在破产程序中，债务人可以申请自己破产，实际为申请保全自己的财产；（2）破产程序因有破产管理人制度及债权人自治制度，同商事公司的清算程序类同；（3）破产程序剥夺破产人管理处分其财产的权利，并限制破产人的人身自由，与民事诉讼程序不同；（4）破产程序在立法政策上，着重体现迅速简便的原则等，均非一般的民事诉讼程序可以相比。

3. 特殊诉讼制度说

主张这种观点的学者认为，破产程序的开始，既有债权人申请，也有债务人申请，且在特定情形下，法院也可依职权开始破产程序；虽然一般破产法都规定“除本法规定外，准用民事诉讼法”，但破产程序有它自身的众多特点，不能一般地适用民事诉讼或者非诉讼程序规范，其使用“准用”这一字眼本身就表明破产并非直接适用民事诉讼法。所以，破产程序应当是一种独立的特殊诉讼制度。②

我们以为，上述几种观点牵强地把破产制度归于某一既定的法律，自然就难以走出困境。破产程序既不属于诉讼制度，也不属非讼制度和特殊诉讼制度，而是兼有实体法规范与程序法规范的一种债务清算制度，其理由在于：（1）破产程序的某些阶段类似于诉讼程序或非讼程序，但从整个破产程序开始、发展至终结的全过程来看，它不隶属于上述任何一种程序和制度。（2）破产程序虽可以准用民事诉讼法的有关规定，但这只是破产程序在个别

① ［日］山木户克己：《破产法》，青林书社 1983 年版，第 25 页。
② 陈荣宗：《破产法》，台湾三民书局 1982 年版，第 11 页。

方面与民事诉讼程序或执行程序雷同的结果，并不构成破产程序的实质内容。(3) 破产程序的特有制度，如破产申请、破产案件的审理、破产宣告、债权申报、债权人自治、破产财产、破产债权、破产分配、破产程序的终结等，决定着破产程序的实质，是民事诉讼程序、非讼程序、民事执行程序所不能包容的特别法制度。① (4) 破产制度中，除了包括程序性的规定外，还有大量的破产当事人实体权利义务的规定，因而是实体规范与程序规范的混合制度。(5) 在立法定位上，除少数几个国家将破产法置于民事诉讼法或者商法典中外，大多数国家和地区一般通过特别法的形式全面规范破产制度，这也表明，将破产制度完全置于程序法或实体法中，均不合适。

三、破产制度的利弊

(一) 破产制度的优点

(1) 程序的公正性。破产以尽可能公平清偿所有债权人的债务为目的，程序的进行必须适当正确，同时，由于破产形成了众多实体性、程序性法律关系，所以多种决定也必须适当正确。为此，破产程序被作为有法院参与的审判上的程序，即由于法院的参与，保证了这种程序的公正性。

(2) 有利于债权人合法权益的维护。当债务人不能清偿到期债务时，如适用一般强制执行程序，各债权人相互之间难免发生争先恐后行使债权的混乱局面，特别是当债务人资不抵债时，易发生部分债权人获得全部清偿，而另一部分债权人只能获得部分清偿或完全不能清偿的情形，这就违背了债权平等原则，但是如果适用破产程序，则会杜绝这种现象的发生。

(3) 给予债务人以重新开始的机会。现代破产法既体现了对债权人的保护，也体现了对债务人的保护，其最大的特点是对于符合法定条件的诚实的债务人进行免责，以使其摆脱债务，东山再起。②

(二) 破产制度的弊端

(1) 商事主体消灭的损失。经过破产清算，债务人经营的事业被解体，社会经济损失很大，从业人员也由此失业。

(2) 时间和金钱的损失。由于法律规定了旨在保证全体债权人公正受偿的慎重程序，所以从破产开始一直到破产程序的终结，将浪费债权人、债务人

---

① 邹海林:《破产程序与破产法实体制度比较研究》，法律出版社 1995 年版，第 4 页。

② 李永军:《破产法律制度》，中国法制出版社 2000 年版，第 11 页。

相当多的时间和金钱。这既损害了债权的价值，也减少了可分配的财产。

（3）分配财产的不足。由于在破产宣告前对众多财产一般设置了担保，因此，这部分财产作为优先偿还权归担保权者。这样，通过变价成为分配资金的有价值的财产很少，有些财产还很难以合理价格卖出而换回可用资金，所以，无法形成足够的分配财产，这是破产制度的一大缺陷。

四、破产法的概念、体例和内容

破产法是规范破产程序、确立破产当事人在破产清算中享有何种实体性与程序性权利及义务的法律规范的总称。破产法有广义和狭义之分。广义的破产法，即实质意义上的破产法，是指一切调整破产关系的法律法规的总和。狭义的破产法，即形式意义上的破产法，仅指以“破产法”命名的法律。

破产法的体例，是指破产立法对破产程序规范、破产实体规范和罚则所作出的技术安排。破产法的体例无固定形式，可以根据需要而设定。目前，世界破产立法主要存在两种体例：其一为综合编纂模式，即将有关破产的实体规范，规定在破产法典中，而不纳入民法、商法之中，同时，还将有关破产程序以及罚则的规定，一并纳入破产法典综合编纂。德、日等国采此体例，我国现行《破产法》也采此体例。其二为分别编纂模式，即将破产的程序性法律规范和实体性法律规范分别规定。有关破产程序的内容按照程序法的逻辑顺序单独立法，而有关破产的实体规范则由实体法如民法、商法加以规定。英、美、法等国采取此种立法体例。

破产法的内容由破产程序规范、破产实体规范及破产罚则所构成。破产程序规范主要规定破产案件的管辖法院、民事诉讼规范的准用、破产原因、破产能力、破产的申请与受理、临时财产管理人、债权申报、债权人会议、和解程序、重整程序、破产宣告、破产管理人、破产清算以及破产程序的终结等制度。破产实体规范主要规定破产财团、破产债权、破产别除权、破产撤销权、破产取回权、破产费用与共益费用、破产责任、免责与复权等制度。罚则主要规定对破产违法行为或者犯罪行为的处罚制度。

五、破产法的历史沿革

（一）大陆法系破产法的历史沿革

大陆法系的破产法形成于 19 世纪。虽然意大利首开破产制度之先河，但其发展却落后于仿效其中世纪商事破产制度的法国和德国。19 世纪中叶至 20 世纪中叶，欧洲大陆各国及法、德两国的部分殖民地均以法国、德国破产立法为蓝本，纷纷颁布了具有相同特色的破产法或者引进了法、德的破产立法模式。大陆法系的破产立法具有以下特点：（1）法律术语概念化，各项具体制度以民商法典的规定为基础。（2）债权人本位主义严重，对债务人的保护不够充分，推行破产不免责主义，不过现代大陆法系部分国家已经改变态度，采取免责主义，如日本、德国。（3）国家对破产程序的职权干预色彩严重，债权人的自治地位相对软弱。（4）专门规定复权制度。为了使债务人因破产宣告而受到的公私权利的限制不具有永久性，各国破产法均以专章规定了复权制度。（5）破产法的适用范围，因各国的历史传统表现出很大的差异，有商人破产主义和一般破产主义之别。①

法国自1538年开始颁布有关破产的法令，1667年的《里昂破产法》是法国最早的成文破产法，该法主要继受了罗马法和意大利破产法。1673年，路易十四发布《商事条例》，其第九章到第十章即是关于破产的规定，这些规定成为法国近现代商人破产主义的立法基础。1807年《法国商法典》正是在这些基础上制定的，该法第三编“破产编”全面规定了商事破产制度，确立了商人破产不免责主义，成为近代大陆法系最早最完备的破产法。1967年法国废除了商法典的破产编，将破产法以单行法的形式公布，改采一般破产主义。法国现行破产法是在修订1967年破产法的基础上于1985年颁布的破产法，该法在1988年、1994年又进行了修改，删除了一些极端的做法，如重整前置、观察期间的强制等。②

德国破产法是中世纪商事破产制度与其固有法相结合的产物。中世纪的德意志诸国，实行双重扣押及执行优先主义制度，完全否认债务人主张权利的平等地位。13世纪以后，德意志北部的商业城市受到意大利商业习惯法的影响，开始接受债权人公平受偿的制度。15世纪，德国一方面继承罗马法和意大利法，一方面保留德国固有法，两种法律交互影响，形成了德国普通法，并在破产制度中采取了罗马法中的自力救济原则。至17纪，德国破产制度受西班牙破产法公力救济原则和一般破产原则的影响，从而抛弃了债权人自力救济的制度，并形成了两类破产制度：其一是债务人主动提起的善意委付制度；其二是债权人为了阻止个别债权人扣押和执行财产的行为而提起的破产程序。③ 德国

① 邹海林：《破产程序与破产法实体制度比较研究》，法律出版社1995年版，第28页。

② 付翠英编：《破产法比较研究》，中国人民公安大学出版社2004年版，第76页。

③ 王欣新主编：《破产法》，中国人民大学出版社2002年版，第19页。

统一后，法制也随之统一，于1877年颁布了《帝国破产法》，该破产法突破了法国商人破产主义传统，采行了一般人破产主义。1916年德国发布了《暂行和解法》，创立了和解法独立于破产法的立法例。“二战”后，德国对破产法进行了多次修正，1976年，将破产法中的犯罪编移至刑法典，造就了德国破产法的纯民事化。1994年，德国颁布了新破产法，新破产法统一了传统的破产法和破产和解法，单一的破产处理程序包括清算程序和重整程序，同时，还建立了消费者破产程序，① 该法于1999年开始实施。

（二）英美法系破产法的历史沿革

英美法系破产法的出现晚于大陆法系。不同于英美法系其他法律不成文法的传统，其破产法从一开始就以成文法的形式存在。英美法系的破产法有以下特征：（1）破产法为程序法。英美法系破产法所规定的内容基本限于程序规范，破产实体规范则主要散见于其他法律中。（2）实行破产程序受理开始主义。（3）债权人的自治地位受到尊重和保障。债权人会议在破产程序中的作用积极主动，并有权选任破产管理人。（4）普遍推行破产免责主义。

英美法系的破产法以英国破产法为基础，而英国破产法却渊源于欧洲大陆的商业习惯法。1542年，亨利八世颁布《破产条例》，适用于商人和非商人的破产，破产法的主要内容在于保障债权人利益的实现，当一个商人不能全额清偿其债务，债权人可以占有其全部财产，法律不但允许债权人对债务人的财产进行清算，而且允许债权人将债务人投入监狱直到其将剩余债务还清为止。1571年，又对该条例进行修改，转而实行商人破产主义，此后，又经过多次修改，1914年1月1日颁布了《破产整理法》。1982年，英国破产法审议委员会提出《审议委员会关于破产法律与实践的报告》，在该报告中，该委员会建议对破产及公司资不抵债的法律与实践进行大规模的改革，这实质上导致了一个新法，即1985年破产法的诞生。该破产法对公司破产和个人破产进行全面的革新，对实体法和程序法均作了重要修订，同时1914年破产法和1985年公司法的解散条款被废除。1986年，一部合并该法与1985年公司法中的接管和解散条款的新的破产法及公司董事资格取消法的法案获得英国女王的御准。随后，出台了作为补充规定的1986年破产规则，该规则在1987年经历了一次详细修正。②

---

① 付翠英编：《破产法比较研究》，中国人民公安大学出版社2004年版，第80页。

② 丁昌业译：《英国破产法》，法律出版社2003年版，第2页。

美国破产法直接承受英国破产法，1800 年 4 月 4 日仿效当时的英国破产法，颁布了第一部联邦破产法，该法只适用于商人，却没有规定债务人自愿申请破产的程序，1803 年被废除。1841 年颁布第二部破产法，因其过分保护债务人的利益，于 1843 年废止。1867 年颁布第三部破产法，该法的规定与第二部破产法无太大的差异，只是引进了和解制度，于 1878 年被废除。1898 年美国公布《联邦破产法》，该法于 1938 年作过修正（即钱德勒法案）。1978 年，美国国会重新制定了《破产改革法》，废除了 1898 年破产法及 1938 年的钱德勒法案，并以联邦破产法典的形式公布。该法赋予联邦法院对破产案件的专属管辖，提高了法官在破产程序中的地位，该法突出了破产受托人的作用，引进了破产无溯及主义，创立了撤销权制度，丰富了抵销等相关制度。① 1978 年破产法通过之后，国会并没有停止其完善破产立法的努力。1984 年破产修正和联邦法官法案在以下方面把破产法向前推进了一步：增加了几类不可免责的债务；废除并取代了 1978 年破产法中关于破产案件的管辖权、管辖地、陪审团审判和上诉等方面的规定；明确确立了破产法院对联邦地区法院的隶属关系，并明确了破产法院专门审理破产案件的管辖权属性。1978 年破产法典没有涉及税收问题，但在 1980 年的破产税收法案中专门对一些涉税问题作了补充规定。此后，1986 年破产法修正案增加了第十二章个体农场主债务调整程序，以应付当时的农业危机，为从事农业生产经营的家庭农场主另外提供了一种债务处理的方式。由于该程序仅仅是一种权宜之计，最终于 1993 年 10 月 1 日丧失效力。1986 年到 1994 年期间，国会又陆续为破产法增加了一些新的条款，内容涉及退休金、知识产权的被许可人对知识产权的继续使用、机场租约等。1994 年破产法修正案对破产法典提出了多达几十处的大面积修改。国会借助于该修正案的通过解决了破产法典适用中产生的许多特殊问题，并推翻了法院过去作出的许多判决，同时也对加强破产案件的管理给予了特别关注。该修正案共八部分 78 个条文，涉及破产程序的管理、商事破产、消费者破产、市政府破产等方面内容。重点修改的内容包括：（1）破产受托人撤销偏颇转让行为的权力；（2）限制承租人的权利；（3）提高对担保利益与租金的保护；（4）修改自动冻结的有关规定；（5）提高第十三章程序的适用数额限度；（6）将陪审团审理引入破产法院当中；（7）为了家庭抵押的目的将第十三章

① 付翠英编：《破产法比较研究》，中国人民公安大学出版社 2004 年版，第 32 ~ 33 页。

规则延伸到第十一章；（8）专门为小企业设立了重整程序等。①

六、破产法的发展趋势

从古罗马到现代，破产制度随着商品经济的不断发展和法律文化的逐步演进而不断完善和成熟。尽管不同时期各国破产立法不尽相同，但从破产法的历史演变过程来看，破产法的发展呈现了一些共同的趋向，表现如下：

（1）破产法的立法宗旨，从单纯保护债权人利益转向债权人利益和债务人利益并重。② 维护债权人的利益是实行破产制度的最初动因，而其却往往忽视债务人的利益。破产法在近现代的重要发展变化趋势之一，就是由单纯保护债权人利益转向债权人与债务人利益并重，其主要表现为和解制度和免责制度的确立。

（2）破产法的适用范围，由商人破产趋向一般破产。所谓商人破产主义，是指破产法只适用于商人而不适用于非商人的立法原则，其实质是只承认商人的破产能力，而否认非商人的破产能力。早期的破产立法，如法国、意大利、瑞士等都坚持商人破产主义。一般破产主义为近代英国、德国破产立法所倡导，指破产法适用于不能清偿债务的所有债务人，现已成为现代破产立法的趋势，甚至推崇商人破产主义的法国也不能不受其影响。

（3）对破产行为的态度，从有罪破产转向无罪破产。在是否将破产行为视为犯罪行为的问题上，破产立法有惩罚主义与非惩罚主义之分。惩罚主义是指将破产行为视为犯罪行为；非惩罚主义是指不将破产行为视为犯罪行为，而是视为一种偿债程序。早期仿效法国的国家多采取惩罚主义，随着社会的进步，多数国家已抛弃这一原则，而实行非惩罚主义。

（4）破产程序由繁琐逐步转向简化。最初的破产程序中包含了许多繁琐而复杂的程式，在大陆法系的破产制度中显得尤为突出，这多少同古罗马偏重法律行为的外在程式的遗风相关，也源于破产程序本身的客观复杂性。随着破产适用面的扩大和破产事件的不断增多，客观上要求减少破产耗费，实现诉讼

---

① 韩长印：《美国破产立法的历史变革及现实走向——写在〈美国破产法〉译后》，载《上海交通大学学报》（哲学社会科学版）2004 年第 6 期。

② 有学者认为破产法的发展趋势是从破产清算到破产预防（参见付翠英编著：《破产法比较研究》，中国人民公安大学出版社 2004 年版，第 10 页），这种观点认为现代破产法是破产预防法，其是通过企业重整达到债务清偿的目的。我们认为这种观点和本书所持的观点没有本质区别，因为“对债务人利益的注重”，着重体现于重整等相关制度。

经济，所以简化破产程序已成为各国革新破产法的方向。

第二节　破产法的基本原则

所谓破产法的基本原则是指构成破产法律制度的基础，贯穿于整个破产法的始终，并对破产法的制定及实施具有指导作用的一般规则。破产法的基本原则是随着社会的发展不断发展变化的，其发展趋势是朝更公平、调整范围更广的方向转变，① 即从单纯保护债权人的利益逐步过渡到保护债权人和债务人双方的利益，从单纯调整债权债务关系逐步发展到调整整体的社会经济生活，政府也越来越注重对破产关系的调整。这样，各国破产法在调整原则上越来越趋向一致，并逐步凝定为两大原则，即国家干预原则和公平、平等原则。

一、国家干预原则

国家干预原则是指国家利用行政、司法等手段对破产程序进行干预，以确保破产程序公正、有效、合法进行，并达到维护社会公共利益的目的。破产程序的特点之一就在于其是通过审判程序而进行的，因此各国在破产法中都规定了法院对破产程序的全面介入和干预，以及检察院对破产程序的监督职权。除了司法干预以外，还有为数不少的国家规定了行政机关或政府部门对破产程序的提起，通过国家行政手段对一些密切关系国计民生、社会正常生产秩序的濒临破产的企业进行拯救，以维护社会秩序的稳定。例如，在意大利，公共事务部长、破产事务局可以提起破产申请。荷兰、英国等国的检察长都可以提起破产申请。在美国，通过议会议决等程序可以对濒临破产的企业进行拯救。国家干预原则在我国破产法中也有体现。

1．法院对破产程序的干预

人民法院对破产程序全面深入地干预和介入是破产干预原则最主要的体现。法院在破产程序进行中居于无可替代的地位：破产案件的受理、破产程序的开始、和解和整顿、破产宣告、清算组的任命、破产清算和破产程序的终结，无一不是在法院的介入和主持下进行的。

2．检察院对破产程序的干预

许多国家的破产法都规定检察机关应当参与破产程序的诉讼过程，如荷兰破产法规定，检察长可以提起破产申请。我国破产法对此未做规定，但是我国

① 郑远民：《破产法制制度比较研究》，湖南大学出版社2002年版，第24页。

《民事诉讼法》第14条规定，人民检察院有权对民事审判活动进行监督，同时，《破产法》第4条规定："破产案件审理程序，本法没有规定的，适用民事诉讼法的有关规定。"由此可见，在我国，检察院可以对破产案件的审判工作进行监督。破产案件的审判工作涉及面广，各方面利害关系冲突尖锐，通过检察院的监督，有利于保护债务人利益及全体债权人合法权益，有利于破产程序的顺利进行。

3. 行政机关对破产程序的干预

行政机关对破产程序的干预主要表现在对破产的发生、具体的破产诉讼活动及破产后果的干预上。如在破产发生上，我国《企业破产法（试行）》第3条曾规定："公用企业和与国计民生有重大关系的企业，政府有关部门给予资助或者采取其他措施帮助清偿债务的，不予宣告破产。"该法第8条规定，债务企业申请破产的，应经过其上级主管部门同意。

二、公平、平等原则

破产制度之所以存在，在于其避免了当债务人不能清偿到期债务时，适用一般强制执行程序所带来的不公正受偿结果，破产制度的实质就是使债权人公平受偿，可以说，公平原则是破产制度的内在要求。另外，破产制度适用的前提之一就是有多数债权人存在，为了达到全体债权人公平受偿的目的，必须在法律上确认债权人、债务人之间的平等地位，并且只有当事人的法律地位平等，才能保证破产程序的顺利进行。在破产法中，公平、平等原则表现如下：

（1）当事人法律地位平等。当事人法律地位平等有两层含义：其一，债权人与债务人之间法律地位平等。他们都享有平等的诉讼权利和负有同等的诉讼义务，都能提出破产请求，都有权对法院不正确的裁定提出异议，都有权通过合法手段维护其权益。其二，债权人之间法律地位平等。债权人在债权人会议上有同样的表决权，对其他债权人申报的债权有权提出异议，有权查询债权申报表及债权分配方案等。

（2）公平原则。破产制度设立的目的就是使债权人公平受偿，但公平受偿并不是说不管债权的性质及类别一律均等受偿，而是在区别债权性质的前提下，同类债权公平受偿。破产法依据债权性质，将债权人的清偿顺序依次分为：破产企业所欠职工工资和劳动保险费用等、破产企业所欠税款、破产债权。同一顺序的请求权，受偿地位平等，当破产财产不足以清偿同一顺序的请求权要求时，按照债权比例予以分配。①

① 参见《破产法》第113条。

第三节 中国的破产立法

一、旧中国的破产立法

在我国漫长的封建社会中，自给自足的自然经济占统治地位，商品经济不发达，自无破产制度产生的土壤。鸦片战争以后，中国被迫向西方列强开放，中外贸易日益发达，国内工商业有所发展，为破产法的产生奠定了一定的社会经济基础。1906 年，修订法律大臣沈家本主持起草了我国第一部破产法——《大清破产律》，但由于该法的规定多遭非议，故尚未实施，即遭废止。

中华民国成立后，曾于 1915 年拟定破产律草案，该草案以德国和日本的破产法为蓝本，共计 317 条，分为实体法、程序法、罚则三编，1926 年被暂予援用，但始终未成为正式法律。1934 年，中华民国司法行政部又起草了由实体法、程序法、复权和罚则四编组成，共计 333 条的破产法草案，并同时颁行了商人债务清理暂行条例。1935 年，中华民国立法院民法委员会集前述破产法起草的经验，起草公布了《中华民国破产法》，分为总则、和解、破产、罚则共四章计 159 条，该法现仍适用于我国台湾地区。

二、新中国成立以后的破产立法

中华人民共和国成立后，废除了国民党的六法全书，但在之后的几十年内，由于实行高度集中的计划经济体制，使破产制度既无产生的土壤，也无存在的必要。即使企业长期亏损，濒临倒闭，也只是将其关停并转。1979 年，我国进行经济体制改革，开始探索有计划的商品经济在中国的运用，在这种背景下，如何利用破产制度来推动经济的发展，成为理论界和实务界讨论的热点。1985 年，在国务院指示下成立了破产法起草小组，开始企业破产法的调研和草拟工作，形成《企业破产法征求意见稿》，在反复征求意见和修改的基础上，形成了第一部提交全国人大常委会审议的《企业破产法（草案）》。1986 年 4 月，该草案正式提交第六届全国人大常委会第十七次会议讨论，同年 12 月 2 日，《中华人民共和国企业破产法（试行）》通过，该法由总则、破产申请的提出和受理、债权人会议、和解和整顿、破产宣告和破产清算及附则六章组成，共计 43 条。该《企业破产法（试行）》仅适用于全民所有制企业法人，因此在 1991 年我国制定新民事诉讼法时，特设“企业法人破产还债程序”一章，适用于非全民所有制企业法人。1986 年《中华人民共和国企业破产法（试行）》的颁布，对冲破计划体制下国有企业不能破产的旧观念功不可没。但是，由于立法时对破产法原理的认识过于直观化，加之破产法又是当时中国经济改革的"单兵突进"，未能与一整套法制创新配合进行，随着时间的推移，特别是中国确立市场经济的体制之后，这部企业破产法（试行）的缺陷就日益暴露出来。归结起来，《中华人民共和国企业破产法（试行）》的缺陷主要有：

（1）适用范围过窄。《企业破产法（试行）》第2条规定，该法只适用于全民所有制企业，而把其他企业法人及自然人的破产问题排斥在外，但是在实践中，非国有企业的破产现象却层出不穷，为此民事诉讼法又规定了企业法人破产还债程序，这就造成了破产法的支离破碎。

（2）立法技术和立法结构过于简单，术语使用极不规范，有些重要制度也未做规定。如《企业破产法（试行）》第3条规定："企业因经营管理不善造成严重亏损，不能清偿到期债务的，依照本法规定宣告破产"，但是什么叫"经营管理不善"，什么叫"严重亏损"，并没有一个量化的标准，造成了实践中无法操作。另外，破产法对有些重要的制度，如破产监督人、破产财产管理人及重整制度等未做规定。

（3）行政干预的色彩过于浓厚，明显地带有计划经济的痕迹，反映了计划经济体制下政府直接管理企业的传统模式。如关于清算组成员的组成，《企业破产法（试行）规》定，由人民法院从企业上级主管部门、政府财政部门等有关部门和专业人员中指定，使政府官员成了破产清算组的主要成员，而忽视了破产清算工作的民间性、中介性、专业性和社会性特点。

（4）《企业破产法（试行）》对债权人和债务人利益的保护重视不够，运用破产程序既不能够适时维护债务人的利益，又难以做到及时保护债权人的受偿利益。

（5）与市场经济体制下新颁布的一些法律法规不相一致，互不配套。如1993年的《公司法》第196条规定了清算组（非破产清算组）应负的申请破产的义务，赋予了清算组申请公司破产权，实际上突破了只有债权人、债务人可以申请破产的规定。

（6）《企业破产法（试行）》的立法指导思想，是利用破产制度来促进经济体制改革，这就不合理地扩大了破产法的功能，也与破产法的性质不符。破产法只是市场经济法律体系的组成部分之一，其功能在于使社会资源重新配置，以达到维护债权人和债务人利益的目的，而不是所谓的促进改革的"促进法"。

三、新破产法的突破与创新

由于《企业破产法（试行）》存在上述诸多弊端，已不能满足市场经济发展的需要，所以，自1994年以来，立法机关一直致力于新破产法的制定，在此期间，提出了数部草案，屡经修改，最终在2006年8月27日，《中华人民共和国企业破产法》在十届全国人大常委会第二十三次会议上审议通过。《破产法》的颁布，填补了市场经济规则体系中关于退出法与再生法的一大缺口，是一个历史性的进步，新破产法在理念与制度方面有诸多的突破：

第一，新破产法试图对破产法和劳动法、社会保障法这些不同的法律部门各自的调整范围作出明确的划分。职工权利应当得到法律的保护是毋庸置疑的，但问题是，应当由什么法律保护，又是否可为破产法所容纳。在新破产法中，突出了这样一个理念：破产法着重解决的是债务清偿的法律问题，由此产生的职工失业、社会保障等问题应该是由劳动法、社会保障法解决的。不同法律部门的原则是不同的，在破产法中强调的是债务清偿的公平和市场经济的效率、资源的优化配置；而劳动法、社会保障法强调的是对弱势群体的社会保障，是对原有的市场经济利益体系做一个政策性的调整，这种调整显然和破产法适用原则是不同的。如果把这两个不同的原则塞进一个法中，尤其是破产法中，就必然出现冲突。①

第二，新破产法排除了旧的计划经济体制残余的影响，努力排除旧破产法中存在的过多的国家不正当的行政干预，确立了要以市场经济原则、市场化的模式解决破产问题的基本原则。

第三，在具体制度上，主要有以下突破：（1）新破产法的适用范围扩大到所有的企业法人，包括国有企业与法人型私营企业、三资企业，上市公司与非上市公司，有限责任公司与股份有限公司，甚至金融机构。（2）新破产法引入国际通行的破产管理人制度，规定管理人主要由律师事务所、会计师事务所、破产清算事务所等社会中介机构担任，按照市场化方式进行运作。（3）引入重整制度，不对无偿付能力的债务人的财产立即进行清算，而是在法院的主持下由债务人与债权人达成协议，制订重整计划，规定在一定的期限内，债务人按一定的方式全部或部分地清偿债务，同时债务人可以继续经营其业务。（4）重视债权人自治。如债务人不能清偿到期债务时，债权人可以向

① 王新欣：《新破产法透析》，http://www.civillaw.com.cn/article/default.asp?id=29781。

人民法院提出对债务人进行重整或者破产清算的申请。在债权人会议期间，债务人有义务列席债权人会议并如实回答债权人的询问，人民法院受理破产申请后，债务人对个别债权人的债务清偿无效。在选任和监督管理人方面，《破产法》第22条第2款规定："债权人会议认为管理人不能依法、公正执行职务或者有其他不能胜任职务情形的，可以申请人民法院予以更换。"另外，在规制破产不当行为、强化破产责任、跨境破产等方面，新破产法也有诸多突破。①

综上所述，新破产法较之旧破产法在立法理念和诸多制度上均有创新，更加符合市场经济发展的需要，但是，我们认为新破产法仍有不足，如在破产法的适用范围上，新破产法仅适用于企业法人，是世界上破产法适用范围最小的立法例，这不适应市场经济的发展。我们以为，在修订破产法时，应将破产法的适用范围扩大到所有的自然人、营利法人、部分非法人团体如合伙企业以及部分公益法人。又如，新破产法并没有规定早期破产预警系统，即通过一定的措施，使企业的经营状况透明化，从而使企业的利害关系人在企业有破产原因或破产原因即将出现时，及时提出重整申请。另外，新破产法也没有建立简易破产程序。国外许多破产法中均设有简易破产程序，用以解决破产财产和破产债权数额较小、债务人破产对社会影响不大的案件，这样既可以提高办案效率，又可以节约破产费用。我国现行破产法对所有破产案件均需按照一般程序进行，这对于破产财产和破产债权数额较小的案件来说显得审理时间太长，手续复杂，使债务人、债权人在精力、财产上耗费过大。设立简易程序，有助于快速审结小额破产案件，节省当事人的财力，更加有效地维护债权人和债务人的合法权益。

① 李曙光：《新企业破产法权威解读：九大制度创新与突破》，载《法制日报》2006年9月5日。

第十四章　破产程序法

第一节　破产能力和破产原因

一、破产能力

破产能力是指债务人得以接受破产宣告成为破产人的资格。破产能力的意义在于，它不仅是破产程序开始的必要条件之一，而且也是法院宣告债务人破产的要件之一，无此要件，法院不得宣告债务人破产。需注意的是，民商事主体的破产能力与其权利能力并非一回事，破产能力来源于法律的特别规定，民事主体有无破产能力，并非民事主体有无民事权利能力的简单逻辑推理。

（一）自然人的破产能力

对于自然人有无破产能力，各国立法有两种不同的主张。采用一般破产主义的国家认为，所有的自然人，不论其是否为商人，是否具有行为能力，均有破产能力，英、德、日本等国采取此种立法体例。例如，英国破产法规定，在英国从事贸易或者居住于英国的外国自然人或者其代理人，受英国法院管辖，得被宣告破产。① 采商人破产主义立法例的国家主张，仅依商法典规定而为商行为的自然人才具有破产能力，非商人的自然人被排除在外。②

从理论上讲，自然人的破产能力是以其权利能力为基础的，因此，自然人的破产能力随自然人死亡而消灭。③ 但是在实务上，为了保护债权人受偿利益不因债务人的死亡而受到损害，许多国家确立了遗产破产制度。

---

① K. Smith D. Keenan, Mercantile Law, Pitman, 1982, p. 344.

② 赵万一主编：《商法学》，中国法制出版社 1999 年版，第 467 页。

③ 陈荣宗：《破产法》，台湾三民书局 1986 年版，第 39 页。

所谓遗产破产，是指被继承人死亡后，若其遗产不足以清偿所欠债务，可由利害关系人提出申请，由法院针对遗产宣告破产。① 如在德、日、英等国，对已经开始的破产程序，应当视为债务人没有死亡；若尚未开始破产程序，并且债务人的遗产不足以清偿所有债务，则债权人可以申请宣告遗产破产。需注意的是，遗产的破产能力不能视为自然人死亡后，其破产能力的存续。因为法律承认遗产破产能力的目的，是为了确保债权人能够由遗产获得公平清偿，是为了弥补自然人死亡后民事主体的真空状态而作的特别设计。

（二）合伙的破产能力

合伙在法律上的地位既不同于自然人，也不同于法人，目前多数学者主张为第三民事主体。由于合伙人与自然人一样，对合伙债务负无限责任，从理论上讲，若承认自然人的破产能力，则应承认合伙的破产能力；反之，若不承认自然人的破产能力，则不会承认合伙的破产能力。但是，由于合伙人对合伙的债务负无限连带责任，因此合伙的破产能力有特殊性：合伙如欲申请破产，必须全体合伙人均不能履行到期债务时，始能申请，并且法院对合伙宣告破产的效力将毫无保留地及于全体合伙人。我国台湾地区“破产法”没有规定合伙的破产能力，但大多数学者认为，合伙为非法人团体的一种，有当事人能力，于强制执行程序上，既然对合伙财产有执行的可能，即应认为合伙有破产能力。②

（三）法人的破产能力

依法人设立的法律根据不同，可以将法人分为公法人和私法人。对于公法人，各国破产法均排除其破产能力。因为如果公法人被宣告破产，往往会导致政治危机，并且公法人以国家财政为后盾，在其不能清偿债务时往往会取得国家财政拨款，几乎不可能发生宣告公法人破产的情事，如德国新破产法第12条规定，破产程序不得开始于公法人，即对于联邦和各州的财产不得开始破产程序。③

① 付翠英编：《破产法比较研究》，中国人民公安大学出版社2004年版，第130页。

② 戴錞隆、凌相权：《台湾商事法论》，武汉大学出版社1992年版，第426页。

③ 但是值得一提的是，美国联邦破产法赋予公法人以破产能力，其破产法第九章被称为“市政债务调整”（Adjustment of debts of debts of a municipality）。美国破产法所谓的“市政破产”主要是指市政府财政破产，而非政体解散。

对于私法人，各国学理上有不同的分类，但是最基本的分类是公益法人与营利性法人，这种分类基本上相当于我国的事业法人与企业法人的分类。原则上讲，私法人不论是公益法人还是营利法人都有破产能力，但是由于公益法人不以营利为目的，其所从事的事业具有为社会整体或局部谋利的特点，故法律又往往对其破产能力予以限制。如，公益法人中的工会、政党组织、农会、民间商会等，多采用自愿解散，一般不适用破产程序。

我国《破产法》第 2 条规定：“企业法人不能清偿到期债务，并且资产不足以清偿全部债务或者明显缺乏清偿能力的，依照本法规定清理债务。”由此可见，我国现行《破产法》仅承认企业法人有破产能力，排除了自然人、合伙及公益法人适用破产程序的可能。这是目前世界上适用范围最窄的立法例。我们认为，这种立法例既不符合市场经济的内在需求，也不符合破产法发展的趋势。因为自然人、合伙亦是市场经济的主体，赋予他们以破产能力是贯彻市场主体地位平等和公平竞争原则的需要，是稳定市场、维护经济秩序的需要，同时也有利于维护债务人及债权人全体的利益。另外，公益法人也是社会活动的主要参与者，其虽不以营利为目的，但破产程序的目的在于向债权人提供公平受偿的机会，并不是营利法人清理债务的特有手段，不因债务人是否为营利法人而有所差别，所以应承认公益法人有破产能力，但由于公益法人不以营利为目的，具有特殊性，故法律应对其破产能力加以限制。综上所述，我们认为，我国在修订破产法时，应承认自然人、合伙、营利法人及部分公益法人的破产能力。

二、破产原因

破产原因是法院据以宣告债务人破产的根据，因为它是决定债务人是否陷入破产的界限，因而又被称为破产界限。破产原因的存在与否，是判断破产申请能否成立，法院能否受理申请及能否作出破产宣告的重要依据，因此，破产原因是破产程序开始的前提。

（一）国外关于破产原因的立法

破产原因存在列举主义和概括主义两种立法体例。列举主义被英美法系国家所采取，是指将应受破产宣告的事实一一列举，并称之为破产行为，只要债务人具有这些行为之一，即可据此提出破产申请，开始破产程序。如 1914 年《英国破产法》第 1 条便规定了八种破产行为，作为宣告债务人破产的标准，根据该条规定，债务人有下列行为之一的，法院可宣告其破产：（1）债务人为债权人一般利益让渡财产；（2）债务人欺诈转让财产；（3）债务人偏颇转让财产；（4）债务人隐匿躲债；（5）债务人的财产已受强制执行；（6）债务人明示无力偿还债务或向法院申请破产；（7）债务人有破产犯罪行为；（8）债务人的其他足以构成无力清偿债务的行为。①

概括主义为大陆法系所采取，是指将债务人应受破产宣告的事实抽象为一个或几个法学范畴，如支付不能、支付停止、债务超过等。两种立法体例各有优劣，但相比而言，概括主义具有涵盖面广及赋予法官较多的自由裁量权和较大的判断空间的优点，已成为破产原因立法的发展趋势，如美国 1978 年新破产法改采概括主义。

大陆法系对破产原因立法采概括主义，其中德国法将破产原因概括为：支付不能、支付停止、债务超过。② 法国法将破产原因概括为支付停止。③ 两相比较，德国法更为全面和严密，具体分述如下：

1. 支付不能

支付不能，又可称为不能清偿，指债务人因缺乏清偿能力，对于已届清偿期而受请求的债务全部或大部分不能清偿的客观状态。德国破产法将支付不能规定为一般破产原因。支付不能的构成要件有四点：（1）欠缺清偿能力。一般说来，清偿能力是由债务人的财产、信用、技能等因素综合构成的，只有在债务人穷尽所有偿债手段都不能对债务实施清偿的，才构成清偿能力欠缺。（2）须是对已届清偿期且债权人已提出清偿要求的债务不能清偿。所谓到期债务，是指：①根据法律规定或当事人约定债务的清偿期已经届至；②法律未到清偿期，当事人也未约定，但根据债的性质或其他情形可以决定其清偿期，而此清偿期已届至；③法律未规定，当事人未约定，依债的性质或其他情形亦不能决定清偿期，但当事人已请求履行且给了必要的准备期限，亦属已届清偿期；④ ④须债权人请求履行，如履行期已届至，但债权人尚未请求履行或放弃债权，或债务人可对之主张抗辩等，不能认为是不能清偿。⑤（3）须是对债务持续性、一般性不能清偿。所谓持续性，是指对债务的不能清偿处于持续性状态，而非一时或暂时不能清偿；所谓一般性，是指对

① 董安生等编译：《英国商法》，法律出版社 1991 年版，第 530～532 页。

② 参见 1994 年《德国破产法》第 17 条、第 19 条第 1 款。

③ 参见法国 1985 年《司法重整与司法清算法》第 621-1 条第 1 款。

④ 如我国《民法通则》第 88 条第 2 款规定：“履行期不明确的，债务人可以随时向债权人履行债务，债权人也可以随时要求债务人履行债务，但是应给予必要的准备时间。”

⑤ 李永军：《破产法律制度》，中国法制出版社 2000 年版，第 45 页。

全部债务或大部分债务不能清偿，而非一小部分债务不能清偿。（4）不能清偿的债务不限于金钱债务。① 破产原因不以金钱债务的不能清偿为限，凡是可以转化为金钱债务的非金钱债务的不能清偿，亦包括在内。

2. 支付停止

支付停止是指债务人表示不再清偿到期债务的行为。停止支付的成立要件包括：须是对到期债务表示停止支付；须是对所有债务表示停止支付；须是对债务持续的停止支付；须是表示不予支付的主观行为，而不论是明示还是默示。支付停止在德国法不是作为直接的破产原因加以适用的，它大多只作为推定债务人形成破产原因的基础事实。

3. 债务超过

债务超过，又可称为资不抵债，是指债务人的消极财产超过积极财产总额的状态。与不能清偿相比，两者至少有以下区别：首先，债务超过只考虑债务人的财产因素，通过财产与负债的对比衡量债务人是否构成破产原因，将债务人的信用、劳务技能等排除在考虑因素之外。这样，二者不存在前因后果的必然联系。因为债务超过并不必然导致不能清偿，而不能清偿也并非一定资不抵债。其次，债务超过的运用，不论债务是否到期，只要出现债务超过，即可以形成破产原因，而不能清偿则只能适用于债务到期之时。

德国法一般把“债务超过”作为一个与支付不能并列的、独立的破产原因适用于法人，并且强制性地适用于营利性的资合公司，② 之所以如此规定，理由在于：财产是法人成立和存续的基础，一旦资不抵债，便丧失了存在的前提，如果仅靠信用支撑，势必使债务急剧膨胀，危及债务人的利益。而且，法人的成员对法人的债务多负有限责任，在法人资不抵债时，成员的财产责任已达极限，法人若继续存续，则有滥用有限责任之嫌。③

① 对于这个要件，理论上存在争议，有些学者认为“不能清偿只是对于一般金钱债务长久地不能支付或者不能清偿”（参见刘清波：《破产法新论》，东华书局 1984 年版，第 39 页），这种观点的根据在于不能清偿的债务多为金钱债务，且破产分配也以金钱分配为必要。但是各国理论和实务已逐渐倾向于不能清偿的债务不以金钱债务为限（参见陈荣宗：《破产法》，台湾三民书局 1986 年版，第 36 页）。

② 如日本学者伊藤真认为债务超过是附加的破产原因，以法人负有有限责任为前提，其对无限公司及两合公司不适用（[日] 伊藤真：《破产法》，刘荣军等译，中国社会科学出版社 1995 年版，第 40 页）。2004 年《日本破产法》第 16 条对此也作出了明确规定。

③ 顾培东主编：《破产法教程》，法律出版社 1995 年版，第 68 页。

（二）对我国破产原因立法的评价

我国《破产法》第2条规定："企业法人不能清偿到期债务，并且资产不足以清偿全部债务或者明显缺乏清偿能力的，依照本法规定清理债务。"由此可见，我国对于破产原因采取概括主义立法例，但我国与大陆法系国家有所不同。我国仅规定了不能清偿到期债务为破产原因，且对不能清偿作了严格限制：在不能清偿到期债务的同时，要求企业法人必须资产不足以清偿全部债务或者明显缺乏清偿能力。我们认为，《破产法》关于破产原因的规定有其合理之处，亦有其不足。

第一，其合理之处就在于认为资不抵债并不能单独作为企业法人的破产原因。这是因为资不抵债并不等于不能清偿，"某些资不抵债的企业若可想办法利用其信用或其他手段清偿到期债务或使债权人同意延期还债，则不会陷入破产境地"。① 另外，国外以资不抵债作为独立原因的立法例下，法律往往规定，法人的负责人于法人资不抵债时应该提出破产申请（或整顿申请）。我国立法如果也给企业的负责人附加上此项义务，② 则新破产法颁布生效时就必须首先考虑我国190多万户国有企业中已近半数濒临资不抵债的有义务提出破产申请而进入破产程序的处理问题，这无论是从法院，还是从社会的实际承受能力考虑，都有可能使新的破产立法因脱离实际而难以迈出顺利实施的第一步。③

第二，其不合理之处就在于将不能清偿与资不抵债共同作为企业法人的破产原因。之所以这样认为，原因有在于：首先，把破产原因规定为不能清偿和资不抵债须同时具备，法院在法定的受理期间内没有时间查明这一点。《破产法》规定，当事人提出申请以后，法院在15天之内必须作出是否受理的决定；经过上级法院批准可以延长到30天，债权人提出申请，审查受理的时间可再长一点。④ 但即使是一个月时间，法院也没有办法确实地查明债务人是否已经资不抵债。其次，把破产原因规定为不能清偿和资不抵债须同时具备，实际上剥夺了债权人提起破产申请的权利。因为依据《破产法》的规定，债权人在提起破产申请时，必须证明债务人已经资不抵债，那么债权人如何举证，

---

① 曹思源：《企业破产法指南》，经济管理出版社1988年版，第80页。

② 《破产法》第7条第3款规定："企业法人已解散但未清算或者未清算完毕，资产不足以清偿债务的，依法负有清算责任的人应当向人民法院申请破产清算。"这条规定与国外立法不同，因为其仅规定企业法人在解散的情况下，如出现不能清偿的情况，其负责人负有破产申请的义务。

③ 韩长印：《破产原因立法比较研究》，载《现代法学》1998年第3期。

④ 参见《破产法》第10条。

如何查明债务人已经资不抵债？即使可以查明，亦可能浪费时间与金钱，且可能错过破产申请的最佳时间。因此，我们认为，《破产法》关于破产原因的规定是存在问题的。

第二节 破产申请

一、破产申请的概念和意义

破产申请是破产申请人请求法院宣告债务人破产的意思表示，是破产申请人的破产请求权的具体行使。破产申请不是破产程序开始的标志，只是破产程序开始的条件。现今各国和地区破产法在破产程序开始上多以申请主义为主，职权主义为辅。① 若没有破产申请，但符合法定条件的，法院也可以依职权开始破产程序。我国现行破产法采取完全申请主义，非有破产申请人的申请，不得开始破产程序。我们以为，这样规定是不合理的，因为依据国家干预原则，人民法院有必要对破产程序进行适度的干预，否则将不利于债权人公平受偿利益之维护，所以在民事诉讼或民事执行过程中，人民法院若发现债务人不能清偿到期债务，理应依职权宣告债务人破产。

二、破产申请人

破产申请人是指与破产案件有利害关系，依法具有破产申请资格的民事主体。破产申请人一般包括债权人和债务人，但由于破产案件影响极广，有些国家出于维护公共利益的目的，还特别规定了国家公职人员有依法申请法院宣告债务人破产的权利，如荷兰、英国、爱尔兰等国的破产法规定，检察长可以依法提起破产申请。我国《破产法》上的破产申请人仅以债权人和债务人为限。

（一）债权人为破产申请人

破产法的制度价值之一就是公平保护债权人利益，故债权人申请破产是其权利，法国判例称债权人申请破产是其专断权利，即使严酷地行使也不构成权利滥用。② 债权人之所以提出破产申请，是出于保护自身权利的目的，但并非

---

① 如我国台湾地区“破产法”第60条规定：“在民事诉讼程序或执行程序进行中，法院查悉债务人不能清偿债务时，得依职权宣告债务人破产。”第54条规定：“法院撤销和解时，应依职权宣告破产。”

② 沈达明等编：《比较破产法初论》，对外贸易教育出版社1993年版，第234页。

所有的债权人均可提出破产申请。提出破产申请的债权人的债权必须具备以下条件:(1) 必须是到期债权依法未获得清偿。未到期的债权，不能提前强制执行，也不存在到期不能清偿的事实，因此无破产申请权。(2) 必须是有给付内容的债权。(3) 必须是未过诉讼时效的债权，超过诉讼时效的请求权，人民法院不予保护，故无破产申请权。(4) 必须为法律上可强制执行的请求权。

债权人提出破产申请，应当采取书面形式，提交破产申请书，破产申请书应包括以下内容①：(1) 申请人、被申请人的基本情况；(2) 申请目的；(3) 申请的事实和理由；(4) 人民法院认为应当载明的其他事项。除破产申请书外，还需提供相关的证据材料，这些材料包括：债权发生的事实与证据；债权性质、数额、有无担保的证据；债权人不能清偿到期债务的证据。②

(二) 债务人为破产申请人

一般而言，凡是有破产能力且不能清偿到期债务的债务人均可提出破产申请。法律之所以赋予债务人以破产申请权，既是出于维护经济安全、保护债权人利益的考虑，也是为了使债务人能集中处分其全部财产以清偿所有债务而免受多次诉讼之苦。债务人申请破产，应以书面形式，提交破产申请书，并需提供相关材料，根据《破产法》第 8 条第 3 款的规定，这些材料包括财产状况说明、债务清册、债权清册、有关财务会计报告、职工安置预案以及职工工资的支付和社会保险费用的缴纳情况。

破产申请的申请人，可以是债权人，也可以是债务人。对于债权人来说，申请债务人破产当属其权利，但对于债务人来说，申请自己破产是权利还是义务，各国立法主张不一。多数国家主张，是债务人的一项权利，而非义务。但也有国家在承认是债务人权利的同时，如法律有特别规定的，则为债务人的一项义务，如《德国公司法》规定，股份有限公司、有限责任公司和股份两合公司如出现无力清偿债务的情况时，其董事会、经理部或无限责任股东有义务在该情况出现后三周内向法院申请和解或破产，否则应赔偿关系人因此遭受的损失。③ 从我国《破产法》第 7 条的规定来看，债务人自行申请破产，是其权利，而非其义务。

(三) 准债务人为破产申请人

所谓准债务人，是指有破产原因的法人的董事、理事或法人代表。国外

① 参见《破产法》第 8 条。

② 参见最高人民法院《关于审理企业破产案件若干问题的规定》(2002) 第 7 条。

③ 赵万一主编:《商法学》，中国法制出版社 1999 年版，第 471 页。

破产法一般规定准债务人均享有破产申请权，并且规定，在法人出现破产原因时，申请法人破产是其应负的义务。法律之所以如此规定，是出于以下三个方面的原因：（1）对法人债权人公平受偿利益的保护；（2）对破产法人出资人的投资财产分配利益的维护；（3）对社会公共利益的保护。我国《破产法》第7条第3款规定："企业法人已解散但未清算或者未清算完毕，资产不足以清偿债务的，依法负有清算责任的人应当向人民法院申请破产清算。"从该条来看，我国破产法也规定了准债务人的破产申请权，但需注意其与国外立法不同，行使有严格的限制，即仅在企业法人已经解散清算完毕前，如发现企业资不抵债方可申请，若未解散，即使资不抵债，也不能申请。

三、破产申请的撤回

破产申请的撤回，是指法院在破产案件受理前的撤回。按照民事诉讼的一般原理，原告在法院受理民事案件前，有撤诉的权利。然而，破产程序是一种特别程序，申请一经提出，即使在法院受理前，也不得任意撤回。关于撤回的条件，各国规定不同，大体有以下几种：

（1）法院许可主义。申请人提出申请后，在人民法院受理破产案件前，申请人可以请求撤回申请，但是否准许，由法院决定。我国即采取这种立法例。①

（2）任意撤回主义。在法院受理破产案件前，申请人可以任意撤回破产申请。1994年《德国破产法》采取这种立法例。②

（3）有限制的自由撤回主义。在一般情况下，申请人可自由撤回其申请，但在有法律规定的事由时，则不得撤回。

（4）区别主义。根据申请是由债权人还是由债务人提出而不同。俄罗斯1992年破产法就是采取这种立法例。③

---

① 最高人民法院《关于审理企业破产案件若干问题的规定》（2002年）第11条规定："在人民法院决定受理企业破产案件前，破产申请人可以请求撤回破产申请。人民法院准许申请人撤回破产申请的，在撤回破产申请之前已经支出的费用由破产申请人承担。"

② 1994年《德国破产法》第13条第2款规定："在破产程序开始前或申请被依法驳回前，申请人均可撤回其申请。"

③ 根据俄罗斯1992年破产法第5条及第6条的规定，债务人提出破产申请的，在任何情况下都不得撤回，但如果申请是由债权人提出的，在法院受理前，可以撤回申请。

四、破产申请的效力

一般而言，破产申请人向人民法院提出破产申请后，不论法院是否受理，均具有以下效力：

1. 破产申请撤回的限制

破产申请人提出破产申请后，可以在人民法院受理前撤回，但是否准许，由法院决定。经人民法院准许撤回破产申请的，不影响申请人以后再次提出破产申请的权利。人民法院受理破产案件后，申请人请求撤回破产申请的，应予驳回。因为破产程序是集体受偿程序，涉及多方当事人利益，若允许撤回破产申请无疑会损害债权人的团体利益，并且申请人请求撤回破产申请也不是破产程序终止的法定事由。

2. 诉讼时效中断

破产申请人提起破产申请具有诉讼时效中断的效果。由债权人提出的破产申请具有请求人民法院保护其债权的性质，但诉讼时效中断的效力仅及于申请人的债权，而不及于其他债权人的债权；由债务人提出的破产申请具有承认债务的性质，因此引起的诉讼时效中断的效力及于债权人全体。

3. 破产申请有阻止破产法外和解的效力①

一般而言，破产申请提出后，债务人不得向法院请求破产法外和解。如我国台湾地区“破产法”第6条和第41条分别规定，债务人不能清偿债务，在有破产申请时，不得向商会请求和解。我国只存在破产程序中的和解，其与破产法外的和解不同。破产程序中的和解以破产申请为条件，存在于破产程序中；而破产程序外的和解与破产程序相互排斥、相互独立。所以，在我国，破产申请没有阻止破产法外和解的效力。

五、破产案件的管辖

破产申请人只有向有管辖权的法院提出申请，才可能被受理。我国《破产法》第3条规定，破产案件由债务人住所地的人民法院管辖。债务人住所地，是指债务人主要办事机构所在地，若债务人无办事机构，由其注册地人民法院管辖。② 其中，基层人民法院一般管辖县、县级市和区的工商行政管理机

① 邹海林：《破产程序与破产法实体制度比较研究》，法律出版社1995年版，第87页。

② 参见最高人民法院《关于审理企业破产案件若干问题的规定》（2002年）第1条。

关所登记的企业的破产案件；中级人民法院一般管辖地区、地级市（含本级）以上工商行政管理机关核准登记的企业的破产案件。① 个别案件可依照《民事诉讼法》第39条的规定移送管辖。

第三节　破产程序

破产程序是指法院受理破产申请和宣告债务人破产的程序。我国的破产程序分为破产宣告前的程序和破产宣告后的程序，主要由破产案件的开始程序、破产案件的审理程序、破产宣告程序、破产清算程序以及破产案件的终结等组成。

一、破产程序的开始

（一）破产程序开始的要件

关于破产程序开始的要件，理论上主要有四种学说：第一种学说认为，开始破产程序只需债务人有破产能力和存在破产原因两个积极要件即可。② 第二种学说认为，除上述两个积极要件外，还须存在多个债权人。③ 第三种观点认为，破产程序的开始须具备破产能力、破产原因及无破产开始的障碍三个要件。所谓破产障碍，是指在具备破产能力和破产原因的条件下，出现阻止破产程序开始和进行的事由，包括破产开始的障碍和破产宣告的障碍。第四种观点认为，破产程序的开始须具备四个要件，即债务人有破产能力、存在破产原因、多数债权人存在及无破产开始障碍。

我们赞成第二种观点，因为若只存在一个债权人，适用民事诉讼法上的强制执行程序即可使债权人的债权得到满足，无需开始破产程序。至于破产开始的障碍事由是否为破产程序开始的要件，需由法律予以确定，而我国破产法仅规定了破产宣告的障碍，而没有规定破产程序开始的障碍。所以，在我国破产法中，破产程序开始的要件有三个：破产能力、破产原因及多数债权人存在。

（二）破产程序开始的时间

关于破产程序开始的时间，存在两种立法例。以英国破产法为代表，坚持

① 参见最高人民法院《关于审理企业破产案件若干问题的规定》（2002年）第2条。

② 邹海林：《破产程序与破产法实体制度比较研究》，法律出版社1995年版，第90页。

③ 耿云卿：《破产法释义》，台湾五南图书出版公司1987年版，第185～186页。

破产程序受理开始主义，即破产程序开始于法院受理破产申请时。以德国法为代表，采取破产程序宣告开始主义，即破产程序开始于法院宣告债务人破产时。我国破产法采取受理开始主义。

（三）破产案件的受理

破产案件的受理，又称立案，是指法院对破产申请进行审查，认为符合法定条件的予以接受，并由此开始破产程序的司法行为。

人民法院在收到破产申请后，应对其进行形式审查和实质审查。形式审查的内容包括以下几项：法院对本案是否有管辖权；申请人是否具有破产申请资格；债务人是否具备破产能力；申请人是否提交法定材料。实质审查主要是查明债务人是否存在破产原因。根据《破产法》第 10 条的规定："债权人提出破产申请的，人民法院应当自收到申请之日起 5 日内通知债务人。债务人对申请有异议的，应当自收到人民法院的通知之日起 7 日内向人民法院提出。人民法院应当自异议期满之日起 10 日内裁定是否受理。除前款规定的情形外，人民法院应当自收到破产申请之日起 15 日内裁定是否受理。"因此，在一般情况下，人民法院应在 15 日内审查完毕。经审查，认为破产申请不具备形式条件，则裁定不予受理；不具备实质条件的，裁定驳回申请；认为符合条件的，立案受理。若不服驳回破产申请的，申请人有权在 10 日内向上级人民法院提起诉讼。破产申请一经受理，破产程序即行开始。

需要注意的是，实践中申请人恶意申请破产的情况屡有发生，① 最高人民法院在《关于审理企业破产案件若干问题的规定》的司法解释中对防止当事人恶意申请破产问题作了规定，该解释第 12 条规定："人民法院经审查发现有以下情况的，破产申请不予受理：（1）债务人有隐匿、转移财产等行为，为了逃避债务而申请破产的；（2）债权人借破产申请毁损债务人商业信誉，意图损害公平竞争的。"但我国破产法和民事诉讼法中对此没有涉及，因此破产法存在不足，应予修正。

人民法院受理破产案件后，应当通知利害关系人和发布公告。根据《破产法》第 14 条的规定，人民法院应当自裁定受理破产申请之日起 25 日内通知已知债权人，并予以公告。通知和公告应当载明以下内容：（1）申请人、

① 如在实践中，有些企业采取"大船搁浅，舢板逃生"的方式，首先剥离企业的有效资产，流下空壳企业申请破产，从而损害债权人的利益。参见李国光主编：《最高人民法院关于破产法司法解释的理解与适用》，人民法院出版社 2002 年版，第 19 页。

被申请人的名称或者姓名；（2）人民法院受理破产申请的时间；（3）申报债权的期限、地点和注意事项；（4）管理人的名称或者姓名及其处理事务的地址；（5）债务人的债务人或者财产持有人应当向管理人清偿债务或者交付财产的要求；（6）第一次债权人会议召开的时间和地点；（7）人民法院认为应当通知和公告的其他事项。在债权人申请破产的情况根据《破产法》第11条的规定，人民法院应当自受理裁定作出之日起5日内送达债务人，债务人应当自裁定送达之日起15日内，向人民法院提交财产状况说明、债务清册、债权清册、有关财务会计报告以及职工工资的支付和社会保险费用的缴纳情况。

此外，在我国司法实践中，法院受理破产案件还应实施下列行为：（1）立即通知债务人停止清偿债务；（2）及时通知债务人的开户银行停止办理债务人清偿债务的结算业务；（3）有其他法院正在执行或将要执行债务人财产的，应通知该法院中止执行；（4）其他法院正在审理以破产债务人为债权人的其他民商事纠纷案件的，如果无法在3个月内审结，应通知受诉法院移送；（5）公告债务人企业的职工，保护好企业财产，不得非法处理企业的账簿，不得隐匿、私分、转让企业的财产。

（四）破产程序开始的法律效力

1. 债务人的个别清偿行为无效

破产程序开始后，债权人通过债权申报制度参加破产程序以期获得公平受偿，若允许债务人部分清偿，必然造成债权人受偿地位不平等，因此，各国破产法对债务人的个别清偿行为均加以限制。《破产法》第16条规定："人民法院受理破产申请后，债务人对个别债权人的债务清偿无效。"

2. 破产人不当处分行为的可撤销

我国《破产法》第31条规定：人民法院受理破产申请前一年内，涉及债务人财产的下列行为，管理人有权请求人民法院予以撤销：（1）无偿转让财产的；（2）以明显不合理的价格进行交易的；（3）对没有财产担保的债务提供财产担保的；（4）对未到期的债务提前清偿的；（5）放弃债权的。

3. 债权人个别追偿行为的限制

破产程序目的之一，就是维护债权人的集体追偿利益，因此，破产程序开始的一个重要效果，就是自动冻结债权人的个别追偿行为。在我国破产法上主要表现如下：其一，破产程序开始后，债权人只能通过破产程序行使权利，不得个别追偿债务。其二，有担保物权的债权人，在破产程序开始后至破产宣告前的期间内，未经人民法院准许，不得行使优先受偿权。

4. 债务人的债务人或财产持有人应当向管理人清偿债务或交付财产

《破产法》第 17 条规定："人民法院受理破产申请后，债务人的债务人或者财产持有人应当向管理人清偿债务或者交付财产。债务人的债务人或者财产持有人故意违反前款规定向债务人清偿债务或者交付财产，使债权人受到损失的，不免除其清偿债务或者交付财产的义务。"

5. 对债务人财产的民事执行程序的中止

破产程序具有概括执行程序的特征，其作用在于把债务人的所有财产公平分配给全体债权人，因此，各国立法对于破产程序开始后，未执行完毕或尚未开始执行的案件，都以中止执行来解决。《破产法》第 19 条规定："人民法院受理破产申请后，有关债务人财产的保全措施应当解除，执行程序应当中止。"理解本条规定，应注意以下几点：（1）中止的仅为对债务人财产的民事执行程序，而对债务人行为的民事执行程序，如强制被执行人停止侵害，消除影响、赔礼道歉、恢复名誉等，因不涉及对债务人财产的处理，则不存在中止问题。（2）对债务人财产的民事执行程序，仅是中止，而非终结，破产程序开始后，人民法院如果发现债务人不应被宣告破产而终结破产程序的，对债务人财产的民事执行程序应予恢复进行。（3）对债务人财产的保全措施，虽非执行程序，但都是以将来执行为需要，而且限定了被保全财产的使用与处分，不符合破产程序概括执行的特点，所以对债务人财产的保全措施，在破产程序开始后，理应中止。

6. 民事诉讼程序或仲裁的中止

《破产法》第 20 条规定："人民法院受理破产申请后，已经开始而尚未终结的有关债务人的民事诉讼或者仲裁应当中止；在管理人接管债务人的财产后，该诉讼或者仲裁继续进行。"

7. 指定破产管理人

人民法院受理破产申请后，为了确保破产清算工作的顺利进行，虽然债务人不能进行生产经营活动和处分企业财产，但必须有人对企业法人进行管理，因此《破产法》第 13 条规定："人民法院裁定受理破产申请的，应当同时指定管理人。"

8. 合同的解除或履行

人民法院受理破产申请后，管理人对破产申请受理前成立而债务人和对方当事人均未履行完毕的合同有权决定解除或者继续履行，并通知对方当事人。管理人自破产申请受理之日起 2 个月内未通知对方当事人，或者自收到对方当事人催告之日起 30 日内未答复的，视为解除合同。管理人决定继续履行合同的，对方当事人应当履行；但是，对方当事人有权要求管理人提供担保。管理人不提供担保的，视为解除合同。①

9. 未到期的债权视为到期

未到期的债权，在破产申请受理时视为到期。附利息的债权自破产申请受理时起停止计息。②

二、破产宣告

（一）破产宣告的概念及特征

破产宣告是指受理破产案件的法院对债务人存在破产原因作出有法律效力的认定。破产宣告是由法院主持的司法审判行为。破产宣告后，债务人不可逆转地处于倒闭破产的境地，因此，破产宣告在破产法上具有十分重要的地位，是破产程序进入实质性阶段的标志。

破产宣告有两种类型：一种是法院依职权作出，被称为破产宣告职权主义；一种是法院依破产申请人的破产申请而作出，被称为破产宣告申请主义。各国立法一般采取申请主义为主，职权主义为辅的原则。如根据当事人的申请，法院经过审查，如果发现债务人具备破产原因时，人民法院可以依申请宣告债务人破产。又如在和解中，如果和解协议未通过或者已经通过但是未获得人民法院的许可，以及如果发现和解协议是因债务人的欺诈或者其他违法行为而成立的，人民法院可以直接宣告债务人破产。③

（二）破产宣告的依据及障碍

破产宣告的目的在于认定债务人存在破产原因，因此，债务人存在破产原因是破产宣告的基本依据。没有破产原因的事实存在，则不能进行破产宣告。

一般情况下，债务人存在破产原因，就应当被宣告破产，但在破产程序开始时，或者在破产程序开始后，因某些法定情形的出现，致使破产原因停止或消灭，法院不应再宣告债务人破产，这种情形即为破产宣告的障碍。如我国《破产法》第108条规定：“破产宣告前，有下列情形之一的，人民法院应当裁定终结破产程序，并予以公告：（1）第三人为债务人提供足额担保或者为债务人清偿全部到期债务的；（2）债务人已清偿全部到期债

① 参见我国《破产法》第18条。
② 参见我国《破产法》第46条。
③ 参见我国《破产法》第99条、第103条。

务的。”

（三）破产宣告的程序

1. 破产宣告的裁定

破产宣告的裁定，是指法院依职权作出的宣告债务人破产的司法判定。人民法院宣告债务人破产，应当作出书面裁定。裁定书的内容应当包括破产债务人的基本情况、破产原因、宣告破产的法律依据、破产宣告的有关事项及裁定的日期。

一般国家的破产法均规定，债务人对破产宣告的裁定不服，可以上诉，我国破产法未做规定。我们认为，破产宣告的裁定不同于法院单独就破产程序作出的判定，它直接产生变更利害关系人重要实体权利的效力，使债务人的民事主体地位发生变化，乃至消灭，特别是剥夺了债务人对其财产的管理处分权。因此，为保障利害关系人的合法权益，应当允许利害关系人对人民法院所为破产宣告的裁定提出上诉。①

2. 破产宣告的公告

依据我国《破产法》第107条的规定，人民法院宣告债务人破产的，应当自裁定作出之日起5日内送达债务人和管理人，自裁定作出之日起10日内通知已知债权人，并予以公告。一般而言，公告的内容如下：（1）破产宣告裁定书的主文以及宣告破产的日期；（2）已指定破产管理人的，破产管理人的姓名及其处理事务的地址；（3）破产人的债务人或者财产持有人向破产管理人清偿债务或者支付财产；（4）人民法院认为应当公告的其他事项。

（四）破产宣告的效力

破产宣告的效力是指破产宣告对债权人、债务人及其他利害关系人所产生的法律效力，表现如下：

1. 破产宣告对债务人的效力

（1）债务人成为破产人。破产宣告使债务人沦为破产人，其身份和地位受到多方面的法律限制。从国外的立法来看，当债务人为自然人时，破产自然人的身份地位限制，主要表现为破产人的人身自由、通信自由、居住自由的限

① 需要注意的是，最高人民法院也注意到了这一问题，其在《关于审理企业破产案件若干问题的规定》（2002年）第38条规定：“破产宣告后，债权人或者债务人对破产宣告有异议的，可以在人民法院宣告企业破产之日起10日内，向上一级人民法院申诉。上一级人民法院应当组成合议庭进行审理，并在30日内作出裁定。”

制及人格减损。[1] 人格减损，是指自然人因破产宣告而丧失公法上或私法上的某些权利能力，如不能担任公务员、律师、会计师、证券经纪人、无限公司的股东或合伙人、公司董事或监事等。当破产人为法人时，法人人格因破产宣告而消灭，但在清算目的范围内，法律仍拟制其存在。另外，法人的董事、理事或法人代表将沦为准破产人，受到像破产自然人一样的人身限制。[2]

（2）债务人的财产成为破产财产。破产宣告对破产人身份地位的限制效力，最终目的在于实现破产宣告对破产人的财产所具有的支配效力。破产宣告后，债务人的财产成为破产财产，即成为归管理人占有、支配并用于破产分配的财产。破产财产主要用于对全体债权人进行公平分配。

（3）债务人丧失对财产和事务的管理权。债务人被宣告破产后，其全部财产构成用于清偿债权的基础，转变为破产程序的执行标的，故应由破产管理人统一管理和处分。

2. 对债权人的效力

破产宣告对债权人的效力表现如下：（1）破产宣告后，有财产担保的债权人，无需经过人民法院的同意，可直接通过破产管理人就担保物优先受偿。（2）破产宣告使无财产担保的债权人沦为破产债权人。破产债权人非依破产程序，不得行使对破产财产的权利。

3. 对第三人的效力

所谓第三人是指除破产债权人、债务人以外的，与破产财产有利害关系的人。破产宣告对第三人的法律效力主要有：（1）破产债务人占有的属于他人的财产，其权利人享有取回权。（2）破产债务人的债务人或财产持有人，只能向破产管理人履行债务或支付财产。（3）破产债务人的开户银行，应当按照法院的通知，限定该破产人的银行账户仅供破产管理人使用。

三、破产管理人

（一）破产管理人的概念和法律地位

破产管理人，又称破产清算人，是指破产宣告后依法成立的，在法院的监督下全面接管破产财产并负责破产财产的保管、清偿、估价、处理和分配的专门机构。破产管理人是破产程序中最重要的机构，它具体管理破产中的各项事

① 参见1994年《德国破产法》第99条、第102条；2004年《日本破产法》第37条、第38条。

② 参见2004年《日本破产法》第39条。

务，破产程序进行中的其他机关或组织仅起监督或辅助作用。破产程序能否公正、公开和高效率地进行，与破产管理人的关系至为密切。关于破产管理人的法律地位，在大陆法系国家，有以下几种学说：

1. 代理说

该说认为，破产管理人是代理人，以他人名义行使破产程序中的实体权利和诉讼权利。代理说的主要依据是，破产程序本质上属于清偿程序，而非强制执行程序。破产程序虽然剥夺了破产人对破产财产的管理处分权，但并未剥夺其所有权。因此，破产人仍将自己的事务委托给他人处理。对于破产管理人究竟是谁的代理人，持代理说的学者又有三种不同主张：一是破产债务人的代理人；二是破产债权人的代理人；三是破产债务人与破产债权人的双方代理人。代理说的缺陷有以下三点：其一，违背了代理的基本观念。一方面，破产管理人对破产财产的管理与处分，不是以他人名义而是以自己的名义进行的；另一方面，破产管理人不可能同时代理利益冲突的破产人与债权人双方。其二，不能解释破产管理人为破产人的代理人时，对破产人的行为，为什么可以行使撤销权。其三，不能解释破产管理人为破产债权人的代理人时，为什么破产管理人在实施对破产财产的管理与处分行为时，不是以债权人的名义，而是以自己名义的问题。同时也无法解释清算人的选定，不是基于债权人会议的委托，而是基于法院的指定的问题。①

2. 破产财团代理说

该说以为，债务人财产因破产宣告成为以破产清算为目的而独立存在的财产，这些财产整体人格化则形成破产财团，破产管理人管理和处分破产财团，行使权利和承担义务，均以破产财团的名义为之。所以，管理人是破产财团的代理人。该学说的基础是承认破产财团在破产程序中，是可以独立存在的法人。②

3. 职务说

该说认为，破产程序为概括的强制执行程序，破产管理人为法院选任的、负责破产财团的管理与处分的执行机关，与代理人的性质不同；破产财团的管理与处分，破产人和债权人均无权涉及，专属于破产管理人，况且，有关破产

---

① 邹海林：《破产程序和破产法实体制度比较研究》，法律出版社 1995 年版，第 231 ~ 232 页。

② 邹海林：《破产程序和破产法实体制度比较研究》，法律出版社 1995 年版，第 232 ~ 233 页。

财团的诉讼，以破产管理人为原告或被告；破产管理人执行职务，不仅要维护破产债权人的利益，而且要维护破产人的利益，因此破产管理人为破产程序中具有公吏性质的执行机关，其行为是一种职务行为。德国、日本的判例和多数学者支持这一学说。① 理论上否认职务说的理由有三点：其一，破产管理人不能同法院的执行机关或者国家公务员相提并论。管理人虽然由法院选任，但是管理人只不过是管理、变价和分配破产财团的临时机构，其职责法定、工作性质仍然可以划入清算的范畴。随着破产程序的终结，管理人也将宣告解散。其二，破产管理人为执行机关，与其在破产程序中的实际地位不相吻合。根据破产法的一般理论，管理人是诉讼法上的当事人，可以以自己的名义参加有关破产财团的诉讼。如果将破产管理人定位为执行机关，那么，在法律程序中，岂有执行机关可以为执行标的的诉讼当事人之理？

我们赞成破产财团代理说。因为该说既能使管理人在利害关系上独立于破产人与债权人，从而确保破产程序公正合理地进行，又能使诸如破产财产的主体归属、破产宣告前债权债务关系的承接以及宣告后新生债权债务关系的承受、否认权的主张对象等理论难题迎刃而解，便于管理人最大限度地收集法定的破产财产，维护破产财团的各项权利，保持破产财产合理的价值构成，从而满足债权人尽可能大比例的清偿要求。同时，采破产财团代理说，对于管理人执行职务时加害于他人的情形，也能直接使破产财团对受害人负侵权行为之责，学理上不产生代理人无法代理侵权行为的难题。我国学者之所以不承认此学说的合理性，是由于对法人的理解只限于人的集合，而将财产的集合排除在外造成的。相信随着人们对法人制度的深入了解，该学说将会被我国理论与实务界所接受。

（二）破产管理人的组建

1. 破产管理人的产生方式

破产管理人的产生方式有三种立法例，一是法院指定主义，法国、日本、意大利等国采用此种方式。② 二是债权人会议选任主义，美国、加拿大等国采用此种方式。③ 三是债权人会议选任和法定机关指定相结合的方式，英国和我

---

① 刘清波：《破产法新论》，台湾东华书局 1984 年版，第 247 页。

② 邹海林：《破产程序和破产法实体制度比较研究》，法律出版社 1995 年版，第 226 页。

③ 参见 1978 年美国联邦破产法第 701～703 条、第 1104 条的规定。

国台湾地区采此方式。① 依我国《破产法》第22条的规定，破产管理人由人民法院任命，债权人会议认为管理人不能依法、公正执行职务或者有其他不能胜任职务情形的，可以申请人民法院予以更换。

2．破产管理人的产生时间

采取法院指定主义国家，一般在作出破产宣告时，即任命破产管理人。采取债权人会议选任方式的，则在破产管理人被选出以前，由法院任命接管临时管理破产财产。我国《破产法》第13条规定，人民法院裁定受理破产申请的，应当同时指定管理人。

3．破产管理人人员的组成

由于清算涉及破产企业各类财产的清理、资产负债情况的统计、债权债务的清偿等诸多问题，需要由企业的投资主体、会计、审计、税务等多方面人员的共同合作，清算工作才能顺利进行。因此，从理论上讲，破产管理人人员的组成，应当涵盖上述人员。我国《破产法》第24条规定，“管理人可以由有关部门、机构的人员组成的清算组或者依法设立的律师事务所、会计师事务所、破产清算事务所等社会中介机构担任。人民法院根据债务人的实际情况，可以在征询有关社会中介机构的意见后，指定该机构具备相关专业知识并取得执业资格的人员担任管理人”。

（三）破产管理人的权利和义务

1．破产管理人的权利

（1）接管破产财产。破产管理人自成立之日起，即接管破产财产。破产企业的原法人代表应向破产管理人办理企业财产移交手续。没有破产管理人的同意，任何人不得管理和处分破产财产，不得就破产财产为法律行为。另外，破产人的账册、文书档案、印章、证照和有关资料都必须移交破产管理人。

（2）保管和清理破产财产。保管破产财产的目的在于防止破产财产遭受人为或意外的损失。管理人应当采取有效的措施保护破产企业的财产，对于易损、易腐、价格波动较大或者保管费用较高的财产，应当及时拍卖；对于不依法登记或不及时行使将丧失权利的，应当及时予以登记或者行使权利。破产管理人若疏于保管造成破产财产损失的，应负损害赔偿责任。清理破产财产的目的在于更好地保管破产财产，并为变价和分配破产财产做好准备工作。从法律上讲，清理财产最直接的体现，就是编制破产企业财产明细表、资产负债表和

① 陈荣宗：《破产法》，台湾三民书局1986年版，第148页。

债权债务清册。为了确保破产管理人保管和清算工作的顺利进行，破产企业的原法定代表人和有关责任人员，必须根据破产管理人的要求进行工作，协助破产管理人保管和清理破产财产，不得擅离职守。

（3）变价和分配破产财产。破产程序是集体受偿程序，其目的在于使全体债权人获得公平清偿，所以变价和分配破产财产，是破产管理人最重要的职权。为达到公平的目的，管理人必须首先将破产财产货币化，即组织对破产财产的评估、拍卖和变现，将破产财产转化为货币，然后再予以分配。但破产财产的分配和处分方案，需由债权人会议讨论通过，并经人民法院裁定许可后，方可执行。

（4）依法进行必要的民事活动和辅助活动。破产宣告后，破产管理人成为破产财产的唯一管理和处分机关。管理人有权在清算范围内进行必要的民事活动和辅助活动。例如，询问破产人；请求法院召开债权人会议；参加有关破产财产的诉讼、仲裁；对债务人的不当行为可以请求人民法院撤销；为实施清算行为，聘任必要的工作人员；在清算范围内，继续破产人的营业；决定破产人未履行合同的解除或者继续履行；承认取回权、别除权、破产费用和共益费用请求权等。

（5）执行职务的报酬请求权。管理人依法履行清算职责，费时耗力，且负担清算的重大责任，理应获得相应的报酬，我国破产法明确将管理人的报酬列入了破产费用的范畴，① 并从破产财产中优先受偿。至于支付标准，则应根据破产案件的规模、复杂程度、清算的时间长短等因素，由人民法院加以确定。

2. 破产管理人的义务

（1）注意义务。注意义务是指管理人在履行清算职责时，应当对破产财产尽善良管理人的注意。② 我国破产法规定，管理人应当勤勉尽责，忠实执行职务，否则，人民法院可以依法处以罚款；给债权人、债务人或者第三人造成损失的，依法承担赔偿责任。

（2）接受监督的义务。在我国，破产管理人是由法院指定产生的，破产

---

① 参见我国《破产法》第41条第（三）项。

② 关于注意义务的性质，大部分国家破产法认为是“善良管理人的注意义务”，如1994年《德国破产法》第60条规定：“破产管理人负有善良管理人应尽的义务。破产管理人因其犯有过失违反本法规定的义务，向所有相关人承担赔偿责任。”

管理人的工作自应接受法院的监督。① 破产管理人有损害债权人利益的行为或者其他违法行为的，人民法院可以根据债权人的申请或者依职权予以纠正，或者更换不称职的破产管理人成员。此外，清算工作的公正与否，直接影响到破产债权人的利益，因此，破产管理人还应接受债权人会议或者债权人委员会的监督。②

(3) 办理破产企业注销事宜的义务。破产财产分配完毕，管理人应当及时提请法院终结破产程序，并向企业登记机关申请办理破产企业的注销登记手续，以维护第三人的合法权益和交易的安全。③

四、破产财产的变价和分配

(一) 破产财产的变价

破产财产的变价是指破产管理人将非金钱的破产财产，依照合法方式出让给他人而转化为金钱形态的过程和行为。破产财产的变价是破产财产分配的前题，关系到债权人和债务人利益的维护，因此必须建立相应的变价制度，以防破产财产在变价时贬损。

破产财产在变价前，应该进行评估。破产管理人可以委托专门的评估机构或评估师，但对于破产财产中的无形财产，如专利权、商标权、商誉权、土地使用权等，则必须委托专门机构进行评估。另外，对于不能变卖的实物进行折价分配的，一般应当进行评估，实物为动产，并有可供参考的市场价格时，可以采取全体债权人协商定价的办法。

破产财产的变价，由破产管理人负责进行，破产管理人在变价破产财产时，必须尽到善良管理人的注意义务，否则应承担损害赔偿责任。为防止破产管理人在变价时损害债权人及债务人的利益，各国破产法一般规定债权人会议或监督人监督制度。我国《破产法》第 111 条第 1 款规定："管理人应当及时拟订破产财产变价方案，提交债权人会议讨论。"

破产财产在变卖过程中，应坚持公开变卖原则，根据《破产法》第 112 条的规定："变价出售破产财产应当通过拍卖进行。但是，债权人会议另有决议的除外。破产企业可以全部或者部分变价出售。企业变价出售时，可以将其中的无形资产和其他财产单独变价出售。按照国家规定不能拍卖或者限制转让

① 参见我国《破产法》第 23 条。
② 参见我国《破产法》第 23 条、第 61 条第 1 款第（三）项、第 68 条。
③ 参见我国《破产法》第 120 条、第 121 条。

的财产，应当按照国家规定的方式处理。”

（二）破产财产的分配

1．破产财产分配的概念和特征

破产财产的分配是指破产管理人依照符合法定顺序并经债权人会议同意的分配方案，将变价后的破产财产公平分配给债权人的活动。破产分配必须有一定的依据，在我国，破产财产分配的依据是债权人会议通过的破产财产分配方案以及人民法院的许可裁定。

破产分配标志着破产清算的完成，具有以下特征：（1）存在可供分配的破产财产，这是破产分配的前提。如果破产财产在满足别除权、撤销权、取回权及支付破产费用和共益费用后无所剩余，则破产分配就失去了存在的基础，管理人应提请人民法院终结破产程序。（2）接受破产财产分配的债权人既可以是具有优先顺位的债权人，也可以是普通债权人，但必须以破产债权人为限。(3) 破产财产的分配必须依法定顺位公平进行。(4) 破产分配具有强制执行力。破产管理人依照破产分配方案进行破产分配，实际上是执行人民法院的裁定，所以破产分配具有强制执行效力。

2．破产财产分配的顺序

为维护社会公益及保障破产财产公平分配，我国《破产法》第 113 条规定：“破产财产在优先清偿破产费用和共益债务后，依照下列顺序清偿：(1) 破产人所欠职工的工资和医疗、伤残补助、抚恤费用，所欠的应当划入职工个人账户的基本养老保险、基本医疗保险费用，以及法律、行政法规规定应当支付给职工的补偿金；（2）破产人欠缴的除前项规定以外的社会保险费用和破产人所欠税款；（3）普通破产债权。破产财产不足以清偿同一顺序的清偿要求的，按照比例分配。破产企业的董事、监事和高级管理人员的工资按照该企业职工的平均工资计算。”①

3．破产财产的分配方案

破产财产的分配方案，是表明破产财产如何分配给债权人的书面文件，其应记载以下事项②：（1）参加破产分配的债权人名单；（2）参加分配的债权额；（3）可供分配的财产数额；（4）分配的顺序、比例及数额；（5）实施分

① 需要注意的是，在一些发达国家，如德国，已经将职工的工资从优先权中取消，而代之以社会保障体系来承担；而对税收，澳大利亚等国也改为一般债权，其理由是，税收债权往往数额较大，一旦列为优先权将使得其他破产债权人难以得到清偿和分配。

② 参见我国《破产法》第 115 条。

配的方法。破产财产的分配方案由破产管理人负责制备，并需提交债权人会议讨论，应由出席债权人会议的有表决权的债权人的过半数通过，并且其所代表的债权额必须占无财产担保债权总额的半数以上。从这个意义上说，破产分配方案是全体债权人就集体清偿达成的共同意志。经债权人会议通过的破产分配方案，必须报请人民法院裁定许可后方可执行。

4. 破产财产分配方案的执行

破产财产的分配由破产管理人负责实施。分配方案经人民法院裁定许可后，破产管理人应及时通知债权人到指定地点领取分配财产；逾期不领的，可以提存。现金分配的，债权人应提供其具体地址及开户银行账号的证明，由破产管理人直接将分配款项汇入债权人指定的银行账户。债权人领取分配财产的费用，应当由其自行负担。

5. 追加分配

所谓追加分配是指在破产分配完毕或破产程序结束以后，又发现可供分配的破产财产，由法院依照破产程序的有关规定实施的补充分配。① 追加分配的价值在于保护债权人的利益，故各国破产法均有追加分配的规定。② 依照《破产法》第 123 条规定："自破产程序依照本法第 43 条第 4 款或者第 120 条的规定终结之日起 2 年内，有下列情形之一的，债权人可以请求人民法院按照破产财产分配方案进行追加分配：（1）发现有依照本法第 31 条、第 32 条、第 33 条、第 36 条规定应当追回的财产的；（2）发现破产人有应当供分配的其他财产的。有前款规定情形，但财产数量不足以支付分配费用的，不再进行追加分配，由人民法院将其上交国库。"

五、破产程序的终结

破产程序的终结，是指在破产程序进行中，因法定原因的发生，使破产程序不可逆转地归于结束，包括正常终结和非正常终结两种情形。正常终结是指债权人的债权通过破产程序得到全部清偿或部分清偿，从而达到了破产程序实施目的的终结。非正常终结，则是指由于某种原因的产生而使破产程序的继续

---

① 邹海林：《破产程序与破产法实体制度比较研究》，法律出版社 1995 年版，第 378 页。

② 可参见 1994 年《德国破产法》第 203 条、2004 年《日本破产法》第 215 条的规定。

进行已无意义，而终止破产程序的状况。①

破产法规定了破产程序终止的五种原因：②（1）人民法院受理破产申请后，债务人与全体债权人就债权债务的处理自行达成协议的，可以请求人民法院裁定认可，并终结破产程序。（2）破产财产不足以支付破产费用的，人民法院应当宣告破产程序终结。（3）破产宣告前，第三人为债务人提供足额担保或者为债务人清偿全部到期债务，或者债务人已清偿全部到期债务的，人民法院应当裁定终结破产程序，并予以公告。（4）破产人无财产可供分配的，管理人应当请求人民法院裁定终结破产程序。（5）破产财产分配完毕，由破产管理人提请人民法院终结破产程序。

破产程序终结后，将产生以下效力：（1）破产企业的法人资格最终归于消灭；（2）债权人会议自动解散，破产管理人也由人民法院予以撤销；（3）未得到清偿的债权不再清偿。但应注意的是，破产程序若是按和解协议清偿债务而终结的，则不产生（1）、（3）两种效力。

第四节　债权人自治制度

破产程序的目的在于使全体债权人获得公平清偿，其运行与债权人的切身利益密切相关，因此，为维护自己的合法权益，债权人有必要组成一个机构对破产程序的运行进行监督。另外，每个债权人均有不同的利益要求，他们之间难免产生分歧，为消除债权人相互间的利益冲突，确保破产程序的顺利进行，也有必要设立平衡债权人利益冲突的机构。基于以上原因，破产法规定了债权人自治制度。所谓债权人自治是指全体债权人组成债权人会议或者选任监督人，对破产程序进行中涉及债权人利益的重大事项作出决定，以监督破产管理人正确履行其职责。债权人自治有债权人会议或监督人两种形式，我国仅规定了债权人会议。

一、债权人会议的概念及性质

债权人会议是全体债权人参加破产程序并集体行使权利的意思表示机关。债权人会议的性质与债权人会议的职权密切相关，并决定其在破产程序中的地

① 柴发邦：《破产法教程》，法律出版社1990年版，第250页。

② 参见我国《破产法》第43条第4款；第105条；第108条；第120条第1款、第2款。

位。关于债权人会议的性质，主要有以下学说：

1. 债权人团体的机关说

该说认为，全体债权人基于共同利益组成债权人团体，并且债权人团体是一个法人，债权人会议则是该法人的机关。①

2. 事实上的集合体说

该说认为，债权人会议是由法院召集的临时性集合组织。该说不承认“债权人团体机关说”，认为债权人之间的利益存在不相一致的一面，法律也未规定债权人会议的法人主体性地位。②

3. 自治团体说

该说认为，债权人会议并非法人组织，而是非法人性质的特殊社团组织，是表达债权人共同意志的一种自治性团体。③

我们赞成自治团体说，因为“债权人团体机关说”忽视了全体债权人利益的差别性，且债权人团体本身缺乏在破产程序中取得权利主体资格的条件。“事实上的集合体说”仅刻画了债权人从事活动的形式，忽视了债权人会议之间的连续性和互相联系的一面，且将其监督会议决议执行的职能置之不顾，实际上弱化了债权人会议的程序地位。而“自治团体说”与破产程序保护债权人利益的宗旨相一致，其强化了债权人团体相对独立参与破产程序并监督程序进行的作用，符合破产程序中突出债权人地位的内在要求。

二、债权人会议的成员

原则上，所有债权人，不论其债权的性质、数额多少，均可成为债权人会议的成员，但如果债权人不依法申报债权就不能取得破产程序当事人地位，不能享有参加债权人会议的一切权利。所以我国《破产法》第59条第1款规定：“依法申报债权的债权人为债权人会议的成员，有权参加债权人会议，享有表决权。”

债权人会议的成员享有请求召开债权人会议以及参加会议和在会议上发言、询问、表决的权利，但有财产担保的债权人因为对担保财产可不依破产清

---

① ［日］石川明著：《日本破产法》，何勤华等译，中国法制出版社2000年版，第112页。

② ［日］伊藤真著：《破产法》，刘荣军等译，中国社会科学出版社1995年版，第75页。

③ 陈计男：《破产法论》，台湾三民书局1992年版，第146页。

算程序受清偿且大多能够得到满足，故取消其表决权不会损害他们的合法权益，同时还可防止其利用表决权作有害于无担保的债权人的意思表示，① 但放弃优先受偿权和未能就担保物足额受偿的有财产担保的债权人仍依法享有表决权。另外，“债权额未确定的债权，附停止条件债权，将来求偿权，债权人或者破产管理人有异议的债权，均不能参加债权人会议表决”。②

三、债权人会议的召集

依据破产法的规定，第一次债权人会议由人民法院召集，自债权申报期限届满之日起 15 日内召开。人民法院召开第一次债权人会议时，应当宣告债权人资格审查结果，宣布债权人会议的职权及其他有关事项，指定债权人会议主席，并通报债务人的生产、经营、财产及债务的基本状况。③

第一次债权人会议为法定债权人会议，必须由法院在法定期间召开，其他的债权人会议只在必要时召开。我国《破产法》第 62 条第 2 款和第 63 条的规定，除第一次债权人会议外，以后的债权人会议在人民法院认为必要时，或者管理人、债权人委员会、占债权总额 1/4 以上的债权人向债权人会议主席提议时召开。召开债权人会议，管理人应当提前 15 日通知已知的债权人。

所有的债权人会议成员无论是否享有表决权，均可出席债权人会议并发表意见；债权人可以委托代理人出席会议，但应向人民法院或会议主席提交授权委托书。授权委托书应当记明委托事项和权限，委托人放弃权利或者同意和解的，应当有本人的特别授权。债权人会议应当有债务人的职工和工会的代表参加，对有关事项发表意见。④

四、债权人会议的职权

大陆法系对债权人会议职权范围的规定较为狭窄，一般仅限于对破产管理人的活动进行监督，而英美法系规定得较为宽泛，如债权人会议可以决定债务

① 我国《破产法》第 59 条第 3 款规定：“对债务人的特定财产享有担保权的债权人，未放弃优先受偿权利的，对于本法第 61 条第 1 款第 7 项、第 10 项规定的事项不享有表决权。”

② 邹海林：《破产程序与破产法实体制度比较研究》，法律出版社 1995 年版，第 136 页。另外可参见 2004 年《日本破产法》第 140 条。

③ 参见最高人民法院《关于审理企业破产案件若干问题的规定》（2002 年）第 39～42 条。

④ 参见我国《破产法》第 59 条。

人应否被宣告破产及选任破产管理人等。根据我国《破产法》第61条的规定，债权人会议的主要职权如下：

1. 核查债权

这是债权人会议的首要职权，包括审查债权和确认债权两个方面。每一个债权是否存在及数额大小与全体债权人利益密切相关，所以，在债权人会议上，所有的债权证明材料必须向全体债权人出示，供各债权人阅览，若债权人对个别债权的成立、性质、数额以及担保权有疑问或异议的，可以向申报人提出询问，或者提出异议；对于有异议的债权，可不予以确认，若无异议，则可通过债权人会议加以确认。但事实上，债权人会议确认的债权，不具有执行力，任何债权人对于债权人会议确认的债权有异议，都将由人民法院审查并予以裁定。

2. 监督管理人

企业法人破产后，其生产经营等重要事务由管理人操作，管理人职权的行使关系到债权人的利益，因此我国破产法赋予了债权人会议的监督权，并且如果债权人会议认为管理人不适合，可以申请人民法院予以更换。

3. 议决和解协议和重整计划

和解关系到债权人的切身利益，且通常是在债权人作出让步的基础上达成的，债权人让步属于权利处分行为，所以只能由债权人会议来讨论和决定是否接受和解。若债权人会议通过了和解协议草案，则意味着双方达成和解协议。重整可以给予债务人重生机会，重整计划的通过与否，不仅关系到债务人的生死，还关系到债权人债权的实现，因此重整计划也应当由债权人会议议决。

4. 议决破产财产的处理和分配方案

破产管理人提交的破产财产处理和分配方案，事关每个债权人的利益。为此，我国《破产法》规定，破产管理人有关破产财产的管理和变价方案，应当经过债权人会议讨论通过，并经法院裁定。如果债权人会议对破产管理人提交的破产分配方案经债权人会议二次表决仍然不能通过，应由人民法院裁定。① 债权人对人民法院关于财产管理和变价的裁定不服的，债权额占无财产担保债权总额1/2以上的债权人对人民法院作出的关于财产分配的裁定不服的，可以自裁定宣布之日或者收到通知之日起15日内向该人民法院申请复议。复议期间不停止裁定的执行。②

---

① 参见我国《破产法》第65条。

② 参见我国《破产法》第66条。

除此以外，债权人会议还有权选任和更换债权人委员会成员，决定继续或者停止债务人的营业，通过债务人财产的管理方案，等等。

五、债权人会议的决议规则及效力

由于债权人会议是一个特殊的组织形式，其成员之间既有共同利益，同时又有各自的特殊利益，故债权人会议的决议规则有其特殊性。我国《破产法》第64条第1款规定："债权人会议的决议，由出席会议的有表决权的债权人过半数通过，并且其所代表的债权额占无财产担保债权总额的1/2以上。但是，本法另有规定的除外。"由此可见，我国破产法采用人数和债权额双重标准，因为单采人数标准，虽能保障多数债权人的利益却未必符合少数大额债权人利益；而单采债权数额标准则又可能损害多数小额债权人的利益。

债权人会议的决议是债权人团体意思表示一致的产物，对所有债权人均有拘束力，不论其是否出席会议，是否在表决时保留意见，更不论其对会议决议是持肯定意见还是否定意见。债权人认为债权人会议的决议违反法律规定，损害其利益的，可以自债权人会议作出决议之日起15日内，请求人民法院裁定撤销该决议，责令债权人会议依法重新作出决议。① 这里所说的"违反法律规定"，包括实体法和程序法，主要情形有：（1）债权人会议程序违法；（2）决议程序违法；（3）决议内容违法；（4）其他违反法律的情事。

六、债权人委员会

依据我国《破产法》的规定，债权人会议可以决定设立债权人委员会。债权人委员会由债权人会议选任的债权人代表和一名债务人的职工代表或者工会代表组成。债权人委员会成员不得超过9人。债权人委员会成员应当经人民法院书面决定认可。债权人委员会具有以下职权：（1）监督债务人财产的管理和处分；（2）监督破产财产分配；（3）提议召开债权人会议；（4）债权人会议委托的其他职权。②

破产管理人对债权人委员会也负有一定义务，首先，其应当接受债权人委员会的监督，若管理人拒绝接受监督的，债权人委员会有权就监督事项请求人民法院作出决定，人民法院应当在5日内作出决定。其次，管理人在从事以下事务时，应当负有及时向债权人委员会报告的义务：（1）涉及土地、房屋等

---

① 参见我国《破产法》第64条第2款、第3款。

② 参见我国《破产法》第67条、第68条第1款。

不动产权益的转让；(2) 探矿权、采矿权、知识产权等财产权的转让；(3) 全部库存或者营业的转让；(4) 借款；(5) 设定财产担保；(6) 债权和有价证券的转让；(7) 履行债务人和对方当事人均未履行完毕的合同；(8) 放弃权利；(9) 担保物的取回；(10) 对债权人利益有重大影响的其他财产处分行为。①

七、建立我国的破产监督人制度

破产程序兼有清算和执行的特征，涉及众多利害关系人的利益，为防止各利害关系人及破产管理人滥用权利，有必要对破产程序予以监督。依我国现行法律的规定，破产程序的监督主要由法院负责，同时也由债权人会议分担部分监督职能，这种监督制度具有以下缺陷：首先，法院审判任务繁重，只能对重大或有争议的破产清算事务作出监督，而不能对所有涉及破产程序的法律事务和非法律事务做到详密周到的监督。其次，债权人会议的监督也有不足：(1) 债权人会议是债权人团体的意思表示机关，其是一种会议机构，虽然我国法律规定了债权人会议可以设立债权人委员会，但是债权人委员会并不是必设机构，若其不设立债权人委员会，则无法对破产程序实施日常性监督。(2) 召开债权人会议耗时、费资，频繁召开债权人会议，既不经济又不利于破产程序的迅速进行。(3) 我国的债权人会议主要代表一般债权人的利益，即只有一般债权人才有表决权，因而从所有利害关系人角度来看，债权人会议的监督难免有失偏颇。由于我国现行破产程序监督制度有以上缺陷，因此在修订破产法时，有必要设立破产监督人制度。②

第五节 和解和重整

一、和解

(一) 和解的概念和特征

破产制度虽有利于债权人债权的公平清偿，但自身亦有无法弥补的缺陷：

---

① 参见我国《破产法》第68条第3款、第69条第1款。

② 大部分国家和地区的破产法都建立了这一制度，只不过称谓不同，如日本破产法称之为“监察委员”，美国破产法称之为“检查人”，我国台湾地区“破产法”称之为“监查人”。

首先，债务人的财产经过破产分配，很难留有足够的财产重新开始营业，故破产制度不利于债务人的复苏。① 其次，适用破产程序费用高昂、耗费时间和精力，且破产财产的价值在变价时肯定有所贬值，因此债权人的债权通过破产程序往往实际上得不到满足。最后，债务人破产，可能引起连锁反应，影响社会经济的正常运转，并造成工人失业，加重社会救济的负担，不利于社会生活的稳定。

为弥补破产制度的不足，和解制度应运而生。和解是指具备破产原因的债务人，为避免破产分配，与债权人团体达成的以让步方法了结债务的协议，并经法院认可后生效的法律程序。和解具有以下特征：

(1) 和解适用的前提是债务人存在破产原因。和解制度的目的是避免债务人破产清算，若债务人不存在破产原因，破产程序无从适用，自然也没有适用和解制度的必要。

(2) 和解以债务人向法院提出和解申请为必要②。是否提出和解申请，是债务人的权利，债权人及其他利害关系人无权申请同债务人进行和解。另外，债务人提出和解申请，应当向有管辖权的法院提出，有管辖权的法院以对债务人有破产管辖权的法院为限。

(3) 和解协议的成立以债权人会议双重多数表决同意为必要，但其生效必须经过人民法院的裁定许可。③ 所谓债权人双重多数表决同意，是指表示同意和解协议的债权人应当超过出席会议的有表决权的债权人的半数，且所代表的债权额应当占有表决权的债权额的2/3以上。和解成立之后，并不一定生效，其生效需由法院裁定许可。这是因为，和解具有中止或终结破产程序的效果，而这种效果只能源于法院的司法裁决，而不能仅仅取决于债务人与债权人会议之间达成的合意。

(4) 和解协议对债务人和和解债权人具有约束力，但对债务人无强制执行力。④ 经人民法院裁定认可的和解协议，对债务人和全体和解债权人均有约

---

① 邹海林：《破产程序与破产法实体制度比较研究》，法律出版社1995年版，第163页。

② 参见我国《破产法》第7条第1款。另外，最高人民法院《关于审理企业破产案件若干问题的规定》(2002年) 第25条第1款明确规定了破产债务人为和解申请人，需要注意的是，该条还赋予了法院的和解建议权，即“人民法院在破产案件审理过程中，可以根据债权人、债务人具体情况向双方提出和解建议”。

③ 参见我国《破产法》第97条、第98条。

④ 参见我国《破产法》第100条第1款、第104条第1款。

束力，但和解协议是债务人与债权人团体在平等自愿的基础上达成的有关债务清偿的协议，和解虽有优于破产程序的效力，但这种效力唯有在债务人执行和解协议后方可实现，而债务人是否执行和解协议完全取决于其个人意志，债权人并无申请法院强制执行和解协议的权利。所以，当债务人不履行和解协议时，法院不得强制执行，但可依职权宣告债务人破产。

（二）和解的程序

1. 和解申请的提出

和解申请是指债务人向人民法院请求同债权人会议进行和解的意思表示。和解申请是和解程序开始的前提和唯一途径。根据我国《破产法》的规定①，在债务人出现破产原因时，债务人就可以提出和解申请；即使债务人或债权人提出破产申请，且被人民法院受理，但在破产宣告前，债务人仍然可以提出和解申请。

一般而言，法院收到债务人提出的和解申请后，应对和解申请进行审查，以确定是否开始和解程序。如果认为和解申请合法，则裁定予以许可，和解程序开始，否则不得开始和解程序。我国《企业破产法（试行）》曾经实行和解申请不审查制度，即人民法院对和解申请不进行审查，只要有和解申请的提出，和解程序则当然进行，这样规定是不合理的。因为其实际上赋予了和解申请左右破产程序的效力，影响了人民法院对破产案件的独立审判权。所以，破产法改变了这一做法，认为人民法院应当对和解申请进行审查，若其符合破产法规定，则裁定和解，予以公告，并召集债权人会议讨论和解协议草案。②

2. 和解协议草案

债务人申请和解，应当提出和解协议草案。和解协议草案，是债务人与债权人会议进行和解的起点，是债务人向债权人会议提交的并供债权人会议讨论和采纳的具体和解方法。和解协议草案一般包括以下内容：（1）债务人财产状况的说明；（2）债权的数额和限制；（3）要求各个债权人减缩债务的数额；（4）清偿债务的方式、期限；（5）确保执行和解协议的措施。

3. 和解协议的议决和生效

债务人提出和解申请后，人民法院经审查认为符合法律规定的，则应召集债权人会议，并将和解协议草案提交债权人会议讨论，如果债权人会议决议接

① 参见我国《破产法》第95条第1款、第105条。

② 参见我国《破产法》第96条第1款。

受和解条件，即为达成和解协议；若债权人会议否决和解条件的，则和解程序即告终结。①

和解协议的议决，是和解程序的实质性阶段，故和解协议的议决方式具有特殊性。如前所述，债权人会议通过和解协议采用双重多数原则，应当由出席债权人会议的有表决权的债权人过半数表示同意，并且其所代表的债权额必须占全部无财产担保债权总额的 2/3 以上。和解协议草案通过以后并未立即生效，其生效与否取决于法院是否裁定认可。依据我国《破产法》第 98 条、第 99 条的规定，债权人会议通过和解协议的，由人民法院裁定认可；和解协议草案未获得通过或者债权人会议通过的和解协议未获得人民法院认可的，人民法院应当裁定终止和解程序，并宣告债务人破产。可见，和解的效力来源于法院裁定认可债务人和债权人会议达成的和解协议。

和解协议生效后，将产生以下效力：（1）破产程序的终结效力。和解程序具有优于破产程序的效力，各国破产法一般规定，和解协议经法院裁定许可后，已开始的破产程序应当终结，债务人不再受破产程序的约束；若债务人不执行和解协议，法院则需重新开始破产程序。我国《破产法》所规定的和解协议效力与之相同，第 105 条规定："人民法院受理破产申请后，债务人与全体债权人就债权债务的处理自行达成协议的，可以请求人民法院裁定认可，并终结破产程序。"（2）对债务人的效力。和解协议生效后，债务人必须遵守和解协议并受其约束，主要体现为：其一，债务人应当无条件地执行和解协议，若债务人违反和解协议，则人民法院经和解债权人请求，终结和解程序，并宣告债务人破产；其二，债务人未完全执行和解协议前，不得给予任何债权人和解协议以外的特殊利益，否则，给予的特殊利益无效。（3）对债权人的效力。我国《破产法》第 100 条第 1 款规定，经人民法院裁定认可的和解协议，对债务人和全体和解债权人均有约束力。所以不论债权人是否申报债权，② 是否出席债权人会议，是否赞成和解协议草案，均受和解协议的约束，但未放弃优先权的有财产担保的债权人及和解协议生效后发生的新债权，不受和解协议的

① 参见我国《破产法》第 99 条。《破产法》仅规定了如果和解协议草案被债权人会议否决，则和解程序终结，没有规定和解协议的第二次表决。考虑到和解制度的功能在于预防或者避免适用破产程序，有的国家创立了"和解二次表决制度"，我们认为在修订破产法时可资借鉴。

② 需要注意的是，《破产法》第 100 条第 3 款的规定："和解债权人未依照本法规定申报债权的，在和解协议执行期间不得行使权利；在和解协议执行完毕后，可以按照和解协议规定的清偿条件行使权利。"

约束。债权人必须按和解协议规定的数额、时间、方式请求和接受清偿，不得超出和解协议的范围进行个别追偿，不得违反集体受偿原则，在和解协议以外接受债务人的清偿。另外对债务人的特定财产享有担保权的权利人，自人民法院裁定和解之日起可以行使权利。

4．和解的终结

和解协议生效后，债务人若能按照和解协议约定的方式和期限清偿其全部债务，人民法院应当终结和解程序。如果债务人不按照或不能按照和解协议规定的条件清偿债务的，债权人可以请求人民法院终结和解程序并宣告债务人破产。人民法院裁定终止和解协议执行的，和解债权人在和解协议中作出的债权调整的承诺失去效力。和解债权人因执行和解协议所受的清偿仍然有效，和解债权未受清偿的部分作为破产债权；但已受部分清偿债权的债权人，只有在其他债权人同自己所受的清偿达到同一比例时，才能继续接受分配。①

二、重整

（一）重整的概念

在大陆法系破产法中，和解制度虽“流行甚广，却往往被束之高阁或者收效甚微”，② 其原因主要有二：其一，债务人在和解程序开始后，必须立即向债权人履行最低限度的债务，而由此带来的结果是将债务人置于更加困难的境地；其二，尽管这种程序自动停止了无担保债权和其他程序的执行，但由于它不限制别除权人、取回权人、抵销权人权利的行使，致使债务人失去了商业复苏的必不可少的资产。为了弥补和解制度的不足，重整制度应运而生。

重整，又称整顿，为美国联邦破产法所创，是指对于已濒于破产但有复苏希望的债务人，实施的旨在挽救其经济上危机的积极程序。重整和和解都是为了避免债务人破产，并均有中止或终结破产程序的效力。但是，二者亦有所不同：（1）适用范围不同。一般而言，重整仅适用于公司；③ 而和解则适用于所有有破产能力的债务人。但我国破产法并没有这种区别，因为我国破产法仅适用于企业法人。（2）提起的主体不同。各国破产法一般规定提起和解程序

① 参见我国《破产法》第104条。

② wood, R. R.; Principles of International Insolvency, pp. 177-178, 1995.

③ 就大部分国家的破产法而言，重整制度仅适用于公司，但也有例外，比如在美国破产法中，重整制度不仅适用于公司，也适用于合伙和自然人（参见潘琪：《美国破产法》，法律出版社1999年版，第191页）。

的主体仅为债务人；而提起重整制度的主体则较为广泛，不仅债务人可以提出，债权人、公司股东、董事会均可提出。① （3）实施的措施不同。重整的措施除包括债权人对债务人妥协和让步外，还包括如何改善债务人的经营管理，如何使其走上复兴等内容；② 而和解制度的措施相对起来比较单调，它主要是靠债权人的让步。（4）重整程序具有优于和解程序的效力。重整程序一开始，不仅破产程序中止或终结，而且正在进行的和解程序亦中止或终结。（5）发动程序的条件不同。依据我国《破产法》第2条的规定，启动和解程序的原因是“企业法人不能清偿到期债务，并且资产不足以清偿全部债务或者明显缺乏清偿能力”；而对于重整制度，除了上述原因以外，企业法人“有明显丧失清偿能力可能的”，亦可以启动。

（二）重整程序的开始

1. 重整原因

只有在债务人具有重整原因时，方可以提出重整申请。所谓重整原因是指法律规定的可以对重整对象开始重整程序的事实状态。它同破产原因在法律机理上是一样的，均属破产程序开始的事实要件，但破产原因和重整原因是有区别的。一般来说，具有破产原因当然可以申请重整，但具有重整原因则不一定可以申请破产，即重整原因要比破产原因宽松。重整原因之所以比破产原因宽松，与重整的作用密不可分，因为重整的目的不在于破产清算，而在于通过重整，使债务人复兴，从而使其具有更多的财产，以增加债权人债权得以清偿的可能性。我国《破产法》规定在以下两种情形下，企业法人可以申请重整：③ 其一，企业法人不能清偿到期债务，并且资产不足以清偿全部债务或者明显缺乏清偿能力的；其二，企业法人有明显丧失清偿能力可能的。显然，后者就不能成为企业法人的破产原因。我们认为，我国破产法关于重整原因的规定是有不足的，还应当对债务人加以限制，即“债务人需有复兴可能”，④ 如果债务人虽然有不能清偿到期债务的事实，但没有复兴的可能，重整制度就没有实施的必要。

---

① 李永军：《破产法律制度》，中国法制出版社2000年版，第410页。

② 宫川知法：《日本破产法律制度的现状与课题》，载《外国法译评》1995年第2期，第53页。

③ 参见我国《破产法》第2条第2款。

④ 如日本法规定，重整原因乃“事业的继续发生显著障碍，而不能偿还到期债务”，而且“处于困境”的公司“又有再建希望”，参见日本《会社更生法》第30条、第31条的规定。

2. 申请与受理

重整程序的开始必须由具备申请资格的当事人提出申请，但对于可提出申请的当事人范围，各国规定是不同的。我国破产法规定了以下三种主体可以成为申请人:①（1）债务人。重整程序中的债务人是指依法具有重整能力、能够成为被重整对象的法律主体。但是，破产法虽然规定具有重整原因的债务人可以提出申请，却没有具体规定究竟由谁行使以及如何行使，我们认为这样是不合理的，应予修订。如英国法规定，公司为申请人时，除非按照公司章程，董事有权以公司名义申请外，公司必须经股东大会批准才能提出申请。②（2）债权人。债权人可以成为申请主体此乃各国和地区立法的通例，但各国和地区往往对债权人作出了限制。如在美国，当重整由债权人提出时，其对象必须不是铁路、保险公司、银行机构、农户及慈善机构;③ 再如台湾地区“公司法”第282条第1项规定，享有重整申请权的债权人的债权额必须相当于公司已发行股份总额的10%以上。我国破产法对债权人作为申请人没有任何限制，我们认为这是不合理的，因为对债权人的申请权作出适当限制，可以防止不良债权人滥用申请权，损害债务人利益，有利于交易安全的维护。（3）出资额占债务人注册资本10%以上的出资人，可以向人民法院申请重整，但有一定限制，必须是债权人申请对债务人进行破产清算，并在人民法院受理破产申请后，宣告债务人破产前，方可申请。

申请重整应当采用书面形式，提交重整申请书，并提供相关证据，人民法院经审查认为重整申请符合法律规定的，应当裁定债务人重整，并予以公告。

（三）重整期间

依据《破产法》第72条的规定，自人民法院裁定债务人重整之日起至重整程序终止，为重整期间。若申请人提出的重整申请为人民法院裁定许可，重整程序正式开始。一般而言，法院许可重整的裁定具有如下效力：

（1）破产程序、和解程序及其他民事程序的中止。重整申请提出后，依自动中止主义，其他民事程序自动中止；依裁定许可主义，法院根据利害关系人的申请或依据职权裁定中止其他民事程序。而重整裁定作出后，破产、和解以及一般民事诉讼程序均自动中止。之所以如此，是因为重整程序与这些民事

① 参见我国《破产法》第70条。

② 汤维建:《破产程序与破产立法研究》，人民法院出版社2001年版，第404页。

③ 美国《破产规则》第1003（C），转引自汤维建:《破产程序与破产立法研究》，人民法院出版社2001年版，第405页。

程序相矛盾，如裁定重整，而破产程序继续进行，人民法院宣告债务人破产，则就没有进行重整的必要。

(2) 债务人业务经营权和财产管理处分权的交接。依据我国《破产法》的规定，在人民法院裁定重整后，对债务人财产的管理和业务的经营，依照下列方法处理：若设定了破产管理人，则由破产管理人行使业务经营权和财产管理权，此时债务人及其相关人员负有移交义务；但若经债务人申请，人民法院批准，债务人可以在管理人的监督下自行管理财产和营业事务，此时已接管债务人财产和营业事务的管理人应当向债务人移交财产和营业事务，破产法规定的管理人的职权由债务人行使。①

(3) 对享有财产担保的债权人权利的限制。法律之所以对这些人作出限制，目的是使企业法人能继续使用那些为其营业所必要的财产，以便其复兴。我国《破产法》第75条第1款规定："在重整期间，对债务人的特定财产享有的担保权暂停行使。但是，担保物有损坏或者价值明显减少的可能，足以危害担保权人权利的，担保权人可以向人民法院请求恢复行使担保权"。

(4) 对第三人权利的限制。依据《破产法》的规定，对第三人权利的限制，主要表现在以下几个方面：② ①债务人合法占有的他人财产，该财产的权利人在重整期间要求取回的，应当符合事先约定的条件。②在重整期间，债务人的出资人不得请求投资收益分配；债务人的董事、监事、高级管理人员不得向第三人转让其持有的债务人的股权，但是，经人民法院同意的除外。

（四）重整计划

重整计划是重整程序中最重要的法定文件，它是债务人、债权人和其他利害关系人在协商基础上就债务清偿和企业拯救作出的安排。

1. 重整计划的提出及其内容

关于重整计划的制定人，有三种立法例：一是美国模式，即一般由债务人确定，在特殊情形下，可以由其他人制定；二是日本模式，即一般由重整人制定，在特殊情形下，也可以由其他人制定；三是我国台湾模式，即由重整人制定。我国采取的是第三种模式，依据我国《破产法》第80条规定，"债务人自行管理财产和营业事务的，由债务人制作重整计划草案。管理人负责管理财产和营业事务的，由管理人制作重整计划草案"。债务人或者管理人应当自人

① 参见我国《破产法》第73条、第74条。

② 参见我国《破产法》第76条、第77条。

民法院裁定债务人重整之日起6个月内，同时向人民法院和债权人会议提交重整计划草案，有正当理由的，经债务人或者管理人请求，人民法院可以裁定延期3个月。债务人或者管理人未按期提出重整计划草案的，人民法院应当裁定终止重整程序，并宣告债务人破产。①

重整计划必须足够详细，以使债权人和股东在对重整计划进行表决时能合理地作出判断，所以重整计划的内容非常重要。依据我国《破产法》第81条的规定，重整计划草案应当包括下列内容：（1）债务人的经营方案；（2）债权分类；（3）债权调整方案；（4）债权受偿方案；（5）重整计划的执行期限；（6）重整计划执行的监督期限；（7）有利于债务人重整的其他方案。

2. 重整计划的通过和批准

和解协议采取的是债权人会议式的集体表决方式，而重整计划与之不同，其采取的是分组表决的方式。分组表决是指将债权人和股东按不同标准分为若干小组，各小组的表决采取人数和债权额或股权额双重标准或表决权额单一标准。② 如我国《破产法》第82条将债权人分为四组对重整计划草案分别进行表决：（1）对债务人的特定财产享有担保权的债权；（2）债务人所欠职工的工资和医疗、伤残补助、抚恤费用，所欠的应当划入职工个人账户的基本养老保险、基本医疗保险费用，以及法律、行政法规规定应当支付给职工的补偿金；（3）债务人所欠税款；（4）普通债权。第85条规定，重整计划草案涉及出资人权益调整事项的，应当设出资人组，对该事项进行表决。依据我国《破产法》第84条第2款规定，出席会议的同一表决组的债权人过半数同意重整计划草案，并且其所代表的债权额占该组债权总额的2/3以上的，即为该组通过重整计划草案。各表决组均通过重整计划草案时，重整计划即为通过。部分表决组未通过重整计划草案的，债务人或者管理人可以同未通过重整计划草案的表决组协商。该表决组可以在协商后再表决一次。双方协商的结果不得损害其他表决组的利益。我国破产法没有规定出资人组通过重整计划草案的表决方式，在修订时应予完善。

法院对重整计划的批准分为两种情形：一是对表决组一致通过的重整计划的批准。依据我国《破产法》第86条的规定，各表决组均通过重整计划草案时，重整计划即为通过。自重整计划通过之日起10日内，债务人或者管理人应当向人民法院提出批准重整计划的申请。人民法院经审查认为符合破产法规

① 参见我国《破产法》第79条。

② 李永军：《破产法律制度》，中国法制出版社2000年版，第456页。

定的，应当自收到申请之日起 30 日内裁定批准，终止重整程序，并予以公告。二是部分表决组未通过的重整计划的认可。依据《破产法》第 87 条的规定，若部分表决组未通过重整计划草案，重整人可与其协商后再表决一次，若其拒绝再次表决或者再次表决仍未通过重整计划草案，但重整计划草案符合下列条件的，债务人或者管理人可以申请人民法院批准重整计划草案：（1）按照重整计划草案，我国《破产法》第 82 条第 1 款第 1 项所列债权就该特定财产将获得全额清偿，其因延期清偿所受的损失将得到公平补偿，并且其担保权未受到实质性损害，或者该表决组已经通过重整计划草案；（2）按照重整计划草案，我国《破产法》第 82 条第 1 款第 2 项、第 3 项所列债权将获得全额清偿，或者相应表决组已经通过重整计划草案；（3）按照重整计划草案，普通债权所获得的清偿比例，不低于其在重整计划草案被提请批准时依照破产清算程序所能获得的清偿比例，或者该表决组已经通过重整计划草案；（4）重整计划草案对出资人权益的调整公平、公正，或者出资人组已经通过重整计划草案；（5）重整计划草案公平对待同一表决组的成员，并且所规定的债权清偿顺序不违反我国《破产法》第 113 条的规定；（6）债务人的经营方案具有可行性。人民法院经审查认为重整计划草案符合前款规定的，应当自收到申请之日起 30 日内裁定批准，终止重整程序，并予以公告。

重整计划草案未获得通过且未依照我国《破产法》第 87 条的规定获得批准，或者已通过的重整计划未获得批准的，人民法院应当裁定终止重整程序，并宣告债务人破产。

3. 重整计划的效力和执行

依据我国《破产法》第 92 条的规定，经人民法院裁定批准的重整计划，对债务人和全体债权人均有约束力。债务人只需依重整计划清偿，对于重整计划未规定的债务不负清偿责任，债权人及股东只能依照重整计划受偿，不得要求债务人清偿重整计划以外的债务。但是如果债权人未申报债权的，在重整计划执行期间不得行使权利；但在重整计划执行完毕后，可以按照重整计划规定的同类债权的清偿条件行使权利。另外，债权人对债务人的保证人和其他连带债务人所享有的权利，不受重整计划的影响。

重整计划由债务人负责执行，在人民法院裁定批准重整计划后，已经接管财产和营业事务的管理人负有移交义务。但管理人有权监督重整计划的执行，在监督期内，债务人应当向管理人报告重整计划执行情况及其财务状况。监督期届满时，管理人应当向人民法院提交监督报告，对于该报告，重整计划的利害关系人有权查阅。自监督报告提交之日起，管理人的监督职责终止。①

在重整计划执行完毕时，重整执行人应当终止执行职务，并且及时向人民法院提交执行报告，法院在审查确认后应裁定终结破产案件，自法院裁定终结破产案件之日起，按照重整计划减免的债务，债务人不再承担清偿责任。若债务人不能执行或者不执行重整计划的，人民法院经管理人或者利害关系人请求，应当裁定终止重整计划的执行，并宣告债务人破产。人民法院裁定终止重整计划执行的，债权人在重整计划中作出的债权调整的承诺失去效力。债权人因执行重整计划所受的清偿仍然有效，债权未受清偿的部分作为破产债权，但该债权人只有在其他同顺位债权人同自己所受的清偿达到同一比例时，才能继续接受分配。②

① 参见我国《破产法》第89条、第90条、第91条。

② 参见我国《破产法》第93条、第94条。

第十五章 破产实体法

第一节 破产财产

一、破产财产的概念和特征

破产财产，又称破产财团，是指在破产申请受理后，由破产管理人接管的以满足破产债权人债权的破产人的全部财产的总和。破产财产是破产人履行债务的担保，是破产宣告后破产程序得以继续进行的基础，破产财产的缺乏，将构成法院终止破产程序的法定理由。① 破产财产具有以下特征：

（1）破产财产是破产人享有处分权的财产。一般而言，在破产申请受理时，只有破产人享有处分权的财产，才能作为破产财产。破产人基于某种合法或非法原因占有的属于他人的有形财产，如租赁财产、借用财产、保管财产，因不当得利、无因管理、侵权行为占有的财产，不能作为破产财产。但这里所说的处分权并不以所有权为限，如破产的国有企业享有经营管理权的财产，亦属于破产财产。

（2）破产财产是由破产管理人接管的财产。破产申请受理后，破产人的财产脱离其管理和处分，而由破产管理人接管支配，并用于清偿破产债权。

（3）破产财产是可进行分配的财产。破产财产存在的目的就是通过破产程序分配给全体债权人，若财产不能进行破产分配，则不属于破产财产。

（4）破产财产是法定范围内的财产。破产财产实行法定主义，即必须以法律明文规定的范围为限，包括期间范围和财产的种类范围。实行法定主义有两点原因：其一，可以将破产程序开始时未处于破产人管领之下但应纳入清算分配的财产归入破产财产，以维护债权人的合法权益，如因破产无效行为而给付的财产；其二，可将处于破产人管领之下但破产人不享有处分权的财产，排

---

① 李永军：《破产法律制度》，中国法制出版社2000年版，第222页。

除于破产财产之外，以保护其他权利人的合法权益。

二、破产财产的种类

日本学者将破产财产分为法定财产、现有财产和分配财产三种。① 之所以如此划分，是因为破产财产在破产程序进行中处于不稳定状态，其范围和作用随破产程序的进行而有所变化。法定财产，是指依破产法的明文规定构成破产财产，并由破产管理人接管的财产。现有财产是指破产宣告后，由破产管理人实际管理的破产人的财产。分配财产是指破产管理人依破产程序公平分配给债权人的财产。法定财产是确定现有财产的标准，而现有财产是分配财产的基础。另外，我国有的学者将破产财产分为形式的破产财产和实质的破产财产。前者指由管理人接管并依破产程序分配给债权人的财产的集合体；后者指在破产程序进行中所有可扣押的破产人财产的总和。②

三、破产财产的范围

（一）破产财产范围的立法例

关于破产财产的范围，传统破产法上有固定主义和膨胀主义两种立法例。固定主义认为，破产财产以破产人在破产宣告时拥有的全部财产为限，不包括破产人在破产宣告后所取得的财产，德、日等国采取此种立法例。固定主义的立法理由是：（1）有利于破产程序的迅速终结；（2）符合破产程序公平清偿新旧债权人的立法宗旨；（3）可促进和解协议的达成；（4）有助于破产人复兴。③ 膨胀主义为法、英等国采取，其认为破产财产由破产人在破产宣告时的所有财产，以及破产宣告后至破产程序终结前破产人所取得的财产构成。膨胀主义的根据有：（1）有助于增加破产债权人的受偿份额；（2）可以防止破产人对新增财产的无益浪费；（3）可以避免对破产人再实施破产程序。④

固定主义和膨胀主义各有优劣，但相比而言，膨胀主义为债权人提供了较为周密的保护，并有利于社会经济秩序的稳定，符合破产立法的现代发展趋

---

① ［日］石川明：《日本破产法》，何勤华等译，中国法制出版社 1995 年版，第 142 页。

② 王卫国：《破产法》，人民法院出版社 1999 年版，第 138 页。

③ ［日］伊藤真：《破产法》，刘荣军等译，中国社会科学出版社 1995 年版，第 87 页。

④ 邹海林：《破产程序与破产法实体制度比较研究》，法律出版社 1995 年版，第 249 ~ 250 页。

势。但应注意的是，固定主义和膨胀主义之分仅于自然人破产时有意义。因为一定财产的存在是法人存在的前提，而法人破产时，其全部财产将变为破产财产用予清偿债务，通常情形，法人在破产后无剩余财产的可能，故法人因破产而丧失主体资格，不存在限定破产财产范围问题。而自然人在破产宣告后其民事主体资格仍然存在，其在破产程序终结前仍有取得财产以及形成新的债权债务关系的可能，故为明确破产人新取得财产的归属，有必要对破产财产的范围予以限定。我国破产法仅适用于企业法人，故无固定主义和膨胀主义之分。

(二) 我国破产法上破产财产的范围

根据破产法及民事诉讼法的有关规定，下列财产属于破产财产：

(1) 破产申请受理时属于债务人的全部财产，以及破产申请受理后至破产程序终结前债务人取得的财产，为债务人财产。① 国有企业的破产申请受理时，其所有的或经营管理的全部财产均构成破产财产；非国有企业的破产申请受理时，其享有所有权的全部财产，都属于破产财产。

(2) 应当由破产企业行使的其他财产权利。这些财产权利包括：①债务人与他人共有的物、债权、知识产权等财产或者财产权，应当在破产清算中予以分割，债务人分割所得属于破产财产；不能分割的，应当就其应得部分转让，转让所得属于破产财产。②债务人的开办人注册资金投入不足的，应当由该开办人予以补足，补足部分属于破产财产。③企业破产前受让他人财产并依法取得所有权或者土地使用权的，即便未支付或者未完全支付对价，该财产仍属于破产财产。④债务人的财产被采取民事诉讼执行措施的，在受理破产案件后尚未执行的或者未执行完毕的剩余部分，在该企业被宣告破产后列入破产财产。因错误执行应当执行回转的财产，在执行回转后列入破产财产。⑤债务人依照法律规定取得代位求偿权的，依该代位求偿权享有的债权属于破产财产。② ⑥债务人有破产不当行为，破产管理人申请人民法院行使撤销权后，追回的财产。⑦债务人的董事、监事和高级管理人员利用职权从企业获取的非正常收入和侵占的企业财产，管理人追回后，为破产财产。⑧人民法院受理破产申请后，管理人可以通过清偿债务或者提供为债权人接受的担保，取回质物、留置物，该质物、留置物属于破产财产。③

---

① 参见我国《破产法》第30条。

② (1)～(5) 参见最高人民法院《关于审理企业破产案件若干问题的规定》(2002年) 第65～70条。

③ (6)～(8) 参见《破产法》第31条、第32条、第33条、第34条、第36条。

另外，根据我国法律的有关规定，下列财产虽与破产企业有关，但不应作为破产财产：（1）债务人基于仓储、保管、加工承揽、委托交易、代销、借用、寄存、租赁等法律关系占有、使用的他人财产；（2）抵押物、留置物、出质物，但权利人放弃优先受偿权的或者优先偿付被担保债权剩余的部分除外；（3）担保物灭失后产生的保险金、补偿金、赔偿金等代位物；（4）依照法律规定存在优先权的财产，但权利人放弃优先受偿权或者优先偿付特定债权剩余的部分除外；（5）特定物买卖中，尚未转移占有但相对人已完全支付对价的特定物；（6）尚未办理产权证或者产权过户手续但已向买方交付的财产；（7）债务人在所有权保留买卖中尚未取得所有权的财产；（8）所有权专属于国家且不得转让的财产；（9）破产企业工会所有的财产。①

第二节　破产债权

一、破产债权的概念与特征

破产债权是指在破产宣告前对破产人所成立的，并且只有通过破产程序，才可从破产财产中获得公平清偿的债权。② 破产债权具有以下特征：

（1）必须是对人请求权。物权性的请求权，如所有物返还请求权，虽然是取回权的基础，但不是破产债权。

（2）必须是财产请求权。破产债权的目的在于通过破产分配以获清偿，若债权人享有的请求权不具有财产内容，则不能成为为破产分配的对象，从而不得构成破产债权。

（3）必须是可以强制执行的债权。破产程序是一种概括性强制执行程序，参加破产程序的债权必须是受法律保护且能够强制执行的债权，不能强制执行的债权，如诉讼时效已过的债权，不得作为破产债权。

（4）必须是无财产担保的债权。有财产担保的债权人可以基于担保物权得到优先受偿，无需通过破产程序行使权利。

（5）必须是基于破产宣告前的原因成立的债权。破产债权产生的原因必

① 参见最高人民法院《关于审理企业破产案件若干问题的规定》（2002 年）第 71 条。

② 破产债权的概念有形式意义的破产债权和实质意义的破产债权，本书所说的破产债权是指实质意义上的破产债权。

须存在于破产宣告之前，宣告时虽债权尚未存在，但如果相当于债权发生的基本要件在宣告前已存在的话，也可以承认其为破产债权，如期限未到之债权，附停止条件之债权。

二、破产债权的范围

根据我国破产法的有关规定及司法解释，破产债权范围如下：

（1）破产申请受理前成立的无财产担保的债权，在破产申请受理时未到期的债权，视为到期。

（2）有财产担保而放弃优先受偿权的债权，或虽未放弃优先受偿权，但其债权额超过担保物价值的部分，亦应列为破产债权。

（3）附期限的债权。附期限的债权包括附始期的债权和附终期的债权。附始期的债权，不论其在破产宣告时所附期限是否届至，都可成为破产债权。附终期的债权，只要破产申请受理时所附期限未届至，就构成破产债权，即使破产宣告后所附期限届至，亦可成为破产债权。

（4）附条件的债权。①债权所附条件不因破产宣告而废止，因此破产宣告时条件尚未成就的债权，得作为破产债权参加破产程序。但由于债权的行使与存废，受破产清算期间条件成就与否的制约，所以对于附生效条件或者解除条件的债权，管理人应当将其分配额提存。管理人依照前述规定提存的分配额，在最后分配公告日，生效条件未成就或者解除条件成就的，应当分配给其他债权人；在最后分配公告日，生效条件成就或者解除条件未成就的，应当交付给债权人。②

（5）债务人的保证人或连带债务人的求偿权。债务人的保证人或者其他连带债务人已经代替债务人清偿债务的，以其对债务人的求偿权申报债权。债务人的保证人或者其他连带债务人尚未代替债务人清偿债务的，以其对债务人的将来求偿权申报债权。但是，债权人已经向管理人申报全部债权的除外。

（6）连带债务人数人被裁定适用破产法规定的程序的，其债权人有权就全部债权分别在各破产案件中申报债权。

（7）待履行合同相对人的损害赔偿请求权。对破产人未履行的双务合同，

① 参见我国《破产法》第47条、1994年《德国破产法》第42条，2004年《日本破产法》第103条的规定。如《日本破产法》第103条规定，在破产程序开始时附带条件的破产债权或者将来的请求权，该破产债权人也可以以该破产债权参加破产程序。

② 参见我国《破产法》第117条。

破产管理人有决定履行或解除的权利；若决定解除，另一方当事人因合同解除受到损害的，其损害赔偿请求权可作为破产债权参加破产程序。

(8) 债务人是委托合同的委托人，被裁定适用破产法规定的程序，受托人不知该事实，继续处理委托事务的，受托人以由此产生的请求权申报债权。

(9) 因票据关系产生的破产债权。债务人是票据的出票人，被裁定适用本法规定的程序，该票据的付款人继续付款或者承兑的，付款人以由此产生的请求权申报债权。①

三、破产债权的例外

破产债权的例外，是指某些特定债权虽然符合破产债权的构成要件，但由于法律的特别规定而被排除在破产债权范围之外。原则上，凡是破产宣告前成立的无财产担保的债权和放弃优先受偿权的有财产担保的债权均可成为破产债权，但法律为维护债权人的公平受偿利益，或为提高破产程序的效率或基于特定原因，将某些种类的债权，排除于破产债权的范围之外。德国旧破产法将破产债权的例外称为除斥债权，德国旧破产法第63条规定，除斥债权包括破产程序开始后继续发生的利息、个别债权人因参加破产程序而支出的费用、罚金、罚款、秩序金、滞纳金以及以支付金钱为义务的犯罪行为或因违反秩序而受到的处罚。② 日本破产法没有规定破产债权的例外，而规定了劣后债权，劣后债权仍为破产债权的一种，但在分配次序上位于一般破产债权之后，破产财产在分配一般破产债权之后，大多数情况下无所剩余，劣后债权在实际上无清偿可能，故其本质上与破产债权的例外无异。③

四、破产债权的算定及行使

(一) 破产债权的算定

破产债权的算定是指将数额未确定债权和未到期债权，以破产宣告为界点，换算为数额确定的金钱债权。这是使所有的破产债权等质化，从而实现破

① (5) ~ (9) 参见《破产法》第51~55条。

② 需要注意的是，此乃德国旧破产法的规定，1994年《德国破产法》废除了除斥债权的规定，将除斥债权称为“劣后债权”，故现行德国法中的顺位有二：一般破产债权；劣后债权。其规定类似于日本破产法。

③ [日] 伊藤真：《破产法》，刘荣军等译，中国社会科学出版社1995年版，第103页。

产债权公平受偿的必要措施。

数额未确定债权，主要有涉讼未决的破产债权、定期债权、非金钱破产债权，以及用外币金额表示的破产债权。在进行算定时，一般情况下应以破产宣告时的评估额作为破产债权额，评估先由债权人进行，然后将评估结果交由债权人会议审查，以判断其评估是否合理。未到期的破产债权，分为附利息的破产债权和不附利息的破产债权；在算定附利息的破产债权时，只需合并计算债权本金与债权到破产申请受理时的利息。

（二）破产债权的行使

破产债权行使的一般原则是：破产债权非依破产程序不得行使。这一原则应包括以下含义：其一，其债权经法院确认的，破产债权人均应按破产分配方案确定的数额或比例接受清偿；其二，破产债权人不得于程序外执行其债权，即使该债权人在破产程序开始前已取得执行名义或正在执行过程中，也不例外。其三，破产债权非依破产程序不得行使，是指不得行使实体权利，至于程序上的权利，债权人仍得行使；其四，这一原则不影响债权人自破产债务人的保证人或连带债务人获得清偿的效力；其五，这一原则并不影响以物权为基础的取回权、别除权的行使。①

第三节 破产取回权

一、破产取回权的概念和特征

取回权，是指破产管理人占有的不属于破产人的他人财产，其权利人可不依破产程序而取回的权利。

关于取回权的性质，理论上有争议，有学者认为取回权乃是诉讼法上的取回权；② 有学者认为取回权乃破产法上对在一般私法上已有的财产权利的承认与保护，并非破产法所新创设的物权。③ 我们赞同第二种观点，因为破产取回权的基础是民法上的原物返还请求权，是所有权弹力性的一种体现。破产取回权制度的设立目的是为了使破产管理人占有管理的破产财产与可分配的破产财产相一致，从而消除财产虽由破产管理人占有而不能分配的

① 参见李永军：《破产法律制度》，中国法制出版社 2000 年版，第 207 ~ 208 页。

② ［日］齐腾秀夫：《破产法要义》，青林书院新社 1982 年版，第 92 页。

③ 陈荣宗：《破产法》，台湾三民书局 1986 年版，第 219 页。

现象。

破产取回权有以下特征：

（1）取回权的标的物须为取回权人所有或有权取回。取回权的基础是物权，而非债权。取回权人若无物的所有权，或者由所有权派生的其他物权，如国有企业的经营管理权，则不得主张取回权。

（2）取回权的行使需以破产管理人为相对人。破产宣告后，破产人的所有财产均由破产管理人接管，取回权人只能通过破产管理人取回自己的财产。需注意的是，取回权的标的物在被取回之前，应由破产管理人管理，若该财产受到不法侵害，破产管理人可以请求法律保护。

（3）取回权是不依破产程序受偿的权利。取回权人行使取回权，不需参加破产程序，可直接向破产管理人行使。但这并不意味取回权人不受破产程序的约束，因为破产取回权仅得于破产申请受理后发生效力，并且是在破产程序中向破产管理人行使的权利。①

二、破产取回权的种类

（一）一般取回权

1．一般取回权的概念和行使基础

一般取回权是指财产权利人基于民法上物的返还请求权，从破产管理人处取回其财产的权利。

一般取回权的行使基础，是取回权人对取回权标的物享有所有权。在破产清算前，破产人于不法原因占有他人的财产，破产宣告后，所有权人有权取回，自不必说。即使破产人基于合法原因如租赁、保管、居间、运输、加工、信托、使用借贷等合同关系，占有他人财产的，在破产宣告后，破产管理人将合同解除或终止时，所有权人亦可以主张取回权。② 同时，取回权人也可以基于与所有权同一地位的财产权如商标权、著作权、国有企业享有的经营管理权等取回标的物。所有权及与所有权同一地位的财产权是取回权最主要的基础，除此以外，取回权人还可基于取回权基础的补充形态，即用益物权、担保物权、占有请求权及债权请求权等行使取回权。

取回权人在行使取回权时，可不依破产程序，而且不论取回权的标的物为

① 参见我国《破产法》第38条。

② 参见最高人民法院《关于审理企业破产案件若干问题的规定》（2002年）第72条第1款。

何人占有，权利人都只能向破产管理人主张。破产管理人是否允许取回权人取回财产，应当征求债权人会议的意见。当破产管理人否认其取回权或债权人会议有异议时，取回权人可以以破产管理人为相对人提起诉讼。

2. 一般取回权行使不能的救济

一般取回权的基础是民法上的物的返还请求权，如果物的返还请求权行使不能时，则权利人取回物的权利就转化为损害赔偿请求权。若债务人将标的物转让给第三人，则财产权利人有权要求债务人等值赔偿；① 若该财产在破产宣告前毁损灭失的，则标的物的权利人不享有取回权，仅可向债务人主张损害赔偿请求权，该权利为破产债权的一种；若标的物在破产宣告后，被破产管理人转让给第三人或因破产管理人的故意或过失而灭失，则取回权人享有的取回权转化为损害赔偿请求权，财产权利人有权获得等值赔偿。②

（二）特殊取回权

特殊取回权，是指财产权利人根据破产法或者商事法的专门规定，请求由破产管理人占有管理的财产中，取回其财产的权利，一般分为出卖人取回权和行纪人取回权。

1. 出卖人取回权

出卖人取回权，源于英国早期货物买卖法中的中途止付权，是指在异地交易中，出卖人已将标的物交付运输，但买受人在尚未交付全部价款或收到标的物前被宣告破产，出卖人可以解除合同并取回运途中标的物的权利。③

我国也规定了出卖人取回权，我国《破产法》第 39 条规定：“人民法院受理破产申请时，出卖人已将买卖标的物向作为买受人的债务人发运，债务人尚未收到且未付清全部价款的，出卖人可以取回在运途中的标的物。但是，管理人可以支付全部价款，请求出卖人交付标的物。”需要注意的是，我国《破产法》的规定与一般国家的规定不同，并没有把出卖人取回权限制于异地买卖中。另外，我们认为，《破产法》关于出卖人的取回权也有缺陷，因为其没有区分出卖人的主观状态，即出卖人是否善意，试想，如果出

---

① 参见最高人民法院《关于审理企业破产案件若干问题的规定》（2002 年）第 72 条第 3 款。

② 参见最高人民法院《关于审理企业破产案件若干问题的规定》（2002 年）第 72 条第 2 款及第 3 款。

③ 参见我国台湾地区“破产法”第 111 条、2004 年《日本破产法》第 63 条。

卖人已经知道买受人处于破产境地，而仍将货物发送，此时赋予其取回权是否有必要？

2. 行纪人取回权

行纪人取回权，指行纪人受委托人的委托购入货物，在货物发送后，委托人尚未收到货物且未付清价款而被宣告破产的，行纪人享有的收回已发送货物的权利。行纪人取回权是出卖人取回权的扩张适用，因为在行纪关系中，委托人如未付清价款而被宣告破产时，行纪人的地位和处境，实际上与普通买卖关系中出卖人完全一样，所以行纪人取回权中没有规定的，可以适用于出卖人取回权的有关规定。

第四节 破产别除权

一、别除权的概念和特征

别除权是个别债权人就破产人的特定财产，不依破产程序优先受偿的权利。别除权不是破产法创设的实体权利，而是破产法给予某些既存的实体权利的特殊待遇，即基于破产宣告前已存在于破产人特定财产上的担保物权而产生的一种权利。别除权具有以下特征：

（1）别除权的行使对象是属于破产人所有的特定财产。别除权的标的物是属于债务人所有的财产，而取回权的标的物则为取回权人所有，这是两者区别的关键所在。不属于破产人所有而由其占有的财产，即使为债权担保的标的物，所有权人或者担保物权人对其行使的权利，是取回权而非别除权。另外，别除权的标的物还必须是破产人的特定财产，这也是别除权与其他优先受偿请求权的区别所在，其他优先受偿请求权如破产费用请求权、共益债权、优先顺位请求权等以不特定的破产财产为受偿对象。

（2）别除权的行使可不依破产程序。别除权的行使对象是债务人所有的设立了担保物权的特定财产。别除权的实质是基于对该财产的担保物权，所以别除权可不依破产程序而优先受偿。

二、别除权的基础权利

外国破产法一般都对别除权产生的基础权利作了明确规定，主要包括抵押权、质权、留置权以及特别优先权。我国《破产法》对别除权的设定范围没有明确规定，只是规定了别除权所依据的基础权利是“对破产人的特定财产享有担保权”。[①] 在我国，债的担保方式分为保证、抵押、质押、留置及定金五种。抵押、质押及留置三种担保物权作为别除权的基础权利，我国学者已无争议。[②] 保证是人的担保，不具有担保物权的特性，故不能作为别除权的基础权利，所以，有争议的仅为定金。我们以为，定金的交付只在当事人之间产生债权关系，而不发生物权效力，其担保效力不及担保物权，[③] 故不能作为别除权的基础权利。至于优先权，应视特别法规定的优先权的物权性，以决定其是否可为别除权的基础权利，如我国《海商法》所规定的船舶优先权因可被视为特别法上的担保物权，故可为别除权的基础权利。

三、别除权的行使

别除权的标的物不属于破产财产，别除权人可不依破产程序优先受偿，但别除权的行使仍与破产程序有一定的联系，别除权在行使时应注意以下问题：(1) 别除权人必须按期向人民法院申报债权，若逾期未审报，则视为自动放弃。债权申报后，还需接受债权人会议的审查确认，未获得债权人会议确认的有担保债权，不受别除权制度的保护。(2) 在破产案件受理后至破产宣告前，未经人民法院的准许，不得行使别除权。因为在此期间，债权人会议有可能与债务人达成和解，如果允许行使别除权，就可能影响和解协议的达成；如果达成和解协议，对债务人的特定财产享有担保权的权利人，自人民法院裁定和解之日起可以行使权利。[④] 至于破产宣告后，别除权如何行使，我国法律未规定。我们认为，此时别除权人行使权利，应取得破产管理人同意。(3) 依据我国《破产法》第 75 条第 1 款的规定，在重整期间，对债务人的特定财产享有的担保权暂停行使。但是，担保物有损坏或者价值明显减少的可能，足以危害担保权人权利的，担保权人可以向人民法院请求恢复行使担保权。

别除权的行使方法，因标的物的占有状态不同而有所不同。当别除权人占有标的物时，其可依合同或法律的许可方式自行变价而优先受偿；如未占有标的物，别除权人应向破产管理人主张权利。破产管理人承认别除权的，别除权

---

① 参见我国《破产法》第 109 条。

② 但是需要说明的是，对于留置权是否可以无条件成为别除权的基础权利，各国立法有所不同，如 2004 年《日本破产法》第 66 条、1994 年《德国破产法》第 51 条规定，仅依商法成立的别除权财产为别除权的基础，即对民法上的留置权成为别除权的基础予以否认。

③ 陈本寒主编：《担保法通论》，武汉大学出版社 1998 年版，第 110 页。

④ 参见我国《破产法》第 96 条第 2 款。

人可取得标的物优先受偿，否则，别除权人应以破产管理人为被告，向法院提起诉讼。另外，别除权的标的物因不可归责于别除权人的事由而灭失，以及别除权行使后未能受偿的债权部分，均可作为破产债权，依照破产程序受偿。

第五节 破产抵销权

一、破产抵销权的概念和特征

破产抵销权，是指破产债权人在破产申请受理前对破产债务人负有债务，不论给付种类是否相同，也不问破产债权人的债权是否已到清偿期，均可不依破产程序而为抵销的权利。①

破产抵销权是对破产债权人利益的一种特别保护措施，其实质是给予对破产人负有债务的债权人一种优先受偿权。破产抵销权是民法上的抵销权在债务人破产时的扩张适用，但其有特殊性：

（1）破产抵销权的行使主体只能是破产债权人。破产申请受理后，破产财产由破产管理人接管。债权人对破产人所负的债务亦构成破产财产，若允许破产管理人行使抵销权，则实际上是用破产财产优先清偿对破产人负有债务的债权人，势必造成破产财产的减少，损害债权人的共同利益。民法上的抵销权，互负债务的双方均可主张，而破产法抵销权的行使主体仅以破产债权人为限。

（2）破产抵销权不受债务种类和履行期限的限制。为维护债权人公平受损的利益，在破产清算程序中，必须将破产财产和破产债权等质化，即转化为金钱债务和金钱债权，至于未到期的债权，其在破产宣告时视为已到期债权。从这个方面讲，破产抵销权实际上也遵循了民法上关于抵销权的要件，即双方互负的债务必须种类相同且均已届清偿期。

（3）用来抵销债务的债权必须是破产债权。民法上抵销权的适用不受双方债权成立时间的限制，而破产法为维护债权人的共同的利益，必须对用来抵销债务的债权范围加以限制。一般仅规定为破产债权，破产申请受理后成立的债权以及虽成立于破产申请受理前但不能作为破产债权的债权，不得用来抵销债权人对破产人所负的债务。

① 1994 年《德国破产法》第 94 ~ 96 条，2004 年《日本破产法》第 67 ~ 73 条即为关于抵销权的规定。

二、破产抵销权的适用和限制

（一）破产抵销权的适用

我国《破产法》第40条第1款规定："债权人在破产申请受理前对债务人负有债务的，可以向管理人主张抵销。"该条即为破产抵销权的规定，但其规定过于原则，未对具体情况下破产抵销权如何适用作进一步规定，势必引起司法操作上的困难。我们以为，我国应借鉴国外立法，规定在以下三种情况下抵销权的适用。

1. 附条件破产债权的抵销

附条件破产债权包括附停止条件破产债权和附解除条件债产债权：（1）附停止条件的债权，在条件未成就时，不得主张抵销；在条件未成就期间，破产管理人可以要求该破产债权人清偿其对破产人所负的债务，该债权人应予履行，但其亦有权要求破产管理人将相当于应抵销债权额的金钱提存。在破产财产最终分配前，如果停止条件成就，债权人可以请求破产管理人交付提存的抵销额；① 若停止条件未成就，则已提存的抵销额应当重新归入破产财产以作最后分配。（2）附解除条件的债权，在条件未成就时，有权主张抵销，但由于债权所附条件是否成就，直接关系到债权效力，故为安全起见，债权人主张抵销时应提供相当的担保，或由破产管理人提存抵销额；在最终分配前，如果条件成就则担保物或提存额将被纳入破产财产以供分配；如果解除条件未成就前，则抵销确定有效。②

2. 附期限债权的抵销

破产宣告后，附期限债权视为不附期限的债权。未到清偿期的债权，视为已到清偿期，故得为抵销。但其在抵销时应注意，如破产债权附有利息时，破产宣告后的利息不得计入抵销额数内；如未附有利息，对抵销债权额应扣除破产债权在破产宣告后至破产债权到期日间的法定利息。③

3. 给付种类不同的债务的抵销

在破产法中，可主张抵销的债务不以同种类债务为限，但在进行抵销时，不论破产债权还是破产债权人对破产人所负的债务，均应当将破产宣告时的债

---

① 如2004年《日本破产法》第70条第1款规定："附停止条件的债权或将来求偿权，为便于日后抵销，可以请求在债权额限度内，提存其抵销额。"

② 参见2004年《日本破产法》第69条。

③ 参见我国台湾地区"破产法"第113条第2款。

权或者债务评价额先算定为金钱债权或债务。①

（二）破产抵销权的限制

破产抵销权的实质是给予破产债权人一种优先受偿权，为防止破产债权人不当使用抵销权，损害其他债权人的利益，有必要对抵销的行使予以限制。依据破产法及相关司法解释，下列债务不得抵销：

（1）债务人的债务人在破产申请受理后取得他人破产债权的，不得抵销。② 法律若允许此种情况下可以抵销，则会实际减少破产财产的价值，并且会诱发破产人的债务人以低价收买他人的破产债权的道德风险，并以此种债权与自己对破产人所负的债务抵销，从而损害其他债权人利益，违背破产程序的公平受偿宗旨。

（2）债权人已知债务人有不能清偿到期债务或者破产申请的事实，对债务人负担债务的，但是，债权人因为法律规定或者有破产申请一年前所发生的原因而负担债务的除外。③ 在这种情况下，若允许抵销，易于使破产债权人无所顾忌地通过对破产人负债，与其破产债权抵销，从而将其破产债权的分配损失转嫁由其他破产债权人承担，这必然与设立破产抵销权的目的相违背，无异于鼓励破产债权人滥用抵销权。

（3）债务人的债务人已知债务人有不能清偿到期债务或者破产申请的事实，对债务人取得债权的。④ 法律之所以如此规定，是出于保护善意破产债权人公平受偿利益的目的。因为在破产人停止支付或者有破产申请的情形下，破产人的债务人无论是从破产人处直接取得债权，还是从其他第三人处于取得债权，都不能排除其有以该债权与其所负破产人的债务相抵销的恶意。但是，债务人的债务人因为法律规定或者有破产申请一年前所发生的原因而取得债权的除外。

（4）破产债权人在破产宣告后对破产人负有债务的，不得主张抵销。⑤ 法律之所以如此规定，是出于以下两方面的考虑：其一，破产债权人在破产宣告后对债务人所负的债务，应作为破产财产，由全体债权人公平受偿，若允许破产债权人抵销，势必使破产财产不当减少，从而引起债权人受偿机会不均

① 参见我国台湾地区“破产法”第113条第1款。

② 参见我国《破产法》第40条第（一）项、最高人民法院《关于审理企业破产案件若干问题的规定》（2002年）第60条第2款。

③ 参见我国《破产法》第40条第（二）项。

④ 参见我国《破产法》第40条第（三）项、2004年《日本破产法》第72条。

⑤ 参见最高人民法院《关于审理企业破产案件若干问题的规定》（2002年）第60条第1款。

等；其二，保障破产程序的顺利进行。若法律允许破产债权人在破产宣告后对债务人负有的债务与其破产债权抵销，无疑会引起破产债权人竞相对破产企业负债而主张抵销的混乱局面，从而不利于破产程序的进行。

三、破产抵销权的行使

破产债权人可不依破产程序行使抵销权，从而使其债权获得优先受偿，但抵销权的行使与破产程序仍是有关联的。首先，破产债权人必须按照破产法规定申报债权，并经债权人会议审查确认后，方可行使抵销权。其次，抵销权的行使，应由破产债权人向破产管理人主张，若破产管理人承认债权人的抵销请求，即发生抵销的效果；如果破产管理人对债权人的抵销权有异议，则应通过诉讼解决。最后，抵销权应在法定期间内行使，即破产宣告后和破产程序终结之前这段时期。

第六节 破产否认权

关于破产宣告是否有溯及力，破产法存在两种立法体例。以英国破产法为代表的国家采取破产宣告溯及主义，其认为债务人在破产宣告前的一定期间所为的管领和处分财产的行为，因破产宣告剥夺破产人管领和处分其财产的效力，而溯及以往地归于无效。① 以德国破产法为代表的国家采取破产宣告无溯及主义，其认为破产宣告无溯及力，破产宣告剥夺破产人管理和处分其财产的效力，只能及于破产人在破产宣告后所为的行为，由于破产宣告无溯及力，故要创立一种制度，即破产否认权制度，来纠正或弥补破产人在破产宣告前所为不当行为可能或已经给破产财产造成的损害。我国破产法采取德国法系的立法模式。

一、破产否认权的概念和种类

破产否认权，又称撤销权，是指破产管理人对于破产人在破产宣告前的一段期间内所为的有害于债权人团体利益的行为，享有请求法院予以撤销的权利。破产否认权是民法上撤销权制度在破产法中的具体适用，其目的在于维护破产财产的完整性，从而维护债权人的公平受偿利益。

---

① 邹海林：《破产程序与破产法实体制度比较研究》，法律出版社 1995 年版，第 264 页。

在日本破产法中，将否认权分为故意否认、危机否认及无偿否认三种类型:①（1）故意否认，又称恶意否认，是指对破产人在破产宣告前明知而实施的有害于债权人共同利益的行为的否认。行使故意否认权不问该否认权对象行为的发生时间，无论是发生在破产人出现破产原因时，还是发生在提出破产申请时，均可行使，但在行使该否认权时，必须具备主观要件和客观要件，即债务人的故意行为造成破产财产的实际损害。（2）危机否认是指以破产人在有支付停止或破产申请前后的一段时期内，虽无故意却造成破产财产实际损害的行为为对象的否认。危机否认的行使，不以债务人的主观恶意为要件，但其所否认的行为必须发生在支付停止或破产申请前后的一段时期内。（3）无偿否认是指对破产人在破产宣告前的一段期间内所为的无偿行为或类似于无偿行为的有偿行为的否认。

二、破产否认权的构成要件及客体

（一）破产否认权的构成要件

依据我国破产法的规定，破产否认权由四个要件构成：

（1）必须是破产人在破产申请受理前的一定期间内所为的行为。破产申请受理后，破产财产由破产管理人接管，债务人丧失了对其财产管理和处分的权利，债务人对财产的任何处分行为都绝对无效，并且该行为不能对抗破产债权人，无需否认；否认权的对象行为必须发生在特定期间内，我国规定为人民法院受理破产申请前一年内。

（2）必须是有害于破产债权人利益的行为。否认权的对象行为必须是减少破产人的财产或增加破产人负债的行为。

（3）必须是破产人有恶意的行为。所谓恶意，是指破产人在进行不当行为时有造成破产财产减损的主观故意或过失。

（4）必须有基于应被否认的行为而获得利益的人存在。破产法设立否认权制度的目的在于通过否认破产人的不当行为，追回被破产人不当处分的破产财产，从而恢复破产财产的原状，如果不存在行为获益人，则破产管理人无法找到追债主体，自然没有行使破产撤销权的必要。

（二）破产否认权的客体

破产否认权的客体是指破产人所为的可以撤销的民事行为，这类行为必须

① ［日］石川明:《日本破产法》，何勤华等译，中国法制出版社 2000 年版，第 173 页。

具备有害性和不当性的本质特性。所谓有害性，是指对债权人的一般利益造成损害。债权人的一般利益与各债权人作为单独民事主体所主张的个别清偿利益有别，它是指债权人作为一个程序意义上的集体所应承认和保护的清偿利益。所谓不当性，是指依据公平原则对破产债权人的利益和因债务人可撤销行为受益的第三人利益进行衡量，若认为保护第三人利益而无视债权人利益有违公平正义观念，则该行为具有不当性，否则，该行为具有正当性。

我国《破产法》第31条对破产否认权的客体做了规定，按照其规定，人民法院受理破产申请前一年内，涉及债务人财产的下列行为，管理人有权请求人民法院予以撤销：(1) 无偿转让财产的；(2) 以明显不合理的价格进行交易的；(3) 对没有财产担保的债务提供财产担保的；(4) 对未到期的债务提前清偿的；(5) 放弃债权的。另外，我国《破产法》第32条规定，人民法院受理破产申请前6个月内，债务人有破产法第2条第1款规定的情形，仍对个别债权人进行清偿的，管理人有权请求人民法院予以撤销。但是，个别清偿使债务人财产受益的除外。

三、破产否认权的行使及其效力

破产否认权只能由破产管理人以诉讼的方式向法院为之，破产债权人不得自行主张破产否认权。至于何人充当被告，应依被撤销行为的性质不同而不同。如果否认权的客体为破产人的单方行为，则以破产人为被告；如系双方行为，则既可以行为的相对人为被告，也可以债务人和行为人为共同被告。破产管理人应在除斥期间内行使否认权，我国破产法没有规定具体的期间，《日本破产法》规定为2年。

否认权的行使，可发生债权性法律后果和物权性法律后果。债权性法律后果，是指使破产人于破产宣告前一定期间内实施的有害债权人利益的行为归于无效，破产人同行为相对人之间的法律关系，恢复至行为成立前的状态。物权性法律后果是由债权性法律后果引起的，破产人的行为无效，则相对人据该行为取得的财产，应返还给破产管理人作为破产财产。

第七节 破产费用和共益债务

一、破产费用与共益债务的关系

破产费用，是指在破产程序进行中，为破产程序的顺利进行以及破产财产的管理、估价清理、变卖和分配而必须支付的由破产财产优先拨付的费用。共益债务，是为全体债权人的共同利益，因管理、变价和分配破产财产而负担的债务。破产费用和共益债务在《日本破产法》中被称为财团债权，其认为既然破产费用和共益债务是为破产财团所负的给付义务，则破产费用请求权人和共益债务的相对人实际上对破产财团享有债权，故在理论上和实务上将破产费用及共益债务称为“财团债权”。①

破产费用和共益债务，均为债权人的共同利益而发生，具有相同的属性。

（1）破产费用和共益债务形成于破产程序进行中。因为只有破产程序的进行，才有财产管理活动和破产管理人职务的执行，才可能产生破产费用和共益债务。这就使破产费用和共益债务与主要发生于破产程序开始前的破产债权以及别除权、取回权等相区别。

（2）破产费用和共益债务都为债权人的共同利益而发生。② 债权人对破产人的请求权，虽产生于破产程序进行中，若不是为了债权人的共同利益，亦不能作为破产费用和共益债务优先受偿，如债权人参加破产程序的费用，取回权人行使取回权的费用等。

（3）破产费用和共益债务从破产财产中优先受偿。破产费用和共益债务优先于破产债权受偿，但与其他具有优先受偿性的权利如别除权有所不同，主要体现在：破产费用和共益债务的受偿标的是债务人不特定的破产财产，而别除权的行使对象是别除权人享有担保物权的债务人的特定财产，且该财产不是破产财产的组成部分。

（4）破产费用和共益债务可不依破产程序随时受偿。③ 这是因为破产费用和共益债务是为债权人的共同利益而发生的，二者的目的在于保证破产程序的顺利进行，维护破产债权人的公平受偿利益，故应由破产财产随时拨付。若破产财产不足支付破产费用和共益债务，破产管理人应请求法院终结破产程序。

破产法虽基于同一目的设立破产费用和共益债务制度，但二者还是有区别的：首先，二者的产生原因不同。破产费用主要是因破产财产的管理活动和诉

① 参见2004年《日本破产法》第148条。

② 李永军：《破产法律制度》，中国法制出版社2000年版，第212页。

③ 邹海林：《破产程序与破产法实体制度比较研究》，法律出版社1995年版，第346页。

讼活动而产生，基本上以成本性的支出为特点，属于法定支出的范围；共益债务则为破产管理人执行职务而产生的破产财产的负担，多因民事行为而发生。其次，二者的范围不同（详细内容见后）。

二、破产费用和共益债务的范围

关于破产费用和共益债务的范围，一般国家和地区的破产法均做了明确的规定，① 我国破产法亦不例外。

依据我国《破产法》第41条规定，破产费用主要包括以下几项：（1）破产案件的诉讼费用。此项费用，包括自破产开始至破产程序终结，破产程序进行中支出的全部诉讼费用，主要由破产案件受理费、职权调查费、公告费、送达费、鉴定费、勘验费、证据保全费等。需注意的是，破产案件的诉讼费用必须为债权人的共同利益而支出，若为债权人个别利益而支出的费用，如个别债权人因其债权异议而发生的诉讼费用，不属于破产费用。（2）因破产财产的管理、变价和分配所产生的费用。破产宣告后，破产财产由破产管理人接管。破产管理人为破产分配而对破产财产进行管理、变价和分配，必然要支出相应的费用，即破产费用。例如，破产财产的管理费、变价费、分配费等。（3）管理人执行职务的费用、报酬和聘用工作人员的费用。

依据我国《破产法》第42条的规定，共益债务应包括以下几项：（1）因管理人或者债务人请求对方当事人履行双方均未履行完毕的合同所产生的债务。（2）破产宣告后，第三人对破产财产进行无因管理而产生的债务。在破产案件中，第三人对破产财产进行无因管理，有利于破产财产价值的维护，从而有利于破产债权人的团体利益，所以无因管理人可以要求从破产财产中优先清偿因管理而造成的损失。（3）破产宣告后，因破产财产的不当得利产生的债务。② 第三人因破产财产不当得利而享有债权发生于破产宣告后，不得作为破产债权参加破产分配，但考虑到破产管理人因接管破产财产取得不当利益，客观上增加了破产财产的价值，实际上有利于债权人的共同利益，故应作为共益债务，优于一般破产债权受偿。（4）为债务人继续营业而应支付的劳动报酬和社会保险费用以及由此产生的其他债务。（5）管理人或者相关人员执行职务致人损害所产生的债务。（6）债务人财产致人损害所产生的债务。

---

① 如2004年《日本破产法》第148条、《美国联邦破产法》第503条、我国台湾地区“破产法”第95条。

② 参见我国台湾地区“破产法”第96条。

三、破产费用和共益债务的拨付

破产费用和共益债务的拨付，不依破产程序进行，破产费用请求权人和共益债务相对人可随时由破产财产优先受偿。① 如 2004 年《日本破产法》第 151 条规定，财团债权优先于破产债权进行清偿。我国《破产法》第 43 条规定："破产费用和共益债务由债务人财产随时清偿。债务人财产不足以清偿所有破产费用和共益债务的，先行清偿破产费用。债务人财产不足以清偿所有破产费用或者共益债务的，按照比例清偿。债务人财产不足以清偿破产费用的，管理人应当提请人民法院终结破产程序。人民法院应当自收到请求之日起 15 日内裁定终结破产程序，并予以公告。"

第八节　破产法律责任、免责和复权

一、破产法律责任

所谓破产法律责任是指为维护破产法所要求的公平清偿秩序，遏制破产违法行为而设立的制裁机制。破产违法行为是指妨害公平清偿秩序，损害当事人尤其是债权人利益的行为。破产法确立了破产法律责任，需要注意的是此破产责任与《破产法（试行）》中的法律责任不同。破产责任是指破产企业法定代表人或该企业的上级主管部门和领导人对企业破产所应承担的行政责任或刑事责任。破产责任和破产法律责任有以下不同：

（1）破产责任所追究的行为，是企业破产以前，在企业的经营管理过程中所发生的行为；而破产法律责任所追究的行为是债务人破产以后，在法院审理破产案件的过程中所发生的行为，如违反说明义务、违反提交义务，恶意个别清偿等。

（2）破产责任设立的目的，在于维护国有企业的管理秩序及国家所有者的利益；而破产法律责任设立的目的，在于制止破产违法行为，维护债权人的利益，保障破产程序的顺利进行。

（3）承担破产责任的主体只能是国有企业的法定代表人和上级主管部门的领导人；而承担破产法律责任的主体除了法定代表人之外，还包括破产程序

① 参见最高人民法院《关于审理企业破产案件若干问题的规定》（2002 年）第 91 条。

职能机构的人员如破产管理人、监督人等，但上级主管部门的领导人不能成为该责任的主体。

(4) 破产责任的承担形式除了刑事责任外，仅为行政处分；而破产法律责任的制裁措施除了刑事责任和行政责任外，还包括民事诉讼法上的强制措施。

二、破产法律责任的主体

根据我国《破产法》的规定，承担破产法律责任的主体主要为债务人及其相关人员，这些相关人员一般是指债务人的法定代表人和其他直接责任人员；此外还有破产管理人。

债务人及其相关人员、破产管理人需要承担破产法律责任的行为，主要包括以下情形:①

(1) 企业董事、监事或者高级管理人员违反忠实义务、勤勉义务，致使所在企业破产的，依法承担相应的民事责任，并自破产程序终结之日起3年内不得担任任何企业的董事、监事、高级管理人员。

(2) 有义务列席债权人会议的债务人的有关人员，经人民法院传唤，无正当理由拒不列席债权人会议的，人民法院可以拘传，并依法处以罚款。债务人的有关人员违反本法规定，拒不陈述、回答，或者作虚假陈述、回答的，人民法院可以依法处以罚款。

(3) 债务人拒不向人民法院提交或者提交不真实的财产状况说明、债务清册、债权清册、有关财务会计报告以及职工工资的支付情况和社会保险费用的缴纳情况的，人民法院可以对直接责任人员依法处以罚款。债务人拒不向管理人移交财产、印章和账簿、文书等资料的，或者伪造、销毁有关财产证据材料而使财产状况不明的，人民法院可以对直接责任人员依法处以罚款。

(4) 债务人有《破产法》第31条、第32条、第33条规定的行为，损害债权人利益的，债务人的法定代表人和其他直接责任人员依法承担赔偿责任。

(5) 债务人的有关人员违反企业破产法的相关规定，擅自离开住所地的，人民法院可以予以训诫、拘留，可以依法并处罚款。

(6) 破产管理人未勤勉尽责、忠实执行职务的，人民法院可以依法处以罚款；给债权人、债务人或者第三人造成损失的，依法承担赔偿责任。

另外，按照现行做法，商事立法不能包含刑事责任条款，故我国《破产

① 参见我国《破产法》第125～130条。

法》第131条规定："违反本法规定，构成犯罪的，依法追究刑事责任。"

三、免责

破产程序终结后，是否给予破产人以免责，破产法上存在两种立法体例。英美法系国家采取破产免责主义，即破产程序终结后，对未依破产程序清偿的债务，破产人不负继续清偿的责任。① 反之，则为破产不免责主义，大陆法系国家采取这种立法例。② 免责主义和不免责主义各有优劣，但相比而言，免责主义有利于债务人重新开始营业，有利于社会公益的维护，并且法律既然允许债务人破产，实际上也就是要债权人和债务人共同分担债务不能清偿的风险，故有必要继续给予债务人破产后经济上自立的机会，而不免责主义过分注重债权人受偿利益的维护，对债务人利益及社会公共利益保护不利，所以破产免责主义成为当今破产立法的发展趋势，如日本1952年破产法已改采破产免责主义。

英美法系虽采取破产免责主义，但其所谓的免责并不是当然免责，而是许可免责，即破产人于破产程序进行中或者破产程序终结后，符合法律规定的免责条件时，方可申请免责，法院经审查确认破产人符合免责条件的，应当裁定许可破产人免责，破产人于许可其免责的裁定生效时，取得免责利益。一般而言，申请免责的债务人必须是诚实的债务人，所谓诚实的债务人，是指债务人没有诈害债权人利益的行为、破产犯罪行为、拒不履行说明义务或者提交义务、拒不出庭接受询问等违反破产法的行为。③ 另外，债务人应当在法定期间内申请免责。

破产免责和不免责之分，仅在自然人破产时方有实际意义。④ 这是因为，法人因破产而丧失民事主体资格，故于破产程序终结后不存在继续取得财产的

---

① 如《美国联邦破产法》第727条规定："除非债务人有法定不能免责之情形，法院应当许可债务人免责……"

② 需要注意的是，1994年《德国破产法》，改采破产免责主义，该法第1条规定："破产程序的目的在于通过清理债务人的财产、非配财产收益，或者在破产方案的场合，通过为维持公司而特别作出变更规定，对债务人的债权人实现清偿。诚实的债务人因此而免责。"

③ 参见《美国联邦破产法》第727条、1994年《德国破产法》第290条。

④ 如1994年《德国破产法》第286条规定："债务人为自然人时，依第287条的规定对破产程序未能清偿的债务免除向破产债权人负责。"另外可参见《美国联邦破产法》第727条（a）（1）的规定。

可能，而自然人破产后，其身份地位及某些人身自由权利虽受破产法外的限制，但其主体资格并未消灭，故自然人在破产程序终结后仍有继续取得财产的可能性，这就产生了是否由债务人继续清偿依破产程序未受到足额清偿的债务的法律问题。我国现行破产法仅适用于企业法人，不承认自然人的破产能力，故我国不存在免责制度。

四、复权

复权，是指破产人依法律规定或请求法院依照法定程序，解除破产者因破产宣告而受到的破产法外的公私权利以及资格限制，恢复其宣告以前的法律地位的制度。这里需注意的是，复权所解除的并不是破产程序对当事人公私权利或资格的限制，而是破产法外的其他法律出于种种原因特别是公益的考虑对破产人的限制。这是因为，债务人的身份地位及管理处分权因破产宣告而受到的限制，随破产程序的终结而失去效力。

英美法系国家采取破产免责主义，故存在当然复权制度，即破产程序终结后，破产人具备法定条件时，不必向法院申请并经法院许可而恢复权利的制度。英美法的复权制度，以破产免责为基础，有免责就有复权。大陆法系与英美法系有所不同，其在自然人破产时，不仅采取不免责主义，且采取惩罚主义。所谓惩罚主义，是指不仅将破产行为视为犯罪行为，并以限制或剥夺破产人的人身自由和具有人身性质的权利为破产事件的必然结果的立法主义，故大陆法系不存在当然复权制度，但是法律若不采取相应措施，对破产程序外其他法律对破产人公私权利或资格的限制予以解除，则这些限制将永远存在，这样对破产人来说未免过于残酷，是故大陆法系国家的破产立法，普遍采取法院许可破产人复权制度，即在破产程序终结后，破产人通过清偿或其他方法对破产债权者免除了全部债务的清偿责任时，法院根据当事人的申请许可其复权的制度。现代破产立法的发展趋势是当然复权制度和许可复权制度相结合，如日本现行破产法采取当然复权为主，许可复权为辅的复权制度。我国破产法仅适用于企业法人，故不存在复权制度。

第四篇

票据法

第十六章　票据法概述

第一节　票据的概念与性质

一、票据的概念

票据一词一般在两种意义上加以使用。第一种是习惯上人们将一切商业活动中记载一定文字、表彰一定权利的凭证都称为票据，如发货单、提单、保险单、仓单、汇票等；第二种仅限于以支付一定金额为目的的证券。严格的票据概念仅在后一意义上使用。

我国票据法对票据的概念没有给出明确的定义，仅在第2条规定，本法所称票据，是指汇票、本票和支票。从理论上讲，票据是指出票人依法签发的，约定由自己或委托他人在见票时或在到期日向收款人或持票人无条件支付一定金额的有价证券。

二、票据的性质

票据作为代表一定现金流通的证券，与其他种类证券相比，其法律性质有一定的独特性。

1. 设权证券

设权证券是指票据权利的发生，必须以票据的作成为前提，没有票据，就没有票据上的权利。票据的作用不是单纯的证明已经存在的权利，而是在于创设一种权利，这与仅以证明一定权利存在为特征的证权证券不同，如股票、仓单等。因此，票据具有设权性。

2. 要式证券

要式证券是指票据法对票据的记载事项和制作方式均有明确的规定。票据欠缺法定的绝对记载事项，或者更改票据上不可更改事项的，该票据无效；票据记载了票据法未规定的事项时，则该记载不发生票据效力。只有严格按照票据法的规定作成的票据才具有票据效力，这体现了票据的要式性。

3. 无因证券

无因证券是指票据关系与原因关系相分离，票据权利的成立以具备法定条件为必要，而与票据产生、取得的原因无关，即使该原因发生了错误无效，也不影响票据权利的成立。因此，票据具有无因性。

4. 文义证券

文义证券是指票据上权利义务的发生均以票据上所记载的文字内容为准，一切文义之外的任何事项均不构成票据权利义务发生的根据。这表明即使票据记载的文字内容有误，也不得用票据之外的其他证明方法加以变更或补充。票据的文义性，旨在保护善意第三人，维护交易安全。

5. 完全有价证券

票据不仅是有价证券，而且是完全有价证券。完全有价证券是指具有一定财产内容的票据权利在产生、转让和交付时均以票据的占有为前提，不占有票据则难以主张该票据权利，权利与票据具有不可分离的关系。这与不完全有价证券不同，不完全有价证券的权利和证券在一定情况下可以分离，即使不占有证券，也可以主张权利，如股票、公司债券、提单等。因此，票据具有完全有价性。

6. 流通证券

流通证券是指票据权利的转让是通过背书或交付的方式进行，而不必通知债务人。票据的这种转让方式比一般财产权利的转让更为灵活、方便。因此，票据具有流通性。

7. 提示证券

提示证券是指占有票据的权利人请求债务人履行票据上的义务时，必须向债务人提示票据，以证明其占有票据的事实，否则债务人有权拒绝履行，并不负债务不履行或迟延履行的责任。因此，票据具有提示性。但是也存在例外情况，比如票据债权人丧失票据时，经法院作出除权判决，可以以此判决代替票据来行使权利。

8. 返还证券

返还证券是指票据的持有人在受领票据金额时，必须将该票据交还给票据付款人，如果持票人不交还票据，付款人有权拒绝支付票据金额。这是因为，票据上的权利与票据具有不可分离的关系，权利的行使以票据的占有为必要，如果票据持有人不交回票据，则难免发生付款人对持有票据的善意第三人再度付款的可能。因此，票据具有返还性。

第二节 票据功能与种类

一、票据的功能

票据是经济活动的产物，其功能主要体现在经济方面。票据具有何种经济功能，学者的认识不尽相同。有人认为票据具有支付、信用、结算和融资的功能。① 有人认为票据具有汇兑、信用、支付、结算（债务抵销）、融资（调度资金）的功能。② 有人认为票据不仅具有汇兑、信用、支付、结算、融资的功能，还具有货币代替、经济调节和债务质量改善的功能。③ 还有人认为票据仅具有汇兑、信用和支付的功能。④ 而票据之所以具有各种经济功能，其主要原因在于：形式简明、流通自由、法律上予以特别保护。从这个角度来说，我们认为，票据具有四种功能：⑤

（1）汇兑功能。在票据制度建立以前，异地之间的现金往来往往费力费时，而且现金的携带容易遗失被盗，以票据代替现金后不仅方便而且安全。因此，现今各国，汇票已成为异地交易、支付金钱的最佳工具，以支票代替现金也有不少，一般而言，本票较少用来代替现金。

（2）信用功能。现代社会中，商品的买卖和其他交易大量采用信用交易的方式，而信用交易的最佳工具非票据莫属。交易的一方当事人以票据代替货币，另一方正是基于对付款人的信任而接受了表示将来付款的票据。当票据成为流通证券后，票据的信用又从直接交易人之间扩大到非直接交易人之间，转变为社会信用，这种现象被称为“信用的证券化”。⑥

（3）货币代替功能。货币代替功能也称通货节约功能。票据最初发行时，并没有背书转让的内容，在效力上仅限一次付款，不能辗转流通。背书转让方式出现后，票据每经一次背书转让，就增加了一个票据付款的担保人，转让的次数越多，票据付款的担保人越多，票据的流通价值也越高。这样，票据的作

① 谢怀栻：《票据法概论》，法律出版社 1990 年版，第 21～23 页。

② 王小能主编：《中国票据法律制度研究》，北京大学出版社 1999 年版，第 17～21 页。

③ 姜建初、章烈华：《票据法》，人民法院出版社 1998 年版，第 8～11 页。

④ 郑玉波：《票据法》，台湾三民书局 1980 年版，第 5～6 页。

⑤ 张国键：《商事法论》，台湾三民书局 1993 年版，第 359～361 页。

⑥ 刘家琛主编：《票据法原理与法律适用》，人民法院出版社 1996 年版，第 14 页。

用几乎等于货币的作用。

（4）结算功能。结算功能也称债务抵销功能。票据的结算功能在现代国际贸易中表现得最为显著，因为如果国际贸易的往来都以现金结算，不仅费时费力危险，而且也十分困难。以票据作为国际间债权债务的抵销，则可以解决现金结算的不便和危险。因此，在现代国际贸易中，各国都已普遍实行票据交换制度，设立票据交换中心来进行票据结算。

二、票据的种类

由于各国立法例以及商事习惯的不同，对于票据的种类存在分开主义和合并主义两种做法。大多数国家采用日内瓦统一票据法的分开主义，如法国、德国和日本等国认为，汇票和本票属于信用证券，将二者称为票据并规定在票据法中；而支票不是票据，仅是单纯的支付证券，将其单独规定在支票法上。依分开主义，票据法从广义上理解，包括汇票、本票法（即狭义票据法）和支票法两种。另一是英美法系国家的合并主义，主要是英国和美国等国，将汇票、本票及支票统称为票据。

我国《票据法》第 2 条第 2 款规定，本法所称票据，是指汇票、本票和支票。因此，我国票据法上的票据分为三种：

（1）汇票，是指出票人签发的，委托付款人在见票时或者在指定日期无条件支付确定的金额给收款人或者持票人的票据。

（2）本票，是指出票人签发的，承诺自己在见票时无条件支付确定的金额给收款人或者持票人的票据。

（3）支票，是指出票人签发的，委托办理支票存款业务的银行或者其他金融机构在见票时无条件支付确定的金额给收款人或者持票人的票据。

第三节　票据行为

一、票据行为的概念与种类

有关票据行为的概念，在学者中存在四种学说：（1）实质说，认为票据行为是以负担票据债务为目的的法律行为。（2）形式说，认为票据行为是以签名、盖章为要件，并具备特定款式的书面行为。（3）要件说，认为票据行为是票据法上所特有的法律行为，而且是发生、变更票据法律关系所必须具备的法律要件。（4）综合说，又分为二综合说和三综合说。二综合说是要件说与形式说的结合，认为票据行为应是具备一定款式及票据行为人的签章而为票据权利义务关系成立要件的书面行为。① 三综合说是实质说、要件说和形式说的结合，认为票据行为是指以发生票据上一定权利义务为目的，应具备一定款式及行为人的签章，而为票据权利义务关系成立要件的要式书面行为。② 实质说、形式说、要件说分别是从票据行为的内涵或外延来下定义，难免有片面性，因此采综合说更全面。而三综合说是从内涵和外延两个方面来把握票据行为的概念，既考虑了当事人的意思表示，又考虑了票据法注重交易安全的宗旨，显然优于二综合说。

票据行为有广义、狭义之分。狭义的票据行为是指以负担票据债务为目的的法律行为，通说认为它包括出票、背书、承兑、参加承兑、保证五种。而根据我国票据法的规定，狭义的票据行为仅包括出票、背书、承兑和保证四种。广义的票据行为是指以票据关系发生、变更、消灭为目的的法律行为，除上述狭义的票据行为外，还包括更改、涂销、禁止背书、付款、参加付款、划线、见票等行为。一般所讲的票据行为，仅指狭义的票据行为。

票据行为根据其性质又可分为基本票据行为和附属票据行为两种。基本票据行为仅指创设票据的原始行为，即出票行为。附属票据行为是指以出票行为为基础而作成的其他票据行为，即背书、承兑、参加承兑和保证。

票据行为根据所涉及的范围又可分为各种票据共有的票据行为和某种票据独有的票据行为。出票和背书为各种票据共有的票据行为；承兑和参加承兑为汇票独有；而保证为汇票和本票中可能有，支票没有保证行为。③

二、票据行为的性质与特征

（一）票据行为的性质

票据行为是法律行为的一种，理论界对此已形成共识，但究竟是契约行为还是单方法律行为却仍有争论。

契约行为说认为票据债务人之所以负担票据上的债务，是因为其与票据权利人订立了契约，该说能够说明直接当事人间的票据行为，但难以解释在直接当事人以外的人之间如何还能发生票据权利义务关系。单方法律行为说认为，

① 刘甲一：《票据法新论》，台湾五南图书出版公司1978年版，第47页。

② 梁宇贤等：《商事法精论》，台湾今日书局1998年版，第195页。

③ 我国票据法未规定支票的保证，但日内瓦《统一支票法》设有专章规定支票的保证，《美国统一商法典》也规定保证合同适用于支票。

票据债务人因为单方行为负担票据债务，不是因为契约关系而发生，票据的出票人、背书人、承兑人均是因为在票据上签名的单方行为而对持票人负担票据上的义务。这两种学说争论不休，在各国立法上都有体现。英美法系国家采契约行为说，认为票据债务人负担票据上的债务，是票据债务人与票据债权人缔结合同所致。大陆法国家则采单方法律行为说，认为票据上的债务因债务人的单方行为而成立。

相比较而言，单方法律行为说更符合票据制度的精神，有利于票据的流通和对善意持票人的保护，因此理论界通说为单方法律行为说。不过单方法律行为说又包括两种观点：一种是创设说，认为票据行为是依票据行为人的签章而成立的单方法律行为，出票人一经创设票据，其权利义务即已存在。另一种是发行说，认为票据债务的成立，除必须有出票人的出票行为外，还须将票据交付给他人。我国票据法的规定体现了单方法律行为说中的发行说。

（二）票据行为的特征

票据行为是法律行为的一种，但与一般法律行为相比较，又有它的特殊性：

（1）要式性，也叫形式性或定型性，是指票据行为必须严格依照法律规定的行为方式进行，不允许行为人任意加以变更，否则票据行为本身即归于无效。

（2）无因性，也叫抽象性或无色性，是指票据行为的作成虽然以原因关系或基础关系为前提，但二者在法律上却是完全分离的。票据行为不因基础关系的不存在、无效或有瑕疵而受影响，只要具备票据行为的有效要件即成立和生效。

（3）文义性，是指票据行为的内容以票据上记载的文字为准，即使票据记载内容与事实不符，也只依该记载发生票据上的效力。

（4）独立性，是指同一票据上的多个票据行为彼此是独立的，其中一个票据行为无效或被撤销，不影响其他票据行为的效力。

三、票据行为的有效要件

票据行为是一种民事法律行为，应当具备法律行为的一般有效要件才能生效，如当事人须具有相应的行为能力、意思表示真实、行为的合法性。除此之外，票据行为的文义性、要式性和无因性的特点，决定了它还要具备以下几个特别要件。

1. 书面

票据既是文义证券又是完全有价证券，票据权利以票据书面记载为限，因此，所有的票据行为都应在票据上以书面形式作成才有效。而且法律对票据用纸和格式均有严格规定，我国《票据法》第108条第2款规定：“票据凭证的格式和印制管理办法，由中国人民银行规定。”中国人民银行颁布的《票据管理实施办法》和《支付结算办法》对此作了详细规定。

2. 签章

各种票据行为的内容不一，但有一个共同点就是必须签章。票据上的签章，包括签名、盖章或者签名加盖章。① 签章之所以构成各种票据行为的共同要件是因为票据是文义证券，票据行为人负担票据责任的依据是他的签章，没有签章不仅不能确认票据行为人，更不能要求他人承担票据债务，这也是票据责任负担的基本原理。

3. 票据记载

票据文义性的特点决定了票据上的各种记载事项必须严格依据票据法的规定，否则可能导致票据无效或者该记载无效的后果。根据记载事项效力的不同，可分为三种：

（1）应记载事项，是指依据票据法规定必须记载的事项，又可分为绝对应记载事项和相对应记载事项。①绝对应记载事项如果欠缺将导致该票据行为无效，如果出票行为欠缺绝对应记载事项将使票据无效。②相对应记载事项虽然同为法定记载事项，但如果欠缺可以依据法律规定确定，而不必然导致票据无效或票据行为无效。

（2）任意记载事项，又称得记载事项，是指法律对其是否应记载不做强制性要求，而是根据当事人的选择，但记载以后，则发生票据效力的事项。

（3）不生票据效力的记载事项。该类事项的记载不是票据法的强制性要求，因而不具有票据效力，但如果予以记载并不影响其产生其他法上的效力，如民法上的效力。比如，支票上的保证行为，保证人虽不承担票据法上的保证责任，但符合民法规定的，仍要负民法上的保证责任。

（4）不得记载事项，是指不应在票据上记载的事项。依据产生的效果又可分为两种：①无效记载事项。该类事项虽然记载于票据之上，但该记载不发生任何效力，既不发生票据效力，也不发生其他法的效力。该事项被认为无记载或其记载无效。比如，见票即付的汇票上的承兑行为，该承兑行为本身无

① 参见我国《票据法》第7条第1款。

效。②使票据无效或使票据行为无效的记载事项。该类事项又称为有害记载事项，为票据法规定不得记载的事项，一经记载，将导致票据无效或票据行为无效。如汇票承兑中的附条件承兑，该承兑行为无效；背书中的一部背书或分割转让背书，该背书行为无效。

4. 交付

票据行为有效成立，除了须具备以上要件之外，还必须将票据交给相对人持有。但交付是否构成票据行为的有效要件，在学说上争议较大，这主要与票据行为的性质有关，契约行为说和单方法律行为说中的发行说均认为交付是票据行为的有效要件之一，而单方法律行为说中的创造说认为交付不构成票据行为的有效要件。① 还有学者认为，“交付”作为票据行为的形式要件似有不妥，但又不能将其纳入实质要件，因此认为交付构成是与实质要件、形式要件相并列的第三类要件。② 我国采纳发行说，根据《票据法》第 20 条的规定，出票是指出票人签发票据并将其交付给收款人的票据行为。所谓“签发”，应当理解为“签章”和“发出”，而发出即为交付。③

四、空白授权票据

空白授权票据简称空白票据，是指出票人在签发票据时，就票据应记载事项的全部或一部分未加记载，而预留由持票人在日后补充的票据。空白授权票据实际上是未完成票据，但因为有补充权，在补充权行使时而成为完全票据。空白授权票据在日内瓦《统一汇票本票法》、《统一支票法》中均有规定，各国也大多予以认可。我国仅认可空白授权支票，《票据法》第 85 条、第 86 条规定，支票上的金额和收款人名称可以由出票人授权补记。

空白授权票据的成立，一般应具备以下要件：

（1）票据出票人的签章。空白授权票据的成立，必须有出票人的签章，没有出票人的签章，而授权第三人作成票据的，构成票据行为的代理。空白授权票据必须有出票人的签章，这是由签章是票据行为人负担票据责任的原理决定的，也是票据行为的有效要件决定的。因此，没有签章，就不能成立有效的票据行为。

---

① 郑玉波：《票据法》，台湾三民书局 1980 年版，第 38 页；王小能主编：《中国票据法律制度研究》，北京大学出版社 1999 年版，第 56 页。

② 施文森：《票据法新论》，台湾三民书局 1987 年版，第 29 页。

③ 刘家琛主编：《票据法原理与法律适用》，人民法院出版社 1996 年版，第 70 页。

（2）票据应记载事项的全部或部分欠缺。票据应记载事项的欠缺，既有绝对应记载事项的欠缺，也有相对应记载事项的欠缺，但对于其欠缺的程度或形态如何，并不作区分，不过通常所见，主要是票据金额、出票日或到期日的空白。

（3）补充权的授与。空白授权票据的成立，必须由出票人通过明示或默示的方式授权持票人，以使持票人能够行使补充权以完成票据，这一点是空白授权票据与单纯欠缺绝对应记载事项而无效的票据之间的根本区别。但是，为了维护票据的流通性和文义性，空白授权票据一经补充完成，不论补充之人是否为被授权人，以及被授权人是否越权，均使票据完成出票的效力，只有出票人才能以无权或越权为由对补充人进行抗辩，其他票据债务人必须按照签名时票据上记载的文义负责。①

（4）交付。空白票据必须交付他人，这也是一般票据行为的有效要件。因此，对于未完成票据，如果未经交付，而是因为遗失、被盗等违反出票人意思的原因流通的，不能构成空白授权票据。当然，如果这种票据被善意第三人取得，为保护交易安全，应认为该票据的出票人仍应负责。

五、票据行为的代理

票据行为是民事法律行为的一种，当然也适用民法上关于代理的规定。但是基于保障票据流通和保护社会交易安全的需要，票据法对票据行为的代理又作了特别的规定。

1. 载明本人

票据行为的代理采取严格显名主义，即要求代理人必须将本人的姓名或名称载明于票据之上，否则本人不承担票据上的责任。这一点是由于票据的文义性、流通性决定的，否则非直接当事人难以查明是否有代理关系的存在，票据关系人也难以确认票据行为人是谁。

2. 载明为本人代理的意思

代理人在为票据代理行为时，要求必须将代理的意思表示记载在票据上。我国《票据法》第5条规定，代理为票据行为时，“应当在票据上表明其代理关系”。但载明的方式，《票据法》并未作出规定，通常认为，如果代理人在票据上记明本人名义，自己也签章的，即使未载明“代理人”字样，依据一

① 参见曾世雄、曾陈明汝、曾宛如：《票据法论》，中国人民大学出版社2002年版，第50～51页。

般社会观念和票据记载的全部内容，足以使持票人认为代理人是代本人为票据行为的，仍构成票据代理，本人应负票据上的责任。

3. 代理人签章

根据我国《票据法》第 5 条第 1 款的规定，票据当事人可以委托其代理人在票据上签章，即代理人也必须在票据上签章。如果只在票据上载明本人的姓名或名称的，在理论上称为票据行为的代行。票据行为的代行没有代理意思的表示，也没有代行人自己的签章，仅表现出被代行人为签章人，对此行为的效力应该区别对待，如果是有权代理，与代理的效果相同，否则构成票据伪造。

4. 代理权的授与

代理人是否有权代理是票据代理是否有效的关键。代理人在没有授权或超越权限的情况下代本人为票据行为的，本人不负担责任或对越权部分不负责任，而由代理人自己负担。

在票据行为的代理中，同样也存在无权代理，越权代理和表见代理的问题。票据流通和交易安全，对票据行为的无权代理，我国《票据法》第 5 条规定由无权代理人负担票据责任；越权代理就其超越权限部分而言，也属于无权代理，因此越权部分的票据责任由代理人负担，未越权部分，属有权代理，仍由本人负担；对于票据表见代理而言，我国票据法未作出明文规定，但持票人可根据民法关于表见代理的一般理论主张本人应负票据责任，也可根据票据法的有关无权代理的规定直接向无代理权的行为人请求负担票据责任。但本人和无权代理人之间并非连带关系，持票人只能择一行使其票据权利，本人履行完票据义务以后，可以向无权代理人追偿。①

第四节 票据的瑕疵

一、票据的伪造

票据的伪造是指假冒他人名义而进行的票据行为，包括假借他人名义所为的票据行为和虚构他人所为的票据行为。票据的伪造有广义、狭义之分。假冒他人名义进行出票行为的，称为狭义的票据伪造；假冒他人名义进行出票以外的其他票据行为，如背书、保证、承兑等，称为广义的票据伪造。我国《票

① 谢石松：《试论票据代理中的法律问题》，载《中国法学》1996 年第 1 期。

据法》第14条对票据的伪造作出了相应的规定，但未对其给出明确的定义，理解上认为我国的票据伪造采广义说。①

我国《票据法》第14条第2款规定，票据上有伪造签章的，不影响票据上其他真实签章的效力。由此分析票据伪造的效力有以下几点：

（1）对被伪造人的效力。因为被伪造人自己并没有在票据上签章，根据无签章无票据责任的原理，被伪造人当然不承担任何票据责任。

（2）对伪造人的效力。伪造人是假冒他人名义在票据上签章，而不以自己的名义所为，同样根据无签章无票据责任的原理，伪造人也不承担票据责任。但并不表示不承担其他法律责任，如民事赔偿责任、刑事责任和行政责任②。

（3）对其他真实签章人的效力。根据票据行为独立性的要求，某一票据行为的无效不影响其他票据行为的效力，因此，票据的伪造行为并不影响票据上其他真实签章的效力。

二、票据的变造

票据的变造是指没有变更权而变更票据上除签章以外的记载事项的行为。票据的变造不同于票据的更改，票据的更改是指有变更权的人对票据上记载事项的变更，因此，票据的变造应注意：（1）变造的是已成立的合法票据；（2）变造票据的人是没有变更权的人；（3）票据变造的内容是除签章以外的其他票据记载事项。

我国《票据法》第14条第2款、第3款对票据变造后的法律后果进行了详细规定，包括以下几点：（1）票据上有变造的事项的，不影响票据上其他真实签章的效力；③（2）在变造之前签章的人，对原记载事项负责；（3）在变造之后签章的人，对变造之后的记载事项负责；（4）不能辨别是在票据被变造之前或者之后签章的，视为在变造之前签章。

至于变造票据的人是否应该承担票据责任，应视其是否为票据行为人而

---

① 王小能主编：《中国票据法律制度研究》，北京大学出版社1999年版，第107页；姜建初、章烈华：《票据法》，人民法院出版社1998年版，第111页；赵新华：《票据法》，人民法院出版社1999年版，第111页。

② 参见《最高人民法院关于审理票据纠纷案件若干问题的规定》第67条。

③ 我国《票据法》第14条第2款为："票据上有伪造、变造的签章的，不影响票据上其他真实签章的效力。"这一表述混淆了票据伪造与票据变造的对象，票据的伪造主要针对签章，票据的变造仅指签章以外的其他事项。

定。如果变造人本身就是票据行为人，其应承担的刑事责任和民事赔偿责任不影响其票据责任的承担，并按照其签章时的票据记载来确定票据责任的内容。如果变造人不是票据行为人，则他不需承担票据责任。①

三、票据的涂销

票据的涂销是指将票据上的签章或其他记载事项涂抹消除的行为，如以化学方法、笔墨涂抹等方式涂销。票据上已被涂销的内容能否辨认，不影响对涂销的确认。

我国票据法并未规定票据的涂销，但在其他国家、地区以及日内瓦《统一汇票本票法》中均有规定，根据其原理，票据涂销的效力有以下几点：

（1）权利人故意涂销，为有效涂销，该被涂销的记载事项丧失票据效力；②

（2）权利人非故意涂销，为无效涂销或视为未涂销，该被涂销的记载事项仍具有票据效力；

（3）无权利人故意涂销，该涂销行为归于票据伪造或票据变造中；

（4）无权利人非故意涂销，该涂销行为未涂销或涂销无效，该被涂销的记载事项仍具票据效力。

第五节　票据权利与票据抗辩

一、票据权利

（一）票据权利的概念和种类

票据权利又称票据上的权利，是指持票人向票据债务人请求支付票据金额的权利。

票据权利包括付款请求权和追索权两种。③ 付款请求权是指持票人向票据第一义务人或者关系人请求支付票据金额的权利，它是票据的第一次权利，所

① 于莹：《票据法》，高等教育出版社2004年版，第61~62页。

② 有学者称其为消极背书。参见梁宇贤：《票据法理论与实用》，台湾五南图书出版公司1980年版，第468页。

③ 参见我国《票据法》第4条第4款；《最高人民法院关于审理票据纠纷案件若干问题的规定》第5条。

以又称为主要票据权利。追索权是指当票据到期得不到付款或者在到期日前得不到承兑或者发生其他法定原因（付款人或者承兑人死亡、逃匿，被法院宣告破产或者被行政部门责令终止业务活动）时，持票人向票据上的所有义务人请求支付票据金额、法定利息以及其他必要费用的权利，它是票据的第二次权利，也称为副票据权利、偿还请求权。

（二）票据权利的取得

票据是完全有价证券，票据与权利不可分离，谁持有票据，谁就享有票据权利。但为了贯彻公平的原则，《票据法》同时规定了一些例外的情况，对票据权利的取得作出限制。①

（1）以恶意或重大过失取得票据的，持票人不享有该票据权利。但在举证方面，采取举证责任倒置的做法，由票据义务人负责证明持票人的恶意或重大过失。

（2）没有对价或以不相当对价取得票据的，其票据权利不得优于其前手的权利。

（三）票据权利的行使与保全

票据权利的行使是指票据权利人请求票据义务人履行票据义务的行为，包括付款请求权、追索权、再追索权的行使等。票据权利的保全是票据权利人为防止票据权利的丧失而进行的行为，包括为保全追索权而依期提示和作成拒绝证明、中断时效等。票据权利的行使和保全两者往往互为同一，因此，票据法一般将二者一并进行规定。

票据权利行使和保全的方式主要有：（1）遵期提示，即在票据法规定的期间向票据义务人出示票据，请求其履行付款义务。（2）请求作成拒绝付款书或拒绝承兑证书，即持票人为了证明自己曾经依法行使票据权利而遭拒绝或者根本无法行使票据权利，在票据法规定的时间内，可以请求作成拒绝付款书或拒绝承兑证书。

票据权利行使和保全的地点正好与民法上的规定相反。民法规定债务履行的地点原则上为债权人的住所地，而票据的流通性和提示性决定了票据债权人应主动向票据债务人提示票据，请求履行票据债务，否则票据债务人也难确定最后持票人是谁。《票据法》第16条规定，票据权利的行使或者保全应由债权人到债务人所在地进行。这里的“所在地”指的是票据债务人的营业场所，没有营业场所的则为其住所。票据权利行使和保全的时间为债务人的营业时间。

---

① 参见我国《票据法》第11条、第12条。

二、票据的抗辩

(一) 票据抗辩的概念

票据抗辩是指票据权利人请求票据债务人清偿票据债务，债务人有合法事由予以拒绝履行的行为。票据债务人享有的这种权利称为票据抗辩权。

票据制度以维护票据流通和票据交易安全为目的，因而将票据权利作为其规范的主要内容，但是持票人的票据权利和票据债务人的抗辩权本身是一对相互对应的概念，完整的票据制度应包括二者。因此，票据抗辩权的规定，是公平保护票据债务人合法权益的需要。

(二) 票据抗辩的种类

根据抗辩原因不同，票据抗辩一般可分为物的抗辩和人的抗辩两种。

1. 物的抗辩

物的抗辩是指票据债务人基于票据关系本身可以对抗一切票据权利人的请求。它不因持票人的变更而受影响，所以也称绝对抗辩、客观抗辩。物的抗辩根据抗辩权人的范围不同又可以分为一切票据债务人可以对抗一切票据债权人的抗辩和特定票据债务人可以对抗一切票据债权人的抗辩。①

(1) 一切票据债务人可以对抗一切票据债权人的抗辩，主要包括如下情形：①票据因为欠缺绝对应记载事项或者记载了不得记载的事项而无效。②不依票据的记载内容主张权利，如付款日期尚未届至，或者提示付款地与票据记载的付款地不符，或者不依票据记载金额主张权利，等等。③票据权利已经消灭，如票据债权已获清偿、被抵销、依法提存或者因除权判决而无效。

(2) 特定票据债务人可以对抗一切票据债权人的抗辩，主要包括以下情形：①欠缺票据行为能力的抗辩，如无行为能力人或者限制行为能力人在票据上签章的，监护人可以以其欠缺行为能力为由进行抗辩。②欠缺代理权的抗辩，如没有代理权或者超越代理权而以被代理人名义在票据上签章的，被代理人可以提出抗辩。③票据伪造或变造的抗辩。发生票据伪造时，被伪造人可以以未在票据上签章为由主张抗辩；发生票据变造时，在变造前签章的票据债务

---

① 《最高人民法院关于审理票据纠纷案件若干问题的规定》第16条规定的抗辩事由包括：1. 欠缺法定必要记载事项或者不符合法定格式的；2. 超过票据权利时效的；3. 人民法院作出的除权判决已经发生法律效力的；4. 以背书方式取得但背书不连续的；5. 其他依法不得享有票据权利的。

人只对变造前的记载事项负责，对变造后的事项可以提出抗辩。④欠缺保全手续的抗辩。票据权利人未依期提示和请求作成拒绝付款书或拒绝承兑证书，相应的票据债务人可以对此提出抗辩。⑤时效消灭的抗辩，《票据法》第17条对不同的票据权利规定了不同的消灭时效，权利人未在时效期间内行使权利，相应的票据债务人有权提出抗辩。

2．人的抗辩

人的抗辩是指票据债务人基于票据关系人间的特定关系仅能对抗特定票据权利人的请求，也称相对抗辩、主观抗辩。人的抗辩根据抗辩权人的范围不同可以分为一切票据债务人可以对抗特定票据债权人的抗辩和特定票据债务人可以对抗特定票据债权人的抗辩。

（1）一切票据债务人可以对抗特定票据债权人的抗辩，主要包括以下情形：①票据债权人欠缺受领能力的抗辩，如持票人为无民事行为能力人或者限制行为能力人、票据债权人被依法宣告破产等等。②恶意或者重大过失的抗辩。根据我国《票据法》第12条的规定，以欺诈、偷盗或者胁迫等手段取得票据的，或者明知有上述情况，出于恶意取得票据的，不得享有票据权利，票据债务人可以以此为由对抗持票人。①

（2）特定票据债务人可以对抗特定票据债权人的抗辩。这类抗辩主要发生于票据原因关系的当事人之间。票据虽然为无因证券，但是，如果原因关系的当事人与票据关系的当事人具有同一性，为了维护法律的公平和效率，应当允许票据债务人以原因关系中的事由对抗票据债权人。这些事由主要包括：①原因关系无效或者不成立的抗辩。票据的发行一般以一定的原因关系为基础，如果原因关系不复存在，尽管票据权利不受影响，却会影响票据授受的直接当事人之间权利义务的平衡，因此，当持票人和票据债务人为原因关系的当事人时，票据债务人可以以原因关系作为抗辩事由。② ②欠缺对价的抗辩。在票据授受的直接当事人之间，往往存在对价给付关系，如果持票人未能支付相应的对价就构成不当得利，票据债务人可以以此提出抗辩。③基于特约的抗辩。如果当事人之间在签发或者转让票据时有某种特别约定，持票人未履行该约定时，票据债务人可以提出抗辩。

---

① 《最高人民法院关于审理票据纠纷案件若干问题的规定》第15条第（二）、（三）、（四）项均有类似规定。

② 参见《最高人民法院关于审理票据纠纷案件若干问题的规定》第15条第（一）项。

(三) 票据抗辩的限制

所谓票据抗辩的限制是指票据债务人与出票人或持票人前手之间存在的抗辩事由，不能用于对抗持票人的票据权利。在票据抗辩中，由于物的抗辩是客观的、绝对的，可以对抗任何票据权利人的抗辩，因此在物的抗辩中不存在抗辩的限制。也就是说，票据抗辩的限制是将票据抗辩中的对人的抗辩限制在直接当事人之间适用，不允许特定债务人之间的抗辩扩大到其他人或整体的票据关系中，以免妨碍了票据的流通性。因此，票据抗辩的限制也称为“对人抗辩的切断”。

我国《票据法》第13条第1款规定，票据债务人不得以自己与出票人或者与持票人的前手之间的抗辩为由，对抗持票人。根据该规定，票据抗辩的限制应遵循以下两个条件：

(1) 票据债务人不得以自己与出票人之间的抗辩事由对抗持票人。此类抗辩事由发生于票据基础关系中，包括承兑人或者付款人基于资金关系而与出票人之间形成的抗辩事由、付款人之外的其他票据关系人基于原因关系而与出票人之间存在的抗辩事由。

(2) 票据债务人不得以自己与持票人的前手之间的抗辩事由对抗持票人。此类抗辩事由发生于持票人前手的各债务人之间的基础关系中，包括持票人前手之间基础关系的缺陷、持票人前手作为被保证人与保证人之间基础关系的缺陷、持票人前手与出票人和付款人之间债权债务关系的缺陷等。

(四) 票据抗辩限制的例外

票据抗辩限制的例外是指基于法律规定，票据抗辩的事由不限于直接当事人之间，也可以对抗持票人的情形。规定票据抗辩限制的例外，是为了保障票据债务人的合法权益。从我国《票据法》的规定来看，主要有两种情况：

(1) 无对价抗辩。《票据法》第10条、第11条规定，票据的取得必须给付对价；因税收、继承、赠与可以依法无偿取得票据，但所享有的票据权利不得优于前手。这就意味着，无对价或者无相当对价取得票据的人所享有的票据权利不得优于前手，前手的票据权利中如有对人的抗辩，则该抗辩不予切断，而可以延续对抗无对价或无相当对价的票据取得人。

(2) 知情抗辩。《票据法》第13条规定，票据债务人不得以自己与出票人或者持票人前手之间的抗辩事由，对抗持票人，但是，持票人明知存在抗辩事由而取得票据的除外。

第六节　票据的丧失与补救

一、票据的丧失

票据的丧失是指并非出于持票人的意愿而失去对票据的占有。票据的丧失可分为绝对丧失和相对丧失。绝对丧失是指作为物质形态的票据已消失，如烧毁、粉碎等，也称为票据的灭失。相对丧失是指作为物质形态的票据并没有消失，只是脱离了持票人的实际占有，如被盗、丢失等，也称为票据的遗失。

票据是一种完全有价证券和提示证券，票据与票据权利不可分离，票据权利的行使以提示票据为前提，因此票据丧失也就意味着权利人无法行使该票据权利。对于票据的绝对丧失而言，不存在被他人占有并冒领票据金额和善意取得的情况；而对票据的相对丧失而言，因为票据仍然存在，将有被他人占有并冒领票据金额和被他人善意取得的可能性。不论何种情况，原持票人都难以行使其票据权利，因此法律对其规定了救济的途径。①

二、票据丧失的补救

（一）止付通知

止付通知是指票据权利人将票据丧失的情形通知付款人，并请求其在一定期间对挂失的票据不予付款。

止付通知从性质上来看仅是一项暂时性的救济措施，它仅能起到在票据丧失后，暂时防止票据金额被他人冒领的作用，并不能使票据权利人恢复其对票据权利的行使。因此，票据权利人在进行了止付通知以后，还必须通过诉讼的途径，依法确认自己作为合法持票人的地位，从而恢复对票据权利的行使。止付通知不是申请公示催告或提起诉讼的必经程序，当事人也可以在票据丧失后，直接向人民法院申请公示催告或提起诉讼。

有关止付通知的程序我国票据法未作规定，根据中国人民银行 1997 年颁布的《支付结算办法》第 49 条、第 50 条的规定，应包括以下两点：

（1）失票人应向票据的付款人或者代理付款人为书面通知，该通知应包括：票据丧失的时间、地点、原因；票据的种类、号码、金额、出票日期、付

① 参见我国《票据法》第 15 条；《最高人民法院关于审理票据纠纷案件若干问题的规定》第 24～39 条。

款日期、付款人名称、收款人名称；挂失止付人的姓名、营业场所或者住所以及联系方法。

（2）付款人或者代理付款人收到挂失止付通知书后，查明挂失票据确未付款时，应立即暂停付款。

（二）公示催告

公示催告是指法院依丧失票据的权利人的申请，通过公示的方法催告票据的利害关系人在一定期限内向法院申报权利，否则将通过相应判决宣告票据无效的一种特别程序。

公示催告从性质上看，是一种使现存票据失效，并通过除权判决使票据权利与票据本身相分离的法定措施。① 因此，它只是通过将票据丧失的事实进行公示的方式，实现催告未知的票据利害关系人的目的，但还不能恢复权利人对票据权利的行使，要恢复对票据权利的行使必须请求人民法院作出除权判决。

公示催告不是票据法中特有的内容，而是民事诉讼的一个特别程序，因此具体规定在民事诉讼法中，在此不作详述。

（三）除权判决

除权判决是指人民法院应当事人的申请作出的宣告票据无效的判决。除权判决是终结公示催告的最终结果，也是对公示催告申请人的票据权利恢复的确认。但是除权判决不是公示催告的必然结果，它必须由申请人提出除权的申请，人民法院才能作出除权判决，否则人民法院只能依职权作出终结公示催告程序的裁定，而不能作出除权判决。

根据最高人民法院《关于适用〈中华人民共和国民事诉讼法〉若干问题的意见》第233条规定，除权判决生效后，公示催告的申请人有权依据该判决向付款人请求付款。同时规定，如果利害关系人因正当理由不能在判决前向法院及时申报的，自知道或应当知道判决公告日起1年内，可以向作出除权判决的法院提起撤销之诉。

第七节　票据时效

时效制度有取得时效和消灭时效两种，票据时效在性质上属于消灭时效。由于票据是流通证券，为了保障和促进票据流通，票据权利的时效期间要短于民法上消灭时效期间的规定。票据时效的短期主义为各国和地区的立法所承

① 王小能主编：《中国票据法律制度研究》，北京大学出版社1999年版，第155页。

认，但具体规定又各有不同。一种是同一主义，即不分债务人种类，无论主债务人或者偿还义务人都适用同一时效规定，如法国、意大利、葡萄牙；另一种是差等主义，即区分票据债务人为主债务人（汇票承兑人、本票出票人）及偿还义务人（背书人、汇票的出票人）分别适用不同的时效规定，如德国、日本以及日内瓦统一票据法。① 我国也采用差等主义，对不同票据债务人分别规定不同的票据时效期间。

1．主债务人的票据时效

《票据法》第 17 条第 1 款第（一）项规定，持票人对票据的出票人和承兑人的权利，自票据到期日起 2 年；见票即付的汇票、本票，自出票日起 2 年期限内不行使，票据权利消灭。

2．对支票出票人的票据时效

《票据法》第 17 条第 1 款第（二）项规定，持票人对支票出票人的权利，自出票日起 6 个月期限内不行使的，票据权利消灭。由于支票是支付证券，其功能主要是支付而非信用，流通的时间上明显要短于汇票和本票，因此对支票出票人的票据时效规定就明显短于汇票、本票出票人的票据时效。

3．执票人对前手的追索时效

《票据法》第 17 条第 1 款第（三）项规定，持票人对前手的追索权，自被拒绝承兑或者被拒绝付款之日起 6 个月不行使而消灭。

4．背书人对前手的追索权

《票据法》第 17 条第 1 款第（四）项规定，持票人对前手的再追索权，自清偿日或者被提起诉讼之日起 3 个月不行使而消灭。

关于时效的中断，我国《票据法》没有作出特别规定，则仍应适用我国《民法通则》的有关规定。

第八节　票据关系与非票据关系

一、票据关系

所谓票据关系是指基于票据行为本身而产生的一种法律关系。有什么样的票据行为就有什么样的票据关系。一般而言，严格意义上的票据行为包括出票、背书、承兑、参加承兑和保证五种，所以票据关系亦存在五种。

① 张国键：《商事法论》，台湾三民书局 1993 年版，第 404 页。

（一）票据发行关系

因出票行为而产生的票据关系，为票据发行关系。票据发行关系的当事人为出票人和收款人。作成票据并签发票据给他人的人为出票人；收受票据并持有票据的人为收款人。票据发行关系所基于的票据行为主要是票据的作成和票据的交付。票据发行关系包括出票人向收款人交付票据的关系；出票人担保票据承兑或付款的关系。

（二）票据背书关系

因背书行为产生的票据关系，为票据背书关系。票据背书关系的当事人为背书人和被背书人。持有票据并通过背书的方式将票据转让给他人的人为背书人；以背书方式将其名称记载于票据背面并受让票据的人为被背书人。票据背书关系所基于的票据行为主要是票据的背书和票据的交付。票据背书关系包括背书人向被背书人交付票据的关系；背书人向被背书人担保票据承兑或票据付款的关系。

（三）票据承兑关系

因票据承兑行为而产生的票据关系，为票据承兑关系，它仅发生于汇票。票据承兑关系的当事人为承兑人和持票人。票据承兑关系包括持票人提示票据并请求承兑的关系；付款人予以承兑或拒绝承兑的关系。如果付款人予以承兑，则付款人成为承兑人，并产生承兑人保证在票据到期时向持票人付款的关系；如果付款人拒绝承兑，则转化为持票人与出票人或背书人之间担保承兑的关系，即追索权关系。

（四）票据参加关系

票据在被拒绝承兑或被拒绝付款时，由付款人以外的其他人代替原付款人进行承兑、付款的，为票据的参加关系。参加关系的当事人为：参加人、被参加人、持票人。参加承兑或参加付款的人为参加人；参加人所直接保护的特定票据债务人为被参加人，被参加人可以是出票人或背书人。参加关系所基于的票据行为主要是参加的作出和参加的实现。参加关系包括因参加的作出产生的参加人在票据不获承兑或不获付款时可以参加承兑或参加付款的关系；因参加的实现产生的参加人在清偿后应向持票人请求交付票据，由参加人代位而成为票据权利人的关系。我国《票据法》没有规定票据参加关系。

（五）票据保证关系

票据保证关系有两种含义：一种是指出票人、背书人对票据付款的担保；另一种是指出票人、背书人、承兑人以外的其他人对票据付款的担保。第一种包含在票据的出票、背书、承兑关系中，后一种则是独立的票据关系。此处所指的票据保证关系是后一意义上的保证关系。票据保证关系的当事人为保证人、被保证人、持票人。保证人为除出票人、背书人、承兑人以外的保证票据付款的人；被保证人可以是出票人、背书人或承兑人。票据保证关系基于的票据行为主要是票据保证的作出和票据保证的实现。票据保证关系包括因保证的作出产生保证人担保票据承兑或票据付款，并在不获承兑或付款时由保证人向持票人清偿票据债务的担保关系；因保证的实现产生保证人进行票据清偿后向被保证人及其前手追回损失的追偿关系。

二、非票据关系

非票据关系与票据关系相对应，是指非基于票据行为本身而产生，但与票据有密切关系的法律关系。非票据关系有的基于票据法的规定而产生，有的基于民法的规定而产生，一般将非票据关系分为票据法上的非票据关系和民法上的非票据关系。

（一）票据法上的非票据关系

票据法上的非票据关系包括票据返还关系，利益偿还关系，票据原本、复本、誊本发行或返还关系。

1. 票据返还关系

票据返还关系是指由不享有票据权利的票据占有人或持有人向票据权利人返还票据的关系，主要包括三种情况：（1）以非法手段或出于恶意而取得票据的人不享有票据权利。由于票据权利与票据不可分离，因此，票据的非法取得者或恶意取得者应向正当票据权利人返还该票据。（2）票据获得付款时，持票人应将票据返还给付款人。如果持票人在获得付款以后不将票据返还给付款人，就可能发生对善意第三人再度付款的危险。（3）票据的追索权人行使追索权或再追索权，被追索人予以清偿时，追索权人应向被追索人返还票据。

2. 利益偿还关系

利益偿还关系，又称受益偿还关系、利益返还关系，是指票据权利因时效或保全手续的欠缺而消灭时，持票人对出票人或承兑人在其所受利益范围内请求偿还该利益的关系。因为票据法对票据权利采取短期时效主义和严格的保全手续，票据权利一旦不能实现，票据债务人则免于履行其票据债务，但基于票据原因关系或票据资金关系取得的利益或对价仍存在，这样对票据权利人极为不公平，为了维护持票人的权益，必须返还相应利益。

利益偿还关系中的偿还请求权人必须是票据权利消灭时的正当持票人，不仅包括最后被背书人，还包括因履行票据上追索义务而取得票据的背书人、保证人，或因参加付款而取得持票人权利的参加付款人。利益偿还义务人是出票人或承兑人。背书人不是利益偿还义务人。

3. 票据原本、复本、誊本的发行、返还关系

根据日内瓦《统一汇票本票法》的规定，票据当事人可以请求发行票据复本和誊本，票据复本和誊本发行后，产生复本和誊本作为一般物的权利及其与票据原本的关系，包括票据原本、复本、誊本的发行和返还关系，主要有三种：(1) 汇票持票人与出票人之间请求发给票据复本的关系。(2) 汇票复本持有人请求汇票复本接收人返还复本的关系。(3) 汇票誊本持有人请求汇票原本收受人返还原本的关系。

我国票据法没有设立票据复本和誊本制度，因此没有票据原本、复本、誊本的发行、返还关系。

(二) 民法上的非票据关系

民法上的非票据关系也称为票据基础关系，包括票据原因关系、票据资金关系和票据预约关系。票据基础关系与票据关系相分离的原理是票据无因性的重要体现，但我国《票据法》有些条文要求票据关系的成立必须有基础关系的存在，从根本上否定了票据的无因性，显然不利于票据的流通，也不符合票据法律制度的基本精神和宗旨，因此有待于修改和完善。①

1. 票据原因关系

票据原因关系是指票据当事人之间基于授受票据的原因而发生的法律关系。这种原因由于交易情形的不同而具有多样性，如买卖、借贷、赠与、继承等。

"票据关系见诸于外，原因关系见诸于内。二法律关系虽然互为内外、同时存在，唯二法律关系间，依'票据法'之设计，各自独立存在、彼此不生影响"，② 这体现出票据行为无因性的一面。由于票据行为的无因性，票据权利一旦成立就与原因关系相脱离，不论该原因关系是否成立、有效、被撤销，对票据权利的效力都不发生影响，此即为票据原因关系与票据关系的分离。

票据制度虽以维护票据流通和交易安全为宗旨，但也不能无视公平和诚信原则的要求，因此在一定情况下，票据原因关系和票据关系仍发生牵连关系：(1) 在授受票据的直接当事人之间，原因关系的效力将影响票据关系的效力；

① 参见《票据法》第10条第1款，第21条，第74条，第82条第2款。

② 曾世雄、曾陈明汝、曾宛如：《票据法论》，中国人民大学出版社2002年版，第20～21页。

(2) 持票人未给付对价或未给付相当对价的，不享有优于前手的权利；(3) 为清偿既存债务而交付票据的，票据债务不履行，既存债务仍不消灭；(4) 持票人明知前手的票据关系中存在原因关系的抗辩，仍取得票据的，可以以原因关系对抗该知情持票人。

2. 票据资金关系

票据资金关系是指出票人与付款人、出票人与承兑人或保付人之间建立的委托付款法律关系。票据资金关系以存在委托他人支付票据金额的需求为前提，因此票据资金关系只存在于汇票和支票中。票据资金关系与票据关系原则上也是分离的，但在一定情形下，二者有牵连关系。

票据资金关系与票据关系的分离体现在：无论资金关系是否存在、有效或者被撤销，对票据权利的效力都不产生影响。因此，即使有以下情形，票据权利仍有效成立：(1) 出票人不得以已提供资金给付款人为由，拒绝持票人或其他后手的追索。(2) 汇票的付款人即使已取得作为支付票据金额的资金，但并不当然成为票据债务人；但付款人进行承兑以后，即使未取得资金，也不得以此为由拒绝履行票据债务。(3) 无资金关系发行或承兑票据时，其发行或承兑行为并不因此无效。(4) 付款人未受领资金而对票据进行付款的，对出票人或其他资金义务人仅能基于票据基础关系，而不能基于票据关系请求补偿。

票据资金关系与票据关系在下列情形中存在牵连：(1) 汇票承兑人虽然不得以未取得资金为由对持票人拒绝付款，但如果持票人为出票人时，则承兑人可以资金未交付为理由进行抗辩。(2) 持票人向承兑人行使利益偿还请求权时，承兑人在所受资金的利益范围内负有偿还义务。(3) 支票的付款人在出票人的存款数额或双方订立的信用合同约定的数额内，原则上应负付款责任。该责任不是基于票据行为而生的票据责任，而是票据法的直接规定，属于票据法上的责任。①

3. 票据预约关系

票据预约关系是指票据当事人之间就授受票据所达成的合意。票据预约关系是连接票据原因与票据行为的桥梁，票据预约关系与票据关系原则上也是分离的，即无论票据预约关系是否存在、有效、被撤销还是违反预约、履行完毕都不影响以后的票据权利的效力。但在一定情形下，仍然存在牵连，两者的牵连性主要发生在授受票据的直接当事人之间。

① 王小能主编：《中国票据法律制度研究》，北京大学出版社 1999 年版，第 102 页。

第十七章　汇　　票

第一节　汇票概述

一、汇票的概念与特征

根据我国《票据法》第19条的规定，汇票是出票人签发的委托付款人在见票时或者在指定日期无条件支付确定的金额给收款人或者持票人的票据。虽然各国家和地区界定汇票的方式不同，① 但对汇票内涵的认识则是基本一致的。一般而言，汇票具有如下法律特征：

（1）汇票是票据的一种。我国《票据法》第2条第2款明确规定，本法所称票据，是指汇票、本票和支票。汇票具有完全有价性、无因性、文义性、设权性等票据的基本特征，因此汇票是票据的一种。

（2）汇票是委付证券。汇票的出票人签发票据，但一般不是汇票的付款人，而需要委托他人支付票据金额。

（3）汇票是在指定的到期日无条件支付一定金额给收款人或持票人的票据。无论是即期汇票还是远期汇票，都有一个付款的期日，不过这个指定的期日更多是体现在远期汇票中，因为它极大地体现了票据的信用功能。

二、汇票的种类

（一）记名式汇票、指示式汇票、无记名式汇票

这是根据汇票上权利人的记载方式所作的分类。

记名式汇票，是指出票人在汇票上明确记载收款人姓名或名称的汇票，也称抬头汇票。对这种汇票，出票人必须将其交付给收款人才发生票据的效力，

---

① 英国、美国和我国台湾地区等对汇票均作出了一个确定的定义，而日内瓦《统一汇票本票法》及以该法为蓝本的一些大陆法系国家，如德、日均没有关于汇票的定义。

收款人要转让该票据也只能通过背书的方式进行。

指示式汇票，是指出票人除在汇票上记载收款人的姓名或名称外，还记载了“或其指定的人”文句的汇票。对这种汇票，出票人不得禁止收款人通过背书方式转让，收款人要转让该票据也只能通过背书的方式进行。

无记名式汇票，是指出票人在汇票上不记载收款人姓名或名称，或仅记载“来人”字样的汇票。对这种汇票，收款人只需交付即可转让，如果持票人在汇票上记载了自己或他人的姓名或名称，就变为记名式汇票。

这三种汇票的主要区别在于转让方式的不同：记名式汇票和指示式汇票必须通过背书和交付的方式转让，而无记名式汇票只需交付即可转让。根据《票据法》第22条的规定，收款人名称是汇票的绝对应记载事项，未记载的，汇票无效，所以我国不承认无记名汇票。对指示性汇票我国票据法未作明文规定，但“或其指定的人”文句既不属于绝对应记载事项，也不属于相对应记载事项，该类记载事项不具有汇票上的效力，因此我国也不承认指示式汇票。

（二）一般汇票、变式汇票

这是根据汇票当事人的资格可否兼充所作的分类。

一般汇票，是指汇票关系的三方当事人即出票人、付款人、收款人分别由不同的人充当的汇票。它是汇票的常态。

变式汇票，是指汇票关系的一个当事人可以同时兼任两个以上票据当事人资格的汇票。根据当事人资格兼充的情况，变式汇票可分为指己汇票、对己汇票、付受汇票、己受己付汇票四种。

（1）指己汇票，也称己受汇票，是指出票人以自己为收款人，即出票人兼为收款人的汇票。实践中多由卖方签发汇票，以买方为付款人，以卖方自己为收款人。卖方可以在期限届满时自己收款，也可通过背书方式转让，还可以到银行以贴现的方式支取现金。

（2）对己汇票，也称己付汇票，是指出票人以自己为付款人，即出票人兼为付款人的汇票。实践中，法人或分支机构多使用该种汇票。

（3）付受汇票，是指以付款人为收款人，即付款人兼为收款人的汇票。实践中，多用于付款人内部的结算，也可以通过背书的方式对外转让。

（4）己受己付汇票，是指出票人以自己为付款人同时又为收款人的汇票。这种汇票主要是理论上的分类，实践中很少见。

一般汇票与变式汇票的划分基于票据关系中当事人资格的特殊性，善意持票人在行使和保全票据权利时应注意第一债务人和第二债务人的区分，当二者为同一人时，即使有些票据权利因时效而消灭，善意持票人仍可行使另外一些权利。我国票据法对变式汇票没有明确规定，在实践中银行汇票均为对己汇票，商业承兑汇票可采用对己汇票和指己汇票的形式。

（三）即期汇票、远期汇票

这是根据确定到期日的方式所作的分类。①

即期汇票，是指见票后立即付款的汇票。即期汇票以提示日为到期日。它包括汇票上明确记载“见票即付”字样的汇票、没有记载到期日的汇票和记载的到期日与出票日相同的汇票三种情形。

远期汇票，是指汇票上记载了一定的付款日期，在该日期到来之前，持票人或收款人不得提示付款的汇票。根据付款日期记载方式的不同，又可分为：

（1）定期汇票，也称为定日汇票，是指出票人在发行汇票时记载一定日期为到期日的汇票。

（2）计期汇票，也称为出票后定期付款的汇票，是指出票人在发行汇票时未指定特定日期为到期日，而以出票日后一定期间为到期日的汇票。

（3）注期汇票，也称见票后定期付款的汇票，是指出票人在发行汇票时记载，自提示承兑之日起算，经过一定期间为到期日的汇票。这种汇票的到期日自承兑日起算，因此注期汇票必须承兑，在承兑前汇票的到期日无从确定。

（4）分期付款汇票，是指出票人在发行汇票时，将汇票的全部金额划分为若干部分，并分别指定其到期日的汇票。该种汇票为英美国家所规定，我国票据法没有规定分期付款汇票。

即期汇票与远期汇票的分类意义在于，区别汇票的支付功能和信用功能，由于即期汇票只具有支付功能，因此在实践中远期汇票使用较多。

（四）光面汇票、交单付款汇票、交单承兑汇票

这是根据付款要求是否跟附单据所作的分类。

光面汇票，是指无须附加载货凭证、保险单、商业发票等单据，付款人或承兑人即可付款或承兑的汇票，也称为光票。

交单付款汇票，是指收款人在提示付款时，必须提交载货凭证、保险单、商业发票等单据，付款人或承兑人方可付款的汇票。该类汇票是基于有关当事人在非票据关系中的特别约定而存在的，因此不是对“无条件付款”的附加条件。

交单承兑汇票，是指付款人或承兑人在为承兑行为时，要求提示承兑人同时提交有关单据的汇票。

① 参见我国《票据法》第25条。

上述分类主要涉及国际贸易或异地交易中为支付货物价金而使用的汇票，实践中光票在国际贸易中已较少使用。

（五）银行汇票、商业汇票

这是根据出票人的不同所作的分类，也是我国票据法上的特有分类，其他各国票据法和日内瓦法系的国家均无这种分类。

我国票据法未解释银行汇票的含义，根据1997年中国人民银行颁布的《支付结算办法》第53条的规定，银行汇票是出票银行签发的，由其在见票时按照实际结算金额无条件支付给收款人或者持票人的票据。银行汇票的签发必须由欲使用银行汇票的单位或个人向有签发资格的银行提出申请，银行收到申请后进行审查，符合要求的方可签发。银行汇票可分为现金银行汇票和转账银行汇票。现金银行汇票必须在出票金额前填写“现金”字样，并只有在申请人和收款人均为个人时，方能使用；而转账银行汇票则无此限制。在银行汇票中，出票人与付款人都是签发银行汇票的银行，申请人不是票据关系的当事人。因此，银行汇票实际只表现为一种结算方式，而不是真正意义上的票据。

商业汇票，是指出票人签发的，委托付款人在指定日期无条件支付确定的金额给收款人或者持票人的票据。商业汇票根据承兑人的不同，又分为银行承兑汇票和商业承兑汇票。银行承兑汇票由银行承兑，商业承兑汇票由银行以外的付款人承兑。根据《支付结算办法》第74条的规定，商业汇票的使用仅限于在银行开立存款账户的法人以及其他组织之间，个人是被排除在外的。有学者指出这是我国商品经济不发达，票据制度也不发达的标志。① 实际上，无论是商业性组织还是个人作为出票人都是有利于经济发展和商业流通的，而且在经济主体多元化的社会，把个人排除在外，显然与市场经济的要求不符。

第二节 出 票

一、出票的概念

汇票的出票，也称为汇票的发行，是指作成和交付汇票的票据基本行为。具体包括这样几层含义：

（1）汇票的出票行为是创设票据权利的基本票据行为。汇票的出票行为是产生票据权利的基础，没有出票行为就没有票据，也没有基于票据而进行的

① 谢怀栻：《票据法概论》，法律出版社1990年版，第89页。

背书、承兑、保证等票据行为。因此，票据权利因汇票的出票而产生，票据关系又因汇票的出票而展开，它是汇票的基础性票据行为。

(2) 从形式上讲，汇票的出票行为由作成汇票和交付汇票两种行为构成。作成汇票是指出票人以创设票据上的权利义务关系为目的，在汇票上记载一定事项并签章。交付汇票是指出票人出于自己的本意将作成的汇票交给他人占有。

(3) 从内容上讲，汇票的出票是以无条件委托付款为基本内容的行为。汇票是委付证券，但该付款委托在性质上是一种付款指示，付款人具有支付一定金额的资格，但并不当然有绝对付款的义务，出票人仍需负担保付款和担保承兑的义务。

二、出票的款式

汇票出票的款式是指发行汇票时，出票人根据票据法的规定在汇票票面所记载的事项。汇票是要式证券，其款式已由法律明文规定。汇票也是文义证券，汇票上的权利义务均依据其票面上的记载加以确定，因此对其款式有严格的要求。汇票出票的款式各国规定不尽相同，但总体而言，其票面上所记载的事项可分为以下三类。

(一) 应记载事项

应记载事项可以分为绝对应记载事项和相对应记载事项。前者指汇票票面上必须记载的事项，否则将导致该汇票无效的事项；后者指法律规定的记载事项，但未记载时并不当然无效，而是依法律的规定来确定其效力。

1. 绝对应记载事项

(1) 表明其为“汇票”的字样。这种记载又称汇票文句，用来与其他种类票据相区别。日内瓦《统一汇票本票法》和我国票据法对此都作了规定，但英美法系国家并不以汇票文句为绝对应记载事项。在文句的字样上，日内瓦法系的国家不要求“汇票”二字，只要足以表示汇票的文字，如汇兑券，汇券等皆可。我国票据法对此未作规定，实践中通常使用的是按照中国人民银行的规定统一印制的票据格式，该文句已印制在票面上，无需出票人自行记载。

(2) 无条件支付的委托。汇票是委付证券，出票人在汇票上必须记载委托付款的文句，也称支付文句或支付委托文句。出票人委托他人付款的意思表示必须单纯，不得附有条件，否则票据无效，这是出于维护票据流通和交易安全的需要。应注意的是，付款人与出票人或其他人在汇票本身之外另行约定附条件付款的构成非票据关系，并不会使汇票无效。在文句的字样上，通常用

“凭票祈付”、“见票祈付”、“请于到期日无条件支付”等足以表示无条件支付委托意思的文句即可。在我国票据实践中，该文句是印制在票面上的，也无需出票人自行记载。

(3) 一定的金额。汇票是金钱债权证券，以金钱为给付的标的，而且这种金钱必须确定，未定记载、浮动记载、选择记载的，汇票无效。在文句的字样上，其他国家和地区的票据法未作明文限制，可以用文字表示，也可以用阿拉伯数字表示，还可以同时用文字和数字共同表示，在二者不一致时，一般以文字记载为准。我国《票据法》第 8 条规定，票据金额以中文大写和数码同时记载，二者必须一致，二者不一致的，票据无效。显然，我国票据法的规定更加注重交易安全，但也限制了汇票的流通性。

(4) 付款人的姓名或名称。付款人是受出票人委托支付汇票金额的人。汇票是委付证券，因此必须记载受委托付款的人。多数国家都将付款人的姓名或名称列入汇票的绝对应记载事项中。我国《票据法》第 22 条也作了同样规定，但在文句的字样上，法律并没有明文规定，一般来说，只要是能判明付款人身份的记载就属有效。

(5) 收款人姓名或名称。收款人是指承受票据金额的人，是汇票的最初权利人。日内瓦法系国家和我国都不承认无记名式汇票，因此收款人姓名或名称是绝对应记载事项。而英美国家承认无记名式汇票，该事项不是绝对应记载事项。

(6) 出票日期。出票日期是汇票上所记载的签发汇票的年月日。将出票日期作为绝对应记载事项，主要是为了确定出票人或其代理人在作成汇票时是否有行为能力，也是确定某些期限起算点和权利消灭时间的根据。出票日期一般仅指形式上的出票年月日，如果汇票上记载的出票日期与实际签发日不相符的，不影响汇票的效力，而以汇票上记载的日期为准，这是由汇票的文义性所决定的。

(7) 出票人签章。出票人的签章是票据成立的必要条件，出票人签章意味着承担出票责任，没有在汇票上签章则不必承担票据上的责任，所以出票人签章是绝对应记载事项。签章可以是一人，也可以是多人，但两个以上出票人各自签章时，各出票人对汇票金额的全部负责任，也就是负连带责任。在具体形式上，出票人可以签名，可以盖章，或者签名加盖章，都具有相同的效力。

2. 相对应记载事项

(1) 付款日期。付款日期又称到期日，是确定汇票债权人行使权利及债务人履行义务的时间。欠缺付款日期记载时，各国票据法都作了补充规定，视为见票即付。我国《票据法》也作了同样规定。①

(2) 付款地。付款地是支付票据金额的所在地，也是持票人请求付款及承兑人作成拒绝证书的所在地。在欠缺付款地的记载时，各国票据法也作了补充规定。如日内瓦《统一汇票本票法》第2条规定，未记载付款地时，以记载于付款人姓名旁之地为付款地，同时视为付款人的住所所在地。我国《票据法》第23条第3款规定，未记载付款地的，付款人的营业场所、住所或经常居住地为付款地。

(3) 出票地。出票地是指出票人在汇票上记载的发行汇票的处所。汇票是文义证券，在汇票上记载的出票地与实际的出票地不一致时，并不影响汇票的效力，而以记载的出票地为准。出票地在涉外票据中对确定票据行为的准据法具有重要意义。在欠缺出票地的记载时，将出票地作为相对应记载事项的国家作了补充规定。如日内瓦《统一汇票本票法》规定，未记载出票地的，以记载于出票人姓名旁之地为出票地。我国《票据法》第23条第4款规定，未记载出票地的，出票人的营业场所、住所或经常居住地为出票地。

(二) 任意记载事项

1. 禁止背书转让

禁止背书转让属于任意记载事项，不作此项记载不影响票据的效力，如果作了记载，将可能影响票据的流通性或者票据转让的效力。出票人禁止背书转让的，该票据即成为不可转让的票据，背书转让后的受让人不得享有票据权利，票据的出票人、承兑人对受让人不承担票据责任；如果是背书人在票据上记载“不得转让”、“委托收款”、“质押”字样，其后手再背书转让、委托收款或者质押的，原背书人对后手的被背书人不承担票据责任，但不影响出票人、承兑人以及原背书人之前手的票据责任。②

2. 货币种类

我国《票据法》第59条规定：“汇票金额为外币的，按照付款日的市场汇价，以人民币支付。汇票当事人对汇票支付的货币种类另有约定的，从其约定。”可见，汇票付款的货币种类为任意记载事项，可以由当事人选择，如果另有记载时从其约定。

---

① 参见我国《票据法》第23条第2款。

② 参见我国《票据法》第27条第2款、第34条；《最高人民法院关于审理票据纠纷案件若干问题的规定》第48条、第51条。

3. 担当付款人

担当付款人又称为代理付款人，是指在付款人之外代付款人实际付款的人。担当付款人原则上应由付款人指定，不过出票人也可以指定，如果由出票人记载时，付款人在承兑时可以涂销或加以变更。担当付款人尽管有权代付款人实际付款，但他不是票据关系的当事人，所以不进行任何票据行为，不是汇票的债务人。日内瓦《统一汇票本票法》有明确规定，我国票据法对此无明确规定，但在内容上有所体现。《票据法》第56条第2款规定，付款人委托的付款银行的责任，限于按照汇票上记载事项从付款人账户支付汇票金额。《最高人民法院关于审理票据纠纷案件若干问题的规定》第6条第2款亦规定，代理付款人即付款人的委托代理人，是指根据付款人的委托代为支付票据金额的银行、信用合作社等金融机构。

4. 预备付款人

预备付款人是出票人、背书人或保证人在付款人之外，所记载的在付款地预备将来参加承兑或参加付款的人。预备付款人是为了将来参加承兑或参加付款而设立，因此必须是付款人以外的人，而且必须以在付款地为限。预备付款人是汇票所特有的制度，其主要目的是防止持票人行使追索权，以维护和增强汇票的信用。许多国家和地区的立法均有规定，我国票据法没有规定预备付款人，有待完善。

（三）不生票据效力的记载事项

这些记载事项一般为实质关系的事项，它虽不发生票据法上的效力，但能产生其他法上的效力，如民法、民事诉讼法上的效力。这些事项一般包括合意管辖文句、违约金文句、通知文句、资金文句等。

（四）不得记载事项

1. 无效的记载事项

该类记载不发生任何效力，也不影响汇票的效力，如免除担保承兑、免除担保付款的记载。

2. 使汇票无效的记载

该类事项与汇票性质相抵触，一经记载会使汇票本身无效或者使该票据行为无效，因此也称记载有害事项，如附条件的委托付款。

三、出票的效力

汇票的基本当事人包括出票人、付款人、收款人三方，汇票一经作成并交付就对三方当事人发生一定的效力。

(一) 对出票人的效力

汇票的出票人因其出票行为，应对收款人或持票人承担按照汇票的文义担保承兑和付款的责任。

(1) 担保承兑责任，是指汇票在到期日前，付款人拒绝承兑时，持票人可以持拒绝证明向出票人行使追索权，出票人应负偿还票据金额的责任。

(2) 担保付款责任，是指汇票到期未获付款，持票人行使追索权时，出票人应负偿还票据金额的责任。

在我国，出票人的担保承兑和担保付款责任是不可免除的。但有些国家和地区的立法允许免除，如英美国家的票据法允许出票人出票时免除担保承兑和担保付款的责任，日内瓦法系国家允许免除担保承兑的责任。

(二) 对付款人的效力

出票行为是出票人的单方法律行为，因此出票行为仅使付款人取得了对汇票进行承兑和付款的资格。付款人只有在对汇票进行承兑以后，才成为汇票上的债务人，必须对持票人付款。所以，出票行为对付款人不产生任何法律上的拘束力，仅使其取得了承兑和付款的资格。

(三) 对收款人的效力

收款人取得汇票后，就取得了汇票上的一切权利，即付款请求权和追索权。

(1) 付款请求权，是指收款人向付款人请求支付票据金额的权利。在付款人对汇票进行承兑之前，付款请求权处于不确定状态，只是一种期待权；在付款人对汇票承兑之后，期待权才成为现实的请求权。

(2) 追索权，是指持票人请求付款遭到拒绝或有其他法定原因时，持票人在履行了相应的保全手续后，可以向其前手直至出票人请求偿还票据金额、利息及其他款项的权利。

第三节 背 书

一、背书的概念与特征

背书是指持票人以转让票据上权利或其他目的所为的一种附属票据行为。背书作为票据行为的一种，具备要式性、无因性、文义性、独立性等票据行为的基本法律特征，除此之外它还有某些其他特征：

1. 单纯性，是指背书不得附加条件。附加条件势必影响汇票的担保作用和流通，因此法律不允许背书附加条件。如果背书记载了条件的字句，并不影响背书本身的效力，但是所附条件视为无效。

2. 不可分性，是指针对汇票金额的一部分所为的背书或者将汇票金额分别转让给数人的背书不发生效力。由于背书行为的成立不仅必须在票面上记载，同时还必须将票据交付被背书人，而票据在交付时不可能向数人分别交付或分割，所以背书必须针对汇票金额的全部。

二、背书的种类

（一）转让背书与非转让背书

这是以背书目的或作用为标准所作的分类。转让背书是以转让票据权利为目的的背书，通常的背书都属于这种。非转让背书是指不以转让票据权利为目的，而另有其他作用的背书，如委托背书、设质背书。委托背书是指以委托他人代为取款为目的的背书；设质背书是指为担保债务而设定质权为目的的背书。

（二）一般转让背书与特殊转让背书

这是以背书有无特殊情形而对转让背书所作的分类。一般转让背书是指在背书时间、被背书人、权利转让、权利担保等方面均无特殊情形的背书，也就是最普通的背书。特殊转让背书是指具有特殊情形的背书。特殊转让背书主要包括回头背书和期后背书。前者是指以票据上的原债务人为被背书人的背书；后者是指票据在被拒绝承兑、被拒绝付款或超过付款提示期限后所作的背书。

（三）完全背书与空白背书

这是以背书记载方式对一般转让背书所作的分类。完全背书是指背书人完全记载了背书意旨及被背书人的名称并签章的背书。空白背书是指背书人在背书中未指定被背书人，而在被背书人记载处留有空白的背书。

三、转让背书

（一）完全背书

完全背书又称为正式背书或记名背书，其记载事项完备，是转让背书中最正规的一种形式。“背书之设计即在于代替一般债权转让之通知”。① 完全背书可以使当事人对票据权利一目了然。完全背书的记载事项包括：

① 曾世雄、曾陈明汝、曾宛如：《票据法论》，中国人民大学出版社 2002 年版，第17 页。

1. 应记载事项

(1) 绝对应记载事项。根据《票据法》第29条第1款和第30条的规定，背书的绝对应记载事项包括背书人的签章和被背书人的名称，欠缺任何一项将导致背书行为无效。但是，由于实践中不记载被背书人名称即将票据交给他人的行为大量存在，为了维持背书的效力和确保票据的流通性，《最高人民法院关于审理票据纠纷案件若干问题的规定》第49条规定，“背书人未记载被背书人名称即将票据交付他人的，持票人在票据被背书人栏内记载自己的名称与背书人记载具有同等法律效力”。(2) 相对应记载事项。《票据法》第29条第2款规定，背书未记载日期的，视为在汇票到期日前背书。

2. 任意记载事项

汇票原则上可依背书方式而转让，但是法律又规定背书人有权在汇票上记载“不得转让”字样。背书人一旦记载“不得转让”字样，则该背书人只对其直接被背书人负担票据责任，对于该被背书人的后手不负担票据责任。①

3. 不得记载事项

《票据法》第33条规定：“背书不得附有条件。背书时附有条件的，所附条件不具有汇票上的效力。将汇票金额的一部分转让的背书或者将汇票金额分别转让给二人以上的背书无效。”可见，附条件转让背书和分割转让背书属于不得记载事项。其中，前者属于无效记载事项，背书人所附条件视为未记载，背书行为仍然有效；后者属于有害记载事项，将导致背书行为无效。

(二) 空白背书

空白背书又称略式背书、无记名背书或不完全背书，是指背书人在背书时不记载被背书人而只在汇票上签章的行为。设立空白背书制度的目的主要在于:② 使票据易于流通；空白背书票据的持票人依交付转让汇票时，可不负背书人责任；拒绝付款时，可限制追索权范围的扩大。

空白背书作为转让背书的一种，与记名背书有同一效力。在承认空白背书的票据立法中，有关完全背书的规定大都适用于空白背书。大多数国家和地区采用了这一制度，如日内瓦《统一汇票本票法》第13条、《英国票据法》第34条。虽然我国《票据法》不承认空白背书的存在，但是如前所述，司法解释已经承认了空白背书的存在。

---

① 参见《票据法》第34条；《最高人民法院关于审理票据纠纷案件若干问题的规定》第51条。

② 张国键：《商事法论》，台湾三民书局1993年版，第430页。

(三) 转让背书的效力

1. 权利移转效力

权利移转效力是指票据上的权利，依背书的方式由背书人移转给被背书人的效力。因为票据与票据权利不可分离，所以被背书人依背书而受让票据后，即同时取得票据所有权和票据上的一切权利，不仅包括票据上的付款请求权和追索权，还包括利息请求权、对保证人和承兑人的权利等，但基于实质关系而发生的权利，即非票据权利不因背书而移转。权利移转效力只限于转让背书，对于委托背书、设质背书等非转让背书不发生权利移转的效力。

2. 责任担保效力

责任担保效力是指背书人以负担票据债务的意思为背书，对于其后手有担保承兑及担保付款的责任。也就是说，当付款人拒绝承兑或承兑人破产或不付款时，均应由背书人负责清偿。汇票的背书次数越多，其担保效力也就越大，票据的信用也就越稳固。

3. 权利证明效力

权利证明效力又称资格授与效力，是指持票人应以背书的连续证明其取得权利的正当性。所谓背书连续，是指在票据转让中，转让汇票的背书人与受让汇票的被背书人在汇票上的签章依次前后衔接。① 背书的连续只要形式上连续即可，实际上如有无效或得撤销的背书介于其中也不影响最后被背书人的权利。一般来说，连续背书的第一背书人应当是在票据上记载的收款人，最后的票据持有人应当是最后一次背书的被背书人。②

四、几种特殊的背书

(一) 期后背书

期后背书是指票据在被拒绝承兑、被拒绝付款或超过付款提示期限后所作的背书。

对期后背书的理解，各国家和地区票据法的规定不同，主要分为两种：一种是票据到期日后所为的背书，如《英国票据法》的规定；另一种是作成拒绝付款证书后或作成拒绝付款证书期限经过后所为的背书，如日内瓦《统一汇票本票法》，我国《票据法》也有类似规定。③

---

① 参见我国《票据法》第31条第2款。

② 参见《最高人民法院关于审理票据纠纷案件若干问题的规定》第50条。

③ 参见我国《票据法》第36条。

对于期后背书的效力，各国票据法规定只具有一般债权转让的效力，而不发生票据法上背书转让的效力。所以，在权利转移上，人的抗辩不因期后背书而切断，票据债务人可以对抗背书人的事由对抗期后被背书人，期后背书的被背书人也不受“善意受让”原则的保护；在权利证明上，被背书人仅凭形式上的背书连续就可行使其债权；在责任担保上，背书人不对期后背书负票据上的担保责任，被背书人也不得向其前手背书人行使追索权，所以期后背书不具有担保效力。

（二）回头背书

回头背书又称还原背书、回还背书、逆背书，是以票据原债务人为被背书人的背书。

在民法上，债权人与债务人归属于同一人的情形称为混同，将发生消灭债权债务关系的效力。但为了保护票据的流通性，票据制度排除了混同规则的适用，容许受让票据的原债务人在票据到期日前进行转让。关于回头背书，我国票据法没有作出规定，但在有关追索权的规定中有所体现，① 可以说，我国票据法是承认回头背书的。

回头背书的票据权利虽然不适用民法有关混同的规定，但持票人的追索权仍要受一定限制以避免循环追索，这些限制主要体现在：（1）持票人为出票人时，对其前手无追索权，但持票人对承兑人的付款请求权和追索权不丧失；（2）持票人为背书人时，对该背书的后手无追索权，但持票人对其原背书的前手仍有追索权；（3）持票人为承兑人时，由于承兑人是汇票的主债务人，因此对任何人均无追索权；（4）持票人为未承兑的付款人时，付款人承兑前依背书受让汇票，此种背书为准回头背书，付款人不是票据债务人，对其前手可行使追索权；（5）持票人为保证人或参加承兑人时，除了可向被保证人或被参加人行使追索权外，与被保证人或被参加人作为持票人时的情形相同；（6）持票人为预备付款人时，在预备付款人未参加承兑前，可向其前手进行追索；（7）持票人为担当付款人时，因担当付款人并非票据债务人，以其为被背书人的背书是准回头背书，持票人可向其前手进行追索。

（三）委托背书

委托背书又称委托取款背书，是指持票人以委托取款为目的所作的背书。委托背书的目的在于授与被背书人行使票据权利的资格，而不是转让票据权利，因此委托背书不同于转让背书，其效力体现为：（1）委托取款背书的票

① 参见我国《票据法》第69条。

据权利仍属于背书人所有，该背书行为只发生授予代理权的效力；（2）票据债务人对于受托人的抗辩以可对抗委托人的事由为限。

（四）设质背书

设质背书又称质权背书或质入背书，是指持票人为担保债务而以票据权利设定质权为目的的背书。设质背书有严格的形式要件，出质人在汇票上只记载了“质押”字样未在票据上签章的，或者出质人未在汇票、粘单上记载“质押”字样而另行签订质押合同、质押条款的，不构成票据质押。①

设质背书仅能使被背书人取得质权而不转移票据权利，其效力主要有：（1）经质权背书，被背书人取得质权的效力；（2）汇票债务人不能以与背书人之间的抗辩事由对抗善意的设质背书的被背书人；（3）被背书人是为自己的利益而非背书人的利益行使权利，一旦权利遭到拒绝，即可向背书人行使追索权。

第四节　承　兑

一、承兑的概念与特征

承兑是指汇票付款人接受付款委托，在票据上承诺愿意依票据文义支付票据金额的附属票据行为。承兑是汇票特有的制度。由于汇票付款人不因出票人在汇票上所作的付款委托而成为当然的票据债务人，只有当持票人在汇票到期日前向付款人进行承兑提示，付款人作成承兑行为才成为汇票的主债务人，该付款人即是承兑人。承兑人与付款人不仅在实质上是同一人，在形式上也必须是同一人，否则承兑不能生效。

承兑具有以下几项特征：

（1）承兑是一种附属票据行为。承兑在已作成的汇票上进行，以出票行为的有效为前提，如果出票行为无效，承兑行为即使完全符合法律规定，也难以发生效力，所以承兑是一种附属的票据行为。

（2）承兑是远期汇票付款人所为的票据行为。即期汇票的付款人在见票后即需付款，不存在承兑制度。

（3）承兑是付款人承诺支付汇票金额的行为。汇票在承兑前，付款人没有必然的支付汇票金额的义务，而作出承兑行为就表示付款人将承担该付款义务。

① 参见《最高人民法院关于审理票据纠纷案件若干问题的规定》第55条。

二、承兑的种类

（一）正式承兑与略式承兑

这是以承兑记载事项的不同为标准所作的分类。正式承兑又称完全承兑，是指付款人在汇票正面记载“承兑”字样并签章的行为。略式承兑是指付款人只在汇票正面签章而不作其他任何文义记载的行为。

（二）单纯承兑与不单纯承兑

这是以承兑是否附条件为标准所作的分类。单纯承兑又称普通承兑，是指付款人依票据文义不附加任何条件限制完全予以承兑的行为。不单纯承兑是指付款人对汇票上记载的文义加以变更或限制后的承兑行为。不单纯承兑又可分为一部承兑与附条件承兑：一部承兑又称部分承兑，是指付款人仅就汇票金额的一部分进行承兑的行为；附条件承兑是指付款人在承兑时附加条件的行为。承兑原则上应依单纯承兑进行，我国票据法不承认不单纯承兑，但其他国家和地区有不同规定，如《美国统一商法典》有条件地承认不单纯承兑，日内瓦《统一汇票本票法》则规定不单纯承兑视为拒绝承兑，但承兑人仍依所附条件负责任。

三、承兑的款式

承兑是单方的要式法律行为，除了应由承兑人在汇票正面签章外，还应记载法律规定的特定事项，这些事项可分为应记载事项和得记载事项。

（一）应记载事项

（1）绝对应记载事项。绝对应记载事项主要包括两项：①“承兑”字样或者足以表示承兑意义的文句；②付款人的签章。除此之外，对见票后定期付款的汇票，我国《票据法》还规定承兑时应记载付款日期。[①] 事实上，承兑人在承兑时已记载了承兑日期，付款日期即可根据承兑日期确定，付款日期的记载无甚意义。

（2）相对应记载事项。对于一般汇票而言都可以不记载承兑日期，但对于见票后定期付款的汇票或指定请求承兑期限的汇票，付款人在承兑时应记载承兑日期，以便计算付款日期。

（二）得记载事项

得记载事项一般包括担当付款人和付款处所二项。我国《票据法》未作规定，可以认为只要不违背承兑性质的事项，当事人可自由选择。

---

① 参见《票据法》第42条。

四、承兑的程序

承兑是付款人承担付款义务或拒绝承担义务的一个重要程序，也是持票人行使和实现自己权利的重要程序。按照一般的顺序，承兑分为以下几个阶段：

（一）承兑的提示

承兑的提示是指汇票持票人在到期日前向付款人提示汇票请求承兑的行为。除了见票即付的汇票外，持票人在到期日前均可向付款人提示承兑。

一般来说，承兑的提示是汇票持票人的权利，是否提示是持票人的自由，但在什么期间提示承兑，法律又作了相应规定，持票人必须在此期间内提示，否则不发生提示承兑的效力，并丧失对其前手的追索权。① 我国《票据法》规定，② 定日付款或者出票后定期付款的汇票，持票人应当在汇票到期日前向付款人提示承兑；见票后定期付款的汇票，持票人应当自出票日起1个月内向付款人提示承兑。在日内瓦法系除了这种法定提示承兑外，还有一种指示提示承兑，也就是出票人和背书人可以在汇票上指定提示承兑期间。

（二）承兑

承兑是汇票付款人承诺支付汇票金额的票据行为。承兑不是付款人的义务，因此当持票人提示承兑时，付款人没有必须作出承兑的义务，即可以作出拒绝承兑的决定。如果付款人未作出承兑或拒绝承兑，持票人可请求付款人出具拒绝证明或出具退票理由书，以此向其前手进行追索。一旦付款人对汇票作出承兑，即成为汇票上的债务人，必须承担票据责任。因此，承兑事关重大，票据法应给予付款人一定的考虑期限，同时，法律关系又应该从速确定，所以，承兑的时间为自收到提示承兑的汇票之日起3日内作出承兑或拒绝承兑。

（三）汇票的交还

付款人为承兑行为时必须先占有该汇票，付款人决定承兑并在汇票上完成记载后，应将该汇票交还持票人，此时承兑行为才发生效力。但在交还汇票之前，即使付款人作了"承兑"记载，仍可以涂销其承兑，从而使其承兑不发生任何法律效力，也称为承兑的撤回。如果付款人在承兑期间未作出承兑或拒绝承兑的，亦应当将该汇票返还给持票人。此时，汇票的承兑经过这三个阶段即告结束。

---

① 但这里并不包括对票据出票人的追索权。参见《最高人民法院关于审理票据纠纷案件若干问题的规定》第19条。

② 参见我国《票据法》第39条、第40条。

五、承兑的效力

对付款人而言，一经承兑，付款人即成为汇票的主债务人承担绝对的付款责任，即使承兑人与出票人之间没有实质的资金关系也不能免责。

对持票人而言，在付款人承兑以前其所享有的权利仅为一种期待权，只有在承兑之后才转化为现实的权利。汇票到期日届至，持票人可向付款人请求付款。

对出票人和背书人而言，付款人一经承兑就不会发生承兑遭拒绝时的前期追索责任。

六、参加承兑

参加承兑是指第三人为防止期前追索，以保护特定票据债务人的利益而代替付款人进行承兑的行为。也就是说，在汇票不获承兑，或者付款人、承兑人死亡、逃匿、破产，或者其他原因致使无法进行承兑提示或付款提示，为防止追索权的行使以及保护特定票据债务人的利益，由预备付款人或票据债务人以外的第三人加入票据关系的一种附属票据行为。

参加承兑与承兑都是汇票所特有的制度，但承兑的目的在于确定付款人是否承担付款责任，而参加承兑的目的在于防止期前追索权的行使。① 参加承兑制度有着承兑制度所无法体现的优势，因为期前追索毕竟不是票据权利行使的常态，如果有第三人愿意出面承担付款责任，不但持票人的票据权利能够正常实现，而且汇票的效用也得到维持。因此，许多国家和地区的票据法都设立了该制度，我国也应考虑建立这一制度。

（一）参加承兑的主体

参加承兑的主体包括参加承兑人和被参加承兑人。其中，作成参加承兑行为的人称为参加承兑人；因参加承兑行为而直接享受利益的人，称为被参加承兑人。参加承兑人一般又包括两种：（1）预备付款人。当持票人在到期日前行使追索权时，汇票上如有指定预备付款的人，持票人可请求其参加承兑；如果预备付款人自动参加承兑的，持票人也不得拒绝。（2）票据债务人以外的第三人。除预备付款人与票据债务人之外，任何人经持票人同意，可以以票据债务人中的一人为被参加人而参加承兑。

---

① 曾世雄、曾陈明汝、曾宛如：《票据法论》，中国人民大学出版社 2002 年版，第 124 页。

（二）参加承兑的效力

参加承兑的效力主要表现为以下四个方面：

（1）对参加承兑人的效力。付款人或担当付款人未在法定期限内支付票据金额的，参加承兑人应负担支付票据金额的责任，一般称为参加承兑的积极效力。

（2）对持票人的效力。持票人允许参加承兑后不得在到期日前行使追索权，一般称为参加承兑的消极效力。

（3）对被参加人及其前手的效力。被参加人及其前手免除期前追索的责任，但被参加人及其前手在参加承兑后，为尽早解除责任并防止将来追索金额的增多，可随时向持票人支付汇票金额、约定利息及其他必要费用，并请持票人交还汇票及拒绝证书。

（4）对被参加人的后手的效力。汇票经参加承兑后，被参加人的后手不仅免除期前追索责任，在将来参加承兑人参加付款后也免除其债务。但如果将来参加承兑人未参加付款时，则被参加人的后手仍不能免除其责任。

第五节 保 证

一、保证的概念与特征

汇票上的保证是指票据债务人以外的第三人以担保汇票债务履行为目的的附属票据行为。保证是汇票与本票中的特有制度。票据保证以被保证债务在形式上有效存在为前提，也就是票据必须具备形式上的效力，所以票据保证也是一种附属票据行为。保证是为了增强票据的信用，因此汇票的债务人不能作为保证人,① 因为其本身即应承担票据责任，被保证的债务人包括承兑人、出票人、背书人和参加承兑人。

票据上的保证是保证制度在票据法中的体现，但在性质上与民法上的保证仍有很大不同：

（1）票据保证是要式行为。票据保证人在进行保证时，必须遵守特定的方式，在汇票或其粘单上记载保证文句、被保证人的名称及日期、保证人的签章。相比较而言，票据保证要比民法上的保证规定得更严格。

（2）票据保证具有独立性。在票据保证中，即使被保证的债务在实质上

① 参见我国《票据法》第45条第2款。

无效，保证人仍应负票据责任。因此，票据的保证责任是独立于其被保证的债务的，这与民法上的保证具有从属性不同。

(3) 票据保证是单方法律行为。票据保证只须保证人完成保证记载即可，而民法上的保证是双方法律行为。

(4) 票据保证人不享有先诉抗辩权。票据保证人因其票据行为而独立负担责任，与被保证人所负责任相同，不能进行先诉抗辩。而民法上的保证，可享有先诉抗辩权。

二、保证的款式

保证也是票据行为的一种，具有要式性，其记载的事项由法律加以规定。

(1) 绝对应记载事项。①表明“保证”的字样，以示保证的意思。保证人未在票据或者粘单上记载“保证”字样而另行签订保证合同或者保证条款的，不属于票据保证。[①] ②保证人名称和地址。该事项是我国票据法中的绝对应记载事项，其他国家的票据法没有必须记载该事项的规定，因为该记载与保证人的签章有重合之处。③保证人签章。

(2) 相对应记载事项。[②] ①被保证人名称。保证人承担责任的种类、范围等需根据被保证人来确定，因此被保证人名称的记载非常重要。但如果此项记载欠缺时，并不使保证行为无效，而视为为承兑人保证；未经承兑的，视为为出票人保证。②保证日期。保证日期的记载，能够表明保证人在何时为保证行为，如果未载明则以出票日期为保证日期。

(3) 无效记载事项。根据《票据法》第48条的规定，保证不得附有条件；附有条件的，不影响对汇票的保证责任。这属于无效记载事项，既不产生票据效力也不产生其他法上的效力。

三、保证的效力

(一) 保证人的责任

(1) 保证人责任的从属性。这种从属性是指保证人与被保证人负有同一责任，即保证人的债务与被保证人的债务在种类及数量上应完全相同。如果被保证的票据债务因付款、免除、消灭时效等事由归于消灭时，保证债务也归于消灭；如果被保证债务是被保证人的偿还义务，持票人对被保证人所为的保全

---

① 参见《最高人民法院关于审理票据纠纷案件若干问题的规定》第62条。

② 参见我国《票据法》第47～48条。

其汇票权利的行为对于保证人也发生效力；如果被保证债务因手续欠缺而消灭时，保证债务也归于消灭。

（2）保证人责任的独立性。票据行为具有独立性，因此作为票据行为一种的保证也具有独立性，这表现在被保证债务除因款式的欠缺而无效外，其实质上的无效不影响票据保证责任的效力。但是，票据保证无效的，票据的保证人应当承担与其过错相应的民事责任。①

（3）保证人责任的连带性。保证责任的连带性体现为两个方面：② 一是保证人与被保证人之间应当承担连带责任；二是当保证人为两人以上时，保证人之间应当承担连带责任。保证责任的连带性为法律所规定，当事人不得约定排除。

（二）保证人的权利

保证人的权利是指保证人在承担了保证责任后即取得了票据上的权利，可行使持票人对承兑人、被保证人及其前手的追索权，但保证人对于其后手并无追索权。

第六节　付　　款

一、付款的概念

付款是指付款人或担当付款人支付票据金额，以消灭票据关系的行为。

付款以消灭票据关系为目的，它与产生票据权利义务关系的出票、背书、承兑和保证行为不同，所以付款行为不是狭义的票据行为。但在通常的票据活动中，如果说出票是票据活动的起点，那么付款可以说是票据活动的终点，因此，付款虽不是狭义的票据行为，但与票据又有密切的联系。

二、付款的程序

（一）付款提示

付款提示是指持票人向付款人或担当付款人出示票据，请求付款的行为。票据是一种债权证券，持票人可以就票据记载金额向票据债务人请求付款；票据也是一种流通证券，票据的转让无须通知票据债务人，因此票据债务人并不知道持票人是谁。所以持票人在行使票据权利时，应当向付款人或担当付款人

① 参见《最高人民法院关于审理票据纠纷案件若干问题的规定》第61条。

② 参见我国《票据法》第50条、第51条。

提示票据。

付款提示不仅是行使票据权利的必要，而且也是保全偿还请求权的要件，如果持票人在法定期限内未作提示，则丧失对其前手的追索权。但我国《票据法》第53条第2款规定，持票人未遵期提示的，付款人仍不免除对持票人的付款责任。这一规定显然不合法理，对付款人也不公平。①

1. 付款提示的当事人

付款提示的当事人包括提示人和被提示人：（1）提示人，是指有权向票据债务人提示付款的人，通常是持票人。但持票人的代理人也可以提示付款。（2）被提示人，是指接受付款提示的人。主要包括：付款人，包括已为承兑行为的承兑人和未为承兑行为的付款人；担当付款人，指出票人出票时或付款人承兑时所记载的代替付款人实际付款的人；票据交换系统，是指同一地区的各金融机构为交换票据而组成的组织；参加承兑人和预备付款人，当付款人或担当付款人未在法定期限内付款的，有参加承兑人的，持票人应向参加承兑人提示付款，无参加承兑人而有预备付款人的，应向预备付款人提示付款。

2. 付款提示的期间

付款提示的期间指提示人向被提示人提示票据并请求其付款的法定期限。根据我国《票据法》第53条第1款的规定：见票即付的汇票提示付款期间为自出票日起1个月；定日付款、出票后定期付款、见票后定期付款的汇票其提示付款期间为到期日起10日内。

3. 付款提示的地点

付款地是相对应记载事项，持票人原则上应按汇票上记载的付款地提示付款；如果汇票上未记载付款地的，付款人的营业场所、任何住所或经常居住地为付款地。

4. 付款提示的例外

根据我国《票据法》的相关规定，下列情况下，持票人可以免予付款提示：（1）持票人丧失票据无法提示付款，只能通过公示催告程序以除权判决的方式进行；（2）持票人作成拒绝承兑证书；（3）承兑人或付款人死亡、逃匿、被依法宣告破产或被终止业务活动。

（二）付款

1. 付款的时间

付款的时间指持票人在法定期间向付款人提示付款时，付款人应向提示人

① 姜建初、章烈华：《票据法》，人民法院出版社1998年版，第281页。

付款的期限。我国《票据法》第54条规定，持票人一经提示，付款人必须在当日足额付款。这一规定显然对付款人要求过于严格，因为当票据金额较大时，可能发生资金不足的情形，法律如此规定必然造成拒绝付款的客观事实，这对各方当事人均为不利，因此有必要为付款人设定一个合理的期间，以利于减少纠纷，避免追索权的发生。

2. 付款人的审查义务

一般而言，付款人并不负担实质审查的义务。因为票据是一种流通证券，在持票人提示付款时可能已经多次转让，如要求付款人进行实质审查，明显对付款人要求过苛，也将影响票据的流通。所以付款人只承担形式上的审查义务，其审查范围包括：（1）票据在形式上是否具备应记载事项；（2）汇票背书是否连续；（3）提示付款人是否具备合法身份证明或有效证件。符合上述形式要件的，付款人即可付款，并因此产生付款的效力。但是，如果付款人或代理付款人在付款时有恶意或重大过失的，仍不能免除其付款责任。这里的“重大过失”，指付款人或者代理付款人未能识别出伪造、变造的票据或者身份证件而错误付款。①

3. 付款的方式

（1）货币种类。根据《票据法》的规定，应该以支付人民币为一般原则，以支付外币为例外，同时规定当事人可以约定货币种类。②（2）支付数额。依《票据法》的相关规定，③ 付款人必须是全部付款而不允许一部分付款，这与许多国家和地区承认部分付款的做法不相一致。实际上禁止部分付款在一定程度上将限制汇票的流通。（3）关于汇票金额的提示。由于汇票是流通证券，其转让不需通知债务人，付款人也就无从得知谁是持票人，如果持票人不遵期提示付款，承兑人就无法付款，其票据责任无法免除，显然不利于对付款人的保护，而设立汇票金额的提示制度将有利于解决这一问题。大多数国家的立法都肯定了这一做法，但我国未作出明确规定，有必要考虑增设这一制度。

（三）汇票的交回

汇票是返还证券，因此付款人在付款时，有权要求持票人在汇票上签收并交还汇票。

---

① 参见《最高人民法院关于审理票据纠纷案件若干问题的规定》第69条。

② 参见我国《票据法》第59条。

③ 参见我国《票据法》第54条、第60条。

三、付款的效力

汇票经付款后，发生两方面的效力：一是票据法律关系消灭，付款人以及出票人、背书人等全体票据债务人均得以免除其票据责任。二是当出票人与付款人之间欠缺资金关系时，付款人在付款后取得向出票人求偿的权利，不过这种权利不是票据法上的权利，而是民法上的权利。

第七节 追 索 权

一、追索权的概念与种类

（一）追索权的概念

追索权是指票据不获承兑、不获付款或有其他法定原因时，持票人对出票人、背书人或其他票据债务人请求偿还票据金额、利息及相关费用的一种票据上的权利。追索权与付款请求权不同，它是一种第二次的权利，是付款请求权无法实现或其实现有困难而后主张的票据上的权利。①

追索权具有以下特征：②

（1）追索权具有选择性。持票人可以不依票据债务人在汇票上承担债务的先后顺序而自由选择追索的对象。既可以选择票据债务人中的一人进行追索，也可以同时向多人或者全体票据债务人进行追索。

（2）追索权具有变更性。持票人可以不受已开始的追索权的限制，已行使的追索权未获得实现时，持票人仍可以向其他尚未追索的汇票债务人进行追索，因此具有变更性。

（3）追索权具有代位性。持票人行使追索权获得相应清偿后，追索权并未消灭，而是移转给被追索人，被追索人此时享有再追索权，可以继续进行追索。

（二）追索权的种类

1. 期前追索与到期追索

这是根据追索权行使的时间为标准所作的分类。所谓期前追索是指汇票不获承兑，付款人或承兑人死亡、逃匿或其他原因无从进行承兑或付款提示，付

① 参见《最高人民法院关于审理票据纠纷案件若干问题的规定》第4条。

② 参见我国《票据法》第68条第2款、第3款。

款人、承兑人受破产宣告或被终止业务时所行使的追索权。所谓到期追索是指汇票到期后不获付款时行使的追索权。

2. 最初追索权与再追索权

这是以追索权行使的主体为标准所作的分类。所谓最初追索权是指最后持票人所行使的追索权。所谓再追索权是指已向持票人偿还票据债务的票据债务人向其前手再追索的权利。

二、追索权的主体和客体

（一）追索权的主体

1. 追索权人

（1）持票人。最后持票人是票据上的权利人，是最初追索权人。持票人在行使付款请求时遭到拒绝或具备其他法定原因时，即可对出票人、背书人及其他债务人行使追索权。但持票人为出票人时，对其前手无追索权；持票人为背书人时，对其背书的后手无追索权，以避免循环追索。

（2）因清偿而取得票据的人。除了最后持票人以外，因清偿而取得票据的人也可行使追索权。一般称之为第二次偿还权利人或者再追索的追索权人，包括背书人、保证人和参加付款人。

2. 被追索人

被追索人又称偿还义务人，是指票据到期不获承兑或付款时，负责偿还票据金额、利息和费用的人，包括汇票的出票人、背书人以及其他票据债务人，如保证人、参加承兑人。

承兑人是否能成为被追索人？一种观点认为追索制度是当汇票不获承兑或不获付款时赋予持票人的一种补救措施，不应将承兑人列为被追索人。① 但大多数意见认为承兑人可以成为被追索人，因为两种权利的时效期间不同，可以并存，而且当出票人履行了追索义务，而承兑人依法应承担最终付款责任时，出票人可以作为现实持票人向承兑人行使追索权。② 根据我国《票据法》第68条的规定，一般是承认承兑人作为汇票被追索人的地位的。

（二）追索权的客体

追索权的客体即追索权人请求被追索人偿还的一定金额。该金额是持票人

---

① 参见赵威：《票据权利研究》，法律出版社1997年版，第87页。

② 参见王小能主编：《中国票据法律制度研究》，北京大学出版社1999年版，第302页；赵新华：《票据法》，人民法院出版社1999年版，第295页；姜建初、章烈华：《票据法》，人民法院出版社1998年版，第293页。

因不获付款或不获承兑而受到的损失，故不以票据上记载的金额为限，一般可分为最初追索金额和再追索金额两种。

1. 最初追索金额

最初追索金额指持票人向被追索人行使最初追索权时所请求支付的金额。一般包括汇票金额、利息和追索费用三部分：①（1）被拒绝付款的汇票金额。持票人未获付款的票据金额是追索金额中的主要部分，也是持票人进行追索的主要目的。（2）汇票金额自到期日或者提示付款日起至清偿日止的利息。该利息是对持票人未能及时得到相应的汇票金额而进行的一定的补偿，因为持票人在利息方面的损失属于当事人一种可得利益的损失，应当给予相应的救济。（3）取得有关拒绝证明和发出通知书的费用。该费用一般以实际支付的数额为准。

需要注意的是，在期前追索中，持票人可请求偿还的金额又与到期追索不同。因为对于付款日期确定的汇票而言，从出票日到付款日的期间一般是固定的。当事人行使期前追索时，应当从预期将获得的汇票金额中扣除自被追索人履行追索义务而为清偿之日起至票据到期日止的利息，以避免持票人不当得利。很多国家的票据法都作了期前追索和到期追索的追索金额的划分，我国票据法在这一点上还没有相应的规定。

2. 再追索金额

再追索金额是指在再追索中，再追索权人向其他汇票债务人行使追索权时请求清偿的金额。再追索金额包括：②（1）已清偿的全部金额。也就是在最初追索中，被追索人向追索权人所支付的全部金额。（2）前项金额自清偿日起至再追索清偿日止的利息。（3）发出通知书的费用。

显然最初追索与再追索中的求偿金额范围有所不同。随着追索次数的增加，追索的金额也在逐次递增，这主要体现在利息的增加和支出费用的增加上。

三、追索权的保全与行使

追索权必须具备法定要件方能产生和存在，这是保全和行使追索权的前提，因此，追索权的保全与行使是这两方面内容的统一。

---

① 参见我国《票据法》第70条。

② 参见我国《票据法》第71条。

（一）追索权的要件

1. 实质要件

追索权的实质要件即追索权产生的原因。对于期前追索而言，包括：①（1）持票人按期提示承兑，未获得承兑，即付款人拒绝承兑。（2）承兑人或付款人死亡、逃匿。在我国票据实务中，汇票的付款人仅是法人而不包括自然人，因此不会出现承兑人或者付款人死亡、逃匿的情况。（3）承兑人或付款人被依法宣告破产或被终止业务活动的。

对于到期追索来说，只要持票人经合法提示付款而不获付款时，持票人就可以针对背书人、出票人以及汇票上的其他债务人行使追索权。在实务中，持票人在票据到期日不获付款主要有两种情况：②（1）票据的付款人、承兑人或者代理付款人拒绝按照汇票文义进行付款。（2）客观上无法实现支付，如付款场所不存在、付款人不存在或下落不明而无法进行提示的。

2. 形式要件

（1）票据的提示。追索权是偿还请求权，是第二次权利，持票人只能在首先向付款人行使付款请求权而得不到付款时，才可以行使追索权。但在下列情况下，则无须提示：承兑人或付款人死亡、逃匿的；承兑或付款人被依法宣告破产或终止业务活动的；因不可抗力事实，持票人不能在法定期限内提示承兑或付款的；依除权判决进行追索时，无须提示汇票。

（2）作成拒绝证书或退票理由书及其他合法证明。拒绝证书是指当持票人被拒绝承兑或拒绝付款时，由承兑人或付款人出具的拒绝证明。退票理由书是指持票人向承兑人或付款人委托的代理银行提示承兑或付款被拒绝时，由受委托的代理银行出具的不承兑或不付款理由的书面证明。其他合法证明是指当持票人无法直接从承兑人或付款人处取得以上证明时，而从有关机关取得的相应的证明，包括人民法院出具的宣告承兑人、付款人失踪或者死亡的证明、法律文书；公安机关出具的承兑人、付款人逃匿或者下落不明的证明；医院或者有关单位出具的承兑人、付款人死亡的证明；公证机构出具的具有拒绝证明效力的文书。③

（二）追索权行使的程序

1. 拒绝事由的通知

---

① 参见我国《票据法》第61条第2款。

② 王小能主编：《中国票据法律制度研究》，北京大学出版社1999年版，第303页。

③ 参见《最高人民法院关于审理票据纠纷案件若干问题的规定》第71条。

持票人在行使追索权前，应预先将追索原因通知偿还义务人，以便偿还义务人知悉而有所准备。

关于拒绝通知的性质，目前存在两大立法体例，一是英美法系的“要件主义”，认为拒绝事由的通知是追索权行使的要件，未进行通知时，丧失追索权；一是大陆法系的“义务主义”，认为持票人负有一定的通知义务，持票人违反时，须承担一定的责任。根据我国《票据法》第66条第2款的规定，我国采用的是大陆法系的“义务主义”模式，即拒绝通知不是追索权的要件，持票人即使有违反也不丧失追索权，但是要对票据债务人因此所受的损害承担赔偿责任。

拒绝通知的当事人包括通知义务人和受通知人。通知义务人是指持票人和收到通知的背书人。就持票人而言，受通知人是背书人、出票人或其他汇票上的债务人；就背书人而言，受通知人是背书人的前手。

关于通知的期限，持票人在取得拒绝证明、退票理由书或其他合法证明后，应尽快向其前手发出拒绝通知，以便自己的权利能尽快行使，也使被通知人有所准备。我国《票据法》第66条第1款规定，持票人应自收到有关拒绝证明之日起3日内将拒绝事由通知其前手。

关于通知的方法，我国《票据法》第66条第1款规定，必须以书面形式通知其前手。这与其他国家和地区的做法不同，日内瓦《统一汇票本票法》、日本票据法均采用自由主义。在通知的效力上，我国票据法采用的是发信主义，与民法所采取的到达主义不同。①

2. 确定追索对象

由于追索权具有选择性、变更性、代位性的特征，因此持票人在确定追索对象时可采取两种方式：一是选择请求，持票人可以按照汇票债务人的顺序或者任意选择对象进行追索，也可以对汇票债务人中的一人或数人甚至全体债务人进行追索；二是变更请求，持票人可以对被追索人中的一人或数人提出追索后，再向其他被追索人提出追索。

3. 被追索人清偿

被追索人受到持票人的追索后应支付法定的追索金额。在权利行使的方式上，追索权人既可采用诉讼的方式也可采用非诉讼的方式。②

4. 追索权人交回票据和拒绝证书

---

① 姜建初、章烈华：《票据法》，人民法院出版社1998年版，第302页。

② 谢怀栻：《票据法概论》，法律出版社2006年版，第215页。

被追索人偿还追索金额的，追索权人受领该金额时也应将票据及拒绝证书交还给被追索人。被追索人有权要求追索权人交还汇票和拒绝证书，从而取得汇票上的权利以进行相应的再追索。

四、追索权的效力

（一）对追索权人的效力

（1）追索权人因行使追索权而受清偿后，其票据权利归于消灭；

（2）持票人同时负有向被追索人交付汇票、拒绝证明及收据的义务；

（3）追索权人因怠于履行拒绝事由的通知义务致使被追索人受到损害的，应承担相应的赔偿责任。

（二）对被追索人的效力

（1）所有被追索人对持票人承担连带责任；

（2）被追索人履行偿还义务后，其票据责任解除；

（3）被追索人基于清偿而取得汇票，原持票人享有的票据上的权利转移给被追索人；

（4）被追索人有权要求持票人交还汇票、有关拒绝证书及其他证明。

五、追索权的丧失

追索权因法定原因而丧失，我国票据法规定的原因主要有：

（1）不在一定期限内行使或保全票据权利。根据我国《票据法》第 40 条第 2 款、第 65 条的规定，汇票未按规定期限提示承兑的，持票人丧失对其前手的追索权；持票人不能出示拒绝证书、退票理由书以及其他证明的，丧失对其前手的追索权。

（2）追索权消灭时效的完成。根据我国《票据法》第 17 条的规定，持票人对前手的追索权，自被拒绝承兑或付款之日起 6 个月不行使而丧失；持票人对前手的再追索权，自清偿日或被提起诉讼之日起 3 个月不行使而丧失。

第八节　复本与誊本

我国票据法没有规定复本与誊本，因此我国是不允许发行复本与誊本的，不过其他国家和地区多有规定，以下仅作简要介绍。

一、复本

(一) 复本的概念

复本是指就单一汇票关系所发行的数份证券，每份均称为复本。复本是汇票上独有的内容，是汇票原本的复制，但不是原本、正本的对称。复本与原本处于平等地位，数份复本相互之间以及复本与原本之间都具有相同的流通性，并各自独立地发生效力。也就是说一个汇票虽然可有数份复本，但在法律上则只有一个票据权利义务关系，如果一份已为付款，则其他数份，包括原本均失去效力。

发行复本的目的在于预防票据的遗失和增强票据的流通性，即使原本遗失或被盗，仍可依据复本行使票据上的权利。

(二) 复本的发行

(1) 发行当事人。复本的发行人以出票人为限，其他票据关系人并无发行复本的权利。复本的发行请求人是持票人，包括收款人及收款人以外的持票人。

(2) 请求发行的程序。当请求人为收款人时，可径行向出票人请求发行复本；当请求人为收款人以外的持票人时，则必须向自己的直接前手请求而依次及于出票人，出票人依其所需份数作成复本交与第一次背书人，再依次及于请求人。在此程序中，各背书人不仅有协力的义务而且各背书人均应在各份复本上进行与原背书同样的背书。

(3) 复本的款式。复本应记载同一文句，标明“复本”字样并编列号数，以便票据关系人了解其为汇票的复本，不至误认为数个汇票。如果因为出票人的疏忽未标明“复本”字样并编列号数，那么视为数个独立的汇票，出票人和在汇票上背书的人应负担数个汇票责任。

(4) 发行的费用。该费用由请求人负担。

(三) 复本的效力

(1) 关于承兑的效力。由于复本具有同一性，虽有数份复本，但表彰的是同一票据关系，付款人在一份复本上承兑的，其效力及于其他各份，而付款人即使在各份复本上均为承兑的也仅负担一个付款责任。

(2) 关于付款的效力。付款人对一份复本付款时，其他复本均失去效力。但为了保护持有复本的善意第三人，承兑人对由其承兑而未收回的复本仍应负担付款责任。

(3) 关于转让的效力。汇票有复本时，只须在一份复本上背书，即发生转让的效力。如果背书人将复本分别转让给两人以上时，对由其背书而未收回的复本，为保护善意第三人，背书人仍应负责任。

(4) 关于追索的效力。将各份复本背书转让与同一人时，该背书因被追索而偿还时，被追索人有权请求持票人交出复本的各份。但持票人已立有保证或提供担保的，不受限制。

此外，因提示承兑而交出一份复本的，还应在其他各份上载明接收人的姓名或名称及地址，持票人有权请求接收人交还其所接收的复本，否则可作成拒绝交还复本证书，而以其他复本提示承兑或付款，并以不获承兑或付款为条件行使追索权。

二、誊本

(一) 誊本的概念

誊本也称草票，是指持票人为背书或保证等票据行为的目的，依票据原本而作成的誊写本。作成誊本也是为了预防票据的遗失和增强票据的流通。不过誊本不是汇票，只是汇票的补充，不能独立发生汇票效力。

(二) 誊本的制作

(1) 誊本的作成人。誊本的作成人是持票人，包括收款人和其他持票人。

(2) 誊本的款式。誊本应标明"誊本"字样，誊写原本上的一切事项并注明何处为誊写部分以与原本相区别。持票人就汇票作成誊本时，应将已作成誊本之意思记载于原本之上。

(3) 制作的费用。作成誊本的费用须由持票人自己负担。

(三) 誊本的效力

(1) 关于背书及保证的效力。在誊本上为背书和保证的，其效力与在原本上为背书及保证具有同一效力。因为制作誊本的目的是在原本送出请求承兑时，得以誊本为其代用物而增强票据的流通，所以在誊本上所为的背书及保证均可发生效力。

(2) 关于追索的效力。在誊本上不能进行承兑，持票人为提示承兑而送出原本后，若接受人拒绝交还原本，持票人可在作成拒绝交还原本证书后持誊本行使追索权。

三、复本与誊本的区别

复本与誊本都是票据的复制，目的都是为了预防票据的遗失，增强票据的流通，但二者仍有很多区别：

（1）复本由出票人作成；誊本由持票人作成。

（2）复本仅适用于汇票；誊本适用于汇票及本票。

（3）复本的各份都有独立的效用，其本身就是票据；誊本并不是票据，它只是票据的补充，须与原本结合，才能主张票据上的权利。

（4）复本上可作成一切票据行为；誊本上只可作成背书及保证行为。

第十八章　本　票

第一节　本 票 概 述

一、本票的概念

根据我国《票据法》第73条的规定，本票是出票人签发的，承诺自己在见票时无条件支付确定的金额给收款人或者持票人的票据。本票具有如下特征：

（1）本票是票据的一种。本票与汇票、支票一样，具有票据的一般特性，如设权性、要式性、无因性、文义性、流通性、完全有价性、提示性、返还性等。

（2）本票是由出票人自己支付的票据。本票是自付证券，而汇票和支票都是委托他人付款的委付证券，这是本票与汇票、支票的区别所在。

（3）本票的基本当事人是出票人和收款人。汇票和支票作为委付证券存在三方当事人，即出票人、付款人和收款人。

（4）本票是出票人于见票时无条件支付票据金额给收款人或持票人的票据。我国只承认即期本票，而日内瓦《统一汇票本票法》除见票即付的即期本票外，还有于指定到期日无条件支付的远期本票。我国《票据法》的规定显然不利于本票信用功能的发挥。

（5）本票没有承兑制度。本票是自付证券，出票人因其出票行为而成为当然的主债务人，收款人或持票人向出票人要求付款的权利在出票时即已确定，因此没有发生付款责任的承兑制度。

在票据的立法体例上，我国与大多数国家的做法相同，即以汇票为中心，本票原则上准用汇票的有关规定，但在本票的出票、见票提示、追索权的行使上作了不同的规定。

二、本票的种类

（一）记名式本票、指示式本票、无记名式本票

这是根据本票上权利人的记载所作的分类。记名式本票又称抬头本票，是在本票上明确记载收款人的姓名或名称的本票。指示式本票是在本票上除记载收款人姓名或名称外，还附加记载“或其指定人”字样的本票。无记名式本票又称来人本票，是在本票上未记载收款人的姓名、名称或仅记载为“持票人”、“来人”字样的本票。

我国《票据法》第75条规定收款人名称是绝对应记载事项，因此我国仅承认记名式本票。

（二）即期本票、定期本票、计期本票、注期本票

这是根据到期日记载的不同所作的分类。即期本票是见票即付的本票，出票人应在见票时无条件支付本票金额给收款人或持票人。定期本票也称定日付款的本票，是出票人在签发本票时指定一个固定的日期为到期日，并于到期日无条件支付本票金额给收款人或持票人。计期本票是出票后定期付款的汇票，是出票人于出票时在本票上记载在出票日后经过一定期间为到期日，收款人或持票人在此日期请求付款的本票。注期本票是见票后定期付款的本票，并设有见票制度。

定期本票、计期本票、注期本票均为远期本票，从票据法关于本票的界定来看，我国不允许发行远期本票。

（三）银行本票、商业本票

这是根据出票人的资格所作的分类。银行本票是指由银行签发的承诺自己在见票时无条件支付票据金额给收款人或持票人的票据。商业本票是指由企事业单位、机关、团体所签发的本票。

我国《票据法》所称的本票是指银行本票，① 因为我国是不承认商业本票的，也禁止个人签发本票，这一做法与国际通行的做法不相一致。

第二节　本票的出票

一、本票出票的概念

本票的出票是指出票人签发本票并将其交付给收款人的票据行为。本票的

① 参见我国《票据法》第73条第2款。

出票行为和汇票的出票行为从形式上看都由作成票据和交付票据构成，但就实质而言，二者是有区别的。汇票出票人的出票行为是以委托付款人付款为目的的票据行为，体现了委付证券的性质；本票出票人的出票行为是出票人以自己无条件支付票据金额为目的的票据行为，体现了自付证券的性质。

二、本票出票的款式

本票的出票也具有要式性的特点，其出票的款式同样也分为应记载事项、得记载事项和不得记载事项三项。

（一）应记载事项

1. 绝对应记载事项①

（1）表明“本票”的文句。本票上应记载“本票”字样或能表明其为本票的文句，从而使本票与汇票、支票相区别。（2）无条件支付的承诺。本票是自付证券，因此出票人必须记载无条件支付文句以表明由其承担付款义务的意思。（3）确定的金额。本票上记载的金额应是明确的，不得浮动记载。（4）收款人名称。由于我国仅承认记名式本票，所以收款人名称为绝对应记载事项，而在其他国家和地区，由于承认不记名本票的存在，收款人名称并非绝对应记载事项。（5）出票日期。出票日期是签发本票的日期，它与确定票据关系的效力、出票人的行为能力、代理人的代理权及到期日的计算关系密切，因此是本票的绝对应记载事项。（6）出票人签章。出票人的签章是表明出票人承担票据责任的重要依据，没有出票人的签章，出票人也就不承担任何票据责任，本票也不发生法律效力。

2. 相对应记载事项②

（1）付款地。付款地是支付本票金额的地方，在未记载时，由于本票是自付证券，所以以出票人的营业场所为付款地。（2）出票地。出票地是出票人签发本票的地点，在未记载时，以出票人的营业场所为出票地。（3）到期日。在远期本票中不以见票即付为必要，因此需要确定到期日，在未记载时，则视为即期本票。我国《票据法》规定的本票限于见票即付，到期日不是本票的记载事项。

（二）得记载事项

关于本票的得记载事项，各国票据法一般都规定准用汇票的有关规定。依

① 参见我国《票据法》第75条。

② 参见我国《票据法》第73条、第76条。

我国《票据法》的规定，本票的得记载事项主要有两项：（1）禁止背书转让的记载；（2）支付特定币种的记载。

（三）不得记载事项

本票的不得记载事项一般也准用汇票的规定，包括票据法上未规定的事项以及与本票性质相抵触的事项。

三、本票出票的效力

（一）对出票人的效力

本票是出票人承诺自己支付一定金额的票据，出票人当然负担对收款人或持票人支付票据金额的责任。

1. 本票出票人承担的责任是第一次责任

出票人本身是主债务人，收款人或持票人对出票人直接行使付款请求权，而不需要进行承兑。

2. 本票出票人承担的责任是无条件的责任

出票人不得附加任何条件，否则本票归于无效。

3. 本票出票人承担的是绝对责任

出票人自出票日起即负有付款责任，该责任除因时效届满而消灭外，不因持票人行使和保全票据权利的手续欠缺而免除。

4. 本票出票人承担的责任是最终责任

出票人承担付款责任后，全部票据关系即告消灭。

（二）对收款人的效力

出票人签发本票后，收款人取得付款请求权和追索权。

1. 付款请求权

本票是自付证券，出票人签发本票后即负有绝对的付款责任，持票人自出票人出票时即已享有现实的付款请求权。这是本票出票的本质所决定的，与汇票中的付款请求权须经过承兑制度方由期待权转化为现实权有所不同。

2. 追索权

收款人在付款请求权不能实现时，可以向其前手或其他票据义务人行使追索权。本票上的追索权与汇票上的追索权相比并无特别之处，原则上适用汇票的有关规定。

但是，关于持票人能否对出票人行使追索权，学界认识不一。有人认为，根据汇票承兑人亦得为被追索人的原理，以及最大限度维护持票人利益和票据信用的需要，应允许持票人对出票人行使追索权。① 也有人认为，持票人不得向出票人行使追索权，因为依据出票的本质，出票人承担的是当然的付款责任。② 我国台湾地区通说是采否认说，我国大陆地区学者普遍认为持票人可以对出票人行使追索权。③

第三节 本票的见票

一、本票见票的概念

本票和汇票一样，根据其到期日的不同可分为即期本票和远期本票。由于本票中没有承兑制度，所以对于见票后定期付款的本票必须有见票提示。所谓见票是指持票人向出票人提示本票，请求其在本票上记载见票字样、日期及签章以确定到期日的行为。见票不是狭义票据行为，而是一种准法律行为，因为出票人见票时在本票上的签章不是出票人承担票据责任的意思表示。

我国票据法不承认远期本票的存在，因此没有本票见票制度。

二、本票见票的款式和效力

（一）本票见票的款式

本票见票的记载事项通常包括三项：（1）记载“见票”字样或其他表明见票的文句；（2）见票日期；（3）出票人签章。

（二）本票见票的效力

1．确定到期日

出票人应持票人的提示在本票上记载见票日期后，见票后定期付款本票的到期日即获确定。

2．作成拒绝见票证书

出票人在提示见票时拒绝作成见票的，持票人应在法定期限内作成拒绝见票证书，此后无须再提示付款和作成拒绝付款证书，持票人可直接行使追索

---

① 姜建初、章烈华：《票据法》，人民法院出版社 1998 年版，第 336 页；郑玉波：《票据法》，台湾三民书局 1980 年版，第 235 页。

② 张文龙：《票据法实务研究》，台湾汉林出版社 1976 年版，第 150～151 页。

③ 姜建初、章烈华：《票据法》，人民法院出版社 1998 年版，第 336 页；王小能主编：《中国票据法律制度研究》，北京大学出版社 1999 年版，第 347 页。

权，否则将因逾期导致持票人丧失对其前手的追索权。

第四节　本票的强制执行

本票的出票人虽然承担绝对的付款责任，但当其到期不付款时，持票人如何获得救济，法律并没有作出具体规定。根据我国《票据法》第 105 条的规定，“票据的付款人对见票即付或者到期的票据，故意压票，拖延支付的，由金融行政管理部门处以罚款，对直接责任人员给予处分。票据的付款人故意压票，拖延支付，给持票人造成损失的，依法承担赔偿责任”。按照一般理解，虽然持票人可以提起诉讼或者申请支付令依督促程序实现其票据权利，但诉讼则意味着花费相当的时间、金钱和精力。我国台湾地区“票据法”专门作了本票强制执行的规定，以加强持票人付款请求权的效力，促进本票的流通。

所谓本票的强制执行，是指持票人向本票出票人行使追索权时，可直接申请法院裁定，以法院裁定为名义请求强制执行。法院就持票人的申请作出裁定时，仅从形式上进行审查，而对实体法上的法律关系是否存在并不审查。一旦法院作出裁定，持票人可以依此向法院申请强制执行，法院应当依持票人的申请开始强制执行。如果出票人主张本票是伪造、变造的，可以提起诉讼，法院应停止强制执行。但持票人可申请提供担保而继续强制执行，出票人也可申请提供担保而停止强制执行。

应当注意的是，本票的强制执行只限于持票人对出票人行使追索权，而不适用于对背书人、保证人的追索权。有学者认为持票人对出票人、背书人、保证人的追索权同为本票上的权利，既然该强制执行的规定是为了促进本票的流通，那么也应该同样适用于持票人对背书人、保证人的追索权。① 也有学者认为票据制度存在于信用状况良好的社会，在言而无信的社会，即使规定持票人可直接就出票人财产申请强制执行，但是否能达到清偿债权、增强本票功能的目的尚待研究。②

第五节　本票准用汇票的规定

各国票据法的规定一般都以汇票为中心，对于本票除明确规定与汇票不同

① 张文龙：《票据法实务研究》，台湾汉林出版社 1976 年版，第 154 页。

② 姜建初、章烈华：《票据法》，人民法院出版社 1998 年版，第 336 页。

的制度外，都准用有关汇票的规定。但在立法方式存在不同做法：一是大陆法系国家普遍采用的列举式，即在票据法中将本票准用汇票的事项一一列出；二是英美法系国家采用的概括式，即在票据法中概括规定除本票的特殊规定外，均准用汇票的规定；三是以我国票据法为代表的结合式，即列举式和概括式的混合。

一、本票出票对汇票的准用

本票出票的规则与汇票出票的规则相差较大，各国票据法一般都不作准用的规定。我国《票据法》① 仅规定当本票记载了法定事项以外的事项时，其效力适用汇票的相关规定。而根据汇票的有关规定，② 本票出票时如果记载了非票据法规定的事项的，该事项不发生本票上的效力。

二、本票背书对汇票的准用

票据流通主要是通过背书转让实现的。本票的背书转让与汇票的背书转让方式并无实质区别，因此可准用相同的规则。我国票据法对本票的背书未作特殊规定，可以理解为完全准用汇票的有关规定，但与本票性质相抵触的除外，如被拒绝承兑的规定、背书人担保承兑责任的规定等。

三、本票保证对汇票的准用

我国《票据法》对本票保证未作具体规定，而指明准用汇票有关规定，但对于汇票保证的某些条款须作修改，如本票中无承兑制度，不存在承兑人为被保证人的情况。

需要指出的是，由于我国《票据法》只承认银行本票，基于银行的实力和信用，实践中一般无须他人提供保证，所以本票保证准用汇票的规定在实践中意义不大。

四、本票付款对汇票的准用

各国票据法对本票的付款都作了准用汇票付款的规定，我国《票据法》亦作如此规定。应注意的是，本票付款的被提示人是本票的出票人，而不是已为承兑的承兑人；本票的付款提示期限为 2 个月，与汇票的付款提示期限

---

① 参见我国《票据法》第 80 条第 2 款。

② 参见我国《票据法》第 24 条。

不同。

五、本票追索权对汇票的准用

本票的追索权也完全准用汇票的规定，这一点各国票据法的规定基本相同。但由于本票与汇票的区别，涉及承兑制度的规定均不适用。

第十九章 支 票

第一节 支票概述

一、支票的概念与特征

根据我国《票据法》第81条的规定，支票是出票人签发的，委托办理支票存款业务的银行或者其他金融机构在见票时无条件支付确定的金额给收款人或者持票人的票据。支票具有如下特征：

（1）支票是票据的一种。与汇票、本票一样，支票具有设权性、要式性、无因性、流通性、完全有价性、提示性、返还性等特点。

（2）支票注重资金关系。支票十分注重资金关系，出票人必须在付款人处存有足额的资金才能委托付款人支付票据金额，否则即构成空头支票。

（3）支票的付款人具有特定性。支票是一种委付证券，其付款人仅限于银行或其他法定金融机构。

（4）支票的见票即付性。支票只是一种支付工具，而不注重信用功能，因此支票是付款人见票时无条件支付支票金额的票据，其付款日期仅限于见票即付。

在各国的票据立法中，日内瓦法系的国家如德国、法国、日本等一般不对支票作法律上的定义，仅有少数几个国家和地区在立法中明确对支票进行定义，如英国、美国、我国台湾地区。由于支票的功能主要在于支付，而汇票、本票还具有信用功能，因此，在立法模式上亦存在差异。日内瓦法系的国家将本票与汇票共同立法，而对支票单独立法，英美法系国家认为支票是类似于见票即付的汇票，是汇票的一种，我国则将支票作为与汇票、本票并列的独立票据统一立法。

二、支票的种类

支票根据不同的标准可以作不同的分类。根据支票权利人的记载可以将支票分为记名式支票、指示式支票、无记名式支票，根据支票当事人的资格是否兼充可以分为对己支票、指己支票、付受支票。上述分类在汇票部分已有详细介绍，在此不赘述，以下仅介绍几种特殊的分类。

（一）一般支票、划线支票、保付支票

根据付款时有无特殊保障，支票可为一般支票和特殊支票。特殊支票根据其保障方式又可分为划线支票和保付支票二种。

一般支票，是指在付款上并无特殊保障的支票。

划线支票，又称平行线支票、横线支票，是指由支票的出票人、背书人或持票人在支票上划两条平行线，付款人只能向持有该支票的另一银行或另一其他法定金融机构或自己的客户付款的支票。支票的平行线应在支票的正面作成，在支票的背面、粘单上所划的平行线不发生平行线支票的效力。划线支票又可分为：（1）普通平行线支票，是指在支票正面划二道平行线，其间并无其他文字记载的支票。（2）特别平行线支票，是指在平行线内记载银行或另一其他金融机构名称的支票。特别平行线支票对支票金额受领人资格的限制比普通平行线支票严格，一般不允许特别平行线支票转化为普通平行线支票，但普通平行线支票可转化为特别平行线支票。绝大部分国家和地区均承认划线支票，我国票据法未作规定。

保付支票，是指由付款人在支票上为保付行为后，由付款人负绝对付款责任的支票。支票保付的作用在于保护持票人的利益，其在效力上与汇票的承兑制度相类似，但二者仍是两种不同的票据行为。我国票据法未规定保付支票。

（二）普通支票、现金支票、转账支票

这是根据支票的付款方式所作的分类，也是我国票据法所特有的分类。

普通支票，是指支票的付款方式不作限制，既可支付现金也可以转账的支票。

现金支票，是指只能用于支取现金的支票。

转账支票，是指只能用于转账，即只能由银行收入持票人账户的支票。

（三）即期支票、远期支票

这是根据支票上记载的出票日与实际出票日是否一致所作的分类。

即期支票，是指支票上记载的出票日与实际出票日一致，或者没有记载到期日，或者明确记载“见票即付”字样的支票。

远期支票，是指出票人签发支票时，以实际出票日后的未来一个日期为票面上记载的出票日的支票。远期支票是人们在实务中将支票作为一种信用工具加以利用的结果，它打破了支票限于见票即付的原则。但从实质上看，远期支票仍是见票即付的支票。我国台湾地区“票据法”在 1973 年的修正案中仿效英美法系国家，允许远期支票的存在。① 我国《票据法》不承认远期支票的存在。

第二节 支票的出票

一、支票出票的概念

支票的出票是指出票人作成支票并交付给收款人以委托与自己有资金关系的银行或者其他法定金融机构无条件向持票人支付一定金额的行为。支票的出票行为具有以下特征：

（1）支票的出票是创设票据权利义务关系的基本票据行为。支票的其他票据行为，如背书、保证等都在此基础上进行。

（2）支票出票前，出票人与银行或其他金融机构之间必须存在资金关系和支票支付合同关系。

（3）支票的出票具有要式性。支票的出票必须具备法定的款式和按特定程序作成，否则票据无效。

（4）支票的出票由作成支票和交付支票构成。出票人在作成支票后，还必须将支票交付收款人，出票行为方为完成，发生票据效力。

二、支票出票的款式

支票是要式证券，其记载的事项可分为应记载事项、得记载事项和不得记载事项。

（一）应记载事项

1. 绝对应记载事项②

（1）表明“支票”的文句。这是支票区别于汇票、本票的标志，如果票面上未记载该文句的，则支票无效。但该记载不以“支票”字样为限，只要

① 刘甲一：《票据法新论》，台湾五南图书出版公司 1978 年版，第 286 页。

② 参见我国《票据法》第 84 条。

足以表明是支票的含义即可。我国目前使用的支票是按中国人民银行规定的格式统一印制的，已印有支票字样，因此无须出票人记载。（2）无条件支付的委托。由于支票是委付证券，出票人不直接承担票据责任，而是委托特定金融机构代为付款，所以出票人必须记载委托支付事项，否则该支票无效。（3）一定的金额。支票是金钱证券，出票人必须在支票上记载一定的金额，否则支票无效。（4）付款人名称。支票是委付证券，因此付款人必须明确，以便持票人提示付款。（5）出票日期。支票具有见票即付性，出票日期是确定提示付款期限和确定票据时效期间的依据，所以必须记载出票日期。（6）出票人签章。出票人的签章是表明出票人承担票据责任的标志，因此出票人创设支票时必须在支票上签章，这与汇票、本票是一样的。

2. 相对应记载事项①

（1）付款地。付款地是支付支票金额的地点，在未记载时，法律推定以付款人的营业场所为付款地。（2）出票地。出票地是出票人签发支票的行为地，在未记载时，法律推定以出票人的营业场所、住所或者经常居住地为出票地。

（二）得记载事项

1. 收款人的名称。在英美法系国家一般将其作为支票的相对应记载事项，而日内瓦法系国家将其作为得记载事项。我国《票据法》第 86 条第 1 款规定，支票上未记载收款人名称的，经出票人授权可以补记，因此收款人名称是支票的得记载事项。

2. 禁止背书文句。根据准用汇票的有关规定，出票人可以记载“不得转让”文句。

（三）不得记载事项

不得记载事项包括记载本身无效的事项，如付款日期的另行记载无效，②免除担保付款责任的记载无效；记载使支票无效的事项，如附条件的委托付款，分期付款的记载。

三、支票出票与资金关系

票据关系与票据基础关系原则上相分离，同时在有限的范围内允许二者发生牵连，这是票据法中的一般规则。但由于支票是一种支付工具，法律为了保证支票的安全和维护支票存款规则，特别强调支票的出票人必须与付款人之间

① 参见我国《票据法》第86条。

② 参见我国《票据法》第90条。

存在一定的资金关系。该资金关系不限于现实的支票存款关系，还包括双方订立的支票透支合同。

重视支票的资金关系是各国票据立法的通例，但支票资金的欠缺是否影响出票行为的效力，也就是在支票中应否坚持票据的无因性原则，各国和地区没有统一的规定。我国票据法未规定支票资金欠缺对出票行为的效力有无影响，而日内瓦《统一支票法》则一方面强调资金关系，另一方面又认为违背限制性规定时，所签发的票据仍发生支票的效力，即坚持票据的无因性原则。

四、支票出票的效力

（一）对出票人的效力

1．担保付款责任

出票人出票后就当然地负有担保付款责任，该责任表现为出票人必须与付款人之间存在资金关系，以保证支票金额的支付。在建立支票保付制度的国家及地区，出票人的担保付款责任可因付款人承诺保付后予以免除。我国票据法与日内瓦法系国家的票据法均未规定支票的保付制度，因此，在收款人未获付款时，出票人的担保付款责任不能免除。

2．偿还责任

当付款人对支票拒绝付款或者超过支票付款提示期限的，支票出票人应向持票人偿还支票金额，出票人所承担的责任即为偿还责任，该责任是第二次责任。

3．付款提示期间内不得撤销付款委托的责任

所谓付款委托的撤销是指出票人依支票合同就特定支票的付款人的付款委托予以撤销的行为。我国票据法对出票人的此项责任没有作出规定，从国外票据法的规定来看，一般均认为出票人不负该责任，即可以撤销付款委托。但为了保护持票人的利益和支票流通的安全，同时对付款委托的撤销作了一定限制，即禁止出票人在提示付款期间撤销付款委托。日内瓦《统一支票法》、《德国支票法》均采这种限制主义的立法方式，我国可予以借鉴。而英美法系国家票据法一般没有提示期限的限制。

4．出票人签发“空头支票”的，必须承担相应的责任

所谓“空头支票”，是指支票的出票人签发的支票金额超过其付款时在付款人处实有的存款金额。[1] 这一点与汇票的出票不同，汇票的出票不以资金关

---

① 参见我国《票据法》第 87 条第 2 款。

系为条件，因此汇票中不存在“空头汇票”的问题，汇票出票人只需承担偿还责任。支票出票人签发“空头支票”给他人造成损失的，应当依法承担民事责任甚至行政责任和刑事责任。①

（二）对付款人的效力

1. 付款人对持票人没有当然的付款义务

支票出票人的出票行为对付款人具有授权的效力，付款人取得的是对持票人付款的权限，而不因此负担票据上的付款义务。因为出票人的出票行为是以委托付款为目的的单方法律行为，付款人是否接受出票人的委托完全由付款人自己决定，他只是代理出票人进行付款，而不是当然的票据债务人。

2. 出票人与付款人之间存在资金关系的，付款人应承担付款责任

根据我国《票据法》第88条的精神，持票人提示付款时，如果出票人在付款人处存有足额存款或与付款人订有透支合同，且支票上出票人的签章与预留签名或印签相符合的，付款人应当足额付款。

（三）对收款人的效力

1. 出票人作成支票并交付收款人，收款人取得向付款人请求付款的权利

由于付款人并非票据主债务人，不负票据上的付款责任，因此这种权利仅为一种期待权。但付款人为保付行为后，则成为票据主债务人，收款人的付款请求权由期待权转变为现实权。我国票据法中未规定支票的保付制度，但我国《票据法》规定，② 出票人与付款人之间存在资金关系的，付款人应承担付款责任。该责任是一种附条件的付款责任，在性质上是票据法上的责任。

2. 收款人未获付款时，可向前手行使追索权

收款人在付款提示期内行使付款请求权遭到拒绝的，在履行了保全手续后可向其前手进行追索。

第三节　支票的付款

支票是一种支付证券，因此支票的核心问题是付款。各国票据法关于支票的付款除准用汇票的有关规定外，还针对支票的特性作了许多特别规定。

---

① 参见我国《票据法》第102条第（二）项、第103条；《最高人民法院关于审理票据纠纷案件若干问题的规定》第73条。

② 参见我国《票据法》第89条第2款。

一、付款提示

付款提示是指持票人为获付款而现实地向付款人出示票据的行为。付款提示是支票付款的法定程序，但在个别情况下，支票持票人可以不进行付款提示，如持票人丧失支票的，可通过挂失支付、公示催告或诉讼来行使权利。

关于付款提示期限，各国的规定不同，但由于支票是见票即付的支付证券，以提示日为到期日，一般票据法都规定支票适用较短的付款提示期限。我国《票据法》第91条第1款规定，支票的持票人应当自出票日起10日内提示付款；异地使用的支票，其提示付款的期限由中国人民银行另行规定。以上提示期限，自出票日的次日起算。

付款提示的当事人包括提示人和被提示人。提示人一般是支票持票人或其代理人；被提示人是付款人或票据交换所。

关于付款提示的效力，主要包括以下三方面：（1）对持票人而言，持票人在法定期限内提示付款的，即享有受领票据金额的权利；付款人拒绝付款时，持票人可在法定期限内作成拒绝证书并向其前手进行追索；持票人逾期提示的，则丧失对除出票人以外的前手的追索权。（2）对出票人而言，无论持票人是否遵期提示付款，出票人对持票人都负有偿还责任。（3）对付款人而言，出票人与付款人之间存在资金关系并足以支付票据金额的，持票人提示付款后，付款人应履行其付款义务，否则，持票人可行使直接诉权。

二、付款

（一）付款的日期

由于支票限于见票即付，支票一经持票人提示，付款人即应向持票人支付支票金额，因此各国票据法均无支票到期日的规定，也无延期付款的规定。虽然实务中存在出票人将出票日记载为未来的日期而形成所谓的“远期支票”，但付款人没有在票载出票日前见票的可能，实质上仍是见票即付。

（二）付款的标的

我国《票据法》规定，付款人应足额支付票据金额，因此不允许部分付款，这与日内瓦《统一支票法》允许付款人部分付款的规定不同。在支付货币的种类上，各国一般都规定准用汇票支付货币种类的规定，我国亦然。

（三）付款方法

支票原则上以现实支付为必要，但也有可以通过转账或抵销支付的方法进行的例外情形。我国票据法规定准用汇票的有关规定，即支票持票人委托银行收款的，受委托银行将代收的支票金额转账收入持票人账户，视同签收；持票人在出票人开立支票存款账户的银行有存款账户时，银行可以以转账的方法将支票金额转入持票人的账户。

（四）付款人的责任

1. 付款责任

在存在保付制度的国家，付款人为保付行为后负有与汇票承兑人相同的付款责任，此时持票人的付款请求权由期待权转变为现实权。由于我国未规定支票的保付制度，因此付款人无此付款责任。当出票人的存款足以支付支票金额时，付款人应负当日足额付款的责任。

2. 审查义务

付款人付款前必须核验出票人在支票上的签名或盖章是否与预留签名或印签相符，对不相符的支票，付款人不得付款，但付款人对支票上背书签名的真伪不负认定责任。付款人还必须审查支票的背书在形式上是否连续，并核对提示付款人的合法身份证明或者有效证件。如果付款人以恶意或者有重大过失付款的，① 则由付款人自行承担责任。

（五）付款人的权利

支票付款人在支付全部票据金额后，有权要求持票人在支票上记载“收讫”字样，并交出支票，持票人有签收和交付支票的义务；付款人为一部分付款时，付款人有权要求持票人在支票上记载部分付款，并另给收据。但是我国不允许一部分付款。

第四节　支票准用汇票的规定

支票虽只是一种支付工具，不具有信用功能，但与汇票相比，仍有许多规定是相同的。为避免重复规定，我国票据法规定支票的出票、背书、付款行为和追索权的行使，除特别规定外，适用有关汇票的规定。

一、支票出票对汇票的准用

支票的出票与汇票的出票不同的地方较多，因此，我国票据法对支票的出票行为的规定较详细。准用汇票出票行为的规定只限于票据法未规定的出票事项，但该记载不具有支票上的效力。

① 参见我国《票据法》第92条。

二、支票背书对汇票的准用

我国《票据法》对支票的背书没有作任何规定，因此有关支票的背书可以完全准用汇票背书的规定。

三、支票付款对汇票的准用

在汇票付款的规定中，除了付款提示期限、付款人的付款义务、期前付款以及承兑的规定不适用于支票，其他规定均可适用于支票。

四、支票追索权对汇票的准用

我国《票据法》第93条明确规定支票追索权的行使准用汇票的有关规定，包括追索权行使的条件、追索权行使的程序以及追索金额的规定。有关承兑、到期日、非金融机构付款人等规定因与支票的性质相违背，因此不适用支票。

第五篇

保险法

第二十章　保险法概述

第一节　保险概述

一、保险的概念

（一）关于保险概念的各种观点

关于保险的概念，学者历来众说纷纭，归纳起来，可分为“损失说”、“非损失说”和“二元说”三个流派。

1．“损失说”①

“损失说”以损失补偿观念作为保险理论的中心，其中又分为：（1）“损失赔偿说”，该说认为保险是保险合同双方当事人的关系，是一种补偿合同；（2）“损失分担说”，该说强调损失赔偿中多数人互助合作的事实；（3）“风险转嫁说”，该说把被保险人的危险转嫁给保险人视为保险的性质。

2．“非损失说”

“非损失说”认为，“损失说”的损失补偿观念未能完全包括保险所具有的各种性能（尤其是不能解释人身保险），因此在损失补偿观点以外寻求不同的解释立场，但也是众说纷纭，包括技术说、欲望满足说、经济确保说、相互金融机关说、经济后备说和预备货币说等主要流派。② 由于“非损失说”试图在保险定义中完全回避损失，有可能会把保险的最本质属性抛掉。

3．二元说

“损失说”与“非损失说”都力图对保险作出统一解释，而实际上财产保险和人身保险具有不同的性质，因此出现了“二元说”，又称“统一不能说”。该说主要可分为两派：（1）“否定人身保险说”，该说认为，不论从经济方面

---

① 详细内容参见李玉泉：《保险法》，法律出版社2003年版，第1～3页。

② 详细内容参见李玉泉：《保险法》，法律出版社2003年版，第3～7页

还是从精神方面，损失这个概念都不能阐明人身保险的性质。(2)“择一说”，该说承认人身保险是真正的保险，但主张对人身保险和财产保险分别以不同的概念进行阐明，认为“保险合同不是损失赔偿的合同，就是给付一定金额为目的的合同”，二者只能择其一。在文字使用上，保险应当将 insurance 和 assurance 区别开来，insurance 是指任何不确定事件可能造成损失的合同，assurance 则是指事故必然发生或造成损害的寿险合同。

“择一说”的观点为许多国家的保险法所采用，例如德国、日本的商法典就是以“择一说”为基础对保险加以定义。我国《保险法》第 2 条实际上也是以“择一说”为基础，将保险定义为：“投保人根据合同约定，向保险人支付保险费，保险人对于合同约定的可能发生的事故因其发生所造成的财产损失承担赔偿保险金责任，或者当被保险人死亡、伤残、疾病或者达到合同约定的年龄、期限时承担给付保险金责任的商业保险行为。”但是，从我国《保险法》对保险的定义来看，“择一说”的缺点在于将保险与保险合同完全等同起来，只是法学上的解释，而没有从经济上揭示保险的内涵。

(二) 经济与法律视角中的保险

科学的保险概念，应从与“法律”和“经济”两方面去考察。从社会全体看，保险是一种为达成某种效能的经济制度。就个别行为而言，保险也是保险合同。

第一，从经济角度来看，保险是分摊危险，消化损失的一种经济制度。这一经济制度是以处理可能发生的特定偶然事件为目标，以确保经济生活安定为主要机能，以多数经济单位的集合为经营方式，以合理计算而公平负担所必需的资金为经济基础，并且在本质上具有持续性特征的经济制度。①

第二，从法律角度来看，保险是通过保险合同建立的一种法律关系。这一法律关系包含两方面含义：一方面，保险是当事人一方支付保险费的法律关系；另一方面，保险是当事人一方负担保险赔款或保险金支付责任的法律关系。②

二、保险的特征

要考察保险的特征，需要将保险与其他类似制度加以比较，才能得到较为明晰的理解。这些制度之所以类似于保险，是因为它们各自具有一项或数项保

① 袁宗蔚：《保险学》，台湾三民书局 1981 年版，第 23 页。

② 陈云中：《保险学》，台湾五南图书出版公司 1985 年版，第 22 页。

险的特征，之所以又不同于保险，也是因为它们都缺少保险特征中的一项或数项。

（一）保险与储蓄

保险与储蓄都是将现在收入的非必需部分，出于未雨绸缪的考虑，储存起来以备将来的需要。从准备财产的形成以及为安定经济生活的目的上看，两者具有类似性，尤其是生存保险和生死保险（混合保险）的生存部分，与储蓄难以区别。但两者仍有较大区别：

（1）保险事故发生后，不问已缴纳保险费的多少，保险受益人（即保险金受领人）随时可领受应得的保险金；而储户要取得本金及利息，必须以其存款范围为限。可见保险强调的是保险费和保险金的综合均等关系，而储蓄则强调个别均等关系。

（2）保险的构成在于集合多数经济单位所缴纳的保险费，将来用于保险金的给付，其目的在于共同分担危险，因此需要精密计算、可靠资料以及特殊技术，从而求得公平的分摊；储蓄仅是以自己积聚的金额及利息以备将来不时之需，既无需借助于相互组织，也无需特殊计算技术，是一种典型的自助行为。

（3）保险是多数经济单位所共同准备的财产，除预定目的外，不得任意使用处分；而储蓄是为个人目的而单独准备的财产，可以自由使用处分。

（二）保险与赌博

保险与赌博都属于射幸行为，即以偶然事件的发生而获得金钱或财物，但两者在本质上是不同的。

（1）保险的基础是人类互助合作的精神，目的在于经济生活的安定，手段上是利己利人，属于合法行为；而赌博的目的仅在于侥幸获利，其手段从表面上看是损人利已，但其结果必然损已损人，扰乱社会。正因为如此，保险合同受到法律保护，当事人须遵守最大诚信原则；而赌债则不受法律保护，当事人之间一般也无诚信可言。

（2）保险的结果是排除危险，使危险转移或减少；而赌博的结果则是使危险产生或增加。

（3）保险要求投保人或被保险人必须对保险标的有保险利益，而且其获得的保险金，不得超过实际损失或约定的保险金额；而赌博的对象没有限制，赌博除可赢回赌金外，往往可获得更多利益。

（三）保险与保证

保险与保证都是对将来偶然事件所致损失的填补方法，在目的上极为相似，颇易混同。两者的区别在于：

(1) 保险不仅是一种合同法律关系，同时也是一种经济制度；而保证则纯属个人间的合同法律关系。

(2) 保险合同是基于保险目的而订立的独立合同，并非附属于他人行为而生效；而保证则是附属于他人行为而发生效力的从合同。

(3) 保险基于合理的计算，有共同准备财产的形成；而保证并无任何精确的计算技术，仅是出于当事人心理或主观上的确信，也没有特别的合理准备，是当事人的个人行为。

(4) 保险人依约赔偿损失或给付保险金的行为，属于履行自己的债务，因此除非财产保险的保险事故是由于第三者的过错造成，保险人无代位求偿权；保证人代偿债务，尽管形式上也是履行自己的债务（从债务），但实质上是履行他人的债务，从而享有求偿权。

三、保险的种类

(一) 财产保险与人身保险

根据保险标的不同，可以将保险分为财产保险、人身保险及无形利益保险三类。而各种无形的权利及责任，究其实质，无不与有形财产具有直接或间接的关系，因此可以将无形利益保险纳入财产保险之中。我国《保险法》将保险分为财产保险和人身保险两类。

财产保险是以财产和利益为保险标的的保险，具体又可分为以下几种：

1. 财产损失保险，是指以有形财产为标的的保险，包括企业财产保险、家庭财产保险、运输工具保险、运输货物保险等险种。

2. 责任保险，是指以被保险人依法应当对第三人承担的损害赔偿责任为标的的保险。各国一般将合同责任排除在责任保险的承保范围之外，而只以一定范围内的侵权损害赔偿责任为标的，主要包括雇主责任保险、公众责任保险、产品责任保险、职业责任保险等险种。

3. 信用保险，是指以第三人对被保险人付款的能力或者信用为标的的保险，其中包括出口信用保险、投资信用保险、国内商业信用保险等险种。

4. 保证保险，是指由保险人为被保证人（义务人）向权利人提供担保的一种保险，包括诚实保证保险和确实保证保险等险种。

5. 海上保险，是指以海上危险或事故为保险责任范围的一种保险。由于海上保险所承保的风险不同于其他财产保险，海上保险单独存在的意义仅在于法律适用。在我国，海上保险由《海商法》专门加以规定，法律适用上优先适用《海商法》的规定。

人身保险是以人的生命或身体为保险标的的保险。传统的人身保险，仅以人寿保险为限，而且不同形式的人身保险总是以被保险人的生死为保险危险的基本内容，因此可以说人寿保险是人身保险的核心。在理论上，各国家和地区一般将人身保险分为以下三大类：

1. 人寿保险，简称寿险，是以被保险人的生命为保险标的，以死亡或生存为保险事故的险种。人寿保险包括死亡保险、生存保险和混合保险（生死两全保险）三类。

2. 健康保险，又称疾病保险，是以被保险人在保险期限内疾病、分娩以及因疾病、分娩导致残废、死亡为保险事故的保险。健康保险主要包括医疗给付保险、工资收入保险、残废和死亡保险等险种。

3. 伤害保险，又称意外伤害保险，是以被保险人在保险期限内，遭受意外伤害或因此而导致残废或死亡为保险事故的保险。伤害保险包括普通伤害保险、团体伤害保险、旅行伤害保险、交通事故伤害保险、职业伤害保险等险种。

财产保险与人身保险大多属于当事人双方依合同履行其权利义务的任意保险，纯属双方当事人出于自愿的契约行为，就实际经营的保险部门而言，对此又称为营业保险或商业保险。与之相对应的还有非营业保险与营业保险、法定保险和自愿保险两种划分。

（二）非营业保险与营业保险

非营业保险又称政策性保险，它主要是政府为了贯彻社会政策而推广的保险。政策保险有两类，一类为社会政策保险，即社会保险；另一类为经济政策保险，如投资保险等。①

1. 社会保险

所谓社会保险，是指政府为施行社会政策而举办的有强制性的人身保险。其特点在于：（1）就经营目的而言，旨在施行社会政策，而不在于营利。（2）就经营主体而言，社会保险由政府举办，以公营或国营为原则，一般由特设机构、指定机构或授权有关机构办理。（3）就被保险人而言，社会保险不仅必须为自然人，而且必须以社会大多数人为对象。（4）就保险给付而言，社会保险的保险给付，包括现金给付与医疗给付，且其给付标准法定。（5）就保险费而言，社会保险的保险费，由雇主或政府与保险加入者共同负担。有的社

① 袁宗蔚：《保险学》，台湾三民书局 1981 年版，第 63 页。

会保险的保险费，由雇主及政府代为全部负担，而不须本人负担任何费用，比如各国社会保险中的职业灾害赔偿保险。（6）就施行方法而言，社会保险均具团体性，且具强制性，凡符合法律规定条件的社会成员都要参加社会保险。①

2. 投资保险

投资保险是资本输出国政府对本国海外投资者在国外可能遇到的政治风险提供的保险。若承保的政治风险发生，致使投资者遭受损失，则由国内保险机构补偿其损失。投资保险的特点在于：（1）投资保险由政府机构或公营公司承保，不以营利为目的，而是以保护投资为目的。（2）投资保险的对象只限于海外法人直接投资，且这种投资一般须经东道国批准，而且还必须对资本输出国经济有利。（3）投资保险的范围只限于政治风险，如征用险、外汇险、战争险等。（4）投资保险的任务在于防患未然，而且通常是结合两国投资保证协定完成的。

（三）自愿保险与强制保险

强制保险又称为法定保险，是指依据国家的法律规定发生效力或者必须投保的保险。社会保险属于强制保险，但强制保险不限于社会保险。狭义的强制保险是除社会保险以外依法必须参加的保险，仍属于商业保险范畴且有别于社会保险，其种类包括自动发生效力的强制保险和经投保发生效力的强制保险，其特点在于保险对象参加保险的强制性、普通性和无差别性、保险条件和保险金额的法定性。较为典型的强制保险是各国立法规定的汽车第三者责任险。

自愿保险，则是指由单位和个人自由决定是否参加的保险。绝大多数保险都是自愿保险。

第二节　保险法的基本原则

保险法的基本原则，应该是贯穿于保险法之中，人们在保险活动中必须遵循的根本性准则。一般而言，最大诚信原则、保险利益原则、损失补偿原则、近因原则构成了保险法的四大基本原则。

一、最大诚信原则

诚实信用原则起源于罗马法，自《瑞士民法典》第2条（无论何人行使

① 陈云中：《保险学》，台湾五南图书出版公司1985年版，第62页。

权利履行义务，均应以诚实信用为之）对诚信原则作出经典表述后，其已从债权法的狭小领域步入了整个民商法的开阔殿堂。诚信原则要求任何一方当事人对他方不得隐瞒欺诈，必须善意地、全面地履行自己的义务。

在保险法领域中，法律对于诚实信用程度的要求远远大于其他法律领域，这是由保险关系的特殊性决定的。一方面保险合同是射幸合同，保险危险是不确定的；另一方面保险标的掌握在投保方，保险人主要是依据投保人对保险标的的告知和保证来决定是否承保和保险费的多少，因此要求投保人必须以最大诚实信用之念履行义务。

最大诚信原则最初只是束缚投保人的一项原则，后来，保险合同的标准化导致保险合同成为附和合同，为保障投保人利益，该原则也扩展适用于保险人。最大诚实信用原则对投保人的约束主要体现为投保人的告知、保证义务；对保险人的约束主要体现在说明义务、弃权与禁反言原则等方面。

（一）告知

告知，是指投保人在订立保险合同时，就与保险标的危险程度相关的情况向保险人所作的陈述和说明。其内容一般包括：对事实的陈述，对将来事件和行为的陈述，以及对他人陈述的转述等三个方面。① 这种陈述并不构成保险合同条款的组成部分，而仅是保险合同赖以订立的信息。因此，从性质上看，投保人的如实告知义务是先合同义务而非合同义务，这与保险合同成立以后，投保人的危险增加通知义务不同。

如实告知的范围在立法上有自动申告主义和书面询问主义两种立法例。在自动申告主义下，投保人的告知范围不以保险人书面询问的重要事项为限，对于没有书面询问，但与保险合同的成立密切相关的其他重要事项也负有告知义务。而书面询问主义仅要求投保人对书面询问事项据实告知即可，而对书面询问以外事项不负告知义务。由于书面询问主义更有利于保护投保人和被保险人的利益，已成为多数国家的立法选择，我国《保险法》实际也采纳了书面询问主义。②

告知义务的违反有两种表现形式，一种是告知不真实，即误告或错告；另一种是应告知而不告知，即隐瞒或遗漏。违反告知义务的法律后果有无效主义和解约主义两种立法例。我国《保险法》根据投保人的心理状态不同，将告知义务的违反分为故意不履行告知义务和因重大过失未履行告知义务两种，其

① 袁宗蔚：《保险学》，台湾三民书局 1981 年版，第 161 ~ 162 页。

② 参见我国《保险法》第 16 条第 2 款。

法律后果则采用了解约主义的立法例，即保险人可据此解除合同。①

（二）说明

说明，是指订立保险合同时，保险人向投保人说明保险合同条款的内容。法律之所以赋予保险人说明的义务，主要是因为保险合同通常都是以标准格式的形式订立，没有经过真正的协商过程。考虑到保险人与投保人在保险业务知识和水平上的差异，法律要求保险人就合同条款内容向投保人予以说明。

保险人的说明义务在性质上与投保人的如实告知义务一样，也是法定的先合同义务。说明义务的重心，是保险合同中的免责条款，即保险人必须向投保人说明免除保险人承担保险责任的条款。保险人违反说明义务的法律后果主要是该免责条款不产生效力。

（三）保证

保证，又称特约，是指投保人或被保险人对保险人作出的为一定行为或不为一定行为，或者某种状态存在与否的担保。保证原为英美保险法上的制度，在美国称为担保。我国《保险法》对保证未作明文规定，但在保险实务中，当事人往往在保险合同中约定保证事项。

保证的目的在于控制危险，以确保“良好管理”的某方面得以贯彻，或者是确保未经保险人同意不得进行某些风险较大的活动。② 从形式上，通常可将保证分为明示保证和默示保证。明示保证是指保险合同条款中记载的保证事项，也称为特约条款或保证条款。明示保证从内容上又可分为承诺保证和确认保证。承诺保证又称为约定事项的保证或特约保证，是指投保人或被保险人对与保险合同生效有关的事项，承诺履行特定义务（作为或不作为）的保证。确认保证又称为认定事项保证或肯定保证，是投保人或被保险人对过去或现在某一项特定事项存在或不存在的保证。若未说明某一保证属何种性质，通常从有利于投保人或被保险人利益出发，推定其为确认保证。而保证中某一事项是否重要，应否成为保证事项，则完全可由当事人决定。默示保证是指依照交易习惯，投保人、被保险人应该保证某一事项，而无须明确作出承诺。默示保证主要适用于海上保险领域，如对适航能力的保证、对不绕航的保证、对航程合法性的保证等。

由于保证在性质上是保险合同的重要组成部分，因此，保证必须被严格遵守，违反了保证，就会使保险合同丧失基础，各国司法实践对保证条款均予以

① 参见我国《保险法》第17条第2款。

② 李玉泉：《保险法》，法律出版社2003年版，第66页。

严格掌握。一旦投保人或被保险人违反保证义务，无论其有无过错，也不论其是否给保险人造成损失，保险人也无需证明保证事项的重要性或保险人、投保人知道保证事项的重要性，保险人均可解除合同，不负赔偿责任。

（四）弃权与禁反言

1. 弃权

所谓弃权，是指保险合同一方当事人放弃其在合同中的某种权利，包括合同解除权和抗辩权等。从概念上看，弃权主体既可以是保险人，也可以是投保方，但该制度的设置主要是用来约束保险人的。比如，我国《保险法》第16条第6款规定："保险人在合同订立时已经知道投保人未如实告知的情况的，保险人不得解除合同；发生保险事故的，保险人应当承担赔偿或者给付保险金的责任。"

构成弃权的要件有二：一是保险人须有明示或默示的意思表示，但在多数场合，保险人弃权的意思表示，可以从其行为中推知。二是保险人知道或应当知道有权利的存在，即保险人知道或应当知道投保人、被保险人的违约情况及因此而可享有的解除权或抗辩权，否则，保险人的作为或不作为不得视为弃权。① 一般而言，只要是基于合同所产生的权利或抗辩权都属于弃权的范围，但例外在于：（1）与社会公益有关的权利不得抛弃；（2）法律所赋予的权利不得抛弃；（3）对事实的主张不得抛弃；（4）保险合同除外和不包括的危险，除非有约定，原则上不得抛弃。②

2. 禁反言

禁反言，又称禁止抗辩，原属英美衡平法上的原则，是指合同一方既然已经放弃其在合同中的某种权利或作出某种陈述，则应受其放弃行为的约束，以后不得再向他方主张这种权利或必须维持、履行该陈述。

禁反言的构成要件，一般有以下四项，有待投保人证明：（1）保险人曾就订立保险合同的有关事项，向投保人作出诱导性的虚伪陈述或行为。（2）此虚假陈述或行为的目的是为了使投保人或被保险人信赖该陈述或行为，或者投保人、被保险人的信赖，并不违背保险人的原意。（3）投保人或被保险人曾以善意信赖此项陈述或行为。（4）投保人或被保险人因信赖保险人而作出某种行为，并因此而导致自己受损害。

禁反言的运用大部分发生于投保人或被保险人与保险代理人之间；但不限

① 施文森：《保险法总论》，台湾三民书局1985年版，第256～257页。

② 桂裕：《保险法论》，台湾三民书局1981年版，第188页。

于代理关系，亦可直接适用于保险合同双方。① 一般而言，禁反言适用于以下情形：（1）保险人交付保单时，明知保险合同有违背条件、无效、失效或其他可解除的原因，仍交付保险单，并收取保险费；（2）保险人的代理人，就投保申请书及保险单上的条款，作错误解释，而使投保人或被保险人信以为真；（3）保险代理人代投保人填写投保申请书时，为使投保申请容易被保险人接受，故意将不实的事项填入投保申请书，或隐瞒某些事项，投保人在保险单上签名时，不知其为虚假陈述；（4）保险人或其代理人表示已依被保险人的请求为某一行为，而事实上并未实施。（5）保险人或其代理人，对被保险人的身份或职业进行错误的分类，而被保险人不知道或未经被保险人同意。②

二、保险利益原则

（一）保险利益原则的意义

保险利益，我国《保险法》第12条第6款将其定义为："投保人或者被保险人对保险标的具有的法律上承认的利益。"其含义有两点：一是保险利益为投保人或者被保险人享有，二是保险利益是法律上承认的利益。但根据大陆保险法体系的理论，所谓保险利益，指的是人与保险客体间存在的经济上的利害关系，只有这种关系受到侵害，保险事故才算发生，被保险人才能向保险人请求保险金的赔偿。也就是说，保险利益应存在于何人，是以谁会因为保险事故的发生而受到损害为准，而不是以其对保险标的是否具有某种权利为准。这也是保险利益学说从一般性保险利益说到技术性保险利益说，直至经济性保险利益说的发展成果。③ 保险利益之所以具有这样的意义，其中心概念在于防止通过保险制度来获取任何财产上的不当利益。同时，保险利益这一概念实际上也是为了补偿保险标的的损害而存在的。我国保险法将保险利益定义为法律上承认的利益，似乎略显狭隘。因为对于保险利益补偿损害这一功能来说，重要的不是利益是否为法律认可，而在于它是否能够弥补某些人在经济上的损失。

保险利益作为保险法的一项基本原则的重要意义在于：

1. 避免赌博行为的发生

在保险利益学说发展的初期，保险利益概念的意义在于区分有社会经济作

① 袁宗蔚：《保险学》，台湾三民书局1981年版，第163～164页。

② 施文森：《保险法总论》，台湾三民书局1985年版，第258页。

③ 详见江朝国：《保险法基础理论》，台湾瑞兴图书股份有限公司1999年版，第53页。

用的保险和纯投机的赌博行为。保险区别于赌博的关键即在于保险中有保险利益，否则，对无保险利益的保险给付赔款，就违反了损失补偿原则，使保险与赌博无异。

2. 防止诱发道德危险

有了保险利益原则，可以防止投保人、被保险人或受益人为诈取保险赔款而违反法律和合同，故意造成或扩大危险，以维护社会的安定和善良风俗。

3. 限制赔偿程度

保险利益是保险人所补偿损失的最高限度。损失补偿原则的适用，是以保险利益为归依的，被保险人不能获得超过其保险利益范围的赔偿。①

（二）保险利益的构成要件

保险利益作为保险合同的效力要件，应满足以下条件：

（1）必须是合法的利益。只有不违反法律的强制性规定的利益，才能被法律所承认和受法律的保护，从而成为保险利益。

（2）必须是确定的利益。投保人或者被保险人对于保险标的所具有的利害关系，已经确定或者可以确定，才能构成保险利益。已经确定的利益或者利害关系，为现有利益，尚未确定但可以确定的利益或者利害关系，为期待利益，但人身保险合同中的保险利益必须为现有利益。

（3）公益性。投保人或被保险人对保险标的应当具有保险利益，这是社会公益所追求的。投保人或者被保险人对保险标的没有保险利益，保险合同无效。保险合同当事人也不得约定排除或限制保险利益原则的适用。在诉讼中，无须当事人引证，法院可以缺乏保险利益为由，判决保险合同无效。

（三）保险利益的适用范围

1. 人身保险

人身保险利益是英美保险法上特有的概念。投保人以他人寿命或者身体为保险标的，订立保险合同是否具有保险利益，以投保人和被保险人相互是否存在私人间的利害关系（如爱情、亲情）或者金钱上的利害关系为判断依据。有利害关系则有保险利益。但大陆法系显然没有将保险利益原则应用于人身保险领域，只要投保人已经取得被保险人的同意订立保险合同，合同即合法有效。德国、法国、瑞士、日本、意大利、韩国等国家的法律即采同意主义原则。大部分大陆法系学者认为，将保险利益概念适用于人身保险领域并无实益，其原因在于：（1）保险利益的功能之一在于通过确定保险利益的性质种

① 袁宗蔚：《保险学》，台湾三民书局1981年版，第133页。

类，决定保险价值的多少，被保险人只能在这个范围内享受保险合同保护。但这一功能无法在人身保险合同中发挥，因为人身保险的价值无法以金钱价值客观确定。（2）保险利益概念的功能在于补偿被保险人具体的损害或防止重复保险，以避免发生保险法上不当得利的情形。但在人身保险中（除医疗费用保险外），人的生命价值无客观标准，所以在保险事故发生后，即使被保险人或其他享有保险赔偿请求权的人获得双重赔偿，也无法认为其有保险法上不当得利的情形。正因为如此，损失补偿原则及其派生的保险代位制度，不适用于人身保险。（3）保险利益概念可以决定谁有权将保险利益投保，而无需他人同意，但如果将这个原则贯彻于人身保险，则主观危险发生可能性的对象为人的生命身体，极为不道德。① 所以若第三人对他人生存与否具有利益，欲以该他人生命为保险事故发生的对象，须经他人的书面同意，然后由被保险人以其自由意思指定其为受益人即可。此时，投保人是否对之具有保险利益的规定，并无多大的实质意义可言。

我国《保险法》既在人身保险领域中引入了保险利益原则，又采纳了大陆法系的同意原则，规定投保人对本人、配偶、子女、父母与投保人有抚养、赡养或者扶养关系的家庭其他成员、近亲属以及与投保人有劳动关系的劳动者有保险利益，同时又规定被保险人同意投保人为其订立合同的，视为投保人对被保险人具有保险利益。

2. 财产保险

虽然英美法系和大陆法系对保险利益原则适用于财产保险的观点是一致的，但大陆法系认为保险利益原则只适用于财产保险，即除财产保险外，虽然还包括责任保险或人身保险中的医疗费用保险，可是绝不包括人身保险除医疗费用保险外的其他领域。保险法上的损失，即为保险利益的反面。保险人的赔偿范围不得超过损失，否则为不当得利。对整个损害保险而言，保险利益可定义为“一种特定的关系，基于这种关系，其特定人在保险事故发生时将遭受财产上的不利”。② 财产保险利益，可分为现有利益、基于现有利益而产生的期待利益和基于法律上的权利基础而产生的期待利益三种。③

从立法方式看，法律上一般对财产保险利益采用概括主义的立法，即在法

① 江朝国：《保险法基础理论》，台湾瑞兴图书股份有限公司 1999 年版，第 82～83 页。

② 江朝国：《保险法基础理论》，台湾瑞兴图书股份有限公司 1999 年版，第 84 页。

③ 施文森：《保险法总论》，台湾三民书局 1985 年版，第 45 页。

律上作一适当的定义，凡与定义相符的为有保险利益，如我国《保险法》规定，保险利益是对保险标的具有的法律上承认的利益，这与一些国家对人身保险利益采取列举主义的立法方式不同。

同时财产保险利益除具备适法性、确定性和公益性的要件外，还必须是有经济价值的利益，也就是可以用金钱来计算的利益，如果损失不是经济上的利益，无法用金钱计算，也就无法用保险这种方式来填补。

（四）保险利益原则的效力

保险利益应当对何人、在何时具有评价保险合同效力的意义，构成保险利益原则的效力范围。保险利益原则的效力范围是保证合理、公正地运用保险利益原则的核心内容。

1. 保险利益原则对人的效力

保险利益须存在于何人，由于保险合同当事人的含义不同，而在英美与大陆两大法系中有很大差异。

英美法系通称保险合同的当事人一方为保险人（the insurer），另一方为被保险人（the insured），虽然美国保险实务中亦有称寿险合同的当事人为投保人（the applicant），但毕竟是少数。英美法系认为，一般人投保的目的在于保障自己，尤其在财产保险上，故称当事人为被保险人，投保之后，基于合同约定当然取得保险金请求权，同时被保险人基于当事人的地位亦负有交付保险费的义务。因此英美法系规定投保人（投保方在合同订立时称为投保人，在合同订立后即为被保险人）对保险标的应具有保险利益。这样规定正好能实现保险利益原则的功能，即防止赌博行为，避免道德危险的发生和限制赔偿程度。

在大陆保险法系，则通称保险合同的当事人一方为保险人，另一方为投保人，投保人仅有交付保险费的义务，而无保险金请求权。在当事人以外，尚有被保险人及受益人。在损失补偿保险中，被保险人是指基于保险合同，于保险事故发生时有权受领保险金的人；在人寿保险中，被保险人则是指以其生存或死亡为保险事故的人。而根据保险利益的定义，只有享有保险利益的人才可能在事故发生后受到损害，也才因此有权获得保险的补偿。因此，大陆保险法系规定被保险人对保险标的应有保险利益，而不要求投保人具有保险利益。

我国《保险法》采用了大陆法系的做法，将投保人与被保险人区分开来，前者仅有支付保险费的义务，而无保险金请求权，而后者是指其财产和人身受保险合同保障，也就是在保险事故发生后，享有保险金请求权的人。但是，在保险利益的归属上又混合采纳两大法系的做法，规定投保人或者被保险人对保险标的具有法律上承认的利益。如果说投保人同时也是被保险人，当然并无问题，如果投保人与被保险人不一致，在确定保险利益享有人时可能会造成不必要的混淆。因此，我国保险立法应当协调保险合同当事人的界定与保险利益的规定，确认被保险人为保险利益归属者。

2. 保险利益原则的时间效力

大陆法系因将保险利益的概念限于损失补偿保险才有适用，且以保险事故发生时保险利益遭受损失的人为被保险人，所以解释上不存在保险利益究竟应在何时具备的判断问题。而在英美法系，由于保险利益的概念适用于各种险种，才产生这一问题。依英美保险通例，因险种不同，而对保险利益存在的时间要求不同。财产保险在损失补偿原则的限制下，必须在保险事故发生时有保险利益，而在保险合同订立时无须有保险利益；而人身保险由于不受损失补偿原则的限制，为防止道德危险，必须在合同成立之时有保险利益，而在保险事故发生时，则无需有保险利益。我国与英美法系的做法类似，《保险法》第12条第1款和第2款规定："人身保险的投保人在保险合同订立时，对被保险人应当具有保险利益。财产保险的被保险人在保险事故发生时，对保险标的应当具有保险利益。"

三、损失补偿的原则

损失补偿原则是由保险的经济补偿性和其职能所决定的，它最直接地体现了保险的经济补偿职能。"无危险，无保险"原则已进一步发展为"无损失，无保险"原则，因此该原则是保险法诸原则的基础。

(一) 损失补偿原则的意义

损失补偿可以被视为一种机制，通过这种机制，在被保险人遭到损失后，保险人对其进行补偿，以使其恢复到损失前所处的经济状况，因此损失补偿只是保险人在其承保的责任范围内对被保险人所受的实际损失进行补偿。据此，损失补偿原则可理解为：(1) 被保险人只有受到约定的保险事故所造成损失，才能得到补偿。在保险期限内，即使发生了保险事故，如果被保险人没有遭受损失，基于"无损失、无保险"原则，也无权要求保险人赔偿。(2) 补偿的量必须等于损失的量，即保险人的补偿恰好能使保险标的恢复到保险事故之前的状况，被保险人不能获得多于或少于损失的补偿。

(二) 损失补偿原则的适用

损失补偿原则的适用，以保险利益的存在为基础。被保险人不能获得超过其保险利益范围的赔偿。就不定值保险而言，如果保险没有任何限制赔偿金额的条款，那么其赔偿金额，必定是实际损失、保险金额、保险利益三项中的一项，并以三者中最小者确定。①

关于损失补偿的限度，就财产保险而言，在法律上是以保险价值为补偿的最大限度，而在保险合同中是以保险金额为补偿的最大限度。实务上，补偿的限度应以被保险人实际所受的损失为准，而实际损失的计算，又是以损失发生时，受损财产的实际现金价值为准，而实际现金价值一般认为应是重置成本即复原费用扣除标的物的折价费后的余额。

（三）损失补偿的履行方式

从各国实践看，损失补偿的方法主要有以下几种：

1. 现金赔付

这是保险实践中最常用的方式，而且对于那些无形财产保险，如责任险、信用险、保证险，只能采取现金赔付的方式。

2. 修复

在有形财产保险中，发生部分损失的保险标的应予以修复，费用由保险人负担。该方式在国外主要适用于汽车保险。

3. 更换

当保险标的物因保险事故发生而遭受损失时，保险人可用更换方法，对标的受损部分或全部予以更换。严格说来，这种方法与损失补偿原则是相背离的，因为此时没考虑到原标的物的折旧，所以采用更换方法时通常要有一定的折扣。

4. 重置

当保险标的物毁损、灭失时，保险人负责重新购置与原标的物等价的物，以恢复被保险人的原财产状态。该方式主要适用于财产保险，尤其适合于由保险人负责修复或重建毁损的房屋等情况。实际上，这种方式也是与损失补偿原则背离的，因为运用这种方式理赔时，一般是不减去原标的物的自然损耗与折旧的，而且如果重置物与原标的物有所不同，保险人就要承担不完全履行合同的责任，因些保险人很少愿意采用此种方式。

（四）损失补偿的范围

（1）保险事故发生时，保险标的的实际损失。

（2）合理费用，多指保险事故发生后，被保险人的施救费用和诉讼支出。施救费用包括为抢救财产或防止灾害蔓延而采取必要措施所造成的保险标的的

① 陈云中：《保险学》，台湾五南图书出版公司1985年版，第189页。

损失以及为施救、保护、整理保险标的所支出的合理费用。诉讼支出主要指责任保险的被保险人因给第三人造成损害的保险事故而被提起仲裁或诉讼的，除合同另有约定外，应由保险人承担的有关由被保险人支付的仲裁或诉讼费用。

(3) 其他费用，主要指为确定保险责任范围内的损失所支付的检查、估价、出售等费用。

(五) 损失补偿原则适用的例外

1. 人身保险

人身保险以人的生命或身体为保险标的，不能以金钱表示其价值，在发生保险事故时，也不能用金钱衡量其损失，而只能以事先约定的保险金额给付被保险人或受益人，因此，损失补偿原则在人身保险中的适用不如财产保险彻底，其中尤以人寿保险为典型。

2. 定值保险

定值保险以约定的保险标的价值确定保险金额，当保险事故发生时，不论保险标的损失时的市价如何，即不论保险标的实际价值大于或小于保险金额，应按其损失程度赔付。在这种情况下，保险赔款可能超过实际损失，因此定值保险是损失补偿原则适用的例外。海上保险标的的价值，由于受时间及空间的影响大，如果在事后估计损失，在技术上存在困难，因此，海上保险大多为定值保险。

四、近因原则

近因（proximate cause）一词是普通法上的概念，也称为主力近因，是损失的有效原因。① 危险事故的发生与损失结果的形成，必须要有因果关系存在，才构成保险金给付的条件。对因果关系的判断，即采近因标准，这就是保险法上的近因原则。近因并不就是一项结果的最近的原因，而是一项结果的直接或有效的原因，在原因与结果之间，经历的时间可长可短，也可能引起若干连续发生的中间原因，只要没有任何其他新生而又独立的力量打破或中断此因果连锁关系，那么这一引发某种结果的原因，就是损失的近因。

在我国法律上，近因原则被称为因果关系，对直接促成结果的原因称为直接原因，直接原因对结果有着本质、必然的联系，否则称为间接原因，而没有近因与非近因的划分。

在近因原则适用中，对近因的认定是一件相当复杂的事情，但一般以直

① 陈云中：《保险学》，台湾五南图书出版公司1985年版，第209页。

接、有效、起决定作用的原因作为认定标准，同时根据不同情况又有不同的规则。①

1. 单一原因造成损失

由于造成损失的危险事故或因素只有一种，因此，只需判断该原因是否属于承保范围，即可决定保险人是否承担保险赔偿或给付责任。

2. 多种原因同时引起损失

此时主要是判断同时发生的原因是否均为保险事故。如果都不是保险事故，则不予赔偿；如果多种原因中既有保险危险，又有不保危险，保险人只负责赔偿保险事故造成的损失；如果损失无法分别估算，特别是其中一项原因是除外责任时，保险人一般对损失不负责。

3. 多种原因连续发生引起损失

此时各原因间的因果关系并未中断，最先发生并造成一连串事故的原因为近因。保险人的责任，一般依下列情况而定：（1）前因及后因均为承保危险，保险人应负全部责任；若均不是，则保险人一概不负赔偿责任。（2）前因是除外危险，后因为承保危险，保险人一概不负赔偿责任。（3）前因是承保危险，后因为除外危险，保险人仍应负全部赔偿责任。

4. 多种原因间断发生引起损失

此时如果新的独立原因是承保危险，即使发生在除外危险之后，由承保危险造成的损失，仍须由保险人赔偿。如果新的独立原因是除外危险，即使发生在承保危险之后，由除外危险造成的损失，保险人不负赔偿责任。

第三节　保险法的作用

保险法的作用，因为保险法调整的社会关系的差异而有所不同。

一、保险合同法的作用

保险合同法是调整保险合同主体之间因合同而产生的权利义务关系的法律规范，其作用在于：

1. 维护交易秩序

保险合同法的全部规则都是以维护交易安全和秩序为出发点的，其基本功能就是维持保险市场中交易关系的稳定性。因为只有在安全、有序的交易秩序

① 陈云中：《保险学》，台湾五南图书出版公司 1985 年版，第 209～211 页。

下，当事人才能最大程度地通过交易实现其利益。

2. 维护合同的实质自由和公平、正义

实质自由和公平、正义是保险合同法追求的价值目标，是保险合同法具体制度和规范的依据，也是解释、评价和补充合同的依据。保险合同法的目的就在于在保险合同订立和履行中确保上述价值目标的实现。一方面，保险合同法指导人们正确行使权利、适当履行义务，兼顾个人利益、他人合法利益和社会利益的平衡；另一方面，由此确立的规范当事人必须遵守，当事人排除该规范适用的约定不产生法律效力。

3. 保护保险合同当事人的合法权益

这是保险合同法的立法宗旨和基本目标。保险合同法通过确立责任制度和其他诸如告知说明义务制度、保证制度、保险代位制度、保险利益制度等由保险法基本原则确立的特殊制度，督促当事人全面履行合同义务，平衡当事人之间的地位，维护弱者的权益。

4. 促进社会效益

保险合同法通过调整微观的合同行为，最终实现对社会经济生活的宏观调控。合同被许多法学家和经济学家认为是有效利用社会资源，实现资源有效配置的手段。通过对资源的合理配置，最大限度地利用资源，使之达到最高的价值。保险合同法对保险市场乃至整个社会经济生活的调控目的，就是通过规范保险合同行为实现的。

二、保险业法的作用

保险业法，又称“保险事业法”或“保险事业监督法”，是国家对保险企业进行监督管理的法律规范。保险业法与保险合同法不同，保险合同法属于保险私法范畴，是民法调整方法和原则在保险领域的运用和延伸，是民商法的组成部分。而保险业法则属于保险公法，并不属于民商法范畴，其作用主要体现在对保险业的监督、管理和促进方面。

1. 强化对保险业的监督管理

保险业法中对保险业监督管理的内容主要包括对保险企业的监管和保险企业经营规则的监管，也就是对保险业主体及其活动的监管。保险业法通过对保险企业的组织形式和设立条件、程序以及经营规则等作出强制性规定来实现对整个保险业的监督管理。强化对保险业的监督管理有利于保险业经营的合理化和科学化，弥补保险业自我管理的不足，避免某些保险人的投机行为和违反保险经营原则行为的发生，从而推动保险业的顺利发展，提高保险业的社会效益。

2．促进保险业的健康发展

保险业法对保险业进行监督管理的目的在于促进保险业的健康发展。这一目的的实现有赖于两大目标的达成，即良好的保险市场秩序和保险人偿付能力的维持。建立良好的保险市场秩序需要维护保险业的公平竞争，这就要对保险市场设置准入制度，即只允许具备法定条件的保险公司经营保险业务，并且对保险公司实行有效的监管。而确保保险人的偿付能力主要是为了保护被保险人的利益，维护保险市场的安全和稳定。保险监管机构对保险偿付能力的监管，主要是通过对偿付能力额度的直接管理和对影响保险人偿付能力的因素（如保险费率、保险资金的运用等）进行管理来完成的。

第二十一章 保险合同

第一节 保险合同的分类与法律特性

一、保险合同的分类

（一）财产保险合同与人身保险合同

这是以保险标的性质不同为标准所作的分类，也是我国法律对保险合同的基本分类。财产保险合同是以财产以及与财产有关的利益为保险标的的保险合同，而人身保险合同是以人的生命或身体为保险标的的保险合同。

（二）损失补偿保险合同与定额给付保险合同

这是以保险金额给付的性质为标准所作的分类。损失补偿保险合同又称"评价保险合同"，是指在保险事故发生后，由保险人评估被保险人的实际损失，从而支付保险金的一种合同，财产保险合同多属此类。损失补偿保险合同的设立宗旨，在于使被保险人在遭受灾害和意外事故时获得经济补偿。定额给付保险合同是指合同当事人双方事先协议一定金额，当约定的保险金给付条件满足时，由保险人依照约定的保险金额，承担给付责任的一种保险合同。定额给付保险合同只适用于以无价的身体和生命为保险标的的人身保险合同 因为人身保险的保险标的的价值无法估算，保险事故发生后的损害也无法以金钱估计，保险人支付的保险金并不是补偿具体损害，而是补偿"抽象损害"。但人身保险合同中也具有损失补偿性质的保险，如健康保险和意外伤害保险中的医疗费用保险，其目的在于补偿被保险人因治疗疾病、伤害所发生的费用，学说上称为"中间性保险"，亦属于损害保险，故有重复保险及代位保险规定之适用。①

此种分类对立法影响颇大，已为大多数立法例所采用，如德国保险合同法第二章称损害保险，第三章称人寿保险；日本商法的第十章保险，其第一节称

① 梁宇贤：《保险法新论》，中国人民大学出版社2004年版，第21~22页。

损害保险，第二节称生命保险，均隐含损失补偿保险和定额给付保险的区分。这种分类的意义在于，损失补偿原则及其派生的保险代位制度和重复保险的分摊等制度仅适用于损失补偿保险合同，而不适用于定额给付保险合同。

（三）定值保险合同与不定值保险合同

这是以保险价值确定与否为标准的分类。由于人身保险标的的金钱价值不能估计，因此这一分类仅适用于财产保险合同。

定值保险合同又称定价保险合同，是双方当事人事先确定保险标的的价值，并载明于合同中的保险合同。在保险事故发生后，以约定的保险价值作为计算赔偿金额的依据，若保险标的全损，则无论该保险标的实际价值如何，保险人均应支付合同所约定金额的全部，而不必对保险标的重新估价。如果是部分损失，仅需确定损失程度比例，按损失程度比例进行赔偿。在保险实务中，定值保险合同多适用于以某些不易确定价值的财产（如字画、古董等）为保险标的的财产保险合同。海上保险合同、内陆货物运输保险合同，由于运输货物的价值在不同时间、不同地点有可能存在很大差异，为避免确定赔偿额时发生纠纷，也多采用定值保险合同形式。

不定值保险合同，是指双方当事人在订立合同时不预先确定保险标的的保险价值，仅载明须在保险事故后，再行估计其价值而确定其损失的保险合同。不定值保险合同是根据保险标的实际价值估定其损失额的，其通常方法就是以保险事故发生时当地同类财产的市场价格来确定保险标的的价值。但不论保险标的的市场价格发生多大变化，在确定赔偿额时均不得超过合同约定的保险金额。如果保险标的的损失无法用市价进行估算，则采用重置成本减折旧的方法或其他估价方法来确定保险标的的价值。实践中大多数财产保险合同采用不定值保险合同方式订立。

（四）个别保险合同、集合保险合同和总括保险合同

这是以保险标的之分合为标准的分类。个别保险合同，又称单独保险合同，是指以一人或一财产为保险标的订立的保险合同。大多数保险合同都是个别保险合同。集合保险合同是指集合多数性质相似的保险标的而订立的一个保险合同。如在财产保险方面，以多数寄存于仓库中的货物为保险标的而订立的火灾保险合同，在人身保险方面，团体人寿保险合同和团体健康保险合同等属于此类。有学者将多数人为保险标的者，称为团体保险，将多数物为保险标的的者，称为集团保险。①

① 郑玉波：《保险法论》，台湾三民书局1988年版，第46页。

总括保险合同，习惯上称统保单，指没有特定的保险标的，仅在一定标准所限定的范围内，泛指某类保险标的或保险利益，而投保一定金额的保险合同。① 例如以仓库内的货物订立一火灾保险合同，并不按种类一一估定价额，而以其总数作为保险利益。又如以客轮上全体旅客订立人身保险合同，但不一一记载其姓名，也属于总括保险合同。因此虽然总括保险合同的标的变动不定，但保险金额一定不变，等到危险发生后，再调查实际状况，予以理赔。

此外还有一种预约保险合同，又称继承保险合同，与总括保险合同形似而实异，是指保险合同当事人，预先约定一定期间、一定地域及一定金额为合同内容，而不确定标的，日后该项条件确定时，再由投保人通知保险人。海上保险合同通常采用预约保险合同形式。

(五) 特定危险保险合同与一切危险保险合同

这是以保险人所承担危险的范围不同为标准的分类。特定危险保险合同是保险人仅承保特定一种危险或数种危险的保险合同。而一切危险保险合同中保险人承保的危险为合同列举规定的不保危险（除外责任）之外的一切危险。可见所谓一切危险保险合同所承保的危险仍然是有限制的，只是这种限制是以除外条款来表示的。由于一切危险保险合同所承保的危险具有广泛性，有利于切实保障被保险人利益，而且这种保险合同所规定的危险具有概括性，在发生保险事故时，便于确定责任，宜于理赔。所以，一切危险保险合同在现代保险业务中被广泛适用，并不断得以发展，而单一危险保险合同的适用范围则日趋缩小。

(六) 足额保险合同、不足额保险合同与超额保险合同

这是以保险价值与保险金额的关系为标准的分类。这种分类的实质是依保险价值与保险金额的关系来决定保险人的责任范围，由于人身保险合同不存在保险价值，所以此种分类仅适用财产保险合同。

足额保险合同又称全部保险合同，是指保险金额等于保险价值的保险合同。换言之，就是以保险价值全部付诸保险而订立的保险合同。不足额保险合同，又称一部保险合同或低额保险合同，是指预定的保险金额小于保险价值的保险合同。不足额保险合同一般是投保人仅以保险价值的一部分付诸保险而订立的保险合同。如果在保险合同订立后，因保险标的价值上涨，也可能使原来的足额保险合同变为不足额保险合同。但无论怎样，保险人的保险责任仅以保险金额为限。对于不足额保险合同赔偿额的计算，一般采用比例分担制，即按

① 袁宗蔚:《保险学》，台湾三民书局 1981 年版，第 154 页。

照保险金额与保险价值的比例确定赔偿额度。

超额保险合同，又称超过保险合同，是指保险金额超过保险价值的保险合同。一般是指订立保险合同时，由于当事人的善意或恶意而致使保险金额超过保险价值。在保险合同成立后，也会出现因保险标的价值的跌落，以致保险人在履行赔偿金额时，其保险金额超过保险价值的情况。由于超额保险合同与损失补偿原则相背离，一般为各国立法所禁止。有的依投保人的善意与恶意，规定保险合同超额部分无效或全部无效；有的则不论善意与恶意，规定超额部分一律无效。我国保险法即采取后一种立法例。①

（七）单保险合同与复保险合同

这是按是否以同一保险标的、保险利益、保险事故，与数个保险人分别订立数个保险合同为标准的分类。单保险合同是指投保人以同一保险标的、同一保险利益、同一保险事故与一个保险人订立的保险合同。复保险合同又称重复保险合同，是指投保人以同一保险标的、同一保险利益、同一保险事故，分别向两个以上的保险人订立的数个保险合同。如果此时订立的不是数个保险合同，而是一个保险合同，则为共同保险合同。复保险合同有广义与狭义之分。按狭义的复保险合同，各保险合同约定的保险金额超出保险价值。而按广义的复保险合同，不论保险合同约定的保险金额是否超过保险标的价额，均为复保险合同。近世的保险法所谓的复保险，均指狭义的复保险，我国《保险法》在2009年修订后也由原来广义的复保险合同转向狭义的复保险合同。②

如果复保险合同性质为财产保险合同，合同保险金额超过保险价值时，即构成超额保险，此为损失补偿原则所禁止，因此各国均设立了复保险合同的分摊制度，这也是立法规定复保险合同的意旨所在。复保险合同的分摊制度一般有三种立法例:③（1）优先主义，将复保险分为两种：一为同时复保险，一为异时复保险。在同时复保险时，各保险人的负担金额依各自的保险金额与总保险金额的比例决定。在异时复保险时，依合同成立的先后，后成立的保险合同，其保险金额超过保险标的实际价值部分无效。（2）连带主义，不问合同成立先后，所有合同均为有效成立，各保险人在其所保金额限度内负连带责

① 参见我国《保险法》第55条第3款。

② 参见我国《保险法》第56条第3款规定，“重复保险是指投保人对同一保险标的、同一保险利益、同一保险事故分别与两个以上保险人订立保险合同，且保险金额总和超过保险价值的保险。”

③ 袁宗蔚：《保险学》，台湾三民书局1981年版，第152页。

任。(3) 比例分担主义，不管复保险合同是同时还是异时，各保险人只按其所承保金额与总保险金额的比例承担损失补偿责任。我国《保险法》即采用比例分担方法确定复保险的分摊额。①

(八) 原保险合同与再保险合同

这是依保险人所负保险责任的次序为标准的分类。再保险合同是与原保险合同相对应的概念。原保险合同又称为第一次保险合同，是保险人与投保人原始订立的保险合同。再保险合同又称为第二次保险合同或分保合同，是保险人将其所承保的保险责任以分保形式全部或一部转移给其他保险人而订立的保险合同。

再保险合同以原保险承担的全部或部分保险责任为保险标的。在性质上有合伙契约说、原保险契约说、责任保险契约说,② 第三种观点为主流观点。再保险是为了避免危险过于集中，防止因某一次重大保险事故的发生而致使保险人无法履行保险赔偿义务，因此再保险具有分散危险、减轻保险责任、安定保险团体、巩固利润及增加保障的作用。③

再保险合同内容（包括保险危险、保险期限、保险金额等）均要受原保险合同的制约，且再保险合同依附于原保险合同而存在，因原保险合同的解除或终止而随之解除或终止。由于再保险合同是由经营保险业务的保险组织之间订立的，因此仅在再保险人和原保险人之间产生法律上的权利义务关系，而不对原保险合同的被保险人发生约束力，表现在：(1) 原保险合同的被保险人对再保险人无赔偿请求权。(2) 再保险人无权向原保险合同的投保人请求交付保险费。(3) 原保险人不得以再保险人不履行再保险金给付义务为理由，拒绝或延迟履行其对原保险合同的被保险人的义务。

(九) 为自己利益订立的保险合同与为他人利益订立的保险合同

这是依保险合同是为谁的利益而订立为标准的分类。为自己利益订立的保险合同是指投保人为自己设立权利义务，从而享有保险金请求权的保险合同。一般有两种情形：(1) 投保人为被保险人，而未另行指定受益人，绝大多数财产保险合同属于此种情形。(2) 投保人以他人为被保险人，而指定自己为受益人，人身保险合同常采用此种方式确定受益人。我国《保险法》规定投

① 参见我国《保险法》第41条第2款。

② 梁宇贤:《保险法新论》，中国人民大学出版社2004年版，第165页。

③ 陈云中:《保险学》，台湾五南图书出版公司1985年版，第296~297页。

保人指定自己为受益人必须经被保险人同意。①

为他人利益订立的保险合同是指投保人不自行享有保险金请求权的保险合同，多见于人身保险合同中。一般也有两种情形：（1）投保人自己为被保险人，而指定他人为受益人；（2）投保人以他人为被保险人，未指定受益人或另行指定受益人。

二、保险合同的法律特性

保险合同是投保人与保险人约定保险权利义务关系的协议，属于合同之一种，它具有以下法律特性：

1．债权合同

广义的合同既包括私法意义上的合同，还包括公法意义上的合同，私法意义上的合同包括债权合同、物权合同和人身合同三种。保险合同属于债权合同，一方面被保险人在保险事故发生时可以向保险人请求保险赔偿；另一方面保险人也具有保险费请求权。只是保险合同所产生的债为特种之债，《保险法》若无特别规定，保险合同可适用《合同法》的规定，如缔约过失责任、合同附随义务的规定均可适用于保险的告知义务以及通知、协助和保密义务。

2．双务有偿合同

以当事人之间是否负对价关系可以将合同分为双务合同与单务合同。在保险合同中，投保人负给付保险费的义务，保险人负危险承担的义务，且该义务贯穿于整个保险期间，当保险事故发生后，保险人承担危险的义务具体化，表现为给付保险金，因此保险合同是双务合同。保险合同又是有偿合同，保险合同的成立必须以交付约定的保险费为要件，如果未约定此代价，则合同不发生效力。保险合同之所以为有偿合同，在于损失的分摊必须以保险费的积累作为基金，否则共同团体（保险人）无法补偿被保险人因保险事故的发生而造成的损失。

3．继续性合同

以债的关系在时间上有无继续性为标准，可以将合同分为一时的合同与继续性合同。一时的合同指一次性给付便使合同内容实现的合同，而继续性合同则须继续地实现。保险合同继续期间的长短，因保险种类的不同而异。人寿保险合同的期间较长，财产保险合同的期间较短。由于保险合同为继续性合同，所以私法上情势变更原则可适用于保险合同，保险合同主体和内容可以变更，

① 参见我国《保险法》第39条第2款。

双方当事人也可以协议解除合同或一方当事人单方解除合同。

4. 诺成性合同

以合同的成立是否须交付标的物或完成其他给付为标准，可以将合同分为诺成性合同与实践性合同。诺成性合同只需当事人意思表示一致即可成立；而实践性合同是指还需交付标的物或完成其他给付才能成立的合同。依我国《保险法》的规定，① 保险合同为诺成性合同，只要双方当事人意思表示一致，合同即成立。而投保人交付保险费并非保险合同的法定成立要件，这也是各国立法的通例。

5. 非要式合同

以合同成立是否应履行法定方式为标准可以将合同分为要式合同与非要式合同。保险合同属于非要式合同，只须当事人意思表示一致即可成立，无须具备一定的方式。有学者以订立保险合同，保险方要向投保方出具保险单和保险凭证为由，主张保险合同为要式合同。② 但通说以及立法通例都视保险合同为非要式合同，③ 从而使被保险人的利益在合同成立后至保险单证签发前的这一段时间内得到保险保障，即被保险人合法权益的优先保护。出具保险单证仅是法律规定的保险人的义务，是保险合同成立的证据，而不是保险合同成立的必备条件。

6. 诚信合同

最大诚信原则为保险法的基本原则，因此保险合同为诚信合同。保险合同的诚信要求不仅适用于保险合同当事人，即投保人与保险人，而且也适用于保险合同关系人，即被保险人和受益人。一旦保险合同主体违反了诚信要求，就可能导致合同失去成立基础，从而影响合同效力。

7. 射幸合同

保险合同的目的在于使保险人在特定不可预料和不可抗拒的事故发生时，对被保险人履行赔偿或给付义务，因此保险合同属于射幸合同。射幸合同中当事人的给付义务取决于合同成立后偶然事件的发生，而不似实定合同，当事人的给付义务及范围在合同成立时即已确定。保险合同的射幸性表现在投保人通

① 参见我国《保险法》第 13 条第 1 款。

② 桂裕：《保险法论》，台湾三民书局 1981 年版，第 30 页。

③ 施文森：《保险法总论》，台湾三民书局 1985 年版，第 113 页；江朝国：《保险法基础理论》，台湾瑞兴图书股份有限公司 1999 年版，第 40 页；梁宇贤：《保险法新论》，中国人民大学出版社 2004 年版，第 32 页。

过支付保险费所换得的是将来获得较大数额的保险金的“机会”，或者说是保险人因特定事故的不发生，而取得投保人支付的保险费的“机会”。赌博虽与保险合同同属射幸行为，但保险合同以保险利益为要件，否则合同无效。

8. 附和合同

附和合同与议商合同相对应，是指合同一方实际上只限于服从、接受或拒绝他方提出的条件而成立的合同。保险合同为附和性合同，主要是保险业务由于其技术性、行业垄断性，使得合同内容多由保险方先行确定，现代保险业的发展已经完全实现了保险合同的格式化，投保人只有是否订立合同的自由。虽然基于现代保险业经营相互竞争的需要，保险公司在保险合同订立问题上往往采取较为灵活的方式，其适用特约条款的范围有所扩大，但就整体而言，保险合同仍应定位为附和合同。保险合同的附和性在一定程度上限制了合同自由原则，因此，各国多对其加以规制，以保护投保方的利益，其中最为典型的就是“不利解释原则”的适用。

第二节　保险合同的构成与解释

一、保险合同主体

（一）保险合同当事人

保险合同当事人是保险合同的订立者，也就是保险合同所确定的权利义务的承担者。对于保险合同当事人的界定，英美法系与大陆法系不尽相同。英美法系认为保险合同的当事人为保险人（the insurer）与被保险人（the insured），投保人与被保险人分离的情形仅见于人寿保险。大陆法系则将保险合同当事人界定为保险人与投保人，同时在投保人外规定了被保险人，被保险人与投保人可以是同一人。我国采用大陆法系的立法例，将保险合同当事人界定为保险人与投保人。

1. 保险人

保险人又称承保人，是指与投保人订立保险合同，按约收取保险费，在保险事故发生或者约定的保险期间届满时，对被保险人或者受益人承担赔偿或给付保险金责任的人。保险业务的开展，对国家、社会乃至家庭和个人的生活安定具有极为重要的意义，因此绝大多数国家规定保险人必须是依法成立的经营保险事业的组织。我国《保险法》规定保险人必须经保险监督管理部门批准，并且应该具备法定的条件。①

2. 投保人

投保人又称要保人，是指与保险人订立保险合同，并负有交付保险费义务的人。投保人可以是自然人，也可以是法人。一般来说，投保人须具备三个条件：

首先，投保人要有完全行为能力，即有缔约能力。限制行为能力人或无行为能力人，不能成为投保人。另外，各国保险法对人身保险中投保人的缔约范围还有所限制，即投保人不能为无民事行为能力人投保以死亡为给付保险金条件的人身保险，但父母为其未成年子女投保以死亡为给付保险金条件的人身保险不受限制。

其次，投保人须对保险标的有保险利益，否则保险与赌博行为无异。但实际上除非投保人与被保险人为同一人，否则投保人不会因保险事故的发生而受损失，也就没有保险金请求权，要求投保人具有保险利益实际上没有意义。大陆法系并不要求投保人有保险利益，但英美保险惯例认为投保人因保险费之交付而成为保险合同利益的第一受益人，因而要求投保人有保险利益。

再次，投保人负有交付保险费的义务。交纳保险费是投保人最基本的义务，与合同成立前的如实告知义务一起，构成投保人的两大基本义务。② 投保人交付保险费，可以以现金交付也可以采用保险人同意的其他方式。一般来说，保险费的数额一经确定，除非法律规定或者当事人另有约定，不得随意变更。

(二) 保险合同关系人

1. 被保险人

被保险人是指其财产或人身受保险合同的保障，享有保险金请求权的人。被保险人可以与投保人为同一人。被保险人必须具备两个条件：

首先，被保险人必须是保险事故发生时遭受损失的人。在财产保险中，被保险人必须是保险标的的所有人或其他权利人。在人身保险中，以被保险人的生命或身体作为保险标的，保险事故发生时被保险人必然遭受损失。因此，在财产保险中，被保险人具有保险利益才是合理的，这正是大陆法系规定保险利益仅归属于财产保险合同的被保险人的原因。

其次，被保险人必须是享有赔偿请求权的人。这正符合保险利益的意义，

---

① 参见我国《保险法》第67条、第68条。

② 李玉泉：《保险法》，法律出版社2003年版，第206页。

因为保险事故的发生而遭受损失的人才具备保险利益，从而享有保险金请求权。“损失即是利益的反面”，为了防止有心人士通过保险这一制度获取任何财产上的不当利益，被保险人享有保险金请求权。①

2. 受益人

受益人是投保人或被保险人指定的享有保险金请求权的人。由于被保险人是因保险事故的发生而遭受损失的人，根据保险利益原则，被保险人应享有保险金请求权。但在人身保险中，尤其是以死亡为给付保险金条件的人身保险合同，被保险人因死亡而无法自己行使保险金请求权，须由受益人来行使保险金请求权。因此，受益人通常仅存在于人身保险合同中。财产保险合同一般没有受益人存在，被保险人即是受益人。人身保险中的受益人须具备两个条件：

首先，受益人必须是享有保险金请求权的人，但受益人没有缴付保险费的义务。由于受益人的保险金请求权属于固有权，并非继受而来，因此受益人所应领取的保险金不能作为被保险人的遗产，除非受益人先于被保险人死亡，或者丧失、放弃受益权，且没有其他受益人时，该保险金才能成为被保险人的遗产。

其次，受益人必须是由投保人或被保险人在保险合同中指定的人。原则上，受益人的指定、变更应由被保险人行使，而投保人指定、变更受益人必须征得被保险人同意。投保人或被保险人对受益人的指定、变更无须征得保险人同意，仅需通知保险人，由保险人在保险单上作出批注后即生效。如果投保人或被保险人在保险合同中没有指定受益人或指定无法确定，依我国《保险法》第 42 条第 1 款的规定，保险金作为被保险人的遗产，由保险人依照继承法的规定进行处理。

二、保险合同的形式

(一) 口头形式

保险合同为非要式合同。除非法律有特别规定，保险合同为口头合同。依美国法院的见解，所谓口头合同有两种情况，一种是不作成书面形式的单纯口头合同，此种口头合同所创设的权利义务与书面合同完全相同；另一种是当事人之间就保险合同成立的口头约定，使一方有权要求他方按通常条款作成保险

① 有学者认为，被保险人的定义，不能从其保险事故发生后有无求偿权或是否受有损害着眼，应以被保险人与保险标的的关系着眼。参见梁宇贤：《保险法新论》，中国人民大学出版社 2004 年版，第 42 页。

单，并将其交付作为书面依据。① 由于保险合同对被保险人提供长期保护，在内容上较一般合同复杂，因此，保险人于保险合同成立后均作成保险单，记载有关条款，以界定当事人之间的权利义务关系，并作为保险合同存在的证明。可见，保险合同作为口头合同，是指上述第二种情形而言，且因为财产保险或人身保险而有所不同。

在财产保险中，投保人多以口头为要约，保险代理人因有签订合同的全权，也多以口头为承诺，保险单作成及交付往往在数日或数周以后，但保险合同却已于代理人承诺时或代理人出示暂保单时发生效力。在人身保险中，由于人身保险的代理人通常没有签订保险合同的全权，口头形式的人身保险合同并不多见。

判断一项口头保险合同是否业已有效成立，依美国成例，一般取决于两点：第一，如果保险合同是由代理人缔结的，代理人是否有缔结合同的全权；第二，当事人就保险合同的重要内容是否已意思表示一致。②

（二）书面形式

保险合同虽为非要式合同，但一般须在保险合同当事人就缔结合同达成协议后，由保险人向投保人签发书面凭证，作为保险合同成立的证明，这种书面凭证一般为保险单或其他书面凭证。

1. 保险单

保险单，简称保单，又称保险证券，是投保人与保险人之间订立保险合同的正式书面形式，载明保险合同当事人双方的权利义务与责任。保险单的内容与保险合同的基本条款大致相同，但保险单并不是保险合同的全部，只构成保险合同的组成部分（尽管是最重要的组成部分），而在订立和履行保险合同过程中的所有文件和书面材料都是保险合同的组成部分。

保险单具有以下功能：（1）证明保险合同成立。投保人和被保险人可以以之证明保险人对于保险单上所记载事项已作出承诺的意思表示。（2）确认保险合同的内容。任何超出保险单记载范围以外的主张，当事人一方都可以抗辩。除非存在欺诈或者其他违法行为，当事人均以保险单所记载事项为履行合同的依据。这也是投保人对保险人享有债权的证明。（3）作为不完全有价证券。人身保险的保险单具有现金价值，可以转让、质押。某些特定的财产保险（如海上货物运输保险）的保险单也可以转让、质押。

---

① 施文森：《保险法总论》，台湾三民书局 1985 年版，第 112 页。

② 施文森：《保险法总论》，台湾三民书局 1985 年版，第 113 页。

2. 投保单

投保单又称要保书，是投保人表示愿意同保险人订立保险合同的书面申请。它是由保险人事先准备的具有统一格式的书据，一般记载保险合同的必备条款。投保单本身并非保险合同的书面形式，只是投保人向保险人提出保险要约的书面形式，但如实填写的投保单一经保险人签章承保后，即构成保险合同的组成部分，成为保险合同的书面形式。

3. 暂保单

暂保单又称临时保险单，其性质上属于口头约定的书面记录，因此严格地讲，暂保单并非保险单的本体，但如果其内容具备保险合同的要点，并声明在一定期间有约束力，则在保险单作成交付以前，有保险单的效力，等到正式保险单发出，暂保单所记载的条件归于保险单，暂保单自动失效。

使用暂保单一般限于以下情形:① （1）保险代理人在争取到业务而尚未向保险人办妥保险单手续前，向被保险人开出的证明。（2）保险公司的分支机构，在接受投保后，还未获得总公司批准前，先行出立的保险证明。（3）在洽订或续订保险合同时，订约双方虽已就主要条款达成协议，但还有一些条件需要商讨，在没有完全谈妥之前，先由保险人出立的保险证明。（4）出口贸易结汇时，保险人在出具保险单和保险凭证前，可先出立暂保单，以资证明出口货物已经办理保险，作为结汇的凭证之一。

4. 保险凭证

保险凭证又称小保单，是保险人发给投保人以证明保险合同已订立和保险单已经正式签发的一种凭证，是一种简化了的保险单。保险凭证一般不印上保险条款，其内容以同一险种的正式保险单为准，但与保险单具有同等效力。保险凭证的使用一般有两种情形：一是为简化单证手续而使用保险凭证，即以保险凭证代替保险单；另一是在保险单以外签发保险凭证，主要是在团体保险中，对团体成员签发，以作为参加保险的证明。

三、保险合同的内容

保险合同的内容是指保险合同所约定的条款，按其性质可分为基本条款和特约条款两类。

（一）基本条款

基本条款是法律规定的保险合同的必备条款，一般由保险人事先准备和印

① 李玉泉：《保险法》，法律出版社 2003 年版，第 157 页。

制于保险单上，构成保险合同的基本内容。在保险实务中，一般把基本条款规定的保险人承保的危险称为基本险。保险合同的基本条款一般应包括以下事项：

1. 保险合同当事人及关系人的名称和住所，即保险人、投保人和被保险人的姓名或名称和住所。在人身保险合同中如果还有受益人，也应载明受益人的姓名和住所。

2. 保险标的。按我国《保险法》，财产保险的标的是作为保险对象的财产及有关利益，人身保险的标的是被保险人的寿命和身体。① 实际上，人身保险合同并不需要记载保险标的。财产保险合同须明确记载保险标的的原因在于，判断投保人对保险标的有无保险利益以及确定保险人应承担保险责任的对象。不同的保险标的面临的危险种类、性质和程度各不相同，所适用的保险费率也有差异。

3. 保险责任和责任免除。保险责任是指在确定的危险事故发生造成被保险人的财产损失，或在约定的人身事件到来时保险人所应承担的赔偿责任的范围。责任免除即除外责任，指保险人不承担赔偿责任的范围。

4. 保险期间和保险责任开始时间。保险期间是指保险合同的有效期限，即保险合同从生效到终止的这一期间，可以是一定的日历时间，也可以是以某一事件的发生作为保险期间的开始和结束。保险期间既是计算保险费的依据，也是保险人履行赔偿及给付义务的根据。保险责任开始时间是指从某一确定时刻起，保险人承担保险责任，保险责任开始时间一般与保险合同成立时间一致。但经合同双方当事人约定，可以溯及到保险合同成立以前，也可以是在保险合同成立后的一段时间。前者称为溯及保险，后者称为待期保险。②

5. 保险价值与保险金额。保险价值是保险合同当事人约定的作为确定保险金额基础的保险标的的价值。由于人身保险标的不能以金钱衡量，因此人身保险合同没有保险价值条款。保险金额，是指保险人承担赔偿或给付保险金责任的最高限额。在财产保险合同中，保险金额不得超过保险价值或保险标的的实际价值，否则超过部分无效。在人身保险中，保险金额完全由双方当事人约定，一般依据被保险人或者受益人的实际需要和投保人支付保险费的能力等因素，由投保人和保险人协商确定。

6. 保险费及支付方法。保险费，简称保费，是投保人对保险人负担保险

① 参见我国《保险法》第12条第3款。

② 陈云中：《保险学》，台湾五南图书出版公司1985年版，第141页。

责任所给付的对价金额，是建立保险基金的源泉。保险合同为双务有偿合同，因此保险费为必备条款。投保人交纳的保险费为保险金额与保险费率的乘积，其支付方式可以是一次性付清，也可以分期付清。对于财产保险的保险费，保险人可以以诉讼的方式强制投保人缴纳，但对于人寿保险的保险费，保险人不得以诉讼的方式要求投保人支付。① 除非法律规定保险人不得解除或终止保险合同，或者《保险法》对保险合同的效力另有规定，投保人不依照保险合同的约定缴纳保险费的，保险人可以解除或终止保险合同。

7. 保险金赔偿或给付办法。保险金赔偿或给付办法涉及保险合同的履行及双方当事人的权利义务的实现等重要问题，所以保险合同必须确定保险金赔偿或给付办法。由于投保人投保的险种不同，保险金赔偿和给付的具体做法也不同。

8. 违约责任及争议处理。违约责任是指保险合同当事人违反合同约定的义务所应向对方当事人承担的法律后果。保险合同的争议处理，是保险合同发生纠纷后的解决方式，主要有协商、仲裁和诉讼三种。

9. 订约时间。在保险合同中必须载明订约的年、月、日，因为订约的时间对于判断保险利益的存在、保险危险是否发生有着重要意义，同时也是确定保险费的交纳期限以及保险合同生效期间的重要依据。

（二）特约条款

保险合同的特约条款，是指当事人在基本条款以外，根据特殊需要约定的其他条款。广义上的特约条款包括协会条款、附加条款和保证条款三种；狭义上仅指保证条款。

1. 协会条款

协会条款又称附带条款，通常是由保险同业之间因为实际需要而协商一致制定的保险合同条款。协会条款因保险种类的不同而异，目前协会条款仅见于海上保险合同中，通常专指伦敦保险业协会（Institute of London Underwriters）所制定的条款。② 协会条款对原保单有修改、补充、限制、变更等效力，其作用有时比原保单更为重要。

2. 附加条款

附加条款是指保险合同当事人在合同基本条款的基础上附加的，用以扩大和限制基本条款的补充条款。附加条款一般在正式保险单后添列或在保险单空

① 参见我国《保险法》第38条。

② 梁宇贤：《保险法新论》，中国人民大学出版社2004年版，第106页。

白处书写或在保险单上附贴批单，从而成为保险合同的一部分，称为批注或追加条款。但在人寿保险、伤害及健康保险、保证保险等场合，则称为追加条款，而不称批注。① 附加条款的适用情形有二：一是补充合同内容，即扩大基本条款的伸缩性，二是变更合同内容。

3. 保证条款

保证条款是指投保人或保险人就特定事项担保的条款。如前所述，保证可分为确认保证和承诺保证，因此保证条款的内容即为投保人和被保险人保证某项事实存在与否和保证某一特定事项作为与否。一般而言，违背确认保证，将导致保险合同自始无效或通过解除合同使之溯及失效；违背承诺保证将使保险合同自违反起失效或由保险人解除合同。②

四、保险合同的解释

（一）一般原则

保险合同的内容由保险人和投保人约定，双方约定的事项因为当事人的认知程度、使用语言文字的差别，以及时间的推移，难免会发生争议，从而影响合同的履行。按照一般观念，保险合同的解释应当以推断保险合同确切内容的外在化过程为必要，即当事人对保险合同的内容或使用的语言文字发生争议，法院或仲裁机构依照法律规定的方式或常用方式，对保险合同的内容予以确认或者说明的过程，称为保险合同的解释。

保险合同是合同的一种，对保险合同的解释，原则上应当首先适用解释一般合同的方法。因此，解释保险合同的基本原则应当与一般合同的解释原则一致，即意图解释原则。所谓意图解释，是指在对保险合同的条款发生争议时，通过判断合同当事人缔约时的真实共同意图，以阐明保险合同条款的内容。意图解释可以通过以下具体解释方法予以实现：

1. 语义解释

语义解释，又称文义解释，是按照保险合同条款的用语和文义及其唯一、特定或者通常使用方式，阐明保险合同条款的内容。这是解释保险合同条款的基本方法，因为保险合同所用的语言文字最能表达当事人的意图。

2. 上下文解释

保险合同所使用的术语，其含义往往受上下文的约束。在发生争议时，应

① 袁宗蔚：《保险学》，台湾三民书局1981年版，第170页。

② 施文森：《保险法总论》，台湾三民书局1985年版，第117页。

当结合保险合同条款的上下文进行合理的斟酌，以确定其含义并推断出当事人的意图。

3. 补充解释

如果保险合同的内容缺乏能够反映当事人意图的条款，就只能运用保险合同文字以外的评价手段，探求当事人的意图，这就是补充解释。合同文字以外的手段主要包括：法律的强制性规定或任意规范、保险人或其代理人的行为或交易过程、商业习惯、国际惯例以及诚实信用原则或公平原则等，其中法律的强制性规定在保险合同的解释中应优先适用。

(二) 保险合同解释的特殊原则

随着保险业的发展，保险合同逐渐走向标准化，成为典型的格式合同或定式合同。由于附和合同限制了合同自由原则，为维护合同公平，各国对附和合同均有特别的立法约束，发展出意外条款排除原则、不利保险人解释原则和内容控制原则等解释原则。

1. 意外条款排除原则

如果格式合同的内容依一般情况，超出当事人对保险合同的期望，则未经保险人或其代理人在订约时告知被保险人和投保人，不得成为合同条款。在判断是否意外上，须以该条款的内容是否具有令人惊奇和欺瞒的效果而定。如果只是单纯的不寻常，则不得视为意外条款，并且须考虑当事人的认知能力。但如果被保险人明知该条款的存在，则不适用此原则。我国《合同法》第 39 条规定："提供格式条款一方应当遵循公平的原则确定当事人之间的权利和义务，并采取合理的方式提请对方注意免除或者限制其责任的条款，按照对方的要求，对该条款予以说明。"我国《保险法》第 17 条第 2 款亦规定，未作提示或者明确说明的，该条款不产生效力。上述规定即体现了意外条款排除原则的内涵。

2. 不利保险人解释原则

对保险条款的文义有疑义时应如何解释，有三种学说。"主观说"主张一律作出不利于保险人的解释。"客观说"认为，不利保险人解释原则有违合同双方当事人平等对待原则，它出自于个别保险合同的主观解释原则，解释保险合同条款应站在完全超然的立场；况且一般定式保险合同条款并不是全部由保险人单方拟定，保险条款在应用前须经保险监督机构的审查，这种经保险监督机构审查通过的条款具有和法律相同的效力，因此应依一般法条解释原则，没有进行不利于保险人解释的必要。"折中说"则认为不利保险人解释原则的适用并未违反平等对待原则，该原则并不是只对一两个被保险人，而是针对所有被保险人都可适用，而且保险监督机构为行政机关而非立法机关，所以不得将审核批准后的条款视为法律规定；另一方面，对于不明确条款的解释，也不得单纯就被保险人个人的利益而即刻适用不利保险人解释原则，首先应顾及保险危险共同团体的概念及保险的真谛，斟酌该合同的目的，依诚实信用原则加以解释，如果仍然无法确定有疑义条款的意义时，则作不利于保险人的解释。

不利于保险人的解释原则，在英美法系又称为“疑义利益解释原则”。我国《保险法》第30条规定：“采用保险人提供的格式条款订立的保险合同，保险人与投保人、被保险人或者受益人对合同条款有争议的，应当按照通常理解予以解除。对合同条款有两种以上解释的，人民法院或者仲裁机构应当作出有利于被保险人和受益人的解释。”该规定体现了不利保险人解释原则的精神，但要注意的是，不利保险人解释原则仅仅适用于采用保险人提供的格式条款订立的合同，而且这一解释原则也不是当然适用的，在对条款的理解有争议时，首先应该按照通常的理解进行解释，只有在对合同条款有多种理解时，才可以作出有利于被保险人和受益人的解释，由此看来，《保险法》的规定更接近于折中说。

3. 内容控制原则

内容控制原则是指当合同条款同法律条文的意义相抵触时，应该对违反不同性质条文规定的条款效力给予不同的评价。如果条款违反的是基于维护保险制度和社会公益的理念而存在的绝对强制规定，那么该条款当然无效，以杜绝保险人和被保险人以协议的方式来规避保险制度的基本原则。如果违反的是旨在保障相对弱势的被保险人利益的相对强制性规定，则应当进一步判断条款本身对被保险人有利与否，有利的尚可允许，不利的则属无效。如果合同条款与任意性规定有所出入，但不会产生破坏保险制度和损害被保险人利益的顾虑，则只要确定经过双方当事人同意，该条款应属有效。

本来基于合同自由原则，保险合同条款内容可由当事人任意订立，只要不违反法律的强制性规定，即为有效。但合同自由须视双方当事人实力是否均衡而定，否则将沦为经济支配者的自由，多数消费大众仅供其垄断牺牲而已。因此，在追求社会正义及实质合同自由的理念下，如果保险条款的内容和一般法律的规定有所偏离，且依诚实信用原则对被保险人将产生不合理的不利时，其条款无效。所谓“不合理”是指该条款和其所偏离法律规定的主要法学理念不符，或者该条款如此限制权利和义务，以致合同目的无法实现。这就是内容控制原则的基本意义所在。我国《合同法》第40条规定，“提供格式条款一方免除其责任、加重对方责任、排除对方主要权利的，该条款无效”，即体现了内容控制原则的精神。在对保险合同进行解释时，可参考《合同法》的这一规定。

第三节　保险合同的成立与生效

一、保险合同的成立

（一）一般成立要件

由于保险合同为诺成性合同，一方为要约，他方予以承诺，保险合同在实质上即告成立。保险合同又是非要式合同，无论要约或承诺，无须以特定方式作出，任何言词或行为足以显示双方当事人愿受特定条件的约束时，保险合同即成立。但在法律观念上，究竟哪一方为要约，哪一方为承诺，仍应以当事人意思表示的实质内容判断，不能一概而论。如果保险人将要约的内容扩张、限制或变更而作出承诺，或者无合理理由，超过期限承诺，应视为拒绝原要约而发出的新要约。因为保险人改变要约的内容，说明双方当事人就合同条款尚未完全达成协议，此时合同尚未成立。可见，不能一概地认为投保人就是要约人，保险人就是承诺人，双方的角色会因承诺的内容和时间的变化而发生转换。

在保险实务上，就保险合同的签订已发展成一定的手续和方式以供遵守执行，此种方式和手续因财产保险和人身保险而不同。在财产保险中，尤其是责任保险、海上保险，因情势紧迫，要约和承诺多以口头方式表示。代理人无论为全权代理人或营业代理人，因为其有代表保险人签订保险合同的权限，在收到投保申请后，无须转递保险人，投保人的要约一经代理人的承诺即发生效力。人身保险的缔约手续则远比财产保险复杂，在惯例上，投保人须先填写投保申请书，签章后交付于保险人的营业代理人，由营业代理人转递于保险人，保险人经审核投保申请书及体检报告后决定是否承保，因此人身保险的要约与承诺均以书面形式进行，并以保单的签发表示承诺。

（二）特别成立要件

保险合同的特别成立要件，涉及保险合同是否为要式合同的问题。如果合同特别约定，将保险合同认定为要式合同，则保险合同必须满足以下三个要件才能成立：（1）双方当事人意思表示一致；（2）保险人向投保人签发保险单和其他保险凭证；（3）投保人或被保险人或其他利害关系人交付第一期保险费或一次性交清保险费。

二、保险合同的生效

（一）保险合同的一般生效要件

合同是民事法律行为，保险合同作为合同类型之一，首先应该满足一般民事法律行为的生效要件才能产生法律效力。一般民事法律行为的生效要件包括：

1．当事人须有完全行为能力。对于投保人而言，无行为能力人不具有合同行为能力，不能成为缔约主体。限制行为能力人可以订立与其年龄、智力和精神健康状况相适应的合同或者订立纯粹获利的合同，订立其他合同则须经其法定代理人追认。据此，无民事行为能力人订立保险合同必须由其法定代理人代理，限制行为能力人订立保险合同必须经其法定代理人追认。对于保险人而言，保险人必须是依法成立的保险公司，而且该保险合同必须属于其营业执照核定的保险业务范围。

2．行为内容合法。保险合同的内容不得违反法律的强制性规定，不得滥用法律的授权性或任意性规定达到规避法律规范的目的，也不得违反社会公共利益。

3．当事人意思表示真实。保险合同的订立出于双方当事人的自愿，而无胁迫或欺诈。

（二）保险合同的特别生效要件

由于保险合同的性质和特点不同于一般合同，《保险法》要求保险合同除了具备一般生效要件外，还须具备特别生效要件。

1．在人身保险合同中，英美法系要求投保人在投保时对被保险人有保险利益，而大陆法系要求投保人必须取得被保险人同意才可为其投保，我国则要求投保时投保人对被保险人有保险利益或取得其同意即可，否则保险合同无效。在财产保险中，保险事故发生时，被保险人必须对保险标的有保险利益，否则保险合同也无效。上述限制的目的在于防止投保人谋害被保险人，或投保人故意毁损保险标的，或以保险作为一种赌博方式。①

2．以被保险人死亡为给付保险金条件的保险合同，必须经被保险人书面同意并认可保险金额，以免被保险人的人格权受侵害，② 否则保险合同无效。但父母为其未成年子女投保的人身保险除外。

---

① 施文森：《保险法总论》，台湾三民书局1985年版，第114页。

② 施文森：《保险法总论》，台湾三民书局1985年版，第114页。

3. 在财产保险中，保险金额不得超过保险价值，否则超过部分无效。

（三）保险合同的生效时间

如果保险合同成立时满足了以上一般生效要件和特别生效要件，则保险合同成立时即生效。但保险合同作为一种民事法律行为，是可以附期限和附条件的。保险合同一般均是附有期限的，即约定一定期间作为保险责任期间，在始期到时，合同即开始生效，在保险责任期间内保险合同有效。保险合同所附条件一般为延缓条件，即条件成就时，合同生效。从某种意义上说，所附条件也是保险合同的生效要件之一，只不过是约定生效要件，而非前述法定的一般生效要件和特别生效要件。保险合同通常就其效力之发生附有的延缓条件，主要有以下情形：

1. 保险合同于投保人一次性缴付全部保险费或第一期保险费时生效。即双方当事人不以缴付保险费为合同成立要件，仍视保险合同为诺成合同，而以缴付保险费为保险合同的生效要件。投保人如以票据缴付保险费，除非保险人同意收取票据以代替现金支付，则保险合同须到票据获得支付时才生效力。

2. 保险合同于保险人签发保险单时生效。即保险合同的成立虽为非要式，但其生效须以保险单的签发为要件。保险人虽已为承诺，但在保险单作成并交付给投保人之前，保险合同的效力停止。所谓交付并不以将保险单实际上转移占有为必要，如果保险人以其行为或言词表示保险合同业已生效，投保人可随时前来领取，或保险单已交由代理人或经纪人转交，或将保险单邮寄发出，均应认为保险单已交付。

第四节　保险合同的效力变动

保险合同效力的变动，是指在保险合同有效期限内，因为法定事由和约定事由的发生或不发生，或保险人和投保人协商同意，致使保险合同的当事人或关系人、保险合同的内容、保险合同的效力发生变化的情形。保险合同的效力变动包括但不限于保险合同的变更、保险合同的解除、保险合同的终止以及人身保险合同的中止与复效等。

一、保险合同的变更

保险合同的变更是指在保险合同有效期内，当事人依法对合同的内容作出的修改和补充。保险合同的变更主要是指保险合同主体的变更和保险合同内容即当事人权利义务的变更。

（一）保险合同主体的变更

保险合同主体的变更是指保险合同的当事人或关系人的变更，通常是指投保人、被保险人或受益人的变更。关于保险人方面的变更，在国外常有体现，多见于保险公司或保险合作社合并时，保险人将全部或部分保险合同转移于其他保险人的情形。至于再保险中，保险人将其所承担的全部或部分保险责任转移给其他保险人，应视为新的保险合同，并不属于保险人的变更。保险合同主体的变更，因财产保险合同与人身保险合同的区分而有所不同。

1. 财产保险合同主体的变更

财产保险合同主体变更的原因主要是保险合同的转让，即因为保险标的的移转而导致保险合同权利义务的概括转让。这种保险标的的移转，既可以是保险标的所有权、经营权的移转，也可以是保险标的用益权的变动，还可以是债权债务关系的变化，形式上则表现为保险单的移转。对此各国立法基于保险合同转让的性质不同，而有不同的规定。

对于法定转让，英美法系采取绝对当然继受主义，即当事人死亡或破产时，其继承人或破产管理人当然继受合同当事人的地位。大陆法系则采取相对当然继受主义，但仅就当事人破产加以规定，而未涉及当事人死亡。《日本商法典》规定对于为他人利益的保险合同，投保人在宣告破产时，保险人可以请求被保险人交付保险费，但被保险人抛弃其权利的，不在此限。《德国保险合同法》规定投保人被宣告破产、开始和解程序或不动产受强制管理命令的，保险人可以在一个月的期限内通知终止保险合同。①

对于合意转让，英美法系采取属人原则，除法定转让、共有人或合伙人承受共有或合伙财产、营业转让、海上保险外，保险标的的转让未经保险人同意，原保险合同对受让人不产生效力。大陆法系则采取相对当然继受主义，在日本，则推定保险合同所产生的权利已同时转移于受让人，但如果危险有显著增加或变更，则保险合同失效。② 在德国，受让人可继受保险合同的权利义务，但保险人可以在知悉转让时起一个月内，以一个月为期限通知终止合同。③

合同当事人也可以约定将保险单制成指示式或无记名式。保险单原以记名式为原则，此时非经保险人同意，不得移转。当保险单为指示式时，可以背书

① 《日本商法》第652条，《德国保险合同法》第14条。
② 《日本商法》第650条。
③ 《德国保险合同法》第69、70条。

转让；为无记名式时，可以交付方式转让保险单，均无须征得保险人同意。

我国未规定法定转让，仅对约定转让作了以下规定：

（1）在一般财产保险合同中，保险标的转让的，保险标的的受让人承继被保险人的权利和义务，被保险人或者受让人应当及时通知保险人。因保险标的转让导致危险程度显著增加的，保险人自收到前款规定的通知之日起30日内，可以按照合同约定增加保险费或者解除合同。被保险人、受让人未履行通知义务的，因转让导致保险标的危险程度显著增加而发生的保险事故，保险人不承担赔偿保险金的责任。① 上述规定的原因在于，财产保险合同性质上为对人合同，基于当事人的相互信赖而订立，如果保险标的的转移导致危险程度显著增加，无异于强令要求保险人接受未经估计在内的危险。

（2）在货物运输保险合同中或者当事人另有约定的情况下，保险标的的转让无须通知保险人。这是因为路途遥远，货物在异地买卖易主，通常难以及时通知保险人。

以上情形均针对保险事故发生前保险单转移的效力而言，当保险事故发生后，保险单上的权利已成为既得权，与其他金钱债权无异，可以由被保险人依法转让。

2. 人身保险合同主体的变更

人身保险合同的标的是被保险人的生命或身体，因此不会发生合同的主体因保险标的移转而变更的情形。人身保险合同主体的变更，主要取决于被保险人的主观意志。此时，被保险人不能变更，否则就是另一新的人身保险合同。

（1）投保人的变更

人身保险合同可以因投保人将合同的权利义务转让给第三人而发生主体的变更，在这种情况下，投保人实际上是将人身保险合同的现金价值和保险合同届满或死亡事故发生后的保险金给付请求权以及缴费义务转让于第三人。此时，如果投保人以自己为被保险人，那么这种转让实际上是指定或变更了受益人。如果投保人与被保险人不是同一人，投保人这种转让行为还需征得被保险人的同意，尤其是以死亡为给付保险金条件的保险合同的转让，必须征得被保险人的同意。但无需征得保险人同意，只需通知保险人即可。

（2）受益人的变更

受益人是保险事故发生时或者约定的保险期间届满时，享有保险金给付请求权的人。受益人是由投保人或被保险人指定的，而且投保人指定受益人须经

---

① 参见我国《保险法》第49条。

被保险人同意，因此受益人的变更也需由投保人或被保险人作出，投保人变更受益人必须经被保险人同意。对于受益人的变更无需征得保险人同意，但需要通知保险人，由保险人在保险单或者其他保险凭证上批注或者附贴批单，否则受益人的变更不得对抗保险人。

（二）保险合同内容的变更

保险合同内容的变更，是指在保险合同主体不变的情况下，对合同中约定的其他事项予以变更。保险合同内容的变更多是因为保险合同中的有关事项，如保险标的范围、用途、地点、危险程度等发生变化而有变更的需要。保险合同内容的变更都须经保险人同意并在保险单上批注才能生效。在我国，保险合同的变更有以下两种情形：

1. 投保人根据实际需要与保险人协商变更保险合同的条款，如变更保险期限，增减保险金额，扩大或缩小保险标的范围等。

2. 根据法律的规定，应当变更保险合同的内容。这种法定必须变更合同的情形多见于保险费的变更。如在财产保险中，保险标的危险增加时，被保险人应及时通知保险人，保险人有权要求增加保险费；保险标的危险降低时，以及保险标的价值明显减少时，除保险合同另有约定以外，保险人应当降低保险费，并按日计算退还相应的保险费。在人寿保险中，由于投保人申报的被保险人的年龄不真实，致使投保人支付的保险费少于应付保险费的，保险人有权更正并要求投保人补交保险费；若投保人申报的被保险人年龄不真实，致使投保人支付的保险费多于应付保险费的，保险人应当将多收的保险费退还投保人。

二、保险合同的解除

保险合同的解除是指保险合同成立之后，没有履行或没有完全履行前，保险合同当事人依法或依约行使解除权而使保险合同自始无效的法律行为。保险合同成立后，具有法律约束力，当事人不得随意解除合同。但在保险合同期限内，由于主客观情况的变化，致使保险合同不能继续履行或不宜继续履行时，法律允许当事人行使解除权，提前终止双方的权利义务关系。

保险合同的解除与一般合同解除类似，也有法定解除与约定解除之分，前者源于法律规定，后者产生于保险合同的约定。但我国《保险法》确立了不同于一般合同的保险合同解除原则，即除非法律另有规定或者保险合同另有约定，保险合同成立后，投保人可以解除合同，而保险人不得解除合同，① 但对

① 参见我国《保险法》第15条。

于货物运输保险合同及运输工具航程保险合同，保险责任开始后，合同当事人不得解除合同。①

（一）投保人解除合同及其法律效果

依我国《保险法》第15条规定："除本法另有规定或者保险合同另有约定外，保险合同成立后，投保人可以解除合同，保险人不得解除合同。"这样的规定无疑是为了保障投保方的利益，因为保险合同为附和合同，且投保人多为弱势方。但合同解除具有溯及力，将使合同自始无效，会发生恢复原状的效果。在保险合同中，投保人解除合同的，保险人应当将已受领的保险费返还给投保人，但如果此时保险责任已开始，将会使保险人已经承担的风险所应当获得的利益化为乌有，将直接损害保险人依照保险合同所应获得的利益，也会影响保险基金的建立。为限制投保人随意解除合同，保障保险人的权益，在财产保险合同中，保险责任开始前投保人要求解除合同的，应当按照合同约定向保险人支付手续费，保险人应当退还保险费。保险责任开始后，投保人要求解除合同的，保险人应当将已收取的保险费，按照合同约定扣除自保险责任开始之日起至合同解除之日止应收的部分后，退还投保人。② 由于人身保险具有储蓄性质，因此人身保险的投保人解除保险合同的，已交足2年以上保险费的，保险人应当自接到解除合同通知之日起30日内，退还保险单的现金价值；未交足2年以上保险费的，保险人按照保险合同约定在扣除手续费后，退还剩余保险费。③

（二）保险人解除保险合同

当客观事实发生变化或投保方的行为违反了合同义务，从而动摇了合同成立的基础，保险合同不宜或不能继续履行，此时法律赋予保险人解除权，使合同溯及地消灭，以维护保险人的利益。保险人行使法定解除权有以下情形：

1. 投保人违反如实告知义务

如前所述，如实告知是最大诚信原则所确立的制度之一，违反告知义务将动摇合同成立的基础，保险人有权解除合同。对于过失违反如实告知义务的，只有该义务的违反足以影响保险人决定是否同意承保或者提高保险费率的，保险人才可以解除保险合同。解除权是形成权，因此保险人只需向投保人作出解除合同的意思表示，就发生保险合同解除的效果。

---

① 参见我国《保险法》第50条；《海商法》第227条、第228条。

② 参见我国《保险法》第54条。

③ 参见我国《保险法》第47条。

2. 危险增加

财产保险合同成立后，保险标的危险程度显著增加，足以影响保险人在订立保险合同时对保险标的的危险估计，无论投保人或者被保险人是否已将危险增加的事实通知保险人，均产生保险人增加保险费或者解除保险合同的请求权。保险人请求增加保险费或继续收取保险费的，不得再解除合同。

3. 投保人或被保险人未履行防灾减损义务

投保人或被保险人未履行防灾减损义务，实际上是增加了保险标的的危险程度，从而增加了保险人的危险负担。在这种情况下，保险人可以请求投保人增加保险费或解除合同。但保险人已知投保人或被保险人违反义务的，仍然收取保险费或者怠于行使解除权的，其后不得再主张解除合同。

4. 道德危险

投保人、被保险人或受益人意图骗取保险金的行为，构成道德危险，属于违法行为，是保险法极力禁止的行为，保险人可以解除合同。我国《保险法》第 27 条规定了两种情形属于道德危险，保险人可以解除合同：一是未发生保险事故，被保险人或者受益人谎称发生了保险事故，向保险人提出赔偿或者给付保险金请求的；二是投保人，被保险人故意制造保险事故的。

5. 人身保险中的特定解除情形

(1) 投保人申报的被保险人年龄不真实，并且其真实年龄不符合合同约定的年龄限制的，保险人可以解除合同，并按照合同约定退还保险单的现金价值。①

(2) 中止效力的人身保险合同，在其效力中止后经过 2 年，投保人和保险人没有达成合同复效协议的，保险人有权解除合同，但应该按照合同约定退还保险单的现金价值。②

(三) 保险人法定解除保险合同的效果

解除权的行使将发生恢复原状的后果，但保险人行使法定解除权解除合同，大多是因为投保方违反法定或约定义务的结果。因此，保险人均不承担保险责任，一般也不退还保险费。但保险法基于投保方违反义务的过错程度和人身保险的特殊性质对此区别对待。

1. 保险人不退还保险费

如果投保人故意违反如实告知义务，被保险人或者受益人谎称发生保险事

① 参见我国《保险法》第 32 条第 1 款。

② 参见我国《保险法》第 37 条。

故，企图骗取保险金，投保人、被保险人或者受益人故意制造保险事故，保险人解除合同，不退还保险费。

2. 保险人退还保险费和保险单现金价值

如果投保人因重大过失未履行如实告知义务，导致保险人解除保险合同，或者投保人在责任开始之前解除保险合同的，可以退还保险费；如果人身保险投保人申报被保险人的年龄不真实，致使投保人支付的保险费多于应付保险费的，保险人也应当将多收的保险费退还投保人。而且，由于人身保险具有储蓄性质，在保险合同被解除或者保险人不需要履行保险责任等多种情况下，保险人仍然应该退还保险单的现金价值。

三、保险合同的终止

保险合同的终止是指由于某种法定或约定事由的出现，致使保险合同的效力永久停止，即保险合同规定的当事人的权利义务归于彻底消灭。保险合同的终止不同于保险合同的解除，它没有溯及力，是仅对将来的消灭。在保险合同终止前已完成的法律行为仍然有效，因此终止前投保人所交付的保险费，保险人无须返还，发生保险事故的，由保险人承担保险责任。但终止后收取的保险费应退还。

保险合同终止的原因一般有以下几种：

1. 保险合同因期限届满而终止

这种情况又称保险合同的自然终止，是保险合同终止的最普遍、最基本原因。因为保险合同为射幸合同，保险事故的发生为偶然，大多数情况下，保险事故并不发生，保险合同仅因合同订明的期限届满而终止。

2. 财产保险合同因保险标的发生损失而终止

（1）财产保险合同的保险标的因事故的发生而全部损失，保险人按约履行了全部保险金赔偿后，保险合同即因履行而终止，此时合同双方当事人的权利义务得到全部实现和完成，合同关系即告消灭。

（2）财产保险合同的保险标的因保险事故以外的原因而灭失时，保险合同因标的不存在，效力当然终止。

（3）财产保险合同的保险标的部分损失的，投保人和保险人均有权终止合同。我国《保险法》第58条规定："保险标的发生部分损失的，自保险人赔偿之日起30日内，投保人可以解除合同；除合同另有约定外，保险人也可以解除合同，但应当提前15日通知投保人。合同解除的，保险人应当将保险标的未受损失部分的保险费，按照合同约定扣除自保险责任开始之日起至合同解除之日止应收的部分后，退还投保人。”

3. 人身保险合同因被保险人的死亡而终止

人身保险合同以被保险人的身体和生命为标的，若被保险人因保险事故而死亡，在人寿保险的死亡险和综合保险以及意外伤害保险和健康保险中，在保险人履行交付保险金义务后，合同因履行而终止。在生存保险中，被保险人于保险期限内死亡的，保险合同即行终止，保险人无给付保险金义务，但在一次性给付保险金的生存保险中可以退还已缴纳保险费。在人寿保险合同中，被保险人非因保险事故而死亡时，保险合同即行终止，保险人无给付保险金的义务，但对于投保人已交足 2 年以上保险费的，可以退还保险单现金价值。

四、保险合同的中止和复效

(一) 保险合同的中止

保险合同的中止是指在保险合同的存续期间内，因某种原因，而使其效力暂时停止。① 在保险合同中止期间内，保险人不负保险责任。我国《保险法》36 条第 1 款规定：“合同约定分期支付保险费，投保人支付首期保险费后，除合同另有约定外，投保人自保险人催告之日起超过 30 日未支付当期保险费，或者超过约定的期限 60 日未支付当期保险费的，合同效力中止，或者由保险人按照合同约定的条件减少保险金额。”按我国《保险法》的规定，保险合同的中止仅适用于人身保险合同，且应具备以下条件：

1. 投保人逾期未缴保险费。合同约定分期支付保险费，投保人支付首期保险费后，除合同另有约定外，投保人自保险人催告之日起超过 30 日未支付当期保险费，或者超过约定的期限 60 日未支付当期保险费的。

2. 保险合同没有约定其他补救办法。保险合同没有约定中止合同效力以外的解决办法，诸如保险合同失效、解除保险合同、减少保险金额等。

只有满足上述条件，投保人逾期未交保险费，保险合同的效力才可以中止。

(二) 保险合同的复效

已经中止效力的人身保险合同，在符合一定条件时，可以恢复合同的效力，否则保险人可以行使解除权解除合同。恢复保险合同的效力即为保险合同的复效。

依英美保险法例，保险合同的复效仅适用于效力中止的人寿保险合同，且

① 蔡荫恩：《商事法概要》，台湾三民书局 1981 年版，第 378 页。

当事人就保险合同条款加以约定。其特点在于：（1）经约定保险费到期未支付时合同效力中止的，保险合同的效力在符合约定条件时中止；（2）保险合同约定有一定期间为投保人交纳保险费的宽限期的，在宽限期内，保险合同效力不中止，宽限期届满后，投保人未交保险费的，保险合同可以不经保险人催告而中止效力；（3）保险合同约定有保险合同复效期间的，投保人在复效期间内有随时申请恢复保险合同效力的权利；（4）中止效力的保险合同恢复效力后，原保险合同视为自始未中止效力。① 我国《保险法》第37条规定的保险合同复效适用于一切人身保险合同，保险合同复效须具备以下条件：

1. 投保人向保险人提出复效申请。投保人不提出复效申请，即没有复效的意思表示，保险合同的效力不能自行恢复。理论上一般认为，如果保险合同约定有复效条款及复效申请保留期间，则投保人应当在复效申请保留期间内提出复效申请；若保险合同对于复效申请的提出没有特别限制保留期间，则投保人原则上可以在保险合同效力中止后的任何期间内提出申请。因为申请复效为单方法律行为，原则上不受任何时间限制，至于申请复效能否实现则取决于保险人的意思表示。我国《保险法》规定合同效力中止之日起2年内双方未达成协议的，保险人有权解除合同。这一规定并不表明投保人申请复效期间为2年，而是赋予保险人解除保险合同的权利。若保险合同效力中止超过2年，保险人未解除保险合同，投保人申请复效，保险人予以接受的，保险合同的效力仍然可以恢复。

2. 被保险人符合投保条件。投保人复效时也要根据最大诚信原则履行如实告知义务。如果被保险人的各种情况在保险合同效力中止期间发生变化，已不符合保险人规定的承保条件，保险人可以拒绝接受复效申请，效力已中止的保险合同不能得到恢复。

3. 投保人必须补交效力中止期间应当交纳的保险费。投保人如果补交保险费确有困难，在征得保险人同意后，也可以分期还清，这均取决于保险人的意思表示。

4. 复效的申请必须得到保险人的同意，即保险人接受投保人的复效申请，双方就复效条件达成协议，否则保险合同不能复效。

保险合同复效的法律意义在于，人身保险合同的效力因为投保人逾期交付保险费中止后，经投保人申请复效，并和保险人达成协议，保险人继续承担保险责任，视为保险合同的效力从未中止。

① 桂裕：《保险法论》，台湾三民书局1981年版，第131页。

第二十二章 保险理赔

第一节 保险理赔的确定标准

理赔是保险人或委托理赔的代理人在保险标的发生保险事故，保险合同关系人提出索赔的请求后，根据保险合同条款的约定，审核保险责任并处理保险赔偿的法律行为。理赔是保险人履行其保险赔偿义务的具体体现，也是实现投保人订立保险合同主要目的的重要步骤。当保险人收到被保险人或投保人的出险通知后，在判断应否理赔时，一般应考虑以下因素。

一、保险合同是否仍有效力

保险理赔是保险人履行保险合同义务的体现。理赔义务直接来源于保险合同，没有保险合同，就没有保险人的赔偿责任，如果保险合同的效力发生变动，将直接影响保险人的理赔义务，因此保险合同的效力是保险人在决定应否理赔时首先考虑的一个因素。一般来说，对于无效的、被终止的以及被解除的保险合同，保险人无需承担赔偿责任。但对保险合同终止以前因保险事故造成的被保险人的损失，仍应承担赔偿责任。保险合同的解除以保险人或投保人的意思表示为准，即解除权的行使才能使合同解除。尤其是保险人解除合同，必须通知投保人，否则基于解除权除斥期间的规定或弃权与禁反言制度，保险人即丧失其解除权，仍需承担赔偿责任。

二、保险事故的发生是否在保险期间内

保险事故的发生必须在保险合同期间内，保险人才承担保险责任。但如果保险事故在保险期间之前发生，而损失在保险期间内发生，或者保险事故在保险期间内发生，而损失在保险期间后发生，究竟以何者为标准？对此，有两种不同观点。“事故说”认为，保险人仅对于发生在保险期间内的保险事故负责；“损失说”认为保险人对于发生在保险期间内的损失负责。保险实务上除

约定采用“损失说”之外，多以“事故说”为标准。在一般情况下，只要一次独立的保险事故最初发生在保险期间内，保险人就应对这次事故造成的损失负保险责任，即使该损失延续到保险期间之后，保险人仍应承担责任。但如果事故是发生在保险期间以前，即使大部分损失发生于保险期间内，保险人也不承担保险责任。但为控制危险，采“事故说”也常有限制，例如健康保险常有30日至90日的等待期；伤害险仅对于保险期间内遭受意外伤害事故，自意外伤害事故发生之日起，因同一原因在180日内所致的死亡、残废或医疗费用负保险责任；雇员诚实保证保险也多订有发现期间条款，对于一定期间内未发现的损失不负保险责任等。

三、发生的保险事故是否在承保范围内

保险理赔对于发生的保险事故，原则上要求必须在保险合同约定的保险责任范围内，而对于保险责任范围之外的事故，尤其是保险合同除外责任所列明的事故所造成的损失，保险人不承担保险责任。在保险实务中，除外责任因险别而有所不同，但一般将投保前已发生的保险事故，道德危险所造成的保险事故，保险标的自身性状所造成的损失以及战争、罢工、核风险等列为除外责任。但除非保险合同明确约定，对于下列事故所造成的损失，保险人仍应承担保险责任：（1）意外事故。除非保险合同另有明文规定，因不可预料的事故或不可抗力所造成的保险标的的损失，保险人应承担保险责任。（2）自己过失。除非保险合同作出排除性约定，因投保人或被保险人或其代理人或其受雇人过失造成保险标的的损失，仍属承保范围。（3）履行道德义务行为。投保人或被保险人因履行道德义务造成保险标的损失的，属于社会善良行为造成的损失，社会善良行为受法律保护和鼓励，保险人不得以保险合同的约定免除其保险责任。①

四、发生的保险事故是否在保险标的之上

保险理赔应建立在因保险事故的发生而受损失的保险标的之上。这里包含两层意思：（1）在发生保险事故时，财产保险合同的标的应确定或可以确定；人身保险合同由于是以人的生命或身体为保险标的，因此保险标的必须在订立合同时确定。（2）必须是在保险标的之上发生的保险事故所造成的损失，保险人才承担理赔责任。保险合同保障的对象仅以保险标的为限，否则，即使保

① 邹海林：《保险法》，人民法院出版社1998年版，第185～186页。

险事故发生在保险标的所在地点，但保险标的并未因此而受损的，根据损失补偿原则，“无损失则无保险”，保险人对非保险标的的损失不承担理赔责任。

五、保险事故发生的地点是否在承保范围内

保险人决定是否承保和收取的保险费的多少主要取决于保险人对其承保危险的正确估计或判断，而保险标的所在地点，正是保险人对其承保危险进行估计或判断时需要考察的一个因素，因为保险标的地点的改变会影响其发生危险的几率。因此财产保险往往将保险标的发生保险事故的地点限定在一定区域范围之内，对于不在承保范围内的地点所发生的保险事故，保险人不承担保险责任。如根据默示保证规则，船舶在海上航行时，并非因躲避暴风雨或救助他人而自行改变航程，以致发生保险事故而受损的，保险人可以其地点不在承保范围内为理由，拒绝赔偿。如果对于保险标的在保险合同规定的地点以外发生保险事故所造成的损失，也要求保险人承担赔偿责任，无异于要求保险人对其未估计的危险承担责任，这有违合同公平。另一方面，这样的限制还有利于督促投保人或被保险人履行善良管理保险标的的义务，做好保险标的的安全和防损工作。

六、损失是否由所保的保险事故引起

在保险事故中，造成损失的原因有时是多方面的，这就要求具体分析导致损失的原因。如果造成损失的原因属于保险事故，则保险人应承担保险赔偿责任，否则保险人不承担保险责任。而确定损失与保险事故之间是否存在因果关系，应遵循近因原则，以造成损失的主要的和有效的原因为近因。

七、请求赔偿的人是否有权提出此项请求

根据保险利益原则，在财产保险场合，只有其财产受到损失的人，也就是被保险人才有权提出赔偿的请求，当被保险人死亡时，其继承人可以行使赔偿请求权。当保险标的转让时，保险利益也随之转移，因此保险标的的受让人成为保险利益的享有者，对保险标的发生保险事故所造成的损失，有权请求保险人予以赔偿。另外，当被保险人破产时，由于保险利益随着保险标的转移给破产债权人，保险合同即为破产债权人而存续，因此破产债权人和破产管理人享有保险金请求权。

在人身保险场合，被保险人以其身体和生命为保险标的，当人身保险事故发生时，而当然享有保险金请求权。如果被保险人因保险事故死亡，被保险人的继承人享有保险金请求权。如果保险合同指定有受益人的，则受益人享有保

险金请求权，但受益人先于被保险人死亡，或者放弃、丧失受益权的，仍由被保险人的继承人行使保险金请求权。

八、赔偿请求是否在法定期间内提出

保险赔偿请求权，作为请求权之一种，可因诉讼时效的经过而消灭。如果赔偿请求在法律规定的时效经过后提出，保险人可以时效经过为理由拒绝履行保险金给付义务。我国《保险法》规定，人寿保险以外的其他保险给付请求权的时效为2年，从被保险人或者受益人知道或应当知道保险事故发生之日起计算，但海上保险的保险给付请求权的时效从保险事故发生之日起计算。而人寿保险的保险给付请求权时效为被保险人或者受益人知道保险事故发生之日起5年。① 当然，在海上保险以外的保险场合，如果被保险人或受益人不知保险事故发生，则时效期间不得开始起算，并且该时效期间也当然适用民法关于诉讼期间中止、中断或延长的规定。另外，在财产保险中，被保险人破产时，由破产债权人或破产管理人行使保险金请求权，通常各国对此多有一定的时间限制，即如果在规定的期限内发生保险事故，破产债权人和破产管理人都享有请求权，但经过这一期限，破产管理人应与保险人解除保险合同。

第二节 保险给付

在保险人的理赔责任确定后，保险人如何进一步理赔，需要确定保险给付的数额、给付的方式、时间等问题，其中尤以保险给付数额的确定为保险理赔的核心问题，这也是涉及保险合同权利义务实现的最重要问题。

一、保险给付数额的确定

（一）财产保险赔偿数额的确定

财产保险的保险给付不仅包括对保险标的实际损失的赔偿，而且还包括某些必要费用，如保险事故发生后被保险人为防止或者减少保险标的的损失所支付的必要合理的费用；为查明和确定保险事故的性质、原因和保险标的损失程度所支付的必要合理费用；以及责任保险中应由被保险人支付的仲裁或者诉讼费用以及其他必要合理的费用，② 但其核心仍是对保险标的实际损失的赔偿。

---

① 参见《保险法》第26条，《海商法》第264条。

② 参见《保险法》第57条，第64条，第66条。

在财产保险中，保险理赔通常采取以下方法：

1. 比例责任赔偿方式

比例责任赔偿方式是按照保险金额与保险标的实际价值的比例来计算赔偿金额。根据损失补偿原则，在财产保险中，保险人的赔偿额取决于保险标的的实际损失，而保险标的的实际损失与保险标的的价值密切相关，因此，在这种理赔方式下，保险价值成为保险理赔所要确定的一个关键因素。保险价值的确定方式主要有三种：

（1）保险合同中约定。定值保险合同的保险标的的价值不易确定，多在保险合同中以约定方式确定。因此，在定值保险合同的理赔中，无须重新确定保险标的的价值。如果发生全损，即以约定保险价值作为确定保险金额的依据，按照保险金额全部赔付；如果发生部分损失，则按损失程度与保险价值的比例确定赔偿数额。

（2）保险事故发生后确定。大多数财产保险合同的保险价值并不在保险合同中约定，而多在保险事故发生后确定，这就是不定值保险合同。不定值保险合同进行理赔时应遵循一个原则，即实际现金价值原则。根据该原则，保险人的赔偿责任，以保险标的发生损失时的实际现金价值为限，而实际现金价值是指重置成本（复原费用）扣除折旧之后的余额，即损失时的市价。但如果保险标的发生全损，就不能以实际现金价值为标准，而应以重置价值为标准，即以损失发生时，与保险标的同类的商品的市场价格为准。重置价值与实际现金价值的区别在于，折旧不包括在重置价值内。但如果保险标的没有市场价格，就不能用重置价值方法确定保险价值。另外，无论是实际现金价值还是重置价值所确定的保险价值和进而确定的保险标的的损失，都可能因市场等因素的变化而超过保险金额。由于保险金额为保险人承担赔偿的最高限额，此时保险人仅以保险金额为限承担理赔责任。只有在实际现金价值或重置价值低于保险金额时，保险人才按照实际损失赔付。

（3）法律明确规定保险价值计算方法。如我国《海商法》第 219 条规定的船舶的保险价值、货物的保险价值、运费的保险价值和其他保险标的的保险价值的确定方法。

在确定了保险价值后，保险赔偿额即取决于保险金额与保险价值的比例，在上述三种保险价值的计算方法下，如果投保人所投的为足额保险，则保险人可按实际损失赔付；如果投保人所投的为不足额保险，则保险人应按保险价值与保险金额的比例并结合实际损失来确定赔偿额。

2. 第一危险责任赔偿方式

在这种理赔方式下，保险标的的实际价值分为两部分：第一部分是相当于保险金额部分的价值，即第一危险部分；第二部分是超过保险金额部分的价值，即第二危险部分。当发生保险事故后，凡在保险金额内的那部分财产即第一危险部分，保险人都认为已足额投保，因此全额理赔；超过保险金额的第二危险部分则被认为均未投保，由被保险人全部自负。在这种方式下，保险理赔以保险金额为确定赔偿额的关键。

3. 限额责任赔偿方式与免责限度赔偿方式

在责任保险等消极利益保险合同中，并不存在保险价值。保险人无法预料被保险人给第三人造成损失的大小，因此在订立保险合同时，投保人和保险人只能约定保险责任的最高限额。各国适用的责任保险合同一般规定有两种赔偿限额：一种是每次责任事故或事件的赔偿限额，在保单的一次有效期内，保险人对所有的保险事故或事件都负责赔偿，每次所付金额不超过合同约定的赔偿限额；另一种是保险单的累计赔偿限额，无论每次赔偿金额为多少，保险人只对保单在一次有效期间内的累计最高赔偿限额负责。另外责任保险合同还可约定保险人的免赔额度，这一额度可以是一个比例，也可以是一个数额。在免赔限度内的损失，由被保险人自己承担，只有损失超过免赔限度，保险人才承担保险责任。限额责任赔偿方式和免赔限度赔偿方式也不仅仅适用于责任保险，在其他财产保险中，如农作物保险中，也可适用限额责任赔偿方式计算保险赔偿金额。

至于其他费用的保险给付，应以必要合理为标准。如保险人对施救费用的承担，就要求：（1）必须以保险责任范围内的保险事故发生为前提；（2）这项费用以减少保险财产的损失为目的；（3）费用支付以合理为限。只有满足以上条件，保险给付才包括施救费用，并在保险标的的损失赔偿金额以外另行计算，但最高不超过保险金额的数额。

（二）人身保险金给付数额的确定

人身保险合同的标的为人的生命和身体，不能以金钱计算，因此人身保险没有保险价值的概念，保险人以保险合同约定的保险金额为保险给付的依据，一旦发生保险事故和出现约定给付保险金的情形，保险人即按保险金额给付保险金。因此人身保险合同又称为定额给付保险合同，而区别于损失补偿保险合同。但人身保险合同中的某些保障项目又具有损失补偿的性质，而不是完全意义上的定额给付。人身保险的保险给付一般包括四项，即死亡给付、残废给付、医疗费用给付、停工给付，其中死亡给付、残废给付、停工给付均为定额给付。死亡给付是给付保险金额全部，残废给付是按被保险人的残废程度确定保险金给付比例，而停工给付则是根据被保险人丧失工作能力程度，或按合同约定的额度或按其原收入的一定比例给付。但医疗费用给付并不是定额给付，保险人在意外伤害保险和健康保险中承担的医疗费用的保险给付责任，一般都有最高赔偿金额的限制，被保险人不能因为疾病或遭受意外伤害而从中获利，保险人仅在此限额内按实际发生的各种费用给付。而且，关于医疗费用的承担，一般还规定有保险人的免赔额，在该额度内，由被保险人自己承担医疗费用，只有当被保险人的实际医疗费用超过该额度时，保险人才负责给付。可见，医疗费用的给付具有损失补偿的性质。在保险实务中，对医疗费用的给付也可采用定额给付的方式，但只在某些特定保障项目中适用，如住院医疗费、手术费、护理费等。

二、保险给付方式的确定

保险给付以金钱支付为原则，尤其是对人身保险和无形财产保险，如责任险、信用险、保证险，只能采取现金赔付的方式。但在其他财产保险合同中，可以约定采用恢复原状或替代给付的方式。所谓恢复原状主要包括汽车保险中对汽车的修理和火灾保险中对被烧毁房屋的重建。所谓替代给付则是指在发生保险事故后，保险标的受损或者灭失的，保险人以其他种类物的交付代替给付保险赔偿金，以履行保险给付义务。如果保险合同并不限定保险给付方式，则保险人有权选择金钱给付或者恢复原状或者替代给付。一旦保险人选定其中一种方式，应当依照其选择履行保险给付，而无权变更其已为的选择。①

保险人若以金钱给付作为保险给付方式，应以一次性全额赔付为原则，但也可在订立合同时特别约定不以一次性支付为原则，如年金保险，即在被保险人的生存期间，每年给付一定金额。

三、保险给付时间的确定

保险人的保险给付应贯彻主动、迅速的原则，及时履行保险给付义务。我国《保险法》规定，保险人应在与被保险人或者受益人达成有关赔偿或给付保险金额的协议后10日内履行保险金赔偿或给付义务。保险合同约定有给付或赔偿期限的，按合同约定履行。② 为了保护被保险人和受益人的利益，我国

① Raoul Colinvaux, The Law of Insurance, 5th ed. Sweet & Maxwell, 1984, p. 181. 转引自邹海林:《保险法》，人民法院出版社1998年版，第191页。

② 参见我国《保险法》第23条。

《保险法》特别规定了保险人先予给付的义务，即保险人自收到赔偿或给付保险金的请求和有关证明、资料之日起60日内，对其赔偿或者给付保险金的数额不能确定的，应当根据已有证明和资料可以确定的数额先予支付；保险人最终确定赔偿和给付保险金的数额后，应当支付相应的差额。①

① 参见我国《保险法》第25条。

第二十三章　保险代位

第一节　保险代位制度基本理论

一、保险代位的概念

广义的保险代位是指在财产保险合同中，保险人赔偿被保险人的损失后，代位取得向对保险事故的发生或保险标的的损失负有民事赔偿责任的第三者请求赔偿的权利，或者在保险标的发生损失，保险人赔偿后取得保险标的的全部权利。因此，广义的保险代位包括权利代位和物上代位。前者所产生的权利为保险代位权，性质上是债权变动的范畴；后者所产生的权利为物上代位权，性质上属于物权变动的范畴。狭义的保险代位仅指权利代位而言，各国立法的重点多在保险代位权。

依我国法律，保险代位主要指权利的代位，保险代位权是保险人享有的法定权利，不论保险合同是否有约定，保险人均可单方行使该项权利。因此这种债权的移转无需保险人与被保险人协商确定，更无需通知致害第三人或征得其同意。

二、保险代位的法理基础

（一）权利代位的法理基础

保险代位权是保险法基本原则之一的损失补偿原则的必然结论。损失补偿原则要求保险人仅在被保险人所受的实际损失限度内负赔偿责任，且其赔偿金额也不得超过保险标的在保险事故发生时的实际价值。被保险人不得借保险事故的发生而谋利，此即所谓“无损失，则无保险”。

如果保险标的的损失是由于第三人的原因造成的，而该损失或风险又是保险合同的承保范围，那么被保险人就拥有了两种请求权：一是基于侵权法律关系所产生的对第三人的损害赔偿请求权，二是基于保险合同关系所产生的对保险人的保险金给付请求权。如果这两项请求权都可由被保险人任意行使，无异于使被保险人因为标的物的损失而获得双重或多于实际损失的补偿，这与损失补偿原则的宗旨是相背离的。被保险人缴付的保险费与一般私法上双务有偿合同，当事人之间所谓的对价具有等价关系不同，它只不过是危险共同团体（保险人）为集聚分散危险所需的资金，依大数法则向其成员所收取的代价而已，其目的仅限于补充被保险人所受的损失，而非提供被保险人“额外的利益”。① 因此，对发生保险责任范围内的损失或责任应当负损害赔偿责任的第三人而言，被保险人对该第三人相应的损害赔偿的权利，在被保险人依约给付保险赔偿金后，应相应地移转给保险人。

除此以外，保险代位权的运用还有维护社会公共利益的作用。如果仅仅是为了维护损失补偿原则，防止被保险人通过保险制度获得额外利益，那么只需规定被保险人只能选择适用这两种请求权之一即可。如果这样，致害的第三人就会因为被保险人享有保险赔偿请求权而不承担赔偿责任，实际上使得致害第三人通过被保险人和保险人订立的保险合同而获利（第三人应当付出赔偿而没有付出，为一种消极利益）。如果第三人的致害行为可因此而逍遥法外，这不仅违背了法律的公平精神，而且放纵了违法的侵权行为。因此为制约第三人实施违法行为，必须赋予保险人代位求偿权，以追究致害第三人的赔偿责任。

综上所述，保险代位权是法律充分平衡保险人、被保险人和致害第三人三方利益关系和社会公序良俗所得出的必然结论。保险代位权一方面是贯彻作为“所有保险之核心的损失补偿原则”的一种方法，另一方面有助于最终确定由造成被保险人损失的第三人承担经济赔偿责任。②

（二）物上代位的法理基础

物上代位与权利代位同为损失补偿原则的具体运用，其目的都在禁止被保险人通过保险谋利。但物上代位与权利代位的不同之处在于，权利代位仅是债权的移转，是被保险人对第三人的赔偿请求权的移转；而物上代位，尤其是委付场合，移转的是保险标的的一切权利和义务，包括保险标的的所有权及基于所有权所产生的担保物权、债权等，如船舶应获得的运费、共同海损分摊请求权等，甚至包括对有责任的第三人所享有的追偿权，同时保险标的的有关债务也一并转移。由于物上代位的权利是保险人基于其受让的保险标的所产生的，

① 江朝国：《保险法基础理论》，台湾瑞兴图书股份有限公司 1999 年版，第 435 页。

② Kenneth S. Abraham，Insurance Law and Regulation，The Foundation Press，1990，p. 202. 转引自邹海林：《保险法》，人民法院出版社 1998 年版，第 191 页。

已为其实实在在享有，而非代位行使，因此它不同于保险人在一般赔付下取得的代位求偿权，即使保险人基于物上代位的权利所获得的利益，超过其所赔付的保险金额，仍归保险人所有。这正是物权变动效力的体现，与权利代位作为一种债权变动，迥然不同。

三、保险代位的适用范围

（一）权利代位的适用范围

保险法上的保险代位权是损失补偿原则的逻辑演绎，也是损失补偿原则的具体体现。然而，损失补偿原则虽然最直接地体现了保险的经济补偿功能，但由于人身保险的保险标的为人的生命和身体，不能以金钱价值计算，因此损失补偿原则及保险代位制度并不适用于人身保险，仅适用于财产保险。即使人身保险的被保险人或受益人从保险人处和第三人处获得双重损害赔偿，也为法律所允许。而且有学者认为因人的生命或身体受到伤害所享有的赔偿请求权，有专属权性质，专属于被保险人或受益人，不得让与他人，因而不得代位行使。①

但人身保险有人寿保险、健康保险和意外伤害保险三大类，各自具有其固有特点，是否一律不得适用保险代位权，立法和学说所采取的态度并不完全相同。

在立法上，瑞士1855年民法的债务部分曾规定，保险人可以行使被保险人因为他人而致死的赔偿代位权，但在1887年修订民法典时将该规定删除。法国民法第1382条虽规定人寿保险人对致害人可主张损害赔偿请求权，但自1894年以来，法院仅在一个案例中予以适用。德国的一些人寿保险人于1873年至1874年间曾三次提起对第三人的损害赔偿请求权，均被驳回。但是，当今德国的实务和理论一般认为，保险代位权对于依照损失补偿原则为给付的意外伤害保险和健康保险同样具有适用价值。② 在保险业发达的美国，各州对保险代位是否适用于人身保险的态度存在一定差异。比较统一的立场是人寿保险不适用保险代位权，因为人寿保险具有投资价值，是一种投资形式而非损失补偿的形式。对于健康保险和意外伤害保险，原则上也不适用保险代位权，但如果当事人在健康保险合同或意外伤害保险合同中约定有保险代位权，多数法院均对约定代位权予以认定，仅有少数法院采取否认其效力的立场。③ 但在劳工

---

① 陈云中：《保险学》，台湾五南图书出版公司1985年版，第198页。

② 林勋发：《保险法论著译作选集》，台湾今日书局1991年版，第118页。

③ 约翰·F. 道宾：《保险法》，法律出版社2001年版，第285页。

损害赔偿保险中，因其多少含有责任保险的性质，并为减轻保险费的负担，美国绝大多数州容许在该保险中适用保险代位权。

我国台湾地区“保险法”第103条规定：“人寿保险之保险人，不得代位行使要保人或受益人因保险事故所生对于第三人之请求权。”但根据其第130条和第135条关于健康保险和伤害保险的规定，第103条亦属准用范围，台湾学者及实务也多认为所有人身保险合同均排除保险代位权的适用。① 但也有学者对此有不同观点，认为并不是所有的人身保险都不适用保险代位权的规定，而是仅限于性质属于定额保险者，如人寿保险或残废保险，如果依其性质属于损害保险，如医疗费用或丧葬费、分娩费用等，其合同的目的仅在于补偿被保险人因保险事故发生所支出的费用而已，这种消极利益的损害并非不可以金钱价值计算，所以从理论上讲仍应适用保险代位制度。②

我国大陆《保险法》将保险代位权的规定置于财产保险合同部分，并在第46条明确排除保险代位权对人身保险合同的适用。但人身保险中的意外伤害保险、健康保险在一定程度上具有损失补偿的特征，为保险代位权的适用提供了一定条件，不适用保险代位权亦缺乏令人信服的理由。学界对这种做法多有质疑，并主张应该采纳现代“损害/定额保险”二元论的视角，对损害补偿保险适用保险代位权，对定额保险不宜适用。③ 我国立法应对该条作目的性限制，将具有损失补偿功能的意外伤害保险和健康保险的保险金给付，排除于保险代位权的适用范围之外。

（二）物上代位的适用范围

物上代位，顾名思义，有物才有代位的基础，此处的物仅指有体物而言，因此，物上代位权仅适用于财产保险中的财产损失保险和海上保险，而不适用于责任保险、信用保险、保证保险等以期待利益为保险标的的保险。

我国《保险法》第59条规定，保险事故发生后，保险人已支付了全部保险金额，并且保险金额相等于保险价值的，受损保险标的的全部权利归于保险人；保险金额低于保险价值的，保险人按照保险金额与保险价值的比例取得受损标的的部分权利。《日本商法典》第611条、《英国海上保险法》第79条、《德

① 桂裕：《保险法论》，台湾三民书局1981年版，第156页；施文森：《保险法总论》，台湾三民书局1985年版，第206页。

② 江朝国：《保险法基础理论》，台湾瑞兴图书股份有限公司1999年版，第439页。

③ 樊启荣：《“人身保险无保险代位权规范适用”质疑》，载《法学》2008年第1期。

国商法》第859条、《法国保险法》第38条都有旨趣相同的规定。而我国台湾地区“保险法”仅有权利代位的规定（第53条），而没有物上代位的规定。

在盗窃保险中，如果标的物并非遭毁损而是被盗窃，则标的物在失而复得时，本也应适用物上代位的规定，归于保险人，且对被保险人也无不公平的地方。但标的物的失而复得，对被保险人而言，可能宁可重获标的物而舍弃保险赔偿金。这时，如果坚持适用保险人物上代位权的规定，那么被保险人势必遭受如“强行买卖”般的待遇，显然有违保险法理。因此，较适宜的方式是赋予其选择权，即被保险人有权选择退还保险赔偿金，而回复其对该标的物的所有权，或保留保险赔偿金而使保险人对该标的物有代位权，两者择其一，在保险实践中通常也是采用这种做法。

物上代位主要体现于海上保险的委付制度中，即保险标的发生推定全损时，投保人或被保险人将保险标的的一切权益转移给保险人，而请求保险人按保险金额全数赔付的行为。所谓推定全损，是指保险标的发生保险事故后，认为实际全损已经不可避免或者为避免发生实际全损所需支付的费用与将标的运抵目的地的费用超过保险价值，保险人按照全损处理的一种推定性的损失。由于推定全损时，保险标的并未完全损毁或灭失，即还有残值，所以保险人在按全损支付保险赔款后，现实取得保险标的的权利，否则被保险人就可能由此而获得额外的利益。但委付这一物上代位与保险代位权不同，保险代位权属法定当然适用，但委付的请求由被保险人提出后，保险人可以接受，也可以拒绝。但保险人若接受委付，不得附带任何条件，且保险人一经接受，即不得撤回。

除推定全损发生委付外，海上保险标的的实际全损也产生物上代位权，我国《海商法》第256条规定：“保险标的发生全损，保险人支付全部保险金额的取得对保险标的的全部权利；但是，在不足额保险的情况下，保险人按保险金额与保险价值的比例取得对保险标的的部分权利。”

第二节 保险代位权的构成要件与权利行使

一、保险代位权的构成要件

保险人的代位权基于法律规定而当然取得，并随着保险合同的订立而成立，但保险人要行使保险代位权，还需具备以下条件：

1. 保险事故的发生是由第三者的责任造成的，肇事者依法应对被保险人承担民事责任，被保险人对第三人有损害赔偿请求权。一方面保险标的损失为保险事故造成，属于承保范围，否则与保险人无关，不存在代位行使权利的问题；另一方面，保险事故的发生可归责于第三人，且该第三人应具备责任能力，被保险人才能对其主张损害赔偿的权利。

2. 保险人已对被保险人给付赔偿金。保险代位权直接生长于损失补偿原则之上，如果被保险人先转移求偿权，将来如不能获保险赔偿，会造成其损失从第三人和保险人处都得不到补偿的局面。因此，保险人在向被保险人给付保险金之前，不得行使代位权，因为此时保险人的代位权尚为期待权，只有在给付保险赔款成为既得权才能行使。如果被保险人已先从第三人处获得全部或部分赔偿，那么保险人给付保险赔偿金时，可相应扣除被保险人已得到的补偿，这就是所谓的保险金扣除权。

3. 代位权的范围不得超过给付的保险赔偿金额。保险人只能在已给付的保险赔偿金额内行使代位权。如果保险赔偿金额少于第三人应承担的赔偿限额，被保险人仍可以就剩余的赔偿数额向第三人求偿。如果保险赔偿金额超过第三人应承担的赔偿范围，保险人代位请求的范围仅以第三人所应承担的损害赔偿额为限。

4. 损害赔偿的标的必须一致。保险代位权的法理在于防止被保险人在保险标的受损害时获得双倍赔偿。因此，如果保险人依照保险合同关系予以赔偿的标的和第三人应该承担赔偿责任的标的不一致时，仍然无法适用代位权的规定。保险人不能对非保险标的的损失行使代位权，这在学理上称为保险人代位权之标的“一致必要性”。①

二、保险代位权的行使

（一）保险人可代位行使的权利范围

保险人可代位行使的权利，为被保险人转移的对保险事故的发生负有赔偿责任的第三人的赔偿请求权。该权利性质上为债权请求权，而非物权请求权或人身请求权。而债因其发生原因不同，一般可分为合同之债、侵权之债、无因管理之债和不当得利之债。除无因管理情形外，其余的债的发生原因都可成为被保险人对第三人行使请求权的发生原因，也就是保险人可代位行使的权利的产生原因。据此，保险人代位行使的权利基于其发生原因不同，可以作以下分类：

1. 对第三人的侵权损害赔偿请求权。

① 江朝国：《保险法基础理论》，台湾瑞兴图书股份有限公司1999年版，第444页。

这种请求权在保险人可代位行使的权利中占大多数情形。因为财产损失保险为财产保险中最常见的情形，财产损失保险以有体财产为保险标的，保险人得以代位行使的权利，即基于有体财产受损害而产生的赔偿请求权。但随着债权相对性理论到债权不可侵性理论的转变，使债权在一定情形之下具有对抗第三人的效力，债权也得以在一定情形下成为侵权行为的对象。因此，在保险代位情形下，对第三人的损害赔偿请求权不仅限于因财产权受到侵犯而提起的赔偿请求权，在一定场合，也包括因债权（主要是合同债权）受侵犯而提起的赔偿请求权。

2. 对第三人的违约损害赔偿请求权。

财产保险可以期待利益作为可保利益，而基于合同而产生的利益，即为期待利益的一种。因此在以该期待利益投保后，如果合同一方当事人违约，造成被保险人的期待利益丧失，构成保险事故的，保险人在对被保险人赔付后，可以向合同另一方当事人行使代位追偿权。这一赔偿请求权多发生于信用保险和合同保证保险场合。

3. 对第三人的不当得利返还请求权。

第三人无法律上原因获得作为保险标的的财产利益，使被保险人失去对保险标的的管控，造成保险事故发生的，保险人在赔付被保险人后，如果知道不当得利第三人的，可以向该第三人行使追偿权。另外，第三人故意或过失侵害保险标的，由此取得利益，并造成被保险人损失的，对被保险人而言，即发生侵权损害赔偿请求权和不当得利返还请求权的竞合。按照请求权竞合的理论，保险人也只能择一代位行使请求权。如果一项请求权的行使已达到目的，其他请求权则归于消灭，否则，保险人仍可以行使其他的请求权，但以不超过保险金额为限。一般而言，在不当得利返还请求权和侵权损害赔偿请求权发生竞合时，保险人选择不当得利返还请求权更为有利，因为无须承担证明加害人有主观过错的责任。

（二）保险人行使代位权的名义

保险人究竟应当以自己的名义还是以被保险人的名义行使保险代位权，我国《保险法》没有作出具体规定，在解释上历来存在两种相互对立的观点。

一种观点认为，保险人应以被保险人的名义行使代位权。英国的保险判例即认为，保险人向被保险人给付保险金以后，只有当被保险人对第三人的赔偿请求权以法定形式转让给了保险人，保险人才可以自己的名义行使代位权，否则，保险人原则上只能以被保险人的名义提出诉讼请求第三人赔偿。这种代位权的行使方法，被形象地称为保险人仅仅“踏进了被保险人的鞋”，在英美法系国家具有普遍性。①

另一种观点认为，保险人的代位权依法律规定而当然取得，随保险合同的签订而发生，于保险事故发生时当然地属于保险人。保险人在给付赔偿金额后，即可以自己的名义行使被保险人对第三人的请求权，无须被保险人的转移行为。②

我们认为，保险人应该以自己的名义行使保险代位权。因为保险代位权的性质为债权的法定转移，是损害赔偿请求权的主体的法定变更，保险人是为自己的利益直接向该第三人主张权利，行使的效果也直接归于保险人。如果保险人以被保险人的名义行使代位权，无异于要求权利人以非权利人名义行使其权利，这在法理和逻辑上都无法自圆其说。而且在实务上，保险人以自己的名义行使保险代位权，可以取得独立的请求权人地位和诉讼地位，减少诸多不便。如果保险人以被保险人的名义行使代位权，将会受制于被保险人的意思表示，这样既增加了保险人行使保险代位权的难度和负担，也不利于保险代位制度的贯彻。

（三）保险代位权行使的时效

保险代位权性质上属于债权请求权的范畴，当然受法律规定的诉讼时效的限制。但是我国《保险法》没有专门规定保险代位权的诉讼时效，因此可适用《民法通则》及其他法律有关债权请求权诉讼时效的规定。

但对保险代位权的诉讼时效期间的起算应从何时开始，理论界有两种观点：一种观点认为应自保险人知道有赔偿义务人（第三人）时起算，如果保险人不知道第三人的存在，则因缺乏代位对象而无从行使其代位权。另一种观点认为应自被保险人知道有赔偿义务人时起算，原因在于：第一，保险人代位行使的是原来的请求权，加害人依法所享有的原请求权的时效利益，不因请求权人的变动而被剥夺；第二，保险代位权在其本质上是继承被保险人对第三人的求偿权而来，按照“任何人不得将大于自己所有的权利转让他人”的法理，保险人的代位权应受与被保险人对第三人请求权同样的限制。③

根据保险代位权为债权的法定转移说，代位权的性质为损害赔偿请求权主体的变更，而该请求权的内容并不因此而有所变动。保险人虽以自己的名义对

① 邹海林：《保险法》，人民法院出版社1998年版，第287页。

② 陈云中：《保险学》，台湾五南图书出版公司1985年版，第196页；施文森：《保险法总论》，台湾三民书局1985年版，第204页。

③ 施文森：《保险法总论》，台湾三民书局1985年版，第206页。

第三人行使代位权，但该请求权是自被保险人处移转而来，该第三人原可对抗被保险人的事由也可以对抗保险人。第三人虽不能因被保险人有保险合同而受益，但也不宜因请求权转移而遭受不利，所以保险人代位权诉讼时效应自被保险人可以行使请求权时起算。① 这一起算方式尽管对保险人颇为不利，但有迫使保险人早日确定理赔责任，迅速补偿被保险人损失的功效。

三、保险代位权行使的限制

保险人在向被保险人支付保险赔偿金以后，尽管可以以自己的名义行使保险代位权，但是，在下列情况下，保险人的代位权受到一定的限制：

1. 保险代位权行使对象的限制

保险代位权的行使对象，是指对保险事故的发生和保险标的的损失负有民事赔偿责任的第三人。各国立法对保险代位权行使的对象都有所限制，一般规定被保险人的家庭成员或其受雇人不得成为保险代位权的对象。我国《保险法》第62条规定，除被保险人的家庭成员或者其组成人员故意造成保险事故外，保险人不得对被保险人的家庭成员或者其组成人员行使代位请求赔偿的权利。因为上述人员与被保险人或因共同生活关系，或与其利害一致，若因其过失所致的损失，使保险人对其有代位权，实与被保险人自己赔偿无异，有违保险之旨。② 但如果被保险人的上述人员故意造成保险标的发生保险事故的，不在此限，否则，无异于鼓励故意违法行为，于情于理不通。至于被保险人的家庭成员和组成人员的范围，我国立法没有规定。但为了保护被保险人利益，对被保险人的家庭成员应当作广义的解释，③ 具体包括配偶及亲等较近的血亲或姻亲而共同生活的人，以及虽非同居但负有法定抚养、扶养、赡养义务的人。而对被保险人的组成人员，应当作狭义解释，④ 该组成人员主要为被保险人的受雇人，但该第三人不仅须受被保险人雇佣，且被保险人对其行为负责时，才可将其排除于保险代位的对象之外。

2. 保险代位权行使范围的限制

保险人行使代位权的范围以不超过其给付的保险金额为限，如果保险人行使代位权所得超过保险金额，超过部分应归被保险人。而且保险人行使代位

---

① 江朝国：《保险法基础理论》，台湾瑞兴图书股份有限公司1999年版，第451页。

② 梁宇贤：《保险法新论》，中国人民大学出版社2004年版，第133页。

③ 桂裕：《保险法论》，台湾三民书局1981年版，第154页。

④ 施文森：《保险法总论》，台湾三民书局1985年版，第204页。

权，不影响被保险人的其他权利，如果第三人造成被保险人的损失超过保险人承担的保险责任的，被保险人仍可以对其没有取得保险赔偿的部分，继续向第三人请求损害赔偿。保险人若仅给付部分保险赔偿金，只有在不损害被保险人利益时，才可行使保险代位权。如果第三人难以即时支付被保险人的损害赔偿请求和保险人的代位求偿时，应当先满足被保险人的赔偿请求，以实现财产保险的固有功能。因为保险代位制度的目的，在于防止被保险人通过保险谋利，而不应当妨碍被保险人的损失受到完全补偿。为保障被保险人利益，防止保险人借诉讼技巧上的优势地位以及经济上的便利，以给付保险金为条件而先于被保险人从第三人处获得代位赔偿，必须对保险人代位权的行使予以限制，即不得有害于被保险人。

当然，如果被保险人于保险给付前放弃对第三人的赔偿请求权，第三人因此获得的利益，可以此对抗保险人的代位求偿权，保险人不能向第三人行使代位权，但可以区分不同情况扣减保险赔偿金或不承担保险责任。

3. 保险人预先放弃保险代位权

保险代位权虽为法定权利，但保险人和投保人在订立保险合同时，可预先约定放弃保险代位权。但由于该约定的目的仅在于免除被保险人移转其对于第三人的损害赔偿请求权及协助保险人行使代位权的义务，而并非免除第三人的赔偿责任。因此，被保险人仍可向第三人请求赔偿。如果被保险人先从第三人处获得赔偿，再向保险人索赔，保险人虽不得向第三人行使代位权，仍可以损失补偿原则为由，仅在其保险赔偿限额超过第三人的赔偿范围内承担保险责任。如果被保险人先从保险人处获得保险赔偿，再向第三人请求赔偿，第三人虽不得以保险合同中放弃保险代位权的约定对抗被保险人，但保险人仍可以损失补偿原则为由，在被保险人从第三人处获得的赔偿范围内，要求被保险人返还已给付的保险赔偿金。

第六篇

海商法

第二十四章 海商法概述

第一节 海商法的概念与调整对象

一、海商法的概念

关于海商法的含义，各国和地区规定各不相同。根据我国《海商法》第1条的规定，海商法是“调整海上运输关系、船舶关系，维护当事人各方的合法权益，促进海上运输和经济贸易的发展”的法律。此条款是界定我国海商法调整范围的基础。

海商法是法学的一个重要分支，具有涉外性、技术性和特殊性。在学理上，海商法有广义和狭义之分。① 广义的海商法既调整平等主体之间的横向民事关系，又调整非平等主体之间纵向的行政关系。狭义的海商法则主要调整平等主体之间的横向民事关系，不调整纵向行政关系。② 此外，由于表现形式不同，海商法还可以分为形式意义的海商法和实质意义的海商法。前者指以海商法命名存在的法规，如我国《海商法》；后者除了包括前者以外，还包括虽然未以海商法为名称，但其实质内容涉及海商法范畴的法律规范，如有关海上交通安全、海洋环境保护、船舶管理等方面的法规和惯例。

二、海商法的调整对象

从调整对象来看，海商法主要调整两方面的社会关系：一方面是海上运输关系，另一方面是与船舶营运有关的特定关系。无论是运输关系还是船舶关系均须带有营利性质，为了军事和政府公务目的产生的各种关系，不属于海商法的调整范围。

---

① 张新平：《海商法》，中国政法大学出版社2002年版，第18页。

② 司玉琢：《海商法论文集》，法律出版社1995年版，第20页。

（一）海上运输关系

海上运输关系是指在海上货物运输和旅客运输过程中发生的特定社会关系，此外，还包括与此密切相关的其他关系，如航次租船关系、海上拖航关系、海上保险关系等。上述社会关系，除国家海运行业管理形成的纵向行政法律关系外，其他均为平等民商事主体之间的横向财产关系，并以营利为特征。

（二）与船舶营运有关的特定关系

这类关系是以船舶为中心和对象，与船舶营运有关的基于契约、侵权以及特殊的海上风险而引起的民商关系和基于法律的直接规定而产生的行政法律关系。① 依法律性质的不同可将其进一步分为与船舶营运有关的民商事关系和与船舶营运有关的行政关系。前者包括依合同成立的定期租船、光船租赁、船舶抵押等关系；依侵权而产生的船舶碰撞、海上油污等关系；因特殊海上风险而成立的共同海损关系；由于法律的直接规定而产生的船舶优先权、船舶留置权、海事赔偿责任限制等法定的权利义务关系。后者主要是关于船舶与船员的登记管理关系，如船舶的国籍和船旗管理关系、船员管理关系、船舶所有权和抵押权登记管理关系等。

第二节 海商法的历史和作用

一、海商法的形成和发展

海商法是一个古老的法律部门，一般认为，海商法起源于地中海地区，随着航海贸易的发展逐步普及于欧美。至今日，海商法已形成一套具有国际性和独立性的法律体系。

（一）欧美海商法发展史

历史资料表明，航海贸易活动最早出现在古希腊时期（约公元前 20 世纪）的地中海一带。到了公元前 9 世纪，地处地中海之东的罗德岛成为当时航海贸易的中心，许多海上纠纷都在那里解决，并在此基础上逐步形成了一部有关共同海损和海上保险的海上习惯法——《罗德海法》，该法被视为现代海商法的雏型。进入中世纪以后，航海贸易得到较大发展，有关的海商习惯法也大量涌现，其中对后世产生重大影响的惯例规则主要有：奥列隆惯例集（Lex Oleron）、海事裁判集（Lex Consolato）和维斯比法（Laws of Wisby）。但这一

① 柳经纬等主编：《商法概论》，厦门大学出版社 1996 年版，第 165 页。

时期的习惯法均属于私人编纂的惯例集，有明显的区域性，也缺乏国家强制力的保证，所以在适用上具有较大的局限性。

到了近代，随着商品经济的发展和现代国家的形成，制定全国性海商法的条件已经具备，欧洲各国纷纷制定本国的海商法典或单行法规。法国路易十四1681年颁布的《海事条例》率先将海商法纳入国内法，是欧洲第一部综合性海商法典。1807年拿破仑制定的《法国商法典》将海商法吸纳，后来大陆法系国家纷纷效仿，使海商法成为商法的重要组成部分。在此前后，以判例法为传统的英美法系国家为了适应海上航运和贸易不断发展的要求，也制定了大量的成文法，如英国1734年《船舶所有人责任法》、1855年《提单法》、1894年《商船航运法》、1906年《海上保险法》等，美国1893年的《哈特法》、1912年《海难救助法》、1916年《联邦提单法》等。

（二）海商法的国际统一化趋势

鉴于海上运输的国际性和国际社会日益强烈的统一呼声，1897年国际法学会专门成立了国际海事委员会，该组织与1948年联合国国际海运会议上成立的政府间海事协商组织（现称为国际海事组织）为推动海商法的统一做了大量卓有成效的工作，制定了许多重要的国际性海事公约和规则，如《1910年统一船舶碰撞公约》、《1910年救助公约》、《1924年海牙规则》、《1968年维斯比规则》、《1978年船员培训、发证和值班标准国际公约》、《1969年国际油污损害民事责任公约》等。联合国国际贸易法委员会也为推动海商法的国际统一作出了积极努力，由它主持通过的相关国际公约有《1978年汉堡规则》、《1980年多式联运公约》、《2008年鹿特丹规则》等。

目前，越来越多的国家加入了各项公约，承认并接受公约中技术性较强的规定。但由于各国政治经济条件不同，以及法律体系和法律传统的差异，要实现进一步统一并非易事。

（三）我国海商立法

尽管航海业在我国有悠久的历史，但有关航海方面的法律规定却所留甚少。

明末清初，我国实行所谓“海禁”政策，直接阻碍了民族航海业的发展。1840年鸦片战争之后，我国海运大权长期由外国列强把持。1909年清政府拟就的《大清商律》虽然包括海商方面的规范，但未及颁布，清政府就灭亡了。此后40年间一直处于战乱之中，南京国民政府虽然颁布了一些海商和船舶管理的法规，却始终未能贯彻实施。

新中国成立以后，从20世纪50年代到80年代，我国颁布了一系列与海商法有关的法律条例，均因时代因素被束之高阁。到80年代初，随着外贸航海业务的迅猛发展，海商立法逐步走上正轨，先后颁布了一些有关航运管理、海事行政、海事司法的单行法规，并于1992年正式通过了《中华人民共和国海商法》(以下简称《海商法》)。这一法律结合我国实际并吸收了大量海事国际公约的内容，基本做到了与国际海商海事实践接轨。但是，随着社会经济的发展和一系列新法规的颁布，《海商法》已经丧失了原有的适度超前性和先进性，而且有的成为陈旧甚至过时的法律规定，① 目前，修订和完善《海商法》已经成为众多有识之士的共同呼声。

除了国内海商立法，我国政府还先后加入了许多有关国际海运和海事的公约，并成为国际海洋组织、国际海事卫星组织等诸多专门性国际组织的成员，为促进国际航运事业发展、防止海洋环境污染和推动海事立法统一作出了积极贡献。

二、海商法的作用

作为调整海上运输关系和船舶关系的基本规范，海商法的制定对健全和完善民商事法律制度，保护有关当事人的合法权益，促进海上运输和经济贸易的发展发挥着重要的作用。

(一) 维护国家主权

航海业对于任何国家的生存和发展都至关重要。欧洲各国都相当重视海运事业，将其视为富国强民的基本政策。改革开放以来，我国海上运输业迅速发展，海事法规逐步完善，海事法院受理并审结了大量的海事、海商案件及海事执行方面的案件，不仅赢得了良好的国际声誉，而且维护了国家的主权。

(二) 为法院提供审判依据

海上贸易特有的技术性和专业性决定了调整海事关系的任务不可能由民事基本法律完成，必须制定专门的海商法。海商法规的制定为法院有效、及时审理海事、海商纠纷案件提供了专业化、系统化的法律规范。

(三) 维护当事方的合法权益

海商法是保障海上运输和贸易中各方当事人积极进行商行为，并在航运中实现其利益的实体法。海上航运过程往往涉及国内外不同主体的利益冲突，海商法通过合理分配责任，调和利益冲突，实现了对当事各方合法权益的保护。

---

① 参见胡正良:《〈海商法〉修改的必要性，应遵循的原则和要点之研究》，载《海事司法论坛》2002年第4期。

（四）促进海上运输和经济贸易的发展

海商法同其他任何法律一样，归根结底都是为经济基础服务的。在世界经济全球化趋势日益加强，海上运输和贸易飞速发展的当今时代，一部科学先进、与国际同步的海商法对推动国际经济合作，促进海上运输和经贸的发展发挥着至关重要的作用。

第二十五章　船舶与船员

第一节　船　　舶

一、船舶概述

（一）船舶的概念

一般意义上的船舶是指能在水上载重航行的浮动运输工具，它包括航行于一切水域上的各种船舶。海商法意义上的船舶具有特定的含义，世界各国和地区法律均对其作了一定限制，或对用途进行限制，如日本规定为“以实施商行为为目的而供航海用的船舶”；① 或对航行能力作了限制，如我国台湾地区规定为“在海上航行及在与海相通水面或水中航行之船舶”；或对吨位加以规定，如希腊规定“大于10净吨的、以其自身的动力航行于海上的各种船舶”，② 等等。

我国《海商法》第3条第1款规定：“本法所称船舶，是指海船和其他海上移动式装置，但是用于军事的、政府公务的船舶和20总吨以下的小型船艇除外。”据此，在把握海商法上的船舶时需注意以下几点：

（1）须用于水上航行。船舶是由一定的材料和设备建造而成、能够浮于水上或潜于水下进行航行的交通工具，这样就排除了海上钻井平台、灯船、桥船等非移动式装置。

（2）须用于商业目的。关于海商法上的船舶是否必须以营利为目的，有肯定说与否定说之分。③ 从我国“海商法”之命名和关于船舶的界定来看，我国海商法所调整的海上运输关系和船舶关系应该是具有营利性质的商业关

---

① 参见王书江、殷建平译：《日本商法典》，中国法制出版社2003年版，第184页。

② 司玉琢主编：《海商法》，法律出版社2003年版，第19页。

③ 参见梁宇贤：《海商法论》，台湾三民书局1997年版，第43~44页。

系，用于军事或政府公务的船舶的行为与国家主权联系密切，原则上不适用海商法的规定。

（3）须能承受适当的风险。海商法上的船舶，应能够航行于有风险的海上，因此需要排除航行能力和抵御风险能力有限的小型船艇。

原则上只有符合上述条件的船舶才适用《海商法》的规定，但在特定情况下也有例外，如我国台湾地区“海商法”规定，不具备该法条件的船舶在发生碰撞时仍可适用该法。我国《海商法》也规定，建造中的船舶可以设定抵押权，与海商法上的船舶发生碰撞或救助关系的任何其他非用于军事的或政府公务的船艇可适用海商法的规定。① 还有学者主张军舰与公务船为私船利益进行的救助、拖带、运送等行为在一定条件下也应赋予其求偿权。②

（二）船舶的法律特征

船舶是发展海上运输事业的物质基础。作为私法上的物，船舶除具备物的一般属性外，在海商法上还具有下列特征：

（1）船舶的不动产性。船舶可以在水上移动，按其物理属性应该属于动产，法国、意大利等国海商法均明确规定船舶为动产，我国台湾地区“海商法”第6条规定，“船舶除本法有特别规定外，适用民法关于动产之规定”。但是，由于船舶体积庞大、价格高昂、权属变动不频繁，各国海商法同时赋予船舶类似于不动产的法律地位。船舶的不动产性主要体现在船舶所有权、船舶抵押权的取得、变更和消灭均有相应的登记制度，国际公法上亦将船舶视为领土的延伸。

（2）船舶的人格性。船舶是物，是法律关系的客体，但是为了行政管理和法律程序上的方便，海商法同时赋予船舶一定的人格属性。船舶的人格性，是指船舶有国籍、住所地、船名、船籍港等与自然人相似的特征。对船舶的拟人处理，并不意味着船舶是法律关系的主体，而是为了使复杂的法律关系简单化。即使在承认对物诉讼程序的英美法系国家，也不是基于船舶是权利主体的认识，而是为了程序方便，迫使船舶所有人（债务人）能出庭应诉。

（3）船舶的不可分性。船舶由船体、设备、船舶属具等各部分构成，船舶是合成物。船舶的各个部分虽然具有相对独立的使用功能，但是，出于航行安全的需

① 参见我国《海商法》第14条、第165条第2款、第172条第（一）项。

② 梁宇贤等：《商事法精论》，台湾今日书局有限公司1998年版，第313～314页。

要，它们不能分离，在进行有关船舶的法律行为时，应将上述各部分一并处分。① 尽管海上保险中存在将船体、设备和船舶属具分别保险的情况，但这仅仅属于极少的例外。在我国海商法上，船舶一般被认为是不可分的合成物。

（三）船舶登记

船舶登记是确定船籍港和航行权的必经程序，也是国家对船舶进行监督管理的重要手段。在我国，船舶登记所依据的法规主要是《海商法》和《船舶登记条例》，各港的港务监督机构是进行船舶登记的机关。

1. 船舶国籍登记

船舶所有人根据一国法律在该国的船舶登记机关进行登记，即可取得该国船舶国籍。船舶国籍体现了船舶与特定国家在法律上的隶属关系，根据我国《海商法》的规定，取得我国国籍的船舶有权悬挂我国国旗，有权经营我国港口之间的海上运输和拖航。②

关于船舶登记的条件，各国的规定并不完全一样。采取“严格登记制”的国家规定了严格的限制条件，要求船舶与登记国之间必须有真正的联系；采取“开放登记制”的国家对船舶登记的条件不加限制，使得大量与登记国无实质联系的船舶前来登记，形成所谓的“方便旗”问题。“方便旗”问题产生的原因主要在于该开放登记国的船舶安全检查标准低、船员雇佣和配额限制少、税额低等，船方可以从中获得高额利润。但是，“方便旗”现象不仅扰乱了国际航运秩序，而且存在严重的安全隐患和违法犯罪现象。因此，各国和地区除政策因素外，原则上均不鼓励本国船舶登记为他国的方便旗船。③

关于船舶国籍取得的立法例，有船舶所有人国籍主义、海员国籍主义、造船地国籍主义、资本归属主义等不同做法。④ 我国实行严格登记制，根据我国《船舶登记条例》的规定，我国兼采船舶所有人主义和海员国籍主义。取得我国国籍的船舶，应当具备下列条件：（1）船舶必须属于中国的国家机关、事业单位、企业或公民所有；（2）船员须由中国公民担任，如有特殊情况需要外国公民担任船员时，应当报国务院交通主管部门批准；（3）登记船舶不得具有双重国籍，凡在外国登记的船舶，如未终止或注销原国籍的，不能取得中

① 也有国家认为属具与船舶并不一定归属同一人，如德国、日本，美国并不认为属具是船舶的组成部分，法国则把属具视为船舶的从属物。

② 参见我国《海商法》第4条。

③ 张新平：《海商法》，中国政法大学出版社2002年版，第45~46页。

④ 参见梁宇贤：《海商法论》，台湾三民书局1997年版，第59页。

国国籍。

除了正式国籍登记，在下列情况下还可以申请临时国籍登记：向境外出售的新建造的船舶；从境外购买的新建造的船舶；境内异地建造的船舶；境外建造的船舶；以光船租赁条件从境外租进的船舶。临时国籍证书的有效期为1年，与正式国籍证书具有同等的效力。

2．船舶所有权登记

船舶所有人取得船舶所有权时，应当向登记机关申请船舶所有权登记。根据我国《船舶登记条例》的规定，船舶所有人应当提交足以证明其合法身份的文件，提供有关船舶技术资料和所有权取得的证明文件的正本、副本。登记机关经审查核实，对符合条件的，自收到申请及规定文件之日起7日内向船舶所有人颁发船舶所有权登记证书。

船舶所有权发生变更、消灭的，应当进行变更或注销登记。

3．船舶抵押权登记

根据我国《海商法》的规定，① 设定船舶抵押权，由抵押权人和抵押人共同向船舶登记机关办理抵押权登记；未经登记的，不得对抗第三人。建造中的船舶办理抵押权登记，还应当向船舶登记机关提交船舶建造合同。船舶共有人就共有船舶设定抵押权的，应当提供2/3以上份额或约定份额的共有人同意的证明文件。

已经登记的船舶抵押权变更和消灭时，应当办理变更或注销登记。

4．光船租赁登记

根据我国《船舶登记条例》的规定，下列情况下应该办理光船租赁登记：（1）中国籍船舶以光船条件租赁给本国企业的；（2）中国企业以光船条件租进外国籍船舶的；（3）中国籍船舶以光船条件出租境外的。光船租赁需要临时国籍证书的，原船籍登记机关应注销原国籍证书，由船舶登记机关发给临时国籍证书。

二、船舶所有权

（一）船舶所有权概述

船舶所有权是财产所有权的一种，指船舶所有人依法对其船舶享有占有、使用、收益和处分的权利。

在我国，船舶所有权的主体包括国家、集体、个人以及各类企业等。根据

① 参见我国《海商法》第13条、第14条、第16条。

《海商法》的规定，国家所有的船舶由国家授予具有法人资格的全民所有制企业经营管理，有关船舶所有人的规定适用于该法人。① 船舶也可以由两个或两个以上的组织或个人共有，② 船舶的共有，准用民法有关共有的规定。

由于船舶是不可分的合成物，船舶所有权的客体应当及于船体、船上设备和船舶属具各部分。至于船舶上的食品、淡水、燃料等给养品，不是船舶的必要构成部分，不属于船舶所有权的范围。

（二）船舶所有权的取得、转让和消灭

1. 船舶所有权的取得

船舶所有权的取得方式包括原始取得和继受取得。原始取得指不基于他人的权利而取得财产所有权。船舶原始取得的主要方式为建造，包括：（1）建造人自己提供材料、图案和资金，并雇用劳力完成建造，原始取得船舶所有权；（2）定造人与承揽人订立船舶建造合同，承揽人按约定条件建造船舶，定造人支付价金。在这种情况下，谁是船舶的原始所有人由合同或相关法律确定。船舶原始取得的其他方式包括捕获、征收、没收等。

继受取得指基于他人的权利而取得所有权。在实践中常见的方式有购买、继承、赠与、委付等。由于我国《海商法》把登记作为船舶所有权对抗第三人的条件，而非权利取得的要件，③ 也就意味着，造船厂仅依建造这一事实就可以取得所有权。所以新船购买在我国不是所有权的原始取得方式，而属于继受取得。

2. 船舶所有权的转移

船舶所有权的转移是指因为买卖、继承或赠与导致的船舶所有权主体的变更。除非另有约定，船舶所有权移转及于船舶的各部分。根据《海商法》第9条的规定，船舶所有权的转移应当签订书面合同，非经登记不得对抗第三人。④

3. 船舶所有权的消灭

---

① 参见我国《海商法》第8条。

② 参见我国《海商法》第10条。

③ 参见我国《海商法》第9条。

④《海商法》在船舶所有权、船舶抵押权的公示效力上实行的是登记对抗主义，但是，《海商法》中未经登记不能对抗的“第三人”泛指一切第三人，而不论其主观上是善意还是恶意，这与《物权法》第24条中仅限于善意第三人的做法有较大差异。从民法的一般原理来看，这里的第三人应该限于善意第三人，《海商法》的这一问题有待在未来加以修正。

船舶所有权的消灭可分为两种情形：一是相对消灭，即作为所有权客体的船舶仍然存在，但因所有权转移而变更权利主体，对原所有人而言，则为船舶所有权的消灭；另一种情况是绝对消灭，即船舶所有权的客体实际消灭，如船舶拆解、船舶全部毁灭且不能修复、船舶沉入深海不可能打捞等。《海商法》将船舶失踪视为实际全损，作为所有权消灭的一种原因。有学者认为失踪的船舶仍有可能返回，为保护所有人的合法权益，不宜将船舶失踪作为所有权消灭的原因。① 还有观点认为，船舶丧失国籍以后，即使原所有人实际的权利并未消灭，但在海商法上所创设的船舶所有权却因此消灭。②

三、船舶优先权

（一）船舶优先权概述

船舶优先权是海商法上特有的制度，指某些特定的海事请求人依照法律规定，对产生该项海事请求的船舶直接享有的优先受偿的权利。船舶优先权具有如下特征：

（1）船舶优先权为法定权利。只有法律明确规定的海事请求权才享有船舶优先权，其受偿顺序和实现方式也必须由法律规定，当事人不能任意创设。我国《海商法》第22条明确规定了享有船舶优先权的海事请求，并规定了其清偿顺序。

（2）船舶优先权只能向特定的人提出。依照《海商法》第21条的规定，享有船舶优先权的海事请求人只能向产生该项海事请求的船舶所有人、光船承租人、船舶经营人主张权利，而对程租和期租的承租人就不能提出船舶优先权。

（3）船舶优先权的客体是特定的。船舶优先权的客体是产生该项海事请求的船舶，不能及于被请求人的其他财产。当船舶灭失时，船舶优先权亦随之消灭，特定请求权人只能主张一般债权而非船舶优先权。

（4）船舶优先权具有一定的隐蔽性。船舶优先权不以宣告、公示、登记为条件，也不需要当事人的协议，因此，除船舶优先权人与债务人外，第三人难以知悉船舶优先权的存在。

（5）船舶优先权旨在实现公益、共益或利益衡平目的。享有船舶优先权的请求权均是为了保存船舶、公共安全、共同利益或当事人利益衡平目的而产

---

① 李玉泉等主编：《中国商事法》，武汉大学出版社1996年修订版，第527页。

② 梁宇贤：《海商法论》，台湾三民书局1997年版，第147页。

生的债务。如果仅仅为了私人的船舶安全而生的债务，则不能主张船舶优先权。

关于船舶优先权的性质，国内外历来都有较大争议。有人认为它是债权,① 有人认为兼具物权和债权二重属性,②《海商法》未明确其性质，但立法将船舶优先权与船舶抵押权并列，可以推断立法者将其视为担保物权，在学术界，持此观点者占主流。③

（二）船舶优先权的债权及位次

1．享有船舶优先权的债权

船舶优先权为法定的权利，只有法律明确规定的特定债权人才能主张。由于各国法律规定差异较大，下面仅依我国《海商法》第22条第1款的规定加以解析。

（1）船长、船员和在船上工作的其他在编人员根据劳动法律、行政法规或者劳动合同所产生的工资、其他劳动报酬、船员遣返费用和社会保险费用的给付请求。本项规定主要基于保护船上工作人员利益和维护公共秩序的考虑。

（2）在船舶营运中发生的人身伤亡的赔偿请求。本项请求受《海商法》规定的海事赔偿最高额的限制，为了保护受害人的利益，应赋予其船舶优先权。

（3）船舶吨税、引航费、港务费和其他港口规费的缴付请求。本项规定的费用支付，都是为了社会公共利益，理应享有优先权。

（4）海难救助的救助款项的给付请求。由于《海商法》规定救助报酬不得超过船舶和其他财产的获救价值，为了鼓励第三人对海上危险的救助，有必要赋予其船舶优先权。

（5）船舶在营运中因侵权行为产生的财产赔偿请求，但载运2000吨以上的散装货油的船舶，持有有效的证书，证明已经进行油污损害民事责任保险或者有相应的财务保证的，对其造成的油污损害的赔偿请求除外。此项规定是为了平衡不同当事人之间的利益。

因行使上述权利产生的诉讼费用，保存、拍卖船舶和分配船舶价款的费

---

① 杨建华:《商事法要论》，台湾三民书局1984年版，第350页。

② 司玉琢主编:《新编海商法学》，人民交通出版社1991年版，第87页。

③ 赵国玲:《海商法概论》，北京大学出版社2000年版，第35页；韦经建:《海商法》，吉林人民出版社1996年版，第88页；梁宇贤等:《商事法精论》，台湾今日书局有限公司1998年版，第379页。

用，以及为海事请求人的共同利益而支付的其他费用，应当从船舶拍卖所得价款中先行拨付。

2. 船舶优先权的位次

船舶优先权的位次，是指两个或两个以上船舶优先权同时存在时，各项请求权受偿的先后顺序问题。这一问题包括属于不同航次的船舶优先权之间的位次和属于同次航行的船舶优先权之间的位次。对于前者，我国《海商法》未作规定，但我国台湾地区规定，不属于同一次航行的海事优先权，后次航行的海事优先权先于前次航行的海事优先权。① 以下主要结合我国《海商法》第23条的规定加以介绍。

（1）受船舶优先权担保的各类债权之间，原则上依照《海商法》第22条第1款的排列顺序先后受偿。这一顺序是在考虑船员利益、国家税收和利益均衡等因素的基础上确立的，与有关的国际公约基本一致。但是，对于海难救助的海事请求后于前3项发生的，应当先于前3项受偿，即采取“时间倒序原则”，这是因为后发生的海难救助行为保全了先发生的债权。

（2）受船舶优先权担保的数个同类债权之间，不分先后，同时受偿；不足清偿的，按比例受偿。但对于救助款项的请求，应依“时间倒序原则”后来居上，即如果有两项以上海难救助给付请求的，后发生的先受偿。

（三）船舶优先权的转让和消灭

1. 船舶优先权的转让

《海商法》第27条明确规定，海事请求权转移的，其船舶优先权随之转移。

2. 船舶优先权的消灭

（1）船舶优先权担保的主债权消灭。船舶优先权是一种从权利，当主债权消灭时当然随之消灭。

（2）除斥期间届满。船舶优先权作为一种非公示的权利，其存在对债务人和购船人都是一种威胁。为了督促债权人及时行使权利，各国海商法普遍规定了船舶优先权的存期。我国《海商法》第29条规定，具有船舶优先权的海事请求，自优先权产生之日起满1年不行使而消灭。第26条还规定，当船舶转让时，船舶优先权自法院公告之日起满60日不行使即告消灭。

（3）船舶经法院强制出售。法院应海事请求权人的申请，对被申请人的船舶实施扣押或扣留，并导致船舶的强制出售，船舶优先权则随之消灭。法院

① 参见台湾地区“海商法”第30条。

强制出售既是优先权的行使方式也是其消灭原因。

(4) 船舶灭失。因为船舶优先权的标的是船舶，当船舶沉没或被拆解而灭失时，船舶优先权当然消灭。① 如果船舶在损失后尚有残余部分，船舶优先权仍然存在于该残余部分，如船舶拆散后的材料之上仍然存在船舶优先权。②

需要说明的是，除了主债权消灭以外，当发生使船舶优先权消灭的法律事实时，享有优先权的海事请求权并不因此而消灭，债权人仍可要求债务人按照普通债务履行义务。

四、船舶抵押权

(一) 船舶抵押权概述

船舶抵押权，是指抵押权人对于抵押人提供的作为债务担保的船舶，在债务人不履行债务时，可以依法拍卖，从卖得的价款中优先受偿的权利。③ 船舶抵押权是以船舶为客体的抵押权，按照特别法优先于普通法的原则，海商法中有特别规定的依照其规定，没有特别规定的则根据担保法和物权法的规定处理。

(二) 船舶抵押权的设立、转让和消灭

1. 船舶抵押权的设立

只有特定的人才有权设置船舶抵押权。根据《海商法》第 12 条和第 16 条的规定，船舶所有人或其授权的人可以设定船舶抵押权。以共有船舶设定抵押权时，除共有人另有约定外，应当取得持有 2/3 以上份额的共有人的同意。

船舶抵押权的标的为《海商法》上的船舶，这里的船舶不仅包括建造完成的船舶，为了融资的需要，建造中的船舶也可以设定抵押权。此种规定的理由在于，船舶价格昂贵，建造时间长，允许以建造中的船舶设定抵押权，可以在造船中途缺资的情况下帮助其融通资金，完成建造，以促进国家造船业的发展。

设定船舶抵押权为要式行为，双方应签订书面合同，并共同向船舶的登记

---

① 有学者认为，在这种情况下，船舶灭失应以船舶注销登记为准。参见司玉琢，胡正良主编：《〈中华人民共和国海商法〉修改建议稿条文、参考立法例、说明》，大连海事大学出版社 2003 年版，第 110 页。

② 桂裕：《海商法新论》，台湾中正书局 1974 年版，第 174 页。

③ 我国《海商法》第 11 条规定："在抵押人不履行债务时"，抵押权人可以行使抵押权。这一规定将抵押人限定为债务人是不合适的，因为主债务之外的第三人也可以在自己的船舶上为他人债务设定抵押权。

机关办理抵押权登记；未经登记的，不得对抗第三人。为了进一步保障抵押权人的利益，《海商法》第 15 条还特别规定，除合同另有约定外，抵押人应当对被抵押船舶进行保险；未保险的，抵押权人有权对该船舶进行保险，保险费由抵押人负担。

2. 船舶抵押权的转让

船舶抵押权作为一项担保物权，根据国际上通行的做法，是允许抵押权与所担保的债权一并转让的。我国《海商法》第 18 条也规定抵押权人将被抵押船舶所担保的债权全部或部分转让他人时，抵押权随之转移。船舶抵押权的转移应签订书面合同，办理转移登记，并通知船舶抵押人。

3. 船舶抵押权的消灭

船舶抵押权产生后，会因以下法律事实而消灭：（1）被担保的债权消灭；（2）被抵押船舶灭失，基于抵押权的物上代位性，由于船舶灭失得到的赔偿金，抵押权人可以优先受偿；（3）抵押权被实现，抵押权人已经从拍卖所得价款中优先受偿；（4）抵押权到期；（5）抵押权人放弃抵押权，等等。

（三）船舶抵押权的效力

船舶抵押权的效力主要表现在以下方面：①

（1）顺序利益。同一船舶上设定两个或两个以上抵押权的，抵押权人按照抵押权登记的先后顺序，从船舶拍卖所得价款中依次受偿；同日登记的，按照同一顺序受偿。《海商法》的规定同有关的国际公约是一致的。

（2）物上代位性。《海商法》第 15 条规定了抵押船舶的强制保险制度，并赋予抵押权人对保险赔偿的优先受偿权，此即船舶抵押物上代位性的体现。

（3）不可分性。《海商法》第 16 条规定，船舶共有人设定的抵押权，不因共有权的分割而受影响，即是基于抵押权的不可分性。

五、船舶留置权

（一）船舶留置权概述

船舶留置权是以船舶为标的的留置权，指债权人因合同关系而占有债务人的船舶，当债务人不履行债务时，有权从变卖船舶所得的价款中优先受偿的权利。

---

① 根据我国《海商法》第 17 条的规定可以推知，《海商法》是不承认船舶抵押权的追及效力的，该条规定："船舶抵押权设定后，未经抵押权人同意，抵押人不得将被抵押船舶转让给他人。"

船舶留置权作为一种法定权利，在具备法定条件时当然发生，不能由当事人任意设定。船舶留置权的内容是留置、变卖占有的船舶，并从价款中优先受偿，从而保障造船费用或其他费用得以偿还。

（二）船舶留置权的成立和消灭

1. 船舶留置权的成立

当债务人不履行合同义务时，因合同关系而占有船舶的债权人即享有船舶留置权。《海商法》仅规定了造船人和修船人的留置权，但并不意味着在船舶上只可能存在这两类留置权。事实上，对成立留置权的合同关系应作广义理解，在海上拖航和海难救助中，如果拖带或者救助的对象是船舶，也有可能成立船舶留置权。《海商法》第 25 条之所以将造船人与修船人的留置权特别提出，是为了强调这两类留置权在清偿顺序上应该优先于船舶抵押权，同时减少留置权的数量以确保船舶抵押权的受偿机会。

2. 船舶留置权的消灭

船舶留置权以占有船舶为条件，当债权人不再占有船舶时，船舶留置权即告消灭。此外，当产生船舶留置权的债权债务关系消灭或者留置权人接受债务人另行提供的担保时，留置权也不复存在。

（三）船舶留置权与船舶优先权、船舶抵押权的比较

船舶留置权与船舶优先权、船舶抵押权均属船舶担保物权，三者之间既有联系又有区别。三者之间的共性在于：均以船舶为标的；均具有优先于一般债权的受偿权；担保债权的债务人均为船舶所有人，在我国还包括船舶经营人，等等。但是，三者之间的差异也相当明显。

（1）权利的性质不同。船舶留置权和船舶优先权直接根据法律规定产生，属于法定担保物权；船舶抵押权基于当事人之间的抵押权合同而产生，属于约定担保物权。

（2）担保的债权不同。船舶留置权担保的是需占有船舶才能产生的债权；船舶优先权担保的是法定的特殊海事债权；船舶抵押权担保的大多是借贷之债。

（3）产生的条件不同。船舶留置权以合法占有船舶为条件；船舶优先权随特定的海事请求的产生而产生，不需占有或登记即具有对抗效力；船舶抵押权依合同产生，但需要登记才能对抗第三人。

（4）标的不同。船舶留置权和船舶优先权的标的仅限于船舶；船舶抵押权的标的，还可以是建造中的船舶，对于船舶灭失的保险赔偿，抵押权人也享有优先受偿权。

（5）受偿顺序不同。按照《海商法》第25条的规定，船舶优先权先于船舶留置权受偿，船舶抵押权后于船舶留置权受偿。这里的留置权，仅指造船人和修船人的留置权，至于其他船舶留置权的受偿位次，《海商法》未作规定，应该认为在船舶抵押权之后。①

第二节　船　　员

一、船员的概念

船员有广义和狭义之分。广义的解释将船员与船长合并在一起，认为船员是包括船长在内的船上一切任职人员，日本、德国等采用这一界定；狭义的解释将船员与船长分立，认为船员是指除船长以外的其他船上任职人员，代表国家有英国、美国等。我国《海商法》采用了广义的界定，认为船员是指包括船长在内的船上一切任职人员。②

关于船长，《1978年海员培训、发证和值班标准国际公约》把船长定义为"指挥一条船的人"，意在揭示船长在船上的地位和作用。《海商法》并未明确其概念，只是从职责方面加以特别规定。2007年颁布的《船员条例》则将船长界定为"取得船长任职资格，负责管理和指挥船舶的人员"。由于船长身系全船生命财产的安危，责任重大，近代各国立法对船长的选任多采取干涉主义，严格规定取得船长资格的条件和程序，同时赋予船长广泛的职权和责任。

关于船员，包括船长、高级船员、普通船员。根据《船员条例》的规定，高级船员是指取得相应任职资格的大副、二副、三副、轮机长、大管轮、二管轮、三管轮、通信人员以及其他在船舶上任职的高级技术或者管理人员。普通船员是指除船长、高级船员外的其他船员。

为了保证航行安全，各国都对船员的资格进行严格的限定与管理，国际海事组织通过的《1978年海员培训、发证和值班标准国际公约》对统一各国船员立法起到了积极的作用。我国已加入该公约，并根据公约的基本原则，于2007年3月28日通过了《中华人民共和国船员条例》，该条例对船员注册和

① 有观点认为，不应对造船人和修船人的留置权与其他留置权区别对待，而应将所有的船舶留置权均置于船舶抵押权之前。参见司玉琢，胡正良主编：《〈中华人民共和国海商法〉修改建议稿条文、参考立法例、说明》，大连海事大学出版社2003年版，第71页。

② 参见我国《海商法》第31条。

任职资格、船员职责、船员职业保障、船员培训和船员服务等问题作了明确规定。

二、船员的权利、义务和责任

目前还没有国际公约对船员的基本权利和义务作出明确规定，大都由各国国内法加以规定。《海商法》第34条规定，“船员的任用和劳动方面的权利、义务，本法没有规定的，适用有关法律、行政法规的规定。”

一般来说，船员的基本权利主要有：（1）薪金、报酬请求权。（2）病残补助金、丧葬费和抚恤金请求权。（3）返回原港请求权。（4）休假及退休金请求权。（5）获得保险的权利，等等。

船员的基本义务主要有：（1）忠于职守，服从命令，听从指挥；（2）不得私载货物或进行走私活动；（3）遵纪守法，不得扰乱船舶秩序，等等。

在英美法系，船员在受雇期间因执行职务中的过失而造成他人的损害应由船东负责赔偿，这一制度被称为责任替代制。因为船东的赔偿能力一般都更高，更有利于保护受害人。① 我国有关法规也吸收了这一制度的精神，交通部《关于海损赔偿的几项规定》中规定：船舶所有人应当负责赔偿由于船长、船员、引水员或者船舶所有人在船上的服务人员职务上的过失所造成的海损。《海商法》还规定，船长管理船舶和驾驶船舶的责任，不因引航员引领船舶而解除。② 这就意味着引航员因过失造成的海损，最终也应由船东来承担。

三、船长的特殊地位与权责

（一）船长的法律地位

在传统海商法中，船长的法律地位主要体现在：船长是船东或货主的代表，船长有权为船舶、货物或航行的需要代理船东或货主签订合同；在有关船舶、货物或运输的诉讼中，如果船东或货主没有其他代表，船长应当代理起诉和应诉；为了使船舶恢复适航能力，船长有权出售除特殊设备外的多余船舶用品，等等。

随着现代航海技术和通信手段的发展，船长随时可以同船舶所有人取得联系，船长的代理权限不断变窄。但无论如何，由于船长在管理和驾驶船舶方面的特殊职责，船长对于确保航运安全仍然至关重要。我国《海商法》没有赋予船长一般意义上的代理权，但在海难救助中规定遇险船舶的船长有权代表船

① 王保树主编：《中国商事法》，人民法院出版社1996年版，第683～684页。

② 参见我国《海商法》第39条。

舶所有人或船上财产所有人订立救助合同。由于船长的重要地位，《海商法》第40条还规定，船长在航行中死亡或者因故不能执行职务时，应当由驾驶员中职务最高的人代理船长职务；在下一个港口开航前，船舶所有人应当指派新船长接任，否则，将构成船舶不适航。

（二）船长的权限

1. 船长在公法上的权限

船长身份的取得虽然是基于聘任合同，但是为了维持船上的秩序和处理意外事件，法律常常赋予船长公法上的权限。船长在公法上的职权，主要体现在以下方面：

（1）船舶指挥命令权。管理与驾驶船舶是船长的主要职责。《海商法》第35条明确规定：船长负责船舶的管理和驾驶；船长在其职权范围内发布的命令，船员、旅客和其他在船人员都必须执行；船长应当采取必要的措施，保护船舶和在船人员、文件、邮件、货物以及其他财产。

（2）行政管理权。为了维护船上秩序，船长可以对航行过程中的突发性事件行使一定的行政权。《海商法》第37条规定，船长应当将船上发生的出生或者死亡事件记入航海日志，并在两名证人的参加下制作证明书。死亡证明书应当附有死者遗物清单。死者有遗嘱的，船长应当予以证明。死亡证明书和遗嘱由船长负责保管，并送交家属或者有关方面。

（3）准司法权。《海商法》第36条规定，为了保障在船人员和船舶的安全，船长有权对在船上进行违法、犯罪活动的人采取禁闭或者其他必要措施，并防止其隐匿、毁灭、伪造证据；同时制作案情报告书，由船长和两名以上在船人员签字，连同犯罪嫌疑人送交有关当局处理。

2. 船长在私法上的权限

（1）报酬请求权。船长经船舶所有人的聘用在船上任职，依法应享有薪金、伤病、抚恤、退休及保险费用请求权。

（2）代理权。在通常情况下，船长可以代理船舶所有人接收运送、发给载货凭证或者与第三人订立船舶修理、引水、拖带、救助或港口代理合同。在特殊情况下，船长可以代理货主处理与货物有关的事务。

（3）船舶或货物的处分权。对船舶的处分权主要指在遭遇海难致使船舶沉没、毁灭不可避免时，船长有权决定弃船，但情况允许时，应先征得船主同意。对货物的处置包括处置船员私载违禁物品、未经申报的货物、收货人逾期未领取的货物以及对货物行使留置权等。

（三）船长的义务

1. 船长在公法上的义务

（1）确保航行安全。船舶航行过程中，船长在航海职务上、技术上均须以自己的经验、学识、能力进行适当的处理，确保全船生命财产的安全，不能以受船舶所有人指挥为由推卸责任，也不能因引航员引领船舶而解除自己的责任。

（2）完成航海任务。完成航海营运目的是船长的主要任务。为完成此项任务，船长应按期开航；遵守航行路线，除非因事变或不可抗力，不得变更航线；航行中在船指挥，不得擅离职守；到达目的港后，及时报请检验船舶等。

（3）遇难时尽力救助。当本船舶发生海上事故，危及在船人员和财产的安全时，船长应当组织船员和在船人员尽力施救；船舶发生碰撞时，当事船舶的船长在不严重危及本船和船上人员安全的情况下，对于相碰的船舶和船上人员必须尽力施救；船长在不严重危及本船和船上人员安全的情况下，有义务尽力救助海上人命。

（4）海事报告义务。船舶发生海损、污染事故时，船长应尽量防止损失扩大，并作成海损事故或污染事故报告书，记载实情并送主管机关。

（5）船舶相关文件备验义务。除了备置有关船舶性状的文书以外，船长还应在船上备置有关装货载客情况的相关文件，以备主管机关随时检验。

2. 船长在私法上的义务

（1）一般注意义务。船长应尽善良管理人的注意履行义务。

（2）对船货的义务。船长应完成航行义务，应托运人的要求发给载货凭证，并依凭证记载交付货物，等等。

（3）对船员、乘客的义务。船长负有将旅客送抵目的地，处理旅客或海员死亡后的遗留物，将船员送回原受雇港等义务。

第二十六章 海上运送

第一节 海上货物运输合同

一、海上货物运输合同概述

（一）海上货物运输合同的概念

海上货物运输合同，是指承运人收取运费，负责将托运人托运的货物经海路由一港运至另一港的合同。海上货物运输是海商法的核心内容。随着世界经济一体化程度提高和国际贸易的日趋频繁，海上货物运输使流通和社会再生产得以在全世界范围内正常进行，在推动国民经济发展方面扮演着极其重要的角色。

根据《海商法》第 2 条的规定，我国在沿海运输和远洋运输上采纳的是双轨制，即《海商法》关于海上货物运输合同的规定仅仅适用于国际海上货物运输，包括海江之间、江海之间的直达运输，而不适用于我国港口之间的海上货物运输。这是因为在计划经济时代，沿海运输是计划安排的，运价也由国家统一确定，而随着我国海运市场的不断完善，政策和体制的障碍已基本消除，双轨制的存在将导致沿海运输与远洋运输的不统一和不公平。① 因此，在修订《海商法》时，应消除对两者区别对待的做法，实现沿海运输与远洋运输的平等对待。

（二）海上货物运输合同的种类

海上货物运输合同可以分为件杂货运输合同、航次租船运输合同、海上货物包运合同和多式联运合同。

1．件杂货运输合同

件杂货运输合同又称班轮运输合同或零担运输合同，是指承运人收取运

---

① 参见张丽英：《海商法原理·规则·案例》，清华大学出版社 2006 年版，第 200～201 页。

费，负责将托运人的件杂货经海路由一港运送至另一港的运输合同。件杂货运输的承运人一般都是按预订的航期、航线、运价和港口运送货物的班轮公司，它们负有公共运输的义务，除非船已满载，一般情况下不得拒绝托运人合理的运输请求。在大多数情况下，件杂货运输的当事人都不需逐一谈判拟订合同文本，而是以提单或其他运输单证作为运输合同的证明，因此又被称为提单运输。目前关于海上货物运输的几个国际公约都是以件杂货运输为主要调整对象的。

2. 航次租船运输合同

航次租船运输合同是指船舶出租人向承租人提供船舶或者船舶的部分舱位，装运约定的货物，从一港运至另一港，由承租人支付约定运费的海上货物运输合同。在航次租船中，船舶仍由出租人占有和控制，承租人只是为了运送货物才租赁船舶的舱位，因此在性质上仍属于货物运输而非船舶租赁。① 也有观点认为，只有在托运人以包船方式运输货物时，航次租船才被视为海上货物运输方式。②

与件杂货运输相比，航次租船运输有如下特点：（1）航次租船不属于公共运输，出租人可以拒绝承租人的租船请求；（2）航次租船运输较注重船舶的条件和特性，合同中大都订有船舶说明条款，出租人应该按照约定提供船舶；（3）航次租船运输的条件，如航线、航期、费用等，均由双方当事人约定，只要不违反强制性规范和公共秩序即有效力，因此具有较大的任意性；（4）航次租船合同属于商议合同，承租人和托运人是在平等协商的基础上订立合同的，这与一般合同的订立程序完全相同。

3. 海上货物包运合同

海上货物包运合同，又称为海上货运总合同或货运数量合同，是指承运人在规定的时间内，分批将一定数量的货物运至约定的港口，而由托运人支付运费的运输合同。国际上一般将其归入租船合同，我国海商界把它视为一种独立的运输合同。在这种运输合同中，通常只订明一段时间内运输的货物总量、使用的船舶吨位、装卸期限、运价及其他运输条件，合同的具体内容则由双方另行签发提单或订立航次租船合同。这种方式一般适用于大批量货物的运输，具有连续单航次租船运输的特点。由于承运人在一定时期能获得相对稳定的货源，因此往往会给予托运人较大的运价优惠。

4. 多式联运合同

---

① 王保树主编：《中国商事法》，人民法院出版社 1996 年版，第 687 页。

② 莫世健：《中国海商法》，法律出版社 1999 年版，第 34 ~ 35 页。

多式联运合同是指多式联运经营人以两种以上的不同运输方式，其中一种是海上运输方式，负责将货物从接收地运至目的地交付收货人，并收取全程运费的运输合同。多式联运是伴随集装箱运输的发展而兴起的，这种运输方式利用现代化的组织手段，将各种单一的运输方式有机结合起来，代表了货物运输新的发展方向。

二、海上货物运输合同的订立与解除

（一）海上货物运输合同的订立

海上货物运输合同与其他合同一样，须经过船货双方协商一致，通常要经过要约与承诺两个阶段。但由于运输种类不同，合同订立的具体方式和程序又各具特色。

1. 件杂货运输合同的订立

从事件杂货运输的船舶公司，一般预先公布船期表，将所开航线、船期和运费公之于众，这种公告属于要约邀请。托运人或其代理人往往根据需要，向船舶公司或其代理人提交一份载有装运货物的详细情况、目的港、装运数量、装船期限等内容的订舱单来办理订舱托运手续，这一行为构成要约。承运人认为合适，即在托运单上填上船名并盖章，以示接受订舱，运输合同即告成立。

2. 航次租船合同的订立

航次租船合同可以由出租人与承租人直接协商订立，也可以通过经纪人达成协议。我国《海商法》第 43 条规定，航次租船合同应当书面订立，电报、电传和传真具有书面效力。实践中，当事人往往在事先拟订的格式租船合同的基础上进行谈判，以简化手续提高效率。国际上常用的航次租船合同格式有《统一杂货租船合同》、《巴尔的摩 C 式》、《澳大利亚谷物租船合同》等。

（二）海上货物运输合同的解除

海上货物运输合同一经成立，即发生法律效力，当事人不得随意解除。确需解除的，必须依合同和法律的规定办理，并应赔偿给对方造成的损失。根据我国《海商法》第 4 章第 6 节的规定，海上货物运输合同的法定解除情形有：

（1）开航前的任意解除。船舶在装货港开航前，托运人可以要求解除合同，但应承担违约责任，除合同另有约定外，托运人应当向承运人支付约定运费的一半；货物已经装船的，还应负担装货、卸货和其他与此有关的费用。世界各国海商法都明确肯定了托运人的该项权利。还有部分国家，如韩国、日本还规定船舶开航后的任意解除，我国《海商法》第 89 条仅规定了开航前的任意解除。

（2）开航前因不可抗力等原因而解除。船舶在装货港开航前，因不可抗力或者其他不能归责于承运人和托运人的原因致使合同不能履行的，双方均可以解除合同，并互相不负赔偿责任。除合同另有约定外，运费已经支付的，承运人应当将运费退还给托运人；货物已经装船的，托运人承担装卸费用；已经签发提单的，托运人应当将提单退还给承运人。这里的不可抗力指不能预见、不能避免并不能克服的客观情况，如装货港或卸装港被封锁、船舶或货物因军事行动或其他行动有灭失的危险、船舶根据政府的命令被扣押或征用、船舶或货物因不可抗力灭失等。

(3) 开航后因不可抗力等原因而解除。因不可抗力或者其他不能归责于承运人和托运人的原因致使船舶不能在合同约定的目的港卸货的,除合同另有约定外,船长有权将货物在目的港邻近的安全港口或者地点卸载,视为已经履行合同。

三、海上货物运输合同的效力

海上货物运输合同的基本当事人为承运人、托运人和收货人。我国《海商法》参照《海牙规则》的规定，并吸收了《汉堡规则》的内容，对海上货物运输合同的当事人进行界定并规定了其权利义务。

承运人是指本人或者委托他人以本人名义与托运人订立海上货物运输合同的人。实践中的承运人除包括船舶所有人以外还包括以下两类：一是定期租船合同和光船租赁合同的承租人；二是实际承运人，即接受承运人的委托或转委托，从事货物运输或者部分运输的人。按照《海商法》第61条和第62条的规定，有关承运人责任的规定，适用于实际承运人。对实际承运人的受雇人、代理人提起诉讼的，适用《海商法》有关对承运人的受雇人、代理人提起诉讼的规定。承运人承担《海商法》未规定的义务或者放弃《海商法》赋予的权利的任何特别协议，经实际承运人书面明确同意的，对实际承运人发生效力；实际承运人是否同意，不影响此项特别协议对承运人的效力。

托运人是指:① (1) 本人或者委托他人以本人名义或者委托他人为本人与承运人订立海上货物运输合同的人；(2) 本人或者委托他人以本人名义或

① 我国《海商法》仿效《汉堡规则》，规定了两种托运人，但没有区分两种托运人的权利义务。事实上，两种托运人在运输关系中是个很复杂的问题，两者成为托运人的基础不同，前者基于与承运人的要约和承诺，后者基于将货物交给承运人的事实。《海商法》未作区分的做法导致实践中一系列的问题，如当两种托运人均请求签发提单时，承运人应向谁签发？承运人是否有权向第二种托运人请求运费？等等。参见司玉琢，胡正良主编：《〈中华人民共和国海商法〉修改建议稿条文、参考立法例、说明》，大连海事大学出版社2003年版，序言第5页。

者委托他人为本人将货物交给海上货物运输合同有关的承运人的人。前者如CIF条件的卖方，后者如FOB条件的卖方。

收货人是指有权提取货物的人。

（一）承运人的权利

1. 费用请求权

收取运费是承运人最基本的权利。按国际通例，如果双方约定预付运费，即使货物在运输中因可归责于承运人的原因而毁损，承运人也无须退还运费，托运人可将预付的运费作为其遭受损失的一部分向承运人索赔；如果双方约定到付运费，只有货物安全抵达目的港，承运人才有权收取运费。除运费以外，承运人还有权收取滞期费、亏舱费、共同海损分摊费等其他费用。

2. 货物留置权

当托运人或收货人未向承运人支付上述费用时，承运人有权按照法律或约定，对处于其占有下的托运人或收货人的货物行使留置权。但是，承运人在行使留置权时，不能超过必要的限度。

（二）承运人的义务

1. 谨慎处理使船舶适航

船舶适航的时间是在船舶开航之前和开航当时。① 适航的船舶应该符合以下条件：一是船舶结构坚固，性能良好，能够抵御航次中通常出现的或应当预见的风险；二是妥善配备船员、装备船舶和配备供应品；三是货舱适于并能安全收受、载运和保管货物。

承运人对船舶适航的责任，有担保责任主义和过失责任主义之分。在《海牙规则》制定以后，大多数海运国家均采用过失责任主义，且为“推定过失责任主义”，即托运人只需证明货物有损害且因船舶不适航的事实所致，承运人要想免责，则应证明在开航前和开航时已经尽到了必要的合理注意。② 对于经过谨慎处理仍未发现的潜在缺陷所造成的损失，承运人不负责任。

2. 管理和交付货物

承运人应当妥善、谨慎地装载、搬移、积载、运输、保管、照料和卸载所运货物。其中，“妥善”是指技术上的合理注意，“谨慎”是指一般性的合理

---

① 有观点认为，适航是阶段性的，航次是两港之间的航程，如果船舶中途挂靠一港，则装货港至中途港是一个航次，中途港至卸货港又是一个航次，船舶不但在起运港开航前开航时应该适航，在中途港开航前开航时也应该适航。参见司玉琢，胡正良，傅廷忠等编：《海商法详论》，大连海事大学出版社1995年版，第119页。

② 张湘兰等主编：《海商法论》，武汉大学出版社2001年版，第80页。

注意。① 承运人的管货义务贯穿于从货物装船到卸货处于其掌握之下的全过程。承运人还应按合同约定，按时将货物送至目的港交付收货人。

3. 不得进行不合理绕航

承运人应该按照约定的或者习惯的或者地理上的航线将货物运到目的港，但在下列情况下驶离正常航线，不视为不合理绕航：一是为了救助或企图救助海上人命或财产而发生的绕航；二是为了航行安全而离开原定航线；三是其他合理的绕航，如为了添加燃油或修理船舶而进行的绕航。

（三）承运人的责任

1. 责任期间

《海商法》第46条对承运人的责任期间按运输方式进行划分：（1）对于集装箱运输，承运人的责任期间从在装货港接收货物时起到卸货港交付货物时为止，货物处于其掌管之下的全部期间，即"港到港"。这一规定与《汉堡规则》相同。（2）对非集装箱运输，承运人的责任期间从货物装上船时起至卸下船时止，货物处于承运人掌管下的全部期间，即"钩到钩"。这一规定与《海牙规则》一致。但是，当事人可以对非集装箱货物在装船前和卸货后所承担的责任，达成任何协议。

2. 赔偿责任

根据《海商法》相关规定，承运人的责任可以分为以下两种：（1）货物灭失或损坏的赔偿责任。承运人在责任期间内，对于不可免责的原因造成货物的灭失或损坏，包括因迟延交付而灭失或损坏的，应负责赔偿。承运人未能在约定的期间届满60日内交付货物的，有权对货物灭失提出赔偿请求的人可以认为货物已经灭失。货物灭失的赔偿额，按照货物的实际价值计算；货物损坏的赔偿额，按照货物受损前后实际价值的差额或者货物的修复费用计算。货物的实际价值，按照货物装船时的价值加保险费加运费计算。在按货物实际价值赔偿时，应当减去因货物灭失或者损坏而少付或者免付的有关费用。（2）货物迟延交付的赔偿责任。《海商法》第50条第1款规定，货物未能在明确约定的时间内在约定的卸货港交付的，为迟延交付。② 承运人对由于自己过失造

① 郁志轰：《美国海商法》，杭州大学出版社1996年版，第109页。

② 迟延交付是我国海商法实践中引起较大争议的问题。如果没有明确约定交付时间，是否就不会产生迟延交付的责任，目前存在两种观点：一种观点认为迟延交付仅在当事人有明确约定时发生；另一种观点认为，即使没有明确约定，只要未能在合理的时间内交付也构成迟延交付。参见郭瑜：《海商法的精神——中国的实践和理论》，北京大学出版社2005年版，第79~80页。

成的货物因迟延交付而遭受的经济损失，承担赔偿责任，这里的“经济损失”包括市价下跌、工厂停工待料等承运人已经或应当预见的损失。

3. 责任限制

为了保护承运人的利益，国际公约和各国立法均将承运人的赔偿责任限制在一定范围内。（1）货物灭失或损坏的赔偿限额。《海商法》引进了《维斯比规则》双轨制的规定，按照货物件数或其他货运单位计算，每件或每个其他货运单位为666.67特别提款权，① 或者按照货物毛重计算，每公斤为2计算单位，以两者中赔偿限额较高的为准。货物用集装箱、货盘或者类似装运器具集装的，提单中载明装在此类装运器具中的货物件数或者其他货运单位数的，视为前面所指的货物件数或者其他货运单位数；未载明的，每一装运器具视为一件或者一个单位。装运器具不属于承运人所有或者非由承运人提供的，装运器具本身应当视为一件或者一个单位。（2）迟延交付的赔偿责任限额。《海商法》规定赔偿限额为所迟延交付的货物的运费数额。② 如果货物的灭失损坏和迟延交付同时发生的，则仅按照灭失损坏的责任限额进行赔偿。

在适用以上赔偿限额时，需说明以下几点：一是对货物毁损的赔偿，如果托运人在货物装运前已经申报其性质和价值，并在提单中载明，或者承托双方另有高于法定赔偿限额的约定，则不适用法定限额。二是对承运人、实际承运人或其受雇人、代理人提起的诉讼，均适用有关承运人的抗辩或责任限制的规定。③ 三是如果经证明，货物的灭失、损坏或迟延交付是由于承运人、实际承运人或其受雇人、代理人的故意或明知可能产生这种灭失、损坏、迟延交付而轻率地作为或不作为引起的，则无权享有责任限制的利益。

4. 免责事由

《海商法》第51条将《海牙规则》和《维斯比规则》中的免责事项进行合并，规定承运人在责任期间因下列情况引起货物毁损可以免责：（1）船长、

---

① 特别提款权是由国际货币基金组织规定的，其人民币数额为法院判决之日、仲裁机构裁决之日或者当事人协议之日，按照国家外汇主管机关规定的国际货币基金组织的特别提款权对人民币的换算办法计算得出的人民币数额。

② 参见我国《海商法》第57条。

③ 该规则又被称为“喜马拉雅条款”，1954年由著名的喜马拉雅轮（Himalaya）案件确立，指承运人的受雇人、代理人也可以援用承运人的有关免责、豁免、责任限制和抗辩事由。

船员、引航员或者承运人的其他受雇人在驾驶或者管理船舶中的过失；① (2) 火灾，但是由于承运人本人的过失所造成的除外；(3) 天灾，海上或者其他可航水域的危险或者意外事故；(4) 战争或者武装冲突；(5) 政府或者主管部门的行为、检疫限制或者司法扣押；(6) 罢工、停工或者劳动受到限制；(7) 在海上救助或者企图救助人命或者财产；(8) 托运人、货物所有人或者他们的代理人的行为；(9) 货物的自然特性或者固有缺陷；(10) 货物包装不良或者标志欠缺、不清；(11) 经谨慎处理仍未发现的船舶潜在缺陷；(12) 非由于承运人或者承运人的受雇人、代理人的过失造成的其他原因。

从归责原则来看，上述 (1) (2) 两种情形的存在，说明我国《海商法》对承运人实行的是不完全过失责任制。从举证责任来看，除火灾原因外，其他原因的免责均由承运人承担举证责任。

此外，《海商法》还规定了活动物和舱面货的特殊免责事由。(1) 关于活动物运输，《海商法》第 52 条规定，如果灭失或损害是因其固有的特殊风险造成的，承运人不负赔偿责任。但是，承运人应当证明已经履行托运人有关运输活动物的特别要求，并证明受损是由于此种固有的特殊风险造成的。(2) 关于舱面货，《海商法》第 53 条规定，承运人装载舱面货，应当同托运人达成协议或者符合航运惯例，或者符合有关法律、行政法规的规定。依照上述规定将货物装载在舱面上，对由于此种装载的特殊风险造成的货物灭失或者损坏，承运人不负赔偿责任。

(四) 多式联运承运人责任的特别规定

关于多式联运经营人的责任期间，《海商法》第 103 条规定为自接收货物时起至交付货物时止的整个期间。

关于多式联运经营人的责任形式，目前各国有以下三种不同的做法：(1) 分段责任制。多式联运经营人和区段承运人仅对自己完成的运输负责，各区段适用的责任原则上按适用于该区段的法律予以确定。(2) 网状责任制。多式联运经营人对全程运输负责，而各区段承运人仅对自己完成的运输区段负责，各区段适用的责任原则上按适用于该区段的法律予以确定。(3) 统一责

① "管理船舶的过失"与"管理货物的过失"很容易混淆，其责任却完全不同。前者承运人可以免责，后者则不能。一般来说，以行为的对象和目的作为区分这两种过失的标准。如果某一行为针对货物，其目的是管理货物，则该行为属于管理货物的行为；反之，则为管理船舶的行为。参见张丽英：《海商法原理 · 规则 · 案例》，清华大学出版社 2006 年版，第 42 页。

任制。多式联运经营人对全程运输负责，各区段经营人对自己完成的运输区段负责，但不论损害发生在哪一区段，均按统一的法律来确定多式联运经营人和区段承运人的责任。我国《海商法》采取网状责任制,① 同时规定，多式联运经营人与各区段承运人，可以就多式联运合同的各区段运输，另以合同约定相互之间的责任。但是，此项合同不得影响多式联运经营人对全程运输所承担的责任。

(五) 托运人、收货人的权利、义务和责任

托运人、收货人的权利包括：(1) 按合同约定取得货物装船舱位，并在货物装船后取得提单等单证；(2) 凭提单等运输单证在目的港提货；(3) 在货物因可归责于承运人的原因而毁灭或迟延交付时，有权获得赔偿。

托运人和收货人的主要义务有：(1) 妥善包装货物，正确提供货物；(2) 办理货物运输手续并向承运人交付单证；(3) 按约定支付运费和其他费用。

托运人的责任有：(1) 托运人未妥善包装、如实申报货物而致使承运人受到损害的，应负责赔偿；(2) 托运人因办理各项手续的有关单证送交不及时、不完备或者不正确，使承运人的利益受到损害的，应当负赔偿责任；(3) 托运人未履行托运危险货物的特殊义务，致使承运人因运输此类货物所受到的损害，应当负赔偿责任。

四、航次租船合同的内容

前已述及，航次租船合同几乎是采用国际上某些常用的标准格式订立的。目前，国际上尚无关于航次租船运输的公约，各国一般也不对航次租船合同作强制性的规定，因此，航次租船合同比较充分地体现了当事人的意思自治。根据《海商法》第 94 条的规定，除了承运人适航义务、善管义务和不得进行不合理绕行义务之外，其他有关海上货物运输合同当事人之间的权利、义务的规定，仅在航次租船合同没有约定或者没有不同约定时，才适用于航次租船合同的出租人和承租人。下面仅就航次租船格式合同中通常所见的主要条款进行简要介绍。

1. 船舶说明条款

出租人必须如实提供有关船舶性状的说明资料，包括船名、船龄、船舶国籍、船级、船舶吨位、容积，等等。

2. 预备航次条款

① 参见我国《海商法》第 104 条。

预备航次是指船舶驶往装货港准备装货的航次，对于航次租船合同约定的装货运送航次而言，称为预备航次。该条款又可称为受载期限和解约权条款。受载期限是指承租方可以接受船舶的期限，如果船舶未在最晚期限内到达，承租人有权解除合同。

3. 货物说明条款

航次租船合同一般都具体规定货物的种类和数量。承租人应如实说明货物的名称、类别和包装等情况，合同可以约定具体的数量，也可以只规定最高和最低的装运量，或者规定一具体的数量并注明可伸缩的百分数。

4. 装卸条款

这是航次租船合同的关键性部分，主要包括：（1）装卸港口。合同中既可以约定特定的装卸港，也可以约定几个港口或某一范围供选择，承租人必须保证其选定的港口是安全的，否则，应承担因此造成的损失。（2）装卸费用。装卸费用通常与买卖合同价格条件相衔接，实践中常用的装卸费用划分方式有以下几种：出租人负责装卸费用；出租人不负责装卸费用；出租人负责装货费用；出租人负责卸货费用。（3）装卸时间。装卸时间是指当事人约定的承租人使用船舶装卸货物而不收取额外运费的时间。确定装卸时间的方法有：规定固定的装卸天数；规定装卸货物的定额标准；按港口习惯快速装货，等等。（4）滞期费和速遣费。滞期费是指承租人因未在装卸期间内完成装卸作业，而向出租人支付的一定数额的赔偿金；速遣费是指承租人提前完成装卸作业，而由出租方向其支付的款项。

5. 运费条款

在航次租船合同中，运费的计算主要有两种形式：一是按运费或载货吨数计算，另一种是整船包价计算。运费条款还必须约定支付时间，可以规定预付或者到付运费，也可以规定部分预付部分到付。这里的支付时间是指出租人收到运费的时间，而不是承租人付出运费的时间。

6. 出租人的运输责任条款

航次租船合同中出租人应担负的责任和免责事由与件杂货运输的承运人相似。实践中，当事人一般直接在合同中约定适用某一国际公约或者某一国家的法律。

7. 绕航条款

这一条款一方面赋予出租人合理绕船的权利，另一方面又规定非合理绕航的责任。实践中一般认为，船舶只能按顺序挂靠合同约定的或习惯上挂靠的港口，且不能与合同的目的相冲突。

8. 仲裁

由于仲裁更为迅速、灵活、经济，大多数合同都订有仲裁条款。在这一条款中，双方当事人可以约定就该合同所发生的一切纠纷提交仲裁解决。

除上述条款外，航次租船合同还有其他条款，如转租条款、出租人的留置权条款，共同海损条款、新杰森条款、战争条款、冰冻条款，等等，在此不作详述。

五、海上货物运输单证

海上货物运输单证包括提单和其他运输单据。《海商法》参照《汉堡规则》对此作了具体规定，下面以提单为主进行介绍。

（一）提单的法律性质

提单是用以证明海上货物运输合同和货物已经由承运人接收或者装船，以及承运人保证据以交付货物的单证。提单具有下列法律属性：

1. 提单是海上货物运输合同的证明。通常认为，提单不是海上货物运输合同，而只是海上货物运输合同的证明。但是，当提单转让给善意的收货人或其他善意第三人时，提单则成了承运人与收货人或提单持有人之间的运输合同，这是因为，收货人不是订立合同的当事人，他无法知道除提单以外的合同内容，因此只能以此作为运输合同。① 不过，若提单上有“不知条款”或其他类似规定，即使提单已转让至善意的第三方时，也不能使其成为最终证据。②

2. 提单是承运人接收货物或货物装船的收据。当承运人向托运人签发了提单，意味着承运人已经按提单所记载的货物状况接收货物或者货物已经装船，并有义务在目的港按提单记载事项将货物交付给收货人。

3. 提单是货物的物权凭证。③ 提单的流通性决定了其物权性的特征，谁持有提单，谁就有权要求承运人交付货物。实践中，提单可以用作质押，也可以转让，只要不是记名提单或注明“不可转让”，持有人均可在货物尚未交付前背书转让提单。

---

① 吴焕宁主编：《海商法学》，法律出版社 1996 年版，第 97 页。

② 张湘兰等主编：《海商法论》，武汉大学出版社 2001 年版，第 85 页。

③ 关于提单的物权性，目前还存在肯定与否定的争论，还有学者认为，当提单作为货物运输单证在运输领域流转时，不具有物权性，而提单作为贸易单证或质押单证时，其物权性才显现出来。参见司玉琢等：《关于无单放货的理论与实践——兼论提单的物权性问题》，载《中国海商法年刊》（2000），大连海事大学出版社 2001 年版，第 18～28 页。

（二）提单的种类

1. 根据提单上收货人的记载方式，分为记名提单、指示提单和不记名提单

记名提单是指载明特定收货人的提单，承运人只能将货物交给指明的收货人。这种提单不能自由转让，其使用受到很大的限制。

指示提单是指载明按指示人的指示交付货物的提单。指示提单收货人一栏内记载“凭指示”或“凭某某指示”字样。指示提单可以转让又便于控制，在实践中使用较广泛。

不记名提单是指收货人一栏没有任何记载的提单，又称为空白提单。不记名提单可以自由转让但风险太大，实践中较少使用。

2. 根据签发提单时货物是否已装船，分为已装船提单和收货待运提单

已装船提单指货物装船后签发的提单。这种提单须注明装货船名和装船日期。在跟单信用证付款方式的国际贸易中，一般都要求提供已装船提单。

收货待运提单指承运人在接收货物但未装船时签发的提单。在集装箱运输中，承运人签发收货待运提单的做法较普遍。

3. 根据提单上有无批注，分为清洁提单和不清洁提单

清洁提单指没有任何货物外表状况不良批注的提单。一般认为，如果提单上只是不明显地指出包装不令人满意，或者指出货物是易腐烂货物，或者载有“不知条款”，仍属于清洁提单。

不清洁提单指承运人在其上批注货物表面状况不良的提单。不清洁提单对托运人顺利结汇明显不利，因此在实践中，托运人往往向承运人出具保函，以换取清洁提单。以保函换清洁提单是有违诚信的行为，效力也不稳定，如果托运方信誉不佳，承运人对收货人承担责任后行使追偿权可能难以实现。为了保护善意承运人，《汉堡规则》首次就保函的效力作了规定，承认善意保函的效力。

4. 根据运输方式不同，分为直达提单、海上联运提单和多式联运提单

直达提单指直接从装货港运往目的港，中途不得转船的提单。如果由于承运人可免责的原因而转船时，其风险和费用则由货方承担。

海上联运提单又称为转船提单，指由两个以上的海上承运人将货物运至目的港的提单。

多式联运提单指在多式联运情况下由承运人签发的提单。这种提单主要用于国际集装箱货物运输。

5. 为满足托运人的特殊要求而签发的提单：倒签提单和预借提单

倒签提单指货物迟于信用证规定的或约定的期限装船后签发的符合装运期限的提单。承运人出具倒签提单要承担很大的风险，通常也会要求托运人出具保函。

预借提单指在信用证规定的或约定的装船期限届至而货物尚未装船的情况下预先签发的已装船提单。同前者一样，预借提单也是一种欺诈行为，且承运人的风险更大。

除了上述提单外，实践中常见的提单还有：全式提单与简式提单、班轮提单与租船提单、包裹提单等，在此不详述。

（三）提单的内容

关于提单的内容，国际上没有统一的标准，通常由各航运公司自行拟定，格式基本相同，都包括正面内容和背面条款两部分。

《海商法》第73条借鉴《汉堡规则》的规定，对提单的正面内容列举如下：（1）货物的品名、标志、包数或者件数、重量或者体积，以及运输危险货物时对危险性质的说明；（2）承运人的名称和主营业所；（3）船舶的名称；（4）托运人的名称；（5）收货人的名称；（6）装货港和在装货港接收货物的日期；（7）卸货港；（8）多式联运提单增列接收货物地点和交付货物地点；（9）提单的签发日期、地点和份数；（10）运费的支付；（11）承运人或其代表的签字。提单缺少前述的一项或者几项，并不影响其性质。

提单的背面条款主要涉及承托双方的权利和义务，一般包括下列各项：（1）首要条款或法律适用条款，即指明提单适用哪一国际公约或国内法。（2）管辖权条款，即规定本提单或与提单有关的争议由何国法院管辖。（3）承运人责任条款，即规定承运人应承担的责任及免责事由。由于承运人的责任一般都是根据国际公约或国内法制定的，当提单列有首要条款时可以不列此项。（4）责任期间条款，即确定承运人对货物承担责任的期间。（5）装货、卸货和交付条款，即规定托运人在装货港提供货物和收货人在卸货港提取货物的义务。（6）赔偿责任限制条款，即规定承运人的赔偿限额计算方法，如果首要条款已规定了适用某国际公约或国内法，则按公约或国内法处理。（7）留置权条款，即规定承运人未收到运费及其他费用时，有权对货物行使留置权。（8）共同海损条款，即明确共同海损理算地和理算规则等事项。此外，提单还可以列入关于特殊货物运送、换船、转船、转运、战争、冰冻、罢工等内容的条款。

（四）其他运输单证

提单虽然在海上货物运输中被广泛使用，但随着运输技术和装卸效率的提高，在海运实践尤其是在短途运输中，常出现货物先于提单到达的现象。承运人和收货人常为等待提单而遭受不必要的损失，加之当今海运欺诈盛行，一些不法分子利用提单漫长的流程进行欺诈，扰乱了正常的贸易秩序。在这种情况下，提单以外的运输单证应运而生，其中最主要的是海运单和电子提单。

海运单是记明海上货物运输合同和货物由承运人接管或装船的不可转让的单证。海运单不具有物权凭证的性质，即使遗失、被盗也不影响收货人提取货物。实践中，承运人通常在接收货物或货物装船后向托运人签发海运单，并将海运单的内容传递给目的港承运人的代理人，当货物到达后，目的港承运人的代理人向收货人发出通知，由收货人凭其身份证明提取货物。由于海运单的安全便捷，预计未来于航程短、无融资必要或无货物权利转让必要的货物运输中，海运单将扮演日益重要的角色。①

电子提单是指通过电子数据交换系统传送的有关海上货物运输合同的数据。它不是传统的纸面单据形式，而是按特定规则组合而成的一系列电子数据，其传递途径也不是传统的通信方式，而是通过数据交换系统进行传送，凭密码读取、接收。电子提单流转的前提是建立托运人、承运人、承运人的代理人、银行和收货人之间的计算机网络系统，因此要实现海上货物运输单据的普遍电子化尚需时日。尽管如此，电子提单传递的快捷性和高度的安全性将对未来国际贸易与航运业产生深远的影响。

六、有关提单运输的国际公约

提单运输的法律历来被视为海商法的核心，国际社会也致力于提单运输法规的国际统一。目前，世界上有四部主要的国际公约：《海牙规则》，全称为《1924 年关于统一提单若干法律规定的国际公约》；《海牙—维斯比规则》，全称为《1968 年关于修订统一提单若干法律规定的国际公约的议定书》；《汉堡规则》，全称为《1978 年联合国海上货物运输公约》；《鹿特丹规则》，全称为《2008 年联合国全程或部分海上国际货物运输合同公约》。我国尚未加入上述公约，但在制定《海商法》时吸收借鉴了相关公约的条款。下面对上述公约的内容进行简要介绍。

（一）《海牙规则》

在早期的海运实践中，由于船货双方实力悬殊，承运人凭借强大的实力，在提单中列入诸多免责条款，引起托运人、货物保险人和银行的强烈不满。为

① 张新平：《海商法》，中国政法大学出版社 2002 年版，第 155 页。

了限制承运人滥用免责条款的现象，国际海事委员会于1924年正式通过了《关于统一提单若干法律规定的国际公约》。由于该公约草案是在海牙起草的，故又简称为《海牙规则》。《海牙规则》的核心内容有以下三个方面：

1. 规定承运人最低限度的责任和义务

《海牙规则》第3条第1款规定，承运人在开航前和开航时，应谨慎处理，做到：（1）使船舶适航；（2）妥善配备船员、装备船舶和配备供应品；（3）使货舱、冷藏舱和该船其他载货处能适宜并安全地收受、载运和保管货物。同时，第3条第2款还规定了承运人妥善管理货物的义务。

2. 规定承运人享有的免责范围

《海牙规则》采纳了不完全的过失责任制，第4条第2款规定了承运人的17项免责事由，其中争议最大的是第（1）项规定的过失免责事由。该项规定，船长、船员、引水员或承运人的雇佣人员，在驾驶船舶或管理船舶中的行为、疏忽或不履行义务所引起的货物灭失或损坏，承运人可以免除赔偿责任。这种过失免责条款是其他运输方式责任制度中所没有的。显然，《海牙规则》偏袒了船方利益，明显不利于海运业相对落后的发展中国家。

3. 规定承运人对货物灭失或损害的赔偿限额

《海牙规则》第4条第5款规定，承运人对货物或与货物有关的灭失或损害，每件或每计费单位超过100英镑或与其等值的其他货币的部分，都不负责；但托运人于装货前已就该项货物的性质和价值提出声明，并已在提单中注明的，不在此限。但总体来说，《海牙规则》的赔偿限额太低，远远不能保障货方利益。

虽然《海牙规则》未能很好地平衡船货双方的利益，但毕竟消除了国际海上货物运输法律一度出现的混乱局面，统一了提单的主要条款，同时也缓和了船货双方的矛盾，促进了国际航运业的发展。

（二）《维斯比规则》

《海牙规则》生效以来，得到了一些国家的承认，但随着经济的发展和技术的进步，《海牙规则》也暴露出不少问题，如偏重于对承运人利益的保护，赔偿责任限额太低，缺少对集装箱运输的规定，适用范围过窄，承运人的代理人、受雇人和善意提单持有人的法律地位需进一步明确等。针对上述问题，国际海事委员会于1959年对《海牙规则》着手修改，并于1968年通过该修改案。经修改后的《海牙规则》被称为《海牙—维斯比规则》或《维斯比规则》。《维斯比规则》的修改主要有以下几个方面：

（1）提高了承运人的赔偿责任限额，并采用了单位、件数或货物重量为标准的双重限额，同时规定集装箱、货盘等装运工具所装货物的件数以提单记载的件数为准，否则，每一装运工具应视为一件或一个单位。

(2) 规定了提单的最终证据效力。《海牙规则》认为提单内容是承运人收到所载货物的初步证据。《维斯比规则》则进一步规定："当提单转让至善意第三人时，与此相反的证据将不能接受。"

(3) 增加了集装箱运输条款，从而更加适应国际集装箱运输的发展。

(4) 强调了承运人的代理人、受雇人的责任限制。《维斯比规则》规定承运人的雇佣人或代理人被起诉时，也有权援引承运人的各项抗辩和责任限制。

(5) 扩大了规则的适用范围。《海牙规则》仅用于在缔约国内签发的提单，《维斯比规则》还适用于货物从缔约国港口起运的提单以及合同或提单列明受《维斯比规则》或赋予该规则以法律效力的国内法约束的提单。

(6) 延长了诉讼时效。《海牙规则》规定货物灭失或损坏赔偿请求权的诉讼时效为货物交付之日起1年。《维斯比规则》规定诉讼时效可以由当事人协议延长，并规定时效1年期满之后，只要是在受诉法院的法律准许期间之内，便可向第三方提起索赔诉讼。

(三)《汉堡规则》

《维斯比规则》虽然对《海牙规则》作了一些有益的修改，但仍然保留了承运人的不完全过失责任制，因此引起许多发展中国家以及代表货主利益的发达国家的不满。鉴于此，联合国贸易和发展委员会于1969年成立了国际航运立法工作组，并于1978年在汉堡通过了《联合国海上货物运输公约》，该公约简称《汉堡规则》。《汉堡规则》重新调整了船货双方的权利和义务，对《海牙规则》进行了比较彻底的修改，主要体现在以下几个方面：

(1) 延长了承运人的责任期间。将《海牙规则》和《维斯比规则》中沿用的"钩至钩"、"舷至舷"扩展为"港至港"，即从装货港至卸货港处于承运人掌握之下的全部期间。

(2) 变更了承运人的赔偿责任基础。《汉堡规则》实行完全过失责任制，即承运人管理和驾驶船舶方面的过失和疏忽不再作为免责事由。但对火灾的举证责任作了妥协，规定由货方对承运人的过失负责举证。

(3) 提高了承运人的赔偿限额，并规定如果作为装运工具的集装箱、托盘或类似设备灭失或损坏时，若该装运工具非承运人所有或提供，则应视为一个独立的装运单位。

(4) 增设了承运人迟延交付的规定。《汉堡规则》规定，迟延交货的赔偿责任，以迟延交付的货物的应付运费的2.5倍为限，但不得超过应付运费的总额。

(5) 明确了保函的效力，规定保函仅在托运人与承运人之间有效，但如果发生欺诈，该保函对托运人也属无效。

(6) 增加了活动物与舱面货条款。

(7) 扩大了管辖权范围，除《维斯比规则》规定的场合外，还适用于运输合同规定的卸货港位于一个缔约国内，或者备选的卸货港之一为实际卸货港并位于一个缔约国境内的情况。

(8) 延长了诉讼时效，规定货物灭失、损坏或迟延交付的诉讼时效为2年。

《汉堡规则》总体来讲加重了承运人的责任，侧重于对货方利益的保护，因此许多航运业发达的国家对其均持保留态度。

(四)《鹿特丹规则》

为了增强法律的稳定性，提高国际货物运输效率和商业可预测性，减少国际贸易流通的法律障碍，2008年12月，联合国通过了《联合国全程或部分海上国际货物运输合同公约》，并于2009年在荷兰鹿特丹举行签署庆典，开放供各国签署，因此该公约又被称为《鹿特丹规则》，我国虽然积极参与了该公约的起草，但尚未签署该公约。《鹿特丹规则》与以往的国际海运公约相比较，主要有以下重大变革：

(1) 在国际海上货物运输领域首次引入了控制权、权利的转让、诉权人、电子运输记录、单证托运人、持有人、履约方、海运履约方等概念，并分别作出了相应的规定。

(2) 扩大了承运人的责任期间。责任期间自承运人或者履约方为运输而接收货物时开始，至货物交付时终止。这意味着承运人的责任期间可能延伸至“门到门”。

(3) 增强了承运人的适航义务。在保留传统适航内涵的同时，《鹿特丹规则》将承运人使船舶适航的义务延伸到整个海上航程。

(4) 重新构建了承运人的责任基础。《鹿特丹规则》原则上实行完全的过失责任制，由承运人证明自己没有管货过失；若其举证不能，将承担赔偿责任。当然，承运人也可以证明存在一项或多项免责事项而免除责任。

(5) 对承运人免责事由作了变动。《鹿特丹规则》在沿用《海牙规则》免责条文的基础上，增加了有关“海盗、恐怖活动”的规定，明确火灾免责仅限于在船舶上发生的火灾，要求对财产救助的免责必须是采取合理措施的结果，还规定为避免环境损害而采取合理措施导致的货损承运人可以免责。

(6) 提高了承运人单位赔偿责任限制数额。承运人对于货物灭失、损坏的赔偿责任为每单位875特别提款权或者毛重每公斤3特别提款权。

(7) 专章规定托运人的义务。《鹿特丹规则》首次专章规定了托运人的义务，对托运人以及单证托运人的权利和义务作出了明确和详细的规定。

(8) 赋予批量合同较为充分的自由。《鹿特丹规则》允许承运人和托运人在批量合同中增加或减少公约对双方规定的权利、义务和赔偿责任等，只有批量合同中没有约定或没有不同约定时，公约才会得以适用。这是对传统海运公约下承运人强制责任体制的一个突破。

(9) 扩大了公约的适用范围。《鹿特丹规则》适用范围的扩大涉及三个方面：运输方式扩大为海上运输和其他运输方式；涵盖的地域范围扩大为海上区段和非海上的区段；责任主体扩大承运人、履约方、海运履约方。由此可见，该规则已经相当于一个特定范围的国际货物多式联运公约。

总体来看，公约的制定是船货双方利益平衡的新成果，尤其是货方的利益和意志，在《鹿特丹规则》中得到越来越多的体现，但公约的实际效果还取决于各国的态度和未来的海上航运实践。

第二节 海上旅客运输合同

一、海上旅客运输合同概述

根据《海商法》第107条的规定，海上旅客运输合同指承运人以适合运送旅客的船舶经海路将旅客及其行李从一港运至另一港，由旅客支付票价的合同。

海上旅客运输发展较迟，大体经过四个阶段：自身运送时代、旅客搭便时代、客货混送时代、旅客专送时代。① 到了19世纪中后期，营业意义的海上旅客运输才得以充分发展。第二次世界大战以后，随着航空运输业的发展，海上旅客运输渐趋减少，但对世界各国，特别是沿海国家，海上旅客运输仍然意义重大。为了适应海上旅客运输事业的发展，国际社会制定了一系列有关的公约。目前最有影响的是政府间海事协商组织于1974年制定的《海上旅客及其行李运输雅典公约》，简称《雅典公约》。该公约先后在1976年和2002年进行了修订。我国于1994年加入《雅典公约》及其1976年的议定书，《海商法》关于海上旅客运输的规定基本是按照该公约制定的。

海上旅客运输的对象除旅客外，还包括自带行李和托运行李，但不包括活

① 参见梁宇贤：《海商法论》，台湾三民书局1997年版，第534~535页。

动物。《海商法》关于旅客运输的规定，既适用于国际海上旅客运输，也适用于我国国内海江直达旅客运输和沿海旅客运输，但不适用于内河旅客运输。

二、海上旅客运输合同的订立与解除

（一）海上旅客运输合同的订立

海上旅客运输合同的订立，可以采用书面或口头方式。通常的做法是，承运人公告船舶营运的航线、时间和运价，作为要约邀请。旅客根据自己的需要选择合适的航次并提出申请，即要约。承运人接受票款签发船票，合同即告成立。承运人签发的船票，是海上旅客运输合同成立的凭证。

为保护旅客合法权益，保证承运人义务和责任条款的实施，《海商法》第126条规定，含有下列内容之一的条款无效：（1）免除承运人应当承担的法定责任；（2）降低法律规定的承运人的赔偿责任限额；（3）对承运人的举证责任作出与法律规定相反的约定；（4）限制旅客提出赔偿请求的权利。上述条款的无效不影响合同其他条款的效力。

（二）海上旅客运输合同的解除

《海商法》没有对旅客运输合同的解除作出详细规定，但是根据我国《合同法》关于客运合同的规定，旅客运输合同可以因为下列原因而解除：

（1）因旅客自身的原因。《合同法》第295条规定，旅客因自己的原因不能按照客票记载的时间乘坐的，应当在约定的时间内办理退票或者变更手续。逾期办理的，承运人可以不退票款，并不再承担运输义务。

（2）承运人的原因。《合同法》第300条规定，承运人擅自变更运输工具而降低服务标准的，应当根据旅客的要求退票或者减收票款。这里的“退票”即是解除合同。

（3）不可抗力。根据《合同法》第94条第（一）项的规定，因不可抗力致使不能实现合同目的，当事人可以要求解除合同。如航线被取消、目的港被封锁或者其他不可以归责于任何一方的原因导致不能实现客运合同的目的，双方均可以主张解除合同。

三、承运人的权利、义务和责任

按照《海商法》的规定，承运人是指本人或者委托他人以本人名义与旅客订立海上旅客运输合同的人；实际承运人是指接受承运人委托，从事旅客运送或者部分运送的人，包括接受转委托从事此项运送的其他人。关于承运人和承运人的受雇人、代理人责任的规定，适用于实际承运人和实际承运人的受雇人、代理人。

（一）承运人的权利

（1）收取客票票款和行李费。

（2）对未付足费用的旅客的行李享有留置权。

（二）承运人的义务

（1）提供适航船舶并保持船舶适航。在海上货物运输中，承运人只要在开航前和开航时使船舶适航即可。而对海上旅客运输的承运人来说，除了在开航前和开航时使船舶适航以外，还应该在整个航程中保持船舶适航。

（2）提供适当的舱位与服务。承运人应该向旅客提供与客票等级一致的客舱，并按照约定提供膳食、住宿、娱乐、医疗等生活条件。

（3）按时开航和到达，不得有不合理的绕航或其他延误。承运人应按照预定的时间开航和到达，不能有不合理的迟延和绕航，但因为意外事件、自然灾害、救助或者企图救助海上人命而进行的绕航除外。

（4）免费运送旅客在规定范围内携带的儿童和行李。

（5）保证旅客及其行李的安全。

（三）承运人的责任

1. 责任期间

《海商法》第111条规定，海上旅客运输的运送期间，自旅客登船时起至旅客离船时止。客票票价含接送费用的，运送期间并包括承运人经水路将旅客从岸上接到船上和从船上送到岸上的时间，但是不包括旅客在港站内、码头上或者在港口其他设施内的时间。旅客的自带行李，运送期间同前述规定；旅客自带行李以外的其他行李，运送期间自旅客将行李交付承运人或者承运人的受雇人、代理人时起至交还旅客时止。

2. 赔偿责任

《海商法》对承运人的赔偿责任采纳了过失责任原则。第114条规定，在承运人的责任期间内，因承运人或者承运人的受雇人、代理人在受雇或者受委托的范围内的过失引起的事故，造成旅客人身伤亡或者行李灭失、损坏的，承运人应当负赔偿责任。请求人在索赔时应对承运人或其受雇人、代理人的过失负举证责任，但下列情形实行举证责任倒置：（1）由于船舶的沉没、碰撞、搁浅、爆炸、火灾或者由于船舶的缺陷引起旅客的人身伤亡或者自带行李的灭失、损坏；（2）旅客自带行李以外的其他行李的灭失或者损坏。

3. 责任限制

《海商法》关于国际海上旅客运输承运人赔偿责任限制的规定，与1974

年《雅典公约》的规定相同,① 即:(1)旅客人身伤亡的，每名旅客不超过46666特别提款权;(2)旅客自带行李灭失或者损坏的，每名旅客不超过833特别提款权;(3)旅客车辆包括该车辆所载行李灭失或者损坏的，每一车辆不超过3333特别提款权;(4)第(2)(3)项以外的旅客其他行李灭失或者损坏的，每名旅客不超过1200特别提款权。

关于承运人的赔偿责任限制，需注意以下几点:② 一是海商法关于赔偿限额的规定，不适用于我国国内海江直达旅客运输和沿海旅客运输。二是双方当事人可以在法定赔偿限额之外，另行书面约定更高的赔偿责任限额。三是承运人对旅客的货币、金银、珠宝、有价证券或者其他贵重物品所发生的灭失、损失，不负赔偿责任;旅客与承运人约定将上述物品交由承运人保管的，适用海商法的赔偿限额;双方也可以书面约定高于法定的赔偿限额。四是旅客的人身伤亡或者行李的灭失、损坏，如果经证明是由于承运人或其受雇人、代理人的故意或者明知可能造成损坏而轻率地作为或者不作为造成的，则不适用赔偿责任限制的规定。

4. 免责事由

根据《海商法》的相关规定,③ 承运人的免责事由可分为以下三种情况:(1)经承运人证明，旅客的人身伤亡或者行李的灭失、损坏，是由于旅客本人的过失或者旅客和承运人的共同过失造成的，可以免除或者相应减轻承运人的赔偿责任。(2)经承运人证明，旅客的人身伤亡或者行李的灭失、损坏，是由于旅客本人的故意造成的，或者旅客的人身伤亡是由于旅客本人健康状况造成的，承运人不负赔偿责任。(3)承运人对旅客自行保管的货币、金银、珠宝、有价证券或者其他贵重物品所发生的灭失、损坏，不负赔偿责任。

四、旅客的权利、义务和责任

根据《海商法》第108条的规定，旅客是指根据海上旅客运输合同运送的人;经承运人同意，根据海上货物运输合同，随船护送货物的人，视为旅客。

---

① 国际海事组织在第76届法委会上决定对1974年《雅典公约》进行修改，它不仅提高了承运人的赔偿限额，而且在公约中引入强制保险和财务保证制度，并对承运人的责任基础作出相应的修订，表明大多数国家对海上旅客运输法律的态度。比较而言，我国《海商法》的有关规定与国际社会的保护水平尚存在一定的差距。参见司玉琢主编:《海商法专题研究》，大连海事大学出版社2002年版，第284页。

② 参见我国《海商法》第117条第3、4款、第116条、第118条。

③ 参见《海商法》第115条、第116条。

（一）旅客的权利

（1）搭乘符合要求的船舶，安全完成航行。

（2）对因承运人、实际承运人及其受雇人、代理人的过失造成的人身伤亡和行李损失有权索赔。

（二）旅客的义务和责任

（1）按合同的规定付足票款和行李费。

（2）在船期间，遵守客运规章，服从船长的指挥和管理。

（3）不得随身携带或者在行李中夹带违禁品和危险品，否则对由此造成的损害，应当负赔偿责任。

第三节 船舶租赁合同

一、船舶租赁合同概述

船舶租赁合同是指船舶出租人向承租人提供约定的船舶，由承租人在约定的期限内按确定用途使用并支付租金的合同。船舶租赁合同通常包括定期租船合同和光船租赁合同两种形式。至于航次租船，在性质上属于海上货物运输，《海商法》也将其置于“海上货物运输合同”一章。

目前，世界上尚无关于船舶租赁的国际公约，船舶租赁合同的内容主要由当事人自由协商。我国《海商法》有关船舶租赁合同的规定均为任意性规范，仅在合同没有约定或没有不同约定时适用。①

二、定期租船合同

（一）定期租船合同概述

定期租船合同又称期租合同，是指船舶出租人向承租人提供约定的由出租人配备船员的船舶，由承租人在约定的期间内按照约定的用途使用，并支付租金的合同。

关于定期租船合同的性质，一种观点认为，定期租船合同中有许多条款直接针对货物运输，因此具有财产租赁和运输合同双重属性，只有极少例外情况，如将船舶用于游乐、仓库等，才不具有运输合同的性质。② 另有观点认

① 参见《海商法》第127条。

② 赵国玲：《海商法概论》，北京大学出版社2000年版，第125页。

为，出租人配备的船员就船舶的营运和使用应根据承租人的指示行事，这就产生了合同当事人在提供劳务过程中的权利义务关系，因此定期租船合同兼具财产租赁和劳务合同的性质。① 还有人认为定期租船合同不是财产租赁合同，因为财产租赁合同的法律特征之一是标的物的占有和使用权发生转移，而定期租船情况下，承租人并未真正占有租用的船舶。② 尽管有上述不同观点，财产租赁说仍为通说。

定期租船合同与航次租船合同相比较，主要有以下区别：

（1）在定期租船情况下，出租人一般不直接对货主负责而仅对承租人负责；而航次租船合同的出租人就是承运人，应该对约定航次的运输任务直接负责。

（2）定期租船合同中的租金通常按照租金率乘以租期来确定，除了支付租金外，承租人还要负责船舶的营运费用；而航次租船的运费是按照整船包价或货物数量（重量）乘以运费率计算的，承租人除支付运费外，仅负担约定装卸费、滞期费，其他费用均由出租人负担。

（3）在定期租船合同中，由出租人负责配备船员和管理船舶，承租人享有使用和收益权并负责船舶营运；在航次租船合同中，船员的配置和船舶营运均由出租人负责，承租人只取得船舶或舱位的使用权。

（4）在定期租船合同中，承租人租用船舶的目的是为了将船舶用于海上运输、旅游或其他经营以获取利润；在航次租船合同中，承租人租用船舶主要是为了完成特定的货物运输。

（二）定期租船合同的格式与内容

定期租船合同应当书面订立。在实践中，当事人为提高效率，一般在事先拟定的定期租船合同格式的基础上进行协商。目前，国际上常用的定期租船合同格式主要有：波罗的国际航运公会于 1909 年制定的《统一定期租船合同》，租约代号为“波尔的姆”，此格式比较偏向出租人的利益；美国纽约土产交易所制定的《定期租船合同》，合同租约代号“土产格式”，此格式较公正地维护了双方权益，是目前使用最广泛的格式，有 90% 的定期租船合同使用的是纽约土产格式；③ 中国租船公司制定的《定期租船合同》，租约代号“中租 1980”，此格式偏重于对承租人利益的维护。

《海商法》第 130 条规定，定期租船合同的内容，主要包括出租人和承租

① 於世成、杨召男，汪淮江编：《海商法》，法律出版社 1997 年版，第 187 ~ 188 页。

② 司玉琢等编：《海洋法详论》，大连海事大学出版社 1996 年版，第 252 页。

③ 张丽英：《海商法原理 · 规则 · 案例》，清华大学出版社 2006 年版，第 112 页。

人的名称、船名、船籍、船级、吨位、容积、船速、燃料消耗、航区、用途、租船期间、交船和还船的时间和地点以及条件、租金及其支付，以及其他有关事项。以下仅就与航次租船合同有差异的条款进行说明。

（1）船速和燃料消耗。由于定期租船合同按照船舶的租用时间计算并支付租金，船速和燃料消耗情况直接影响承租人的使用效益和营运成本，双方当事人在合同中应明确约定船速与燃料消耗量，出租人应提供符合约定的船舶。

（2）航区与用途。承租人应在约定的区域内航行，如超越约定范围，船长有权拒绝执行并由承租人赔偿因此遭受的损失。关于船舶的用途，是指船舶用于运输目的或是其他经营，如果用于运输，还应对货物的范围作出规定，凡是合同约定以外的货物，船长有权拒绝接受，并由承租人赔偿由此遭受的损失。

（3）租期。租期条款是定期租船合同必不可少的内容。实践中租期的计算方法有三种：合同订明租期，法律给予一个默示宽限期；合同订明租期，同时约定一个伸缩时间；合同约定租期为从一地至另一地的一个或数个航次所需的时间。

（4）交船与还船。合同应明确约定交船的期限，出租人应在约定的某一具体港口、码头或其他地点交船，并保证船舶在交付使用时处于适航状态。如果出租人未能在最后日期交船，承租人有权解除合同。在延期还船的情况下，应注意区分合法的最后航次和非法的最后航次。前者指承租人在租期内安排最后航次时，经合理预计能在还船日期前完成的航次，如果因意想不到的原因致使航次延期的，承运人应按约定租金率和市场租金率中较高者补交超期租金。后者指承租人在租期内安排最后航次时，经合理预计显然不可能在还船日期前完成的航次，在这种情况下，承运人除补交超期租金外，还应赔偿出租人的其他损失。

（5）租金。承租人应按合同约定的租金数额、货币种类、方式、时间和地点支付租金。如果承租人违反此项义务，出租人有权解除合同，即撤船权，并要求承租人赔偿因此遭受的损失。

（6）停租。在租期内，由于船员不足、物料不足、火灾、船体或设备的故障或损坏等非承租人的原因，导致船舶不能正常营运而损失的时间，承租人可以停付租金。

（7）转租。定期租船合同通常订有转租条款，允许承租人将船舶转租他人，但是新订立的转租合同，在航区、货物范围等方面不得与原合同相抵触。船舶转租以后，出租人与转租人之间没有合同关系，原承租人应仍按原合同对出租人负责。

（8）免责。目前国际上没有调整定期租船合同关系的公约，《海商法》有关船舶租用合同的规定也是任意性条款，因此当事人可以自由协商免责条款。在实践中，当事人往往直接把提单运输中承运人责任的规定订入定期租船合同，或者把海上货物运输国际公约中有关权利与义务、责任与豁免的内容列为首要条款，作为确定定期租船合同当事人责任和免责事由的依据。

除了上述内容外，出租人和承租人还可以按照需要订立其他条款，如共同海损条款、新杰森条款、双方有责碰撞条款、船舶转让条款、海难救助报酬分享条款等。

三、光船租赁合同

（一）光船租赁合同概述

光船租赁合同又称过户租赁合同，是指船舶出租人向承租人提供不配备船员的船舶，在约定的期间内由承租人占有、使用和营运，并向出租人支付租金的合同。

与定期租船合同相比较，光船租赁合同具有如下特征：

（1）在租期内，出租人保留船舶所有权，而将船舶的占有权和使用权转移给承租人，实现了船舶所有权与使用权的分离，是标准的财产租赁合同。

（2）出租人只负责提供适航的船舶，由承租人自行配备合格的船员，并且负责船舶的营运费用、责任和风险。

（3）光船租赁权的设定、转移和消灭，应当向船舶登记机关登记；光船租赁的船舶还可以办理临时国籍登记，从而享有该登记国的沿海航行权。

（二）光船租赁合同的格式与内容

光船租赁合同应该采用书面形式。在实践中，光船租赁合同也是在标准格式的基础上订立的。目前，国际上使用比较广泛的是波罗的国际航运公会于1974年制定的《标准光船租赁合同》，租约代号“贝尔康”，它包括“贝尔康A”和“贝尔康B”两种格式，后者主要用于通过抵押融资新建船舶的光船租赁。上述两种格式的第三部分，均是关于船舶租购的规定，供双方当事人协议选用。其他常用的标准格式还有英国壳牌国际石油公司制定的光船租赁合同。①

我国《海商法》第145条规定，光船租赁合同的内容，主要包括出租人和承租人的名称、船名、船籍、船级、吨位、容积、航区、用途、租船期间、交船和还船的时间和地点以及条件、船舶检验、船舶的保养维修、租金及其支付、船舶保险、合同解除的时间和条件，以及其他有关事项。上述内容有的与

---

① 罗忆松主编：《海商法》，中国法制出版社2000年版，第194页。

定期租船合同相同。以下仅就光船租赁合同的特别规定加以说明。

（1）船舶检验。在租期内，出租人有权随时检查船舶的状况，指定验船师对船舶进行检验。出租人还有权检查船舶各种日志，要求承租人向其提供船舶发生海损事故的全部信息和通报船舶的使用情况。

（2）船舶保养与维修。在租期内，船舶由承租人完全占有和控制，因此，承租人应对船舶进行保养，使之处于良好的状态。

（3）船舶保险。在租期内，承租人应按出租人书面同意的保险方式，对船舶可能遇到的海上风险和战争风险进行投保。如果承租人未按合同约定进行投保，出租人有权撤船，并可以向承租人索赔。

（4）船舶抵押。合同通常约定，如果出租人在租期内对船舶设定抵押权，必须经承租人事先书面同意，如果交船前船舶已经设定抵押，出租人应在合同中予以说明，并将抵押合同的内容告知承租人。

（5）合同转让与船舶转租。由于承租人并非船舶的实际所有人，因此，在光船租赁期间，未经出租人书面同意，承租人不得转让合同的权利和义务或者以光船租赁的方式将船舶进行转租。

四、光船租购合同

光船租购合同指订有租购条款的光船租赁合同。合同通常约定，出租人向承租人提供不配备船员的船舶，由承租人在约定期间内占有和使用，租期届满时，承租人支付租购费并取得船舶所有权。

关于光船租购合同的性质，学者大都认为是一种分期付款的融资购船协议，兼具租赁合同与买卖合同的性质。① 作为一种融资方式，光船租购为一些资金短缺的企业提供了一种通过船舶营运收入取得船舶所有权的途径。这对资金不足的发展中国家航运业的发展尤为重要。

由于光船租购是以实现船舶所有权的转让为目的，因此，光船租购合同中还有一些关于船舶买卖的特殊约定：②

（1）船舶所有权的转移时间。合同中通常约定，承租人按照合同约定向出租人付清租购费时，即承租人支付最后一期租金后，船舶所有权即归于承租人，船舶意外灭失的风险负担也转移至承租人。我国《海商法》第 154 条作

① 於世成、杨召男、汪淮江主编：《海商法》，法律出版社 1997 年版，第 211～212 页；王保树主编：《中国商事法》，人民法院出版社 1996 年版，第 762 页。

② 司玉琢主编：《新编海商法学》，人民交通出版社 1991 年版，第 281～282 页。

了类似的规定。

（2）船舶文书的交付。在承租人付清租购费时，出租人应向承租人提供一份有效的船舶卖据，并向承租人提供船舶所有权注销登记的证明书，以便承租人及时办理船舶所有权登记。

（3）船舶无债务担保。出租人应当保证在船舶所有权转移时，除由于承租人的行为产生的债务和出租人已告知承租人的以及承租人同意设立的船舶抵押权外，船舶上没有其他担保物权。

第四节　海上拖航合同

一、海上拖航合同概述

（一）海上拖航合同的概念

海上拖航合同又称船舶拖带合同，是指承拖方用拖轮将被拖物经海路从一地拖至另一地，而由被拖方支付拖航费的合同。

海上拖航作业的历史较短，目前没有专门的国际公约，各国和地区海商法也大都没有关于海上拖航合同的专门规定。但是，我国《海商法》第七章对此作了专章规定，要注意的是，《海商法》关于拖航合同的规定不适用于在港区内对船舶提供的拖航服务。①

（二）海上拖航合同的性质

海上拖航合同的性质，是指海上拖航合同究竟是一种独立的海事合同还是依附于其他合同而存在。在我国台湾地区，对此主要有运输契约说、承揽契约说、雇佣契约说。② 但是，大陆学者大多认为其是海商法中一种独立的合同形式，海上拖航合同的独立性可以通过与类似合同的比较加以说明。

1. 海上拖航合同不同于海上货物运输合同

二者的区别具体表现在：（1）拖航的目的是由承托方提供动力和设备，将被拖物由一地拖至另一地，而不必负责对被拖物进行保管和照料；海上货物运输的目的是由承运人将货物由一港运至另一港，并负责对货物的保管和照料。（2）海上拖航时被拖物不是置于拖轮上；海上货物运输过程中，货物被装在作为运输工具的船舶上。

---

① 参见我国《海商法》第155条第2款。

② 参见梁宇贤：《海商法论》，台湾三民书局1997年版，第545页。

但是，海上拖航合同与海上货物运输合同也有一定的联系。《海商法》第164条对此作出规定：“拖轮所有人拖带其所有的或者经营的驳船载运货物，经海路由一港运至另一港的，视为海上货物运输。”

2. 海上拖航合同与海上救助合同存在一定的相近之处

两者通常都是按照拖船使用时间来计算报酬，海上救助也常常采用拖带的形式进行作业。但是，二者的区别也很明显：（1）海上拖航合同以实施一般的拖带作业为目的；而救助合同的目的在于实施救助。（2）海上拖航合同拖带的对象处于适拖的正常状态，而不是处于危险境地；海上救助合同拖带的对象是处于危险之中的船舶或其他财产。

（三）海上拖航合同的种类

1. 按照起拖地和目的地不同分为沿海拖航合同、远洋拖航合同和港区拖航合同

沿海拖航合同指起拖地和目的地都在一国境内的海上拖航合同。远洋拖航合同指起拖地和目的地不在一国境内的海上拖航合同。港区拖航合同指拖轮在某一港口水域内对被拖方提供拖航服务的海上拖航合同。《海商法》关于海上拖航合同的规定，只适用于沿海拖航合同和远洋拖航合同，而不适用于港区拖航合同。

2. 按照拖航费用收取方式的不同分为日租型拖航合同和承包型拖航合同

日租型拖航合同指按约定的日租金率计收拖航费用的海上拖航合同。承包型拖航合同指按双方约定的费用总额收取费用的海上拖航合同。

二、海上拖航合同的订立与解除

（一）海上拖航合同的订立

海上拖航合同应当书面订立。在实践中，当事人往往在标准格式合同的基础上，进行修改或补充订立海上拖航合同，国际上一些主要的拖轮公司和航运组织都有自己的拖航合同格式。

根据《海商法》第156条的规定，海上拖航合同的内容主要包括：“承拖方和被拖方的名称和住所、拖轮和被拖物的名称和主要尺度、拖轮马力、起拖地和目的地、起拖日期、拖航费及其支付方式，以及其他有关事项。”

（二）海上拖航合同的解除

海上拖航合同一经订立，双方均应履行。但在某些情况下，由于不可抗力等原因致使合同不能履行，就需要解除合同。根据《海商法》第158条、第159条规定，下列两种情况可以作为法定解除事由：

(1) 起拖前，因不可抗力或者其他不能归责于双方的原因致使合同不能履行的，双方均可以解除合同，并互相不负赔偿责任。除合同另有约定外，拖航费已经支付的，承拖方应当退还给被拖方。

(2) 起拖后，因不可抗力或者其他不能归责于双方的原因致使合同不能履行的，双方均可以解除合同，并互相不负赔偿责任。

三、海上拖航合同的效力

(一) 承拖方的主要义务

(1) 及时提供拖船并使之适航、适拖。承拖方在起拖前和起拖当时，应当谨慎处理，使拖轮处于适航、适拖状态，妥善配备船员，配置拖航索具和配备供应品以及该航次必备的其他装置、设备。

(2) 负责拖航作业的指挥和航行的安全。在海上拖航作业中，一般由承拖方负责指挥，并且负责被拖物的接拖、解拖以及全程安全。

(3) 不得有不合理的绕航和延误。除了合理的绕航和延误以外，承托方应该按照约定的时间起拖，按照预定的航线拖行。

(4) 将被拖物拖至目的地，并依约定条件交付给被拖方。但是，因不可抗力或者其他不能归责于双方的原因致使被拖物不能拖至目的地的，除合同另有约定外，承拖方可以在目的地的邻近地点或者拖轮船长选定的安全的港口或者锚泊地，将被拖物移交给被拖方或者其代理人，视为已经履行合同。

(二) 被拖方的主要义务

(1) 及时提供适拖的被拖物。被拖方在起拖前和起拖当时，应当做好被拖物的拖航准备，谨慎处理，使被拖物处于适拖状态，并向承拖方如实说明被拖物的情况，提供有关检验机构签发的被拖物适合拖航的证书和有关文件。

(2) 保证港口的安全。按照拖航习惯，被拖方在确定起拖港、中途港和目的港时，应保证这些港口的安全。

(3) 服从拖船船长的指挥。被拖方的船员和其他工作人员应采取合理措施，积极配合拖航作业的完成。

(4) 支付约定的拖航费并及时接受被拖物。被拖方未按照约定支付拖航费和其他合理费用的，承拖方对被拖物有留置权。

(三) 各方损害赔偿责任

在海上船舶拖带过程中，由于种种原因，常常可能会造成人身伤亡或财产损失，《海商法》对这一问题采纳了过错责任原则。因此，如果伤亡或损失是由于不可抗力或其他不可归责于双方当事人的原因引起的，一般不发生损害赔偿问题；如果是由于人为的疏忽或过失造成，则存在过错方的责任承担或分担问题。

1. 承拖方与被拖方之间的损害赔偿责任

《海商法》第 162 条规定，在海上拖航过程中，承托方或者被拖方遭受的损失，由一方的过失造成的，有过失的一方应当负赔偿责任；由双方过失造成的，各方按照过失程度的比例负赔偿责任。但是，经承拖方证明，被拖方的损失是由于下列原因之一造成的，承拖方不负赔偿责任：（1）拖轮船长、船员、引航员或者承拖方的其他受雇人、代理人在驾驶拖轮或者管理拖轮中的过失；（2）拖轮在海上救助或者企图救助人命或者财产时的过失。

需说明的是，《海商法》关于拖航合同内责任的规定属于任意性规范，仅在当事人没有约定或者没有不同约定时适用。①

2. 承拖方、被拖方与第三人之间的损失赔偿责任

这种赔偿责任关系可以细分为以下三种情况：（1）第三方无任何过失，无论承拖方和被拖方是单方过失还是共同过失，均将承拖方和被拖方视为一个整体，对第三人负连带赔偿责任。除合同另有约定外，一方连带支付的赔偿超过其应当承担的比例的，对另一方有追偿权。（2）完全出于第三方的过失，由第三方负全部责任；（3）承拖方、被拖方、第三方均有过失，仍应将承拖方与被拖方作为一个整体，第三人作为另外一方，按照两方过失的程度按比例分摊责任。《海商法》第 163 条仅仅规定了第（1）种情形，对第（2）（3）种情况没有作出明确规定，此为立法的不周详之处。

① 参见我国《海商法》第 162 条第 3 款。

第二十七章 海上事故

第一节 船舶碰撞

一、船舶碰撞概述

船舶碰撞的概念在各国国内法和国际公约中的内涵各不相同。根据我国《海商法》第165条的规定，船舶碰撞，是指船舶在海上或者与海相通的可航水域发生接触造成损害的事故。《海商法》的这一定义与《1910年统一船舶碰撞若干法律规定的国际公约》的规定基本一致。

根据《海商法》的规定，船舶碰撞具有以下几个特征：

（1）船舶碰撞是指船舶之间的接触，即两船或多船的某一部位同时占据了同一空间。《海商法》第170条同时规定，船舶因操纵不当或者不遵守航行规章，虽然实际上没有同其他船舶发生碰撞，但是使其他船舶以及船上的人员、货物或者其他财产遭受损失的，准用《海商法》有关船舶碰撞的规定。可见，《海商法》是承认间接碰撞的。

（2）船舶碰撞是指船舶之间的碰撞或者船舶与任何其他非用于军事的或政府公务的船艇之间的碰撞。也就是说，碰撞的双方须均为海船，或者一方为海船另一方为非用于军事的或政府公务的船艇。因此，船舶与码头、桥墩、灯船、灯塔、浮筒、竹木排以及其他水上或水下固定物体相撞，都不属于船舶碰撞的范围。

（3）船舶碰撞是船舶在海上或者与海相通的可航水域发生的接触。这就意味着，在与海相隔的水域（内河或内湖）发生的船舶碰撞不适用《海商法》的规定。

（4）船舶碰撞是指发生了实际损害后果的事故。如果任何一方都没有损害，就不产生赔偿问题，也不构成《海商法》上所讲的船舶碰撞。

二、船舶碰撞的责任划分

发生船舶碰撞的原因很多，不同的原因，当事人的责任划分也不相同。因此，查明船舶碰撞事故发生的原因是分担责任的前提条件。《海商法》参照《1910年统一船舶碰撞若干法律规定的国际公约》，把碰撞原因和相应的责任划分归纳为以下几种。

（一）各方不负责的碰撞

《海商法》第167条规定，船舶发生碰撞，是由于不可抗力或者其他不能归责于任何一方的原因或者无法查明的原因造成的，碰撞各方互相不负赔偿责任。所谓不可归责于任何当事人的事由通常包括由于恶劣天气、自然灾害等不可抗力造成的碰撞，或者船方已尽到通常的谨慎和技术，仍然不能避免的意外事件造成的碰撞，或者无法查明的原因造成的碰撞。

（二）单方责任碰撞

《海商法》第168条规定，船舶发生碰撞，是由于一船的过失造成的，由有过失的船舶负赔偿责任。单方过失造成船舶碰撞的情形包括在航船舶与锚泊或系泊船发生碰撞，走锚船与锚泊船或系泊船发生碰撞等。

（三）双方或多方责任碰撞

大多数船舶碰撞都属于两船或多船互有过失的情形。按照《海商法》第169条的规定，船舶发生碰撞，碰撞的船舶互有过失的，各船按照过失程度的比例负赔偿责任；过失程度相当或者过失程度的比例无法判定的，平均负赔偿责任。互有过失的船舶，对碰撞造成的船舶以及船上货物和其他财产的损失，依照过失的比例负赔偿责任。需要注意的是，在碰撞造成第三人损害时，在财产损害和人身损害的赔偿上是有差别的。碰撞造成第三人的财产损失，各船的赔偿额均不超过其应当承担的比例；碰撞造成第三人的人身伤亡，各过错方负连带赔偿责任，一船连带支付的赔偿额超过其过错比例的，有权向其他有过失的船舶追偿。

三、船舶碰撞中的过失认定

船舶碰撞属于一种侵权行为，目前普遍接受的确定碰撞责任的原则是一般过错原则。随着船舶碰撞法调整范围的扩大，对于不同类型的碰撞有适用不同的归责原则的趋势。①

在船舶碰撞中，故意进行碰撞的情况非常罕见，因此其过错状态主要表现

① 司玉琢主编：《国际海事立法趋势及对策研究》，海事出版社2000年版，第386页。

为过失。船舶碰撞的过失，是指行为人应该预见碰撞的发生而没有预见到，或者已经预见到可能发生碰撞而轻信能够避免的主观心理状态。但是，过失属于侵权行为人的主观心理状态，往往难以证明，受害人只能通过证明行为人的外在行为违反了法律规定或通常情况下应该遵守的惯例，方可能推断其主观过失的存在。实践中，受害船舶往往通过以下方式来证明对方的过失。

1. 直接证明对方的过失

证明对方在驾驶或管理船舶方面存在某种或某些具体的过失，包括：（1）证明对方驾驶船舶的过失，即证明对方疏于瞭望、超速航行等，其主要依据是国家或地方的航行避碰规则；（2）证明对方管理船舶的过失，即证明对方的船员在管理船舶时未尽合理谨慎和技能，或者证明船东未能提供良好船舶并使船舶保持良好状态，因此导致碰撞事故发生。

2. 间接证明对方的过失

根据法律规定的或者法院和仲裁机构已经证实或确定的碰撞事故间接地推定对方的过失，可以分为：（1）事实推定过失，即从已证实的基本事实中，推断出假定事实即对方过失的存在；（2）法律推定过失，即举证责任的倒置，在采纳这一做法的国家，一方欲证明对方的过失，只须证明对方违反航行避碰规则即可，对方须证明这种背离是合理的或者必要的才能免责。法律推定过失曾在英美等国广泛适用，但由于其违背了因果关系的客观性，《1910 年统一船舶碰撞若干法律规定的国际公约》第 6 条规定："关于碰撞责任方面的过失问题的一切法律推定，均应废除。"

四、船舶碰撞的损害赔偿

船舶碰撞的损害赔偿，不仅包括船舶本身的损害赔偿，还包括船上所载货物和其他财产的损害赔偿以及船上旅客和船员的人身伤亡的损害赔偿。

（一）船舶的损害赔偿

（1）船舶全损的赔偿。船舶全损包括实际全损和推定全损。实际全损是指船舶完全毁坏或碰撞后估计其修理费用将超过船舶本身价值的，该船应推定为全损。船舶全损的赔偿数额，包括碰撞发生之前船舶的实际价值和期待运费。船舶的价值一般按碰撞发生地市价计算，在市价难以确定的情况下，按船舶原价减去折旧费。

（2）船舶部分损害的赔偿。船舶部分损害是指碰撞造成船舶局部毁坏，其赔偿范围包括受损船舶的实际费用支出和停航期间的利润损失。实际费用主要包括修理和检查费用、救助和拖带费用、共同海损费用及其理算费用，以及各种代理费用等。

（二）货物和其他物品的损害

货物如果全部灭失，理赔时通常以目的港市价计算赔偿额。如果目的港无市价，则按起运地货物的成本加装船费、保险费和已完成航程的运费来计算。需要注意的是，《海商法》第51条规定，因船长、船员、引航员在驾驶和管理船舶中的疏忽或过失造成本船所载货物损失的船方可以免责。因此，船方对货物的损害赔偿，一般不包括对本船所载货物的赔偿，仅对他船所载货物的损失按过失比例赔偿。

（三）人身伤亡的损害赔偿

关于人身伤亡的损害赔偿，一般包括收入损失、医疗费、护理费、安抚费、丧葬费以及其他必要的费用等，我国相关法规对此作了具体规定。

此外，船舶碰撞造成的损害赔偿，只要符合海事赔偿责任限制的有关规定，责任人就可以依法享有责任限制。

五、有关船舶碰撞的国际公约

各国海商法对船舶碰撞规定的不一致导致了法律适用中的冲突和不便，为了谋求统一，国际社会先后制定了四个有关船舶碰撞的重要公约，分别为《1910年统一船舶碰撞若干法律规定的国际公约》（简称为《1910年碰撞公约》）、《1952年统一船舶碰撞中民事管辖权方面若干规定的国际公约》（简称为《民事管辖权公约》）、《1952年统一船舶碰撞或其他航行事故中刑事管辖权方面若干规定的国际公约》（简称为《刑事管辖权公约》）和《1972年国际海上避碰规则》（简称为《1972年避碰规则》）。其中，《民事管辖权公约》和《刑事管辖权公约》因参加国甚少，对航运界影响不大，以下仅对《1910年碰撞公约》和《1972年避碰规则》简要介绍。

（一）《1910年碰撞公约》

该公约于1910年9月23日在比利时布鲁塞尔举行的第三次海洋外交会议上通过，自1913年起生效，是有关船舶碰撞方面最重要的国际公约。我国于1994年3月加入公约，该公约已对我国生效。

公约适用于在任何水域发生的海船与海船之间或者海船与内河船之间的船舶碰撞，但不适用于军用船舶或专门用于政府公务的船舶。但是，（1）对属于非缔约国的利害关系人，每一缔约国可在互惠条件下适用公约的规定；（2）如果全体利害关系人和受理案件的法院属于同一个国家，则适用该国国内法，而不适用公约。

公约主要规定了船舶碰撞民事责任的过失原则、碰撞船舶船长的义务、船舶碰撞损害赔偿的诉讼时效等实质内容。我国《海商法》的规定与公约完全一致。

（二）《1972 年避碰规则》

目前，国际上普遍采用的《1972 年避碰规则》是在伦敦制定的，主要是关于船舶避碰技术方面的规定，并不涉及因碰撞而发生的责任问题。但在船舶发生碰撞后，有关的技术性规定则成为认定双方是否存在过失的重要依据。

《1972 年避碰规则》于 1977 年 7 月生效，我国于 1980 年 1 月加入该规则，但对规则关于非机动船舶的规定作了保留，即我国的非机动船舶发生的碰撞，不适用该规则。

第二节　海 难 救 助

一、海难救助概述

（一）海难救助的概念和性质

海难救助又称海上救助，是海商法中特有制度。海难救助有广义与狭义之分，广义的救助包括对人命和财产的救助，狭义的救助仅指对财产的救助。根据《海商法》第 171 条的规定，海难救助指在海上或者与海相通的可航水域，对遇险船舶和其他财产进行救助的行为。从上述规定可知，《海商法》中的海难救助是狭义的救助。事实上，广义与狭义的划分并不影响对海难救助的行为要件和性质的认定，仅涉及救助报酬的支付问题，即单纯的人命救助，救助方不能向被救助方请求支付报酬，只能参与其他救助方因救助财产取得报酬的分配。

关于救助法律关系的性质，学说不一，概括起来有无因管理说、准契约说、不当得利说、特殊事件说等。① 上述学说都试图在传统民商法制度体系中为海难救助寻找理论基础。事实上，海难救助是为了鼓励航海而产生的海商法中特有的法律关系，它以衡平和效益为基础，以防止和减少航运事业中的损失及成本、保护环境为目的，已形成一个较为完整的独立体系。

（二）海难救助的种类

（1）纯救助。纯救助又称为真正救助，指船舶遇险后，未曾请求外来援

① 参见司玉琢主编：《海商法》，法律出版社 2003 年版，第 260 页。

助，救助人自愿进行救助的行为。纯救助是海难救助最原始的形式，它无需签订任何协议，实行“无效果无报酬”的原则，即双方事先无需约定报酬数额，而是依据救助效果进行支付。由于纯救助没有合同依据，救助方的报酬也没有保障，在现代航海实践中已很少采用。

（2）合同救助。合同救助指当事人在救助前或者救助时签订救助合同，并根据合同内容确定双方权利义务的救助。合同救助较充分地体现了双方的意志，为救助方获得合理报酬提供了合同依据，较好地适应了现代海难救助的需要，是最常见的救助形式。我国《海商法》对合同救助作了详细的规定。

（3）雇佣救助。雇佣救助又称为实际费用救助，指按照救助方实际支付的人力、物力和时间计算救助费用的救助。雇佣救助不同于合同救助，雇佣救助一般在情势不太危急时签订，指挥权在被救助方，而且无论救助是否有结果，救助方均有权取得合同约定的酬金。由于雇佣救助更多地体现了雇佣的性质，现代海商法已不再把它列为海难救助的范围，而是划归海上服务合同。我国《海商法》没有规定雇佣救助，但是把雇佣救助的酬金规定为救助款项的一种。①

（三）海难救助的构成要件

（1）被救对象属于法律规定的海难救助的标的。《海商法》规定的救助对象指在海上或者与海相通的可航水域遇险的船舶和其他财产。这里的“船舶”指《海商法》第3条所称的船舶和与其发生救助关系的任何其他非同于军事的或者政府公务的船艇。“财产”是指非永久地和非有意地依附于岸线的任何财产，包括有风险的运费。海上已经就位的从事海底矿藏资源的勘探、开发或者生产的固定式、浮动式平台和移动式近海钻井装置，不在救助对象范围内。

（2）救助行为发生在海上或者与海相通的可航水域。如果救助行为发生在其他地点，则不能成立海难救助。

（3）被救助船舶或其他财产处于危险之中。这种危险是客观的而不是主观臆断的，不一定是紧迫的，但必须是事实存在或不可避免的。比如，丧失续航能力的船舶面临即将到来的台风的威胁，如果不施救，船货可能遭受重大损失。

（4）救助方没有救助义务。所谓救助义务，指对被救助方负有法定或者约定的救助义务，比如，遇险船舶的船员对本船舶和船上财产的救助，拖航合同中承拖方对被拖对象的救助，等等。凡是有义务进行救助的，均无权请求获

① 王保树主编：《中国商事法》，人民法院出版社1999年版，第899页。

得救助报酬。同一船舶所有人的船舶之间的救助，救助方仍然可以享有救助款项请求权。①

（5）救助必须取得一定的效果。有效果是指遇险船舶或其他财产全部或部分得救，或者阻止了损失的进一步扩大。海难救助中的“无效果无报酬”原则早已为救助公约和各国法律普遍接受，但是，严格来说，该原则主要是对救助方获得报酬权利的限制而不是对救助构成要件的限制。而且，对构成环境污染损害危险的船舶或者船上货物进行的救助，即使没有取得救助效果，仍然可以依法获得相应的救助款项。

二、海难救助合同

（一）海难救助合同的订立和变更

海难救助合同通常在紧急情况下订立，对合同的形式不能作太严格的要求。《海商法》没有规定海难救助合同必须采用书面的形式，对其内容也无特别的要求，依照第175条第1款的规定，救助方与被救助方就海难救助达成协议，救助合同即成立。实践中通常在已有的格式合同基础上进行修订而成，英国“劳埃德救助合同标准格式”（简称“劳氏合同格式”）是世界上最著名的以“无效果无报酬”为原则的海难救助合同标准格式。

关于救助合同订立者的资格，《1989年救助公约》首次明确了船长的代理权，《海商法》借鉴了这一做法，在第175条第2款规定，遇险船舶的船长有权代表船舶所有人订立救助合同；遇险船舶的船长或船舶所有人有权代表船上财产所有人订立救助合同。

救助合同依法成立，即具有法律拘束力。但是，由于合同签订时双方地位的特殊性和救助作业难度的不确知性，可能会产生不公平的结果。为了避免这种状况，《海商法》第176条规定，有下列情形之一的，经当事人一方起诉或者双方当事人协议仲裁的，受理争议的法院或者仲裁机构可以判决或者裁决变更救助合同：（1）合同在不正当或者危险的情况的影响下订立，合同条款显失公平的；（2）根据合同支付的救助款项明显过高或者过低于实际提供的救助服务的。

（二）海难救助合同的效力

1．救助人的义务

① 该规则被称为“新杰森条款”，即同一航运公司的两艘船舶之间发生救助时，救助费用应视同救助工作是由第三方的船舶所实施的一样，由被救船舶全额支付。因为不同船上的船员和货主并不相同，为了保护施救船舶的船员权益，便于被救船舶共同海损的分担，仍然应该支付救助款项。

（1）救助人应以应有的谨慎，尽最大努力救助遇险船舶、船上货物、运费、燃料、物料和任何其他财产，并将它们送至约定的或者其他安全地点。

（2）救助人在实施救助行为时，应尽最大努力防止或减少环境污染损害。

（3）救助方在合理需要的情况下，应寻求其他救助方援助。当被救助方合理地要求其他救助方参与救助作业时，接受此种要求；但是要求不合理的，原救助方的救助报酬不受影响。此项义务不仅是合同义务，也是法定义务。

2．被救助人的义务

（1）与救助方通力合作，完成救助作业；

（2）以应有的谨慎防止或者减少环境污染损害；

（3）当获救的船舶或者其他财产已经被送至安全地点时，及时接受救助方提出的合理移交要求；

（4）被救助人应根据救助方的要求，对救助款项提供担保，并及时支付救助款项，否则，救助方对被救助的船舶或财产享有留置权。

三、海难救助款项

海难救助款项，是指被救助方应当向救助方支付的任何救助报酬、酬金或者补偿。

（一）海难救助报酬

1．海难救助报酬的确定

海难救助报酬是指救助方的救助行为取得效果时，有权从被救助方获得的款项。救助报酬的支付应该遵循的一个基本原则是，救助报酬不得超过船舶和其他财产的获救价值。

根据《海商法》第180条第1款的规定，在确定救助报酬时，应当体现对救助作业的鼓励，并综合考虑下列各项因素：（1）船舶和其他财产获救的价值；（2）救助方在防止或减少环境污染损害方面的技能和努力；（3）救助方的救助成效；（4）危险的性质和程度；（5）救助方在救助船舶、其他财产和人命方面的技能和努力；（6）救助方所用的时间、支出的费用和遭受的损失；（7）救助方式、救助设备所冒的责任风险和其他风险；（8）救助方提供救助服务的及时性；（9）用于救助作业的船舶和其他设备的可用性和使用情况；（10）救助设备的备用状况、效能和设备的价值。

2．救助报酬的支付和分配

救助报酬的金额，应当由获救的船舶和其他财产的各所有人按照船舶和其他各项财产各自的获救价值占全部获救价值的比例承担，各被救助方之间不负连带责任。

如果有多个救助人进行救助，则产生救助报酬的分配问题。救助人之间一般不进行平均分配，而是由各方根据《海商法》第 180 条规定的标准协商确定；协商不成的，可以提请受理争议的法院判决或者经各方协议提请仲裁机构裁决。救助方取得报酬后，应在船舶所有人或光船租赁人（如果有的话）、船长及船上其他工作人员之间进行分配，《海商法》未对此作出规定。在这种情况下，如合同未约定救助报酬，则每个救助人均可单独按其应得比例向被救助人请求救助报酬，合同另有约定，则可依据合同的约定请求救助报酬。①

（二）特别补偿

特别补偿是指对构成环境污染损害危险的船舶或者船上货物进行救助以后，救助方从船舶所有人处获得的至少相当于救助费用的补偿款。所谓救助费用，按照《海商法》第 182 条第 3 款的规定，是指救助方在救助作业中直接支付的合理费用以及实际使用救助设备、投入救助人员的合理费用。

根据《海商法》第 182 条的规定，特别补偿的支付应该遵循以下标准：

（1）对构成环境污染损害危险的船舶或者船上货物进行的救助，救助方获得的救助报酬少于依照《海商法》规定可以得到的特别补偿的，救助方有权从船舶所有人处获得相当于救助费用的特别补偿。

（2）救助人的救助作业取得防止或者减少环境污染损害效果的，船舶所有人向救助方支付的特别补偿可以另行增加，增加的数额可以达到救助费用的 30%。受理争议的法院或者仲裁机构认为适当，可以判决或者裁决进一步增加特别补偿数额；但是，在任何情况下，增加部分不得超过救助费用的 100%。

（3）在任何情况下，救助方的全部特别补偿，只有在超过依法能够获得的救助报酬时方可支付，支付金额为特别补偿超过救助报酬的差额部分。

（4）由于救助方的过失未能防止或者减少环境污染损害的，可以全部或者部分地剥夺救助方获得特别补偿的权利。

（5）海商法关于特别补偿的规定不影响船舶所有人对其他被救助方的追偿权。

（三）对海难救助款项请求权的限制

根据《海商法》的相关规定，② 在下列情况下，救助方的救助款项请求权将受到限制或者剥夺：

---

① 张丽英：《海商法》，中国政法大学出版社 1998 年版，第 247 页。

② 参见我国《海商法》第 185 ~ 187 条。

(1) 在救助作业中救助人命的救助方，对获救人员不得请求酬金，但是有权从救助船舶或者其他财产、防止或者减少环境污染损害的救助方获得的救助款项中，获得合理的份额。

(2) 正常履行拖航合同或者其他服务合同的义务进行救助的，无权获得救助款项。但是提供不属于履行上述义务的特殊劳务除外。

(3) 不顾遇险的船舶的船长、船舶所有人或者其他财产所有人明确和合理的拒绝，仍然进行救助的，无权获得救助款项。

(4) 由于救助方的过失致使救助作业成为必需或者更加困难的，或者救助方有欺诈或者其他不诚实行为的，应当取消或者减少向救助方支付的救助款项。

四、有关海难救助的国际公约

(一)《1910 年救助公约》

为统一世界各国有关海难救助的立法，1910 年在布鲁塞尔召开的第三届海洋法外交会议上签订了《1910 年救助公约》，其全称为《统一海上救助若干法律规则的国际公约》。该公约共 19 个条款，主要内容为：(1) 确定了“无效果无报酬”原则；(2) 规定可以宣布救助协议无效或变更协议的情况；(3) 救助人命不得索取报酬的人道主义原则；(4) 救助报酬确定的原则；(5) 诉讼时效的规定。

公约于 1913 年 3 月起生效，它是国际海商法领域中最成功的公约之一，为统一各国有关海上救助的法律与实践起到了重要作用。我国尚未加入该公约，但中国海事仲裁委员会制定的救助格式合同的内容与该公约的精神是一致的，我国《海商法》也吸收了该公约的很多内容。

(二)《1989 年救助公约》

随着社会的发展，海上救助的实践情况发生了很多变化，《1910 年救助公约》的一些内容已不能适应现代航运业的发展，因此，1981 年国际海事委员会又起草了新的救助公约草案，并于 1989 年 4 月正式通过，称为《1989 年救助公约》。

该公约在尽可能保持现行救助制度稳定性的基础上，在适用范围、救助标的的范围、救助合同代理权等方面均有重大突破，但最核心的内容是增设了特别补偿条款。公约充分考虑了救助油轮和防止海洋污染等问题，规定如果对污染环境的船舶或其所载货物进行救助时，救助人在没有过失但未能获得成功的情况下，有权向船舶所有人索取相当于救助费用的特别补偿，如果救助人成功地进行了救助，则有权索取更多的特别补偿，但不得超过救助费用的两倍。

我国于1993年12月正式加入该公约，但对公约第30条第1款的a、b、d项作了保留。a项规定的内容为："救助作业发生在内陆水域，而且涉及的所有船舶均为内陆水域航行的船舶。"b项规定的内容为："救助作业发生在内陆水域，而且不涉及船舶。"d项规定的内容为："有关财产为位于海床上的具有史前的、考古的或历史价值的海上文化财产。"这表明我国海难救助的范围不包括上述情况。上述保留，弥补了我国《海商法》未作明确限定的缺憾。

第三节　共同海损

一、共同海损概述

在海上航行中，船舶、货物和其他财产遭遇海上风险而造成的损失称为海损，海损可分为共同海损和单独海损。

共同海损，是指在同一海上航程中，船舶、货物和其他财产遭遇共同危险，为了共同安全，有意地、合理地采取措施所直接造成的特殊牺牲和支付的特殊费用。关于共同海损的性质，有合同说、不当得利说、无因管理说、代理说等不同观点。① 事实上，共同海损的基本精神源于《罗德海法》中"抛弃货物以保存船舶以及其他货物者，船主与货主均应共同分担该项损失"的规定，是海商法中最具有特色的制度之一，未必适合在民法的理论体系内进行解释。

单独海损，是指因自然灾害、意外事故等海上风险直接导致的船舶或货物的损失。共同海损不同于单独海损：（1）损失发生的原因不同。前者是为了船货的共同安全而有意采取合理措施所造成的；后者是由于海上风险直接引起的，而不是任何人有意采取的措施造成的。（2）损失的承担不同。前者由获救的受益方分摊；后者则由责任方或受损方自己承担。（3）涉及的利害方不一样。前者是为了船货各方的共同利益所受的损失；后者只涉及损失方个人的利益，而不涉及各方的共同安全问题。

二、共同海损的成立要件

由于海上损失发生的原因非常复杂，并非所有的海损都构成共同海损由各

① 参见郑玉波：《海商法》，台湾三民书局1999年版，第157页。

方分摊，共同海损须具备一定的条件：

1. 船舶、货物和其他财产必须遭遇了共同危险

首先，危险必须是共同的，必须危及船货各方的共同安全。如果仅仅是对某一方的利益构成威胁则不是共同危险，比如因为遭遇暴风雨导致货物湿损，但并没有危及船舶航行安全则不属于共同危险。其次，危险必须是实际存在的。在危险的认定标准上有客观说与主观说之分。① 一般认为，危险不能是臆想和推测的，否则就不能认定为共同海损，如因为船方判断失误导致的损失只能由船方自行承担。

2. 采取的措施必须是有意而合理的

首先，采取的措施必须是有意的，即船长或船上其他人员明知采取该措施会直接导致船货或其他财产损失，或者导致某些额外费用，但仍主动地采取这种措施。其次，采取的措施必须是合理的，即该措施在客观情况下对于排除险情来说是必要的、节约的，也是符合各方共同利益的。

3. 牺牲和费用必须是特殊的、直接的

所谓“特殊”，是指在正常运输情况下不可能采取的措施所造成的损失和支出的费用。所谓“直接”，是指牺牲和费用是特殊措施直接导致的，二者之间有必然的因果关系。我国《海商法》第 193 条第 2 款规定，无论在航程中或者在航程结束后发生的船舶或者货物因迟延所造成的损失，包括船期损失和行市损失以及其他间接损失，均不得列入共同海损。

4. 采取的措施取得了效果

船方采取的措施，达到了全部或部分保全船货或其他财产的目的。如果没有财产获救，共同海损就失去了存在基础。“取得效果”并非指所有的财产均获救，只要有部分财产获救，共同海损即可成立。

除了上述四要件以外，在共同海损的构成中，是否应该考虑共同危险的发生原因，即如果由于一方过错造成事故引起的共同海损，过错方是否有权请求分摊共同海损，对此有两种不同观点。一种观点认为，共同海损是否成立，应以原因和结果不能分割的原则为前提，当航程中的某一方宣布共同海损时，应首先审核其是否履行了合同义务，如果共同的危险是由于同一航程中某一方不可免责的过失所致，共同海损就不能成立，② 该过失方无权要求航程中的其他受益方分摊共同海损。另一种观点认为，共同海损的成立，不应以引起共同危

① 梁宇贤：《海商法专题论丛》，台湾三民书局 1988 年版，第 267 页。

② 於世成，杨召男，汪淮江编：《海商法》，法律出版社 1997 年版，第 290 页。

险的原因为根据，只要存在特殊牺牲和费用的事实，就不影响共同海损的成立和共同海损分摊的权利。《海商法》第197条规定："引起共同海损特殊牺牲、特殊费用的事故，可能是由航程中一方的过失造成的，不影响该方要求分摊共同海损的权利；但是，非过失方或者过失方可以就此项过失提出赔偿请求或者进行抗辩。"此种规定的目的在于促进共同海损事故的迅速解决，避免损失的扩大和不必要的迟延。

三、共同海损的范围

1. 共同海损的牺牲

共同海损的牺牲是指由共同海损措施所直接造成的船舶、货物或其他财产的灭失或损坏。共同海损的牺牲主要有船舶牺牲、货物牺牲和运费牺牲。

（1）船舶牺牲。船舶牺牲是指在抢救船舶、货物和其他财产过程中对船舶造成的损失，比如起浮搁浅时造成的任何机器和锅炉的损坏、有意搁浅给船舶造成的损失、为了共同安全而对船体材料或物料的消耗，等等。

（2）货物的牺牲。① 抛弃货物的损失。共同海损制度最初是由抛弃货物发展起来的，此种情况在现代海运中已不多见，但鉴于海上风险的复杂性，仍有保留的必要。② 扑灭船上火灾引起的损失。在扑灭船上火灾时，为了用水灭火而使未被火烧着的货物受到湿损，属于共同海损，但货物因火灾直接导致的损失，不得作为共同海损受偿。③ 其他共同海损措施引起的货物损失。值得注意的是，《海商法》第200条第1款规定，未申报的货物或者谎报的货物，应当参加共同海损分摊；其遭受的特殊牺牲，不得列入共同海损。

（3）运费的牺牲。这里所说的运费是指"到付运费"。当船上所载货物受到牺牲而不能运抵目的港时，承运人自然不可能收到运费，这种损失如果由承运人自行承担，显失公平，故应列入共同海损，由受益方共同分摊。

2. 共同海损的费用

共同海损费用是指采取共同海损措施所支付的额外费用。它与共同海损牺牲的区别在于，共同海损牺牲是船舶或货物本身的灭失和损坏，而共同海损费用不涉及船舶和货物自身的损失，而是在此之外另行支付的费用。

（1）救助报酬。救助报酬不论是否依据救助合同给付，只要救助活动是为了共同安全而进行的，便应列入共同海损受偿。

（2）避难港费用。《海商法》第194条规定，船舶因发生意外、牺牲或者其他特殊情况而损坏时，为了安全完成本航程，驶入避难港口、避难地点或者驶回装货港口、装货地点进行必要的修理，在该港口或者地点额外停留期间所支付的港口费，船员工资、给养，船舶所消耗的燃料、物料，为修理而卸载、储存、重装或者搬移船上货物、燃料、物料以及其他财产所造成的损失、支付的费用，应当列入共同海损。

(3) 代替费用。《海商法》第195条规定，为代替可以列入共同海损的特殊费用而支付的额外费用，可以作为代替费用列入共同海损；但是，列入共同海损的代替费用的金额，不得超出被代替的共同海损的特殊费用。

(4) 临时修理费用。为了安全完成航行而必须对船舶进行临时修理时，修理费用应列入共同海损。这种修理应该是对受损船舶进行最低程度的，以保持其在一定期限内适航性的修理。

(5) 其他费用。共同海损垫款保险费、共同海损检验费用、理算费、共同海损垫款的利息与手续费等均应计入共同海损费用。

四、共同海损的理算

共同海损的理算，是指发生共同海损后，由共同海损理算人按照理算规则，确定共同海损损失和费用的项目与金额，确定各受益方的分摊价值和分摊额，最终编制共同海损理算书的一系列调查和审核计算工作。

共同海损理算专业性极强，一般均由职业理算师或理算机构办理，理算师和理算机构统称为理算人。目前世界上各海运国家都设有自己的海损理算机构，我国海损理算机构为中国国际贸易促进委员会海损理算处。理算人编制的理算书不具有任何法律约束力，利害关系人对理算书有争议时可提交仲裁或诉讼。共同海损的理算通常涉及下列事项：

1. 共同海损宣告与担保

发生共同海损后，船长或船东应在共同海损后船舶到达第一个港口的合理时间内宣布共同海损，并通知货方以及船舶保险人。由于共同海损所有的损失和费用均是由船方垫付的，为了确保日后货主能分摊损失，船东应尽力取得货方的担保，货方如拒不提供担保，船东对货物有留置权。货方如果提供共同海损担保，在法律上并非是对共同海损成立的认可，货方事后仍可对共同海损提出异议。共同海损的担保方式包括保证金、共同海损担保函、共同海损协议、船货不分离协议等。

2. 共同海损金额的确定

共同海损金额，又称共同海损的补偿额，是指共同海损措施造成的全部财产损失和支付的额外费用并由各受益方予以补偿的总金额。根据《海商法》第198条的规定，船舶、货物和运费的共同海损的金额，依照下列规定确定：

（1）船舶共同海损牺牲的金额，按照实际支付的修理费，减除合理的以新换旧的扣减额计算。船舶尚未修理的，按照牺牲造成的合理贬值计算，但是不得超过估计的修理费。船舶发生实际全损或者修理费用超过修复后的船舶价值的，共同海损牺牲金额按照该船舶在完好状态下的估计价值，减除不属于共同海损损坏的估计的修理费和该船舶受损后的价值的余额计算。

（2）货物共同海损牺牲的金额。货物灭失的，按照货物在装船时的价值加保险费加运费，减除由于牺牲无需支付的运费计算。货物损坏，在就损坏程度达成协议前售出的，按照货物在装船时的价值加保险费加运费，与出售货物净得的差额计算。

（3）运费共同海损牺牲的金额，按照货物遭受牺牲造成的运费的损失金额，减除为取得这笔运费本应支付，但是由于牺牲无需支付的营运费用计算。

应予补偿的共同海损费用除以上三项外，还包括各项支出的特殊费用，由于这些特殊费用就是实际支付额，故不发生计算标准问题。

3．共同海损分摊价值的确定

共同海损分摊价值是指由于共同海损措施而受益的财产价值，包括船舶、货物、运费等。《海商法》第199条规定，共同海损应当由受益方按照各自的分摊价值的比例分摊。船舶、货物和运费的共同海损分摊价值，分别按照下列规定确定：

（1）船舶共同海损分摊价值，按照船舶在航程终止时的完好价值，减除不属于共同海损的损失金额计算，或者按照船舶在航程终止时的实际价值，加上共同海损牺牲的金额计算。

（2）货物共同海损分摊价值，按照货物在装船时的价值加保险费加运费，减除不属于共同海损的损失金额和承运人承担风险的运费计算。货物在抵达目的港以前售出的，按照出售净得金额，加上共同海损牺牲的金额计算。旅客的行李和私人物品，不分摊共同海损。

（3）运费分摊价值，按照承运人承担风险并于航程终止时有权收取的运费，减除为取得该项运费而在共同海损事故发生后，为完成本航程支付的营运费用，加上共同海损牺牲的金额计算。

4．共同海损分摊金额的确定

共同海损分摊金额，是指因共同海损措施而受益的各方所应承担的共同海损损失的数额。在理算时，首先以共同海损损失总额除以共同海损分摊价值总额，得出共同海损损失率（百分率），再以这个损失率分别乘以受益各方的分摊价值，便可得出受益各方的分摊金额。

五、共同海损理算规则

共同海损理算规则是理算人办理共同海损理算所依据的准则。我国《海商法》第203条规定，共同海损理算，适用合同约定的理算规则，合同未约定的，适用海商法第十章关于共同海损的规定。世界各海运国家都有自己的理算规则，其中最著名的是英国的《约克·安特卫普规则》，我国也有自己的理算规则，即《中国国际贸易促进委员会理算规则》，又称《北京理算规则》。

1.《约克·安特卫普规则》

《约克·安特卫普规则》是国际上适用最广泛的共同海损理算规则，其前身是1860年欧洲各主要海运国家通过的格拉斯哥决议。现行有效的《约克·安特卫普规则》有1877年、1890年、1924年、1950年、1974年、1994年和2004年几个不同版本供当事人选择适用。

目前使用最多的是1974年《约克·安特卫普规则》，该规则由规则说明、字母规则A-G以及22条数字规则组成。规则对如何确定共同海损损失与费用，计算各受益方参加共同海损分摊的分摊价值和分摊额作了规定。虽然《约克·安特卫普规则》只是一个民间规则，但实际上它已经成为国际海损理算界的一个重要规则，其作用已经超出任何一部法律。①

2.《北京理算规则》

《北京理算规则》是中国国际贸易促进委员会1975年1月1日发布的《共同海损理算暂行规则》的简称，《北京理算规则》仅是民间规则，只有当事人约定采用时才具有法律约束力。该规则除前言外，有8条实质性的规定；与《约克·安特卫普规则》相比，《北京理算规则》具有以下特点：

(1)《北京理算规则》主要采取了共同安全说，② 共同海损中不包括为恢复船舶续航能力而产生的费用和损失。但照顾到国际惯例，规则规定由于本航程的意外事故，为安全完成航程必须修理船舶时，船舶在修理港合理停留期间

① 张湘兰等主编：《海商法论》，武汉大学出版社2001年版，第303页。

② 在共同海损处分行为的动机上，各国主要分为三种观点：一种是共同安全主义，即为取得共同安全所产生的损害与费用才可以列入共同海损；第二种是共同利益主义，即为使共同航海继续进行所产生的损害与费用均可列入共同海损；第三种是牺牲主义，即仅需因船长处分所致的合理牺牲才可认为是共同海损的损害与费用，可以列入共同海损。参见梁宇贤：《海商法论》，台湾三民书局1987年版，第590页。

必须支付的某些额外费用和损失，可列入共同海损。

（2）《北京理算规则》简化了共同海损的理算手续，规定对于简单的案件可以做简单理算。但由于过于简单，在理算中遇到的许多问题没有详细规定，也容易造成理算中的偏差。

第二十八章　海事赔偿责任限制与海上保险

第一节　海事赔偿责任限制

一、海事赔偿责任限制的概念

海事赔偿责任限制是海商法上最具特色的制度之一，指船舶在营运中发生事故造成人身伤亡或者财产损失时，船舶所有人、救助人或者其他人有权将其赔偿责任限制在法定范围内的制度。

海事赔偿责任限制制度的立法理由在于：船舶航行在外，船舶所有人难以对船长船员的行为负责；分散海上风险；发展航运的政策需要。① 该制度最初是为了保护船舶所有人的利益，故又称为“船舶所有人责任限制”。随着海上运输业的发展，海事赔偿责任限制制度的适用主体已由最初的船舶所有人发展到承租人、救助人以及他们的受雇人和代理人，甚至还包括责任保险人。

在海商法中，赔偿责任限制包括单位赔偿责任限制和海事赔偿责任总额限制。单位责任限制是承运人对每单位货物或者每名乘客赔偿责任的限制，如海上货物运输合同和海上旅客运输合同中对承运人责任的限制即属此类。海事赔偿责任限制则是对承运人全部赔偿责任总额的限制，以船舶的一次航程或者一次事故为单位进行计算。单位责任限制与海事赔偿责任限制并不冲突，如果按照单位责任限制计算的赔偿总额高于海事赔偿责任限额的，责任人只需在海事赔偿责任限额范围内进行赔偿。

二、海事赔偿责任限制的形式

关于海事赔偿责任限制的具体形式，在国际上有以下几种不同的立法例：

（1）执行主义。船舶所有人对海上债务所负的责任仅以海上财产为限，

---

① 张新平：《海商法》，中国政法大学出版社 2002 年版，第 62 ~ 63 页。

不足清偿的，债务人不另行负责。这一制度源于德国，为挪威、瑞典、丹麦等国所接受。

(2) 委付主义。船舶所有人将其船舶及附随财产委付于债权人而免责。这一制度由法国最先采用。

(3) 船价主义。船舶所有人的责任原则上以航海完成或终止之时船舶的价值和运费为限。美国最早采用这一做法，我国1956年10月15日施行的交通部《关于海损赔偿的几项规定》采纳了该原则。

(4) 金额主义。船舶所有人的责任以根据船舶吨位计算得到的金额为限。这一制度最早由英国确定，后被国际公约和各国国内法普遍采用，我国《海商法》亦采此例。

(5) 选择主义。船舶所有人主张责任限制时，债务人可以从船价、委付或金额制中任选其一。该制度由比利时在1908年首次采用，我国台湾地区目前采纳的是船价制与委付制的选择主义。

(6) 并用主义。船舶所有人的责任原则上以船舶价值为限，但对于若干特定的责任，以船舶的吨位数确定相应金额为最高赔偿责任。1935年以后美国将船价制改为船价制和金额制并用的做法。

上述几种做法中，执行主义、委付主义和船价主义都是采取的航次制，即同一航次中不论发生多少次责任事故，只按照一个限额赔偿。金额主义实行的是事故制，即在同一航次中如果发生多次事故，每一次事故都要按照法律规定进行限额赔偿。

不同的形式虽有差异，但都是为了把责任人的赔偿数额限制在一定范围内，各个国家往往根据不同需求进行制度选择。随着现代科技和经济发展，海事赔偿责任限制制度呈现出新的发展趋势：一是扩大赔偿范围，提高赔偿金额；二是对人身伤害另立赔偿基金，更加注重人道主义；三是从保护船主利益转向保护受害人利益，对赔偿基金的规定更为明确，各国在制度选择上也逐步以金额制代替执行制、船价制等；四是缩小责任限制请求权的范围，扩大无限责任部分；五是国际统一化趋势增强，如重大油污和核能损害，均已先后制定专门的国际公约加以调整。

三、海事赔偿责任限制的适用

(一) 海事赔偿责任限制适用的主体

根据我国《海商法》第204条至第206条的规定，享有海事赔偿责任限制的主体包括船舶所有人、船舶承租人、船舶经营人、救助人，以及他们的受雇人、代理人。① 此外，对该海事赔偿请求承担责任的保险人，也有权依法享受相同的赔偿责任限制。有观点认为，由于实践中除责任保险外，还存在为责任人提供担保的情况，因此应该将海事赔偿责任的担保人列入海事赔偿责任限制的权利主体。②

要注意的是，根据《海商法》第209条的规定，经证明，引起赔偿请求的损失是由于责任人的故意或者明知可能造成损失而轻率地作为或者不作为造成的，责任人无权依《海商法》的规定限制赔偿责任。③

（二）海事赔偿责任限制适用的船舶

海商法有关赔偿责任限制的规定仅仅适用于300总吨以上的海船。总吨位不满300吨的船舶、从事我国港口之间运输的船舶，以及从事沿海作业的船舶，其赔偿限额由国务院交通主管部门制定。

（三）限制性债权与非限制性债权

1. 限制性债权

限制性债权指法律规定的可以享有责任限制的债权范围。根据《海商法》第207条的规定，下列海事赔偿请求，除法律另有规定外，无论赔偿责任的基础有何不同，责任人均可以限制其赔偿责任：

（1）在船上发生的或者与船舶营运、救助作业直接相关的人身伤亡或者财产的灭失、损坏，包括对港口工程、港池、航道和助航设施造成的损坏，以及由此引起的相应损失的赔偿请求。

（2）海上货物运输因迟延交付或者旅客及其行李运输因迟延到达造成损失的赔偿请求。

（3）与船舶营运或者救助作业直接相关的，侵犯非合同权利的行为造成其他损失的赔偿请求。

（4）责任人以外的其他人，为避免或者减少责任人依法可以限制赔偿责任的损失而采取措施的赔偿请求，以及因此项措施造成进一步损失的赔偿请

① 根据《最高人民法院关于审理海事赔偿责任限制相关纠纷案件的若干规定》（2010年3月22日通过）第12条的规定，这里的“船舶经营人”是指登记的船舶经营人或者接受船舶所有人委托实际使用和控制船舶并应当承担船舶责任的人，但不包括无船承运业务经营者。

② 司玉琢，胡正良主编：《〈中华人民共和国海商法〉修改建议稿条文、参考立法例、说明》，大连海事大学出版社2003年版，第489页。

③ 根据《最高人民法院关于审理海事赔偿责任限制相关纠纷案件的若干规定》（2010年3月22日通过）第18条的规定，这里的“责任人”是指海事事故的责任人本人。

求。但是，责任人以合同约定支付的报酬，责任人的支付责任不得援用本条赔偿责任限制的规定。

2. 非限制性债权

非限制性债权指不能享有责任限制的债权范围。根据《海商法》第208条和相关司法解释的规定，下列各项权利不得享有责任限制：

（1）对救助款项或者共同海损分摊的请求；

（2）我国参加的国际油污损害民事责任公约规定的油污损害的赔偿请求；

（3）我国参加的国际核能损害责任限制公约规定的核能损害的赔偿请求；

（4）核动力船舶造成的核能损害的赔偿请求；

（5）船舶所有人或者救助人的受雇人提出的赔偿请求，根据调整劳务合同的法律，船舶所有人或者救助人对该类赔偿请求无权限制赔偿责任，或者该项法律作了高于海商法规定的赔偿限额的规定。

（6）因沉没、遇难，搁浅或者被弃船舶的起浮、清除、拆毁或者使之无害提起的索赔，或者因船上货物的清除、拆毁或者使之无害提起的索赔。但是，由于船舶碰撞致使责任人遭受前款规定的索赔，责任人就因此产生的损失向对方船舶追偿时，被请求人主张依据《海商法》第207条的规定限制赔偿责任的，人民法院应予支持。①

四、海事赔偿责任限额的确定与分配

我国对于海事赔偿责任限额的确定采纳的是金额主义和事故制，适用于特定场合发生的事故引起的赔偿总额。责任限制人如果就同一事故向请求人提出反请求的，双方的请求金额应当相互抵销，赔偿限额仅适用于两个请求金额之间的差额。② 对海事赔偿责任的具体限额和分配方法，《海商法》规定如下：

（一）海事赔偿责任限额的确定

1. 关于人身伤亡的赔偿请求

（1）总吨位300吨至500吨的船舶，赔偿限额为333000计算单位。

（2）总吨位超过500吨的船舶，500吨以下部分适用第（1）条的规定，

① 参见《最高人民法院关于审理海事赔偿责任限制相关纠纷案件的若干规定》（2010年3月22日通过）第17条。

② 参见我国《海商法》第212条、第215条。

500 吨以上的部分，应当增加下列数额：501 吨至 3000 吨的部分，每吨增加 500 计算单位；3001 吨至 30000 吨的部分，每吨增加 333 计算单位；30001 吨至 70000 吨的部分，每吨增加 250 计算单位；超过 70000 吨的部分，每吨增加 167 计算单位。

2. 关于非人身伤亡的赔偿请求

（1）总吨位 300 吨至 500 吨的船舶，赔偿限额为 167000 计算单位。

（2）总吨位超过 500 吨的船舶，500 吨以下部分适用第（1）条的规定，500 吨以上的部分，应当增加下列数额：501 吨至 30000 吨的部分，每吨增加 167 计算单位；30001 吨至 70000 吨的部分，每吨增加 125 计算单位；超过 70000吨的部分，每吨增加 83 计算单位。

3. 不以船舶进行救助作业或者在被救船舶上进行救助作业的救助人，其责任限额按照总吨位为 1500 吨的船舶计算。

4. 海上旅客运输的旅客人身伤亡赔偿责任限制，按照 46666 计算单位乘以船舶证书规定的载客定额计算赔偿限额，但是最高不超过 25000000 计算单位。我国港口之间海上旅客运输的旅客人身伤亡，按照交通部 1993 年 12 月 17 日制定的《中华人民共和国港口间海上旅客运输赔偿责任限额规定》计算赔偿限额。

（二）海事赔偿责任限额的分配

（1）人身伤亡赔偿责任限额与非人身伤亡赔偿责任限额分别计算，仅发生人身伤亡或财产损害，赔偿限额不足以支付实际赔偿请求的，各请求人按比例受偿。

（2）人身伤亡与财产损害同时发生的，人身伤亡赔偿责任的限额不足以支付全部人身伤亡的赔偿请求的，其差额应当与非人身伤亡的赔偿请求并列，从非人身伤亡赔偿数额中按照比例受偿。

（3）人身伤亡与财产损害同时发生的，在不影响人身伤亡赔偿请求的情况下，就港口工程、港池、航道和助航设施的损害提出的赔偿请求，应当较非人身伤亡赔偿请求中的其他赔偿请求优先受偿。

五、海事赔偿责任限制基金

海事赔偿责任限制基金，是指责任人在有管辖权的法院设立的确保在赔偿限额内清偿限制性债权的保证金。根据《海商法》的规定，海事赔偿责任基金包括人身伤亡责任基金和非人身伤亡责任基金，基金数额分别为《海商法》第 210 条和第 211 条规定的限额，加上自责任产生之日起至基金设立之日止的相应利息。

在理解《海商法》的相关规定时，需要注意以下几点：

（1）海事赔偿责任限制基金是责任人承担责任的担保，而不是享有赔偿责任限制的前提条件。责任人可以要求在有管辖权的法院设立责任限制基金，也可以不设立责任基金。

（2）责任人设立基金并不意味着对某一赔偿责任的承认，法院允许设立基金也不意味着对责任人最终责任的确认。责任人的赔偿责任是否成立，还依赖于司法机关的最终裁判。

（3）责任人设立责任限制基金的最大现实意义在于，向责任人提出请求的任何人，不得对责任人的任何财产行使任何权利；已设立责任限制基金的责任人的船舶或者其他财产已经被扣押，或者基金设立人已经提交抵押物的，法院应当及时下令释放或者责令退还。

（4）责任人未提出海事赔偿责任限制抗辩的，法院不应主动适用《海商法》关于海事赔偿责任限制的规定进行裁判。①

第二节　海上保险

一、海上保险概述

（一）海上保险的概念

海上保险是指保险人按照约定，对与海上运输有关的保险标的遭受约定事故引起的损失和责任负责赔偿，而由被保险人向保险人支付保险费的保险。

现代意义的海上保险始于14世纪意大利的海上贸易活动。15世纪，随着海上贸易的发展，海上保险法逐步形成。到了19世纪，欧洲主要海运国家都把海上保险列为海商法的重要组成部分或制定单行法规，其中，英国的海上保险业和海上保险法律制度最为发达。

《海商法》第十二章就海上保险作了专门规定，海上保险作为保险的一种具体类型，按照特别法与普通法的关系，《海商法》中有规定的适用其规定，《海商法》中没有规定的则适用保险法的相关规定。

---

① 参见《最高人民法院关于审理海事赔偿责任限制相关纠纷案件的若干规定》（2010年3月22日通过）第14条。

（二）海上保险的分类

1. 根据保险标的不同，分为船舶保险、货物保险、运费和其他期待利益保险、责任保险

船舶保险，是一种基本的海上保险，船舶可以是营运中的船舶，也包括正在建造中的各种船舶。船舶是合成物，包括船体、船机和属具，在我国，各航运公司向保险公司进行船舶保险时，通常是将船舶作为一个整体同时投保的。

货物保险，是海上保险中数量最大也是最复杂的一项保险，依货主投保的危险范围不同，可分为平安险、水渍险和一切险。

运费和其他期待利益保险。运费可以分为预付运费和到付运费。预付运费一般不是承运人投保的对象，而是由货主单独投保或者作为货价的一部分投保；到付运费则面临航程中的各种风险，承运人可就其投保航程险。其他期待利益包括船舶租金、旅客票款、货物预期利润、船员的工资和其他报酬等，它们分别由各受益人安排投保。

责任保险，是以发生事故所产生的各种责任为保险标的的保险，包括船东、货主和其他利害关系人对第三人的赔偿责任和保险人基于海上保险合同对原保险人的赔偿责任。

2. 根据保险期限不同，可以分为定期保险、航程保险、混合保险

定期保险是保险人对保险标的在规定期限内因承保危险造成的损失承担责任的保险，通常适用于船舶保险。

航程保险是指保险人对保险标的在规定的航程期间内因承保危险造成的损失承担责任的保险，又可分为单航程保险、往返航程保险和多航程保险，通常适用于货物保险。

混合保险是指保险人对保险标的在约定期限及约定航程内因承保危险造成的损失承担责任的保险，保险人通常会对航程与期限之间的先后关系作出具体选择。

二、海上保险合同

（一）海上保险合同的订立、转让和解除

1. 海上保险合同的订立

与其他合同一样，海上保险合同的订立也须经过要约和承诺两个阶段。首先由被保险人提出保险申请和要求，并将有关事项如实告知保险人，经保险人同意承保，双方就合同的条款达成协议，合同即告成立。保险人应及时向被保险人出具保险单或者其他保险单证，并在单证上载明双方约定的主要内容。保

险单是保险合同的书面证明，也是被保险人向保险人主张权利或索赔的重要依据。

2. 海上保险合同的转让

海上保险合同的转让分为货物运输保险合同的转让和船舶保险合同的转让。

货物运输保险合同的转让，无需征得保险人同意即可以由被保险人背书或者以其他方式转让，合同的权利、义务随之转移。合同转让时尚未支付保险费的，被保险人和合同受让人负连带支付责任。

因船舶转让而转让船舶保险合同的，应当取得保险人同意，否则保险人将有权解除合同。因为船舶所有权的转让可能改变船舶的管理状况和风险程度，从而影响保险公司决定是否承保或者影响保险费率的确定，因此需要征得保险人的同意。

3. 海上保险合同的解除

海上保险合同成立后，双方均应善意地履行约定的义务，只有在法定或约定条件具备时才能解除合同。《海商法》规定的当事人可以解除合同的情形主要有以下几种：①

（1）由于被保险人的故意，未将影响保险人据以确定保险费率或者确定是否同意承保的重要情况如实告知保险人的，保险人有权解除合同。

（2）保险责任开始前，被保险人可以要求解除合同，但应当向保险人支付手续费，保险人应当退还保险费。

（3）保险责任开始后，被保险人和保险人均不得解除合同，但双方约定保险责任开始后可以解除合同的除外。若被保险人要求解险合同，保险人有权收取自保险责任开始之日起至合同解除之日止的保险费，剩余部分予以退还；若保险人要求解除合同，应当将自合同解除之日起至保险期间届满之日止的保险费退还被保险人。但是，即使有前述约定，对于货物运输和船舶的航次保险，保险责任开始后，被保险人不得要求解除合同。

（4）未经保险人同意转让船舶的，船舶保险合同从船舶转让时起解除；船舶转让发生在航次之中的，船舶保险合同至航次终了时解除。合同解除后，保险人应当将自合同解除之日起至保险期间届满之日止的保险费退还被保险人。

① 参见我国《海商法》第223条、第227条、第228条、第230条。

（二）海上保险合同的主要内容

《海商法》第217条规定，海上保险合同的内容主要包括下列几项：保险人名称、被保险人名称、保险标的、保险价值、保险金额、保险责任和除外责任、保险期间、保险费。

（1）保险人。保险人是保险合同中收取保险费，并在合同约定的保险事故发生时，对被保险人因此而遭受的约定范围内的损失进行补偿的一方当事人。在我国，保险人均为法人。

（2）被保险人。被保险人指在保险事故发生时受到损失，并享有保险金请求权的人。被保险人不一定是投保人，但在发生保险事故时一定对保险标的享有保险利益，即因保险事故而遭受损失，比如海上货物保险合同的受让方。

（3）保险标的。《海商法》第218条列举了海上保险的标的范围，包括船舶、货物、船舶营运收入（包括运费、租金、旅客票款）、货物预期利润、船员工资和其他报酬、对第三人的责任，以及由于发生保险事故可能受到损失的其他财产和产生的责任和费用。

（4）保险价值。保险价值是被保险人投保的财产的实际价值。由于海上保险的标的具有较大的流动性，为了避免事故后确定保险价值的困难，海上保险通常采用定值保险，即由保险人和被保险人事先约定保险标的的价值，以此作为支付保险金的依据。如果双方事先没有作出约定的，通常也不像一般财产保险根据保险事故发生时的实际价值确定保险价值，而是按照《海商法》第219条第2款规定的计算方法计算保险价值，以避免纠纷，迅速理赔。

（5）保险金额。保险金额是保险人对保险标的的最高赔偿限额。财产保险中的保险金额通常以保险标的的实际价值为限，即不允许超额保险，因为保险是以损失补偿为原则的，如果允许超额保险就等于被保险人可以通过保险谋利。《海商法》第220条规定，保险金额不得超过保险价值，超过保险价值的，超过部分无效。

（6）保险责任和除外责任。海上保险合同的责任范围因被保险人投保险别的不同而不同，但是海上保险合同普遍实行混合责任险。一般而言，凡因航行过程中发生的自然灾害、意外事故、被保险人为防止或减少损失采取的措施而支出的合理费用、以及双方约定的其他事故均属保险责任的范围。除外责任就是保险人不承保的风险。一般来说，被保险人的故意行为造成的损失、属于发货人责任引起的损失等均属除外责任。《海商法》第243条和第244条分别列举了常见的货物保险和船舶保险中的除外责任。

三、海上保险合同当事人的权利和义务

除法律另有强制性规定外，海上保险中，保险人和被保险人的权利和义务均由保险合同约定。

（一）保险人的基本权利和义务

（1）签发保险单。保险单是保险合同成立的重要证明，保险人在海上保险合同成立之时或之后应及时签发保险单。

（2）损失赔偿。保险人的主要义务是对保险标的在承保期间和范围内因承保的海上危险或事故所造成的损失负责赔偿，但因被保险人的故意所造成的损失，保险人不负赔偿责任。

（3）收取保险费。这是保险人的基本权利，也是保险人对被保险人承担损害赔偿的对价。

（4）代位求偿权。如果保险标的的损失可以归责于第三人，保险人在向被保险人支付保险赔偿以后，有权向有责任的第三者追偿，即取得代位求偿权。

（5）取得委付标的物的所有权以及其他有关权利。

（二）被保险人的基本权利和义务

（1）支付约定保险费，这是被保险人的基本义务。被保险人应按约定的时间和方式向保险人支付保险费。

（2）通知和尽力施救。通知包括违约通知和危险通知，违约通知是指被保险人违反合同约定的保险条款，应当立即书面通知保险人；危险通知是指当保险事故发生后，被保险人应当立即通知保险人，并采取必要的合理措施，尽力施救，防止或者减少损失，否则，对于因此而扩大的损失，保险人不负赔偿责任。

四、委付与代位求偿

（一）委付

委付是海上保险所特有的一种法律制度，指在海上保险事故发生后，保险标的构成推定全损时，被保险人请求保险人按照全部损失赔偿，而将该保险标

的的全部权利和义务转移给保险人的制度。①

委付是一种单方法律行为，但委付不得附带任何条件。保险人可以接受，也可以不接受，但是都应当在合理的时间内将接受或者不接受的决定通知被保险人。委付一经保险人接受，便不得撤回。接受委付后，保险人即获得该保险标的的一切权利、义务和责任，被保险人获得全部保险金额。

（二）代位求偿

被保险人的损失，如果是由于可归责于第三人的原因所致，保险人在承担赔偿责任后，即取得对第三人的损害赔偿请求权，通常称之为代位求偿权。

代位求偿权的成立需要具备两个条件：一是保险人已向被保险人进行了实际的赔偿；二是被保险人有向责任方索赔的权利。实际上，保险公司赔付后，其相当一部分的赔偿可以通过代位求偿向有责任的第三人索回。

代位求偿与委付不同。首先，委付是一种单方法律行为，由被保险人行使，而代位求偿则是保险人的权利。其次，委付只适用于推定全损，而代位求偿适用于全损和部分损失。再次，委付所转让的是保险标的的所有权以及其他相应的权利与义务，而代位求偿只限于向第三人的索赔权。

---

① 关于“委付”的概念，立法及学者有不同观点，一种为“推定全损说”，另一种为“全损说”。“推定全损说”认为委付限于在发生推定全损的情况下，我国海商立法和多数学者采取此种主张。参见张丽英：《海商法原理·规则·案例》，清华大学出版社2006年版，第257页。

后 记

编写商法教材的念头始于2000年，当时我承担了法学院本科生的商法教学任务，而国内有关商法的教材屈指可数，于是申报了武汉大学的教材立项。由于诸多原因，该书的写作曾一度中断。促使我最终完成该书写作计划的主要原因，是因为在多年的商法讲授过程中，急需一部既能完整阐述大陆法系商法理论，又能紧密联系中国商事立法实践的商法著作。虽然近些年来国内出版了许多商法方面的教材和书籍，但真正值得一读的并不多见。特别是有些教材和专著的观点和理论，既不符合大陆法系民商法的基本理论，也不反映中国商事立法的发展趋势，而只是对我国现行立法的简单注释，注释的依据则来自于国内学者自己杜撰的概念和理论，让人不忍卒读。于是，还原商法理论的原貌，用大陆法系的商法理论来检讨我国现行的商事立法中存在的问题，并为我国的商事立法的修改提供有价值的建议，就成为我组织编写该书的主要目的。我不敢说该书的完成表明目的已经达到，但我真诚努力了，也就没有遗憾。

与国内已经出版的商法书籍相比，本书的特色在于：这是一部由民法学者编写的商法著作。众所周知，“商法只是一般私法中的一个特殊组成部分，我们不能仅仅从商法规范本身来理解和适用商法”。① 商法的理论来源于民法理论，它不过是为了适用商事交易营利性的本质属性，对民法相关理论所作的变通性阐述。因此，编写商法著作的作者，应当具有较为扎实的民法功底，才能确保作品的质量。本书作者都是我早年培养的民商法研究生，多数具有法学博士学位。目前他们有些在高校从事民商法的教学和研究工作，有些在法院从事民商事审判工作。他们将自己多年研习或适用商事法律的心得写入了本书的相关章节中，使本书增色不少。

本书是集体合作的成果。全书各章节的分工如下：第一编 商法总论（陈本寒）；第二编 公司法（鲁杨、陈丽）；第三编 破产法（曾江波）；第四编 票

① ［德］罗伯特·霍恩、海因·科茨、汉斯·G. 莱塞：《德国民商法导论》，楚建译，中国大百科全书出版社1996年版，第239页。

据法（郭丽媛）；第五编 保险法（余纯）；第六编 海商法（陈英）。初稿完成后，由我对全书进行了修改。在统稿过程中，陈英同志协助我做了许多工作。

本书从立项到最终出版，一直得到武汉大学出版社郭园园博士大力支持和帮助，可以说，没有她的鼓励和督促，该书是难以同读者见面的。对于我的学姐园园博士为本书的出版付出的辛勤劳动，在此表示由衷的谢意。

陈本寒

2008 年 6 月于武昌珞珈山